FAITH SEEKING UNDERSTANDING

An Introduction to Christian Theology

• • •

third edition

Originally published in English under the title
Faith Seeking Understanding by Daniel L. Migliore
Published by Wm. B. Eerdmans Publishing Co.
2140 Oak Industrial Drive NE, Grand Rapids, Michigan 49505, U.S.A./
P.O. Box 163, Cambridge CB3 9PU U.K.

License arranged through rMaeng2, Seoul, Republic of Korea.

기독교 조직신학 개론

이해를 추구하는 신앙

개정3판

다니엘 L. 밀리오리 지음 | 신옥수·백충현 옮김

Holy
WavePlus

차례

개정3판에는 여러 가지 새로운 특징이 있다. 이전 판들에 대한 독자들의 질문과, 여러 문단을 더 분명하게 편집·확대하고자 하는 나 자신의 바람으로 인해 책의 일부를 개정하거나 재구성했다. 제13장에는 "그리스도인과 이슬람교인"에 관한 부분을 포함시켰다. 또한 부록에는 상상으로 이루어지는 새로운 신학적 대화를 추가했다(이전의 세 대화는 독자들에게 이 책을 더 많이 알리는 특징 중 하나가 되었다). 각 장 끝에는 읽을 만한 책들을 더 제시했다. 신학 용어 해설에서는 표제어의 수를 상당히 늘렸다. 개정3판의 목적은 25년 전에 이 책을 처음 출판했을 때와 똑같다. 즉 그리스도를 중심에 두는 기독교 신학에 대한 분명하고도 도전적인 입문을 제공하는 것이다. 개혁적 관점과 에큐메니칼적 관점을 함께 갖추는 것, 고전적 입장뿐만 아니라 현대의 신학적 목소리들도 포함시키는 것, 기독교적 삶, 증언, 봉사에 신학적 성찰을 결부시키는 것이 이 책의 목적이다.

　이 개정 작업을 준비할 수 있도록 프린스턴 신학교의 웅장한 새 도서관의 공간을 제공해주신 총장 크레이그 반즈와 사서 도날드 볼프에게 감사를 표하고 싶다. 전문적인 도움을 흔쾌히 제공해준 문헌실 사서 케이트 스케부테나스와 다른 직원들에게도 감사의 말을 전한다. 이 책이 출판될 때마다 지원하고 안내해준 어드만스 출판사의 사장 빌 어드만스와 편집장 존 포트에게도 고마운 마음을 전한다. 그리고 원고를 인쇄할 수 있도록 전환하는 복잡한 편집 과정을 세심하게 도와준 어드만스 출판사의 제니퍼 호프만에게도 감사의 마음을 전한다. 누구보다도 내 아내 마가렛에게 감사한다. 마가렛은 끊임없는 사랑과 격려를 보여주고, 본문을 개선하기 위한 좋은 제안들을 제시했으며, 은퇴 후 교수직의 책임 대부분으로부터 자유로워졌음에도 여전히 연구를 위해 도서관에서 과도하게 많은 시간을 보내는 남편을 인내하며 참아주었다.

"모든 것이 변했다." 2001년 9월 11일 뉴욕 세계무역센터에 대한 공격이 있은 후 거듭해서 듣는 말이다. 이 사건 이후 실제로 많은 것이 변했다. 최초의 충격과 슬픔이 지나가자 미국은 처음에는 아프가니스탄과, 그리고 이어서 이라크와의 "대(對)테러전"에 착수했다. 불안이 팽배하고 안보에 대한 염려가 극에 달하며 국제 질서의 토대가 흔들리고 있다. 그러나 다른 차원에서 보자면 아무것도 변한 것이 없다. 세상은 여전히 죄와 사망과 파멸의 속박 속에서 신음하고 이방인들을 두려워하며 일상적으로 폭력을 행사하고 가난한 자와 약한 자를 배려하지 않는다. 동시에 복음의 기쁜 소식 또한 변하지 않았다. 오늘도 성부 하나님은 세상을 용서하고 변혁하는 사랑을 행하시고, 예수 그리스도 안에서 하나님의 화해 사역을 약속하고 권능으로 이끄시며, 성령으로 말미암은 환대와 우정과 평화의 새 세상을 실제적으로, 그러나 종종 눈에 띄지 않게 드러내신다.

교회는 항상 자신이 확신하는 바와 목적을 명확히 해야 하며, 특히 위기의 시기에는 더욱 그러하다. 최근에 발생한 테러와 대테러전에 대해 내가 고민했던 바들이 『이해를 추구하는 신앙』 개정2판에 담겨 있지만, 이 책의 중심 관심사는 기독교 신학에 입문하기 위해 필요한 기본적 확신, 즉 삼위일체적 하나님에 관한 이해, 예수 그리스도와 그의 화해 사역의 중심성, 성령의 권능 안에서 하나님과 모든 이웃과 연합하여 살아가는 삶의 성취에 대한 희망을 다듬고 상술하는 것이다.

제1판 서문에서 언급했으며 지금도 반복해 말하고자 하는 바는, 모든 신학은 자신이 몸담고 있는 신앙 공동체의 믿음과 실재에 대해 비판적으로 반성해야 한다는 점이다. 그러므로 교회로부터 말하고 또 교회에게 말하는 신학은 공적 신학(public theology)이 된다. 신앙은 온전한 이해를 추구하기에 목적에 이미 도달했다고 가장하지 않는다. 십여 년 전에 나는 "기독교와 이슬람교의 근본주의(fundamentalism)가 급증할 것"을 염려했으며, "종교를 경멸하는 교양인들"이 좋든 나쁘든 종교적 신앙이 인간 생활에 미치는 심대한 영향력을 과소평가하지 않기를 바랐다. 지금 덧붙여 말하고자 하는 바는 종교적 열심이 비뚤어지면 가장 위험스럽고 가장 파괴적인 열정이 된다는 점이다. 그러므로 종교 공동체들은 지속적으로 자기 신앙의 유산 중에서 중심적인 것을 찾아 이것을 잣대로 모든 교리와 실재를 검토하는 것을 책임으로 삼아야 한다. 이와 같은 책임은 신학의 필수적인 과제로서, "모든 것이 변했다"라고 주장하는 시대에도, 동시에 신앙 공동체의 자기비판적 책임이 얼마나 중요한지가 드러나는 대격변의 사건이 발생하지 않는 비교적 평화로운 시대에도 모두 해당된다.

물론 비판에는 기준이 필요하다. 교회의 비판적·건설적 신학 작업의 기준은 "기독교의 중심적인 메시지"다. 이것은 복음인데, 바로 하나님의 말씀인 예수 그리스도가 성육신하고 십자가에 달려 죽으시며 부활했다는 기쁜 소식이다. 이 살아 있는 말씀은 성령의 권능으로 지금 여기서 교회의 증거와 삶과 섬김 속에 현존한다. 여전히 감추어진 부분이 있다 하더라도 동일한 말씀과 동일한 성령이 하나님과 세상의 화해를 완성하기 위해 오늘도 창조세계 속에서 활동하는 것이다. 개정2판에서는 제1판에서 "삼위일체적 신앙의 온전성"이라고 불렀던 것을 강화하고, 하나님, 창조, 화해, 완성에 대한 관계론적 이해를 발전시키고자 노력했다.

"신학 활동은 신앙 공동체와 불가분의 관계를 맺고 있고, 그래서 신학 활동은 항상 신앙, 기도, 섬김의 공동체 생활에 참여하는 것과 함께 나아간다"라고 나는 계속 주장한다. "개혁"(reformed)이라는 용어가 "보편적"(catholic) 혹은 "에큐메니칼"(ecumenical)이라는 용어와 대립적으로 이해되지 않는다는 조건 하에서, 제1판의 특징이었던 "개혁주의 신학의 유산과 방향"이 개정2판에서도 계속 분명하게 드러나기를 바란다. 나는 "특정

교파와 일치하는 신학"을 하고 싶은 마음이 없다. 물론 다른 신학자들과 마찬가지로 나도 기독교 신학 전통 중에서 한 특정한 흐름 속에 서 있지만 말이다. 그러나 기독교 신학은 필연적으로 범위에 있어서는 "보편적"이며 본질에 있어서는 "복음적"(evangelical)이다. 그렇지 않다면 기독교 신학이라고 할 수 없다.

이 개정판에서 나는 제1판의 모든 장들을 다시 쓰고 확대하고 갱신했으며 아울러 새롭게 두 장을 추가했다. 제9장의 "상황 속에서 예수 그리스도 고백하기"와 제13장의 "예수 그리스도의 최종성과 종교다원주의"가 바로 그것이다. 그리고 신학을 처음으로 접하는 이들에게 도움이 되기를 바라는 마음으로 신학 용어 해설을 추가했다.

거듭 말하지만 이 책을 출판하기까지 학생과 동료와 친구들에게 많은 신세를 졌다. 특히 박사 후보생인 레이첼 바드, 매튜 플레밍, 매튜 룬드버그, 케빈 박, 루벤 로사리오 로드리게즈에게, 그리고 동료 교수인 칼프리드 프뢸리히, 마크 K. 테일러에게 고마운 마음을 전한다. 이들은 개정된 원고의 여러 부분을 검토하고 개선해야 할 점을 제안해주었다. 여전히 책 속에서 결점이 드러난다면, 이는 물론 전적으로 내 책임이다.

기독교 신학은 과거 수십 년 동안 두드러질 정도로 변동했다. 새로운 제안
과 운동과 강조점이 등장했다. 현저한 예를 들자면, 흑인신학, 페미니즘신
학, 남미 해방신학, 과정신학, 이야기신학, 비유신학이 있다. 전례가 없는
에큐메니칼 대화, 신학 방법론에 대한 깊은 반성, 신학 패러다임의 극적인
변화, 실천의 중요성에 대한 강조, 신학과 타 학문의 대화를 추구하는 실
험이 이루어졌다. 이러한 변동을 관찰하는 어떤 이들은 신학이 전적으로
혼란스러워졌다고 말한다. 그러나 나는 이와 같은 비관주의적 판단에 동
의하지 않는다.

　현재 상황은 특히 신학에 입문하는 학생에게 여전히 위험한 점들이 있
다. 새로운 제안과 기획이 엄청나게 다양하기 때문에 학생들은 쉽게 혼돈
에 빠지거나 경솔한 절충주의에 빠질 수 있는 것이다. 신학의 영속적인 과
제를 소홀히 다룬다면, 이러한 위험이 증대될 것이다. 예를 들어 어떤 이
는 오늘날의 구성적(constructive) 혹은 조직적(systematic) 신학 작업이 신학
방법론상의 쟁점들에 몰두하면서 "책임을 방기"하고 있다고 경고하면서,
"신학 활동이 신학을 하기 위한 준비 활동으로 대체되는 위험성이 증대되
고 있다"고 말한다.[1]

　이 책의 목적은 한편으로는 고전적 신학 전통을 비판적으로 존중하면
서, 다른 한편으로는 최근 신학의 새로운 목소리와 강조점들을 비판적으
로 수용하는 기독교 신학 입문서를 제공하는 것이다. 특히 우리 시대의 해

---

1) Theodore W. Jennings, Jr., *The Vocation of the Theologian* (Philadelphia: Fortress,
　1985), 2-3.

방신학들, 즉 페미니즘신학, 흑인신학, 남미 해방신학의 영향이 이 책 속에 분명하게 드러나기를 바란다. 동시에 나는 이 책에서 나의 개혁신학적 유산과 방향이 간과되지는 않을 것이라고 강하게 확신한다. 만약 이 책을 통해 젊은 신학자들이, 다양한 성향의 해방신학과 고전적 신학 전통들이 서로를 비판하면서도 서로를 풍성하게 만드는 상호 작용이 가능할 뿐만 아니라 이것을 추구할 가치가 있다고 확신하게 된다면, 나는 이 책이 성공적이라고 간주할 수 있을 것이다.

오늘날 신학을 수행하는 자는 누구든지 자신의 사회적 위치와 교회 상황을 자기비판적으로 인식해야 한다. 내 경우를 말하자면 나는 미국의 백인 남성 개신교인이다. 하지만 나의 배경과 경험은 미국의 앵글로 색슨계 백인 개신교도(WASP)의 고정 관념적인 모습과 일치하지는 않는다. 교회에 대한 나의 경험은 펜실베이니아 주 피츠버그에서 아버지가 목회하셨던 조그만 장로교회에서 형성되었다. 이 교회 교인들은 거의 다 이탈리아로부터 이민 와서 힘들게 살아가는 사람들이었다. 그래서 나는 1960년대의 민권 운동과 1970년대의 여러 해방신학을 접하기 훨씬 이전에 이미 그 조그만 교회에서 신앙과 실천의 불가분리적 관계에 대해 중대한 교훈을 체득할 수 있었다. 그러한 상황 속에서 복음을 전달하는 일은 이론적 작업을 넘어서는 것이며, 목회의 우선권은 항상 사회에서 소외된 자들을 돌보는 것이었다.

내가 소개한 기독교 교리의 체계가 모든 시대와 장소를 초월하여 적합하다고 주장할 생각은 없지만, 세계적 차원의 기독교 공동체의 신앙의 온전성을 어느 정도 드러내기를 바란다. 더 나아가, 내가 전통의 목소리와 새로운 목소리가 어우러진 광대한 합창을 제대로 경청하려고 힘썼음을, 또한 나의 경험과 상황과는 판이하게 다른 그리스도인들과의 끊임없는 대화를 통해 도움과 교정 받기를 환영함을 독자 여러분이 알아주기를 바란다. 이러한 배움의 과정에서 내게 도움을 주었던 학생과 동료들에게, 남성이든 여성이든 흑인이든 백인이든 북미 출신이든 남미 출신이든 유럽 출신이든 아프리카 출신이든 아시아 출신이든 모든 이에게 감사의 마음을 전한다.

　나의 신학 활동이 이루어진 가장 일차적이고 직접적인 상황은 북미의 "주류" 개신교회의 신학교이다. 이러한 현재 시점에서 기독교 교리를 개괄하는 시도가 위험할 수도 있음을 의식하지만, 그렇다고 그러한 노력을 하지 않는 것도 비슷한 위험을 내포할 수 있다. 내게 익숙한 북미의 신학 교육기관들의 상황 속에서 기독교 교리에 대해 조직신학적 재검토를 하지 않는다면, 검증되지 않은 정통주의나 비신학적 프로페셔널리즘이 판을 칠 것이다.

　이 조직신학 입문서는 신학의 본질에 관한 여러 확신으로부터 영향을 받았다. 그중 하나는 기독교 신학은 **어떤 특정한 신앙 공동체**로부터 나오며 그 공동체와 밀접하게 연관되어 있다는 확신이다. 신학을 수행하는 곳이 신학교든 대학교든 상관없이, 중요한 것은 신학 탐구란 진공 상태에서 이루어지지 않는다는 점이다. 신학은 무정형의 종교 경험에서 나오는 것도 아니며 교회와 동떨어진 개인의 경건한 상상으로부터 나오는 것도 아니다. 이와 반대로 신학 활동은 하나님을 예배하고 성경을 읽으며 성경에 드러난 하나님의 역사와 뜻을 경청하고 교육과 화해와 해방의 여러 사역에 참여하는 신앙 공동체와 불가분리적으로 묶여 있다. 요컨대 신학 탐구는 신앙과 기도와 섬김을 수행하는 공동체 생활에 지속적으로 참여할 것을 필수적으로 요구한다. 이러한 참여 없이는 신학은 이내 공허해진다.

　신학의 본질에 관한 나의 또 다른 확신은, 신학이 교회의 신앙과 실천을 **비판적으로 반성**해야 한다는 것이다. 따라서 이 책이 그러한 확신을 분명하게 드러내기를 바란다. 신학은 신앙 공동체가 지금까지 믿어왔던 바와 실천했던 바를 단순히 반복하지 않는다. 신학은 진리를 탐구하는 것이기에 신앙 공동체의 선포와 실천을 항상 검토하고 개혁해야 할 필요가 있다. 비판적 반성이라는 책무를 단순히 장식품 정도로 소홀히 여기거나 무시한다면 교회의 신앙은 천박해지고 오만해지며 화석화될 위협을 늘 받는다. 종교를 경멸하는 교양인들조차도 최근에 발흥한 기독교 근본주의와 이슬람교 근본주의를 보면서, 종교가 좋든 싫든 인간의 삶에 막대한 영향력을 계속해서 행사하고 있음을 깨달을 것이다. 오늘날과 같은 종교적 다원주의 세계에서는 신앙 공동체의 교리와 실천에 관한 내적인 비판적 반성 작업의 중요성을 간과해서는 안 된다.

교회의 신앙을 비판적으로 반성할 때 가장 중요한 것은 종합적인 신학적 비전을 전개하는 것이다. 즉 **기독교의 중심 메시지**를 특정 시간과 특정 공간 속의 문화, 경험, 요구와의 상호 작용 속에서 이해하는 것이다. 오늘날 삶의 전 영역에서 벌어지는 지배와 억압을 철저히 비판할 필요성이 점점 더 증대하고 있기에, 조직신학은 하나님의 권능과 현존을 삼위일체적 방식으로 철저히 재고해야 할 임무를 지닌다. 즉 하나님을 모든 것을 통제하는 천상의 군주로 이해하는 대신, 상호적으로 자신을 내어주는 사랑과 공동체를 형성하는 사랑 속에서 움직이며 행하시는 삼위일체 하나님으로 이해해야 하는 것이다. 개인주의 철학은 지적인 파산에 처했음을 스스로 드러낼 뿐만 아니라 가난한 자들을 착취하고 주변 환경을 약탈하는 삶의 방식들을 조장해왔다. 그렇기에 오늘날 새로운 신학은 구원의 의미를 관계론적이며 공동체적인 방식으로 재고하도록 도전을 받는다. 구원을 개별적 영혼이 세상으로부터 구조받는 것으로 이해하는 것이 아니라, 하나님과 함께하고 이웃과 연대하면서 공동체 속에서 새롭고도 심오한 자유를 창조하는 것으로 이해해야 한다. 단순한 이론과 공허한 수사는 오늘날의 긴급한 위기들, 즉 인종차별적 불의, 정치적 억압, 생태계의 파괴, 여성 착취, 핵 재앙의 위협 속에서 아무런 해결책도 제시하지 못하는 무능을 드러내며 비판을 받고 있다. 따라서 신학은 추상적 사변에 빠지는 대신 기독교의 믿음과 소망과 사랑을 실천하는 중에 우러나오는, 그리고 그러한 실천을 지향하는 구체적인 반성을 해야 한다. 그러므로 기독교 교리를 개관하는 이 책의 신학적 비전은, 첫째로 새롭게 이해된 삼위일체 신학, 둘째로 그러한 삼위일체 신학에 상응하는 관계론적 창조·구속·완성의 이해, 셋째로 실천 지향적 신학을 주된 구성 요소로 지닐 것이다.

마지막으로 책의 주제가 나열된 순서에 대해서도 한마디 하고 싶다. 이 책은 고전적 신학 주제들의 순서를 따르고 있지만, 그 구조와 내용에 있어서는 의도적으로 삼위일체적이다. 삼위일체론을 주된 자리에 두는 것은 이 이론이 기독교의 고전 신학뿐 아니라 현대의 해방신학의 신앙과 이론에도 중대한 의미를 지닌다는 확신 때문이다. 오랫동안 신학은 기독론에 집중해왔지만, 오늘날 우리는 삼위일체 신앙의 온전성을 회복해야 한다.[2]

이 책의 말미에 세 편의 대화를 실었다. 20세기를 대표하는 신학자들과 신학적 입장들 사이에서 일어남직한 대화의 상황을 상상해본 것이다. 책의 주제를 효과적으로 드러내는 참신한 시도가 되기를 바란다. 내 견해로는 구체적 대화의 형태가 교육학적으로 호소력 있을 뿐 아니라, 기존 관습적인 해설의 방식보다도 신학 탐구의 활력과 신학 토론의 개방성을 훨씬 더 잘 포착한다고 믿는다.

---

2) 세계교회협의회(World Council of Churches)의 헌장에 따르면, "세계교회협의회는 성경에 따라서 주 예수 그리스도를 하나님과 구주로 고백하며 성부·성자·성령으로 계시는 한 분 하나님께 영광을 올려드리기 위한 공동의 사명을 함께 추구하는 교회들의 교제이다."

이 책을 쓰는 데 많은 학생과 동료와 친구가 도움을 주셨습니다. 전체든 부분이든 원고를 읽고 조언을 해주신 모든 분들에게, 특히 칼빈 신학교의 코넬리우스 플랜팅가 Jr.(조직신학 교수), 프린스턴 신학교의 여러 동료들, 즉 조지 S. 헨드리(찰스 하지 조직신학 명예교수), 휴 T. 커(벤자민 B. 워필드 조직신학 명예교수), 낸시 더프(윤리학 조교수), 캐슬린 D. 빌만(박사 후보생), 린 밴 다이크(박사 후보생)에게 특별한 감사를 드리고 싶습니다.

또한 저와 함께 팀을 이루어 프린스턴 신학교 조직신학 개론 수업을 이끌고 가르치셨던 분들, 즉 콜롬비아 신학교의 조직신학 교수 조지 스트로우프, 뮌스터 대학교의 조직신학 교수 미카엘 벨커, 프린스턴 신학교의 조직신학 교수 이상현, 마크 클라인 테일러, 데이비드 E. 윌리스-왓킨스에게 많은 신세를 졌습니다. 이분들의 사고가 저를 얼마나 풍성하게 해주었는지는 일일이 다 헤아리기 어려울 정도입니다.

1990-1991년에 안식년을 주셔서 이 책을 탈고할 수 있도록 배려해주신 프린스턴 신학교의 토마스 길레스피 총장과 이사회에 진심으로 감사를 드립니다. 원고를 입력하고 다른 세부적인 일을 비상한 재능으로 도와준 연구 지원처의 조 헐만에게도 고마움을 전합니다.

편집 과정에서 재치 있는 조언을 주었을 뿐만 아니라 늘 격려와 사랑을 아끼지 않은 아내 마거릿에게도 형언할 수 없는 고마움을 전합니다.

마지막으로 이 책의 여러 장을 구성하게 될 초기 원고를 강의할 때 인내심을 가지고 들어주셨던 신학대학원 1학년 학생 여러분에게 감사의 마음을 표합니다. 이들의 질문과 제안과 격려는 제게 지속적인 힘과 기쁨이 되어주었습니다. 감사하는 마음으로 모든 학생에게 이 책을 헌정합니다.

자주 인용되는 문헌

Karl Barth, *Church Dogmatics*, 13 vols. (Edinburgh: T&T Clark, 1936-1969). 『교회 교의학』(대한기독교서회 역간).

The Book of Confessions, Presbyterian Church (U.S.A.) (Louisville: Office of General Assembly, 1999).

John Calvin, *Institutes of the Christian Religion*, 2 vols., ed. John T. McNeill (Philadelphia: Westminster Press, 1960). 『기독교 강요 상·하』(크리스챤다이제스트 역간).

Luther's Works, 55 vols., gen. eds. Jaroslav Pelikan and Helmut T. Lehman (St. Louis: Concordia; Philadelphia: Fortress, 1955-1986).

Paul Tillich, *Systematic Theology*, 3 vols. (Chicago: University of Chicago Press, 1951-1963). 『조직신학』(한들 역간).

FAITH SEEKING UNDERSTANDING

신학의 과제

제 1 장 ▶

▶▶▶▶▶▶▶▶▶▶▶▶▶▶▶▶▶▶▶▶▶▶

신앙은 폐쇄적이거나 자기만족적인 태도 대신 오히려 경이로움과 탐구와 모험의 태도를 불러일으킨다. 이 점을 부각시킴으로써 우리는 신앙과 신학이 지니는 인간적인 면모를 강조할 수 있다. 인간이 열린 태도를 가진다는 것은 그가 계속해서 질문을 제기하고 이해를 추구하며, 아우구스티누스의 표현을 빌린 다면 "진리를 향한 사랑으로 황홀해지는" 것을 뜻한다. 모름지기 인간됨이란 모든 가능한 종류의 질문 을 제기함을 의미한다. 예를 들면, 우리는 누구인가? 무엇이 지고한 가치인가? 하나님은 존재하는가? 무 엇을 소망할 수 있는가? 우리의 결점들을 제거하고 세상을 향상시킬 수 있는가? 우리의 의무는 무엇인 가? 인간이 신앙의 순례를 시작한다고 해서 갑자기 인간됨을 중단하는 것은 아니다.

AN INTRODUCTION TO CHRISTIAN THEOLOGY

기독교 신학은 수많은 과제를 갖고 있다. 이것은 신학의 역사를 살펴보면 분명하게 알 수 있는 사실이다. 또한 신학의 본질과 과제에 대한 현재의 다양한 이해를 둘러봐도 확인된다. 오늘날 어떤 신학자들은 기독교 교리를 종합적으로 명확하게 기술하는 것이 신학의 과제라고 주장한다. 또 다른 신학자들은 기독교 신앙을 더 많은 사람들이 이해할 수 있도록 번역하는 것이 신학의 주된 과제라고 강조할 것이다. 어떤 신학자들에게 신학의 으뜸가는 과제는 기독교 신앙의 관점에서 사회의 중대한 쟁점들을 다루는 것인 반면, 다른 신학자들은 억압받는 공동체 안에서 기독교 신앙의 실천을 반성하는 작업을 중요하게 여길 것이다.[1]

---

1) 신학의 본성과 과제에 관한 대표적 논의로는 다음을 보라. Karl Barth, *Evangelical Theology* (New York: Doubleday Anchor Books, 1964), 1-10. 『복음주의 신학입문』 (크리스챤다이제스트 역간); Paul Tillich, *Systematic Theology* (Chicago: University of Chicago Press, 1951), vol. 1, 3-68; Gustavo Gutiérrez, *A Theology of Liberation*, rev. ed. (Maryknoll, N.Y.: Orbis Books, 1988), 3-12, 『해방신학』(분도출판사 역간); David Tracy, *The Analogical Imagination: Christian Theology and the Culture of Pluralism* (New York: Crossroad, 1981), 3-98; *The Vocation of the Theologian*, ed. Theodore W. Jennings, Jr. (Philadelphia: Fortress, 1985); Anne E. Carr, "The New Vision of Feminist Theology," in *Freeing Theology: The Essentials of Theology in Feminist Perspective*, ed. Catherine Mowry Lacugna (San Francisco: Harper, 1993), 5-29; Wolfhart Pannenberg, *Systematic Theology* (Grand Rapids: Eerdmans, 1991), 1-61, 『판넨베르크의 조직신학』(은성 역간); Jürgen Moltmann, *Experiences in Theology: Ways and Forms*

신학의 과제에 대한 이러한 관점의 다양성은, 신앙과 탐구 사이의 불가분리적 관계를 전제한다. 신학은 하나님에 대한 신앙을 탐구하는 교회의 자유와 책임으로부터 나온다. 나는 제1장에서, 신학의 과제가 예수 그리스도 안에서 알려진 하나님의 진리의 온전성을 끊임없이 찾아나서는 것이라고 제안하고 싶다. 이렇게 신학의 과제를 규정하면, 신학은 전통적인 교리를 단순히 반복하는 것이 아니라 그 교리가 지시하는 진리를 부단하게 탐구하는 것임을 강조할 수 있기 때문이다. 모든 교리는 희미하게 부분적으로만 진리를 표현할 뿐이다. 지속적인 탐구로서 신학의 정신은 독단적이지 않고 오히려 질문을 제기하는 것이다. 잃어버린 동전을 찾는 여인의 노력처럼(눅 15:8), 신학의 이러한 활동은 힘이 많이 들지만 커다란 기쁨을 안겨준다.

신학, 이해를 추구하는 신앙

고전적인 정의에 따르면, 신학은 "이해를 추구하는 신앙"(*fides quaerens intellectum*)이다. 이러한 정의는 여러 가지 변형된 형태로 알려져왔으며 그 자체로 오래되고 풍성한 전통을 지닌다. 아우구스티누스(Augustine)의 저술 속에서 이 정의는 "나는 이해하기 위하여 믿는다"라는 형태를 취한다. 아우구스티누스에 따르면 하나님에 대한 지식은 신앙을 전제할 뿐만 아니라 신앙 자체가 더 깊은 이해를 끊임없이 추구한다. 그리스도인은 자신이 무엇을 믿는지, 무엇을 소망할 수 있는지, 무엇을 사랑해야 하는지

---

of Christian Theology (Minneapolis: Fortress, 2000), xiv-xxiv, 3-27, 43-63, 『신학의 방법과 형식』(대한기독교서회 역간); Rowan Williams, *On Christian Theology* (Oxford: Blackwell, 2000), 3-15; Sarah Coakley, *God, Sexuality, and the Self: An Essay 'On the Trinity'* (Cambridge: Cambridge University Press, 2013), 36-60.

이해하기를 원한다.[2] 아우구스티누스와는 다른 시대에 활동한 안셀무스 (Anselm)는 "이해를 추구하는 신앙"이라는 문구를 만든 장본인이다. 그는 "신앙인은 이성을 수단으로 신앙을 획득하기 위해서 탐구하는 것이 아니며, 오히려 그들이 믿는 바를 이해하고 묵상함으로써 즐거워한다"고 주장한 점에 있어서 아우구스티누스와 일치한다. 안셀무스의 입장에 의하면 신앙은 이해를 추구하고, 이해는 기쁨을 준다. "오 하나님, 저는 당신을 알고 당신을 사랑하기를 기도하며, 당신 안에서 기뻐할 수 있기를 기도드립니다."[3] 아우구스티누스와 안셀무스의 전통의 연장선상에 서 있는 칼 바르트(Karl Barth)는 신학의 과제가 교회의 신앙과 실천을 성찰하는 것이라고 주장하면서 다음과 같이 말했다. "신학의 영속적인 토대와 대상과 내용에 비추어 신학을 점검하고 성찰해야 한다.…신학이 맹목적인 동의와 다른 점은 신학의 독특한 특징이 '이해를 추구하는 신앙'이라는 점이다."[4]

위에서 언급한 신학자들과 고전적 신학 전통 일반이 갖는 공통된 확신은, 기독교 신앙은 탐구를 촉발하고 더 심오한 이해를 추구하며, 더 나아가 대담하게 질문을 제기한다는 점이다. **하나님**을 더 깊이 알아가는 일에 어떻게 끝이 있을 수 있겠는가? 하나님이 누구신지 그리고 하나님의 뜻이 무엇인지 바르게 알고 있는지에 관하여 자문하는 용기가 부족하다면, 그 결과는 어떻게 될 것인가? 마르틴 루터(Martin Luther)는 "네 마음이 응시하고 신뢰하는 바로 그것이…진정으로 너의 하나님이다"라고 말했다.[5] 루터가 설명한 대로, 돈, 소유, 권력, 명예, 가족, 국가가 실제로 우리 하나님이

---

2) Augustine, *Confessions and Enchiridion*, ed. Albert C. Outler (Philadelphia: Westminster, 1955), 338.

3) *St. Anselm: Proslogium; Monologium; An Appendix in Behalf of the Fool by Gaunilon; and Cur Deus Homo*, trans. Sidney Norton Deane (La Salle, Ill.: Open Court Publishing Co., 1951), 178, 33.

4) Barth, *Evangelical Theology*, 36.

5) Luther, "Large Catechism," in *The Book of Concord*, ed. Theodore G. Tappert (Philadelphia: Fortress, 1959), 365.

될 수 있다. 만약 하나님을 믿는다고 말하면서도 실제로 마음이 응시하고 있는 것이 참되신 하나님 한 분인지 아니면 우상인지에 관하여 자문하는 것을 중단한다면, 어떤 일이 생기겠는가?

기독교 신앙의 근본은 예수 그리스도 안에서 알려진 자유롭고 은혜로운 하나님을 신뢰하고 순종하는 것이다. 기독교 신학은 기독교 신앙과 동일하되, 그 형식에 있어서는 질문을 제기하고 거기에 대해 잠정적 해답을 찾고자 애쓰는 모습을 보인다. 참된 신앙이란 세상사에 지친 영혼을 달래주는 진정제도 아니며, 삶의 심오한 질문에 대해 준비된 답들로 가득 채워진 가방도 아니다. 오히려 참된 신앙, 즉 예수 그리스도 안에서 계시된 하나님에 대한 신앙은 우리로 하여금 탐구하도록 자극하고 움직이며, 현실을 있는 그대로 받아들이려는 습성과 싸우게 하고, 하나님과 세상과 우리 자신에 대해 미처 검토되지 않은 전제들을 놓고 끊임없이 질문하도록 만든다. 그러므로 진리 탐구에 대한 무관심과 두려움, 또한 완전한 진리를 소유하고 있다고 주장하는 오만함은 기독교 신앙과는 아무런 관련이 없다. 참된 신앙과 신앙주의(fideism)는 구별되어야 한다. 신앙주의는 우리로 하여금 질문하는 것을 멈추고 그저 믿기만 하라고 말한다. 반면 참된 신앙은 우리에게 계속해서 찾고 질문하라고 권고할 것이다.

기독교 신앙의 역동성은 우리가 부분적으로 소유하거나 아직 소유하지 않은 진리를 반성하고 탐구하고 추구하도록 격려하며, 바로 여기에서부터 신학이 시작된다. 이해를 추구하는 신앙의 탐구로서의 신학은 적어도 두 가지 근본적인 뿌리를 가지고 있다. 먼저 신학의 첫 번째 뿌리는 기독교 신앙의 특정한 **대상**과 관련되어 있다. 즉 우리 신앙의 대상은 살아 계신 하나님이며, 이 하나님은 인간이 다 파악할 수 없는 신비이시다. 하나님은 우리 신앙의 "대상"이지만 동시에 "주체"이기를 중단하지 않으신다. 신앙은 살아 계신 하나님과의 관계이지 우리가 조작할 수 있는 죽은 우상과의 관계가 아니다. 예수 그리스도 안에서 다함이 없도록 풍성한 살아 계신 하나님은 거룩하고 주권적인 사랑으로 자신을 계시하셨다. 이와 같은 계시 속에 드러난 하나님을 이해한다는 것은 신비인 하나님의 무한하고 불가해한 깊이를 인정하는 일이다. 그리스도인은 신앙의 중심적인 진술들, 즉 하나님의 경이로운 창조, 예수 그리스도 안에서 드러난 하나님의 겸손, 성령의 변혁시키는 권능, 죄 용서의 기적, 공동체 안에 주어진 새로운 생명의 선물, 화해 사역의 소명, 하나님 통치의 완성의 약속과 같은 진술 속에서 이 신비를 직접 대면한다. 신앙의 눈으로 보면 하나님의 자유로운 은혜의 신비가 온 세상을 둘러싸고 있다.

가브리엘 마르셀(Gabriel Marcel)이 말했듯이, 신비(mystery)는 문제(problem)와는 아주 다른 것이다. 문제는 해결될 수 있는 무엇이지만, 신비는 다함이 없고 무한하다. 문제는 팔을 뻗으면 닿는 거리에 있지만, 신비는 우리를 둘러싸고 있어서 우리는 그것과 결코 안전한 거리를 유지할 수 없다.[6] 기독교 신앙은 경이로운 신비, 즉 하나님이 겸허한 종인 예수의 사역과 죽음과 부활을 통해 우리를 구원하기 위해 활동하신다는 신비를 가리키기 때문에 더더욱 강력하게 탐구를 야기한다. 하나님이 예수 그리스도 안에서 결정적으로 말씀하셨다고 진술하더라도(히 1:1-2), 여전히 우리가 이해하지 못하는 것들이 많이 남아 있다. 장차 어떤 질문도 하지 않는 때가 올 것이다(요 16:23). 그러나 지금 여기서는 신앙은 희미하게 볼 뿐이며 얼굴과 얼굴을 대면하며 보는 것이 아니기에(고전 13:12) 질문이 넘쳐날 수밖에 없다.

신학의 두 번째 뿌리는 신앙이 처해 있는 상황이다. 신자는 진공 속에서 사는 것이 아니다. 여느 사람들처럼 신자도 각기 독특한 문제와 가능성을 지닌 특정한 역사적 정황 속에서 산다. 가변적이며 애매모호하며 종종 위험스러운 세상은 늘 새로운 질문을 신앙에 제기한다. 그래서 어제는 만족스러웠던 대답이 오늘은 더 이상 설득력을 지니지 못한다.

---

6) Marcel, *The Mystery of Being* (Chicago: Henry Regnery, 1960), 1: 260-61. 『존재의 신비』(누멘 역간).

질문은, 우리가 인간으로서 알 수 있는 것과 할 수 있는 것의 한계 상황 속에서 생긴다. 질병, 고통, 죄책, 불의, 개인적 또는 사회적 격동, 사망 등과 같은 위기의 때와 상황 속에서 질문들은 더 강하게 일어난다. 신자라고 하여 이와 같은 상황 속에서 생겨나는 질문이 전혀 없는 것은 아니다. 오히려 신자는 남보다 더 혼돈스러울 수 있다. 왜냐하면 자신의 삶과 세상 속에서 발생하는 사건을 신앙과 관련시켜 바라보아야 하기 때문이다. 정확하게 말하면 신자는 신앙이 있기에 신앙과 삶의 불일치로 인해 자주 혼돈스러움을 경험한다. 신자는 최고의 주권을 지니신 선하신 하나님을 믿지만 악이 종종 승리하는 것처럼 보이는 세상 속에서 살아간다. 신자는 살아 계신 주님을 믿지만 주님의 임재보다는 부재를 자주 경험한다. 신자는 변혁시키는 성령의 권능을 믿지만 동시에 교회의 약함과 신앙의 연약함에 대해서도 너무나 잘 알고 있다. 신자는 하나님의 뜻에 순종해야 함을 알지만 구체적인 쟁점에 대해서 하나님의 뜻이 무엇인지를 알기 어려운 경우가 많다. 심지어 하나님의 뜻을 알 때조차도 그 뜻을 실행하기를 자주 거부한다. 하나님은 우리의 생각보다 항상 더 크시고 세상은 무시할 수 없을 정도로 신앙에 도전하며 반박하기 때문에, 기독교 신앙은 끊임없이 질문을 제기하고 이해를 추구할 수밖에 없다. 에드바르트 스킬레벡스(Edward Schillebeeckx)는 이에 대해 "기독교 신앙은 우리로 하여금 생각하게 한다"라고 간결하게 정리했다.[7]

신앙은 폐쇄적이거나 자기만족적인 태도 대신 오히려 경이로움과 탐구와 모험의 태도를 불러일으킨다. 이 점을 부각시킴으로써 우리는 신앙과 신학이 지니는 인간적인 면모를 강조할 수 있다. 인간이 열린 태도를 가진다는 것은 그가 계속해서 질문을 제기하고 이해를 추구하며, 아우구스티누스의 표현을 빌린다면 "진리를 향한 사랑으로 황홀해지는" 것을 뜻

---

7) Schillebeeckx, preface to *Interim Report on the Books Jesus and Christ* (New York: Crossroad, 1981).

한다. 모름지기 인간됨이란 모든 가능한 종류의 질문을 제기함을 의미한다. 예를 들면, 우리는 누구인가? 무엇이 지고한 가치인가? 하나님은 존재하는가? 무엇을 소망할 수 있는가? 우리의 결점들을 제거하고 세상을 향상시킬 수 있는가? 우리의 의무는 무엇인가? 인간이 신앙의 순례를 시작한다고 해서 갑자기 인간됨을 중단하는 것은 아니다. 인간은 질문을 제기하는 것을 중단하지 않는다. 그리스도인이 된다는 것은 질문을 제기하고 더 깊은 이해를 추구하는 인간됨을 종식하는 것이 아니다. 정반대로, 신앙의 순례자가 된다는 것은 기존의 수많은 질문을 강화시키고 변혁시킬 뿐만 아니라 긴급한 새로운 질문을 제기함을 의미한다. 예를 들면, 하나님의 본질은 무엇과 같은가? 예수 그리스도는 참 인간성을 어떻게 재규정하는가? 십자가에 달려 죽으시고 부활하신 주님의 제자들의 책임은 무엇인가? 예수 그리스도 안에서 드러난 하나님의 은혜를 조금이라도 경험한 이들은 그 신비 속으로 더 온전하게 들어가기를 원하며 또 이것에 비추어 삶의 모든 측면과 세상을 이해하기를 원한다.

데카르트(Descartes)에 따르면 진리를 추구하기 위해 가장 신뢰할 만한 출발점은 자기 의식(self-consciousness)이다. "나는 생각한다. 그러므로 나는 존재한다"(Cogito ergo sum). 그러나 기독교 신앙의 논리는 데카르트의 논리와는 적어도 두 가지 면에서 철저하게 다르다. 첫째, 그리스도인에게 탐구의 출발점은 자기를 의식하는 것이 아니라 만물의 창조자와 구속자인 하나님의 실재를 인식하는 것이다. "나는 생각한다. 그러므로 나는 존재한다"가 아니라 "하나님이 계신다. 그러므로 우리가 존재한다"이다. 이는 시편 말씀이 표현하는 바와 같다. "여호와 우리 주여 주의 이름이 온 땅에 어찌 그리 아름다운지요.…주의 손가락으로 만드신 주의 하늘과 주께서 베풀어 두신 달과 별들을 내가 보오니 사람이 무엇이기에 주께서 그를 생각하시며 인자가 무엇이기에 주께서 그를 돌보시나이까?"(시 8:1, 3-4).

둘째, 기독교 신앙과 신학에서는 하나님에 대한 신앙이 탐구를 이끌어낸다. 그러기에 하나님을 떠나서 확실성에 도달하려고 시도하는 탐구는 아무런 의미가 없다. "나 자신의 존재 이외의 모든 것을 의심함으로써 나는 확실성을 추구한다"가 아니라 "하나님이 우리에게 자비를 보여주셨기에 우리는 탐구한다"인 것이다. 우리가 진정 하나님을 믿는다면, 우리의 옛 사고방식과 삶의 방식은 끊임없이 철저하게 뒤흔들릴 것으로 기대해야 한다. 우리가 하나님을 믿는다면, 영구적인 처소가 없는 구도자, 순례자, 개척자가 되어야 하며, 일상의 삶 속에서 검토되지 않은 믿음과 관행에 더 이상 만족하지 말아야 한다. 우리가 하나님을 믿는다면, 우리의 충성을 요구하는 권력, 부, 민족, 인종이라는 우상들을 반드시 의심해야 한다. 기독교 신앙은 맹목적 신앙이 아니라 "생각하는 신앙"이고, 기독교적 소망은 피상적인 낙관주의가 아니라 "기초가 튼튼한 소망"이며, 기독교적 사랑은 낭만적인 순진함이 아니라 "두 눈을 활짝 뜨고 빈틈없이 살피는 사랑"이다.[8]

그리스도인이 신앙의 순례자인 이상 끊임없이 질문을 제기할 수밖에 없다. 때로는 대답을 찾을 수 없는 난해한 질문도 제기한다. 신자는 모든 해답을 소유하기는커녕 늘 일련의 새로운 질문을 발견하는 것이다. 확실히 성경 속 인물들의 경험도 그랬다. 만약 우리가 경청할 준비가 되어 있다면, 성경은 심각한 질문들로 우리를 격렬하게 뒤흔드는 능력이 있다. 예를 들면 "아담아, 네가 어디 있느냐?"(창 3:9) "가인아, 네 아우 아벨이 어디 있느냐?"(창 4:9) "가난한 자와 궁핍한 자를 변호하고 형통하는 것, 이것이 나를 앎이 아니냐? 여호와의 말씀이니라"(렘 22:16), "너희는 나를 누구라 하느냐?"(막 8:29) "나의 하나님, 나의 하나님, 어찌하여 나를 버리셨나이까?"(막 15:34) 난해한 질문을 제기할 만큼 신앙이 사람들을 자유롭게 하지 않는다면, 신앙은 비인간화되며 위험해진다. 질문하지 않는 신앙은 곧장

---

8) Douglas John Hall, *Thinking the Faith: Christian Theology in a North American Context* (Minneapolis: Augsburg, 1989); 또한 Hendrikus Berkhof, *Well-Founded Hope* (Richmond: John Knox, 1969); Moltmann, *Experiences in Theology*를 보라.

이데올로기, 미신, 열광주의, 자기도취, 우상숭배로 전락한다. 신앙은 열정적으로 그리고 끈질기게 이해를 추구한다. 그러지 않은 신앙은 시들고 마침내 죽고 만다. 신앙의 의무가 늘 새로운 질문을 제기하는 것이라면, 교회의 신학적 임무는 새로운 질문을 추구하여 그것을 생생하게 보존하는 것이며 또한 그것이 잊혀지거나 억압되지 않도록 방지하는 것이다. 인간의 진정한 삶이 중단되는 이유는 질문에 대한 답이 없어서가 아니라, 실제적으로 중요한 질문을 제기하는 용기가 없기 때문이다. 그러므로 신학은 질문을 제기해야 할 필요성을 주장함으로써 교회를 섬길 뿐 아니라, 세상 속에서 "인간의 삶을 인간적으로 만들고 보존하고자 하시는" 하나님의 광범위한 목적에 기여한다고 할 수 있다.[9]

앞에서 기술한 것과 같은 신학적 탐구는 우리의 두려움으로 인해 끊임없이 저항에 부딪힌다. 우리는 삶의 다른 영역에서는 질문을 제기하는 것에 익숙하지만 신앙의 영역에서는 혼돈스러움을 두려워하는 경향이 있다. 질문이 우리를 이전에 다녀본 적이 없는 길로 이끌 때 우리는 질문하기를 두려워한다. 하나님과 그분의 목적을 너무 깊이 탐구한 나머지 우리의 생각과 믿음과 삶이 혼란스러워지는 것을 겁내는 것이다. 우리는 질문에 대한 대답을 발견하지 못하면 전적인 절망에 빠질 것이라고 두려워한다. 이러한 두려움으로 인해 우리의 신앙은 더 심오한 이해를 추구하기보다는 신앙을 감옥에 가두며 지루하고 무능한 것으로 만들고 만다.[10]

하나님의 완전한 사랑을 신뢰함으로써만 우리는 끈질긴 두려움을 극복할 수 있고(요일 4:18), 자유로운 신학 활동에 참여할 용기를 얻을 수 있다. 축복받기 원하여 천사와 씨름한 후 다리를 절었던 야곱처럼(창 32:24이하), 신학은 추구하고 분투하고 씨름하는 과정이다. 이해를 추구하는 신앙

---

9) Paul Lehmann, *Ethics in a Christian Context* (New York: Harper & Row, 1963), 112.
10) 신학 학습의 과정에서 두려움이 행하는 역할에 대한 통찰력 있는 논의로는 F. LeRon Shults, *Reforming Theological Anthropology* (Grand Rapids: Eerdmans, 2003), 70-76을 보라.

으로서의 신학은 하나님의 자유로운 은혜와 부활의 능력의 아름다움을 발견하고 즐거워하는 많은 기회를 제공한다. 또한 그러한 진정한 신학은 심연 속을 들여다볼 수 있다. 한순간이라도 신학이 예수 그리스도의 십자가를 잊어버린다면, 그리고 십자가의 그늘 속, 하나님이 부재하고 지옥이 승리하는 것처럼 보이는 곳에 머무는 인간의 삶의 경험을 망각한다면, 그것은 신학 본연의 책임을 방기하는 것이다. 바로 이 지점이 신학자가 된다는 것의 의미를 인상적으로 표현했던 루터의 다음과 같은 선언이 뜻하는 바이기도 하다. "신학자가 되는 것은 지식과 독서와 사변에 의해서가 아니다. 삶의 현장에서 생생하게 살아감을 통해서, 아니 사망에 처하여 지옥에 떨어짐으로써 신학자가 만들어진다."[11]

신학의 질문 가능성

기독교 신앙이 우리로 하여금 생각하도록 촉구한다고 말한다고 해서, 생각하는 것만이, 심지어 교회의 교리를 사유하는 것만이 그리스도인됨의 전체 모습이라는 의미는 결코 아니다. 기독교 신앙은 우리로 하여금 생각하는 것 이상으로 많은 것을 하도록 만든다. 신앙으로 인해 우리는 찬양하고 고백하고 기뻐하고 아파하고 기도하고 행동한다. 장 칼뱅(John Calvin)의 설명대로 하나님에 관한 참된 지식은 예배와 섬김과 분리될 수 없다.[12] 신앙은 하나님의 진리를 추구한다. 그러나 더 중요한 사실은, 하나님은 우리의 지성이 그분을 알아가기를 원하실 뿐만 아니라 우리의 전 인격이 그분을 즐거워하고 그분의 말씀대로 살아가기를 원하신다는 것이다. 생각

---

11) *Luthers Werke* (Weimar), 5.163.28, Jürgen Moltmann, *Experiences in Theology*, 23-24 에서 재인용.
12) Calvin, *Institutes of the Christian Religion*, 1.2.1. 칼뱅에게 복음이란 "혀의 교리가 아니라 삶의 교리"임을 주목하라(3.6.4).

하는 신앙으로서의 신학은 하나님을 예배하고 이웃을 섬기는 것으로부터 시작될 뿐 아니라, 자신의 출발점으로 되돌아가 그 예배와 섬김에 이바지 한다.

지나치게 학문적인 신학이 종종 나타남은 의심할 여지없는 사실이다. 더 정확하게 말해 사소한 학문적 세부 사항을 따지면서 미로 속에서 길을 잃은 나머지 아무런 열매도 맺지 못하는 추상적 신학이 존재하는 것이다. 이러한 신학은 심판을 받는다. 칼 바르트는 예언자 아모스의 말을 익살스 럽게 차용하여, 끝없는 무의미한 논쟁에 빠진 신학에 대한 하나님의 심판 을 다음과 같이 표현한다. "내가 너희 강의와 세미나를 미워하여 멸시하 며 설교와 강연과 성경 공부를 기뻐하지 아니하나니…너희가 지혜의 해 석학적·교리적·윤리학적·목회학적 나부랭이들을 내 앞에 드릴찌라도 내 가 받지 아니할 것이요…너희 살진 두꺼운 책들과 논문들과 신학 잡지들 과 월간지들과 계간지들도 내가 돌아보지 아니하리니 내 앞에서 치워버 려라."[13]

기독교 경건의 단순함은 사변적이고 무용한 신학을 항상 반대해왔다. 예를 들면, 핀 끝에서 얼마나 많은 천사들이 춤출 수 있는지 경솔하게 묻 는 신학이나, 마치 수학 문제를 다루듯 하나님의 신비를 건방지게 다루는 신학에 늘 반대했던 것이다. 우리는 일부 그리스도인들이 이러한 궤변 신 학의 활동을 전적으로 의문시하는 것에 대해 충분히 공감한다. 무용한 신 학에 실망한 그들은 이렇게 외치고 있다. "신학과 함께 이 모든 교묘한 구 분들과 지겨운 논쟁들을 치워버려라! 우리가 원하는 것은 더 많은 신학이 아니라 단순한 신앙이며, 더 고상한 논증이 아니라 변화된 마음, 그리스도 를 향한 꾸밈없는 헌신, 성경의 가르침에 대한 무조건적 수용, 타협 없이 성령을 신뢰하는 것이다."

단순한 경건의 이름으로 사변적 신학을 비판하는 일은 중요하다. 이러

---

13) Barth, *Evangelical Theology*, 120.

한 비판은 삶과 분리되어 무감각하며 과도하게 이지적인 신학에 대해 끊임없는 경고로서 기능할 수 있다. 그러나 동시에 단순한 경건의 이름으로 행해지는 비판이 그리스도인 개인의 삶과 교회의 발전에 심각한 해를 끼칠 수도 있기에 신중해야 한다. 기독교 신앙은 단순하다. 그러나 과도하게 단순화되어서는 안 된다. 그리스도를 향한 진심 어린 신뢰와 충성이 기본적이고 필수적인 것은 사실이지만, 이것이 전부는 아니다. 그리스도인이 된다는 것은 삶 전체와 모든 생각이 그리스도께 복종해야 한다는 의미이며(고후 10:5), 그러기에 늘 고된 과정 위에 있다. 교회는 전심으로 성경 증언의 권위를 인정해야 하지만 성경 숭배(bibliolatry)는 피해야 하며, 성경 본문의 특정한 역사적 상황과 다양한 문학적 형식을 파악하면서 성경을 읽어야 한다. 그리스도인들이 성령의 권능에 의지함은 당연한 일이지만 그렇더라도 각 영이 하나님으로부터 온 것인지 아닌지를 분별해야 한다(요일 4:1). 하나님의 은혜는 답을 찾아내야 하는 지적인 수수께끼라기보다는, 우리를 초청하여 거기에 참여하도록 하는 신비다. 그러나 "하나님은 신비다"라고 말하는 것과, 신비주의적 미혹과 몽매에 몰입하는 것은 전적으로 다르다. 칼 바르트는 다음과 같이 말한다. "신학을 한다는 것은 신비에 관하여 지적인 수고를 함을 의미한다.…이러한 노고를 꺼린다면, 하나님의 신비를 다룬다고 하는 말의 의미를 결코 파악할 수 없을 것이다."[14] 성경과 성령에 의지한다고 해서 진지한 반성이 없어서는 안 된다. 기독교 신앙은 자아도취적 감정이나 종교적 진부함으로 환원되어서는 안 된다. 참으로 그리스도는 모든 질문의 해답이시다. 그렇지만 질문은 과연 무엇이었던가? 그리스도는 누구신가? 기독교 신앙은 인간의 곤경에 대한 권위주의적·무비판적·무반성적 대답의 꾸러미가 아니다. 참된 신앙은 질문을 억누르지 않으며, 오히려 이전보다 훨씬 더 많은 질문을 갖게 만든다. 그러므로 단순한 경건이 신학에 대해 가지는 불안은 잘못된 것이라고 할 수

---

14) Barth, *Church Dogmatics*, 1/1: 423.

있다. 기독교 신앙으로부터 자극된 사고는 하나님에 대한 신뢰를 대체하지 않으며, 오히려 필수적인 요소로 작용하여 단순한 환상이나 경건의 외양을 쓴 도피로부터 참된 신앙을 구별하도록 도와준다.

질문을 제기하며 이해를 추구하는 여정으로서의 신학을 이해하는 입장에 대해 또 다른 식의 공격이 있을 수 있다. 이런 공격을 감행하는 자들은 실천 지향의 신앙을 대표하는 사람들로서, 현재 신학은 무익하며 심지어 해롭기까지 하다고 주장한다. 대부분의 신학이 지적인 게임이 되어버렸고, 행동 없는 마비에 빠져 있다고 비판하는 것이다. 그들은 외치고 있다. "그리스도인은 아무런 열매도 맺지 못하는 이론화 작업을 중단하고 그리스도를 위하여 무엇인가를 행해야 한다. 하나님의 나라는 말에 있지 않고 오직 능력에 있다고(고전 4:20) 사도 바울도 말하지 않았던가? 참으로 신앙은 올바르고 적확한 사고 그 이상이다[신앙을 올바른 사고로만 보는 입장을 정통주의(orthodoxy)라는 이름의 이단으로 명명할 수 있으리라]. 신앙은 변혁, 즉 개인의 변혁, 사회의 변혁, 세상의 변혁과 관계된다. 신앙은 그리스도와 복음을 위해 기꺼이 목숨을 내놓는 것이다." 정말 이러한 비판에는 일리가 있다. 만약 신학이 기독교적 삶과 실천과 분리되어 단지 이론으로만 남는다면, 이러한 신학의 정당성은 극히 의심스러울 수밖에 없다. 그러나 동시에 앞과 같은 비판이 일면적이고 편향적임도 기억하자. 실천이 없는 이론이 공허하다면, 이론이 없는 실천은 맹목적이다. 중요한 질문들, 즉 "그리스도는 누구인가?", "그리스도의 나라는 어떤 곳인가?" 등의 질문을 성급하게 무시한다면, 이런저런 행동들 중 어떤 것이 "그리스도와 하나님 나라의 도래를 위해" 적합한 것인지를 어떻게 판단할 수 있겠는가? 생각을 위한 생각, 이론을 위한 이론이 위험한 것만큼이나, 생각이 배제된 성급한 행동 역시 기독교적이지 않다. 하나님을 향한 신실함은 때때로 잠잠히 있으면서 기다리는 것을 포함한다. 행동이 창조적이듯 기다림 또한 창조적일 수 있다. 기독교 신앙은 생각하고 질문하도록 만든다. 동시에 자신이 제기하는 질문을 받아주지 않는 사상적 동향이나, 진보와 보수를 막론하고 무조건적 충성을 요구하면서 "앞으로 전진!"만 외치는 자들을 의심스럽게 바라본다.

신학을 비판하는 자들은 신학이 사변적이고 비실천적일 뿐 아니라 종종 위험스럽고 천박한 기미를 띤다고 비난한다. 예를 들어 신학이 강한 자의 통치와 불의한 상황을 종교적으로 정당화해왔다는 것이다. 종교가 기존 질서를 유지하기 위해 교리에 호소하는 것을 봐온 칼 마르크스(Karl Marx)는, 사회적·경제적 불의를 비판하기 위해서는 먼저 종교와 신학을 비판하는 것이 전제되어야 한다는 결론에 이르렀는데, 이는 조금도 놀라운 사실이 아니다. 그동안 종교와 신학이 숱하게 해왔던 "미혹하는" 기능에 대한 비판을 수행한 것은 마르크스주의가 처음이 아니다. 구약의 예언자들과 예수의 교훈 속에도 이러한 비판이 담겨 있다. 종교와 종교인들이, 인간과 인간의 삶을 위해 하나님이 원래 의도했던 것과 얼마나 정반대로 행하고 있는지 그들은 선명하게 파악하고 있었다. 자신이 섬기고 있는 실제적인 권세가 누구인지, 자신이 누구의 이익을 대변하고 있는지 스스로 자문하지 않는 신학은 참으로 위험스럽다. 분명한 점은 지금도 수많은 기독교 신학이 이와 같은 질문을 진지하게 제기하지 못한다는 것이다.

계속 주장해온 바와 같이 신학은 끊임없는 탐구의 과정이다. 하나님의 놀라운 은혜가 이러한 탐구를 촉진하며, 도래할 하나님의 통치의 약속과 깨어진 인간의 삶의 경험 사이에 있는 엄청난 괴리 역시 신학적 탐구를 야기한다. 신학의 과제를 제대로 이해한다면, 우리는 신학이 전문적인 신학자만의 활동이 아니라 신앙 공동체의 모든 지체들이 참여하는 활동임을 깨달을 수 있을 것이다. 신앙의 삶에서는 "어느 누구도 질문을 제기할 의무와, 대답을 제시하고 평가하는 난해한 과제로부터 면제되지 않는다."[15] 만약 신학이 위험스럽거나 심지어 경멸당할 지경에 이르렀다면, 신앙 공동체의 모든 지체들은 자신의 신학적 책임의 포기가 이러한 상황에

---

15) Barth, *Church Dogmatics*, 3/4: 498.

일조하지는 않았는지 자문해보아야 한다. 확실히 신앙과 신학은 동일하지 않다. 신학적으로 진일보했다는 사실이 신앙이 살아 있음을 보증하지 못하며, 신학적 피폐가 신앙의 삶의 부재를 증명하는 것도 아니다. 그럼에도 불구하고 신앙과 신학적 탐구는 밀접하게 연관되어 있다. 하나님의 은혜와 심판의 말씀을 경청함에서 나오는 직접적 반응이 신앙이라면, 신학은 그 이후에 교회가 신앙의 언어와 실천에 대해 필수적으로 행하는 반성이기 때문이다. 이러한 반성은 다양한 차원에서, 수많은 삶의 정황들 속에서 발생한다.

신학의 질문들

다양한 사회적 정황 속에서 기독교 신학을 추구할 수는 있겠지만, 기본적으로 신학은 교회의 삶과 특별한 관계를 맺는다. 신학은 교회를 안내하고 교회를 비판함으로써 교회를 섬긴다. 교회는 자기반성적이어야 하기 때문에 신학적 반성은 교회의 삶에서 중대한 역할을 담당한다. 교회의 삶과 사명의 기초며 기준인 예수 그리스도의 복음에 대한 교회의 신실함을 결단하기 위해, 교회 자신의 선포와 실천을 기꺼이 검토해야 하는 것이다.

지금까지 기독교 신학이라고 불리는 탐구 과정에 관해 말하면서 하부항목에 대해서는 거의 구분하지 않았지만, 실제에 있어서 신학은 여러 가지 영역으로 나뉘어진다. 따라서 그 각각이 어떻게 상호 연관되는지를 파악하는 것이 중요하다.[16] **성경신학**(biblical theology)은 하나님의 말씀과 활

---

16) 신학 연구의 본질과 구조를 재고해야 할 필요성에 관해서는 Edward Farley, *Theologia: The Fragmentation and Unity of Theological Education* (Philadelphia: Fortress, 1983); Charles M. Wood, *Vision and Discernment: An Orientation in Theological Study* (Atlanta: Scholars Press, 1985); David H. Kelsey, *To Understand God Truly: What's Theological about a Theological School?* (Philadelphia: Westminster/John Knox, 1992)을 보라.

동에 관한 일차적 증언이라고 교회가 인정한 신구약 정경을 상세하게 연구한다. **역사신학**(historical theology)은 기독교 신앙과 삶이 다양한 시대와 장소에서 표현되었던 다양한 방식들을 추적한다. **철학적 신학**(philosophical theology)은 철학적 탐구의 자료를 바탕으로 이성과 경험의 관점에서 기독교 신앙의 의미와 진리를 탐구한다. **실천신학**(practical theology)은 교회의 기본적 실천의 의미와 온전성을 탐구하며, 사역의 특수한 과제들, 즉 설교, 교육, 목회 상담, 구제, 환자·임종자·유족 심방 등을 연구한다.

이 책은 신앙 공동체의 더 광범위한 신학적 과제의 한 측면인 **조직신학**[systematic theology, 교의신학(doctrinal theology) 또는 구성신학(constructive theology)이라고도 한다]을 다룬다. 조직신학의 특수한 과제는 신학의 다른 분과들의 내용을 바탕으로 기독교 신앙을 신실하고 일관적이고 시의적절하고 책임감 있게 표명하는 것이다. 이러한 과제는 비평적이며 창조적인 활동으로서 용기와 겸손 모두를 필요로 한다. 조직신학은 교회 스스로가 중요한 것이라고 공언한 것, 즉 삶을 새롭고 자유롭게 하는 예수 그리스도의 복음의 빛에 비추어 교회의 교리와 실천을 재해석하고 재고하도록 도전을 받는다. 모든 그리스도인, 특히 목사와 교사로서 교회에서 지도력을 행사하는 이들은 적어도 다음과 같은 네 가지 질문, 즉 기독교적 삶과 사역의 모든 국면과 관계되는 질문을 제기할 수밖에 없으며, 그럼으로써 조직신학의 과제에 참여하고 있는 것이다.

첫째, 신앙 공동체의 선포와 실천이 성경이 증언하는 계시, 즉 예수 그리스도 안에서 드러난 하나님의 계시에 비추어 진리인가? 최종적으로 신학의 모든 질문은 바로 이 질문을 여러 다른 버전으로 바꾼 것에 지나지 않는다. 기독교의 복음, 즉 그리스도 안에서 알려진 하나님의 "좋은 소식"이란 무엇인가? 복음에 대한 다양한 오해와 왜곡으로부터 어떻게 진짜 복음을 구별할 수 있는가? 기독교 공동체의 정체성은 바로 이 질문에 달려 있으며, 교회의 선포와 삶의 신실성도 이 질문에 달려 있다.

사도 바울도 신학의 이러한 비판적 탐구를 추구했다. 갈라디아서와 로마서에서 그는, 하나님의 은혜와 용서에 대한 신뢰는 인간의 업적과 공로에 근거한 종교와는 근본적으로 다르다고 논증한다. 사도 바울의 어조는 단호하고 단도직입적이다. 그에 따르면 오직 하나의 참된 복음만이 있을 뿐이며(갈 1:6이하), 거짓 복음들은 폭로하고 배척해야 한다. 바울의 뒤를 이어 몇 세기 후에는 이레나이우스(Irenaeus)가 영지주의를, 아타나시우스(Athanasius)가 아리우스주의(Arianism)를, 아우구스티누스가 펠라기우스주의(Pelagianism)를, 루터가 중세 후기의 공로주의적 구원 체계를, 바르트가 부르주아 문화에 길들여진 19세기 자유주의 개신교를 반박했다. 이 과정 중에 신조 또는 신앙고백문이 형성되는 경우도 있었다. 몇 가지만 예를 들면 니케아 신조, 칼케돈 신조, 아우구스부르크 신조, 하이델베르크 요리문답, 바르멘 선언이 바로 그런 것들이다. 이 선언문들의 존재는, 복음을 희미하게 하거나 상실하지 않도록 교회가 논쟁의 한가운데서 진리를 고백할 수밖에 없었던 상황을 보여준다.

우리 시대도 예외가 아니다. 현재에도 자아 성취라는 매혹적인 우상 숭배로부터 인종차별적인 추악한 기독교에 이르기까지, 복음에 대한 모든 종류의 복제품이 양산되고 있다. 기독교적 선포라고 알려진 것들이 과연 복음을 적합하게 드러내고 있는가? 기독교 공동체의 지도자뿐 아니라 책임 있는 지체들이라면 누구나 이런 질문을 제기해야 마땅하다. 만약 기독교적이라고 불리는 것들이, 또한 종교의 외피로 포장된 것들이 복음과 일치하지 않는 상황이라면, 위험을 경계하는 신학의 과제가 필수적으로 요청되는 시점인 것이다. 만약 우리의 개인적·사회적 삶 속에서 익숙해진 것들이 복음과 동일시되는 것을 거부한다면, 우리의 신앙 공동체는 성경이 증언하는 "하나님의 복음"(롬 1:1)을 올바르게 듣고 이해하고 있는지를 끊임없이 자문해야 한다. 신학이라는 학문의 존재 이유는 이러한 질문을 생생하게 보존하고 거듭해서 제기하기 위함이다.

둘째, 신앙 공동체의 선포와 실천이 예수 그리스도 안에서 드러난 하나님의 계시의 온전한 진리를 적합하게 표현하고 있는가? 조직신학의 두 번째 질문은 기독교 공동체가 발하는 진술의 온전성과 적합성을 검토한다.

많은 사람들이 "조직"신학을 의심의 눈초리로 바라보는 실정인데, 여기에는 자주 정당한 이유가 있다. 만약 신학이 단 하나의 원리 또는 여러 원리들의 집합으로부터 기독교 교리 전체를 도출하고자 한다면, 여기서 만들어진 "조직 체계"는 필연적으로 하나님의 살아 있는 말씀과의 접촉점을 상실하고 만다. 신학이 하나님의 계시의 인도를 신실하게 따르는 대신, 계시의 주인 노릇을 하려는 이성주의적 태도를 취한다면, 그러한 신학은 하나님의 은혜와 심판의 개입에 대해 닫혀 있는 "조직 체계"로 전락할 것이다. 신학 스스로 자신이 건설한 요새가 완벽하고 영구적이라고 믿으며 또 하나님의 말씀처럼 영원히 존속할 것이라고 생각한다면, 그러한 신학은 신앙이 결여된 "조직 체계"가 된다. 앞과 같이 왜곡된 의미로서 사상의 "조직 체계"를 세우는 것은 전혀 신학의 과제가 아니다. 그러한 신학 체계들이 아무리 휘황찬란하고 창의적으로 보이더라도, 근본적으로 이들은 하나님의 계시를 통제하며 본래의 신학적 사고를 마쳐시킨다.

이러한 위험에도 불구하고 신학이 하나님의 모든 활동 속에 드러난 그분의 일관성과 신실성을 신뢰하는 한, "조직적"(systematic)이려는 신학의 노력은 긍정되어야 한다. 하나님은 신실하시다. 따라서 성경이 증언하는 하나님의 모든 행동에는 일정한 유형과 연속성이 있으며, 이 유형과 연속성은 신학적 반성에 통일적 형태와 일치를 부여한다. 심지어 데이비드 트레이시(David Tracy)의 표현처럼, "총체성"보다는 "단편성"이 인간 자신과 하나님에 대한 우리 지식의 형태를 결정하는 "포스트모던" 시대에도, "단편들을 모으는" 잠정적 작업이 여전히 가능할 뿐 아니라 필요한 것이다.[17]

기독교 신앙이 여러 믿음의 내용을 뒤죽박죽 모아 섞은 것이 아니듯,

---

17) David Tracy, "Form and Fragment: The Recovery of the Hidden and Incomprehensible God," in *Reflections: Center of Theological Inquiry 3* (Autumn 2000): 62-88.

기독교 신학은 이질적인 상징들과 교리들을 모아놓은 꾸러미가 아니다. 동시에 우리도 마음대로 꾸러미를 선택하거나 원하는 유형으로 새로운 꾸러미를 조직할 수 없다. 예수 그리스도의 삶과 부활 없이는 십자가를 이해할 수 없으며, 십자가 없이는 그분의 삶과 부활을 제대로 이해할 수 없다. 하나님의 창조 활동을 인정하지 않으면 또는 그리스도의 재림과 만물의 완성에 대한 소망을 받아들이지 않으면, 하나님의 화해 사역을 올바르게 이해할 수 없다. 기독교 교리들은 상호 긴밀하게 연관되어 하나의 일관적인 전체를 형성하고 있다. 이것들은 특징적인 문법으로 이루어져 있으며 하나의 일관적인 이야기를 말한다. "그리스도 중심적인"(Christocentric) 신앙의 표현은 훌륭하지만, 만약 이런 표현이 선한 창조의 의미를 소홀하게 여기거나 세상 속 악의 실재를 최소화하거나 하나님의 통치의 도래에 대한 소망을 무시한다면, 심각한 결함을 지닐 것이다.

그러므로 다음과 같은 질문을 제기하는 것은 피할 수 없는 신학의 과제의 일부이다. 믿음, 소망, 사랑의 띠로 교회를 하나 되게 만드는 온전한 복음은 무엇인가? 만약 교회의 일치가 인종, 성, 민족과 관련된 쟁점들에 의해 위협을 받는다면, 이것은 부분적으로 하나님과 인간과 교회에 대한 우리의 이해가 예수 그리스도의 복음에 의해 불충분하게 형성되어 있기 때문은 아닐까? 만약 교회가 생태학적 쟁점에 대해 확신 없는 증언을 행한다면, 이는 창조론을 부당하게 소홀히 여겼거나 다른 교리들과 불충분하게 통합시키고 있기 때문은 아닐까? 만약 교회가 개인 구원과 사회 정의를 대립시킨다면, 부분적으로 이것은 구원론이 축소되어 있기 때문은 아닐까? 만약 교회가 빈민, 여성, 흑인, 히스패닉, 실직자, 신체적·정신적 장애인의 목소리에 당황한다면, 이것은 부분적으로 복음의 온전한 진리를 탐구하는 교회의 노력이 중단되어 있기 때문은 아닐까? 만약 교회가 그들의 목소리에 귀를 막는다면, 이것은 우리가 온전한 진리를 이미 소유하고 있다고 착각하기 때문은 아닐까? 모든 시대마다 기독교 신학은 다음과 같이 질문할 정도로 자유롭고 건강해야 한다. 즉 교회는 예수 그리스도의 복음의 온전성과 보편성을 자신의 삶과 선포를 통해 제대로 증언하고 있는가? 교회는 이방인과 소외된 자를 포용하지 않는 거짓된 일치에 의해 항상 위협을 받고 있다. 신학은 온전한 복음에 대한 탐구를 생생하게 보존하기 위해 존재한다. 오로지 온전한 복음만이 풍성한 다양성을 상실하지 않으면서도 통일성을 유지하고, 개인적·문화적 온전성을 상실하지 않으면서도 공동체성을 세우며, 정의를 타협하지 않으면서도 평화를 지킬 수 있다. 신학은 참된 복음이 무엇인지를 물을 뿐만 아니라 온전한 복음이 무엇인지를, 즉 그리스도 안에 있는 하나님의 사랑의 너비와 길이와 높이와 깊이가 어떠한지를 물어야 한다(엡 3:18-19).

셋째, **신앙 공동체의 선포와 실천이 예수 그리스도의 하나님을 현재 정황 속에서 살아 있는 실재로서 드러내고 있는가?** 기독교 메시지는 늘 새로운 상황 속에서 해석되어야 하며, 그 상황 속에 있는 자들이 이해할 수 있는 개념과 이미지로 옮겨져야 한다. 디트리히 본회퍼(Dietrich Bonhoeffer)의 질문처럼, 그리스도는 **오늘 우리에게 누구신가**라고 물어야 하는 것이다.[18]

"현재 우리가 지닌 복음은 어떤 것인가?" 또는 "그리스도는 오늘 우리에게 누구신가?" 같은 질문은 처음에는 충격적으로 들릴지도 모른다. 시간과 공간에 따라서 복음이 달라질 수 있는가라는 반문이 나올 수도 있다. 물론 복음은 단 하나, 곧 삼위일체 하나님의 복음만이 있다. 복음의 하나님은 세상을 창조하고 그리스도 안에서 세상을 구속하셨으며, 여전히 성령의 권능으로 만물을 갱신하고 변혁시키고 계신 분이다. 그럼에도 복음을 신실하게 섬기고자 한다면, 우리가 복음을 전해 받은 상황에서 작용하는 특수한 문화적 행태를 무비판적으로 지지하기보다는, 우리 시대와 공간에 적합한 기독교 신앙의 언어, 즉 이야기, 교리, 상징을 재해석하는 작

---

18) Dietrich Bonhoeffer, *Letters and Papers from Prison* (New York: Macmillan, 1972), 279. 『저항과 복종』(대한기독교서회 역간).

업이 필수적이다.

책임감 있는 신학은 이전 시대의 문화를 복원하는 것도, 선조들의 신앙을 단순히 반복하는 것도 아니다. 물론 신학의 과제에는 과거 교회의 증언에 귀를 기울이는 것도 포함된다. 바르트가 상기시키듯이 "아우구스티누스, 토마스 아퀴나스, 루터, 슐라이어마허, 그리고 그 외 모든 이들은 죽은 자가 아니라 살아 있는 자로서 여전히 말하고 있으며, 그 살아 있는 목소리는 우리의 경청을 요구한다. 그들과 우리가 모두 같은 교회에 속해 있음을 우리가 확신하는 한 그러하다. 그들은 오늘날 우리에게 요구되는 것과 동일한 공헌을 자신들의 시대에 완수했다. 그들의 공헌이 있었기에 우리의 공헌이 가능하다. 그들의 공헌이 없었다면 오늘날 우리는 우리의 역할을 감당할 수 없을 것이다."[19] 그러나 바르트는 다음과 같은 사실 또한 강조한다. 즉 아우구스티누스, 토마스 아퀴나스, 루터의 말을 그저 반복하는 것만으로는 오늘날 우리에게 주어진 신학적 책임을 다할 수 없다. 반대로 신학의 작업이란 우리 자신의 시대와 장소 속에서 우리 자신의 사고와 결정을 포함하며, 우리 자신의 신실성, 창조성, 상상력을 요구한다. 그러기에 신학의 작업은 **구성적**(constructive) **과제**로서, 기독교 신앙을 새로운 개념과 새로운 행동으로 재현하는 모험을 감수한다. 신학의 작업은 새로운 경험, 새로운 문제, 새로운 가능성에 직면하여 기독교 신앙을 따라 사고하고 기독교 신앙대로 살 것을 요구하기 때문이다. 성경 자체가 이미 공동체의 신앙을 새로운 시대와 상황 속에서 역동적으로 재현하는 과정을 보여주는 탁월한 모델이다. 따라서 우리는 예수 그리스도가 **오늘날** 우리에게 누구인가라는 본회퍼의 질문을 회피하지 말아야 한다.

넷째, **예수 그리스도의 복음을 전하는 신앙 공동체의 선포가 개인과 사회의 삶을 변혁시키는 실천으로 나아가고 있는가?** 조직신학의 네 번째 근본 질문은 특정한 정황 속에서 신앙과 제자도를 구체적으로 책임 있게

---

19) Karl Barth, *Protestant Theology in the Nineteenth Century* (London: SCM, 2001), 17.

구현하는 것을 다룬다. 기독교 신앙은 믿는 이들로 하여금 삶의 모든 영역에서 자유와 책임을 누리도록 이끈다. 그러므로 신학의 불가결한 과제는 우리 자신의 시대와 상황 속에서 구체적인 방식으로 어떻게 인간의 삶을 개혁하고 변혁시킬 수 있는지를 묻는 것이다. 신앙 공동체와 개별 지체들이 행하는 일상의 결정과 행동과 복음은 서로 어떤 관계를 맺고 있는가? 지금까지 오랫동안 당연시되었던 우리 자신의 삶의 유형과 제도적 구조 중 어떤 것들이 복음의 관점에 비추어볼 때 재고되어야 하는가? 복음이 현재 인간의 삶에 구체적인 영향을 끼치고자 한다면 악의 구조 중에서 어떤 것들에 주목하고 도전해야 하는가? 폭력, 테러, 불의, 무관심이 팽배한 세상에서 새로운 시작을 알리는 징후를 어디서 발견할 수 있는가?

이 모든 질문은 하나님의 은혜에 대한 우리의 신뢰와 하나님을 섬기고자 하는 우리의 소명 사이의 불가분리적 연관을 전제하고 있다. 예수 그리스도의 복음은 용서, 화해, 자유, 새로운 삶이라는 하나님의 선물을 선포한다. 그러나 동시에 하나님의 선물은 우리로 자유와 기쁨과 용기 가운데 제자도를 따르도록 명령하며, 또한 그것을 가능하게 한다. 바로 이런 방식으로 신학과 윤리가 연결되는 것이다. 제임스 콘(James Cone)은 "신학 개념은 신학적 실천으로 옮겨질 때, 즉 교회가 자신이 선포하는 것을 토대로 세상 속에서 살아갈 때에야 비로소 의미를 지닌다"라고 말했다.[20] 참 신앙은 사랑으로써 역사한다(갈 5:6). 하나님이 우리에게 명하시는 것을 진지하게 묻지 않으면, 우리는 하나님이 주시는 새로운 삶의 선물 또한 실제적으로 받을 수 없게 된다. 신학은 우리에게 하나님의 선물과 **동시에** 하나님의 명령을 상기시켜 주기 위해, 또 다음과 같은 질문을 계속 견지하도록 하기 위해 존재한다: 십자가에서 죽으시고 부활하신 주님을 오늘 우리의 세계 안에서 개인적으로 그리고 공동체적으로, 신실하고도 구체적인 방식으로

---

20) Cone, *God of the Oppressed* (New York: Seabury Press, 1975), 36. 『눌린 자의 하나님』 (이화여대출판부 역간).

증언한다는 것은 무엇을 의미하는가?

위에서 열거한 조직신학의 네 가지 중심적 질문은 일회적이 아니라 계속적으로 제기되어야 한다. 신학이 이 질문에 답한다 하더라도 그것은 유한하고 부분적인 성공일 뿐이다. 과거에 제시된 해답을 존중하고 배우는 것이 아무리 중요하다 하더라도, 현재의 신학은 과거의 해답 위에 건설될 수 없는 것이다. 이런 까닭에 신학은 자신의 실패를 인정하며 "처음부터 다시 시작하는"[21] 자유와 지혜와 용기를 항상 지녀야 한다. 그러한 자유와 지혜와 용기는 성령 하나님의 선물이며, 따라서 기도는 신학적 탐구와 떨어질 수 없는 동료이다. **창조자 성령이여, 오시옵소서!**(*Veni Creator Spiritus*). 이와 같이 진지한 신학적 탐구는 성령의 임재를 기원하는 기도로 시작하고 진행되며 끝마친다.[22]

신학적 질문을 제기하는 신학 방법들

신학은 질문을 제기할 뿐 아니라 질문을 제기하는 방식에 대해서도 의식해야 한다. 요컨대 이것이 바로 신학 방법론의 영역이다. 최근에 신학 방법론에 대한 많은 저술이 쏟아져 나왔지만, 분명한 합의점에 도달하는 것은 아직도 요원해 보인다. 의심할 여지없이 신학 방법의 차이는, 계시에 대한 이해와 세상 속에 나타난 하나님의 현존의 양식에 대한 이해에서 근본적인 차이가 있음을 반영한다. 또한 신학 방법의 차이는 그 어떤 방법도 절대적으로 신학의 모든 과제를 수행할 수 없다는 점을 드러내는 측면도 있다.

---

21) Barth, *Evangelical Theology*, 146.
22) "신학 활동은 하나님의 임재를 기원하고 기도하는 예배 행위의 형태로서 실제로 진실하게 이루어져야 한다"(Barth, *Evangelical Theology*, 145). "정직한 신학"을 위한 기도의 중요한 의미에 관해서는 Rowan Williams, *On Christian Theology*, 3-15을 보라.

신학 방법에 영향을 미치는 중대한 요인은 일차적으로 신학이 수행되는 사회적 위치(social location)이다. 구체적 상황은 제기되는 질문과 우선 순위를 결정하는 데 영향을 끼친다. 데이비드 트레이시는 현재 신학의 복수성은 교회(church), 학교(academy), 사회(society)라는 다양한 일차적 위치들에 기인한 것이라고 주장한 바 있다. 각 위치의 상황 속에는 각각 상이한 목표와 기준이 작용한다. 각각의 사회적 위치는 자신만의 고유한 질문을 제기하고, 진리와 적합성에 대한 상대적 기준을 제시하며, 자신만의 특별한 강조점을 부여하는 것이다. 학교라는 상황 속에서 신학은 자연스럽게 변증적인 방향으로 나아간다. 교회라는 상황 속에서 신학은 교회의 메시지를 명료하게 해석하는 데 일차적인 관심을 둔다. 넓은 의미의 사회라는 상황 속에서의 신학은 하나님의 새로운 정의와 평화를 실천적으로 실현하는 데 관심을 둔다.[23] 트레이시의 분석에 비추어 우리는 세 가지 중요한 신학 방법의 유형, 즉 신학적 질문을 제기하는 세 가지 다른 방식을 확인할 수 있다.

1. 영향력 있는 신학 방법들 중의 하나는 칼 바르트의 **그리스도 중심적 신학**(Christocentric theology), 즉 하나님의 말씀의 신학(theology of the Word of God)이다. 바르트는 신학이란 성경에 증언된 예수 그리스도라는 규범으로 교회가 자신과 자신의 선포를 계속해서 점검하는 교회의 학문이라고 기술한다. 바르트가 신학을 교회의 학문이라고 말할 때, 이 말은 신학의 과제가 교회의 교리와 전통을 단순히 반복하는 것임을 의미하지 않는다. 비록 이 신학자는 자신의 『교회 교의학』의 방법과 규범이 대학의 아카데믹한 학문으로부터 독립적이라고 주장하고 있지만, 사실 그의 저술은 철저하게 비판적인 탐구이다. 바르트에게 신학이란 예수 그리스도 안에서 드러난 살아 있는 하나님의 말씀을 기준으로 교회와 교회의 선포를 질문하고 점검하는 과정이다. 신학이 다룰 일차적 질문은 우리의 경험이나 상황

---

23) Tracy, *The Analogical Imagination*, 3-98.

속에서 나오는 질문이 아니라, 하나님의 말씀이 지금 여기서 우리에게 제기하는 질문인 것이다. 바르트의 신학 방법에 대한 대중의 오해에도 불구하고, 이 신학자는 우리가 성경을 연구하고 신학을 탐구할 때 우리 자신의 질문을 억눌러야 한다고 주장하지 않는다. 또한 신학이 철학과 사회과학과 여타 다른 학문과 분리되어 수행되어야 한다고도 주장하지 않는다. 바르트의 중차대한 강조점은 신학의 대답뿐 아니라 신학의 질문 역시 신학 본연의 주제와 규범에 의하여 형성되어야 함을 역설함에 있다. 요컨대 바르트의 신학 방법은 하나님의 말씀이 가진 우선권을 주장하며, 신학이 인간의 삶의 모든 영역에 대해 계속해서 제시하는 불편한 질문들을 강조하는 경향이 있다. 특히 교회가 말과 실천으로 행하는 자신의 증언의 신실성에 대해 스스로에게 제시하는 불편한 질문을 선명하게 보여준다.

2. 영향력 있는 신학 방법 중 두 번째는 **상관관계의 방법**(method of correlation)으로서 특히 폴 틸리히(Paul Tillich)의 변증신학(apologetic theology)과 결부된다.[24] 이 방법은 특정 시기의 철학, 문학, 예술, 과학, 사회 제도에 나타난 인간의 상황을 분석함으로써 실존적 질문을 제기한다. 그런 다음 이렇게 제기된 질문은 기독교 메시지의 "대답"과 상관관계를 맺는다. 이 방법의 목표는 인간 문화와 계시와의 틈을 벌리는 대신 양자 간의 진정한 대화를 추구하는 것이다. 틸리히의 관점에서 보면, 바르트의 신학 방법은 대화라기보다는 독백에 가깝다. 바르트의 신학 방법은 계시로부터 출발하여 문화로 일방적으로 나아갈 뿐, 쌍방적인 관계가 존재하지 않는다. 틸리히는 자신의 신학 방법을 비판하는 자들을 향하여, 상관관계의 방법은 계시의 규범성을 문화 일반과 인간의 경험에 양보하지 않는다고 주장한다. 계시는 **상황에 의해** 판단되지 않는다. 다만 계시가 이해되기 위해서는 이 계시가 **특정 상황에게** 말을 걸 수 있어야 할 따름이다. 이것은 오직 신학이 특정 상황 속에서 제기되는 실제적인 질문에 주의를 기

---

24) Tillich, *Systematic Theology*, 특히 1: 3–68, 2: 13–16.

울임으로써만 가능하다. 이런 틸리히의 상관관계의 방법을 약간 변형함으로써 데이비드 트레이시는 수정주의 신학(revisionary theology)을 창안하게 된다. 트레이시는, 상관관계의 개념이 대화 당사자 상호 간의 교정과 양자의 풍성함을 포착할 수 있음을 틸리히보다 더 명확하게 주장했다. 그는 오직 이런 방법을 통해서만 신학이 문화의 중요한 공헌에 대해 개방적일 수 있으며, 신앙의 진리 주장의 이해 가능성과 신뢰성에 대해 진정한 관심을 가지고 문화에 접근할 수 있다고 보았다.

3. 세 번째 신학 방법은 해방신학의 **실천적 접근**(praxis approach)이다. "실천"(praxis)은 행동, 고통, 반성을 함께 포괄하는 개념으로 지식 추구의 한 가지 방식을 지칭하는 전문 용어이다. 신학의 실천적 방법을 대표하는 자들로는 아프리카계 미국인, 페미니스트, 남아공의 흑인신학자, 제3세계 해방신학자가 있으며, 제3세계 중에서도 남미의 해방신학이 가장 주목할 만하다. 남미 해방신학의 선구자인 구스타보 구티에레즈(Gustavo Gutiérrez)는 과거의 신학이 여러 상이한 형태와 다양한 여정을 걸어왔음을 인정한다. 그에 따르면 가장 영향력 있는 신학 중 두 가지는 아우구스티누스의 신학 전통과 특별히 결부되어 있는 영적 지혜(sapientia)의 길과, 토마스 아퀴나스의 전통으로 대표되는 이성적 지식(scientia)의 길이다. 구티에레즈는 이 두 가지 신학함의 길이 "모든 신학적 사유의 영구적이며 불가결한 기능"임을 인정한다. 하지만 그는 신학의 새로운 형태, 즉 "말씀에 비추어 기독교 실천을 비판적으로 반성하는 것"을 강조한다.[25] 이 새로운 신학 방법에서는 정의를 위한 실제적 헌신과 투쟁이 가장 우선시된다. 세상 속에서 인간의 자유와 정의를 위하여 실제적으로 투쟁하는 것을 출발점으로 신학의 모든 질문들이 제기되는 것이다. 구체적 실천을 비판적·신학적 반성을 위한 출발점으로 삼을 때, 성경을 읽고 해석하는 새로운 방법이 성립될 수 있다. 구티에레즈에 의하면 첫 번째 단계는 "이웃을 섬기기 위한 실제

---

25) Gutiérrez, *A Theology of Liberation*, 11.

적 자선과 행동과 헌신이다. 신학은 그 이후에 이루어지는 반성이자 비판적 태도다. 즉 신학은 행동을 뒤따른다. 신학은 두 번째 단계다."[26] 이런 식으로 이해된 신학은 현행 사회 질서와 교회 질서를 정당화하는 이데올로기로 기능하는 대신, 부재하는 정의 실현을 촉진하는 역할을 한다. 신학이 변화를 위한 투쟁에 참여하되 계시의 근원에 호소함으로써 그러한 투쟁을 더 심화시키고 올바른 방향으로 인도할 수 있도록 돕는 것이다. 따라서 "해방신학은 반성을 위한 새로운 주제를 제시하기보다는, 신학을 행하는 새로운 길을 제시한다."[27] 그리하여 해방신학자들은 바르트의 『교회 교의학』이나 틸리히의 『조직신학』에 만족하지 못하는 경향을 보인다. 그들에게 신학과 신학이 추구하는 질문은 반드시 "아래로부터", 즉 가난한 자들과의 연대를 위한 실천과, 정의와 자유를 위한 투쟁에서부터 제기되어야 한다.

이어지는 장들에서 제시될 이 책의 신학 방법과 신학 내용은 칼 바르트, 특히 개혁주의 신학 전통에 대한 그의 창조적 재해석에 의해 깊은 영향을 받았음을 독자들에게 밝히는 바이다. 동시에 이 책에는 상관관계의 신학과 실천적 접근의 신학의 영향력도 드러나 있다. 세계 교회는 그리스도 중심적 신학 방법과 상관관계의 신학 방법으로부터 귀한 것을 배웠고, 또 의심할 여지없이 앞으로도 그 영향력은 계속될 것이다. 하지만 그에 비해 상황신학과 해방신학의 통찰력과 방법론은 이제야 막 그 여정을 시작했다고 볼 수 있다. 감옥에서 본회퍼는, 신학과 교회가 나치 정권의 강압적 공포와 고통 속에서 10년을 산 경험으로부터 배울 수 있었던 교훈에 대해 반성하면서 다음과 같이 적었다. "우리에게는 이루 말할 수 없이 값진 경험이었다. 요컨대 우리는 세계 역사의 중대 사건들을 아래로부터, 즉 소외된 자, 의심받는 자, 부당한 대우를 받는 자, 힘없는 자, 억압받는 자,

---

26) Gutiérrez, *A Theology of Liberation*, 9.
27) Gutiérrez, *A Theology of Liberation*, 12.

욕먹는 자, 한마디로 고통당하는 자들의 관점에서 보고 이해하는 것이 무엇인지 단번에 배울 수 있었다."[28]

본회퍼는 삶과 복음을 아래로부터(from below) 보는 것을 **배워야 했다**고 말하고 있다. 내가 추측하건대, 이 말은 북미 교회에 속한 우리 대부분에게도 해당될 것이다. 성경을 읽고 복음을 이해할 때 상대적으로 부유한 자들의 관점에서 보느냐, 혹은 "아래로부터" 즉 성공한 자들과 제도의 기준에 미치지 못하는 연약한 사람들의 관점에서 보느냐에 따라 큰 차이가 발생함을 우리는 서서히 배우고 있다. 구티에레즈가 주목했듯이 신학이 선진국의 비그리스도인들에게 도움이 되기 위해 자신의 노력을 집중시키는지, 아니면 제3세계의 잊혀지고 가난한 자들의 상황을 개선하기 위해 스스로의 입장을 점검하는지에 따라 많은 것이 달라진다.

물론 신학은 위에서 열거한 많은 과제 중 하나만을 선택하고 나머지 것들을 전적으로 무시해서는 안 된다. 계몽주의의 후손들이 기독교 신앙에 대해 제기하는 질문에도 우리가 경청하고 반응할 만한 가치가 있다. 물론 이러한 질문 너머에 있는 전제들은 근대의 모더니즘 신학보다도 더 격렬하고 가차 없는 도전을 받아야 하지만 말이다. 그러나 동시에 신학이 오랫동안 이 땅의 약자와 힘없는 자가 제기한 질문들을 무시해왔다는 것 역시 의심할 수 없는 사실이다. 참된 복음, 온전한 복음은 어떤 것인가? 현재의 복음은 무엇인가? 복음으로부터 오늘날 구체적으로 요구되는 실천은 어떤 것인가? 신앙과 신학에 있어 피할 수 없이 제기되는 이와 같은 질문들을 "아래로부터", 즉 본회퍼가 고통받는 자들과의 연대, "이루 말할 수 없이 귀중한 경험"이라고 명명한 것의 관점으로부터 제기해야 한다. 그러나 이런 관점이 반지성주의 또는 감상주의로의 초대로 이해되어서는 안 된다. 우리의 최종적 관심은 다만 어떤 종류의 신학을 추구하는지에 대한 것이다. 즉 "심연으로부터"(시 130:1) 부르짖는 자들과 동행하며 "십자가에

---

28) Bonhoeffer, *Letters and Papers from Prison*, 17.

달리신 그리스도"(고전 1:23)를 중심 메시지로 하는 신학을 할 것인지, 아니면 힘 있는 자들의 이득을 위해 봉사하는 승리주의적 신학을 할 것인지가 관심의 대상인 것이다.

제1장의 서론적 성찰을 요약하자면, 나는 질문을 제기하는 것은 인간성의 한 부분임을, 그리고 예수 그리스도 안에서 드러난 하나님의 은혜에 비추어 난해한 질문을 제기함은 그리스도인됨의 한 부분임을 주장했다. 그렇다면 신학이란 무엇인가? 신학은 교회의 교리를 단순히 반복하는 것이나 거대 체계를 세우는 것이 아니다. 신학은 질문을 제기하는 신앙이며 이해를 추구하는 신앙이다. 신학은 복음의 하나님을 믿는 기독교 신앙에 대한, 훈련된 그러나 대담한 반성이다. 신학은 성경이 증언하는 "예수 그리스도 안에 계시된 하나님의 신비를 이해하기 위해 이성의 노력을 경주하는" 활동이다. 신학은 기도가 함께 가는 탐구이다. 신학을 소홀히 여기거나 어지럽게 한다면, 신앙 공동체는 목표점을 잃고 표류하게 되거나 다른 악한 영들에게 끌려갈 것이다. 오늘날의 신학적 과제가 아무리 힘들다 하더라도, 진리, 온전성, 이해 가능성, 복음의 구체적 실천에 관한 질문을 회피하는 것은 불가능하다. 동시에 신학의 이 모든 질문을 대부분의 북미인들에게 친숙한 사회, 교회, 학교라는 사회적 위치에서뿐만 아니라, "아래로부터" 즉 상처받은 인간과 신음하는 피조물과의 연대라는 "이루 말할 수 없이 귀중한 경험"으로부터 제기할 것인지에 대한 쟁점을 회피하는 것도 불가능한 일이다.

참고 문헌

Balthasar, Hans Urs von. *Credo: Meditations on the Apostles' Creed*. New York: Crossroad, 1990.

Barth, Karl. *Evangelical Theology*. New York: Holt, Reinhart and Winston, 1963.

Cone, James. *God of the Oppressed*. New York: Seabury, 1975. p. 16–38.

Ford, David F. *The Future of Christian Theology*. Oxford: Blackwell, 2011. p. 1–22.

Frei, Hans. *Types of Christian Theology*, ed. George Hunsinger and William Placher. New Haven: Yale University Press, 1992. p. 28–55.

Grenz, Stanley. *Theology for the Community of God*. Grand Rapids: Eerdmans, 2000. p. 1–32.

Gutiérrez, Gustavo. "Task and Content of Liberation Theology." In *The Cambridge Companion to Liberation Theology*, ed. Christopher Rowland. Cambridge: Cambridge University Press, 2007. p. 19–38.

Hall, Douglas John. *Waiting for Gospel: An Appeal to Dispirited Remnants of Protestant "Establishment."* Eugene, Ore.: Cascade, 2012. p. 3–16.

Jenson, Robert W. *Systematic Theology*, 2 vols. New York: Oxford University Press, 1997. Vol. 1, p. 3–22.

Parsons, Susan Frank. "Feminist Theology as Dogmatic Theology." In *The Cambridge Companion to Feminist Theology*, ed. Susan Frank Parsons. Cambridge: Cambridge University Press, 2002. p. 114–31.

Placher, William C., ed. *Essentials of Christian Theology*. Louisville: Westminster John Knox, 2003. p. 1–10.

Rahner, Karl. *Christian at the Crossroads*. New York: Seabury, 1974. p. 21–36.

Tillich, Paul. *Dynamics of Faith*. New York: Harper, 1957.

Williams, Rowan. *Tokens of Trust: An Introduction to Christian Belief*. Norwich: Canterbury, 2007.

계시의 의미

▶▶▶▶▶▶▶▶▶▶▶▶▶▶▶▶▶▶▶▶▶▶

제 2 장 ▶

마지막에는 두 범죄자 사이에서 십자가에 달려 죽으신다. 십자가에 달려 죽고 부활하신 그리스도를 하나님의 결정적인 계시로서 이해한다면, 하나님에 관한 지식은 필연적으로 우리의 삶을 동요시키고 분쇄하는 실재가 된다. 계시란 우리가 이미 알고 있는 바와 현재 살아가는 방식을 단순히 확증해주는 역할을 하지 않는다. 우리는 스스로 계시를 소유하고 있다고도, 계시가 우리의 통제 하에 있다고도 주장할 수 없다. 계시는 항상 하나님의 놀랍고 예기치 않은, 때로는 우리를 걸려 넘어지게 만드는 활동을 의미한다. 십자가에 달리신 주님의 복음은 하나님과 세상과 우리 자신에 대한 이해를 "영원히 혁명적으로 변화시킨다."

기독교 신학은 하나님에 대한 교회의 진술의 토대를 설명할 수 있어야 한다. 그리스도인들이 하나님에 대해, 그리고 하나님과의 관련성 속에서 모든 피조물에 대해 가진다고 주장하는 지식의 근원에 관한 질문에 대답해야 하는 것이다. 찬송가, 기도문, 신조는 보통 이런 종류의 질문에 대해서는 답하지 않는다. 왜냐하면 신앙의 일차적 표현들은 그리스도인들의 진리 주장(truth claims)에 대해 합리적 설명을 제시하려고 시도하지 않기 때문이다. 가장 친숙하고 광범위하게 사용되는 기독교 신조인 사도신경과 니케아 신조는 단순히 "나는(또는 우리는)…믿습니다"라는 문구로 시작한다. 하지만 신학적 반성은 신앙 공동체가 이러한 신앙고백을 어떻게 "알게" 되었는지 묻지 않을 수 없다. 하나님에 대한 지식의 근원은 무엇인가? 또한 이 지식은 어떤 종류의 지식인가? 성경, 교회의 증언, 인간 이성, 경험, 상상은 하나님에 대한 지식에서 어떤 위치를 차지하는가? 신학은 이와 같은 질문들을 다루어왔으며, 특히 근대에 들어서는 계시라는 주제 아래서 취급해왔다.[1]

---

1) *Divine Revelation*, ed. Paul Avis (Grand Rapids: Eerdmans, 1997)를 보라.

계시란 무엇인가?

계시의 문자적 의미는 이전에 감추어져 있던 무엇인가가 "벗겨짐", "드러남", "밝혀짐"을 뜻한다. 물론 이 단어는 신학 외의 다른 많은 상황 속에서도 사용된다. 새로운 시즌의 의상을 "드러내 선보일" 때처럼 지극히 평범한 상황에도 적용되는 단어인 것이다. 혹은 학문이나 개인 관계에서 갑자기 새로운 지식이 드러나는 상황, 더 정확히 말해 어렵사리 획득한 성과라기보다 깜짝 놀랄 만한 선물처럼 그 지식이 나타나는 경우를 "계시"라고 부르면서 좀더 중요하고 진지한 상황과 연결하기도 한다. 이와 같은 종류의 계시는 우리를 겸허하게 또는 우쭐하게 만들고, 우리를 동요시키거나 혹은 깜짝 놀라게 만들기도 한다. 이와 같은 계시적 경험의 효과는 극적이기 때문에, 때로 우리의 세계관이나 삶의 방식을 변화시킬 수도 있다.[2]

플래너리 오코너(Flannery O'Connor)는 계시라는 단어가 지닌 좀더 심오한 신학적 의미를 지칭하는 방식으로 "계시"의 사건을 묘사한다. 그의 단편 소설 「계시」(Revelation)는 근면하고 정직하며 교회에 다니는 농부의 아내 터핀(Turpin) 아주머니에 관한 이야기이다. 그녀는 어느 병원에서 십대 정신 지체 소녀로부터 뜻밖의 말을 듣게 된다. 백인 하층민과 흑인에 대해 드러내는 아주머니의 우월적 태도와 천박한 말을 참고 듣다가 인내심의 한계에 이른 소녀가 느닷없이 두꺼운 책을 던지며 아주머니를 공격해 온 것이다. 소녀는 아주머니의 목을 조르며 "지옥에서 온 검은 멧돼지"라고 소리친다. 아주머니는 농장으로 돌아오지만 소녀의 말을 마음에서 지울 수가 없다. 이윽고 돼지우리 곁에 우두커니 선 채 자신이 검은 멧돼지라 불린 것에 격분하게 된다. 아주머니는 자신이 좋은 사람이라고, 백인

---

2) John Baillie, *The Idea of Revelation in Recent Thought* (New York: Columbia University Press, 1956), 19ff.; John Macquarrie, *Principles of Christian Theology*, 2d ed. (New York: Scribner's, 1977), 84ff.을 보라.

하층민과 흑인에 비해 확실히 우월한 자라고 여긴다. 나아가 이 점을 하나님께 상기시키며, 자신이 교회를 위해 얼마나 많은 일을 행했는지 주워섬긴다. 급기야 그녀는 화가 나서 하나님께 묻는다. "도대체 무슨 까닭으로 제가 그와 같은 말을 듣게 하셨지요?" 그런데 갑자기 돼지우리를 응시하던 아주머니에게 계시가 임한다. 그녀는 "신비의 가장 중심부"를 어렴풋이 느끼게 되며, "생명을 주는 심오한 지식"을 받아들이기 시작한다. 영혼들이 천국으로 나아가는 행진이 환상으로 보이는데, 그 행렬에는 백인 하층민과 흑인과 정신 이상자와 사회의 다른 소외된 자들이 맨 앞을 차지하고, 자신처럼 존경받는 사람들은 맨 뒤에 서 있다. 모두들 자신이 쌓은 공로가 불타서 없어지는 광경을 보는 듯 얼빠진 얼굴 표정이다. 아주머니는 귓속으로 천국으로 나아가는 성도들의 할렐루야 찬양 소리를 들으면서 집으로 돌아온다.[3]

오코너의 소설이 암시하듯, 계시란 우리가 이미 알고 있는 바를 확증해주는 것이 아니다. 근본적으로 계시는 하나님과 우리 자신에 관한 지식으로서, 우리를 전면적으로 놀라게 하고 동요시킨다. 계시는 우리를 그 중심까지 뒤흔드는 사건이다. 비록 계시는 우리를 위한 선물이며 또 우리로 "신비의 가장 중심부"를 어렴풋이 들여다보게 하지만, 그 자체로 너무나 위협적이고 두려운 것이기 때문에 우리는 계시를 거부한다. 계시가 전달하는 지식은 "생명을 주는 심오한 지식"이지만, 그것을 받아들이는 자의 삶을 전복시키기 때문에 계시는 일종의 죽음을 요구한다. 계시는 하나님이 누구신지에 대해, 세계와 우리 자신을 어떻게 이해할 수 있는지에 대해 중대한 결정을 내리도록 우리를 압도한다.

성경은 하나님의 계시의 이야기로 가득 차 있다. 계시는 깜짝 놀랄 만한 선물로서 그러나 동시에 우리를 동요시키는 명령으로서 인간의 삶 속

---

3) Flannery O'Connor, "Revelation," in *Everything That Rises Must Converge* (New York: Farrar, Straus and Giroux, 1965), 191-218.

으로 꿰뚫고 들어온다. 모세는 불타는 가시덤불 속에서 하나님의 음성을 듣고 이스라엘 백성을 이집트의 노예 상태로부터 인도해내라는 명령을 받는다(출 3장). 다윗은 예언자 나단이 와서 어느 부자가 가난한 자의 유일한 양을 강탈하고 죽이는 이야기를 들려주자 자신이 범했던 죄를 자각한다(삼하 12장). 이사야는 하나님이 그분을 섬기도록 자신을 부르시는 환상을 본다(사 6:1-8). 바울은 예수 그리스도의 계시를 체험하고 교회를 핍박하는 자에서 이방인에게 복음을 전하는 사도로 변화된다(갈 1:12). 베드로는 꿈속에서 하나님이 아무런 편파성 없이 유대인에게뿐 아니라 이방인에게도 복음의 메시지를 선포하기를 작정하고 계심을 알게 된다(행 10:9이하). 계시는 하나님의 성품과 목적을 드러낸다. 그러기에 계시를 받아들이는 자의 삶은 철저한 변화를 겪는다.

하나님의 계시는 단지 우리의 지식 창고에 모셔져 있는 것이거나 우리가 이미 알고 있다고 여기는 많은 지식 중 하나가 아니다. 하나님의 계시가 있는 곳에서는 만물이 새롭게 된다. 윌리엄 에이브러햄(William Abraham)은 계시를 "문지방"으로 묘사했는데 이는 유용한 개념이다. 계시는 마치 집의 문지방을 넘어서는 것과 같다. 집의 여러 면모를 밖에서도 볼 수 있을지는 몰라도, 우리가 외부에 머무르는 한 여전히 많은 측면이 감추어져 있다. 하지만 문지방을 넘어서면 "또 다른 세계 속으로 들어가게" 된다. 기독교 신앙과 신학은 이와 같은 사건의 효과를 계시라고 일컫는다. "계시를 인정하게 되면, 새롭게 발견된 것에 비추어 만물을 다시 생각하고 다시 기술해야 한다."[4]

---

4) William J. Abraham, "The Offense of Revelation," *Harvard Theological Review* 95, no. 3 (July 2002): 259을 보라.

감추어진 하나님과 계시된 하나님

계시라는 개념은 근대 신학의 중심 주제였지만 어떤 신학자들은 계시의 중요성이 심하게 과장되었다고 주장한다.[5] 실제 성경에서는 계시가 매우 주변적인 개념이었다는 것이다. 이들의 비판에 따르면, 계시의 개념은 구원에 관한 질문(예를 들어, 죄 용서가 있는가?)보다는 근대 철학과 학문에서 두드러진 인식론적 질문(예를 들어, 지식에 관한 우리의 주장은 토대를 잘 갖추고 있는가?)에 주의를 집중시키는 경향이 있다. 만약 우리가 계시라는 주제에 몰두한다면, 인간의 근본적인 곤경이 죄라기보다는 무지라고 암시하는 꼴이 되지 않겠는가? 성경은 "제가 **무엇을 알아야** 합니까?"라고 묻지 않고 "구원받기 위해서 제가 **어떤 자가 되어야** 하며 **무엇을 행해야** 합니까?"(막 10:17; 요 3:3)라고 묻는다.

위와 같은 비판에는 어느 정도의 진실이 담겨 있다. 만약 계시론을, 기독교 신론을 포함해 모든 지식에 대한 이해 가능한 **이론**을 세우고 옹호하는 노력이라고 간주한다면, 이러한 계시론은 신자와 불신자를 막론하고 모두를 본래의 길에서 벗어나게 만들 것이다. 또한 이런 노력은 필연적으로 실패할 수밖에 없다. 우리의 모든 앎에는, 그리고 가장 확실하게는 예수 그리스도 안에서 결정적으로 계시된 하나님을 알아가는 우리의 앎에는, 비록 어떻게 알게 되었는지를 충분히 명확하게 설명할 수는 없다 하더라도, 우리가 알고 있는 진리들이 포함되어 있다. 계시론은 지식에 관한 완전한 이론을 제공한다고 자처하지 않는다. 계시론을 이렇게 이해할 때마다 논의의 중심이 실제로 하나님을 알아가는 것이 아니라 하나님을 아는 것이 가능한가 그렇지 않은가라는 질문으로 바뀜은 그다지 놀라운 일

---

5) F. Gerald Downing, *Has Christianity a Revelation?* (London: SCM, 1964); 이 논의에 대한 요약으로는 George Stroup, *The Promise of Narrative Theology: Recovering the Gospel in the Church* (Richmond: John Knox, 1981), 51-59을 보라.

이 아니다.[6]

계시를 교리들의 집합과 동일시하면서 질문 없는 동의를 요구하는 것으로 이해한다면, 근대 신학에서 계시는 과장된 개념이라는 비판이 또다시 타당성을 얻게 될 것이다. 성경에 따르면 신앙은 일차적으로 하나님에 대한 개인적 신뢰와 순종의 문제이지 권위 있는 교리들의 집합에 대한 단순한 지적인 동의가 아니다. 성경적 전통에 따르면 하나님에 관한 지식은 우리가 무심한 인식을 통해 그 존재를 경험하게 되는, 저 무수한 대상들 중 하나에 대한 정보와 같지 않다. 오히려 계시는 "구원하는 지식", 즉 하나님과 이웃과의 관계 속에서 우리 삶의 의미와 온전성과 성취를 결정적으로 가져오는 지식을 의미한다. 제1장에서 주목한 대로 칼뱅은 기독교 전통 전체에 근거해 주장하기를, 복음에 나타난 하나님에 관한 지식은 하나님의 존재를 찬성하거나 교회의 가르침에 동의하는 것보다 훨씬 더 크다고 말했다. 엄밀히 말해 하나님은 경건이 있는 곳에서만, 즉 예수 그리스도 안에 나타난 하나님의 은혜에 대한 지식이, 하나님에 대한 우리의 사랑과 하나님의 뜻을 행하고자 하는 우리의 의지와 융합되는 곳에서만 자신을 알리신다.[7]

만약 하나님에 대한 지식을 단순한 정보와 동일시하는 것이 잘못이라면, 신앙을 암흑 속에서 자포자기하는 심정으로 비약하는 행동으로 간주하는 것 역시 잘못이다. 그리스도인은 하나님에 대한 자신의 진술이 참되다고 주장한다. 만약 하나님의 신실함에 대한 어떤 지식도 없다면 우리가 어떻게 하나님을 신뢰할 수 있겠는가? 만약 하나님의 뜻에 대한 지식이 전혀 없다면 우리가 어떻게 하나님의 뜻에 순종할 수 있겠는가? 만약 하나님이 전적으로 알려지지 않고 알려질 수 없다면, 우리가 어떻게 올바르

---

6) William J. Abraham, *Canon and Criterion in Christian Theology: From the Fathers to Feminism* (Oxford: Clarendon Press, 1988), 466-80.

7) Calvin, *Institutes of the Christian Religion*, 1.2.1.

게 하나님을 예배하고 기도하며 섬길 수 있겠는가? 만약 하나님이 전적으로 감추어져 있는 분이라면 우리는 어떻게 하나님을 선포할 때 확신과 기쁨을 느낄 수 있겠는가? 기독교 신앙과 삶은, 하나님의 성품과 목적에 대한 신뢰할 만한 지식과 불가분리적이다. 만약 우리가 이와 같은 지식의 근원을 계시라고 부르고 싶지 않다면, 이것 대신 다른 용어를 만들어내야만 할 것이다.

근대 신학에서 계시가 지나치게 강조되었다는 비판에는 또 다른 합당한 근거가 있다. 하나님의 자기 계시에 대한 논의는 마치 우리가 하나님에 대해 모든 것을 알고 있음을 암시하는 것처럼 보인다. 그러나 포스트모더니즘 철학자와 신학자라면 모든 것을 알 수 있다는 주장을 단호하게 거부할 것이다. 이들은 그러한 주장이 본질적으로 오만하며, 필연적으로 억압을 초래한다고 믿는다. 인간의 지식은 단편적이고 불완전하다. 우리 자신과 세계에 대한 지식이 그러하다면, 하나님에 대한 우리의 지식은 몇 곱절 더 확실하게 불완전하지 않겠는가?

하지만 하나님이 자신을 계시하셨다는 고백과, 우리가 그분에 대해 모든 것을 안다고 또는 그분을 통제할 수 있다고 주장하는 것은 전혀 별개의 이야기이다. 하나님이 계시될 때 하나님은 하나님이 되실 뿐, 결코 우리가 마음대로 처분할 수 있는 소유물로 변하시는 것이 아니다. 다른 형태의 지식이 어떠하든지 간에, 계시 속에 드러난 하나님에 관한 지식 속에서 그분은 인간의 범주와 개념의 포로가 되지 않으신다. 하나님은 항상 자유로우며 영원한 신비이며 늘 "감추어져 있는" 분이다. 하나님은 계시된 분인 동시에 감추어진 분이라는 역설적 주제는, 성경 증언에 뿌리를 두고 있으며 기독교적 계시론에서 근본적인 지점이다.

성경의 분명한 선언에 따르면 이스라엘의 하나님은 거룩하고 초월적이기 때문에, 하늘이 땅보다 높음같이 그분의 길은 우리의 길보다 높고 그분의 생각은 우리의 생각보다 높으며(사 55:9), 잠잠하지 않으신다(시 50:3). "너희가 알지 못하였느냐? 너희가 듣지 못하였느냐? 태초부터 너희에게

전하지 아니하였느냐?"(사 40:21) 하나님은 위대한 일을 말씀하고 행하시는
데, 이를 통해 그분은 우리에게 알려진다. 구약에서 하나님은 이스라엘 백
성과 맺은 야웨의 은혜로운 언약의 역사 속에서 신뢰받을 만큼 선명하게
스스로를 드러낸다. 이 언약의 역사에는 아브라함과 사라에게 약속을 주
심(창 17장), 모세에게 자신의 이름을 드러내심(출 3:14), 이집트의 노예 생활
에서 이스라엘을 해방하심, 율법을 주심, 예언자들을 통해 하나님의 심판
과 은혜를 선포하심이 포함된다.

그러나 동시에 구약은 **하나님이 계시 사건 속에서 역설적으로 감추어
져 있음**을 증언한다. 하나님은 자기 계시 속에서 자신의 정체성을 드러내
시지만 그렇다고 하나님이 충분히 완전하게 이해될 수는 없다. 심지어 계
시 속에서도―아니, 정확히 계시 속에서―하나님은 신비이기를 결코 멈
추지 않으며, 인간의 생각과 언어보다 늘 "더 큰 것"이기를 중단하지 않으
신다. 하나님은 늘 자유로우며, 이러한 의미에서 계시 속에서도 늘 감추
어진 분이다. 많은 성경 이야기가 이 점을 생생하게 드러낸다. 불타는 가
시덤불에서 모세는 하나님의 이름을 받는다. 그러나 그 이름은 다 헤아릴
수 없는 신비로운 이름이다. "나는 스스로 있는 자이니라"(I am who I am) 또
는 "나는 내가 되려고 의지하는 바대로 존재할 수 있는 자이다"(I will be who
I will be, 출 3:14).[8] 모세는 하나님 뵙기를 청하나 오직 하나님의 등만을 볼
수 있도록 허용된다(출 33:12-23). 엘리야는 하나님의 음성을 듣되 바람이
나 지진이나 불 속에서가 아니라 세미한 음성 속에서 듣는다(왕상 19:11이
하). "구원자 이스라엘의 하나님이여, 진실로 주는 스스로 숨어 계시는 하
나님이시니이다"(사 45:15).

신약의 증언에 따르면 하나님의 계시는 예수 그리스도 안에서 결정

---

8) 이 번역에 대해서는 Gerhard von Rad, *Old Testament Theology*, vol. 1 (New York:
Harper & Row, 1962), 180을 보라. 폰 라트는 다음과 같이 덧붙인다. "야웨의 효과적인
현존의 약속은 동시에…파악하기 어렵고 이해하기 어렵다.…이것은 야웨의 자유로서 스
스로를 상세하게 드러내지 않는 자유이다."

적으로 구현된다. 예수 그리스도는 어두운 세상을 비추는 하나님의 빛이다. 예수 그리스도 안에서 하나님은 신뢰할 수 있을 정도로 명확하게 계시되었다. 예수 그리스도의 선포와 사역, 죽음과 부활 속에서, 그리고 성령의 새롭게 하는 사역 속에서 하나님과 모든 인간과의 새로운 관계가 수립된다. 신약 저자들은 그리스도 안에서 드러난 하나님의 계시를 여러 다양한 방식으로 표현하지만, 그럼에도 이 계시의 독특성, 규범성, 우월성에 대해서는 일치된 입장을 보인다. 이들은 하나님이 예언자를 통해서뿐만 아니라 예수 그리스도 안에서 아들을 통해서 말씀했음을(히 1:1-2), 영원한 하나님의 말씀이 단 한 명의 인간의 생명으로 성육신하셨음을(요 1:14), 하나님의 영광의 빛이 예수 그리스도의 얼굴에 빛나셨음을(고후 4:6), 예수 그리스도 안에서 성령의 기름 부음을 받은 자가 나타나 모든 억눌린 자를 자유롭게 했음을(눅 4:18이하) 고백한다.

구약에서와 마찬가지로 신약에서도 **하나님의 계시는 역설적으로 감추어진 계시이다.** 예수 그리스도 안에서 드러난 하나님의 감추어짐은 단순히 그가 다른 인간들처럼 유한하고 상처받기 쉽고 죽을 수밖에 없는 피조물이라는 점을 의미하지 않는다. 오히려 하나님의 자기 계시는 예수 그리스도의 종된 모습, 무엇보다도 그의 십자가 죽음 속에 깊이 감추어져 있다. 바울이 인정하듯, 하나님이 종된 모습 속에서 우리를 위해 고통당하고 십자가에 달려 죽은 그분의 계시와 화해의 행위의 메시지를 전했다는 사실은, 세상의 지혜 있고 힘 있는 자에게는 완전히 걸림돌이며 우스꽝스러운 일이다(고전 1:22-23).

더욱이 신약 공동체에서 그리스도인이 된다고 해서, 이 사실이 계시 속에 드러난 하나님의 감추어짐을 제거하지는 않는다. 어느 신약 연구에 따르면, "계시"(apokalypsis)라는 용어는 종종 그리스도의 미래적 드러남을 가리킨다(예를 들어 고전 1:7; 벧전 1:13). 그리스도인은 하나님의 영광은 보았으나(요 1:14), 아직 하나님을 얼굴과 얼굴을 대면하고 뵙지는 못했다(고전 13:12). 하나님께는 현재 우리가 다 파악할 수 없는 풍성함의 깊이가 있다(롬 11:33). 우리의 참 생명은 그리스도와 함께 하나님 안에 감추어져 있다(골 3:3). 지금 우리는 하나님의 자녀다. 그러나 그리스도가 다시 오실 때 우리가 어떻게 될지는 아직 계시되지 않았다(요일 3:2). 요약하면 예수 그리스도 안에서 드러난 하나님의 계시는 온전히 신뢰할 수 있지만, 그렇다고 우리가 하나님의 존재를, 그리고 창조·화해·구속이라는 하나님의 선물을 완전히 다 파악할 수는 없다.

하지만 계시 속에 나타난 하나님의 자유로움과 신비와 감추어짐을 강조한다고 해서, 이 지점이 인간의 모든 지식의 단편적 성격을 주장하는 포스트모던 감수성에 호소하기 위해 고안된 기독교 변증학의 장치로 간주되어서는 안 된다. 하나님의 신비 또는 감추어짐은 기독교 신학의 전통에 깊이 뿌리를 내린 주제이다.[9] 만약 계시에 기초해서 신학이 하나님에 관해 감히 긍정적인 진술들을 한다면(cataphatic, 즉 "긍정 신학") 우리의 긍정적 진술들이 하나님의 실재를 충분히 파악할 수 없고 모조리 드러낼 수 없음을 결코 잊지 말아야 한다(apophatic, 즉 "부정" 신학). 아우구스티누스는 "우리가 아무리 많이 성장한다 하더라도 하나님은 항상 그보다 더 크신 분이다(Deus semper maior)"[10]라고 선언한다. 동방 정교회의 신학자들은 하나님의 암흑성(darkness of God)을 강조하는데, 이 개념은 하나님의 본질의 감추어짐(hiddenness)과 불가해성(incomprehensibility)을 의미한다.[11] 토마스 아퀴나스는 "어떤 피조물의 이성도 하나님을 온전히 파악할 수 없다"[12]라는 말

---

9) Denys Turner, *The Darkness of God: Negativity in Christian Mysticism* (Cambridge: Cambridge University Press, 1995)을 보라. 또한 *Silence and the Word: Negative Theology and Incarnation*, ed. Oliver Davies and Denys Turner (Cambridge: Cambridge University Press, 2002)도 보라.

10) Augustine, *Expositions on the Psalms* (Psalm 63), in *Nicene-Post Nicene Fathers*, vol. 8, ed. Philip Schaff (Grand Rapids: Eerdmans, 1989), 262.

11) Vladimir Lossky, *The Mystical Theology of the Eastern Church* (Cambridge: James Clarke, 1957), esp. chap. 2.

12) Thomas Aquinas, *Summa Theologica*, Pt. 1, q. 12, a. 8.

로, 하나님의 많은 부분이 유한한 인간의 이성에게 감추어져 있음을 상기시킨다. 감추어진 하나님이라는 주제는 특히 루터의 신학에서 두드러지게 나타난다. "하나님은 그리스도 안에서 자신을 감추셨다."[13] 바르트에 따르면 하나님에 관한 모든 진지한 지식은 하나님의 감추어짐, 즉 예수 그리스도 안에서 자신을 계시하신 하나님의 양도할 수 없는 자유와 놀라운 은총에 관한 지식에서부터 시작한다. "감추어진 하나님은…그리스도 안에서, 특히 십자가에 달리신 그리스도 안에서 최종적으로 그리고 최고로 강렬하게 우리를 만난다. 십자가, 바로 이곳처럼 하나님의 감추어짐이 강력하게 일어난 곳이 다른 어느 곳에 있겠으며, 바로 이곳처럼 하나님이 모욕을 당하신 곳이 달리 어디에 있겠는가?"[14] 암시적이든 명시적이든, 감추어진 하나님이라는 주제를 다루는 모든 기독교 신학의 전통에는 십자가에 달리고 부활하신 예수 그리스도 안에서 하나님이 참되게 자신을 계시하셨다는 사실, 그러나 역설적이게도 그분은 여전히 감추어져 있다는 고백이 담겨 있다.

객관적 계시와 주관적 계시

계시 사건에 대해서는 무엇이라고 말해야 할 것인가? 계시 사건은 **객관적 사건**인가? 아니면 **주관적 경험**인가? 계시 사건은 세상의 "저기 바깥에서" 실제로 발생하는 것을 가리키는가? 아니면 주로 "여기 안에서" 일어나는 사건을―즉 의식의 내적인 변화나 혹은 신자가 세계를 바라보는 방식이 새롭게 됨을―가리키는가? 어떤 계시론은 계시의 객관적인 측면을 강

---

13) *Luther's Works*, 28: 126. 또한 Jürgen Moltmann, *The Crucified God* (New York: Harper & Row, 1974).『십자가에 달리신 하나님』(한국신학연구소 역간).

14) Karl Barth, *The Göttingen Dogmatics* (Grand Rapids: Eerdmans, 1991), 335.

조하는 반면, 또 다른 계시론은 계시의 주관적인 측면을 강조한다. 확실히 계시 사건의 두 측면은 모두 중요하며 이 두 가지를 함께 고려해야 한다. 계시란 특정 사건들을 통하여 일어나는 하나님의 자유롭고 은혜로운 자기 드러냄이다. 신자들은 그 특정 사건들을 증언하고 해석한다. 폴 틸리히가 말하듯이 "계시는 주관적 사건과 객관적 사건이 항상 엄밀하게 상호 의존의 관계를 맺고 있다."[15] 계시는 살아 있는 하나님의 말씀이 특정 인물과 사건들을 통해 말씀하시고 행동하심을 가리키며 또한 사람들로 하여금 하나님의 활동을 보게 하고 전유하게 하며 증언하게 하는 성령의 내적인 활동을 모두 가리킨다. 하나님이 계시 사건의 으뜸가는 배우이지만 인간 역시 그 참여자로서 역할을 한다.

계시론에 대한 최근의 반성 중에서 가장 자주 논의되는 주제는 아마도 계시의 과정 중에 인간의 이성과 상상이 어떤 역할을 담당하는지에 관한 것이다. 다수의 신학자들은 신학에서 묘사하는 계시 경험이 예술적 창조 또는 과학적 탐구에서의 새로운 통찰력이나 "패러다임 전환"(paradigm shift)이라는 경험들과 유사하다는 점에 주목했다.[16] 이들은 계시를 인간의 이성이나 상상에 대한 초자연적 대체물로 이해한다면 계시의 개념을 왜곡하는 것이라고 강조한다. 계시는 인간의 능력을 파괴하지 않으며 무력화시키지도 않는다. 이와는 반대로 예수 그리스도 안에서 드러난 하나님의 구체적인 사랑은 강력한 흡인력을 지니기에, 강제적이지 않은 방식으로 마음의 헌신을 이끌어내며 인간의 상상력에 새로운 비전을 제시하고 인간의 이성에 새로운 방향을 제공한다.

개럿 그린(Garrett Green)에 따르면, 이스라엘의 역사와 예수 그리스도의 인격 안에서 최고도로 선명하게 드러난 하나님의 계시는 우리의 상상력

---

15) Tillich, *Systematic Theology*, 1: 111.
16) 과학적 탐구에서 "패러다임 전환" 개념에 관해서는 Thomas Kuhn, *The Structure of Scientific Revolutions*, 2d ed. (Chicago: University of Chicago Press, 1970)을 보라. 『과학혁명의 구조』(까치 역간).

을 거짓 우상들의 노예로부터 해방시킴으로써 인간의 삶에 영향을 미친다. 하나님의 계시는 하나님이 누구신지에 대해 그리고 하나님의 뜻에 따라 사는 것이 무엇을 의미하는지에 대해 새로운 패러다임을 제공한다. 계시와 신앙은 우리가 이전과 다르게 보고 다르게 살아가도록 돕는다. 따라서 우리는 그리스도의 인격 안에서 구현된, 신적이고도 인간적인 삶의 유형이라는 관점으로 우리 삶의 전 실재를 재해석할 수 있게 된다.[17] 바로 이것이 사도 바울의 편지 속에서 드러난 사상, 즉 그리스도의 마음을 품으며(빌 2:5), 세상 권세의 특징이 되는 사고방식과 삶의 방식을 본받지 말고 그리스도 안에서 드러난 하나님의 계시에 의한 마음의 변화를 받으라고 호소한 바의 요점이다(롬 12:2). 칼뱅의 인상적인 비유에 따르면 계시에 대한 성경적 증언은 마치 안경과도 같아서, 우리로 하여금 하나님과 세상과 우리 자신을 철저하게 새로운 방식으로 보도록 한다.[18]

물론 실재를 바라보고 해석하는 방식은 다양하다. 하나님의 계시는 우리에게 억지로 강요하지 않는다. 하나님의 계시는 우리를 자유롭게 하여 세상이 하나님에 의해 창조되고 화해됨을 보게 한다. 그럼에도 계시는 다른 관점의 가능성을 제거하지는 않는다. 우리는 하나님의 참된 형상이신 그리스도에 비추어 하나님이 거룩하고 자비로우며 은혜로운 분임을 알고, 그분을 사랑할 수 있게 된다. 우리는 억지나 강요에 의해서가 아니라 완전한 자유 안에서 자신이 하나님의 형상으로 창조된 백성이며, 우리 삶의 목적이 하나님과 이웃과 교제하는 것임을 이해할 수 있다. 그리스도인은 실재를 바라보고 해석하는 다른 방식들이 있음을 의식하며, 그 다른 방식들 속에도 부분적 진리가 있음을 인정한다. 그러나 그리스도인은 예수 그리스도 안에서 드러난 하나님의 값비싼 사랑의 계시야말로 사망에서나 생

---

17) Garrett Green, *Imagining God: Theology and the Religious Imagination* (San Francisco: Harper & Row, 1989).
18) Calvin, *Institutes*, 1.6.1.

명에서나 똑같이 의지할 수 있는 진리임을 확증한다(롬 8:38-39). 예수 그리스도는 단지 **하나의 진리**가 아니라 인간성을 자유롭게 해방하는 **유일한 진리**이며(요 8:32), 단지 **하나의 빛**이 아니라 모든 생명을 비추는 **유일한 빛**이다(요 8:12).

계시의 의미를 해석한 현대적 입장들 중에서 가장 영향력 있는 것은 바로 리처드 니버(H. Richard Niebuhr)의 해석이다. 니버에 따르면 계시 사건은 "번쩍 하는 문장"(luminous sentence)과도 같다. 도저히 이해할 수 없는 난해한 책을 읽어가다가 마침내 "번쩍 하는 문장"을 만나면 "여기서부터는 (그 문장에서 얻은 통찰력을 바탕으로) 다시 처음이나 뒤로 오가면서 책 전체를 어느 정도 이해할 수 있게 된다."[19] 계시 사건은 개인이나 공동체의 삶에서 "특별한 계기"[special occasion, 알프레드 노스 화이트헤드(Alfred North Whitehead)의 용어]처럼, 다른 모든 계기들을 해석할 수 있는 중심적 단서를 제공한다. 니버는 "교회가 호소하는 '특별한 계기'는 예수 그리스도라고 일컬어지며, 우리는 그분 안에서 하나님의 의와 권능과 지혜를 본다"고 했다. "이처럼 특별한 계기로부터 도출한 개념을 통해 역사의 모든 사건들을 명료하게 설명할 수 있다. 계시란 모든 다른 사건을 이해할 수 있도록 도와주는, 이해 가능한 사건이다."[20]

기독교 신학에서 사용하는 "계시"의 의미에 대해 지금까지 언급한 바를 요약하면 다음과 같은 명제들로 정리된다.

첫째, 계시는 **하나님 자신의 자기-드러냄**(God's own self-disclosure)을 가리킨다. 하나님의 이와 같은 행동이 없다면 우리는 하나님의 성품과 목적에 대해 전적으로 어림짐작할 수밖에 없으리라. 계시에 대해 언급한다는 것은, **하나님**이 은혜 가운데 주도권을 쥐고 자유롭게 우리와 소통하심을

---

19) H. Richard Niebuhr, *The Meaning of Revelation* (New York: Macmillan, 1941), 93. 또한 Green, *Imagining God*, 61을 보라.

20) Niebuhr, *The Meaning of Revelation*, 93.

선언하는 행위이다. 계시는 **우리로부터**가 아니라 오히려 **우리에게로** 오는 어떤 것이다. 계시란 하나님, 세상, 우리 자신에 대해 우리 스스로 발견한 것이 아니라, 반대로 우리에게 주어진 선물로서 경험되는 것이다.

둘째, "계시"는 하나님이 자신의 정체성과 의지를 소통하기 위해 선택한 **특정한 사건들과 특정한 사람들**을 지칭한다. 성경에서 계시는 하나님이 말과 행동으로 이스라엘 백성과 소통하심을 의미하며, 무엇보다도 예수 그리스도의 인격과 사역, 그의 수난과 부활을 통해 소통하심을 뜻한다. 그리스도인이 계시라고 일컫는 실재에는 "특수성이라는 걸림돌", 곧 엄연한 구체성과 말살할 수 없는 독특성이 있다.

셋째, 하나님의 계시는 역설적으로 **하나님의 감추심**(hiding of God)이다. 하나님은 참으로 자신을 계시하지만 동시에 감추어진 존재로 머물러 계시며, 우리의 이해를 초월할 뿐 결코 우리의 포로가 되지 않으신다.[21] 계시된 하나님은 늘 자유롭게 행하시고 우리를 놀라게 만들며, 그분을 고정된 우상으로 바꾸려는 우리의 노력을 무화시킨다. 우리가 이 모든 것이 참임을 알 수 있는 근거는 일차적으로 예수 그리스도 안에서 드러난 하나님의 계시 덕분이다. 계시가 예수 그리스도의 인격 안에서 드러났다는 것은, 아무도 예상할 수 없었던 곳, 즉 죄인의 무리와 가난한 자들 가운데 하나님의 현존이 십자가라는 심오한 감추어짐 속에서 드러났음을 의미한다. 따라서 철저한 타자성, 즉 감추어짐과 예측 불가능성은 하나님의 계시의 주요한 특성에 속한다.

넷째, 하나님의 계시는 우리의 **인격적 반응과 전유**(appropriation)를 요구한다. 우리에게 다가오는 인격적 접근으로서 계시는 우리의 전 인격적 반응을 요구하는 것이다. 다시 말해 하나님에 관한 참된 지식은 단순히 이론적 지식이라기보다 실천적인 지식이다. 계시 사건의 목적은 비밀스

---

21) Douglas John Hall, *Thinking the Faith: Christian Theology in a North American Context* (Minneapolis: Augsburg, 1989), 404-9.

런 교리를 소유함에 있지 않고 변화된 새로운 삶을 사는 데 있다. 하나님과 우리 자신을 새롭게 이해하며, 새로운 방식과 성향과 감수성으로 세상과 이웃을 바라볼 수 있게 하는 것이다.

다섯째, 하나님의 계시는 **항상 불안하게 만드는, 심지어 충격적인 사건**이다. 하나님의 계시는 우리가 하나님과 세상과 우리 자신에 관해 가졌던 이전의 이해를 파괴한다. 정확히 바로 그 이유 때문에, 종종 계시는 우리의 저항과 거부에 직면한다.

여섯째, 계시는 하나님과 세상과 우리 자신을 이해하는 **새로운 해석학적 초점**(new interpretative focus)이다. 계시는 우리의 시각을 협소하게 하거나 이해를 위한 우리의 노력을 제한하는 대신, 우리의 마음을 새롭게 하고 상상력을 변화시킨다. 예수 그리스도라고 일컬어지는 "특별한 계기"에 비추어 우리는 하나님과 만물을 새로운 빛으로 바라볼 뿐 아니라, 이러한 새로운 시각에 맞추어 행동하려고 애쓰게 된다. 계시란 실재를 해석하는 패러다임이 철저하게 변화되는 것을 의미한다. 이와 같은 의미에서 계시는, 세상 속에서 인간 행동의 변화와 창의적 상상을 끌어낼 수 있는 무한한 근원이 된다.

일반 계시와 특별 계시

계시의 의미에 대해 위에서 제시한 간결한 명제들 속에서 나는, 기독교 신앙과 신학이 이해하는 바 하나님의 계시의 특수성과 철저한 "타자성"(otherness)을 강조했다. 하지만 이러한 강조가 모든 자연과 역사 속에서 밝히 드러나는 하나님의 현존과 활동을 부인하는 것은 아니다. 하나님의 영은 생명을 주는 보편적 수여자가 아니던가?(시 104:30) 예수 그리스도 안에서 성육신한 하나님의 말씀은(요 1:14) 창조세계 전체에 현존하며 활동하고 있지 않은가?(요 1:9) 그렇다면 그리스도 안에서 절정에 달한 특별 계시에 대한 성경적 증언과, 자연 질서와 보편적 역사 속에서 하나님에 대해 드러난 일반 계시 사이의 관계는 어떻게 이해해야 되는가?

전통적으로 기독교 신학은 하나님에 대한 지식이 매개되는 방식을 두 가지, 즉 일반 계시와 특별 계시로 구별한다. 성경의 가르침과 우리의 경험은 동일하게, 창조세계 속에 드러난 하나님의 계시가 인간의 양심 안에 그리고 모세의 율법이나 복음의 메시지를 듣지 않은 사람들의 삶 속에도 분명히 존재함을 확증하고 있다. 시편은 "하늘이 하나님의 영광을 선포하고 궁창이 그의 손으로 하신 일을 나타내는도다"(시 19:1)라고 선포한다. 사도 바울도 하나님의 영원한 능력과 신성이, 그가 만든 만물에 분명히 보여 알려졌다고 주장한다(롬 1:20). 아레오파고스에서 변증할 때도 바울은, 그동안 아테네 사람들이 알지 못하고 예배했던 "알려지지 않은 신"의 정체성을 밝히 선포한다(행 17:22이하).

하나님에 대한 지식이 비록 부분적일망정 모든 사람에게 가능하다는 성경의 가르침을 인정하고 나면, 몇 가지 뚜렷한 장점을 가지게 된다. 한 가지 장점은 그리스도인과 비그리스도인 사이에 존재하는 공동 기반에 대한 확신을 토대로 하여 기독교 복음을 전할 수 있다는 점이다. 동시에 그리스도인에 대해서는 인문학의 지식을 수용하고 다른 종교 전통의 가르침을 존중하는 열린 태도를 지니도록 격려할 수 있다. 반면 일반 계시에 지나치게 몰두해도 많은 위험을 무릅쓰게 된다. 특별 계시가 불필요하다는 결론에 이르거나, 그리스도인에게는 특별 계시가 필수불가결하다는 핵심적 의미를 결여할 수 있다.

기독교 신학자들은 일반 계시와 특별 계시를 다양한 방식으로 관련시킨다. 이 다양한 방식들이 늘어선 스펙트럼의 한쪽 끝에는, 특별 계시를 토대로 세워졌다고 주장되는 종교들의 계시 내용도 사실은 보편적으로 가능한 지식을 상징적으로 특수하게 표현한 것일 뿐이라고 보는 일군의 철학자와 신학자가 포진해 있다. 스펙트럼의 다른 쪽 끝에는, 그리스도 안에서 드러난 계시만이 하나님에 대한 참된 지식을 제공하며, 다른 모든 주장들은 완전히 거짓임을 주장하는 자들이 있다. 아마 이 스펙트럼의 중간 어딘가에, 일반 계시를 토대로 알려진 지식은 불완전하며 성경이 증언하는 특별 계시에서 드러난 하나님에 대한 충분한 지식이 필요하다는 것, 그럼에도 불구하고 일반 계시는 도덕과 종교를 위한 광범위한 토대를 제공하는 데 요긴함을 주장하는 절충주의자들이 있을 것이다. 예를 들어 제1차 바티칸 공의회(1870년)에 따르면, 특별 계시에 대한 어떤 호소 없이도 인간은 이성만으로 하나님의 존재를 증명할 수 있고 하나님에 관한 어떤 것들을 인식할 수 있다. 이와 같은 관점에서 보면 일반 계시와 특별 계시의 관계는 마치 부분과 전체의 관계, 불완전한 것과 완전한 것의 관계와도 같다.

앞의 쟁점에 대한 칼뱅의 입장은 어느 정도 모호성이 없지는 않지만 독특한 강조점을 제시한다. 하나님에 관한 자연적 지식이 존재함을 주장하면서 칼뱅은 보편적으로 인간이 가지는 "신성에 대한 감각"(sense of divinity), 보편적으로 심겨져 있는 "종교의 씨앗"(seed of religion)을 기꺼이 인정한다. 또한 인문학이 하나님의 지혜의 비밀 속으로 들어가도록 도울 뿐만 아니라 심지어 교육을 받지 못한 자들도 창조 안에 드러난 하나님의 솜씨의 증거를 의식할 수 있다고 본다. 그러므로 칼뱅은 "인간의 정신은 자연적 본능을 통해 신성을 의식한다. 이는 논쟁의 여지가 없는 사실이다"라고 결론짓는다.[22]

지금까지 인용한 칼뱅의 논지만으로도 충분히 명확하다. 하지만 여기서는 이 신학자의 논증 전체를 따라가 보는 것이 중요할 것 같다. 칼뱅은 보편적인 "신성에 대한 감각"이 존재함은 분명하지만, 이 감각은 죄에 의해 심각하게 약화되어 성경의 특별 계시와 비교하면 "불충분하고 혼돈스러우며" 모호하고 희미하다고 주장한다. 창조와 양심 안에 있던 계시가 상대적으로 약화되었기 때문에, 오히려 실제적인 위험의 근원으로 바뀌고

---

22) Calvin, *Institutes*, 1.3.1.

만 것이다. 이와 같이 불분명하고 불안정한 하나님에 대한 지식을 주장하는 입장은, 인간이 이성만으로 하나님에 대하여 인식할 수 있는 바를 낙관적으로 기술한 제1차 바티칸 공의회의 입장과는 근본적으로 다르다. 실제적으로 칼뱅은 자연세계 속에서 그리고 보편적 도덕과 종교적 인식 속에서 인간에게 가능했던 하나님에 관한 지식이 철저하게 부패했으며, 종종 불길하고 파괴적인 것으로 바뀌었다고 강조한다. 사도 바울의 로마서 1:18-23에 근거하여 칼뱅은, 어느 누구도 책임을 면제받을 수 없을 만큼 보편적인 계시가 존재하지만, 죄인 된 인간의 습관은 이 보편 지식을 우상으로 바꾸어버린다고 주장한다. 그리하여 종교는 악한 인간의 목적을 섬기는 데 자주 이용된다는 것이다.

오늘날 대부분의 기독교 신학자들은 칼뱅보다는 관대한 입장에서, 창조 질서와 타 종교에서 알려진 하나님에 대한 지식에도 어느 정도 진리와 가치가 포함되어 있음을 받아들일 것이다. 사실 칼뱅은 르네상스 시대의 학자로서 예술과 학문을 존중했다. 하지만 개혁주의적 신앙 이외의 종교들을 평가할 때는 그것들의 왜곡된 모습만을 강조하는 경향을 보였다. 이와는 대조적으로 오늘날 많은 기독교 신학자들은 열린 자세와 존중의 마음을 가지고 타 종교에 접근해야 함을 강조할 것이다. 아마 일부 신학자들은 다른 종교적 전통 속에도 하나님의 은혜로운 주권과 신실한 인간의 반응이 존재함을 인정하는 데까지 나아가리라.

그럼에도 불구하고 우리는 칼뱅의 과장된 진술 방법으로 인해 이 신학자의 중대한 요점, 즉 모호하고 피상적인 종교성은 무관심이나 절망을 초래하며, 그렇지 않을 때에도 끊임없이 우상숭배적 조작의 위험에 처할 수 있다는 점을 놓치지 않도록 조심해야 한다.[23] "하나님과 조국" 또는 "하나님, 가족, 그리고 국가"와 같은 슬로건 속에서 우리는 흐릿하고 피상적인

---

23) 이 단락의 몇몇 개념에 대해서는 하이델베르크 대학교 교수인 미하엘 벨커에게 도움을 받았다.

종교성과 호전적 민족주의 또는 인종주의가 불길하게 결합되어 있음을 발견할 수 있다. 독일의 제3제국에서 대다수 그리스도인들이 나치의 이데올로기에 경도된 사실, 남아프리카공화국에서 종교와 인종차별 정책이 혼합된 사실, 미국과 여타 다른 나라에서 편협한 민족주의적 경향을 무마하기 위해 하나님과 종교적 가치가 애매하게 이용되는 현상을 보면, 칼뱅(이후에는 바르트)의 경고가 얼마나 적실성을 가지는지를 생생하게 알 수 있다. 칼뱅의 표현을 빌리자면, 우리는 일반 계시의 이름으로 통용되는 하나님에 대한 지식을 통제하고 조작하려는 경향을 계속해서 보이고 있는 것이다.

특별 계시를 비판하는 몇몇 학자들은, 성경에서 증언되고 특히 예수 그리스도에게 집중되는 구체적이고 독특한 계시에 몰두하면 필연적으로 오만하고 협소한 태도를 가지게 된다고 주장한다. 확실히 협소함과 오만함은 교회에서 너무 자주 나타나는 악덕이며, 우리 모두는 이에 대해 회개해야 할 필요가 있다. 하지만 이런 측면 때문에 비난의 화살을 특별 계시를 향하여 돌리는 것은 잘못이다. 예상과는 반대로 편협주의(provincialism)와 배타주의(exclusivism)는 기독교의 고유한 정체성에 과도하게 충실한 결과라기보다, 오히려 그것을 잃어버릴 때 생겨나는 현상이다. 그러므로 기독교 계시의 구체성을 강조하지 않으려는 입장은 아무리 그럴듯하게 들린다 하더라도 뒤집어야 한다. 하나님의 계시에 대한 성경적 전통의 구체적인 증언보다는, 모호한 종교적 헌신이 훨씬 더 쉽게 이데올로기적 조작의 위험에 노출된다. 이는 논리적 주장이라고 할 수 있다. 불명확하게 규정된 종교성은 이기적 개인과 집단과 민족에 의해 더 쉽게 흡수된다. 허세와 자기 의에 빠지는 엄청난 가능성을 제공하면서 말이다. 명백히 성경 또한 이데올로기적 목적을 위해 이용되어왔다. 노예 제도와 여성 억압을 정당화하기 위하여 몇몇 성경 구절에 의지한 것만 봐도 충분히 알 수 있지 않은가? 성경의 예언 전통의 권위를 인정하는 신앙 공동체에 비해, 자기 비판을 위한 자원이 약화되는 공동체의 경우 모호한 종교성이 가져오는 위험성이 더욱 커지게 된다.

기독교적 계시의 경험은 자기비판을 포함해 모든 종류의 비판을 새롭게 증대시킨다. 계시에는 온갖 종류의 우상숭배에 대한 비판이 함께 따른다. 그러므로 우리는 특별 계시를 일반 계시의 단순한 부정으로 간주해서는 안 된다. 동시에 특별 계시를 신성에 대한 일반 개념의 단조로운 연속과 완성으로 여겨서도 안 된다. 양자는 모두 동일한 단순화의 우를 범하는 일이다. 오히려 특별 계시는, 어떤 근원으로부터 왔든지 간에 우리가 하나님에 대해 이전에 가졌던 모든 지식에 담긴 선하고 참된 것을 확증할 뿐만 아니라 그 지식에 계속해서 도전하고 그것을 교정하며 변화시킨다. 예수 그리스도 안에 있는 하나님의 계시는 기독교 종교를 포함하며 여기로부터 시작해서 모든 종교적 삶을 지속적으로 동요시킨다.[24]

하나님의 계시는 가난하고 궁핍한 자를 변호하기를 요구하며(렘 22:16), 하나님의 뜻은 "정의를 행하며 인자를 사랑하며 겸손하게 네 하나님과 함께 행하는 것"(미 6:8)으로 요약된다. 따라서 하나님의 계시에는 필연적으로 예언적 비판이 뒤따른다. 그리고 이 계시는 신약의 예수 그리스도 안에서 최고로 표현된다. 예수는 가난한 자를 위하고 죄인을 용서하며, 하나님의 계명 중에서 가장 첫째는 다른 모든 것보다도 하나님을 사랑하고 이웃을 자신과 같이 사랑하는 것이라고 가르치신다(막 12:29-31). 또한 마지막에는 두 범죄자 사이에서 십자가에 달려 죽으신다. 십자가에 달려 죽고 부활하신 그리스도를 하나님의 결정적인 계시로서 이해한다면, 하나님에 관한 지식은 필연적으로 우리의 삶을 동요시키고 분쇄하는 실재가 된다. 계시란 우리가 이미 알고 있는 바와 현재 살아가는 방식을 단순히 확증해주는 역할을 하지 않는다. 우리는 스스로 계시를 소유하고 있다고도, 계시가 우리의 통제 하에 있다고도 주장할 수 없다. 계시는 항상 하나님의 놀랍고 예기치 않은, 때로는 우리를 걸려 넘어지게 만드는 활동을 의미한다. 십

---

24) Niebuhr, *The Meaning of Revelation*, 182: "계시란 우리가 이미 가지고 있는 종교적 개념의 발전이 아니라, 그것의 지속적 반전이다."

자가에 달리신 주님의 복음은 하나님과 세상과 우리 자신에 대한 이해를 "영원히 혁명적으로 변화시킨다."[25]

요약하면, 일반 계시와 특별 계시를 구별하는 것은 어느 정도 타당성이 있지만 쉽게 오용될 수 있다. 양자를 구별하면 결과적으로 특별 계시를 약화시키거나 특별 계시를 대체할 가능성이 있다. 혹은 이런 구별은 하나님에 관한 우리의 지식을 엄격하게 구분함으로써 계시와 이성, 그리스도와 문화, 자연과 역사를 완전히 분리된 영역으로 간주하는 결과를 초래한다. 일반 계시에 근거한 하나님에 관한 지식은 특별 계시와 함께 변화한다. 예수의 사역과 십자가에서 놀랍게 드러난 자기 계시는 우리의 개인적 관계와 이웃 상호 간의 관계를, 자연에 대한 태도를, 문화적 활동을, 그리고 가장 근본적으로는 하나님을 상상하고 그분과 관련을 맺는 우리의 방식을 변화시킬 것을 요구한다.[26]

계시의 모형들

에이버리 덜레스(Avery Dulles)는 널리 알려진 자신의 책에서 계시의 모형(model)을 다섯 가지로 정리한다.[27] 이 책이 지닌 가치는 각각의 모형이 지닌 장점과 단점을 모두 인식하고 소개했다는 데 있다. 덜레스의 저서는 계시론에 관한 상세한 반성을 위한 좋은 기초를 제공하고 있으므로, 여기서 요약할 가치가 있다.

덜레스의 첫 번째 모형에 따르면, 계시는 권위 있는 교리의 형태를 취한다. 계시는 성경의 오류 없는 명제들 속에 혹은 교회의 오류 없는 교

---

25) Niebuhr, *The Meaning of Revelation*, 182.

26) H. Richard Niebuhr, *Christ and Culture* (New York: Harper, 1951).

27) Avery Dulles, *Models of Revelation*, 2d ed. (Maryknoll, N.Y.: Orbis, 1992).

리들 속에 위치한다. 권위 있는 교리 또는 계시된 명제로서의 계시 모형은 제2차 바티칸 공의회 이전의 로마 가톨릭 신학의 전형적인 입장이었으며, 일부 개신교 근본주의적 신학 속에 여전히 퍼져 있다. 이 모형은 계시의 인지적 내용을 방어하고자 하는 고상한 목표를 지향하지만, 계시의 의미를 과도하게 합리주의적으로 이해하려고 하는 약점을 지닌다. 하나님의 계시는 권위 있는 명제들의 집합으로 환원될 수는 없는 것이다.

두 번째 모형은 계시를 특정한 역사적 사건들과 동일시한다. 이 모형에서 계시는 성경 본문 그 자체 혹은 교회의 가르침 그 자체와 동일시되는 대신, 성경이 이야기하는 중대한 사건들 속에 있다고 여겨진다. 이러한 견해에 따르면 출애굽이나 예수의 부활과 같은 사건의 역사적 탐구로부터 더 많이 배우면 배울수록 우리는 계시에 더 가까이 다가갈 수 있다. 하나님의 계시는 역사 속에 드러난 "하나님의 위대한 행동들"을 가리킨다. 덜레스는 이와 같은 계시 모형에는 긍정적인 면이 많이 있다고 생각하지만, 성경이 증언하는 하나님의 행동과 이것에 대한 해석 사이, 그리고 하나님의 행동과 이것에 대한 그리스도인의 반응 사이를 분리하는 약점이 있음을 지적한다.

덜레스의 세 번째 모형에 따르면, 계시는 특별한 내적 경험으로 간주된다. 계시는 본질적으로 하나님과의 교제에 대한 내적 느낌이다. 이러한 견해에 따르면 계시의 자리는 성경도 교회의 교리도 아니며, 성경의 증언 속에 있다고 알려진 역사적 사실도 아니다. 대신 계시는 영적 각성과 갱신을 일으키는 현재의 개인적 경험이다. 이 모형은 계시 사건의 개인적·주관적 측면에 대한 관심을 불러일으키는 강점을 가지지만, 자주 협소하고 개인주의적인 경험관으로 기울어진다. 이 관점에서는 그리스도인들의 공동체, 성경의 텍스트, 신앙의 실천이 하나님의 계시의 담지자로서 지니는 중요성이 거의 드러나지 않는다.

덜레스는 네 번째 모형을 변증법적 현존(dialectical presence)이라고 명명한다. 이 모형은 성경과 교회의 선포가 매개하는 하나님의 말씀과의 대상화할 수 없는 만남을 강조한다. 하나님의 말씀은 비록 인간의 증언으로 매개되지만 인간의 말 자체와는 동일시될 수 없다. 계시가 일어나면 그것은 하나님의 자유로운 은혜의 신비적 행동이다. 딜레스는 이 모형의 장점이 하나님의 초월과 자유를 강조하는 동시에 계시의 매개체의 유한성과 한계성을 진지하게 고려함에 있다고 지적한다. 하지만 이 모형은 성육신의 실재를 적절하게 고려하지 못했다고 본다. 결과적으로 하나님과 피조물 사이에 존재해야 하는 이해 가능한 연결점을 제공하지 못하는 것이다.

다섯 번째 모형은 계시란 변혁적 행동을 초래하는 새로운 인식이라고 이해한다. 계시란 인간 의식의 비약적 발전으로 간주되며 이것은 창조적 상상과 윤리적 행위로 드러난다. 이러한 이해에 따르면 계시는 자아와 세계를 변혁한다. 계시를 새로운 인식으로 이해하는 이 모형은, 계시를 받아들이는 자를 수동적으로 이해하는 다른 모형들의 약점을 극복하면서 그 적극적 역할을 강조한다. 그러나 성경의 증언과 전통을 경시하고 심지어 그것들과의 관계를 완전히 끊어버리는 약점을 갖는다고 암시하고 있다.

위와 같은 요약에서 분명히 드러나듯이, 딜레스는 다섯 가지 모형 모두를 불만족스럽다고 판단한다. 딜레스는 비록 새로운 모형을 제시하지는 않고 있지만, 성경에 의해 증언되고 성령의 권능에 의해 확증되는, 예수 그리스도 안에서 최고로 선명하게 나타난 계시를 더 적절한 방식으로 묘사할 수 있는 모형의 가능성에 대해서 개방적 태도를 간직한다. 또한 이 신학자는, 하나님의 계시는 독자들에게 단순한 과거 사건이나 현재의 경험만으로 제한될 수 없으며, 재림 때에 나타날 그리스도의 최종적인 모습을 가리킨다고 상기시킨다(예를 들면 고전 1:7; 골 3:4). 달리 표현하자면, 계시는 끝나지 않았다. 계시는 하나의 사건으로서, 그리스도인들은 그 사건의 완성을 여전히 기다리고 있다.

성경의 이야기에 나타난 하나님의 자기-드러냄으로서의 계시

기독교 신앙은 성경이 증언하는 예수 그리스도의 사역과 죽음과 부활을 하나님의 최고의 계시로서, 그리고 하나님과의 관련성 안에서 만물을 이해하는 기초로서 이해한다. 하나님은 자연과 역사 전체 안에서 현존하고 활동하시지만, 기독교 신앙과 신학이 말하는 계시의 온전성은 그리스도 한 분의 인격과 삶 속에서 결정적으로 드러난다. 이 한 사람을 통하여 드러난 계시만이 인격체인 우리들에게 충분히 이해될 수 있으며, 오직 인격적 계시만이 최고로 인격적이신 하나님의 실재를 적절하게 드러낼 수 있는 것이다.[28] 바질 미첼(Basil Mitchell)이 주목했듯이 "계시에 대한 모든 논의에 관련되어 있는 기본적 유비는 인격체 사이의 소통(communication between persons)의 유비이다."[29]

인격 상호 간의 소통이 하나님의 계시의 의미를 가장 만족스럽게 표현하는 유비라고 할 때, 이 견해는 덜레스의 유형론이 언급하는 각 모형들과 몇몇 공통 요소를 지니는 것처럼 보이지만, 그 강조점은 완전히 달라진다. 즉 지금 다루고 있는 상호 소통의 관점 하에서 초점이 되는 것은 명제들도 아니고(비록 명제들도 나름의 위치를 차지하지만), 역사적 사실도 아니며(비록 역사적 사실도 중요하지만), 회심과 갱신에 대한 개인의 경험도(비록 경험도 계시의 의미의 일부이지만), 하나님 앞에서의 인간 상황의 위기도(비록 계시와 위기를 분리하는 것이 불가능하지만), 자유와 책임에 대한 우리의 고조된 인식도(비록 계시는 이를 포함하지만) 아니다. 대신에 우리는 하나님의 자기 계시를 인격 상호 간의 지식과 유사한 것으로 이해하려 한다. 다만 여기서는 이것이 단지 유비일 뿐이고, 신학에서 유비는 "큰 차이점 안에 존재하는 어떤 유사성"(a similarity in great difference)임을 강조하고 싶다.

---

28) William Temple, *Nature, Man and God* (London: Macmillan, 1956), 319.

29) Basil Mitchell, "Does Christianity Need a Revelation?" *Theology* 83 (1980): 105.

인격체는 어떻게 알려지는가?[30] 만약 인격체를 말과 행동으로 자신의 정체성과 의도를 드러내는 구현된 행위자라고 한다면, 인격 상호 간의 지식과 우리에게 나타난 하나님의 자기 - 드러냄 사이의 유비는 다음과 같은 방식으로 전개될 수 있다.

첫째, 인격 상호 간의 지식은 **지속적으로 드러난 행동 유형에 주의를 기울이도록** 요구한다. 왜냐하면 진정으로 그가 누구인지, 마음속에 무엇이 있는지, 참된 성품이 무엇인지는 행동을 통해서 드러나기 때문이다. 물론 우리가 행하는 모든 것이 우리의 정체성과 심오한 의도와 성향을 드러내는 것은 아니다. 하지만 만약 누군가가 곤경에 처한 사람이 생길 때마다 언제나 가장 빨리 그 사람 곁에 다가가 필요한 도움을 묻는다고 가정해보자. 이럴 경우 우리는 그의 행위를 목격하면서 그 일관적 행동 유형에 비추어 그가 참으로 민감하며 타인을 잘 돌보는 사람이라고 정당하게 판단할 수 있다. 바로 이 경우 그 사람이 "실제로 어떤 사람인지"가 그의 일관된 행동 유형을 통하여 우리에게 "드러났다"고 말할 수 있는 것이다.

이런 유비를 통해 우리는, 하나님의 계시가 특정 유형을 말해주는 인격적 행동을 통해 나타난 하나님의 자기 - 드러냄이라고 이해할 수 있다. 그리스도인에게 하나님의 성품과 의도는 자연이나 역사의 모든 사건 속에서 즉각적으로 분명하게 드러나지는 않지만, 나사렛 예수라고 명명되는 특정한 사건 속에 집중적으로 나타난다. 예수에 관한 모든 상세한 정보들(키, 머리 색, 음악 취향)이 아니라, 예수의 일관된 행동 유형, 즉 하나님에게 헌신하고 이웃을 위하여 자신을 내어주며 사랑하는 행동 유형에 집중되어 있는 것이다. 이러한 일관된 행동 유형은 복음의 이야기 속에 정제된 모습으로 담겨 있으며, 특히 수난 이야기에서 그 정점에 도달한다.

둘째, 인격체의 참된 정체성은 자유롭게 드러난다. 반드시 자의적이라

---

30) 앞으로 전개될 논증은 Thomas F. Tracy, *God, Action, and Embodiment* (Grand Rapids: Eerdmans, 1984)에 힘입은 것이다.

고는 할 수 없지만, 인격체의 행동 안에는 어떤 자발성과 예측 불가능성이 있다. **인격체는 새롭고 놀라운 일들을 자유롭게 행할 수 있다.** 어떤 사람을 고정 관념을 갖고 바라보면서 그의 행동을 전적으로 예측하려 한다면 우리는 그의 인격에 폭력을 가하는 것이다. 특히 우리는 어떤 이의 행동을 예측할 수 없을 때, 그 행동의 의도가 무엇인지를 이해하기 위해 다른 사람들의 이야기에 귀 기울이게 된다.

마찬가지로 성경은 하나님의 행동을 변덕스럽다고 말하지는 않지만, 예기치 못한 일을 행할 자유가 하나님께 있음을 늘 존중한다. 하나님은 한결같이 신실하시지만, 하나님의 목적은 언제나 놀랍고 새로운 방식으로 성취된다. 이러한 하나님의 자유로움과 무한하심을 무시하는 만큼, 우리는 하나님에 대한 지식을 우리의 이익을 위해 통제하고 조작할 수 있는 대상으로 변질시키게 된다. 그래서 구약의 예언자들은 이스라엘에게 하나님이 과거에 행하시고 명하셨던 바를 기억하라고 요구하는 것만큼이나 자주, 하나님의 새로운 행동에도 열린 태도를 가지도록 권고했던 것이다 (사 43:18-19).

셋째, 인격 상호 간의 지식은 **약속을 신뢰하고 약속에 반응하며 살도록 지속적으로 초청**한다. 이 사항은 인격적 지식 안에 있는 자유, 즉 지식의 대상과 지식의 주체 양편 모두 안에 있는 자유와 관계되어 있다. 항상 인격적 지식 안에는 새롭고 놀라우며 예기치 못한 요소들이 존재하기 때문에, 약속하는 행위는 모든 인격적 관계에서 중대한 차원이다. 우리는 친구에게, 또 친구는 우리에게, 오늘처럼 내일도 절대적으로 동일할 것이라고는 약속할 수 없다. 하지만 우리가 항상 친구와 함께하리라고, 항상 그를 신실하게 아끼고 사랑하겠노라고는 약속할 수 있다. 비록 이 약속의 이행이 매번 다른 방식으로, 예상치 못한 놀라운 방식으로 나타난다고 해도 우리가 약속을 지킨다는 사실에는 변함이 없는 것이다.

인격체 간의 상호 소통이라는 유비는 하나님의 자기-드러냄에 대한 성경의 묘사를 이해하는 데도 유용하다. 이스라엘 역사와 예수 그리스도의 사역과 죽음과 부활 속에서 드러난 하나님의 계시의 특징은 신실함에 대한 약속과 요구이다.[31] "네 죄 사함을 받았느니라"(눅 7:48). "너희 가난한 자는 복이 있나니 하나님의 나라가 너희 것임이요"(눅 6:20). "나를 믿으라 다시는 영원히 목마르지 아니하리라"(요 4:14). "누구든지 제 목숨을 구원하고자 하면 잃을 것이요, 누구든지 나를 위하여 제 목숨을 잃으면 구원하리라"(눅 9:24). "담대하라, 내가 세상을 이기었노라"(요 16:33). "볼지어다! 내가 세상 끝날까지 너희와 항상 함께 있으리라"(마 28:20).

마지막으로, 인격체로서의 우리의 정체성은 종종 **이야기의 형식**(narrative form)**으로 드러난다.** 만약 이 점이 우리 인간들 상호 간의 자저―드러냄에 있어서 사실이라면, 유비적으로 이는 하나님의 자기―드러냄에 있어서도 사실일 것이다. 성경에서 계시된 하나님의 정체성은 주로 이야기 형식으로 드러난다.[32] 마이클 맥레인(F. Michael McLain)은 "하나님이 자신의 성품과 목적을 드러내기 위해 세상 속에서 행동하는 행위자라고 한다면, 이야기는 하나님의 정체성을 드러내주는 적합한 형태이다"라고 말했다.[33]

많은 현대 신학자들은 계시의 의미를 하나님의 인격적 자기―드러냄으로 이해하는 작업의 실마리로서 이야기 형태를 연구했다.[34] 이야기(narrative, 서사)는 한 인격의 성품과 목적을 규정하는 일관적인 유형들을 효과적으로 전달할 수 있기 때문에 하나님의 정체성을 드러내기에 적합

---

31) Ronald F. Thiemann, *Revelation and Theology: The Gospel as Narrated Promise* (Notre Dame: University of Notre Dame Press, 1985).

32) Richard Bauckham, "Jesus the Revelation of God," in *Divine Revelation*, ed. Paul Avis, 174-200.

33) F. Michael McLain, "Narrative Interpretation and the Problem of Double Agency," in *Divine Action*, ed. Brian Hebblethwaite and Edward Henderson (Edinburgh: T&T Clark, 1990), 143.

34) Stroup, *The Promise of Narrative Theology*; 또한 Stroup, "Revelation," in *Christian Theology: An Introduction to Its Traditions and Tasks*, rev. ed. (Philadelphia: Fortress, 1985), 114-40; Thiemann, *Revelation and Theology*를 보라.

한 수단으로 여겨진다. 이야기는 한 인격의 행동을 자유로움과 예측 불가능성, 약속 행위의 특징으로 묘사하기에 적절한 장르이다. 그러므로 이야기가 하나님의 정체성과 목적을 증언하는 성경에서 특별한 역할을 담당함은 전혀 놀라운 일이 아니다. 가브리엘 패크리(Gabriel Fackre)는 최근 저서에서 딜레스의 유형론에서 한 걸음 더 나아가 "이야기라는 전체 틀"(narrative framework)로 형성된 "포괄적 계시론"을 발전시킨다. 패크리에 따르면, 계시는 창조부터 종말까지 세상과 함께하시는 하나님의 전체 드라마의 상황 속에서 이해되어야 한다. 계시는 삼위일체 하나님의 자기 소통적인 활동 전체를 포함한다. 성경이 증언하는 하나님의 계시의 위대한 드라마는 만물의 창조, 화해, 최종적 구속에서 나타난 그분의 활동을 포함하여 다중적인 방식으로 하나님의 정체성을 드러낸다.[35]

여기서 나는 성경 이야기가 기독교 계시론에서 특별히 중요하다는 점에는 동의하지만, 몇 가지 한계점에 대해서도 함께 언급하는 것이 필요하다고 믿는다. 첫 번째 한계점은, 기독교 신앙에서 하나님의 정체성을 결정적으로 드러내는 것은 성경의 **아무런** 이야기가 아니라는 점이다. 하나님의 자기 계시에 대한 기독교적 이해의 중심에는 십자가에 달리신 예수 그리스도가 있다(갈 3:1; 고전 1:23). 다른 것이 아니라 바로 그리스도 그분을 통해 하나님의 정체성과 목적과 권능이 선명하게 드러난다. 이에 대해 리처드 니버는 다음과 같이 말한다. "강대한 이 세상에서 진정으로 강한 것이 무엇인지에 대한 우리의 모든 개념을 예수 그리스도에 비추어 바꾸어야 함은 얼마나 낯선 일인가!···이 땅의 강대한 자들을 이기시는 하나님의 권능은, 그분이 강한 자들을 죽이시는 일을 통해서가 아니라 도살당한 예수의 영이 정복될 수 없도록 하신 사실에서 가장 명백하게 드러난다."[36]

---

35) Gabriel Fackre, *The Doctrine of Revelation: A Narrative Interpretation* (Grand Rapids: Eerdmans, 1997).
36) Niebuhr, *The Meaning of Revelation*, 187.

계시론에서 이야기가 중요하다는 입장의 두 번째 한계점은, 성경이 증언하는 하나님의 자기-드러냄은 단순한 이야기가 아니라는 점이다. 예수 그리스도가 우리를 위해 죽고 부활했다는 진리는 물론 이야기의 형태를 취한다. 그러나 예수 그리스도는 단순히 한 이야기의 주인공이 아니다. 더욱이 성경의 이야기 역시 단순히 정보와 재미와 교화를 주는 흥미진진한 이야기가 아닌 것이다. 성경의 이야기는 우리를 참여시키고 자유케 하며 회심시키고 변화시키려는 목적을 지니고 있다. 하나님이 우리를 위하여 행하신 일을 전달하며, 우리로 하여금 그리스도 안에서 소유하게 된 새로운 자유 안으로 들어가도록 초대하는 것이다. 성경의 이야기들은 하나님에 대해, 하나님과의 관계 안에서 보는 세상에 대해 진리 주장을 제시하며 우리의 인격적 반응을 요구한다. 하나님의 활동을 표현하는 이러한 이야기는, 개인적 혹은 공동체적 차원에서 우리 삶에 직접 부딪혀 우리에게 하나님과의 새로운 관계, 새로운 정체성, 새로운 삶, 새로운 사명을 열어줄 때만이 진정한 의미를 지닌 매개체가 되는 것이다.[37]

마지막 한계점은, 하나님의 자기-드러냄을 알려주는 성경 이야기는 **종결되지 않은 이야기**라는 점이다. 로완 윌리엄스(Rowan Williams)가 상기시켜 주듯이 성경의 이야기는 끝이 열려 있는 이야기다. "예수의 이야기는 종결되지 않았다. 그러므로 어떤 의미로도 통제되지 않으며, 심지어 그 이야기를 들려주는 '권위 있는' 자에 의해서도 통제되지 않는다.…예수는 자신의 역사의 주체로 남는다."[38] 성경의 계시 이야기가 종결되지 않았다는 진술이 의미하는 바는, 오직 하나님만이 이 이야기를 완성하실 수 있다는 뜻이다. 인간인 우리는 스스로 이야기를 종결짓고 깔끔한 체계로 다듬고 통제하려고 결코 시도할 수 없다. 예수가 자신의 역사의 주체로 남는다는

---

37) 성경 이야기와 우리의 개인적 이야기의 "충돌"(collision)을 잘 설명하는 논의로는 Stroup, *The Promise of Narrative Theology*, 171-75을 보라.

38) Rowan Williams, *On Christian Theology* (Oxford: Blackwell, 2000), 193.

것은 그가 살아 계심을 의미하는 것이며, 예수 안에서 드러난 하나님의 자기 계시가 결코 우리의 소유가 될 수 없다는 뜻이다. 성경의 계시 이야기가 종결되지 않았음을 인정한다면, 우리는 이야기 형태 이외의 다른 문학 장르에도 관심을 기울이게 될 것이다. 성경의 증언 속에 나타난 다른 문학 장르들 역시 이스라엘과 함께하신 하나님의 역사와 예수 그리스도의 인격과 사역에서 드러난 하나님의 자기 계시의 차원을 분명하게 표현하고 있다. 이러한 문학 장르들이 아니었다면 하나님의 자기 계시의 차원들은 소홀히 여겨지거나 무시되었을 것이다. 성경은 이야기 외에도 예언자적 신탁, 잠언, 명령, 찬양, 부르짖음, 애가, 묵시적 환상 등 다양한 형태들을 포함하며, 그 각각은 항상 자유롭고 인간의 통제를 넘어서는 그분의 자기 계시를 증언하는 중요한 방법이 된다.[39] 성경은 창조부터 종말까지 이어지는 하나님 행동의 웅장한 이야기 형태를 통해, 무엇보다 예수 그리스도 안에서 확정된 화해의 이야기를 통해 그분의 정체성과 신실함을 보여준다. 하지만 동시에 성경은 하나님의 부재와 침묵에 대한 경험, 즉 그리스도인이 하나님의 현존을 느끼지 못하며 자신의 삶이 어떻게 하나님의 위대한 행위들이 짜내는 웅장한 이야기에 포괄되는지를 볼 수 없는 어두운 시절에 대해서도 알려준다. 그러므로 계시를 이루는 다양한 성경적 증언의 형태들 중 그 어느 것도 소홀히 여겨서는 안 된다.

계시, 성경, 교회

기독교 신학에서 "계시"는 우선적으로 성경, 신조, 교리들의 집합, 또는 교회의 권위를 가리키지 않는다. 계시는 창조·구속·종말에서 드러나고 예

---

39) Paul Ricoeur, "Toward a Hermeneutic of the Idea of Revelation," in *Essays in Biblical Interpretation*, ed. L. S. Mudge (Philadelphia: Fortress, 1980), 73-118.

88 | 기독교 조직신학 개론

수 그리스도 안에서 중심적으로 나타난 삼위일체 하나님의 활동 전체를 가리킨다. 예수 그리스도의 삶과 죽음과 부활은 하나님의 본질과 목적을 최고로 명확하게 표현한다. 예수 그리스도 안에 있는 하나님의 자유로운 은혜는 기독교 메시지의 핵심이며 기독교적 계시론의 초점이다.

그러나 성경의 증언과 성령의 활동이 없다면 우리는 그리스도를 통해 세상과 화해하고자 하시는 하나님의 복음에 대해 결코 아무것도 이해할 수 없을 것이다(고후 5:19). 성령은 성경의 메시지를 조명하고 이 메시지에 우리의 정신과 마음을 열리게 함으로써, 우리를 하나님과 우리 자신에 대한 올바른 지식으로 인도한다. 성령으로 조명된 성경 증언이든 성령의 권능 안에서 행해진 끊임없는 교회의 선포이든 간에, 어떤 것이 무시되거나 경시된다면 기독교적 계시의 실재는 위험에 처하게 된다.

칼 바르트는 하나님 말씀의 삼중적 형태론에서, 계시와 계시가 수용되는 구체적 매개 사이의 관계를 명확하게 밝힌다. 바르트에 따르면 하나님의 말씀은 삼중적 형태, 즉 계시된 하나님의 말씀, 기록된 하나님의 말씀, 선포된 하나님의 말씀으로 존재한다.[40] 이 세 가지는 구별되지만 서로 불가분의 관계를 맺고 있어서 마치 세 개의 동심원과도 같다. 가장 내부에 있는 원은 계시된 하나님의 말씀, 즉 예수 그리스도 안에서 성육신한 하나님의 말씀이다. 우리가 이 가장 내부에 있는 원에 접근하기 위해서는 오직 두 번째 원, 즉 성경의 예언적·사도적 증언이라는 원을 통해서만 가능하다. 또한 두 번째 성경의 증언은 하나님의 말씀의 세 번째 원, 즉 가장 바깥에 있는 원인 교회의 선포를 통해서 우리에게 전해진다.

하나님의 말씀의 삼중적 구조에 대한 이러한 기술은, 하나님이 인간에게 계시 사건에 참여하는 중요한 역할을 주고자 작정하셨음을 분명하게 보여준다. 물론 이 점은 예수 그리스도의 인격과 사역 안에서 드러난 하나님의 성육신에서 유일하게 적용된다. 말씀이 육신이 되었으며(요 1:14), 하

---

40) Barth, *Church Dogmatics*, 1/1 (2d ed., 1975): 88-124.

나님은 이러한 구체적 인간의 말과 행동을 통해 결정적으로 계시되었다. 성경과 교회의 선포는 나름대로의 한계와 결점을 가짐에도 불구하고, 하나님의 말씀의 두 가지 형태가 되며 하나님의 자기 계시를 우리에게 전달하는 데 필수 불가결한 역할을 담당한다. 그리스도 안에서 하나님이 세상과 화해하는 복음은 직접적으로가 아니라 간접적으로, 즉 성경이라는 일차적 증언과 교회의 선포라는 이차적 증언을 통해 우리에게 다가온다.

예수 그리스도 안에서 빛나는 하나님의 빛은 무엇보다 먼저 성경 증언의 프리즘을 통하여 전달된다. 교회가 삼위일체 하나님의 자기 소통에 신실하게 머무는 한, 교회는 자신의 삶과 선교에서 성경 증언의 우선성과 권위를 인정할 것이다. 동시에 성경의 증언이 지니는 참된 인간적인 측면도 변명이나 당황함 없이 인정할 것이다. 성경을 쓴 본래의 증언자들이 역사적 조건이라는 한계를 지니고 있는 존재라는 사실, 또 놀라울 정도로 다양한 부류의 사람들이라는 사실은 기독교적 계시를 이해함에 있어 약점이라기보다 강점이다. 복음의 보배를 질그릇에 가졌다는 것은(고후 4:7), 성경에 근거한 이후의 모든 증언에도 마찬가지지만, 성경 자체에도 적용된다. 그러므로 성경에서 발견된 모든 것이 하나님의 직접적 말씀으로 간주될 수는 없다. 성경의 어떤 텍스트는, 웅장한 이야기를 통해 하나님의 성품과 목적을 나타내는 계시와 극도의 긴장 관계를 이루고 있다. 예를 들어 하나님을 가부장적 이미지로 묘사하거나 원수를 도살하라는 명령을 내리는 분으로 기술하는 성경 구절이 존재함을 우리는 부인할 수 없다. 그러나 계시와 계시에 대한 성경적 증언은 동일시될 수 없다. 루터만큼 대담하게는 아니지만 칼뱅도 이 점을 인정했다.[41] 오늘날 기독교 계시론 역시 예수 그리스도 안에서 명확하게 나타난 하나님의 인격적 자

---

41) 한편으로 칼뱅은 하나님이 성경 전체의 "저자"임을 천명했다(*Institutes of the Christian Religion*, 1.3.4). 그러나 다른 한편으로는 이 주장을 축소하여, 성경이 "그리스도를 선명히 드러낼 때"만 생명의 말씀이 된다고도 했다(1.9.3).

기-드러냄에 대한 성경의 증언과, 이러한 증언에 포함된 역사적 우연성과 모호성을 필수적으로 구별해주어야 한다.

둘째, **예수 그리스도 안에서 드러난 하나님의 계시에 대한 성경의 본래 증언 그 자체는, 교회의 증언이라는 매개물을 통해 우리에게 전달된다.** 우리는 다수의 해석자의 도움을 받아 성경의 메시지를 듣고 이해한다. 사도행전의 에티오피아 관리처럼 우리도 성경을 이해하기 위해 지도와 교육이 필요하다(행 8:30-31). 만약 우리가 성경 메시지를 받아들이는 매개물인 교회의 선포와 삶으로부터 스스로를 단절시킨다면, 하나님의 계시에 대한 우리의 이해는 극도로 빈곤해질 것이다. 성경주의자들이 잘못 예측하는 것처럼, 더 순수한 이해는 고사하고 말이다. 확실히 하나님의 계시는 교회를 심판하며, 교회가 계시를 흐리고 왜곡시켰던 방식을 회개하도록 촉구한다. 그럼에도 불구하고 그리스도인의 공동체는, 이해를 위한 모체로서 성경이 증언하는 하나님의 계시를 해석하는 필수 불가결한 맥락이다.

개신교 신학은 교회의 가르침과 실천의 오류 가능성에 민감하며 교회 내의 지속적인 개혁의 필요성을 인식하기 때문에, 계시의 자리를 과거와 현재 교회의 증언과는 분리해서 성경 본문으로만 한정하는 경향을 보여 왔다. 종교개혁자들이 주장한 바처럼, 성경의 중심적 증언이 교회의 신앙과 삶에 규범적이라고 주장하는 점은 옳지만, 그렇다고 해서 이러한 증언이 진공 속에서 존재하는 것은 아니다. 사실 그리스도의 복음을 효과적으로 전달하려면 "성경만으로"(Scripture alone)라는 슬로건도 충분치 않으며, "성경에다가 교회 전통을 덧붙여"(Scritpure plus church tradition)라는 가톨릭적 교리도 충분하지가 않다. 교회의 증언과 삶의 정황 속에서 성경 증언을 자유롭게 사용하는 하나님의 영만이, 구주와 주님으로서의 그리스도에 대한 믿음과 순종을 불러일으키며 양육할 수 있다.[42]

---

42) George S. Hendry, *The Holy Spirit in Christian Theology* (Philadelphia:Westminster, 1956): "루터는 말씀이 그리스도가 누워 있던 요람이라고 말한다. 또한 교회는 요람이

계시, 성경, 교회의 가르침과 전통, 이 삼자 사이의 관계는 개신교, 로마 가톨릭, 동방 정교회 사이에서 끊임없는 논쟁거리가 되고 있지만, 이 세 교회는 모두 성경과 교회의 교리 양자는 독립적 매개가 아니라는 점에서 의견 일치를 보고 있다. 교회의 교리는 성경이 증언하는 하나님의 계시를 토대로 교회가 고백하고 가르치는 내용이다.[43] 교회의 가르침은 신앙의 삶에서 실제적이지만 상대적인 권위를 갖는다. 교회의 공동 신조와 현대의 신앙고백문은 항상 성경에 종속적이지만, 반대로 성경의 중심적 내용을 이해하기 위한 중대한 해석학적 열쇠를 제공하고 하나님의 위대한 행동들을 간결하게 요약한다. 칼뱅에 따르면, 사도신경과 같은 에큐메니칼 신조는 "우리 구원의 주요 지점들을 몇 마디로 요약"[44]하기 때문에 커다란 가치를 지닌다고 할 수 있다. 신조와 신앙고백문은 계시의 독립적인 통로는 아니지만 성경에 대한 "일차적 주석"으로서 교회의 삶에 중대한 역할을 담당한다.[45]

계시에 대한 모든 증언에는 결점과 왜곡이 들어 있음을 인정하라고 하면 많은 그리스도인은 몹시 혼란스러워한다. 하지만 하나님의 은혜와 능력이 인간의 약한 데서 온전해짐을 기억한다면(고후 12:9), 오류 가능성이 있는 인간이 하나님의 계시를 섬기는 일에 사용된다는 사실 속에서도 하

놓여 있는 육아실이라고 말할 수 있다"(95).

43) Jaroslav Pelikan, *The Christian Tradition: A History of the Development of Doctrine*, vol. 1: *The Emergence of the Catholic Tradition, 100-600* (Chicago: University of Chicago Press, 1971). 『고대교회 교리사』(크리스챤다이제스트 역간). 펠리칸은 기독교 교리를 "예수 그리스도의 교회가 하나님의 말씀을 토대로 믿고 가르치고 고백한 것"이라고 정의한다"(1).

44) Calvin, *Institutes*, 2.16.18. 니콜라스 래쉬(Nicholas Lash)의 간결한 표현을 참고하라. "성경이 상세하게 말하는 바를 교리는 간략하게 말한다"; *Believing Three Ways in One God: A Reading of the Apostles' Creed* (London: SCM Press, 1992), 8.

45) 성경과 관련해 교회 신도와 신앙고백이 차지하는 위치에 대해서는 Barth, *Church Dogmatics*, 1/2: 585-660을 보라.

나님의 은혜가 역사함을 어렵지 않게 이해할 수 있을 것이다.[46) 계시의 빛은 위로부터 아래로 수직적으로 우리에게 내려오지 않는다. 오히려 계시의 빛은 하나님의 영의 권능에 의해 세상의 매개체를 통하여 온다. 성령은 책임 있는 해석과 비판적 전유의 과정 속에 참여하도록 우리를 이끈다.

계시에 대한 인간의 증언이 모호하고 왜곡될 수 있기 때문에, 계시의 수용은 필연적으로 변증법적 과정으로 이해되어야 한다. 한편으로는 하나님 백성의 지체들과 함께하면서 **성경의 증언을 주의 깊은 신뢰의 마음으로 읽고 듣지 않으면** 그리스도 안에서 드러난 하나님의 진정한 계시를 받을 수 없다. 성경이 증언하는 예수 그리스도의 변혁의 권능은 믿음과 기도와 선포와 성례적 삶과 교회를 섬기는 일의 맥락에서만 우리에게 효력을 지닌다.

다른 한편으로 그리스도 안에서 드러난 하나님의 계시는 교회의 선포와 삶에 의하여, 동시에 성경에 의하여 우리에게 매개되는데, 이것을 **비판적으로 전유할 필요성**이 항상 존재한다. 성경과 교회의 가르침이 잘못 지지하고 있는 몇몇 속박의 요소까지 포함하여, 모든 형태의 구속에 저항하는 그리스도의 새로운 자유 속으로 들어갈 때야 비로소 우리는 하나님의 계시를 적극적이고도 책임감 있게 받을 수 있다. 성경의 증언도 교회의 증언도 살아 계시며 자유로우신 하나님의 일꾼 이상은 되지 못한다. 성경이나 교회는 자신들 너머에 존재하는 살아 계신 하나님의 말씀을 가리키며, 우리 한가운데서 역사하나 결코 우리의 통제 하에 놓이지 않는 심판과 갱신의 실재를 가리킨다.

이렇게 하여 계시론은 우리가 인간임을, 또 우리의 삶은 우리가 속한 특정 공동체, 특히 신앙 공동체에 의해, 그리고 그 공동체가 지지하는 가

---

46) 하나님의 계시의 필수적 형태로서의 "간접적인 소통"(indirect communication)에 관해서는, Søren Kierkegaard, *Concluding Unscientific Postscript* (Princeton: Princeton University Press, 1941), 216ff.을 보라.

치와 전해지는 이야기, 교리들, 참여하는 실천에 의해서 형성됨을 인정하게 될 것이다. 하나님의 계시를 수용하는 것과 이것에 비추어 인간의 삶을 개혁하는 것은 공동체의 맥락 속에서 일어난다. 하지만 그렇다고 해서 하나님의 계시에 대한 신실함이 단순히 기독교 공동체의 믿음과 실천으로 "사회화"되는 과정임을 의미하지는 않는다. 그리스도인이 된다는 것은 전통을 전유하고 반복하는 것보다 훨씬 더 큰 차원의 일이다. 성경과 교회의 증언이 매개하는, 살아 계신 하나님의 계시에 대해 믿음으로 반응한다는 것은 자유와 즐거움을 누리며 자신이 수용한 복음의 진리를 증언하는 일이며 그 진리를 해석하고 그 진리대로 살아가는 책임을 공유하는 일이다.

이와 같은 고찰로부터 우리는 다음과 같은 결론을 도출할 수 있다. 즉 하나님의 계시를 섬기도록 부름 받은 신앙 공동체는 스스로 계시를 통제한다고 뻔뻔스럽게 주장해서는 안 된다. 만약 그런 일이 발생한다면 계시는 이데올로기로, 신학은 우상숭배로 전락할 것이다. 하나님의 자기 계시는 참되며 신뢰할 만하다. 그러나 이 계시는 결코 통제될 수 없으며, 책이나 교리 체계, 특정 전통이나 개인과 집단의 특별 경험과도 동일시될 수 없다. 하나님의 자기 계시는 예수 그리스도 안에서 나타난 하나님의 은혜롭고 자유로운 자기-드러냄의 행동이며, 이것은 성경의 다성적인 증언(polyphonic witness)을 통하여 그리고 신앙 공동체가 성령의 권능으로 행하는 생생한 증언을 통하여 매개된다. 우리는 결코 계시를 소유할 수 없으며, 계시를 당연하게 여길 수도 없다. 계시는 교회가 계속해서 기도해야만 하는 사건이다. "오소서, 성령이여! 당신의 말씀을 통해 한 번 더 우리에게 말씀하소서!" 기독교 공동체는 예수 그리스도 안에서 최고로 주어진 하나님의 자기 계시에 의존함을 인정하면서, 자신이 주인이 아니라 하나님만이 주님임을 고백하며, 자신을 선포하는 것이 아니라 예수 그리스도를 선포하도록 부름 받는다(고후 4:5). 동시에 살아 계신 하나님의 말씀이 성령의 권능 안에서 거듭해서 자신에게 말씀하시기를, 또 자신을 개혁하실 것을 기대함을 고백한다.

참고 문헌

Abraham, William J. *Crossing the Threshold of Divine Revelation*. Grand Rapids: Eerdmans, 2006.

Barth, Karl. "The Christian Understanding of Revelation." In *Against the Stream: Shorter Post-War Writings*. London: SCM, 1954. p. 205–40.

Barth, Karl, and Emil Brunner. *Natural Theology*, comprising "Nature and Grace" by Emil Brunner and the reply "No!" by Karl Barth. Eugene, Ore.: Wipf and Stock, 2002.

Brunner, Emil. *Revelation and Reason*. Philadelphia: Westminster, 1946.

Calvin, John. *Institutes of the Christian Religion*, 2 vols. Ed. John McNeill. Philadelphia: Westminster, 1960. Vol. 1, p. 35–69.

"Dogmatic Constitution on Divine Revelation" (Vatican II). In *Decrees of the Ecumenical Councils*, 2 vols., ed. Norman P. Tanner. Georgetown: Sheed and Ward, 1990. Vol. 2, p. 971–81.

Dulles, Avery. *Models of Revelation*. Garden City, N.Y.: Doubleday, 1983.

Fackre, Gabriel. *The Doctrine of Revelation: A Narrative Interpretation*. Edinburgh: Edinburgh University Press, 1997.

Grenz, Stanley J., and Noel Leo Erskine. "How Do We Know What to Believe? Revelation and Authority." In *Essentials of Christian Theology*, ed. William C. Placker. Louisville: Westminster John Knox, 2003. p. 11–49.

Niebuhr, H. Richard. *The Meaning of Revelation*. New York: Macmillan, 1941.

Quash, Ben. "Revelation." In *The Oxford Handbook of Systematic Theology*, ed. John Webster, Kathryn Tanner, and Iain Torrance. Oxford: Oxford University Press, 2007. p. 325–44.

Ricoeur, Paul. "Towards a Hermeneutic of the Idea of Revelation." In *Essays in Biblical Interpretation*. Philadelphia: Fortress, 1981. p. 73–118.

FAITH
SEEKING
UNDERSTANDING

성경의 권위

▶▶▶▶▶▶▶▶▶▶▶▶▶▶▶▶▶▶▶▶ **제 3 장** ▶

성령은 다른 시공간에 있는 하나님의 백성의 목소리를 통해, 심지어 기독교 공동체의 경계 너머에 있는 사람들의 목소리조차 이용하여 성경 메시지에 대한 우리의 이해를 심화하고 교정하려 한다. 이런 성령의 감화에 열려 있기 위해서 우리는 스스로 성경 증언의 규범성을 위태롭게 만들지는 않았는지, 기독교적 정체성을 상실할 위험에는 빠지지 않았는지, 그리스도에 대한 헌신을 허물어뜨리지는 않았는지 자문해보아야 한다. 또한 앞에서 나열한 태도와는 정반대로, 우리는 예수 그리스도의 살아 계심과 복음의 풍부함이 아직 다 소진되지 않았음을, 성령이 오늘도 하나님의 말씀으로부터 새로운 빛을 발산하고 있음을, 우리는 지금 여기서 신실한 제자도로 부름 받고 있음을 인정해야 한다.

AN INTRODUCTION
TO CHRISTIAN
THEOLOGY

교회가 시작된 이후로 모든 기독교 신학은 암시적이든 명시적이든 성경의 권위를 인정해왔다. 기독교 신앙과 삶에 있어 성경이 **권위를 가지는지 아닌지** 하는 질문에 대해서는 이미 확정된 답이 존재했던 것이다. 다만 성경이 가진 권위가 **어떤 종류**의 권위인지가 논의의 대상이었을 뿐이다.[1]

16세기 종교개혁자들에게 성경의 권위는 예수 그리스도 안에서 제시된 자유롭게 하는 메시지, 즉 죄인을 은혜로 받아들이는 하나님의 복음에 근거를 두고 있었다. 따라서 성경의 권위는 자의적이거나 독재적인 권위로서가 아니라 갱신과 자유와 기쁨의 근원으로 경험되었다.

하지만 오늘날에는 모든 사람이, 심지어 그리스도인이라 할지라도 성경 권위에 대한 이런 식의 이해를 가지는 것은 아니다. 교회 안팎의 많은 사람들은 성경의 권위를 자유보다는 강제성과, 기쁨보다는 공포와 동일시한다. 그들은 성경이란 텍스트가 어떻게 자유로운 탐구를 억압하고 노예제나 가부장제와 같은 관습을 정당화했는지를 너무도 익히 보아왔다.

그러므로 오늘날 신학의 중대한 과제는 성경의 권위가 인간을 자유롭게 하는 데 있음을 이해시키는 것이다. 이런 목적을 위해 나는 성경의 권위를, 신앙 공동체 안에서의 성경의 중심 내용과 성경의 구체적 기능과 연

---

1) 이 장은 일부, 성경의 권위를 다룬 나의 이전 책 *Called to Freedom: Liberation Theology and the Future of Christian Doctrine* (Philadelphia: Westminster, 1980), 제1장에 근거한다.

관 지어 이해해야 한다고 주장하고 싶다. 성경은 이스라엘의 역사 속에서 드러나고 예수 그리스도 안에서 최고로 나타난 하나님의 자유케 하시며 화해하시는 활동에 대한 독특하고 대체할 수 없는 증언이다. 성령의 권능으로 성경은 그리스도 안에서 드러난 하나님의 놀라운 은혜의 기쁜 소식을 전달해주는 목적에 이바지한다. 또한 성경은 우리로 하여금 하나님과 이웃을 더 많이 사랑하도록 하며, 그리스도께서 우리를 해방시키려고 주신 자유로 우리를 부른다.

근대 문화에서 권위의 문제

성경의 권위에 관한 문제는 근대 서구 문화에서 권위와 관련된 더 큰 위기의 일부에 불과하다.[2] 계몽주의 이후로 권위에 대한 모든 주장은 자율적 이성이라는 잣대 앞에서 자신을 정당화해야 했다. 비판적 검토의 과정에서 이전에 권위가 있다고 간주되었던 많은 것들이 자의적이며 근거가 없는 것으로 버려졌던 것이다.

칸트(Kant)의 유명한 명제 "네 스스로 생각하는 모험을 감행하라"는 계몽주의 정신의 슬로건이다. 국가든 교회든 사회든, 기존 "권위의 자리"[3]는 자율적 이성과 개인의 자유라는 이름으로 모두 의문시된다. 그리하여 계몽주의적 합리성(Enlightenment rationality)의 후손인 우리는 권위라는 개념에 대해 끈질기고 강한 거부 반응을 보여왔다.

근대의 비판 정신은 탐구의 모든 분야에 적용되었으며 의심할 여지없이 인간됨의 의미와 과제를 풍요롭게 하였다. 유아기적 의존성을 버리고

---

2) Jeffrey Stout, *The Flight from Authority: Religion, Morality, and the Quest for Autonomy* (Notre Dame: University of Notre Dame Press, 1981)를 보라.

3) Edward Farley, *Ecclesial Reflection* (Philadelphia: Fortress, 1982)을 보라.

스스로 생각하고 결정할 수 있는 성숙한 존재가 되라는 요청은 근대 문화의 모든 분야에서 지속적으로 영향력을 행사하고 있다. 예를 들어 근대 민주 정치제의 발전은 계몽주의 철학으로부터 많은 영향을 받았다. 이런 상황에서 기독교 신앙과 신학은 근대 비판 정신의 허위를 거부해야 할 뿐 아니라 좋은 점들은 존중해야 한다. 기독교 신앙은 비판 정신에 의해 동요되기 이전, 저 옛날에 대한 향수가 결코 아니다. 동시에 기독교 신앙은 히틀러(Hitler), 스탈린(Stalin), 뒤발리에(Duvalier), 마르코스(Marcos)의 국가 권위주의와의 비밀스런 제휴도, 교회의 가르침에 대해 어떤 이견도 허용하지 않는 교회 권위주의와의 은밀한 제휴도 아니다. 자율적 인간 이성의 이름으로 억압적인 권위를 비판하는 근대 문화 속에도 폭로되어야 할 깊은 모호성이 있는 것이 분명하지만, 계몽주의적 비판 전통을 단순히 거부하는 것은 신학적 실수가 될 것이다. 복음은 모든 속박과 전제적 통치로부터의 새로운 자유의 선물을 선포하기 때문이다.

현재 많은 그리스도인은 성경을 연구하고 해석하는 영역에서도 근대 문화를 기꺼이 수용하여, 비판 이성으로 전통적인 권위를 철저하게 의심하는 데까지 이르고 있다. 성경의 권위 역시 광범위한 비판으로부터 역시 면제되지 않는다. 이미 비판적 성경 연구 방법은 성경의 권위에 대한 다수의 전통적인 이해 방식을 활발하게 분쇄했고, 지금에 와서 이 모든 것으로부터 뒤돌아서는 것은 불가능하다. 물론 비판 이성을 성경에 적용하는 데 개념의 왜곡이 없었던 것은 아니지만, 이러한 작업으로부터 우리는 신학이 더욱 비판적이 되어야 한다는 요청을 읽을 수 있다.

성경론이 다루어야 하는 근본 질문은 다음과 같다. 성경이 권위를 가진다는 것은 무슨 의미인가? 성경의 권위는 맹신을 강요하는 강제적인 힘에 있는가? 아니면 하나님을 향한 자유롭고 즐거운 신뢰로 초청하는 권유적인 힘에 있는가? 성경의 권위는 지성을 희생하고서라도 무조건 받아들여야 하는 자의적인 자료인가? 아니면 이 권위는, 예수 그리스도 안에 있는 하나님의 자유롭게 하시는 은혜를 선포하는 것과 불가분의 관계를 맺고 있는가? 이 질문은 다음과 같은 다른 언어로도 표현될 수 있다. 즉 성경적 전통이 자의적 권위에 대한 강력한 비판과 자유에 대한 독특한 메시지를 포함한다는 사실을, 교회 스스로는 기억하고 있는가, 아니면 잊고 있는가?[4]

성경적 증언은 한결같이 하나님의 궁극적 권위와 자신을 동일시하려는 모든 권위에 대해 가차 없는 비판을 가하고 있다. 예수는 종교적 교리와 전통에(마 5:21이하; 막 11:28이하), 국가의 권위에(막 12:13-17) 궁극성을 부여하는 것을 거부했다. 사도 바울은 죽이는 율법 조문과 살리는 영을 구별했다(고후 3:6). 마르틴 루터는 성경 숭배(bibliolatry)를 포함한 모든 우상숭배로부터의 자유를 주창하는 성경의 놀라운 유산을 열렬히 지지하면서, 그리스도의 자유케 하는 메시지를 분명하게 표현하지 못하는 모든 성경 본문을 "지푸라기"로 묘사했다. 장 칼뱅은 성경론에서 루터만큼 대담하지는 않았지만 성경의 권위를 "그리스도를 드러내 보이는 것"과 분리할 수 없다고 주장했으며, 최종적으로 성경의 진리를 우리에게 설득하는 것은 "성령의 비밀스런 증언"이라고 선언했다.[5] 요약하면, 성경의 권위에 대한 종교개혁자들의 견해는 그리스도 안에서의 새로운 삶과 자유에 대한 선포와 긴밀하게 연관되어 있었다.

근대에 나타난 권위 개념의 위기가 계기가 되었지만, 근본적으로 신학자들이 하나님과 교회와 성경에 관해 권위주의적으로 사고하는 경향을 신학에서 제거하고자 노력한 것은 주로 복음의 자극에 의해서였다. 게르하르트 에벨링(Gerhard Ebeling)은 역사비평적 성경 읽기와 종교개혁적 이신칭의론 모두가 거짓된 안전망을 제거하고자 기능했다는 점에서, 양자

---

4) 성경의 권위에 관한 최근 논의에 관해서는 Terrence E. Fretheim & Karlfried Froehlich, *The Bible as Word of God in a Postmodern World* (Minneapolis: Fortress, 1998); Christopher Bryan, *And God Spoke: The Authority of the Bible for the Church Today* (Cambridge, Mass.: Cowley Publications, 2002)를 보라.
5) Calvin, *Institutes of the Christian Religion*, 1.9.3; 1.7.4.

사이에는 "심오한 내적 연관성"이 있다고 논증한다.[6]

기독교 신학은 계몽주의의 기본 전제, 즉 유일한 참 권위는 독립적이고 분리된 자아의 권위에 있다는 가정에는 반대하지만(포스트모던 철학 역시 앞의 가정을 공격한다), 그럼에도 불구하고 성경에 대한 몇몇 교리에 나타난 권위에 대한 여러 입장을 포함해 억압적 권위를 비판하는 데 참여한다. 기독교 신앙은 성경이 증언하는 복음의 하나님 안에서 자유롭게 하는 사랑의 권위를 발견한다. 이러한 사랑은 강제적 힘으로 역사하는 권위가 아니라, 새로운 공동체를 세우는 창조적인 능력인 것이다. 예수 그리스도 안에서 나타난 하나님의 은혜로운 통치의 특징은 권위주의적 지배가 아니라, 성령의 권능으로 그리스도 안에서의 새로운 생명과 자유를 "조성"하는 것이다.

성경의 권위에 대한 부적합한 접근들

신앙 공동체의 삶에서 성경의 자유케 하는 역할에 대해 더 깊은 논의를 발전시키기 전에, 성경의 권위에 대한 여러 부적합한 접근의 내용을 확인하는 것도 유용할 것이다.

1. 성경문자주의 견해(biblicist view)는 성경의 권위가 **초자연적 기원**(supernatural origin)을 지니며 성경의 문자들이 하나님의 말씀과 직접적으로 동일하다고 여긴다. 이 견해는 근대주의의 비판에 맞서 신앙을 방어하기 위한 교회의 노력에서 나왔다. 종교개혁의 통찰력을 보호하려고 염려하는 개신교 신학자들은 성경의 초자연적 특성을 주장함에 있어 점점 더 방어적이며 집요해졌던 것이다. 이들은 성경의 모든 책, 모든 장, 모든 절, 모든 단어가 직접적으로 하나님의 영감을 받았다고 주장한다. 물론 성경

---

6) Ebeling, "The Significance of the Critical Historical Method for Church and Theology in Protestantism," in *Word and Faith* (Philadelphia: Fortress, 1963), 17-61.

의 영감론은 기독교 전통에서도 아주 오래된 교리이다. 기본적으로 이 교리는 성령 하나님이 성경의 저자들과 함께하고 그들을 안내하셨음을 인정한다. 성령 하나님은 역사적·사회적·문화적 정황과 그것으로부터 오는 모든 한계와 조건 하에서 성경 저자들이 지니는 인간됨을 존중하면서도, 이러한 인간적 증언을 이용해서 하나님의 말씀을 전달하신다. 이런 일이 어떻게 발생하며 어떤 효력이 있는지에 대해서는 다양한 이론이 제시되어왔다. 그러나 영감론(doctrine of inspiration)이 매우 중요하다는 데는 대부분 동의하는 사람들 사이에서도, 구체적으로 어떻게 그것이 가능한지에 대해서는 의견이 분분하다.[7] 예를 들어 성경문자주의 견해와 가까운 어떤 영감설에 따르면, 하나님은 성경의 각 단어를 저자에게 구술하셨고, 인간 저자들은 수동적인 비서처럼 활동했다고 한다. 하지만 이런 식의 영감설은 두 가지 문제점을 초래한다.

첫째, 이런 성경문자주의적 견해에서 영감은 영감된 상태(inspired-ness)를 의미한다. 영감은 초자연적 기원으로부터 생겨난 성경의 내재적 속성을 가리킨다. 영감은 이미 주어진 완전한 자료로서 우리 앞에 제시된 무엇인가를 가리킨다. 그래서 영감론의 과제는 성경의 기적적인 기원에 관한 몇몇 이론을 옹호하는 것으로 축소된다. 이와 같은 영감설에 결여되어 있는 점은, 하나님의 말씀은 직접적으로 접근할 수 없으며 우리의 통제를 받는 소유가 아니라는 인식이다. 하나님의 말씀은 하나님의 행동으로서, 과거에 말씀했던 하나님은 성경의 증언과 교회의 선포를 통해 지금 여기에서도 말씀하고 앞으로도 말씀할 것이다. 만약 오늘 말해지고 들려지는 것이 하나님의 말씀으로 받아들여지려면, 예언자와 사도들을 인도했던 것과 동일한 하나님의 영이, 그들의 증언을 설교하고 듣는 행위 속에서도 작용해야만 한다.

---

7) 여기에 관한 유용한 논의로는 William J. Abraham, *The Divine Inspiration of Holy Scripture* (Oxford: Oxford University Press, 1981).

둘째, 성경문자주의적 견해에서 영감은 무오성(infallibility)을 요구한다. 직접적이고 문자적 의미에서 하나님이 성경의 저자이기 때문에, 성경은 아무런 오류가 없다고 간주된다. 몇몇 개신교 변증가들은 이러한 주장을 극단까지 밀어붙였다. 성경은 하나님과 인간 구원에 대해 가르치는 부분뿐만 아니라, 역사와 과학의 모든 문제에서도 오류가 없다고 주장했던 것이다. 그래서 결과적으로 기독교 신앙을 옹호함은 무오성의 교리를 옹호하는 것이 되어버렸다. 근대성이라는 밀려오는 조류에 맞서서 로마 가톨릭이 교황 무오설(papal infallibility, 1870)을 제시했다면, 이에 상응하는 개신교의 교리는 성경 무오설이었다. 자신의 신앙과 선포에 있어 절대적 보증을 원한 교회는, 이것을 성경 무오설과 교황 무오설에서 찾았던 것이다. 그러나 아이러니한 것은, 무오한 교도권(infallible teaching office) 혹은 무오한 성경을 주장하는 교회에서는 성경이 자유롭게 하며 생명을 살리는 말씀으로 더 이상 역사하지 못한다는 점이다. 성경의 무오성을 고집하는 것은 기독교적 확신의 참된 토대를 모호하게 만드는 결과를 가져온다.

성경의 권위를 성경문자주의적으로 이해하는 입장은 근대의 특징인 타율성 비판의 확실한 과녁이 된다. 성경문자주의적 견해는 성경의 권위를 인정하지만, 그릇된 기반 위에서 그렇게 한다. 즉 성경이 권위를 가지는 것은, 하나님과 인간에 대해 중점적으로 말하고 있는 **내용** 때문도, 인간의 삶에 끼칠 수 있는 변혁적 **효력** 때문도, 기독교 공동체적 삶을 형성하는 **역할** 때문도 아니다. 단순히 성경의 글자들이 무조건적으로 하나님의 말씀과 동일시된다는 모호한 확증 때문에 이런 식의 권위를 인정받는 것이다. 결과적으로 이런 동일시는 성경의 모든 텍스트 각각의 중요성을 획일화하는 경향이 있다. 예를 들어 아말렉을 치되 남녀와 소아와 젖 먹는 아이와 짐승을 완전히 진멸하라는 하나님의 명령이나(삼상 15:3),[8] 종들

---

8) 성전과 관련된 성경 본문의 문제에 대해서는 John J. Collins, "The Zeal of Phinehas: The Bible and the Legitimation of Violence," *Journal of Biblical Literature* 122 (2003):

은 상전에게 순종해야 하며(엡 6:5) 여자는 교회에서 조용해야 한다는(딤전 2:12) 사도의 교훈이, 하나님이 그리스도 안에 계셨고(고후 5:19) 그리스도 안에 새로운 포용적 공동체가 있다(갈 3:28)는 선포의 말씀과 동등한 권위를 지니게 된다.

2. 근대적 역사의식의 발흥으로 성경에 대한 새로운 접근이 도입되었는데, 이런 접근에 의해 성경은 단순한 **역사적 자료**(historical source)로 읽혀졌다. 사실 역사적 접근은 성경 이해에 많은 혜택을 끼쳤다. 이전의 스콜라주의적이고 교조주의적 성경 읽기의 사슬을 끊는 데 도움을 주었으며, 성경 텍스트를 그것이 놓인 역사적 정황 속에서 이해할 수 있게 했다.

이와 같은 성과에도 불구하고 역사적 접근은 나름의 한계, 즉 성경을 또 다른 감옥 속에 포로로 가둘 수 있는 가능성을 노출했다. 역사가의 주된 관심은 "실제로 일어났던 사건", 즉 "사실"로 증명될 수 있는 것을 구성함에 집중되는데, 이런 관점에서 보면 권위를 형성하는 요소는 전달된 그대로의 텍스트가 아니라, 텍스트 이면에 있으며 역사가가 재구성해야 하는 "사실들"인 것이다.

이런 역사주의적 입장은 이른바 "성경적 내러티브의 사라짐"(eclipse of biblical narrative)이라는 심각한 결과를 낳기도 한다.[9] 텍스트 이면에 있는 사실들에 관심을 집중시키면, 결과적으로 성경의 의미는 그것의 문학적 형태로부터 분리된다. 그리고 사실로서 자격을 갖춘 요소만이 근대의 성경학자가 제시하는 새로운 해석의 틀에 맞춰지는 것이다. 그 결과 역사주의적 접근은 해석자가 역사의 본질에 대해 가진 전제들을 텍스트에 적용하고, 이런 전제의 한계 내에서만 성경의 의미를 파악하게 된다는 약점을 가진다.

3. 성경을 **종교적 고전**(religious classic)으로 간주하는 접근 방법. 전형적

3-21을 보라.

9) Hans Frei, *The Eclipse of Biblical Narrative* (New Haven: Yale University Press, 1974).

으로 이 이론은 성경을 위대한(아니면 적어도 중요한) 문학으로 기술하며, 성경의 권위를 "고전들"이 문학 전통과 인간 문화의 영역에서 차지하는 권위와 유사하게 이해한다. 성경을 문학으로 간주하는 접근 방법은 대학교의 종교학 과목에서 매우 인기가 있다. 오늘날 미국 문화에는 성경에 대한 이런식의 무지가 팽배해 있기 때문에, 이 접근 방법에 대해서는 확실히 비판하고 넘어가야 할 것 같다. 어떤 관점에서 보면 성경을 문학으로 간주하는 것이 칭찬할 만한 일인지 몰라도, 이런 이해는 성경이 신앙 공동체 내에서 담당하는 독특한 기능을 대체할 수 없다. 성경은 신앙 공동체에 있어 단순히 위대한 문학이 아니다. 성경 내러티브를 아무리 흥미진진하게 이야기한다고 해도, 하나님이 단순한 이야기의 주인공일 수는 없다. 예수 그리스도 또한, 때로 사람을 곤혹스럽게 하는, 인상적인 등장인물일 수는 없는 것이다. 제임스 바(James Barr)가 주목하듯, 예수가 복음서의 이야기 속에서 죽음으로부터 부활한 것에 대해서는 아무도 의심하지 않는다. 그러나 신앙에서 중요한 질문은, 예수가 실제로 부활했는지, 그 예수가 오늘날에도 살아 계신지 하는 질문인 것이다.[10] 신앙 공동체는 위대하든 위대하지 않든 간에 성경을 단순한 문학으로 간주하지 않으며 성서(Scripture), 즉 우리의 구원을 위한 살아 계신 하나님의 행동에 대한 규범적 증언으로 접근한다.[11]

4. 성경을 **개인적인 경건서**(private devotional text)로 이해하는 접근 방법. 이런 강조점은 나름의 정당한 관심에서 촉발된 것이다. 즉 스콜라 신학의 사변, 근대 역사주의의 과거 "사실"에 대한 집착, 문학적 접근의 무심한 심미주의에 맞서서, 경건주의적 입장은 개인의 구원을 위한 성경의 의미에 집중하는 것이다. 성경은 예수 그리스도 안에서 나타난 하나님의 용서와 자비에 대해 "나"에게 말씀하며 "나"를 설득한다. 신앙에 있어 의미

---

10) Barr. John Barton, *People of the Book? The Authority of the Bible in Christianity* (Louisville: Westminster/John Knox, 1988), 49에서 재인용.

11) Krister Stendahl, "The Bible as a Classic and the Bible as Holy Scripture," *Journal of Biblical Literature* 103 (1984): 3-10.

있는 것은 단순한 역사적 사실로서의 예수의 십자가 처형이 아니라, 그리스도가 "나"를 위해 죽으셨다는 메시지다.

"나를 위한" 성경의 메시지를 읽고 듣는 것은 항상 중요하지만, 이러한 입장이 "우리를 위한", "세계를 위한" 성경의 의미와 분리될 때에는 왜곡되기 마련이다. 성경이 신앙의 순례자인 나 자신의 경험과 분투를 조명하는 데만 기여한다면, 성경을 개인적 차원으로 축소하는 일이 발생할 것이다. 성경을 개인주의적으로 이해하는 입장은 교회와 신학의 퇴보를 의미한다. 사적 삶의 차원에 대한 선호, 즉 개인적 공간만을 어떤 공격으로부터도 신앙을 안전하게 보존할 수 있는 공간이라고 간주하면서, 공적 영역을 포기하게 되는 것이다.

성경의 필수 불가결성

성경의 실제적 권위는 성경문자주의의 죽은 문자에도, 역사주의의 무비판적 가정에도, 부르주아 개인주의의 협소함에도, 심미주의의 무심함에도 있지 않고 오직 신앙 공동체의 삶 속에 있다. 그리스도인은 **성경의 존재를** 믿는 것이 아니라 **성경이 증언하는 살아 계신 하나님의 존재를** 믿는다. 성경은 성령의 권능으로 우리로 하여금 그리스도를 통해 살아 계신 하나님과 새로운 관계를 맺도록 하기 위해, 그래서 이웃과 창조세계 전체와 새로운 관계를 맺도록 하기 위해서 필수 불가결하다. 성경의 권위를 올바로 말한다는 것은, 성령을 통해 하나님과 이웃과의 관계 속에서 새로운 삶을 창조하고 양육하는 것을 돕는 성경의 능력을 말하는 것이다.

성경은 이스라엘의 역사 속에서, 무엇보다도 예수의 삶과 죽음과 부활 속에서 활동하는 하나님의 주권적인 은혜를 독창적으로 증언한다. 성경은 증언이기 때문에 성경 자신에게로 관심을 집중시키지 않는다. 칼 바르트는 "참된 증언은 그것이 증언하는 바와 동일하지 않으며 다만 우리 앞에 자신이 증언하는 바를 제시한다"라고 말했다.[12] 진정한 증언은 우리의 관심을 어떤 다른 실재에게로 돌린다. 그러므로 성경은 파생적인 의미로서만 하나님의 말씀이다. 하나님의 살아 계신 말씀은 예수 그리스도이며, 우리는 성경의 증언을 통해 바로 이 예수 그리스도와 관계를 맺는다. 성경은 그 자체로 권위를 지니지 않는다. 종교개혁자들의 주장대로 성경이 "그리스도를 제시할 때", 즉 성경이 신앙 공동체에서 성령의 권능으로 그리스도를 통해 하나님과의 자유케 하며 새롭게 하는 관계를 창조하는 역할을 감당할 때만 권위를 지닌다.

바르트는 성경이 지닌 증언의 기능이, 마티아스 그뤼네발트(Matthias Grünewald)가 그린 이젠하임의 제단화(Isenheim Altarpiece)에 나오는 세례 요한의 역할과 같다고 즐겨 묘사한다.[13] 이 화폭에서 세례 요한은 비정상적으로 긴 검지로 십자가에 달리신 주님을 가리키고 있다. 또한 그 제단화에 새겨진 글은 "그는 흥하여야 하겠고 나는 쇠하여야 하리니"이다.

성경의 증언은 단성적인 방식이 아니라 다성적 화음으로 자기 목적을 달성한다. 성경의 신앙 담론(faith discourse)은 비범할 정도로 풍성하다. 폴 리쾨르(Paul Ricoeur)가 논증했듯이, 성경 속 증언의 문학 장르는 무척 다양해서 우리로 하여금 하나님과 관계를 맺게 하기에 적합할 정도다. 하나님을 창조자·화해자·구원자로서, 살아 계시며 행동하는 인격적 행위자로서 묘사하고자 한다면 이야기 형태가 필수적이다. 예언자적 담론은 과거 하나님의 위대한 행동을 암송하고 찬송하는 동시에, 정의롭게 살지도, 자비를 사랑하지도 않고 겸손하게 하나님과 동행하지도 않는 그분의 백성의 자기 의와 오만함을 강조하는 데 적합한 장르이다(미 6:8). 지혜 문학은 매일의 삶 속에 현존하는 하나님을 표현할 뿐 아니라 고통과 악의 실존 안

---

12) Barth, *Church Dogmatics*, 1/2: 463.
13) Barth, "Biblical Questions, Insights, and Vistas," in *The Word of God and the Word of Man* (New York: Harper, 1957), 65.

에서 경험되는 하나님의 철저한 감추어짐도 적절하게 표현한다. 요약하면, 성경 증언의 다양한 문학 형태들은 계시의 환원할 수 없는 매개체이며 서로를 보완하고 교정한다. 교회는 신약과 구약 사이, 바울과 야고보 사이, 요한복음과 공관복음 사이에 존재하는 신학적 차이점을 성급하게 일치시키려고 시도하지 말아야 한다. 즉 성경 증언의 문학적 다양성을 무시하거나 인위적인 통일성으로 뭉뚱그리지 말아야 하는 것이다. 성경의 증언은 비범할 정도로 풍성하며 다양하기 때문이다.[14]

그러나 성경 증언의 다양성 속에도 성경의 전체적인 이야기 틀이 제시하는 일관성이 있다. 이 주제에 대해서는 최근의 신학에서 광범위한 저술이 쏟아져나왔다. 찰스 우드(Charles Wood)는 다음과 같이 기술한다. "성경을 하나의 전체로서 간주할 때 이야기적 요소가 성경에서 차지하는 중심성을 간과하기 어렵다. 즉 창조로부터 시작해 새 창조에 이르기까지 전체의 연대기적 흐름뿐만 아니라, 대단위 이야기의 각 부분들이 서로 짜여 있는 방식과 이것들이 나머지 자료를 위한 맥락을 제시하는 방식도 이야기적 요소이다. 그래서 이 요소들은 계속 진행되는 이야기 속에서 일정한 위치를 차지한다. 또 비유, 찬송, 기도, 요약, 신학 해설과 같은 다른 자료들은 독자로 하여금 이야기를 제대로 이해하고 이것에 맞추어 살아갈 수 있도록 돕는 다양한 길이 된다."[15]

나의 주된 요점은, 성경의 권위가 전통적 이론들이 제시하는 것과 다른 토대에 근거하며 그것과 다른 방식으로 역사한다는 점이다. 성경의 증언을 통해, 특히 예수 그리스도 안에서 하나님의 자유롭게 하는 은혜로운

---

14) Ricoeur, "Toward a Hermeneutic of the Idea of Revelation," in *Essays on Biblical Interpretation*, ed. L. S. Mudge (Philadelphia: Fortress, 1980), 73–118.

15) Wood, *The Formation of Christian Understanding: An Essay in Theological Hermeneutics* (Philadelphia: Westminster, 1981), 100. 또한 *Scriptural Authority and Narrative Interpretation*, ed. Garrett Green (Philadelphia: Fortress, 1987); George Lindbeck, *The Nature of Doctrine: Religion and Theology in a Postliberal Age* (Philadelphia: Westminster, 1984)를 보라.

활동에 대한 이야기를 통해, 우리는 하나님의 정체성을 새롭게 알아가고 그분과 이웃과의 교제의 관계 속에서 새로운 삶을 살아간다. 만약 우리가 성경 이야기의 더 큰 유형, 즉 대체 불가능한 나사렛 예수의 삶과 죽음과 부활에서 절정을 이루는 더 큰 유형에 주의를 집중시킨다면, 그리스도인의 신앙과 삶에 있어 성경의 필수 불가결성에 대해 아무런 의심도 할 수 없을 것이다.[16)]

성경은 증언이다. 즉 이 책은 그리스도 안에서 드러난 하나님의 주권적이며 자유롭게 하는 은혜를 중점적으로 증언하고 있다. 성경의 이야기가 묘사하는 대로, 하나님은 우리가 상상하는 것보다 항상 더 크시다. 성경은 그리스도의 도래뿐만 아니라 십자가에 달려 죽으신 그분의 이야기도 말하고 있다. 성경은 영원히 부요하신 하나님을 찬양할 뿐만 아니라 하나님 자신이 가난한 자가 되셨음을 선포한다. 하나님의 심판과 은혜를 전할 뿐 아니라 가난하고 억눌린 사람들과 함께하시며 교만하고 힘 있는 자들을 심판하는 하나님을 보여준다. 이는 늘 우리를 동요시키는 증언, 심지어 혁명적인 증언이다.

성경은 세상을 변혁시키는 하나님의 활동을 증언한다. 이는 예수 그리스도에서 시작되어 도래하는 하나님의 통치는 물론 개인의 변혁도 포함한다. 죄와 사망의 노예 된 존재로서 지니는 자기중심주의, 소외, 절망으로부터 개인을 자유롭게 하는 것은 근본적으로 중요한 활동이다. 하지만 (바르트가 말한) "성경의 낯설고 새로운 세상"은 개인에게만, 삶의 사적 영역 안에만 제한될 수 없다. 성경은 모든 사람에게 그리고 온 창조세계를 향해 확대된다. 성경은 새로운 세상, 새로운 관계성, 새로운 정치의 시작을 선언

---

16) 하나님과의 교제에 참여하는 은혜의 수단으로서 성경에 대해서는 James Barr, *The Scope and Authority of the Bible* (Philadelphia: Westminster, 1980), 특히 제4장을 보라. 복음의 내러티브에 의해 확정된, 그리스도의 "대체 불가능한 정체성"(unsubstitutable identity)에 대해서는 Hans Frei, *The Identity of Jesus Christ* (Philadelphia: Fortress, 1975), 136을 보라.

한다. 이 새로운 세상에서는 정의가 불의를 이기고 우정이 적대 관계를 극복하며, 상호적 섬김이 지배보다 우세하고 생명이 죽음에 대해 승리한다.[17]

성경 해석의 원리들

예수 그리스도 안에서 드러난 하나님의 주권적이고 자유케 하며 화해시키는 사랑에 대한 필수 불가결한 증언의 관점에서 성경의 권위를 이해한다면, 다음과 같이 성경 해석의 원리들을 제안할 수 있을 것이다.

　1. 역사적·문학적 감수성을 가지고 성경을 해석해야 한다. 하지만 살아 계신 하나님에 대한 성경의 유일무이한 증언은 스스로 과거에 갇히거나 경건주의적 허구의 이야기로 환원되는 것에 저항한다. 신앙 공동체 안에서 성경 해석은 골동품 취미나 심미적 관심 정도에 좌지우지되지 않는다. 그리스도인들은 바로 성경을 통해 하나님의 말씀을 들으며 그리스도 안에서의 자유와 구원의 약속을 붙든다. 역사비평과 문학비평은 그 자체로 끝은 아니지만, 하나님의 말씀을 더 잘 이해하는 데 기여할 수 있다.

　역사적 성경 연구는 다양한 이유로 인해 중요하다. 먼저 이 연구 방법은 우리로 하나님의 행동의 구체성을 진지하게 고려하도록 돕는다. 하나님이 구체적인 시간과 장소에서 벌어지는 사건들을 통해 알려지는 분이라면, 역사적 성경 연구는 계시의 역사적 구체성을 존중하는 한 가지 효과적 방식일 수 있다. 성경은 구체적 장소와 사건과 인물을 거명하면서 하나님의 해방하는 행동을 선포한다. 물론 역사적 탐구 자체는 이런저런 사건이 하나님의 행위인지를 증명할 수 없다. 다만 사건의 구체적 정황을 드러냄으로써, 신앙이 하나님의 행위를 분별할 수 있도록 도울 수 있다.

---

17) Karl Barth, "The Strange New World within the Bible," in *The Word of God and the Word of Man*, 28-50.

또한 역사적 성경 연구는 우리로 하여금 성경 이야기가 텍스트 밖의 실재를 가리킴을 상기하도록 만든다. 성경의 중심 이야기는 신앙 공동체의 상상에 의한 단순한 구성물로 이해될 수 없는 것이다. 복음서의 이야기들은 결코 경건주의적 허구가 아니라, 우리의 구원을 위해 그리스도 안에서 행동하고 고통당한 살아 계신 하나님을 가리키고 있다. 따라서 역사적 성경 연구는 기독교 신앙에 적실한 방법론인 것이다. 칼뱅이 주목한 대로[18] 교회의 신앙은 복음서 이야기 속 모든 세부 사항의 정확성이 아니라, 그리스도의 사역과 죽음과 부활이라는 중심적 사건을 묘사하는 복음서의 진실성(truthfulness)에 달려 있다. 진실로 예수가 죄인의 친구가 되고 가난한 자를 축복하며 남을 위해 기꺼이 자기 생명을 내어주셨는지 여부가 신앙에 있어 근본적으로 중요하다.

역사적 성경 연구는 신학적으로 또 다른 중요 기능을 가진다. 이 방법론은 계시의 역사적 구체성을 인식하도록 도울 뿐만 아니라, 성경 저자들도 한계가 있고 오류 가능성이 있는 인간임을 계속적으로 상기시켜 준다. 그들의 유한성을 부인하는 것은 그들에게서 인간됨을 박탈하는 것이다. 몇몇 성경론이 풍기는 인상과는 정반대로, 하나님의 영은 성경 저자들을 통해 역사하기 위해 그들을 꼭두각시나 앵무새로 취급할 필요가 없었다. 하나님의 은혜는 인간의 자유를 파괴하지 않으며 오히려 그것을 새롭게 하고 강화시켜 하나님의 사역에 참여할 수 있도록 한다.

성경 저자들의 인간됨이 우리를 당황스럽게 한다면, 아마도 우리는 나사렛 출신 유대인 예수의 인간됨에 그리고 우리 자신의 인간됨에도 당황하게 되리라. 예수의 온전한 인간성을 부인하는 가현주의자(docetist)처럼, 만약 우리가 성경의 증언을 성령의 통제 하에 있는 단순한 자동 기계 장

---

18) John Calvin, *Commentary on a Harmony of the Evangelists*, vol. 2 (Grand Rapids: Eerdmans, 1956), 89. William C. Placher, "Contemporary Confession and Biblical Authority," in *To Confess the Faith Today*, ed. Jack L. Stotts & Jane Dempsey Douglass (Louisville: Westminster/John Knox, 1990), 71에서 재인용.

치로 간주한다면, 성경의 교리와 해석에 있어서 가현주의자가 되는 것이다. 만약 예수의 온전한 인간성을 인정한다면, 우리는 성경 증언의 인간됨 역시 존중할 수 있을 것이다.

역사적 성경 연구에 참여하기 위해서는 물론 위험도 감수해야 한다. 아마 우리가 이전에 확실하다고 간주했던 것들이 의문시될지도 모른다. 또한 성경의 사상 세계와 우리 자신의 사상 세계의 간격이 넓어질 것이다. 이런 것들이 역사적 성경 연구의 위험이며, 이는 우리를 동요시킨다. 하지만 이런 위험은, 유한한 인간의 삶 속에 하나님이 결정적으로 현존하고 행동하신 사건 속에 함축되어 있기 때문에 피할 수가 없다. "말씀이 육신이 되어"(요 1:14)라는 구절은, 하나님의 말씀이 역사적 실재의 모호성과 상대성 속으로 들어왔음을 의미한다. 성육신 속에는 위험성과 취약성이 포함되어 있다. 그러기에 우리는 이런 위험을 부인하거나 최소화하는 성경 권위론은 어떤 것이든지 받아들일 수 없다.[19]

역사적 성경 연구를 강조한다고 해서 역사적 과제를 실증주의적(positivist)으로 이해하는 입장을 지지하는 것은 결코 아니다. 성경은 **하나님**이 주인공이신 역사를 기록한다. 하나님의 활동을 원리적으로 배제하는 역사 해석은 환원적이며, 필연적으로 성경의 증언을 절단하는 결론에 이른다. 더욱이 성경을 역사적으로 해석하는 것은 과거 사건을 단순히 회상하고 기록하는 것이 아니라 그 사건 속에 담겨진 약속들의 성취를 예견하는 일이다. 이스라엘과 교회는 성경의 이야기를 거듭해서 전한다. 왜냐하면 그 이야기가 전달하는 하나님의 자유케 하시는 역사는 아직도 끝나지 않았으며 여전히 열려 있기 때문이다. 예수 그리스도 안에서 시작된 해방의 역사는 온 피조물이 자유롭게 될 최종적인 해방을 가리킨다(롬 8:21).

어떤 사건도 그 사건이 일으키는 미래를 떼어놓고는 온전히 이해될 수 없다. 물론 이런 말은 역사 해석의 일반적 원리로서는 논쟁의 여지가 있

---

19) 참조. Walter Kreck, *Grundfragen der Dogmatik* (München: Chr. Kaiser, 1970).

다. 그러나 십자가에 달려 죽으신 예수의 부활과 그의 살아 계신 주권을 믿는 자들에게 이러한 원리는 필수적이다. 성경을 가장 심오한 의미에서 역사적으로 읽는다는 것은, 그리스도 안에서 드러난 하나님의 자유롭게 하는 활동의 이야기를 우리 자신의 시대와 그 이후로 연장해서 읽는 것이다. 우리는 성경에게 질문해야 한다. 성경은 과연 과거에 있어서 우리가 무엇을 기억하기를 원하는지, 지금 현재에 있어서는 성경의 어떤 약속들을 들고 나와 주장하기를 원하는지, 또한 미래를 위해서는 무엇을 기도하고 어떻게 활동하기를 원하는지 말이다.

위와 같은 진술은, 초기교회가 그리스도 안에서 주어진 새로운 자유의 의미를 완전하게 이해하지도 실현하지도 못했다고 해서 우리가 놀랄 필요가 없음을 의미하기도 한다. 이런 점은 교회 내부에 있어 여성의 지위를 설명하는 바울의 몇몇 진술 속에서도 분명히 드러난다(고전 14:34). 그럼에도 불구하고 해방하는 존재로서의 그리스도의 이야기가 지닌 변혁적·전파적 능력은 불완전하게나마 신약 교회의 여성관에 영향을 미치고 있다. 복음서의 이야기들은 여성을 대하시는 예수의 새로운 열린 자세와 우정을 묘사한다. 바울 역시 자유의 대헌장을 작성한 바 있다. "너희는 유대인이나 헬라인이나 종이나 자유인이나 남자나 여자나 다 그리스도 예수 안에서 하나이니라"(갈 3:28). 크리스터 스텐달(Krister Stendahl)은 앞의 구절을 "획기적 발전", 즉 초기교회에서는 불완전하게 실현되었지만 하나님의 영의 인도하심 하에서 미래에 대한 약속으로 가득한 자유가 철저히 새롭게 시작된 것이라고 적확하게 묘사하고 있다.[20]

성경을 역사적으로 읽는다는 것은 성경 시대에 대한 향수로서가 아니라, 성경이 나아가는 방향에 대해 예민하게 그리고 비판적으로 읽는 작업이다. 이미 성경 자체 안에 전통의 전수라는 역동적 역사가 내재한다. 성

---

20) Stendahl, *The Bible and the Role of Women: A Case Study in Hermeneutics* (Philadelphia: Fortress-Facet, 1966).

경에 나타나는 역동적 해석 과정 안에는 "신선한 해석이라는 여러 겹의 층위들"이 존재하고 있어 새로운 상황을 맞아 출현하기도 하고, 또 때로는 공고했던 옛 해석이 문제적인 것으로 간주되기도 한다.[21] 브라이언 블룬트(Brian Blount)의 표현대로 우리가 성경에서 "최종적 말씀"(the last word) 대신 "살아 있는 말씀"(living word)을 추구할 때만이, 성경 저자들의 정신으로 성경을 해석한다고 말할 수 있다.[22] 따라서 우리의 성경 읽기는 "신뢰의 해석학"(hermeneutics of trust, 성경에 쓰인 인간의 말이 하나님의 말씀을 전달한다)과 "의심의 해석학"(hermeneutics of suspicion, 성경에 있는 하나님의 말씀은 인간의 말로써 전달된다)을 모두 포함해야 한다. 이것은 모순이 아니다. 질그릇이 큰 보배를 지니듯(고후 4:7) 성경이 그리스도 안에서 드러난 하나님의 자유롭게 하는 사랑을 증언한다면, 성경의 변혁적·해방적 메시지의 전달은 기계적인 반복이 아니라 창조적·비판적 과정이 되어야 한다. 최근에 해방신학자들이 강조하듯이 성경 자체를 억압의 무기로 사용하는 것을 포함해 모든 구속을 극복할 수 있는, 그리스도 안에서의 자유의 원천으로서 성경을 읽는다면, 성경을 신실하게 해석하고 있는 것이다.[23]

　　2. **성경은 하나님 중심적으로 해석되어야 한다.** 성경의 거대한 이야기는 하나님의 정체성을 삼위일체 하나님, 즉 성령의 권능으로 예수 그리스도 안에서 우리에게 다가오시는 이스라엘의 하나님으로 철저하게 기술한다. 성경 드라마의 중심 배우는 하나님이시다. 성경은 하나님의 실재와 하

---

21) Walter Brueggemann, "Biblical Authority: A Personal Reflection," in Walter Brueggemann, William C. Placher, and Brian K. Blount, *Struggling with Scripture* (Louisville: Westminster/John Knox, 2002), 15. 예를 들어 브루그만은 신 23:1-8, 사 56:3-8의 모세 율법은 폐기되었음에 주목한다.

22) Brian K. Blount, "The Last Word on Biblical Authority," in *Struggling with Scripture*, 51-69을 보라.

23) 참조. Mary Ann Tolbert: "자유롭게 하는 해방자로서의 성경을 사용함으로써, 가부장적 권위로서의 성경을 논파해야 한다." Letty M. Russell, *Feminist Interpretation of the Bible* (Philadelphia: Westminster, 1985), 140에서 재인용.

나님의 목적과 하나님의 나라를 증언한다. 성경 이야기의 내용은 이스라엘 백성과의 언약과 예수의 역사를 통해 나타난 심판과 자비의 행동들 속에 있는 하나님의 신실하심이다. 성경 이야기는 많은 측면을 지니지만 그 중심적 주제는 신실하신 하나님의 역사다. 하나님은 죄와 비참함에 억눌려 있는 피조물을 위해 정의, 자유, 평화를 옹호하신다. 심판 중에서도 은혜와 약속의 역사를 말씀한다. "우리가 아직 죄인 되었을 때에 그리스도께서 우리를 위하여 죽으셨다"(롬 5:8). 십자가에 달려 죽으신 예수의 부활 속에서 모든 하나님의 약속이 결정적으로 인준되었다. "하나님의 모든 약속들은 그리스도 안에서 예가 된다"(고후 1:20).

성경이 증언하고 있는 하나님은 어떤 분인가? 확실한 대답은 다음과 같다. 하나님은 살아 계시고 활동하시며, 추상적 개념이나 경건한 상상의 산물이 아니라 유일하신 창조자, 화해자, 구원자이다. 그러나 위대한 일을 행하고 천지를 창조하시며 이스라엘을 예속으로부터 구원하는 하나님은 또한 고통당하는 하나님이기도 하다. 애굽의 구속으로부터 이스라엘을 해방하는 역사 속 하나님이 현존하고 승리하신다면, 같은 하나님이 광야에서 고된 순례의 길을 유랑하는 이스라엘과 동행하며 심지어 모욕의 순간에조차 함께하시는 것이다.

성경의 하나님보다 더 많은 위엄과 권능을 지닌 분이 과연 계실까? 성경의 하나님은 기이한 일들을 행하는 분이며(시 86:10) 하늘이 그의 영광을 선포한다(시 19:1). 어떤 세력이 하나님의 권능에 견줄 수 있겠는가?(사 40:18, 25) 누가 죽은 자에게 생명을 주며 존재하지 않는 것들을 존재로 불러낼 수 있는가?(롬 4:17) 하지만 성경이 묘사하는 하나님의 권능은 낯선 권능이다. 그것은 강제하는 힘이 아니라 성령의 힘이며(슥 4:6), 무엇보다도 예수의 십자가의 연약함 속에서 드러난 힘이다(고전 1:18이하).

어떤 외적인 힘에도 제한되지 않는 성경의 하나님의 자유로우심을 넘어서는 자는 과연 누구인가? 그러나 하나님의 자유는, 타자로부터의 완전한 독립을 자유로 간주하는 관념보다 훨씬 더 크다. 자유로우며 스스로 결정하는 하나님은 타자를 위하여 자유로우시다. 하나님은 자유롭게 종의 형체를 취하시나 하나님이심을 중단하지 않고(빌 2:5이하), 스스로 가난하게 되나 타자를 부요케 하시며, 죽음을 당하나 타자에게 생명을 주신다(고후 8:9; 요 3:16).

그러므로 성경의 해방의 역사를 하나님 중심적으로 읽는다는 것은, 새로운 자기 이해를 자극하고 새로운 공동체적 정체성을 제공하는 것 이상이다.[24] 즉 하나님의 활동을 알려주는 성경의 증언은 무엇보다 먼저 하나님을 새롭게 인식하게 만든다. 제일 먼저 성경은 하나님의 참된 정체성과 힘과 자유에 대한 우리의 이해를 전복시키는 것이다. 그런 연후에야 하나님의 형상으로 지음 받은 피조물로서의 우리 자신의 정체성과 힘과 자유에 대해 우리의 이해를 혁명적으로 변화시킬 수 있기 때문이다.

성경을 하나님 중심적으로 읽는 것은 필연적으로 그리스도 중심적이다. 왜냐하면 하나님의 정체성과 목적을 드러내는 성경 증언의 모든 흐름은 예수 그리스도께로 수렴되기 때문이다. 예수 그리스도는 임마누엘, 즉 우리와 함께 계시는 하나님이다. 히브리서의 저자는 "옛적에 선지자들을 통하여 여러 부분과 여러 모양으로 우리 조상들에게 말씀하신 하나님이 이 모든 날 마지막에는 아들을 통하여 우리에게 말씀하셨으니"(히 1:1-2)라고 기록한다. "성경은 아기 예수 그리스도가 누워 있는 요람이다"나 "그리스도는 성경의 왕이며 주님이다"라는 루터의 유명한 진술은, 성경의 중심은 예수 그리스도이며 성경 해석의 열쇠는 그의 사역과 죽음과 부활이라는 기독교적 확신을 잘 표현하고 있다. 바르트도 똑같이 주장한다. "확실히 성경은 온갖 종류의 것들에 관해 말하고 있다. 그러나 이 모든 다양성과 다채로움을 통해 성경이 이야기하고자 하는 것은 단 하나의 진리, 즉 예수 그리스도의 이름이다. 그는 구약에서는 이스라엘의 이름으로 감추어졌으나 신약에서는 자신의 이름으로 계시되었다. 그러므로 신약은 스스로

---

24) David Kelsey, *The Uses of Scripture in Recent Theology* (Philadelphia: Fortress, 1975).

를 구약에 대한 주석으로서 이해할 때만 제대로 파악될 수 있다.…만약 성경에서 그리스도라는 주권자의 이름을 듣지 못한다면, 그래서 이 이름을 통해 단번에 결정된 은혜의 관계 외에 다른 관계 속에서 하나님과 인간의 관계를 파악하려 한다면, 성경은 우리에게 암흑과도 같을 것이다."[25]

성경을 기독교적으로 하나님 중심적으로 읽는다는 것은 필연적으로 그리스도 중심적으로 읽는 것이지만, 그렇다고 해서 그리스도 일원론적으로 읽는 것은 아니다. 예수 그리스도 안에서 자기를 계시하신 하나님은 바로 천지의 창조자며 생명을 주시는 하나님의 영이다. 그분의 영은 성경을 읽는 이의 눈과 마음을 열어 변혁적인 메시지를 받아들이도록 만든다. **그리스도인은 성경이 삼위일체 하나님의 활동을 증언한다고 이해한다.** 성경이 증언하는 하나님은 모든 생명의 은혜로운 원천이다("성부"). 그분의 영원한 말씀이 인간이 되어서 죄와 사망에 사로잡혀 있는 세상에 풍성한 생명을 전달한다("성자"). 그분의 영은 공동체를 자유케 하며 새로운 삶을 제공하고, 하나님이 만물 안에 충만할 종말 때까지 하나님의 백성과 모든 피조물을 움직인다("성령"). 삼위일체 하나님의 활동에 대해 우리는 회개와 신앙의 반응을 보여야 한다. 우리는 세상 속에서 하나님의 해방시키며 화해케 하는 활동에 참여하도록 요청받고 격려받는다. 우리는 온 창조세계가 구속의 권세로부터 해방될 것임을 생생하게 소망하며, "하나님의 자녀들의 영광의 자유"를 누릴 것이다(롬 8:21).

성경을 삼위일체적으로 일관되게 해석하는 작업은 하나님에 대한 우리의 이해를 끊임없이 변혁시킬 뿐만 아니라, 인간 자신의 문화적·정치적 기획에 하나님을 이용하고자 했던 많은 방식에도 도전한다. 자유케 하는 하나님의 활동을 드러내는 성경의 이야기는 우리 자신의 다양한 자유의 운동을 허락하는 동시에 계속적으로 비판한다. 교회가 해방신학과 자유를 추구하는 운동들에 대해 반사적으로 불안해하며 반발한다면, 이는 교회가

---

25) Barth, *Church Dogmatics*, 1/2: 720.

성경 메시지를 더 이상 이해하지 못함을 폭로할 따름이다. 하지만 모든 종류의 자유를 추구하는 운동이 강력한 유혹에 노출되어 있음도 잊어서는 안 된다. 즉 하나님을 특정 집단과 특정 행동 강령과 동일시하거나, 자유를 타인에 대한 권력의 쟁취로 간주하는 유혹에 빠지기 쉽다. 그러나 성경의 이야기가 전하는 하나님은 자신을 내어주는 사랑의 하나님이며, 우리가 상상하거나 바라는 신성과는 항상 놀라울 정도로 다른 분임을 기억하자.

3. **성경은 교회적으로, 즉 교회의 삶과 증언의 맥락 속에서 해석되어야 한다. 교회적으로 읽는다는 것은 개인주의적으로 읽는 것과 다를 뿐 아니라, 성경을 교리 또는 위계질서로 통제하는 것과도 다르다.**

성경의 모든 해석은 해석자의 질문과 필요와 관심을 반영하며, 이 질문과 필요와 관심은 해석 활동을 위한 일종의 지평 또는 경계를 형성한다. 우선적으로 우리의 지평은 구원을 위한 개인적 탐구로 규정될 수 있다. 우리는 사로잡힘, 불안, 죄책, 좌절, 소외, 고독, 절망, 자유와 새로운 삶에 대한 갈망을 의식하면서 성경에 접근한다. 성경을 해방시키는 능력의 말씀으로 이해하려는 개인적 지평은 결코 무시되거나 경시될 수 없다. 기독교 신앙과 성경 해석 안에는 절대로 제거될 수 없는 개인적 차원이 존재하는 것이다. 하나님의 말씀은 일차적으로 개인적 차원에서 받아들여지고 전유되어야 한다. 그러나 만약 성경 해석의 지평이 그리스도인 개인의 삶의 차원을 결코 넘어서지 못한다면, 그것은 불행한 일이다.

교회적으로 성경을 해석함은, 그리스도인의 공동체의 신앙과 실천의 지평 안에서 성경을 읽고 듣고 해석함을 의미한다. 교회의 증언, 예배, 실천에 참여함으로써 우리는 성경의 증언을 바르게 읽을 준비를 할 수 있다. 성경은 개인 각자가 좋아하는 방식대로 전유할 수 있는 종교적 텍스트의 모음집이 아니다. 성경은 교회의 "성서"이다.[26] 성경의 증언은 기독교 공

---

26) Phyllis A. Bird, *The Bible as the Church's Book* (Philadelphia: Westminster, 1982); Darrell Jodock, *The Church's Bible: Its Contemporary Authority* (Philadelphia: Fortress, 1990).

동체의 신앙과 삶을 세우고 조정한다. 그러므로 성경을 교회적으로 해석함은, 신앙 공동체 전체 안에서 그리고 신앙 공동체와 함께 성경 증언에 귀를 기울임을 의미한다. 또한 이 신앙 공동체가 성경의 글들을 정경으로 (즉 하나님의 말씀을 확인하는 규범이나 규칙을 구성하는 것으로) 인정했음을 기억함과, 하나님 말씀이 성령의 권능으로 성경 증언을 통해 우리에게 다시 말씀하실 것을 기대함을 의미한다. 다시 말해 교회적으로 성경을 해석하는 것은 기독교 공동체의 기억과 소망의 맥락 속에서 성경을 해석하는 일이다.

성경을 일차적으로 예수 그리스도 안에서 주어진 하나님의 자기 계시에 대한 독특하고 규범적인 증언으로 읽고 해석하는 일은, 기독교 공동체의 삶에 참여함으로써 터득될 수 있는 기술이다. 성경을 그 중심에 비추어 해석하고 성경의 목적을 바르게 파악하는 기술은, 교회의 예배, 기도, 선포, 성례, 신앙고백, 사랑과 용서의 실천, 세상에서의 섬김에 참여함으로써 배양된다.

교회는 해석의 공동체로서 성경의 거룩한 텍스트를 적절하게 이해하는 규칙들을 지킨다. 이러한 규칙들은 자의적이지 않고 성경 자체에 근거를 두며 우리를 생명 주시는 말씀으로 인도한다(요 20:31; 고후 3:6). 교회적으로 성경을 읽는 것은 무엇보다도 **신앙 규범**을 따라, 즉 성경의 중심 메시지에 대한 교회의 신앙고백적 일치라는 안내를 받아 읽는 것이다. 신앙 규범의 초기 형태는 신약 교회의 초창기 고백 속에 이미 담겨 있다(고전 12:3; 막 8:29). 이것을 바탕으로 2세기의 이레나이우스는 "온 세계에 흩어져 있는" 교회가 수용할 수 있는 삼위일체적·그리스도 중심적 신앙 규범을 정리할 수 있었다.[27] 시간이 흐르면서 고대의 신앙 규범은 사도신경과 니케아 신조로 표현되었고, 다양한 시대와 장소에서 교회의 다른 신조들로 표현되었다.

교회적으로 성경을 읽는 작업은, 신앙 규범 외에도 아우구스티누스가 **사랑의 규범**이라고 명명한 것, 즉 하나님과 이웃에 대한 사랑을 촉발하고

---

27) Irenaeus, *Against Heresies*, 1.10.1.

증가시키는 성경의 목적에 의해 인도되어야 한다. 하나님이 먼저 우리를 사랑하셨으므로 우리 역시 사랑하라는 부름을 받는다(요일 4:19). 이 지점은 성경 해석에 대해 명확한 함의를 가진다. "하나님의 성경 전체를 또는 일부를 이해한다고 하면서도 그 이해가 하나님과 이웃에 대한 양방향의 사랑을 일으키지 않는다면, 성경을 전혀 이해하지 못한 것이다."[28]

신앙 규범과 사랑의 규범 위에 **소망의 규범**도 추가되어야 한다. 하나님은 "소망의 하나님"이다(롬 15:13). "무엇이든지 전에 기록된 바는 우리의 교훈을 위한 것이니 우리로 하여금 인내로 또는 성경의 위로로 소망을 가지게 함이니라"(롬 15:4). 소망의 규범이란 표현으로 내가 의미하는 바는 다음과 같다. 모든 건전한 성경 해석은 우리가 하나님의 약속으로 사는 것임을, 우리가 현재 이해하지 못하는 것이 여전히 많이 있음을, "현재는 거울로 희미하게 보고 있음을"(고전 13:12), 하나님은 우리와 세상에 대해 아직 종결짓지 않으셨음을, 우리와 온 피조물은 하나님의 구원의 목적이 성취되기를 바라며 신음하고 있음을 자유롭게 인정하는 것이다.

그러므로 성경을 성숙하게 읽고 해석하기 위해서는 신앙 공동체의 예배와 삶에 참여함과 해석을 위한 "규범들"이 전제된다. 성경 해석자는 과거나 현재나 먼 곳이나 가까운 곳이나 형제나 자매나, 모든 그리스도인의 지혜에 기꺼이 열린 자세를 가져야 한다. 그들의 증언은 우리 시대의 성경 해석에 중요한 안내자가 되어, 죄와 구원, 예속과 자유라는 성경 메시지에 대한 우리의 불완전하고 편협한 이해를 교정해준다.

교회의 고전적 신조와 신앙고백은 교회의 삶에서 성경 해석의 과제를 위해 특수한 역할을 감당한다. 특별히 사도신경과 니케아 신조가 그렇다. 이 둘은 대다수 기독교 교회의 신앙고백 전통에서 중심적 역할을 차지하며 예배와 기독교 교육에서도 광범위하게 사용된다. 그 외 유명한 신앙고백문과 교리문답[예를 들어 루터의 일치서(*Book of Concord*), 장로교 신앙고백문(*Book*

---

28) Augustine, *On Christian Doctrine* (New York: Liberal Arts Press, 1958), 30.

of Confessions), 성공회의 39신조(Thirty-Nine Articles), 감리교의 종교 25신조(Twenty-Five Articles of Religion), 가톨릭 교회의 요리문답(Catechism of the Catholic Church)]들도 모범적 성경 해석을 제공한다. 달리 표현해서 신조와 신앙고백문은 교회가 공동으로 점검하고 인정한 성경 해석의 규범을 제공하는 것이다.[29] 이것들은 성경에서 중심적으로 중요한 것이 무엇인지 우리를 교훈하며, 성경 메시지가 역사 속 특정 시간과 공간 안에 위치한 교회에 의해 어떻게 수용되어 왔는지를 보여준다. 이런 관점에서 본다면, 신조와 신앙고백문과 요리문답은 위반자를 처벌하기 위해 고안된 사법적 도구가 아니라, 교회로 하여금 성경을 올바로 이해하도록 도와주는 해석학적 문서다. 이것의 진짜 취지는 오늘날 복음을 증언하고자 추구할 때, 교회가 성경 증언이 지니는 중심적이고 살아 움직이는 진리로 온전히 나아가도록 안내하는 것이다.

신조와 신앙고백문은 성경을 대체할 수 없으며, 반대로 성경 증언에 종속되어 있고 그것에 의해 교정 가능하다. 교회적 성경 읽기는 교회의 신앙고백에 의해 교훈을 받지만, 성령의 인도하심 안에서 늘 새로운 해석에 열려 있다. 개혁주의적인 신학으로 신앙고백문을 이해하자면, 이 문서는 교회의 삶에서 실제적 권위를 지니지만 그럼에도 불구하고 이 권위는 상대적·잠정적인 권위일 뿐이며 성경 증언이라는 규범 아래에 종속되어 있다. 만약 성경 증언이 교회의 선포와 삶에서 규범적이라는 진술이 맞다면, 하나님의 말씀으로 "항상 개혁되어야 한다"(semper reformanda)는 원리는 교회의 신앙적 진술에도 적용되어야 한다.

4. **성경을 컨텍스트와 관련하여 해석해야 한다. 그러나 이 컨텍스트는 개인적 역사나 우리가 직접적으로 속한 장소의 역사로 한정되어서는 안 된다.** 범세계적 기독교 공동체에 참여하는 존재로서 우리는 자신 이외의 장소로부터 나오는 성경 해석에도 귀를 기울여야 한다. 특별히 이러한 해석이, 도래하는 하나님 통치의 정의, 자유, 평화를 기대하는 모든 피조물의 신음을

---

29) George Lindbeck, *The Nature of Doctrine*, 특히 제4-5장을 보라.

표현하고 가난한 자들의 입장을 대변할 때는 더욱 주의를 기울여야 한다.

성경을 컨텍스트와 관련하여 해석함은 우리가 지체로서 속한 지역 회중 혹은 교단의 증언, 삶, 신앙고백에 의해 양육되는 것 이상을 의미한다. 성경의 증언을 받아들이고 이해하는 작업이 개인적 경험의 한계 속에 갇히지 않고, 우리가 속한 특정 교회의 전통이나 이미 확립된 성경 해석의 방식들에 제한되지 않으려면, 우리와 다른 상황 속에 있는 그리스도인들의 성경 해석에 주의 깊게 귀를 기울여야 한다. 또한 성경에 새로운 빛을 던지는 성령의 자유로움에도 늘 열려 있어야 한다. 하나님의 성령은 우리를 깜짝 놀라게 하는 방식으로 움직인다. 익숙하지 않은 목소리들이 우리의 성경 해석에 도전하며 그것을 풍성하게 할 수 있다. 성령을 소멸하지 않으려 한다면(살전 5:19), 우리를 동요시키는 새로운 성경 해석들에 열려 있어야 한다. 하나의 성경 해석으로는 성경의 메시지를 모두 전하지 못한다. 그러므로 모든 해석은 끝없이 심화되고 교정될 필요가 있다.

특별히 우리의 성경 해석은, 가난과 불의의 한가운데서 고난을 경험하고 삶을 위해 투쟁하는 공동체들이 성경 메시지를 이해하는 방식에 의해 점검되고 심화되어야 한다. 오랜 기간 고통의 역사를 겪은 유대인들은 성경에 접근할 때, 세상 속에 존재하는 악과 고통의 실재를 민감하게 느끼면서 읽는다. 서구 사회의 대다수 그리스도인들은 이 점을 너무나 쉽게 소홀히 다룰 수 있다. 수많은 아프리카계 또는 남미계 미국인과 여성들은 제3세계의 시선으로 성경을 읽는다. 이런 관점은 성경이 안락한 중산층의 삶을 지지하리라고 기대하는 제1세계 독자들에게 깊은 도전이 될 것이다. 그러므로 다양한 컨텍스트 속에서 성경 읽기를 훈련하고자 한다면 지속적인 에큐메니칼 대화가 요구되며, "오랫동안 침묵했던 자들의 목소리를 듣고자 하는" 성령의 용기가 요구된다.[30] 우리가 이와 같은 목소리에 주의 깊게 귀 기울인다면, 예언자들의 메시지에서 중심을 차지했던 정의를 향한 부

---

30) "A Brief Statement of Faith," in *The Book of Confessions* (PCUSA), 10.4, line 70.

르짖음의 메아리를 들을 수 있을 것이다(사 1:16-17; 렘 5:1; 암 5:23-24; 미 6:8).

최근의 해방신학과 다른 상황신학들은 사회적·문화적 요인이 계시에 대한 성경 증언을 해석하는 데 불가피하게 작용한다는 사실을 강조한다.[31] 또한 이런 신학 경향은 고전적 신학 전통보다 훨씬 더 성경과 교회의 가르침이 자유보다는 억압을 조장하는 방식으로 사용되어왔다는 것, 따라서 이제는 세상의 소외되고 가난한 자들의 성경 해석을 우선적으로 경청해야 함을 주장하고 있다. 상황신학에 대해서는 여러 가지 비판이 가능하지만, 이 신학 경향의 진정한 취지는 성경과 분리된 계시가 아니라 전혀 새로운 성경 읽기를 추구함에 있음에 주목해야 한다. 마찬가지로 다양한 유형의 상황신학의 목적은, 기독교 신앙이 양육되는 환경으로서의 교회를 포기하는 것이 아니라, 정의를 위해 투쟁하는 자들과 가난한 자들 한가운데서 교회의 실재를 재발견하는 것임에 유의해야 한다.

억압당하는 자들과 함께 고통을 겪고 연대하는 경험이야말로 책임 있는 성경 해석을 위한 필수적 조건이라는 주장은 때로 "가난한 자들의 해석학적 우선권"이라는 구절로도 표현된다. 이 구절은, 가난한 자들이 도덕적으로나 종교적으로 우월하다는 의미를 결코 함축하지 않는다. 부자들과 마찬가지로, 가난한 자들도 생명 그 자체를 위해, 새롭고 온전한 삶을 위해 철저하게 하나님의 은총에 의존하는 존재이다. "가난한 자들의 해석학적 우선권"은 가난과 고통의 경험이 성경 메시지를 이해하는 기회를 제공함을 의미한다. 이런 기회가 없이 타인의 고통과 자신의 고통으로부터 스스로를 분리하는 사람들에게 성경의 메시지는 자주 감추어진다. 그리스도 안에서의 하나님의 새롭고 놀라운 역사를 전하는 성경 이야기 속에서 우리가 하나님의 정체성을 가장 극적으로 발견하는 대목은, 죄인과 가난한 자와 불의에 희생당하는 자들과 연대하기 위해 자발적으로 그 속으로 들

---

31) *Lift Every Voice: Constructing Christian Theologies from the Underside*, ed. Susan Brooks Thistlethwaite & Mary Potter Engel (San Francisco: Harper & Row, 1990).

어가시는 하나님, 속박당하는 모든 이의 구원을 위해 고통스러운 사랑의 길을 자유롭게 선택하는 하나님 속에서다. "우리 주 예수 그리스도의 은혜를 너희가 알거니와 부요하신 이로서 너희를 위하여 가난하게 되심은 그의 가난함으로 말미암아 너희를 부요하게 하려 하심이라"(고후 8:9).

성령은 다른 시공간에 있는 하나님의 백성의 목소리를 통해, 심지어 기독교 공동체의 경계 너머에 있는 사람들의 목소리조차 이용하여 성경 메시지에 대한 우리의 이해를 심화시키고 교정하려 한다. 이런 성령의 감화에 열려 있기 위해서 우리는 스스로 성경 증언의 규범성을 위태롭게 만들지는 않았는지, 기독교적 정체성을 상실할 위험에는 빠지지 않았는지, 그리스도에 대한 헌신을 허물어뜨리지는 않았는지 자문해보아야 한다. 또한 앞에서 나열한 태도와는 정반대로, 우리는 예수 그리스도의 살아 계심과 복음의 풍부함이 아직 다 소진되지 않았음을, 성령이 오늘도 하나님의 말씀으로부터 새로운 빛을 발산하고 있음을, 우리는 지금 여기서 신실한 제자도로 부름 받고 있음을 인정해야 한다.

이런 관점에서 보면 성경 해석을 위한 필수적인 상황은, 아직 구원받지 못한 세계를 위해 기독교적 믿음과 사랑과 소망의 삶에 실천적으로 참여하는 것이다. 성경 증언이 지닌 비강제적 권위는 하나님의 은혜에 대한 감사 속에서, 가난한 자들과의 연대 속에서, 모든 장소에 거하는 그리스도인과 선한 의지를 지닌 사람들이 공유하는 정의·자유·평화에 대한 헌신 속에서, 하나님 통치의 도래를 기다리는 창조세계의 신음에 새롭게 민감하게 반응하는 행위 속에서 작동할 수 있다.

참고 문헌

Barth, Karl. "The Authority and Significance of the Bible." In *God Here and Now*. New York: Routledge, 2003. p. 55-74.

_____. "The Strange New World within the Bible." In *The Word of God and the Word of Man*. New York: Harper & Row, 1957. p. 28-50.

Bauckham, Richard. "Reading Scripture as a Coherent Story." In *The Art of Reading Scripture*, ed. Ellen F. Davis and Richard Hays. Grand Rapids: Eerdmans, 2003. p. 38-53.

Brown, Michael Joseph. "Black Theology and the Bible." In *The Cambridge Companion to Black Theology*, ed. Dwight N. Hopkins and Edward P. Antonio. Cambridge: Cambridge University Press, 2012. p. 169-83.

Calvin, John. *Institutes of the Christian Religion*, 2 vols., ed. John McNeill. Philadelphia: Westminster, 1960. Vol. 1. p. 69-81.

Davis, Ellen F., and Richard B. Hays, eds. "Nine Theses in the Interpretation of Scripture." In *The Art of Reading Scripture*. Grand Rapids: Eerdmans, 2003. p. 1-5.

Ford, David. "Drama in Bible, Theology, and Life." In *The Future of Theology*. Oxford: Wiley-Blackwell, 2011. p. 23-42.

Fowl, Stephen E. "Scripture." In *The Oxford Handbook of Systematic Theology*, ed. John Webster, Kathryn Tanner, and Iain Torrance. Oxford: Oxford University Press, 2007. p. 345-61.

Frei, Hans. *The Eclipse of Biblical Narrative*. New Haven: Yale University Press, 1974.

Jenson, Robert W. *Systematic Theology*, 2 vols. New York: Oxford University Press, 1997. Vol. 1. p. 23-41.

Kelsey, David H. *The Uses of Scripture in Recent Theology*. Philadelphia: Fortress, 1975.

Sakenfeld, Catherine Doob. "Whose Text Is It?" *Journal of Biblical Literature* 127, no. 1 (2008): 5-18.

Smith, Christian. *The Bible Made Impossible: Why Biblicisim Is Not a Truly Evangelical Reading of Scripture*. Grand Rapids: Brazos, 2011. p. 93-126.

FAITH SEEKING UNDERSTANDING

삼위일체 하나님

▶▶▶▶▶▶▶▶▶▶▶▶▶▶▶▶▶▶▶▶▶▶▶▶▶▶

만약 하나님이 구별된 세 위격적 방식으로 우리에게 나타난다면, 이러한 하나님의 사랑의 구조는 그분 자신의 영원한 내재적 존재 안에 그 근거를 두고 있다. 하나님 자신의 삶 안에 서로 자신을 내어주는 활동이 있고 함께 공유하는 공동체가 있으며, "사랑의 모임"(아우구스티누스)이 있어서, 이것이 성경에서 이야기하는 바대로 하나님이 세상을 향해 드러내는 사랑의 역사의 토대가 된다. 그러므로 올바른 삼위일체 신학은 영원의 삼위일체를 사변적으로 먼저 가정하고 그 다음에 계시와 기독교 경험 속에서 이 개념의 증거를 찾지 않는다. 반대로 올바른 삼위일체 신학은, 성경이 증언하고 교회의 시작 이후로 그리스도인이 경험했던 계시와 구원의 역사로부터 구체적으로 시작한다.

AN INTRODUCTION TO CHRISTIAN THEOLOGY

기독교 신학은 하나님의 영원히 소진되지 않는 신비로부터 시작해 그것의 무한성과 함께 계속되며 그것으로 끝난다. 하지만 이 신학은 일반적이고 모호한 용어가 아니라, 성경이 증언하는 하나님의 구체적 행위들을 토대로 진술된다. 따라서 기독교 신학의 중심 과제는 기독교 신앙에 있어 고유한, 하나님에 대한 이해를 명료화하고, 그분에 대한 신학 특유의 "논리"를 기술하는 것이다. 하나님은 누구신가? 하나님은 무엇과 같은가? 하나님은 우리와 어떻게 관계를 맺으시는가? 이러한 질문에 대해 기독교 신론은, 이스라엘 백성과 함께하신 하나님의 역사와 예수 그리스도 안에서 모든 인간과 맺어진 하나님의 새 언약을 전파하는 성경 증언을 근거로 하여 대답한다. 칼뱅의 말대로, 하나님에 대한 지식과 우리 자신에 대한 지식은 떨어질 수 없이 밀접하게 얽혀 있기 때문에,[1] 신론에서 우리가 채택하는 방식과 도달하는 결론은 기독교 신앙과 삶에 대해서도 필연적으로 심원한 영향을 끼칠 것이다.

---

1) Calvin, *Institutes of the Christian Religion*, 1.1.1.

현대 신학에서 신론의 문제

하나님에 대해 말하는 것은 오늘날 많은 사람에게 골칫거리가 되고 있다. 전통적인 신론에 대한 비판은 다양한 자료를 기반으로 하며 그 형태도 다양하지만, 공통적으로 그 비판들은 강압적인 힘에 지배당한 인간의 경험에, 그리고 인간 속에 현존하는 자유와 자아실현을 추구하는 경향성에 집중한다.

신론에 대한 비판 중에서 제일 중요한 비판, 특히 계몽주의적 원리의 영향을 받은 세대에게 가장 강력한 영향을 끼치는 비판은, 하나님에 대한 믿음과 인간의 자유에 대한 확증은 양립 불가능하다는 주장일 것이다. 종교적 믿음을 비판하는 자들은 오로지 인간 정신의 무비판적·권위주의적 습관만이 신에 대한 믿음을 지탱시킨다고 논증한다. 루트비히 포이어바흐(Ludwig Feuerbach)에 따르면, 하나님은 인간 자신의 숨은 잠재력의 투사일 뿐이기 때문에, 필연적으로 인간은 종교 속에서 자신을 빈곤하게 만든다. 이와 비슷한 논리로 프로이트는 하나님에 대한 믿음은 유아적 환영, 즉 우리 욕구가 전능한 부모에 의해 채워지리라 착각하는 환상일 뿐임을 천명했다.

불의와 억압의 희생자들을 대변하는 진영 역시 전통적 신학과 교회의 가르침에 불신을 표시한다. 공식적 교회의 신론은 현존하는 고통과 착취의 상황을 정당화하고 인가하는 데 기여할 뿐이었다고 선언하면서 말이다. 이런 논리 속에서 고전적 마르크스 이론은 종교를 민중의 아편이라고 묘사했던 것이다.

이런 사태는 여기서 중단되지 않는다. 오늘날 벌어지고 있는 극악한 사건들은 수많은 사람으로 하여금 과연 하나님이 역사 속에 현존하는지에 대해 심대한 질문을 제기하도록 만든다. 북미에서 오랜 세월 자행되었던 흑인 노예제도의 불의한 역사로 인해 몇몇 사상가들은, 하나님이 백인 인종차별주의자가 아닌지 묻고 있다.[2] 제2차 세계대전 중에 일어난 6백만

---

2) William Jones, *Is God a White Racist?* (Garden City, N.Y.: Doubleday, 1973).

의 유대인 대학살은 "하나님이 죽었다"는 확신에 강력한 증거를 대준다. 핵무기로 인한 전 세계적 규모의 대량 살상의 가능성은 하나님의 주권과 선하심에 대한 모든 전통적 견해를 허울 좋은 거짓말로, 심지어 불경스러운 말로 뒤바꾸어버리는 듯 보인다. 세계 곳곳에서 벌어지는 종교 간 폭력의 확산은 하나님의 이름을 소름끼치는 테러 행위와 연관시킨다.[3]

또한 신론의 문제는 우리 시대의 철학적 토론에서도 지속적인 주제이다. 과정철학과 과정신학은 중요한 비판을 제시한다. 과정신학자들은 전통적 신론이 하나님을 절대적인 분으로, 즉 역사의 사건에 영향을 받지 않는 분으로 이해하기 때문에 이것은 절망적일 정도로 적절하지 않다고 논증한다. 전통적인 입장이 하나님과 세상의 관계를 상호적이며 설득적인 것이 아니라 일방적이며 강제적인 것으로 묘사한다고 비난하는 것이다. 이런 식으로 전통적인 신론의 견해는, 실재를 역동적·과정적·관계적으로 이해하는 현대적 경험과 전적으로 양립 불가능하다고 간주된다. 또한 현 세상의 극악한 고통에 대해서도 둔감하다고 여겨진다.

전통적 신론에 대한 비판 중에서도 가장 파괴적인 예는 페미니즘신학이 제시하는 비판이다. 페미니즘신학의 대표자들은, 하나님에 대한 전통적인 사유와 이미지가 가부장적 구조 및 태도와 밀접하게 결부되어 있으며 이것이 지배 관계를 지지하고 영속화한다고 비난한다. 여기서 가부장제는 "차등적인 종속과 착취의 구조로 이루어진 남성 위주의 피라미드"[4]를 의미한다. 가부장제 하에서 남자는 여자 위에 군림하고 백인은 유색인을 지배하며 인간은 자연을 착취한다. 어느 누구의 도전도 받아본 적이 없는 가부장제는 기독교 신앙의 신뢰성을 침식해왔다. 엘리스 워커(Alice Walker)의 소설에 나오는 흑인 여성 셔그(Shug)는 이렇게 말한다. "내가 기

---

3) Mark Juergensmeyer, *Terror in the Mind of God: The Global Rise of Religious Violence* (Berkeley: University of California Press, 2000).

4) Elisabeth Schüssler Fiorenza, *Bread Not Stone: The Challenge of Feminist Biblical interpretation* (Boston: Beacon Press, 1984), xiv. 『돌이 아니라 빵을』(대한기독교서회 역간).

대하고 상상했던 하나님이 백인이고 남자임을 발견하고 나니까 아무런 관심도 없어졌어요."[5] 샐리 맥페이그(Sallie McFague)는 오늘날 가장 긴급한 쟁점들의 중심에는 권력 남용의 문제가 있다고 주장하면서, 가부장제에 대한 페미니즘신학의 비판과 그 정당성에 대해 간결하게 정리한다. 자연에 대한 착취든, 정치적·경제적·문화적·인종적 억압이든, 남녀 간의 차별이든, 대량 살상 무기의 개발이든 그 근본적 문제는 "권력의 문제로서, 누가 권력을 행사하고 그것이 어떤 종류의 권력인지에 대한 문제다.…권력은 항상 지배와 동일하지 않은가?"[6]

지금 여기서 내가 의도하는 바는 전통적 신론에 대한 비난의 목록을 길게 나열하는 것이 아니다. 다만 신학의 가장 근본적 질문이 무엇인지에 대해 잠시 상기하고자 했을 뿐이다. 기독교 공동체가 예배하고 선포하는 하나님은 누구신가? 그 하나님은 인간의 성숙과 자유의 적인가, 아니면 친구인가? 하나님은 자신의 주권적 권능을 잔인한 권력으로 행사하는 분인가, 아니면 엄청나게 비싼 값을 치르며 사랑하시는 분인가? 하나님은 화해와 평화의 원천인가, 아니면 폭력과 전쟁의 원인인가?

이런 질문을 다루고자 할 때는 먼저 어떤 방식으로 접근할지를 결정해야 한다. 모든 종류의 종교적 확신에 적합할 정도로 충분히 일반적인 신론을 먼저 전개할 것인가? 공통의 종교적 경험과 보편적이라고 추정되는 원리들을 토대로, 하나님―이 존재를 가리키는 단어가 무엇이든 간에―을 완전하고 전능하고 지혜롭고 선하고 영원한 존재라고 주장할 것인가? 이런 접근법을 선택하고자 한다면 성경의 증언, 특히 예수 그리스도 안에서 드러난 하나님의 계시에 대한 성경의 증언을 토대로 한 사유와 진술은 어느 정도 뒤로 미루어야 할 것이다. 신론에 대한 이런 접근은 기독교 신학사에

---

5) Walker, *The Color Purple* (New York: Washington Square Press, 1982), 177. 『더 컬러 퍼플』(한빛문화사 역간).
6) McFague, *Models of God: Theology for an Ecological, Nuclear Age* (Philadelphia: Fortress Press, 1987), 15-16.

서 오랫동안 뚜렷한 행보를 보여왔지만, 이제 우리는 다른 길을 택해야 할 것이다.

하나님의 실재와 정체성에 대해 탐구하는 사람이라면 누구나 어떤 선험적 개념이나 불명확한 가정으로부터 시작하는 것이 당연할지도 모른다. 그러나 기독교 신학은 이와 같이 일반적이고 미발달된 신적 관념을 무비판적으로 채택하지 말아야 하며, 그것을 신학의 규범으로 삼으려 시도해서도 안 된다. 기독교 신앙과 신학은 규정되지 않은 일반적 방식이 아니라, 상세하고도 구체적인 방식으로 하나님에 대해 진술한다. 그리스도인은 하나님을 모든 창조의 주권적 주님으로, 예수 그리스도 안에서 새롭고 은혜로운 일을 행한 분으로, 또 성령의 권능을 통해 세상 속에서 계속 활동하는 분으로 확증한다. 이같이 계시와 구원의 구체적 역사를 토대로, 기독교 공동체는 하나님을 새로운 삶의 원천이고 중보자이며 능력이라고 고백하는 것이다. 하나님은 하늘과 땅을 만든 위엄 있는 창조자이고, 방황하는 세상을 섬기는 구원자이며, 새 하늘과 새 땅의 실현에 대한 기대와 새로운 삶의 시작에 힘을 주시는 변혁적 성령이다. 성경적·고전적 신학 전통의 친숙한 용어로 표현하자면, 하나님은 "성부와 성자와 성령"이시다. 요약해서 그리스도인은 하나님을 삼위일체적 정체성을 지닌 존재로 고백한다.

하나님을 삼위일체로 믿는 기독교적 **고백**은, 예수 그리스도 안에서 육화되고 신앙 공동체 안에서 경험되며 하나님의 측량할 수 없는 사랑에 대한 성경 증언을 간결하게 기술한다. 삼위일체 **교리**는 어느 특정 시대에 교회가 이용할 수 있는 가장 적합한 이미지와 개념을 선택하여 성경 증언을 해석하는 시도일 뿐 항상 충분하지 못한 것으로 판명된다. 삼위일체론을 올바르게 이해하려면, 불가사의하고 사변적 교리로서가 아니라 복음의 메시지에 적합하고 일치하는 이해로서 추구해야 한다. 나는 "적합"과 "일치"라는 단어를 여기에 사용하면서, 삼위일체론이 계시된 교리가 아님을 말해야겠다. 삼위일체론은 하늘로부터 기적처럼 내려오지 않았으며, 하나님이 돌판 위에 쓰신 것도 아니다. 삼위일체론은 오랜 세월 교회가 복음의 메시지를 묵상하고 반성하면서 나온 산물이다. 다른 말로 표현해서 삼위일체 신앙의 출발점 혹은 뿌리는, 그리스도 안에서 드러나고 성령에 의해 세상 속에서 계속 역사하는 하나님의 사랑의 기쁜 소식이다. 삼위일체론은 복음에서 선포되고 기독교 신앙에서 경험되는 하나님의 자유로운 은혜의 신비를 정합적으로 표현하는 교회의 노력인 것이다.

그렇지만 오늘날 기독교 신론을 구성하면서 삼위일체론에 초점을 맞추는 것은 터무니없는 일이지 않을까? 어떤 의미에서 삼위일체적 하나님에 대한 이해는 현재 신론의 문제에 대한 신뢰할 수 있는 반응이라기보다는, 그 문제를 가장 뚜렷하게 드러내는 예가 아닐까? 예전의 기도문과 신학 교과서 안에서는 여전히 삼위일체적 용어가 발견되지만, 이런 용어는 도저히 뚫리지 않는 장벽으로 둘러싸인, 불신자뿐만 아니라 다수의 그리스도인들에게도 설득력 없는 텅 빈 개념이지 않을까? 따라서 삼위일체론은 아무런 열매도 맺지 못하는 신학적 사변의 패러다임에 속하지 않는가? 실천적 의미가 결여되었을 뿐 아니라 기본적인 논리마저 무시하는, 수학적 넌센스로 가득 찬 이론이 아닌가? 이 수학적 넌센스로 인해 우리는 이성을 희생하고 자의적인 교회 권위에 비굴하게 복종해야 하는 것 아닌가? 계몽된 사람들이 헌신했던 인류의 중대한 이상을 가리고 방해하는 것 외에, 이 삼위일체론은 어떤 다른 목적을 가지는가? 설상가상으로 "성부·성자·성령"이라는 삼위일체 언어는, 기독교의 삼위일체론이 불가피하게, 교정할 수 없을 정도로 심각하게 성차별적임을 증명하는 실례가 아닌가?

이러한 질문들은, 현대 신학에서 우리가 직면하는 하나님에 대한 문제가 삼위일체론, 즉 가장 독특한 기독교적 신 이해라 할 수 있는 영역에서 가장 절박하고 난해한 형태로 드러나고 있음을 보여준다. 기독교 삼위일체론을 현대적 표현과 혁명적인 의미로 다시 회복하고 제시하는 것은 불가능한 일일까?

삼위일체론의 성경적 뿌리

삼위일체론의 성경적 기초를 단순히 몇몇 "증거 본문들"(예를 들어 마 28:19)에서 찾을 수는 없다. 삼위일체론의 기초는 성경 전체의 증언에 스며 들어 있는 삼위일체적 유형이다. 기독교적 성경 읽기에 따르면 삼위일체적 유형은 구약 속에 예시되어 있으며, 신약의 증언, 즉 예수 그리스도의 구원 사역과 성령의 새롭게 하시는 활동 속에 드러난 유일한 한 분 하나님의 현존에 대한 신약의 증언 속에 더 분명하게 발견된다.

성경은 처음부터 끝까지 오직 한 분 하나님만이 계심을 확증한다. 구약과 신약은 모두 "주 너의 하나님"의 유일한 주권에 대한 신앙을 공유한다(신 6:4; 막 12:29-30). 교회의 삼위일체적 신앙은 이와 같이 명확한 성경적 증언과 모순되지 않으며, 오히려 이것을 지지한다. 이스라엘의 신앙과 기독교 신앙은 "너는 나 외에는 다른 신들을 네게 두지 말라"(출 20:2)는 첫 계명을 동일한 열심으로 존중하고 있다.

유일신에 대한 이러한 강조에도 불구하고 신약은 동시에, 한 분 하나님의 실재가 예수 그리스도와 그의 새롭게 하는 성령 안에서 드러나며, 이 성자와 성령의 나타남은 세상을 향한 하나님의 사랑과 분리될 수 없음을 증언한다. 초기교회의 신앙고백과 경험은 하나님에 대한 삼위일체적 이해를 함축하고 있다. 창조세계를 구원하고 새롭게 하기 위해 하나님이 우리에게 오셨음을 전하는 신약의 설명에는 세 가지 준거점이 있는데, 이 셋은 서로 분리할 수 없는 지점들이다. 본래적으로 하나님의 사랑은 "성부"로 일컬어지는 분으로부터 나온다. 세상을 향한 하나님의 사랑은 "성자"라고 불리는 존재의 희생적 사랑 안에서 인간됨을 통해 실행된다. 그리고 하나님의 사랑은 "성령"인 분에 의해 기독교적 삶 속에 현존하며 활력적인 실재가 된다. 위르겐 몰트만(Jürgen Moltmann)은 신약의 증언을 요약하면서, 복음의 이야기는 "성부·성자·성령의 위대한 사랑의 이야기, 신적인 이야기이다. 하늘과 땅과 함께 우리 모두는 이 이야기에 참여한다"고

말한다.[7]

그러므로 그리스도인은 하나님을 삼위일체 하나님이라고 부른다. 왜냐하면 이와 같은 방식이 성경의 증언과 일치할 뿐 아니라 성경의 증언에 근거를 둔 교회의 경험과도 일치하기 때문이다. 그리스도인은 "예수를 주시라"(고전 12:3) 고백하며, 이 고백은 역시 주님으로 인정된 성령의 능력 안에서 행해진다(고후 3:17). 그렇다 하더라도 여전히 그리스도인은 하나님이 한 분이며(엡 4:6), 바로 이 하나님이 이스라엘과 온 창조세계를 만드신 주님이심을 고백한다. 예수 그리스도 안에서 성령에 의해 알려진 하나님은 우리 위에 계시는 하나님, 우리를 위하는 하나님, 우리 안에 계시는 하나님이다. 즉 사랑의 하나님, 은혜의 주 예수 그리스도, 교통을 일으키는 하나님의 영이다(고후 13:13). 세 분 하나님이 있는 것이 아니라, 영원히 풍성하신 사랑의 하나님 한 분을 드러내는 세 개의 구별된 인격적 표현이 있는 것이다(요일 4:8). 예수 그리스도를 통해 세상과 화해하는 하나님, 성령의 권능으로 구원 사역을 완성하는 하나님을 증언하는 성경의 이야기는 하나님에 대한 삼위일체적 이해를 함축한다(고후 5:18-20; 롬 5:1-5; 엡 1:3-14). 따라서 구원에 대한 그리스도인의 보편적 경험은, 캐서린 라쿠냐(Catherine LaCugna)가 주목하듯이 "하나님이 성령의 권능 안에서 그리스도를 통하여 우리를 구원하심을 체험하는 경험"이다.[8]

몇몇 신학자들은 초기교회의 신앙고백뿐만 아니라 초기교회의 기도와 예배의 실천에 주목함으로써 삼위일체론의 뿌리를 더 온전하게 이해하는 데 공헌했다. 사라 코우클리(Sarah Coakley)는 로마서 8:9-30과 갈라디아서 4:4-7을 묵상하면서, 초기교회 그리스도인의 기도는 사도 바울의 묘사와 같이 그리스도를 통해 하나님의 사랑으로 편입되는 경험이며, 이런 경험

---

7) Elisabeth Moltmann-Wendel & Jürgen Moltmann, *Humanity in God* (New York: Pilgrim Press, 1983), 88.
8) Catherine Mowry LaCugna, *God for Us: The Trinity and the Christian Life* (San Francisco: Harper, 1991), 3.

은 "불가피하게 세 가지 측면을 지닌다"고 기술한 바 있다. 바울은 같은 경험을 "하나님", "그리스도", "성령"이라는 언어를 함께 사용하면서 표현하고자 애쓴다. 코우클리는, 충분히 발전된 삼위일체론의 증거를 여기서 발견하는 것은 불가능하지만, "기도에 토대를 둔 삼위일체적 논리"의 증거는 존재한다고 본다.[9]

삼위일체론이 터무니없는 사변이 되지 않으려면, 항상 이 이론의 토대와 한계를 하나님의 사랑을 전하는 성경 이야기 속에서 발견해야 한다. 하나님의 사랑은 성령의 권능 안에서 예수 그리스도를 통해 세상에 나타나며, 그러한 사랑을 실제적으로 경험하는 그리스도인의 삶 속에서 드러난다(롬 5:5). 기독교적 기도와 실천 속에서 우리는 성령에 의해 그리스도와 연합하며 삼위일체 하나님의 삶 속으로 이끌린다. 항상 책임감 있는 삼위일체적 사고는 **경륜적 삼위일체**(economic Trinity, 구원의 "경륜"에 드러난 성부·성자·성령의 하나이면서 삼중적인 작용)로부터 시작된다. 그리고 **내재적 삼위일체**(immanent Trinity, 하나님의 존재 안에서 위격들의 영원한 구별)도 이와 같은 토대에 근거하고 있다. 복음 이야기에 따르면 하나님은 "성부", "성자", "성령"으로서, 또한 자유케 하며 화해시키는 사랑의 원천, 매개, 효력 있는 약속으로 활동하신다. 삼위일체 신학은 성경의 증언을 별도로 하면서 하나님을 알고자 하는 시도가 아니다. 오히려 삼위일체 신학의 노력은 항상 성경의 증언에 의해 뿌리를 내리고 안내를 받으며 훈련되어야 한다.

그러나 왜 경륜적 삼위일체와 내재적 삼위일체를 구별해야만 하는가? 기본적으로 두 가지 이유가 있다. 첫째, 이 구별은 예수 그리스도의 화해 사역 및 성령의 새롭게 하는 사역에서 하나님이 자신에 대해 참되시다는

---

9) Sarah Coakley, "Why Three? Some Further Reflections on the Origins of the Doctrine of the Trinity," in *The Making and Remaking of Christian Doctrine: Essays in Honour of Maurice Wiles*, ed. Sarah Coakley & David A. Pailin (Oxford: Clarendon Press, 1993), 29-56. 또한 Mark McIntosh, *Mysteries of Faith* (Cambridge, Mass.: Cowley Publications, 2000), 24-48을 보라.

점을 강조하기 때문이다. 구원의 경륜에서 드러난 하나님은 영원 속에 있는 하나님과 동일하다. 하나는 경륜적 삼위일체이고 다른 하나는 내재적 삼위일체인 두 개의 다른 삼위일체가 존재하는 것이 아니다. 그리스도인이 하나님이 영원히 삼위일체적이라고 말하는 것은, 성령에 의해 예수 그리스도 안에서 세계로 확대된 하나님의 사랑이 정말로 하나님은 누구이신지를 진정으로 드러낸다는 점을 확증하는 것이다. 세계를 위한 하나님의 사랑의 기초는 사랑 안에서의 연합을 누리는 하나님의 영원한 삶이다. 둘째, 이 구별은 구원의 경륜에서 드러난 하나님의 활동들이 필연성이나 필요에 의해서가 아니라 전적인 자유로운 은혜에 의해서라는 점을 강조한다. 성부와 성자와 성령이 영원히 공유하는 사랑의 삶이 창조와 구원이라는 경륜 안에서 우리에게 자유롭게 공유된다.

삼위일체론이 하나님에 대한 순전한 사변적 존재론으로 전락한다면, 이것을 자의적이라고 비판해도 무방하다. 또한 우리는 그리스도 안에서 드러난 계시가 하나님의 신비를 전부 다 밝혔다고도 자신하지 말아야 한다. 하지만 그리스도인은 예수 그리스도와 성령 안에서 하나님에 대해 계시된 것이 전적으로 신뢰할 만하고 하나님의 가장 내적인 삶에 상응한다고 고백하며, 또 이러한 고백이 자의적 사변이 아님을 믿는다. 만약 하나님이 구별된 세 위격적 방식으로 우리에게 나타난다면, 이러한 하나님의 사랑의 구조는 그분 자신의 영원한 내재적 존재 안에 그 근거를 두고 있다. 하나님 자신의 삶은 세상과 관계 맺는 하나님의 삶과 모순될 수 없다. 하나님 자신의 삶 안에 서로 자신을 내어주는 활동이 있고, 함께 공유하는 공동체가 있으며, "사랑의 모임"(아우구스티누스)이 있어서, 이것이 성경에서 이야기하는 바대로 하나님이 세상을 향해 드러내는 사랑의 역사의 토대가 된다. 그러므로 올바른 삼위일체 신학은 영원한 삼위일체를 사변적으로 먼저 가정하고 그 다음에 계시와 기독교 경험 속에서 이 개념의 증거를 찾지 않는다. 반대로 올바른 삼위일체 신학은, 성경이 증언하고 교회의 시작 이후로 그리스도인이 경험했던 계시와 구원의 역사로부터 구체적으로 시작한다. 오로지 이와 같은 토대 위에서만 신앙과 신학은, 삼위일체적 교제가 하나님과 세상의 관계에서뿐 아니라 하나님 자신의 영원한 존재에 속하는 속성임을 선포할 수 있다. 삼위일체 신학의 논리는 구원의 경륜 안에서 성부·성자·성령의 구별된 사랑으로부터 시작하여(경륜적 삼위일체), 그와 같은 삼중적 사랑이 하나님의 존재의 심연 속에서 가지는 궁극적인 근거를 향해 나아간다(내재적 삼위일체).[10]

고전적 삼위일체론

여러 세기를 거치면서 교회는 명확한 삼위일체론을 정식화했다. 이러한 발전 과정을 보여주는 두 이정표가 니케아 공의회(325년)와 콘스탄티노플 공의회(381년)다. 고전적 니케아-콘스탄티노플 교리의 핵심은 하나님을 "하나의 본질과 세 구별된 위격들"로 정리한 데 있다. 4세기 형이상학에 근거한 전문 용어(*mia ousia, treis hypostaseis*)는 비록 우리에게는 낯설지만, 이 삼위일체론의 취지는 살아 계신 하나님의 실재를 복음 이야기에 일치하도록 기술하는 것이었다. 하나님의 통일성과 삼중적 자기 구별성을 확증하는 삼위일체론은 종속론, 양태론, 삼신론과 같이 삼위일체 신앙의 왜곡된 형태들에 반대하는 지점에서 더욱 명확하게 그 비판적 의미가 드러난다.

종속론(subordinationism)에 따르면, "성부·성자·성령"이라는 이름들 자체가 신성의 서열이나 질서를 의미한다. 한편으로는 위대한 한 분 하나님, 즉 영원한 성부가 존재하고, 다른 한편으로는 성자와 성령이라는 존귀한 피조물 또는 열등한 신성이 둘 존재하는 것이다. 결국 종속론은 하나님을 물질, 고통, 변화, 죽음과의 접촉으로부터 보호하려는 전략이다. 그러나 이런 전략은 예수 그리스도를 통해 구원하는 하나님의 사역을 알리는 복음

---

10) Karl Barth, *Church Dogmatics*, 1/1 (2d ed., 1975): 384-489.

의 메시지와 충돌한다(고후 5:18-19). 만약 그리스도와 성령이 "참 하나님으로부터 온 참 하나님"이 아니라 단지 존귀한 피조물이거나 부차적 서열을 차지하는 신성이라면, 어떻게 그리스도가 구세주가 될 수 있으며 어떻게 성령이 지금 여기서 신적 변혁의 권능이 될 수 있겠는가?

양태론(modalism)에 따르면, "성부·성자·성령"이라는 이름들은 단지 하나님의 가면들(masks)을 가리키며, 그러기에 하나님의 가장 내적인 존재를 필연적으로 드러내지 않는다. 따라서 이 주장은 가난한 자들과 함께하시는 예수의 사역, 그의 죽음과 부활, 성령의 부어짐 같은 사건이 다만 외적 현상일 뿐이며 그러므로 하나님의 참된 본질을 알리기에는 신뢰할 수 없음을 함축하고 있다. 하지만 만약 하나님에 대해 우리가 알고 있는 것이 모두 외적인 가면일 뿐이고 하나님의 참된 본질은 깊이 감추어져 있다면, 어떻게 그리스도인은 하나님의 실제적인 모습을 확신할 수 있겠는가?

삼신론(tritheism)에 따르면, "성부·성자·성령"이라는 이름들은 분리되고 독립적인 세 신성을 가리키며, 이 셋이 집단적으로 기독교 신앙의 대상을 구성한다. 이러한 견해는 마음을 다하고 목숨을 다하고 뜻을 다하고 힘을 다하여 한 분 주 너의 하나님을 사랑하라는 구약과 예수의 명령과 정면으로 모순된다(막 12:30). 기독교적 신뢰와 충성과 예배의 대상이 어떻게 서로 다른 세 신들이 될 수 있는가?

고전적 삼위일체론의 "하나의 본질과 세 구별된 위격들"이라는 정식은 당시에는 신중하게 고안된 개념이지만, 오늘날에는 혼란을 일으키기 쉽다. 그럼에도 불구하고 이 정식은 종속론과 양태론과 삼신론의 모든 변형을 거부하는 힘이 있다. 한편으로 하나님의 "본질"의 일치성을, 다른 한편으로 동등한 세 신적 "위격들" 사이의 구별을 확증하면서, 니케아-콘스탄티노플 신조는 성부가 성자를 영원히 "출생하고" 성자는 본질에서 성부와 하나라고 선언한다(여기서 독특한 행위로 이해될 수 있는 "출생"은 성적 관계에 의한 출생이나 종속적 실재의 창조와는 전적으로 다르다). 성령은 성부로부터 그리고 성자로부터 영원히 "출원하고", 성령은 본질에서 성부 및 성자와 하나다(여기서 사용되는 "출원" 역시 독특한 행위로서, 출원하는 주체와 출원의 근원 사이에 어떤 본질적인 차이도 암시하지 않는다). 성부와 성자와 성령은 본질에서 하나다. 그리고 서로에 대해 상이한 관계들, 즉 출생하시는 자, 출생되는 자, 출원하는 자로서의 상이한 관계들을 가짐으로써 구별되는 상이한 "위격들"이다. 아우구스티누스를 따라, 이런 관계들을 사랑하는 자, 사랑을 받는 자, 양자 사이에서 나와서 양자를 함께 묶어주는 사랑이라고 표현하면 더 도움이 될 것이다.

게다가 기독교 신학자들은 한편으로는 하나님의 존재의 통일성을, 다른 한편으로는 세 위격의 평등성과 구별성을 확증하는 것을 지지하면서, 삼위일체 하나님에 관한 사유와 언설을 지배하는 규칙들을 제안해왔다. 그것은 한편으로 하나님의 존재의 통일성을 보존하기 위한 지배적 규칙, 즉 "삼위일체 하나님이 세상에서 행하는 모든 행동들은 나뉠 수 없다"를 진술한다. 그러므로 성부는 창조 사역에서 홀로 움직이지 않고, 성자만이 구원 사역에서 활동하는 것도 아니며, 성령만이 성화 사역에서 역사하는 것도 아니다. 하나님의 모든 행동은 삼위일체인 한 분 하나님의 활동이다. 다른 한편으로 "전유의 규칙"(rule of appropriations)은 삼위일체의 위격들을 구별하기 위한 것으로, 앞의 지배적 규칙과 균형을 이룬다. 창조와 구원과 성화가 모두 삼위일체 하나님의 행동이지만, 성경의 용법은 창조 활동을 (배타적으로는 아니지만) 일차적으로 성부에게 전유시키고, 구원 활동을 (배타적으로는 아니지만) 우선적으로 성자에게, 그리고 성화 활동을 (배타적으로는 아니지만) 주로 성령에게 전유시킨다.

그런데 이런 고전적 삼위일체론 정식의 전문적 개념화가, 규칙의 복잡성에도 불구하고 지니는 실제적 혜택은 무엇일까? 다시 말해 고전적 삼위일체론이 지니는 긍정적이며 심대한 복음적 목적은 무엇일까? 삼위일체론은 예수 그리스도의 사건과 하나님의 변혁적인 성령의 부으심에 비추어 하나님을 재기술한다. 즉 하나님을, 생명을 해방시키며 새롭게 하는 주권적이고 고귀한 사랑으로 묘사함을 목적으로 하는 것이다. 삼위일체론은 세상을 향한 하나님의 사랑이 성령의 권능으로 그리스도 안에서 현재 역사하고 있으며, 이런 사랑은 결코 우연적이거나 변덕스럽거나 일시적인 것이 아님을 말하고 있다. 이 이론은 가난한 자들의 친구가 되고 죄인들을 용서했던 예수의 이야기를 통해 우리가 하나님에 대해 아는 바와는 전적으로 다른 사악하거나 악마적인 측면이 하나님께 없음을 말하고자 한다. 하나님은 자신을 내어주고 남을 긍정하며 공동체를 세우는 사랑이시다. 하나님의 영원한 삶을 구성하는 사랑의 교환은, 자유케 하며 화해시키는 값비싼 사랑의 역사를 통해 외적으로 표현된다. 영원 속에서 그리고 세상과의 관계 속에서 "자유롭게 사랑하는" **바로 이 하나님**이야말로 궁극적인 권능으로서, 우리가 온전한 확신과 전적인 신뢰를 가지고 예배하고 섬길 수 있는 분이다.

그러므로 하나님을 삼위일체적 존재로 말하는 것은 이전에 우리가 가졌던 하나님에 대한 이해를 모조리 의문시하는 결과를 가져온다. 하나님은 홀로 계신 단자(單子)가 아니라 자유롭게 자신을 소통하는 사랑이다. 하나님은 타자를 이기는 극한 권력 의지가 아니라 지고한 연합 의지며, 권능과 생명을 공유한다. 그러므로 궁극적인 권능의 하나님이 나눠주고 받아들이며 공유하는 사랑임을, 남에게 생명을 주고 교제 속에 살고 싶어하는 분이라고 말하는 것은 하나님의 권능과 인간의 힘에 대한 우리 이해를 모조리 전복시킨다. 삼위일체 하나님의 통치는 강제적인 지배라기보다 주권적인 사랑의 통치이다. 그러므로 하나님을 삼위일체이신 분으로 기술하는 것은, 하나님의 참된 권능에 대해, 인간의 내실 있는 힘에 대해 우리의 이해가 혁명적으로 바뀌는 것을 함의한다. 하나님은 절대 권력도, 무한한 이기주의도, 위엄으로 가득한 고독도 아니다. 삼위일체 하나님의 권능은 강제적이 아닌 창조적·희생적 사랑이며, 영감을 불러일으키는 사랑이다. 삼위일체 하나님의 영광은 남을 지배함에 있지 않고, 타인과 함께 삶을 공유하는 데 있다. 이런 의미에서 삼위일체 하나님을 고백하는 것은 "하나님은 사랑이시라"(요일 4:8)는 신약의 선언에 일치하는 적합하고 유일한 이해라

할 수 있다.

이렇게 고전적 삼위일체론을 해석할 때 우리의 목표는 낯선 용어와 오래된 개념에 막히는 것이 아니라, 그것의 "표층 문법"(surface grammar) 속으로 들어가 심오한 의도, 즉 "심층 문법"(depth grammar)에 도달하는 것이다. 만약 우리가 훈련된 앵무새처럼 단순히 반복만 한다면, 이는 교리를 진정으로 존중하는 태도가 아니다. 분별없는 반복은 교회의 교훈이 지닌 진정한 취지를 파괴하고 말 때가 많다. 그러므로 우리가 해야 할 중요한 질문은 다음과 같다. 하나님을 삼위일체인 분으로, 또 하나님은 성령에 의해 예수 그리스도 안에서 우리에게 전달된다고 확증할 때, 이 이론이 확립된 당시의 주요 문제는 무엇이었고 또 오늘날의 문제는 무엇인가? 이 질문에 대한 대답은 삼위일체론이 지배하는 권력의 관점에서가 아니라 공유하는 삶과 사랑의 관점에서 하나님을 기술한다는 점이다. 하나님은 자유롭게 사랑하고 교제함으로써 살며, 피조물이 상호 사랑과 섬김의 새로운 공동체 안에서 살아가도록 의지하신다. 이것이 바로 복음의 하나님에 대해 말할 때 우리가 사용하는 특정한, 그러나 항상 부적절한 이름과 이미지 아래 놓여 있는, 다시 말해 삼위일체론의 "표층 문법" 속에 놓여 있는 "심층 문법"인 것이다.

신론의 왜곡

삼위일체론에 대한 관심이 감소하면 하나님에 대한 기독교적 이해가 왜곡된다. 활력 있는 삼위일체 신앙이 붕괴되면 다양한 비성경적 일신론이 고개를 들게 된다.[11]

---

11) 참조. H. Richard Niebuhr, "Theological Unitarianisms," *Theology Today* 40 (July 1983): 150-57.

1. 왜곡된 신론 중 처음 소개할 형태는 **창조자 일신론**(unitarianism of the Creator), 즉 삼위일체의 첫 번째 위격의 일신론이다. 이 입장은 하나님을 우주의 제일 원리로, 만물의 기원으로 간주하지만, 비교적 자주 특정 인종 집단이나 특정 민족 집단의 "창조자 아버지"로 이해하기도 한다. 대체로 미국의 시민 종교는 창조자 일신론이다. 그것은 하나님을 생명의 원천으로, 양도할 수 없는 권리들의 근원으로, 미국의 장래를 이끌어가는 섭리적 지도의 근거로서 인정한다. 하나님과의 관계에서 죄에 대한 인식이 거의 없으며, 결과적으로 용서, 회개, 삶의 철저한 변혁에 대한 필요성을 느끼지 못한다. 물론 미국의 시민 종교만이 창조자 일신론의 유일한 형태는 아니다. 이 입장은 다른 민족이나 종족의 종교 속에서 드러나며, 다수의 교육받은 계층이 지지하는 모호한 유신론 속에서도 나타난다. 교육받은 계층의 경우 그들의 신론은 계몽주의 이성의 한계 내로 규정된 종교에 맞춰진다.

2. 왜곡된 신론 중 또 다른 형태는 **구원자 일신론**(unitarianism of the Redeemer), 즉 삼위일체의 두 번째 위격의 일신론이다. 이와 같은 종류의 경건은 예수에 대해 배타적 관심을 갖는다. 예수를 영웅으로 보든지 종교적 의식의 중심인물로 간주하든지, 일신론의 예수는 복음서가 선포하는 예수와 거의 연관성이 없다. "예수는 나의 구세주"에 대한 충성이, 자연과 역사 전체를 다스리는 하나님의 주권을 확증하는 성경 증언으로부터 분리된다면, 구원은 나 개인의 행복과 내가 속한 집단의 안위의 관점으로 축소 정의된다. 개인적 차원 외에 다른 것에는 진정한 관심을 갖지 않게 되는 것이다. "예수님을 사랑한다면 경적을 울리세요. 그분을 더 빨리 뵙고 싶으면 운전하면서 문자를 보내세요" 같은 안전 운전을 권장하는 자동차 범퍼 문구가 중차대한 관심사라면, 환경오염이나 인종·종교·성차별로 인한 비인간화의 문제가 대두될 때는 어떻게 할 것인가? 삼위일체의 두 번째 위격의 일신론은 편의적이고 감상적인 예수 숭배와, 만인을 위한 정의의 도래나 황폐화된 지구의 갱신을 위한 열정적 관심 사이에 있어야 할

필연적 연관성을 파악할 수 없게 만든다.

3. 기독교적 하나님 이해에서 세 번째 왜곡된 형태는 **성령 일신론**(unitarianism of the Spirit), 즉 삼위일체의 세 번째 위격의 일신론이다. 여기서 중요한 관심사는 성령에 대한 경험과 은사이다. 하지만 그것이 하나님이 보낸 그리스도의 영인지 아닌지, 그리고 이 영이 공동체를 세워 하나님과 이웃을 섬기기 위해 파송하는 작용을 하는지 여부를 분별하는 데는 거의 노력을 기울이지 않는다. 몇몇 "은사주의적"(charismatic) 집단은 위험스럽게도 성령 일신론 가까이로 빠져든다. 물론 여기서 나의 의도는 오늘날 교회에서 일어나고 있는 영적 각성이나 부흥 운동을 모욕하거나 평가 절하하는 것이 아니다. 최근 신학에서 성령론에 대해 새로운 관심을 가지는 현상과 성령을 경험하는 것에 대해 점증하는 관심은, 명백히 이전 기독교에 대한 정당한 항변이다. 너무도 자주 이전 기독교는 활기 없는 골동품 같은 유산과 제도화된 종교성의 모습을 보임으로써, 우리의 감정과 애정과 성향을 일깨우거나 그것의 방향을 설정하는 데 무력했기 때문이다. 하지만 이런 과거의 문제가 강렬한 종교적 체험 안에서 열광함으로써 해결되지는 않는다. 내가 여기서 주장하고자 하는 요점은 다음과 같다. 기독교 교회에서 성령의 경험은 다음 양자 중 하나로 귀착된다. 즉 삼위일체 하나님의 영을 경험하는 것이든지, 아니면 분열적인, 심지어 파괴적인 경험이든지 둘 중 하나인 것이다. 자유케 하시며 화해시키는 능력의 성령이야말로 그리스도의 영이며, "아바, 아버지"라고 부르짖는 분의 영이다.

삼위일체론의 의미의 재진술

지금까지 나는 삼위일체론이 기독교만의 독특한 하나님 이해를 표현한다고 주장했다. 그리고 이런 하나님 이해가 쇠퇴할 때마다 교회는 정체성을 상실할 위험에 처했음을 증명하고자 했다. 또한 삼위일체적 신앙의 표면 문법에 빠져 거기에 그치지 않고, 이 이론의 심층 문법을 드러내고자 시도했다.

초기교회 때부터 삼위일체 하나님의 존재는 우리가 완전히 파악할 수 없는 신비로서 인정되었다. 교회사의 어떤 신학자보다도 더 열심히 삼위일체의 신비를 이해하기 위해 분투했던 아우구스티누스는 "만약 무엇인가를 완전히 파악했다면, 그 대상은 하나님이 아니다"라고 결론지었다. 여러 세기 동안 분별력 있는 신학자들은 하나님에 대한 우리의 지식의 한계와, 삼위일체를 표현하는 상징들을 포함해 인간 언어가 얼마나 하나님을 이해하기에 부적합한지를 강조해왔다. 오늘날 우리는 과거에 비해 훨씬 더 절실하게, 하나님을 알기 위해 동원되는 모든 언어가 대단히 불완전하며 역사적 요인에 의해 영향받는다는 사실을 인식하고 있다. 그리하여 최근 신학은 하나님에 대해 더 새롭고 포괄적인 이미지를 찾는 작업에 있어 중대한 발전을 이루게 되었다. 또한 이런 작업 덕분에, 전통이 전해주는 하나님에 대한 배타적인 남성적 이미지를 보완하고 교정할 수 있었다. 이런 탐구는, 성경의 전통 속에 분명히 존재함에도 불구하고 그동안 억눌려왔던 다른 측면의 하나님 형상을 회복하는 데 큰 도움을 줄 것이다. 찬송가와 기도 속에 광범위한 하나님 이미지들이 점점 더 다양하게 사용될수록, 교회 안 남성과 여성 모두가 경험하는 영적 생활과 신학적 감수성이 더욱 풍성해질 것이다.

오늘날 교회는 하나님에 대한 남성 중심적 이미지가 전통 안에서 어떻게 확대되는지에 대해 어떤 합의점에도 이르지 못하고 있다. 이에 대한 대안적 주장은 다음 세 가지 정도로 정리된다. 첫째, 신학 언어를 비인격적 비유로 한정함으로써 한쪽 성에만 국한되는 모든 이미지를 제거할 것을 촉구하는 입장이 있다. 둘째, 성령을 여성으로 표현할 것을 제안하는 입장이 있다. 셋째, 삼위일체의 모든 위격에 대해 남성과 여성 양쪽 이미지를 함께 사용하자는 대안이 있다.[12]

---

12) 참조. Elizabeth A. Johnson, *She Who Is: The Mystery of God in Feminist Theological*

첫째 제안에 대한 반대 논거는 다음과 같다. 성경에서 하나님은 가장 빈번하게 인격적 이미지로 묘사된다는 사실이다. 물론 성경 속 하나님의 이미지 목록에는 바위, 불, 물과 같은 비인격적 비유도 포함되어 있으며, 이런 무생물 이미지가 없다면 하나님에 대한 우리의 이해와 예배는 빈곤해질 것이다. 그럼에도 불구하고 하나님을 인격적으로, 즉 **무엇**이 아니라 **누구**로 표현하는 성경적 관례를 폐기한다면, 너무 많은 것을 잃게 될 것이다. 둘째 제안에 대한 반대 논거는 다음과 같다. 즉 이 제안은 부분적인 수습책에 불과하고, 일시적으로 문제를 덮어두거나 심지어 장기적으로는 악화시킬 수 있다고 본다. 만약 여성 이미지를 성령에게만 한정한다면, 삼위일체 언어는 여전히 남성 이미지가 지배적일 것이다.

나는 세 번째 제안에 찬성하면서 그에 대한 논거를 제시하고자 한다. 성경은 하나님을 선택한 백성을 돌보고 보호하는 아버지로서뿐 아니라 (대상 22:10; 시 103:13; 마 6:6-9), 자녀를 출산하고 양육하고 위로하는 어머니로도 묘사한다(사 49:15; 66:12-13). 또한 예수는 스스로를 암탉에 비유하면서, 새끼를 날개 아래 모으는 암탉같이 하나님의 백성을 모으기를 간절히 바란다고 말씀했다(마 23:37). 예수는 성령에 대해 가르치면서 하나님 나라에 들어가기 위해서는 성령으로 거듭나야 한다고 했다. 따라서 성령의 사역은 마치 아이를 출산하는 어머니의 노고와 같다고 묘사되고 있다(요 3:5-6). 성경의 증언이 가부장적 환경에서 이루어진 것임을 고려할 때, 이런 예들은 성경의 하나님 이미지가 광대함을 보여주는 작은 표본일 뿐이다. 성경의 풍부한 이미지를 고려할 때, 성부·성자·성령의 삼위일체 언어는 교회에 지속적인 성경적 기준을 제시한다고 할 수 있지만, 그렇다고 해서 이런 기존의 언어가 신학과 과거 역사에 있어 절대화되어서는 안 될 것이다. 우리는 끊임없이 삼위일체 하나님을 표현하는 다른 이미지를 탐구해야

Discourse (New York: Crossroad, 1992), 47-57.

한다.[13] 또한 새로이 발견된 이미지들이 전통적 이미지를 대체한다기보다는 보완한다고 보아야 할 것이다. 오래되었든 새롭든, 남성적이든 여성적이든, 인격적이든 비인격적이든, 하나님을 표현하는 모든 인간적 이미지들은 일상적 사용의 맥락 속 의미를 넘어서서, 복음 이야기로부터 더 새롭고 심오한 의미를 끄집어내는 역할을 수행 함을 기억해야 한다. 하나님을 아버지로 표현하든 어머니로 표현하든, 이 의미는 우리의 역사나 문화에 의해 결정되는 것이 아니라, 성경 증언의 중심을 차지하는 세상을 향한 하나님의 확고한 사랑의 역사에 의해 최종적으로 결정된다.

신학자와 지역 교회가 하나님에 대한 새로운 이미지를 탐구할 때 중요한 점은, 삼위일체의 심층 문법을 상실하지 말아야 한다는 것이다. 이 점에 대해서는 페미니즘신학자 대부분도 동의하고 있다.[14] 앞에서 나는 삼위일체 신앙의 심층 문법이란, 자유롭지만 그 자유를 사용하여 자신을 남에게 내어주며, 공동체와 상호성과 공유의 삶을 창조하는 경이로운 하나님의 사랑의 문법이라고 정의했다. 이런 방식으로 하나님은 세상을 창조하고 세상과 관계를 맺는다. 왜냐하면 바로 이것이 하나님이 영원히 존재하는 방식이기 때문이다. 여기서 나는 삼위일체론을 해석하는 데 필요한 세 가지 진술을 추가함으로써 내 논지를 확장하고자 한다.[15]

---

13) Brian Wren, *What Language Shall I Borrow? God-Talk in Worship: A Male Response to Feminist Theology* (New York: Crossroad, 1989). 미장로교(PCUSA)의 신앙고백 요약문은 매우 삼위일체적이다. 하나님은 "마치 자신의 양육하는 아이를 버리지 않는 어머니와 같은 분이며 탕자를 맞아들이기 위해 달려가시는 아버지와 같은 분"이라고 기술되어 있다(10.49-50).

14) Patricia Wilson-Kastner, *Faith, Feminism and the Christ* (Philadelphia: Fortress Press, 1983), 121-37; Catherine Mowry LaCugna, "The Baptismal Formula, Feminist Objections, and Trinitarian Theology," *Journal of Ecumenical Studies* 26 (Spring 1989): 235-50. 라쿠냐에 의하면 "삼위일체 하나님은 전적으로 우리를 위하시는 하나님이다. 반면에 일신론적 하나님은 전적으로 자신만을 위한다"(243).

15) Jan Milic Lochman, "The Trinity and Human Life," *Theology* 78 (April 1975): 173-83을 보라. 삼위일체론에 관한 최근 문헌은 방대하다. 주목할 만한 것은 다음

1. 하나님을 삼위일체로 고백하는 것은, 하나님의 영원한 삶이 관계 속에서 영위되는 인격적 삶임을 확증하는 것이다. 성경은 하나님을 "살아 계신 하나님"으로 표현한다(마 16:16). 하나님은 말할 수도 행동할 수도 없는 죽은 우상과 같지 않다. 하나님은 창조와 구원과 변혁을 일으키고 말씀하고 행동하신다. 성경이 증언하는 하나님은 비인격적이지 않은, 인격적 실재로서 피조물과의 살아 있는 관계 속으로 들어온다. 더욱이 삼위일체 신앙에 따르면 하나님이 인격을 획득하는 것은 세상과 관계를 맺기 시작함으로써가 아니다. 영원 속에서 이미 하나님은 성부·성자·성령으로서 살고 사랑하고 계셨다. 하나님 자신의 영원한 존재 안에 이미 운동과 생명, 인격적 관계와 사랑의 교환이 있다.

하나님은 하나이시다. 그러나 살아 계신 하나님의 일치는 절대적인 하나됨의 추상적 일치가 아니다. 하나님의 일치는 비교할 수 없을 정도로 풍성하고 역동적인 일치며, 차이와 관계를 함께 포함하는 풍부한 일치다. 만약 신약성경이 한 분 하나님을 신실하신 성부, 좋으신 성자, 생명을 주시는 성령으로 묘사하는 것이 신뢰할 만하다면, 그렇다면 삼위일체 교리에 따라 세계 안에 있는 하나님의 구별된 존재 방식들과 우리의 구원을 위한 하나님의 구별된 활동 방식들은 하나님의 영원한 존재 안에 근거한다. 일치에 관한 어떤 개념이 하나님을 정의하는 것이 아니라, 하나님 자신이―

과 같다. Jürgen Moltmann, *The Trinity and the Kingdom* (San Francisco: Harper & Row, 1981), 『삼위일체와 하나님의 나라』(대한기독교서회 역간); Catherine Mowry LaCugna, *God for Us*; Elizabeth A. Johnson, *She Who Is*; T. F. Torrance, *The Trinitarian Faith* (Edinburgh: T&T Clark, 1993); *Trinitarian Theology Today*, ed. Christoph Schwöbel (Edinburgh: T&T Clark, 1995); Robert W. Jenson, *Systematic Theology*, vol. 1: *The Triune God* (New York: Oxford University Press, 1997); David S. Cunningham, *These Three Are One: The Practice of Trinitarian Theology* (Malden, Mass.: Blackwell, 1998); *The Trinity*, ed. Stephen T. Davis, Daniel Kendall, and Gerald O'Collins (New York: Oxford University Press, 1999); Kathryn Tanner, *Jesus, Humanity and the Trinity: A Brief Systematic Theology* (Minneapolis: Fortress, 2001); Roger E. Olson & Christopher A. Hall, *The Trinity* (Grand Rapids: Eerdmans, 2002).

즉 삼위일체 하나님이—그분의 참되고 풍성한 일치를 정의한다. 본질적으로 삼위일체 하나님의 일치는 사랑의 끈으로 연결되어 있는 "위격들"의 일치다.

"위격"이 자율적인 존재와 분리된 자의식에 의해 형성된다고 여기는 근대의 철학적 개념으로 인해, 20세기의 몇몇 신학자들이—두드러지게는 칼 바르트와 칼 라너—하나님의 세 "위격들"에 관해 말하기를 주저한다는 점은 이해할 만하다. 대신에 이들은 "하나님의 한 존재의 세 양식들"(three modes of the one being of God) 또는 하나님의 "세 구별된 존재 방식들"(three distinct ways of subsisting)이라는 표현을 추천한다.[16] 그러나 다른 신학자들은 성부와 성자와 성령과 관련해서 위격의 개념을 단순히 포기하는 것에 주저한다. 이들은 삼위일체 신학이 삼위일체의 셋에 관해 사용되는 "위격들"의 특별한 의미를 명확하게 해야 하는 책임이 있을 뿐만 아니라, 인간의 인격성의 의미에 관한 유력한 이해들에 도전해야 하는 책임이 있음을 주장한다. 달리 표현하면, 삼위일체의 "위격들"이 분리되고 자율적인 자아 또는 자의식을 지닌 독립적인 중심으로 이해될 수 없다면, 이것의 긍정적인 요점은 성부와 성자와 성령이 자신들의 위격적 정체성을 서로에 대한 관계성 안에서만 지닌다는 점이다. 하나님 안에 있는 "위격들"은 각각의 정체성이 다른 이들로부터 분리되어 규정되는 자기폐쇄적인 주체가 아니다. 대신에, 공통의 본질을 공유하는 성부와 성자와 성령은 서로에 대한 관계성들에 의해 구별되며, 상호적으로 사랑을 주고받으면서 존재한다.[17] 성부와 성자와 성령의 "상호 내주"(mutual indwelling, perichoresis)는 피조물들에게 알려진 어떤 관계성도 훨씬 더 초월하는 친밀함이다. 하나님 안의 위격에 관한 삼위일체적 이해가 신적 위격들과 인간적 인격들 사이의 철저

---

16) Barth, *Church Dogmatics*, 1/1 (2d ed., 1975): 348ff.; Rahner, *The Trinity* (London: Herder, 1970), 103-15을 보라. 참조. Paul Tillich, *Systematic Theology*, 3: 286-94.

17) John J. O'Donnell, *The Mystery of the Triune God* (London: Sheed & Ward, 1988), 100-111.

한 차이점을 부인하지 않으면서도, 인간적 인격들에 관한 개인주의적 견해의 타당성을 의문시해야 한다는 점은 확실하다. 왜냐하면 개인주의적 견해는 개인의 삶을 절대적인 자율성과 동일시하며, 인격성을 형성하는 타자와의 관계성에 관한 모든 언급을 결여하기 때문이다.

삼위일체 하나님의 영원한 삶의 풍성함과 역동성 안에는 전적인 수학적인 하나됨보다는 오히려 구별성과 타자성이 존재한다. 구별성을 결여하는 일치는 사랑의 일치가 될 수 없다. 죄 많은 인간의 태도와 행동이 타자에 대한 두려움이나 증오에 의존하여 타자를 제거하거나 정복하려 하는 것과 정반대로, 삼위일체 하나님은 타자성을 발생시켜 그것을 자기 삶의 내적인 역동성 안으로 포함시킨다. 인격적 구별성과 관계성을 지니는 하나님의 존재는 자신과 다른 피조물을 풍성하게 창조하는 행위 속에서 외적으로 표현된다. 자연 세계, 다른 민족, 다른 문화, 다른 인종, 다른 성(性)과의 관계 속에서 나타나는 정복 정신의 상당 부분은 타자에 대한 두려움에 기인하는데, 이 두려움은 삼위일체보다는 군주신론적 하나님 이해에서 궁극적으로 드러난다.[18]

2. **하나님을 삼위일체로 고백하는 것은, 인간의 경험을 통해 이해되는 관계성과 협력성보다 훨씬 더 깊은 교제 속에 하나님이 존재하심을 확증한다.** 하나님은 사회적 삶을 영위하시기에, 피조물들의 포괄적 공동체의 원천과 힘이 되신다. 그러나 하나님의 삶은 인간의 묘사를 초월한다. 인간은 하나님의 형상으로 창조되었기 때문에(창 1:27), 신학자들은 창조, 특별히 인간의 삶 속에 드러난 삼위일체 하나님의 "흔적"(vestige)이나 유비(analogie)를 찾아왔다. 구체적으로 삼위일체 신학에서 자주 사용된 것은 다음 두 가지 유비였다. 하나는 심리학적 유비(psychological analogy)이다.

---

18) 수잔 티슬쓰웨이트(Susan Thistlethwaite)는 "다양성에 대한 거부는…근대 신학에서 삼위일체론을 다루지 않은 것 속에서 드러날 수 있다"고 올바르게 관찰한다[*Sex, Race and God: Christian Feminism in Black and White* (New York: Crossroad, 1989), 122].

이 유비는, 인격이 자아와는 구별되지만 분리될 수 없는 활동들로 형성된다는 견해에 토대를 둔다. 인격이 된다는 것은 기억, 이해, 의지의 상호 연관된 기능들을 소유한 자기 의식적 주체가 되는 것이다. 다른 하나는 사회적 유비(social analogy)이다. 이 유비에 따르면 인간의 관계적 삶은 하나님의 삼위일체적 삶을 이해하는 가장 좋은 열쇠이다[선호하는 삼중 구조는 사랑하는 자(lover), 사랑받는 자(beloved), 상호적인 사랑(mutual love)으로 구성된다]. 서방교회의 전통적 삼위일체 신학은 심리적 유비를 주로 강조했다.[19] 반면 현대의 다수의 삼위일체 신학자들은 사회적 유비를 선호하면서, 동방 교회의 신학적 전통 역시 사회적 유비의 사용을 지지한다고 주장한다.[20]

심리적 유비와 사회적 유비는 각기 강점과 약점을 지닌다. 확실한 것은 둘 중 어느 것도 하나님의 신비를 온전하게 파악한다고 자신할 수 없다는 점이다. 심리적 유비를 지나치게 확대하면, 하나님을 고독한 개별자로 축소시킬 위험과 하나님 안에 있는 인격적 관계의 실재를 무시할 위험이 있다(양태론 이단). 사회적 유비를 적절한 한계 이상으로 적용하면, 하나님을 서로 협력하여 활동하기로 결단한 세 분리된 개별자들로 간주할 위험이 있다(삼신론 이단). 다행스럽게도 우리는 양자택일을 할

---

19) 서구 교회 삼위일체론의 고전적 진술은 아우구스티누스의 『삼위일체론』이다. 아우구스티누스의 삼위일체론의 심리적 유비의 우선성에 대한 비판은 Colin Gunton, "Augustine, the Trinity, and the Theological Crisis of the West," *Scottish Journal of Theology* 43 (1990): 33-58을 보라. 아우구스티누스에 대한 옹호는 Michael René Barnes, "The use of Augustine in Contemporary Trinitarian Theology," *Theological Studies* 56 (1995): 51-79을 보라.

20) 동방 교회의 가장 영향력 있는 삼위일체 신학자들은 카파도키아 교부들이며 특히 니사의 그레고리우스이다. 그의 저술 중 "An Answer to Ablabius, That We Should Not Think of Saying There are Three Gods"라는 논문이 중요하다. Cornelius Plantinga, Jr., "Gregory of Nyssa and the Social Analogy of the Trinity," *The Thomist* 50 (1986): 325-52. 니사의 그레고리우스가 "사회적 삼위일체주의자"가 아님을 주장하는 논변에 관해서는 Sarah Coakley, "'Persons' in the 'Social' Doctrine of the Trinity: A Critique of Current Analytic Discussion," in *The Trinity*, ed. Stephen T. Davis, Daniel Kendall, and Gerald O'Collins, 123-44을 보라.

필요가 없다. 교회는 각각의 유비를 극단적으로 적용할 경우에 빠지게 될 위험을 거절했으며, 그렇다고 어느 하나는 옳고 다른 하나는 그르다고 선언한 적도 없다. 두 유비는 상호 보완하며 상호 교정한다. 모든 삼위일체 신학은 나지안조스의 그레고리우스(Gregory of Nazianzus)의 다음과 같은 멋진 말을 기억하는 것이 좋겠다. "하나를 생각하는 즉시로 셋의 광채로 둘러싸이며, 셋을 분별하자마자 즉시 하나로 되돌아간다."[21]

(나를 포함해) 다수의 현대 신학자들의 판단에 따르면, 사회적 유비를 새롭게 묵상함으로써 많은 것을 배울 수 있다.[22] 삼위일체 신앙은 하나님의 "사회성"을 증언한다. 성경의 하나님은 교제 안에 삶을 세우고 유지하신다. 하나님은 영원한 고독 속에 존재하는 지고의 단자가 아니다. 하나님은 언약의 하나님이다. 하나님은 피조물과 관계를 맺는 삶 및 피조물 가운데 거하시는 삶을 의지적으로 원하신다. 이런 관계에의 의지는 본질적으로 공동체적인 하나님 자신의 영원한 삶에 대한 신실하심의 표현이다. 고전적 삼위일체 신학에 따르면, 삼위일체의 세 위격들은 상호 간의 심오하고 비분리적인 관계 속에서만 각각의 독특한 정체성을 가진다. 동방 정교회의 존경받는 신학자인 다마스쿠스의 요한(John of Damascus) 이후로, 삼위일체적 삶의 형언할 수 없는 교제는 그리스어 단어인 페리코레시스(perichoresis), 즉 "상호 내주"(mutual indwelling) 또는 "서로의 안에 있는 존재"(being-in-one-another)로 표현되어왔다. 삼위일체의 세 위격들은 서로 안에 "내주하고", 서로에게 침투하며, 서로를 "둘러싸고" 참으로 아름다운

---

21) Gregory of Nazianzus, *On Holy Baptism*, oration XL.41. Calvin, *Institutes*, 1.13.17에서 재인용.

22) 참조. Jürgen Moltmann, *The Trinity and the Kingdom*; David Brown, *The Divine Trinity* (London: Duckworth, 1985); Cornelius Plantinga, Jr., "Social Trinity and Tritheism," in *Trinity, Incarnation and Atonement: Philosophical and Theological Essays*, ed. Plantinga & Ronald Feenstra (Notre Dame: University of Notre Dame Press, 1989); John Zizioulas, *Being as Communion* (Crestwood, N.Y.: St. Vladimir's Seminary Press, 1985). 『친교로서의 존재』(삼원서원 역간).

신적인 춤(divine dance) 속에서 하나를 이룬다. 다른 비유를 사용하자면, 삼위일체의 세 위격들은 서로에게 "공간을 마련하며" 서로를 비교할 수 없을 정도로 환대한다.[23]

복음에 비추어 하나님의 삶을 삼위일체적 환대와 사랑의 춤이라는 아름다운 비유로 묘사할 수 있다는 사실은 풍부한 함의를 내포한다. 우정, 서로 돌보는 가족 관계, 자유롭고 동등한 인격체들의 포괄적 공동체는, 예수 그리스도가 선포한 하나님의 통치와 하나님의 영원한 삶을 넌지시 암시하는 단서와 실마리가 된다.[24] 하나님이 사랑의 삼위일체이심은, 새로운 공동체에 대한 관심의 토대가 하나님의 삶의 방식에 놓여 있음을 의미한다. 새로운 공동체에서는 지상의 자원이 정의롭게 공유되며 지배 관계가 존경과 존중의 동등한 관계로 대체될 것이다. 레오나르도 보프(Leonardo Boff)는 이 새로움을 다음과 같이 표현했다. "위격들의 교제로 이해되는 삼위일체는 동등한 형제자매로 이루어진 사회의 토대를 놓는다. 여기서는 대화와 합의가 세상과 교회에서 더불어 살아가기 위한 근본적 구성 요소가 될 것이다."[25]

그러므로 삼위일체 신학은 인간의 삶에 대한 기독교적 이해와 기독교 사회 윤리의 토대가 된다. 하지만 그렇다고 삼위일체론이 신학적 인간학을 위한 세밀한 청사진이나 인간 사회의 혁신을 위한 상세한 프로그램을 제공함을 의미하지는 않는다.[26] 하나님은 하나님이며 우리는 피조물임을 망각해서는 안 된다. 이상적 공동체에 대한 우리 자신의 사상에 하나님을 투사하거나, 삼위일체적 삶에 대한 우리의 비전을 완전하게 반영하도록

---

23) 삼위일체적 환대의 비유에 대해서는 코르넬리우스 플랜팅가(Cornelius Plantinga, Jr.)의 아이디어에 도움을 받았다.

24) Elizabeth A. Johnson, *She Who Is*, 220-23.

25) Leonardo Boff, *Trinity and Society* (Maryknoll, N.Y.: Orbis Books, 1988), 118-20.

26) 삼위일체론을 이렇게 사용하는 것에 대한 강력한 경고로는 Kathryn Tanner, *Jesus, Humanity and the Trinity*, 81-83을 보라.

인간 공동체에 요구하는 것은 잘못이다. 그럼에도 불구하고 만약 하나님이 교제 안에 존재하심이 사실이라면, 그분은 인간의 삶 역시 교제 안에서의 삶이 되기를 의도하실 것이다. 따라서 다양한 문화와 인종과 성이 존재하는 세계에서 자유와 정의로운 평화가 지배하는 공동체를 꿈꾸는 기독교적 소망은 하나님의 삼위일체적 논리에 상응한다고 할 수 있다. 만약 우리가 삼위일체 하나님에 대해 제대로 이해하고 고백한다면, 그것은 인간의 자유와 권리를 부인하는 모든 전체주의를 철저하게 의심하며 공공복지를 파괴하는 모든 우상숭배적 개인주의에도 저항하는 힘을 길어낼 수 있을 것이다. 삼위일체론은 "사랑 안에 있는 하나님의 존재"와 "자신을 벗어나" 이웃에게로 나아가며 하나로 모으는 하나님의 사랑을 모든 성차별, 인종차별, 계급 차별을 뛰어넘는 진정한 공동체의 원천으로 기술하고자 한다.[27] 삼위일체 신학의 심층 문법이 올바르게 이해되기만 한다면, 하나님에 대해서뿐 아니라 그분이 창조하고 구원하신 생명에 대해 인격적이며 관계적인 시각을 깊이 제공할 것이다.

앤 카(Anne Carr)는, 삼위일체적 교제의 신학이 페미니즘신학이 지대한 관심을 두고 있는 이상과 덕에 일치한다고 지적한다. 그녀의 견해에 따르면 "삼위일체로서 하나님의 신비는 최종적이고 완전한 사회성이며, 진정한 다양성 속에서 상호성, 호혜성, 협력, 일치, 평화의 특성을 구체화한다. 이와 같은 특성들은 복음 메시지의 포괄성으로부터 도출된 페미니즘신학적 이상과 목적에 일치한다."[28]

3. 하나님을 삼위일체로 고백하는 것은, 본질적으로 하나님의 삶이 자신을 내어주는 사랑이며, 이 사랑은 상처받을 가능성까지도 끌어안는 사랑임을 확증하는 것이다. 삼위일체 하나님은 살아 계신 하나님이며 그분

---

27) Anthony Kelly, *The Trinity of Love: A Theology of the Christian God* (Wilmington, Del.: Michael Glazier, 1989), 147-49, 157-59.
28) Anne Carr, *Transforming Grace: Christian Tradition and Women's Experience* (San Francisco: Harper & Row, 1988), 156-57.

의 삶은 유례없는 사랑의 행동이다. 자신을 내어주는 하나님의 영원한 사랑의 행동은 "주 예수 그리스도의 은혜와 하나님의 사랑과 성령의 교통하심"(고후 13:13)을 통해 세상으로 소통된다. 이런 생각이 아무리 받아들이기 힘들다 하더라도, 복음 이야기는 하나님의 긍휼의 사랑의 권능이 죄와 사망보다 더 강하다고 알려준다.[29] 긍휼은 남과 함께 고통을 겪음을 의미한다. 성경의 증언에 따르면 하나님은 피조물을 향한 사랑 때문에, 피조물을 통해, 피조물과 함께 고통당하신다. 하나님은 세상을 구원하기 위해 예수 그리스도 안에서 고통과 소외와 죽음의 길을 가신다. 하나님을 이해함에 있어 삼위일체론이─충분할 정도로 적절하지는 않지만─분명하게 표명하는 혁명적 변화는, 인간의 상처와 불행이라는 낯선 나라로 오시는 하나님의 긍휼의 여정에 의해서 야기된다. 하나님은 우리와의 관계에서뿐만 아니라 하나님 자신의 영원한 존재 안에서 자유롭게 사랑하신다. 성부와 성자와 성령으로서의 하나님은 본질적으로 상호 간에 자신을 양보하는 사랑의 무궁무진한 역사이기 때문에, 하나님은 세상과의 상처받기 쉬운 관계 속으로 들어오실 수 있고 심지어 시간성, 빈곤, 고통, 죽음의 심연에까지 들어오실 수 있다.[30] 삼위일체 하나님의 한없는 사랑은 그리스도의 십자가에서 결정적으로 계시되었으며 인간의 우정, 긍휼, 희생적 사랑, 포용하는 공동체의 영원한 원천과 활력이 된다.

그러므로 하나님을 삼위일체적으로 이해하는 것은 구약과 신약의 증언과 일치한다. 즉 예언자들이 선포한 하나님의 고통당하는 사랑과도 일치하며(참조. 호 11:8-9), 복음 이야기의 모든 관점, 즉 예수의 병자를 향한 긍휼, 가난한 자들과의 연대, 선한 사마리아인과 탕자의 비유, 특히 희생적 수난과 영광스런 부활과 일치하는 것이다. 더욱이 삼위일체 신앙은 구

---

29) Eberhard Jüngel, *God as the Mystery of the World* (Grand Rapids: Eerdmans, 1983), 299-396.

30) Hans Urs von Balthasar, *Credo: Meditations on the Apostles' Creed* (New York: Crossroad, 1990).

원의 의미를 재정의한다. 만약 삼위일체 하나님이 자신을 내어주는 사랑이며 이 사랑이 생명을 해방시키고 새로운 포용의 공동체를 창조한다면, 모든 창조세계를 향한 연대와 소망에 참여하는 하나님의 아가페적 삶의 방식을 공유함 없이는 피조물에게 구원이 있을 수 없다(참조. 롬 8:18-39). 그러므로 하나님과 구원을 삼위일체적으로 이해하는 것은 삶의 상호 의존성에 대해 어렴풋이 불충분하게밖에는 깨닫지 못하는 우리에게, 또한 모든 사람을 위한 정의와 자유의 투쟁에 온전히 헌신하지 못하는 우리의 자세에 새로운 깊이와 방향을 제시할 수 있다.

만약 삼위일체 하나님의 삶이 성부와 성자와 성령 상호 간에 자신을 내어주는 사랑이라면, 그리고 삼위일체 하나님이 창조세계를 향한 사랑으로 역사 속에서 활동한다면, 우리는 다음과 같은 결론에 도달할 수 있다. 즉 우리는 신학의 전통에서 자주 일어났던 바처럼, 삼위일체를 오로지 향수나 회고의 대상으로 여기는 것, 즉 세상과 맺는 하나님의 관계에서부터 시작하여 창조 이전의 삼위일체로 거꾸로 나아가는 것을 삼가야 한다. 무엇보다 삼위일체는 지금 여기서 우리와 함께하며 우리를 위하시는 하나님의 삶으로 간주되어야 한다. 우리는 그런 삶을 믿음으로 받아들이고, 하나님의 말씀과 성령을 듣고 순종하면서 예배와 섬김을 통해 그 삶에 참여한다.[31] 동시에 우리는 삼위일체를 미래에 대한 비전의 측면에서, 즉 세상을 창조하고 화해시키는 하나님의 목적의 영광스러운 완성을 전망하며 이해해야 한다. 삼위일체 하나님의 역사는 과거와 현재와 미래를 에워싼다. 그 역사 속에는 고통과 죽음이 포함되나, 동시에 새로운 생명과 부활도 포함된다. 그리고 하나님의 통치 또는 하나님의 나라로 상징되는 종말의 완성을 향하여 전진한다.[32] 창조세계가 모든 예속으로부터 자유롭게

---

31) 이것이 캐서린 라쿠냐의 God for Us의 중심적 강조점이다.

32) Jürgen Moltmann, The Church in the Power of the Spirit (New York: Harper & Row, 1977), 56-65.

되고 하나님이 "만유의 주로서 만유 안에 계신 분"으로 찬송을 받을 때에야 삼위일체 하나님의 영광은 완성될 것이다(고전 15:28). 삼위일체 신앙은 우리의 입술뿐만이 아니라 우리의 일상적 삶과 실천을 통해 표현된다. 또한 삼위일체 신앙의 완성은 교리적 규정에서가 아니라 송영과 찬송과 예배와 섬김에서 이루어진다.[33]

하나님의 속성

하나님의 삼위일체적 실재를 숙고하는 작업은 하나님의 속성에 대한 교리를 철저하게 재고할 필요성을 대두시킨다. 왜냐하면 하나님의 속성에 대한 기존의 교리는 예수 그리스도의 삶과 죽음과 부활에 대한 어떤 언급도 없이, 또한 복음의 하나님에 대한 간결한 재진술로서의 삼위일체론에 대한 어떤 언급도 없이 제시되었고 논의되었기 때문이다.

기독교 신학 전통은 자주 하나님의 속성에 대해 애매하고 혼란스러운 입장을 보여왔다. 즉 기독교 신학은 하나님이 예수 그리스도 안에서 결정적으로 계시된 사랑으로서 긍휼히 여기고 고통당하며 승리하는 분이라고 믿는 신앙고백과, 불변성과 무고통성과 무감동성처럼 참된 신성을 구성한다고 간주되는 사변적 관념들을 종합하고자 시도했다. 예를 들어 아우구스티누스는, 하나님은 세상의 고통에 대해 진실로 슬퍼하지 않는다고 말했다. 안셀무스에 따르면, 하나님은 긍휼을 경험하지 않는다. 칼뱅에 따르면, 하나님의 긍휼을 말하는 성경 텍스트는 비유이며, 우리 인간의 이해력에 적용하기 위한 표현법일 뿐이다. 그리스도의 고통에 대한 복음의 증언조차도, 신의 불변성과 무고통성에 대한 고대 철학의 전제가 신학적 성찰에 스며드는 것을 제지할 수 없었다. 칼뱅을 위시한 많은 신학자들은, 그

---

33) Moltmann, *The Trinity and the Kingdom*, 151-54.

리스도 안에 있는 하나님의 현존을 하나님의 무고통성에 관한 확신과 조화시키고자 시도했다. 이들은 고전적 양성 기독론으로부터 지지를 받을 것으로 기대하면서, 예수의 인성은 고통을 당했지만 그분의 신성은 고통 당하지 않았다고 주장했다.[34]

　　개신교 스콜라 신학과 가톨릭 스콜라 신학은 하나님의 속성을 실질적으로 분리된 두 개의 집합으로 나누는 경향성을 보여왔다. 하나는 절대적 또는 비공유적 속성을 포함하는 집합으로서, 여기에는 단일성(simplicity), 무한성(infinity), 불변성(immutability), 무고통성(impassibility), 영원성(eternity), 자존성(aseity) 등이 포함된다. 다른 하나는 상대적 또는 공유적 속성을 포함하는 집합으로서, 거룩성, 사랑, 자비, 정의, 인내, 지혜 등이 포함된다. 하나님의 속성을 인식하는 방법 중 첫째는 부정의 길(via negativa)로서, 하나님에 대한 부정의 지식을 통해 도달된다. 피조물의 존재에서 불완전하다고 여겨지는 모든 것을 하나님으로부터 배제함으로써 하나님이 무엇이 아닌지를 진술하는 것이다. 예를 들어 하나님은 유한하지 않으므로 하나님은 무한하다. 하나님은 변하지 않으므로 하나님은 불변적이다. 둘째는 인과율의 길(via causalitatis)로서, 인과 관계의 방식을 통해 또는 탁월성의 길(via eminentiae), 즉 하나님에 대한 긍정의 지식을 통해 도달된다. 인과율의 길은 하나님을 만물의 원인으로 모든 창조세계에 존재하는 선한 덕들의 원인으로 간주한다. 탁월성의 길은 피조물의 덕들로부터 시작하여 그것들이 하나님 안에서 완전하고 탁월하게 실현된다고 추론한다.[35]

　　성경적 관점에서 볼 때 하나님의 속성의 교리를 전개하는 스콜라 신학의 방법은 많은 문제를 야기하며 신학과 윤리에서 심각한 결과를 초래한다. 하나님의 무고통성과 불변성과 전능성에 대한 우리의 관념을 복음에

---

34) Calvin, *Institutes*, 2.14.2. Paul S. Fiddes, *The Creative Suffering of God* (New York: Oxford University Press, 1988), 25ff.을 보라.

35) 하나님의 속성에 관한 개혁주의 신학 스콜라주의의 논의는 Heinrich Heppe, *Reformed Dogmatics* (London: George Allen & Unwin, 1950), 57-104을 보라.

비추어 재고하고 개혁하지 못한다면, 기독교 신론은 십자가에 달려 죽으신 그리스도를 선포하는 것과 조화되지 못할 것이다. 이런 신론은 아무리 비의도적이라 할지라도, 타자의 고통에 무감각하고 변화의 요구에 저항하며 힘을 긍휼과 책임으로부터 쉽게 분리시키는 사고방식과 행동 유형을 지지할 위험이 있다.

파스칼(Pascal)이 "철학자와 학자의 하나님이 아니라, 아브라함과 이삭과 야곱의 하나님…예수 그리스도의 하나님"을 선호한다고 한 것은 놀랍지 않다. 기독교 신학이 "세상을 사랑하사 세상의 구원을 위하여 독생자를 주신"(요 3:16) 하나님에게 "무감정성"을 돌리는 것은 잘못된 것이 아닌가? 기독교 신학이 다루는 하나님이 만약 성경이 증언하는 살아 계신 하나님이시라면, 즉 행동하고 고통 당하고 복주고 심판하고 기도를 들으시고 곤경 중에 있는 자들의 울부짖음에 응답하는 분이라면, 하나님의 "무변동성"이 의미하는 바와 의미하지 않는 바를 세밀하게 정의해야 하지 않는가? 그리스도의 십자가에서 드러난 하나님의 약함이 이 세상의 강한 자들을 당혹하게 만든다는 복음 메시지에 주목하는 기독교 신학이 어떻게 신적 "전능성"과 폭군적인 권력을 동일시할 수 있는가? 그러나 스콜라주의 기독교 신학 전통과 특히 오래된 교의학 교과서들에서는 이전부터 물려받은 형이상학적 전제들에 대한 의존으로 인해 신적 속성들에 대한 설명이 "아브라함과 이삭과 야곱의 하나님…예수 그리스도의 하나님"보다는 "철학자들의 하나님"과 더 잘 조화되는 것처럼 보인다.

다수의 현대 신학자들은 스콜라 전통과는 선명한 대조를 보이며 하나님의 속성 교리를 재구성하고자 노력했다.[36] 하나님의 속성을 삼위일체론

---

36) 예를 들면 Karl Barth, *Church Dogmatics*, 2/1; Jürgen Moltmann, *The Crucified God* (New York: Harper, 1974); Daniel L. Migliore, *The Power of God* (Philadelphia: Westminster, 1983); Wolfhart Pannenberg, *Systematic Theology*, vol. 1 (Grand Rapids: Eerdmans, 1991); Elizabeth A. Johnson, *She Who Is*; Colin E. Gunton, *Act and Being: Towards a Theology of the Divine Attributes* (Grand Rapids: Eerdmans, 2003)을 보라.

과 분리해서 다루는 대신, 삼위일체론과 이것의 기초가 되는 그리스도 안에서의 계시론이 기독교 신론의 고유한 맥락이라고 주장한 것이다. 현대의 가장 영향력 있는 삼위일체 신학자인 칼 바르트는 기독교적 하나님의 속성, 즉 그의 표현을 빌자면 하나님의 "완전성"에 대한 이해의 열쇠를, 예수 그리스도의 인격과 사역에서 집중적으로 드러난 하나님을 삼위일체적으로 이해하는 데서 찾았다. 바르트에게 삼위일체 하나님은 사랑함이 곧 자유이며, 자유가 곧 사랑함인 분이다. 그러므로 바르트는 하나님의 완전성을 제대로 이해하려면 분리된 항목이 아니라, 변증법적 쌍(dialectical pairs) 속에서 각각의 신적 속성을 이해해야 한다고 주장한다. 즉 하나님의 사랑이라는 항목에 있는 각 완전성은 하나님의 자유에 비추어서만 제대로 파악되며, 반대로 하나님의 자유라는 항목에 있는 각 완전성은 하나님의 사랑에 비추어서만 이해될 수 있다. 바르트에 따르면 은혜와 거룩, 자비와 의, 인내와 지혜는 하나님의 사랑의 완전성에 속한다. 통일성과 편재성, 항구성과 전능성, 영원성과 영광은 하나님의 자유의 완전성에 속한다. 하나님의 완전성에 대한 바르트의 설명은 기본적으로 하나님의 속성의 교리를 성경 증언에 다시 맞추고 재조정하고자 하는 노력을 보여준다. 성경은 살아 계신 삼위일체 하나님을 증언하며 하나님의 화해 사역은 예수 그리스도에게 집중되어 성령에 의해 완성된다. 바르트는 다음과 같이 썼다. "하나님 자신에 대한 지식 없이, 즉 자유 안에서 사랑하는 삼위일체 하나님에 관한 지식 없이, 하나님의 완전성에 대한 지식을 얻는 것은 불가능하다."[37]

여기서는 하나님의 속성에 관한 논의를 더 자세히 이끌어갈 수 없다. 다만 삼위일체 하나님의 속성 교리가 성경의 안내를 받고 예수 그리스도의 복음에 맞추어 나아가야 할 방향을 제시하는 것으로 충분할 것이다. 하나님은 자유 안에서 사랑하는 분이기에, 하나님의 속성들은 그분의 존재와 행동을 가리키는 쌍의 관계로 볼 때 가장 잘 이해될 수 있다는 바르트

---

37) *Church Dogmatics*, 2/1: 323.

의 입장에 나는 동의한다. 그리고 이 점은 나의 간결한 논의 속에서도 드러날 것이다.

삼위일체 하나님의 **은혜와 거룩**은 분리될 수 없다. 하나님의 은혜는 처음에는 피조물에게 생명을 선물로 주신 것에서 드러나며, 나중에는 타락한 인간에게 새 생명을 더 큰 선물로 주신 것에서 표현된다. 새 생명을 주심은, 하나님의 백성을 새롭게 하기 위해 예수 그리스도와 성령의 부으심 안에 드러난 하나님의 구원의 역사 속에서 일어난다. 성경 증언의 교훈에 따라 우리는, 삼위일체 하나님의 은혜는 값싼 은혜가 아니라 비싼 값을 치른 거룩한 은혜임을, 마찬가지로 삼위일체 하나님의 거룩은 우리를 심판 아래 두는 엄혹한 순수함이나 무결점이 아니라 은혜로운 거룩임을 알게 된다. 거룩한 하나님과의 만남은 우리를 구속하고 성화시키고자 하며, 우리를 새로운 삶과 사명과 섬김으로 초청한다(출 3:1-10; 사 6:1-8).

삼위일체 하나님은 목적에 있어 **항구성**을 가지는 동시에, 그 목적을 성취하기 위해서는 **늘 새롭고 변화된** 행동을 취한다. 신학자들은 하나님을 불변하는 존재라고 자주 가르쳤는데, 이는 올바른 진술일까? 하나님의 "불변성"(immutability)보다 훨씬 정확한 표현은, 하나님은 "새롭고도 예기치 못한" 일을 하실 때조차 그분 자신의 목적을 성취하기 위해 스스로의 특성에 일관되게 일하며, 그러기에 삼위일체 하나님은 자신의 특성과 목적에 있어서 **항구적이며 꾸준하고 신실하시다**고 진술하는 것이다. 바로 이것이 주 하나님은 변하지 않는다는 구절(말 3:6)이나, 예수 그리스도는 "어제나 오늘이나 영원토록 동일하시니라"(히 13:8)는 성경 증언이 의미하는 바이다. 절대적으로 불변적이며 전적으로 무변화인 하나님은, 성경이 말하는 살아 계신 삼위일체 하나님이 아니라 죽은 하나님이다. 성령의 권능 안에서 예수 그리스도를 통해 계시된 하나님의 은혜는 항구적이며 신뢰할 만하지만 아침마다 새롭기 때문에, 하나님의 신실하고 변함없는 사랑은 **놀랍고도 변화하는 방식으로** 나타난다고 그리스도인은 확증할 수 있다.

삼위일체 하나님의 사랑은 **상처를 받을 수는 있지만 정복당할 수는 없**

다(vulnerable yet unconquerable). 이런 진술은 하나님을 "고통에 무감각한" 존재로 보는 입장보다 성경이 증언하는 하나님에 훨씬 더 가깝다. 하나님의 "무고통성"(impassibility) 교리의 취지는 하나님을 조야한 신인동형론적 표현으로 묘사하는 것을 피하기 위해서였다. 하나님과 이웃으로부터의 소외 속에 처한 인간의 삶은 감정에 의해 지배되거나 파괴될 수 있지만, 하나님의 삶은 그런 감정에 의해 좌지우지되거나 통제되지 않는다. 그러나 "무고통성"이라는 용어는, 예언자들이 전한 하나님의 열정적인 탄식이나(호 11:8-9), 수난과 죽음을 당하는 하나님의 아들의 신음(막 15:34), 우리를 위한 성령의 말할 수 없는 탄식(롬 8:26)을 묘사함에는 전적으로 부적합해 보인다. 하나님의 넘치도록 풍성한 사랑은 모든 내적 결핍이나 외적 구속에 얽매이지 않지만, 동시에 열정적이고 상처를 입을 가능성에도 노출되어 있다. 가난한 자와 고통당하는 자에 대한 하나님의 긍휼은 실제적이며 심대하다. 만약 예수 그리스도가 하나님의 사랑의 충만이라면, 하나님의 사랑은 상처받을 가능성과 위험성을 물리치지 않는다. 거절과 고통과 상실에 열려 있지 않고서는 참된 사랑도 없다. 삼위일체 하나님이 세상으로부터 멀리 떨어져 냉담하게 계신 분이 아님을 믿는다는 것은, 그분이 **자유 안에서 우리에게 긍휼을 베푸시고, 자유 안에서 우리를 위해 상처를 입으시며, 그러면서도 하나님이기를 중단하지 않음**을 믿는 것을 함축한다. 우리를 위해, 우리와 함께 당하는 하나님의 고통은 하나님의 자유로운 행동이며, 그의 목적은 잃어버린 자들을 구원하는 것이다. 삼위일체 하나님의 고통은 절망의 표지가 아니라 긍휼하신 사랑의 최종적 승리를 보증하는 약속이다(롬 8:35-39).

삼위일체 하나님의 **권능**과 **사랑**은 불가분리적이다. 확실히 하나님은 전능하신 분이라고 고유하게 일컬어진다. 그러나 삼위일체 하나님의 전능성을 우리는 어떻게 표현할 것인가? 신학의 역사에서 분명하게 확인된 바와 같이, 하나님이 사각형인 원을 만들 수 있는지, 하나님은 자신이 들 수 없을 정도로 엄청나게 무거운 돌을 창조할 수 있는지에 대한 토론을 통해서는 도저히 적합한 표현에 이를 수 없다. 하나님의 권능은 황제나 군주의 권력을 최고로 극대화한 것과 같다는 진술로는, 모든 것을 결정하는 하나님의 전능한 권능을 적절히 규정하지 못한다. 삼위일체 하나님의 전능성은 타자를 통제하고 지배하는 권력을 행사하는 것과는 전적으로 다르다. 삼위일체 하나님의 권능은 전능한 사랑이다. 십자가에 달리신 그리스도는 구원을 위한 하나님의 능력이다(고전 1:23-24). 그리스도의 십자가에서 최고로 드러난 하나님의 사랑은, 세상을 창조하고 구원하며 세상을 정해진 목적지로 이끌어가려는 그분의 목적을 성취하기에 충분한 모든 권능을 소유하고 있다. 하나님의 **전능한 사랑**은 하나님 자신의 것이기 때문에 남을 지배하거나 강제하는 방식으로 역사하지 않으며, 주권적이고 효과적이면서도 피조물을 대체하거나 강요하지 않는다.

삼위일체 하나님의 전지(omniscience)는 무한히 심오한 **지혜**이며, 은혜로운 **인내**와 함께 행사된다. 삼위일체 하나님의 속성으로서의 전지는 단순히 "모든 것을 아는 것"도, 가능한 모든 정보를 완전히 소유함도 아니다. 이와 같은 절대 지식은 공상 과학 소설에 나오는 마스터 컴퓨터에게나 속한 속성이다. 성경이 증언하는 하나님의 전지는 이보다 훨씬 더 심오하다. 하나님의 전지는 성경이 칭송하는 하나님의 **지혜**다. 하나님의 지혜는 **감추어진** 방식으로 역사하며 심지어 세상의 지혜로운 자들의 눈에는 터무니없이 **어리석은** 방식으로 역사한다(고전 1:23-24). 하나님의 지혜로 인해 피조물은 자신의 존재를 발전시키며 하나님의 사랑에 자유롭게 응답할 수 있는 시공간을 부여받는다. 하나님의 지혜는 의로운 심판과 인내하는 사랑을 통하여 행사된다.

하나님의 편재성(omnipresence)은 하나님이 항상 모든 곳에서 만물 속에 현존하심만을 의미하지 않는다. 이렇게 하나님의 편재성을 이해하면 이교적 신 개념과 구별되지 않을 것이다. 하나님의 편재성이 말하는 진리는 **하나님이 모든 곳에 현존하되, 그러나 모든 곳에 자유롭게 현존하심을** 의미한다. 하나님은 자신이 기뻐하는 대로 시간과 공간과 방식을 선택하여 현존한다. 하나님은 모든 피조물과 사건들 속에 현존하지만 동일한 방식으로는 아니다. 하나님의 영은 마치 바람과 같다. "바람이 임의로 불매 네가 그 소리는 들어도 어디서 와서 어디로 가는지 알지 못하나니 성령으로 난 사람도 다 그러하니라"(요 3:8).

삼위일체 하나님의 통일성은 단순히 수학적인 일원성도, 홀로 있는 단독성도 아니다. 그분의 **통일성**(unity)은 **교제**(communion) 안에서의 하나됨이다. 교제는 살아 있는 하나됨으로서 구별과 관계를 포함한다. 삼위일체 하나님의 통일성 안에는, 더 정확히 표현해서 사랑의 교제 안에는 구별은 있으나 분열은 없고, 자기 헌신은 있으나 자기 상실은 없으며, 끊임없는 조화와 평화를 누리는 영원한 삶이 존재한다.

삼위일체 하나님의 **영원성**(eternity)은 **영광**(glorious)스럽다. 하나님의 영원성은 무시간성(timelessness)과는 전적으로 다르다. 하나님께는 영원성이 시간의 정반대가 아니다. 그렇다고 한다면 하나님은 영원성에 갇히게 되고 시간 안에 있는 우리와는 친구가 될 수 없다. 또한 "때가 차매 하나님이 그 아들을 보내사 여자에게서 나게 하시고…"(갈 4:4)라는 성경의 증언은 아무 의미 없는 소리가 될 것이다. 삼위일체 하나님의 영원성이 참으로 의미하는 바는 하나님이 영속적(everlasting)이라는 점이다. 하나님의 영속적인 삶은 개방적이어서 시간적 세계와 관계를 맺으며 그것에 참여한다. 복음이 말하는 좋은 소식은 하나님이 우리를 위해 시간성을 지닌다는 소식이다. 영원한 하나님의 영광과 아름다움은 그리스도의 사역과 죽음과 부활을 통해 우리에게 오시는 것 안에서 그리고 성령의 연합 안에서의 새로운 삶을 우리에게 주시는 것 안에서 계시된다(요 1:14).

하나님의 아름다움은 신학 교과서에 등장하는 신적 속성들의 목록에서는 종종 발견될 수 없다. 특히 개신교 전통에서 그러하다. 이런 생략은 신학적·교회적 심미주의에 대한 저항의 표지로서 옹호될 수도 있을 것이다. 즉 교회의 성경적 증언과 삶을 우리에게 즐겁고 매력적인 것에 대한 인습적인 이해들에 맞춤으로써 그것을 더 많은 사람들에게 받아들여지도록 만들고자 시도하는 심미주의에 대한 저항의 표지로서 옹호될 수 있다. 그럼에도 창조와 화해와 구속 안에서 드러나는 삼위일체의 영원한 존재와 활동이 참된 아름다움의 근원과 형식을 규정하도록 허용할 때, 하나님이 독특하게 아름다우시며 큰 기쁨의 원천이라고 적절하게 기술된다.[38]

하나님의 속성을 설명하는 많은 전통적 입장의 치명적인 결함은, 성경의 증언과 그에 대한 교회의 삼위일체적 해석과는 상관없는 방식을 통해 하나님의 속성에 해당하는 술어들을 그분께 적용했다는 점이다. 바르트는 하나님의 속성에 대한 기독교적 사유를 재구성할 것을 정당하게 촉구하면서 다음과 같이 말했다. "하나님이 누구시며 하나님됨이 무엇인지에 대해 우리는 하나님 자신의 계시로부터 배워야 한다.…통상 우리가 믿는 바는 다음과 같다. 하나님은 상대적인 모든 것에 대조적으로 절대적이고, 비천한 모든 것에 대조적으로 존귀하며, 모든 수동적 고통당함에 대조적으로 행동하는 분이며, 모든 유혹에 대조적으로 침범할 수 없는 분이며, 모든 내재에 대조적으로 초월적이며, 따라서 모든 인간적인 것에 대조적으로 신적인 분이다. 요약해서 하나님은 '전적 타자'일 수 있고 또 그런 분이어야 한다. 그러나 실상 하나님이 예수 그리스도 안에서 어떤 분이며 어떤 일을 행한 분임을 고려한다면, 그러한 믿음은 타락하고 이교적인 사상으로 드러나서 지탱될 수 없을 것이다."[39]

하나님의 선택하시는 은혜

기독교적 하나님 이해가 삼위일체적 논리를 따른다면, 하나님의 속성의

---

38) "하나님은 아름다우시며…신적으로 아름다우시며, 자신의 방법으로 아름다우시다." Barth, *Church Dogmatics* 2/1: 650.

39) *Church Dogmatics*, 4/1: 186.

교리뿐만 아니라 선택론 또는 예정론도 재고되어야 할 것이다.

기독교 신학 역사에서 하나님의 영원한 작정의 교리(doctrine of the eternal decrees of God) 또는 이중 예정론(double predestination)처럼 오해되고 왜곡되며 수많은 논쟁과 곤경을 초래했던 교리는 많지 않다. 아우구스티누스, 아퀴나스, 루터, 칼뱅과 같은 많은 고전적 신학자들이 다양한 형태의 선택론을 가르쳐왔음에도 불구하고, 자주 이 교리는 개혁주의 신학을 대표하는 독특한 표지로 간주되었다. 예를 들어 웨스트민스터 신앙고백은 하나님의 영광을 나타낼 목적으로 하나님의 비밀스런 작정에 의해 영원 전부터 "어떤 이들과 천사들은 영원한 생명으로, 어떤 이들은 영원한 죽음으로 예정되었다"고 진술한다.[40] 선택론을 이렇게 진술하면, 하나님은 자의적 폭군 내지는 인간의 자유를 대적하는 원수처럼 보인다. 결과적으로 선택론과 운명론 사이에는 어떤 실제적 구별도 없어져버리는 것이다. 하나님이 영원 전부터 어떤 이들은 구원으로 어떤 이들은 저주로 작정하셨다고 진술하는 교리는, 기쁜 소식이기는커녕 칼뱅 자신이 표현한 것처럼 "끔찍한" 소식이다.[41]

하지만 성경 증언에 따르면 하나님의 선택하시는 은혜는 경이로운 것이지 끔찍한 것이 아니다. 성경에서 선택이 의미하는 바는 이스라엘을 언약의 당사자로 자유롭게 선택하시고, 유대인뿐 아니라 이방인도 똑같이 예수 그리스도 안에서 세워진 새 언약 안으로 부르시는 바로 그 하나님이 자유로우신 은혜의 하나님임을 알리는 것이다. 구약에서 이스라엘은 하나님의 백성으로 선택되지만, 이 백성됨은 그들의 힘이나 덕에 의해서가 아니라 전적으로 하나님이 자유 가운데 주신 사랑에 의해서다(신 7:7-8). 마찬가지로 신약에서도 하나님의 은혜는 놀라울 만큼 가난한 자, 불쌍한 자, 소외된 자에게로 향한다. 하나님의 뜻의 신비는, 그분이 예수 그리스도 안

---

40) "The Westminster Confession," in *The Book of Confessions* (PCUSA), 6.016.
41) Calvin, *Institutes*, 3.23.7.

에서 유대인과 이방인 모두에게 자유 가운데 은혜를 베풀기를 선택하셨다는 점이다(롬 11:25-36). 여기서는 은혜를 받아들이는 신앙조차도 하나님의 자유로운 선물로 간주된다(엡 2:8). 그러므로 선택이라는 성경 주제는 근본적으로 송영적이다. 즉 이 주제는 하나님의 자유로운 은혜가 창조와 화해와 구원의 유일한 토대가 됨을 찬송하고 있다. "우리로 사랑 안에서 그 앞에 거룩하고 흠이 없게 하시려고 곧 창세 전에 그리스도 안에서 우리를 택하셨다"(엡 1:4).

기독교 신학에서 선택론의 발전이 왜곡된 것은, 애초에 이 이론이 결코 의도하지 않았던 목적을 섬기게 되었기 때문이다. 선택론의 송영적 의도가 다양한 동기에 의해 애매해지게 된 것이다. 예를 들면 다음과 같은 동기가 있을 것이다. 어떤 이들은 복음의 메시지를 듣고 받아들이고 다른 이들은 거부하는 이유를 설명하고자 하는 동기(아우구스티누스), 하나님의 전능성과 섭리적 통치의 논리적 함축을 엄격히 다루고자 하는 결심(아퀴나스), 하나님의 자비가 선택된 자의 구원에서 드러남과 같이, 하나님의 의가 버림받은 자의 저주에서 분명히 드러남을 주장하려는 동기(웨스트민스터 신앙고백) 등이 있다.

그러나 삼위일체의 맥락에서 선택론은 하나의 중심적 목적을 가진다. 즉 이 개념의 목적은 창조, 화해, 구원과 같은 하나님의 모든 사역이, 예수 그리스도 안에서 최고로 알려진 하나님의 자유로우신 은혜 안에 그 시작과 목적을 가짐을 선언하는 것이다. 즉 영원한 교제 가운데 사시는 삼위일체 하나님이 타자를 자신의 교제 속으로 포함시키기를 은혜 가운데 원하셨음을 확증하는 것이 그 중심 목적이다. 그러므로 삼위일체적 선택론은 다음과 같은 진술을 포함한다.

1. **선택의 주체는 삼위일체 하나님이다.** 선택하는 하나님은 노골적인 힘을 행사하거나 영원한 작정에 의해 인간의 운명을 미리 불변적으로 고정하는 자의적 하나님이 아니다. 하나님의 속성들은 신성이 어떠한가에 대해 마음대로 생각한 관념들이라기보다는, 예수 그리스도 안에서 결정

적으로 계시된 삼위일체 하나님을 표현하는 술어들이다. 그러므로 인간을 언약의 당사자로 삼는 하나님의 선택은, 자유 안에서 이루어지는 삼위일체 하나님의 영원한 사랑에 상응한다. 그분의 선택은 삼위일체 하나님이 세상을 위한 하나님이 되고자 하는 결정이며, 하나님 자신의 존재에서뿐 아니라 피조물과의 관련에서도 관계성을 가지는 하나님이 되고자 작정하는 결단이다. 선택은 하나님이 교제 안에 있는 자신의 삶을 타자와 함께 공유하기로 선택하심을 의미한다. 우리를 위하고 우리와 함께하고자 하는 하나님의 결정, 예수 그리스도의 넘치도록 풍성한 은혜(롬 5:20)와 성령의 새롭게 하시는 권능 안에서 우리에게 오고자 하는 하나님의 결정은 결코 일시적 변덕이나 뒤늦게 덧붙여진 임기응변이 아니다. 하나님의 결정은 영원 전부터 갖고 계셨던 하나님의 우선적 의도를 재현한다. 하나님의 결정은 그분의 모든 사역의 진정한 토대이며 출발점이다. 선택은 세상을 위하는 하나님이 되고자 하는, 그분의 영원하고 철회할 수 없는 결정이다. 바로 이것이 선택론을 신론에 포함시키는 것이 적절한 이유이다.

2. **선택에 관한 우리 지식의 기초는 바로 측량할 수 없는 하나님의 사랑이며, 이 사랑은 예수 그리스도 안에서 드러나며 성령과의 교제 속에서 공유된다.** 선택론이 이런 기초를 중심으로 세워질 때 그 내용은 무엇이 될 것인가? 우리는 다음과 같은 선택론의 의미를 알게 될 것이다. 즉 "창세 전부터" 그리스도 안에서 선택된 우리는, 하나님 앞에서 내세울 것이 전혀 없고 구원은 오직 하나님의 은혜에만 의존하며, 아무것도 우리를 그리스도 예수 안에서 드러난 하나님의 사랑에서 분리할 수 없다는 확신 속에서 살 수 있다(롬 8:39). 더욱이 선택의 주체는 자유롭게 사랑하는 삼위일체 하나님이기 때문에, 또 우리는 그리스도 안에서 자유를 향해 부름 받고(갈 5:13) 자유의 성령을 받기 때문에(고후 3:17), 하나님의 선택은 결코 인간의 자유를 부정하지 않고, 우리로 하여금 하나님을 자유롭게 섬기도록, 하나님과 이웃과 교제하는 새로운 삶에 기쁘게 참여하도록 의도한다. 하나님은 모든 사람이 구원받기를 원하시며(딤전 2:4) 교회로 하여금 모든 민족에

게 복음을 선포하도록 명하시기 때문에(마 28:19), 우리는 하나님의 선택하시는 은혜에 어떤 선험적 한계도 설정해서는 안 된다.

3. **선택론의 목적은 하나님의 백성을 창조하는 것이지, 고독한 개인들을 구원함도 아니며 특정한 민족과 인종 집단을 특권화하는 것도 아니다.** 선택론은 과도한 자기 관심을 만족시키거나 오만한 국가적·민족적·인종적 열망을 부추기기 위해 의도된 것이 아니다. 오히려 하나님의 선택하시는 은혜는, 하나님이 직접 세우는 새로운 공동체적 삶의 축복과 책임에 대해 인간의 마음을 개방시키고자 하는 목적을 가진다. 선택은 하나님을 섬기고 영화롭게 하는 공동체를 창조하려는 하나님의 의지의 표현이다. 구약에서는 이스라엘 백성이 선택의 대상이었다(레 26:12). 하지만 신약에서 선택의 대상은 예수 그리스도에게 연합하는 모든 자들이다. 하나님은 그리스도 안에서 새로운 인간성을 의도한다. 그리하여 모든 개인과 모든 민족이 자신에 대한 지나친 관심에서 해방되어, 하나님을 감사히 섬기고 이웃과 연대할 때 자유로이 행하기를 의도하신다. 그러므로 선택론은 신론 안에서 다루어져야 할 뿐 아니라, 그리스도인의 삶의 교리와 기독교 공동체의 소명의 교리와도 함께 다루어져야 한다.

4. **하나님의 선택하시는 은혜에는 그분의 의로운 심판이 뒤따른다. 그러나 양자는, 전통적 이중 예정론의 제안처럼 두 개의 평행선 같은 관계는 아니다.** 성경 증언에서 선택(election)과 유기(rejection)는 하나님의 무시간적 결정도, 그분의 목적과 분리된 독립적 궤도도 아니다. 오히려 하나님의 심판은 하나님의 은혜로운 뜻을 섬기는 데 작용한다. 그렇다면 하나님의 은혜와 정의는 분리되지 말아야 하며, 영원한 버려짐의 결정을 하나님의 선택하시는 은혜와 병립시켜 가정하지도 말아야 한다. 예수 그리스도 안에서 세상에 주어진 하나님의 말씀은 애매모호하지 않다. 예수 그리스도 안에서 하나님의 모든 약속은 "예"와 "아멘"이다(고후 1:20). 그러나 우리로서는 예수 그리스도가 모든 이를 위해 살고 죽고 부활했다는 메시지를 만인구원론의 추상적 보증으로 축소할 수도 없으며, 그런 것이 허락되지도

않는다. 은혜는 비싼 값을 치르고 주어지는 것이며, 신앙은 결코 순종과 분리될 수 없다. 이 점은 은혜와 심판, 그리고 선택과 버려짐의 관계에 대한 성경적 이해를 드러내는 고전적 전거인 로마서 9-11장의 분명한 교훈이다. 이 구절에서 사도 바울은 어떤 이들(유대인들)은 영원히 버려진 반면 어떤 이들(그리스도인들)은 영원히 선택되었다고 가르치지 않는다. 또한 사도는 최종적으로는 모든 사람이 구원받을 것이기 때문에, 하나님의 자유로운 은혜에 인간이 기쁘고 신실하게 반응하고 안 하고 하는 것은 사소한 문제라고 주장하지도 않는다. 오히려 사도 바울의 요점은 하나님의 자비가 자유로운 선물이라는 것(롬 9:18)과 하나님이 죄와 불신앙을 심판하신다는 사실이다. 동시에 하나님의 심판은 항상 심각한 것이지만, 그분은 모든 사람에게 자비를 베풀기를 의도하시기 때문에, 그 심판은 필연적으로 최종적인 것이 아니다(롬 11:32). 만약 종국에 은혜의 공동체로부터 배제된 이들이 있다면, 이는 그들이 창세 전부터 배제되었기 때문이 아니라 하나님의 은혜에 끈질기게 반대했기 때문이다(참조. 마 25:34, 41).

칼뱅의 입장이 다양한 방식으로 해석되어온 것은 사실이다. 하지만 그가 선택론을 하나님의 작정에 대한 추상적 논의 안에서가 아니라 신앙의 실제 삶을 다루는 맥락 속에서 다룬 것을 보면(이후의 칼뱅주의자는 칼뱅의 입장을 따르지 않았지만), 칼뱅은 그리스도를 선택의 "거울"로서 바라보고자 의도했음을 알 수 있다.[42] 그는 선택론을 두려움이나 오만한 방식으로, 혹은 호기심으로 다루고자 하는 입장에 대해 정당하게 경고했으며, 반대로 선택론은 하나님과 이웃을 섬기고자 하는 신자들에게 확신과 신뢰를 주는 교리라고 주장했다. 칼뱅보다 더욱 대담하게 나아간 바르트는 훨씬 더 철저하게 그리스도 중심적인 선택론을 발전시켰다. 바르트에 따르면 예수 그리스도는 선택된 자인 동시에 버림받은 자이기 때문에, 다른 모든 이는 예수 그리스도 안에서만 자신의 선택과 버려짐을 정확하게 이해할 수 있

---

42) Calvin, *Institutes*, 3.24.5.

다. 이런 까닭으로 바르트는 선택론이 "복음의 총화"이며, 말하거나 들을 수 있는 모든 말 중 가장 선하고 아름다운 것이라고 단언한다. 즉 자유롭게 은혜를 베푸는 하나님은 그리스도 안에서 인간을 언약의 당사자로 선택하는 동시에, 어떤 필요나 구속에 얽매임 없이 인간을 위한 하나님이 되고자 선택하신다.[43)

선택론을 삼위일체적 맥락에서 다시 살펴본다면, 선택의 의미와 목적이 명확하게 드러날 것이다. 선택론의 내용은, 영원 전부터 하나님의 목적이 어떤 이들은 선택된 자로 구원하고 어떤 이들은 버려진 자로 정죄한다는 "끔찍한" 소식이 아니다. 선택의 신비는 세상의 기초가 놓여질 때부터의 하나님의 뜻의 신비로서, 교제 가운데 하나님 자신의 삶을 타자와 공유함으로써 하나님의 영광을 찬송하는 데 이르게 하고자 뜻하시는 신비다.

삼위일체론, 하나님의 속성의 교리, 하나님의 선택하시는 은혜의 교리는 모두 일반적 개념으로서가 아니라 기독교적 구체성 속에서 하나님의 정체성을 파악하는 것을 목적으로 한다. 이 장의 서두에서 미리 암시했듯이, 하나님에 대한 우리의 지식과 우리 자신에 대한 우리의 지식은 함께 간다. 참된 인간성에 대한 모든 견해는 하나님이 누구신지에 대한 이해를 함축하며, 동시에 참된 신성에 대한 모든 이해는 인간이 누구인지에 대한 특정한 견해를 드러낸다. 만약 삼위일체론이 독특한 기독교적 신(神) 이해라면, 또한 이런 이해가 세상 속에서 기독교적 존재 방식의 방향과 형식을 제공한다면, 오늘날 교회에게 제기해야 할 질문은 명백해진다. 즉 그리스도인의 헌신과 실천의 대상이 되는 하나님이 바로 저 하나님, 즉 관계성을 주축으로 한 개인적 삶의 기초이자 풍성하게 다양한 인간 공동체의 토대, 긍휼한 사랑의 권능으로 세상을 변화시키는 소망이 되신 저 하나님이 맞는가? 더 간단히 말해 그리스도인의 개인적·공동체적 삶이 삼위일체 하나님에 대한 헌신의 증거, 즉 예수 그리스도 안에서 세상에 오셨

---

43) Barth, *Church Dogmatics*, 2/2: 3-194.

고 성령의 권능으로 계속적으로 세상을 갱신하고 변혁하는 주권적 은혜의 하나님에 대한 헌신의 증거가 되는가?

참고 문헌

Barth, Karl. *Church Dogmatics*, 2/1: 257–321; 2/2: 3–194. Edinburgh: T&T Clark, 1957.

Coakley, Sarah. *God, Sexuality, and the Self: An Essay 'On the Trinity.'* Cambridge: Cambridge University Press, 2013. p. 100–151, 190–265.

Cobb, John B., Jr. *God and the World*. Philadelphia: Westminster, 1969.

Dempsey, Michael T., ed. *Trinity and Election in Contemporary Theology*. Grand Rapids: Eerdmans, 2011. p. 91–137.

Gunton, Colin. *Act and Being: Towards a Theology of the Divine Attributes*. London: SCM, 2002.

Jenson, Robert W. *The Unbaptized God: A Basic Flaw in Ecumenical Theology*. Minneapolis: Fortress, 1992.

Johnson, Elizabeth A. *She Who Is: The Mystery of God in Feminist Theological Discourse*. New York: Crossroad, 1992.

Kasper, Walter. *The God of Jesus Christ*. London: Continuum, 2012.

LaCugna, Catherine Mowry. *God for Us: The Trinity and the Christian Life*. San Francisco: Harper, 1991.

Lash, Nicholas. *Believing in God in Three Ways: A Reading of the Apostles' Creed*. London: SCM, 1992.

Levering, Matthew. *Predestination: Biblical and Theological Paths*. Oxford: Oxford University Press, 2011. p. 135–201.

McCormack, Bruce, ed. *Engaging the Doctrine of God: Contemporary Protestant Perspectives*. Grand Rapids: Baker Academic, 2008.

Moltmann, Jürgen. *The Crucified God: The Cross of Christ as the Foundation and Criticism of Christian Theology*. New York: Harper & Row, 1974.

Pinnock, Clark H., Richard Rice, John Sanders, William Hasker, and David Passinger, eds. *The Openness of God: A Biblical Challenge to the Traditional Understanding of God*. Downers Grove, Ill.: InterVarsity, 1994. p. 101–54.

Torrance, Thomas F. *The Christian Doctrine of God: One Being in Three Persons*. Edinburgh: T&T Clark, 1996.

Weber, Otto. "God's Essence and Attributes." In *Foundations of Dogmatics*, 2 vols. Grand Rapids: Eerdmans, 1981. Vol. 1, p. 397–460.

Weinandy, Thomas. *Does God Suffer?* Edinburgh: T&T Clark, 2000.

선한 창조

▶▶▶▶▶▶▶▶▶▶▶▶▶▶▶▶▶▶▶▶▶▶▶▶

하나님을 창조자로 고백하는 행위는 더 많은 것을 의미한다. 즉 자유로우며 초월적인 하나님은 베풀기를 좋아하며 우리를 반기는 분이다. 하나님은 억지로 세상을 창조하지 않았다. 창조는 자유로운 은혜의 행동이다. 창조는 선물이며 혜택이다. 하나님을 창조자로 고백하는 것은 하나님의 성품에 대해 무엇인가 중대한 것을 진술하는 행위이다. 즉 하나님이 선하며 타자에게 생명을 주는 분임을, 타자로 하여금 자신과 함께 교제함으로써 존재하도록 하며 타자에게 공간을 마련하는 분임을 고백하는 것이다. 하나님은 어떤 외적 필연성 때문에 억지로 세계를 창조하지 않았다. 그분의 삶 안에서 만족되어야 하는 어떤 내적 결핍 때문에 창조한 것도 아니다.

성경은 맨 첫 구절부터 복음을 선포한다. "태초에 하나님이 천지를 창조하시니라"(창 1:1). 천지창조는 삼위일체 하나님의 장엄하고 은혜로운 행동 중에서 첫 번째 행동이다. 천지창조는 하나님이 "없는 것을 있는 것으로 부르시는" 행위이다(롬 4:17). 하나님의 자유로운 은혜의 복음의 중심은 예수 그리스도의 해방하며 화해시키는 사역이며, 그것의 최종적 승리의 실현은 하나님이 "만물을 새롭게 하시는" 때가 될 것이다(계 21:5). 그렇지만 하나님의 주권적인 선하심은 이미 창조의 행동 속에서 역사하기 시작했다. 사랑의 교제 속에 영원히 거하는 삼위일체 하나님은 또한 자신과는 다른 피조물의 세계가 존재하도록 맞아들이신다. 세상의 창조, 예수 그리스도 안에서의 세상의 화해, 약속된 세상의 갱신과 완성은 모두 삼위일체 한 분 하나님의 행동이며, 이는 모두 하나님의 놀라운 베푸심과 자비하심을 드러낸다.

기독교 신앙과 생태학적 위기

그리스도인은 사도신경의 첫 조항에서 "천지의 창조자"인 하나님에 대한 신앙을 고백한다. 사도신경의 다른 조항과 같이 이 첫 조항의 의미는 풍성하여 우리를 심오한 탐구로 초대한다. 창조자 하나님에 대한 신앙고백을 올바로 이해하는 일은 아마도 예전보다 오늘날에 더 중요한 작업이리라. 그 이유는 창조자 하나님에 대한 교리와 그분의 선한 창조인 세상에 대한 교리에 함축된 모든 설명이 우리 시대의 생태계 위기에 의해 심각한 도전을 받고 있기 때문이다. 생태계 위기가 위협적일 정도로 확장되고 있다는 증거는 매일같이 쌓여간다. 지구와 지구가 지탱하고 있는 생명 망(network of life)은 위태로운 상태이다. 어떤 전문가에 따르면, 환경 손상은 이미 심각하며 아예 회복 불가능한 부분도 있다고 한다. 스리마일 섬과 체르노빌에서의 원자력 사고, 원유 유출과 화학 폐기물 누출에 관한 빈번한 보고들, 불길한 지구 온난화와 산성비의 증가, 오존층 파괴, 공기와 하천과 평원의 오염, 열대 우림의 대량 파괴, 수천의 생물 종의 멸절, 화학 무기와 생물학 무기와 핵무기의 개발과 사용…. 지구를 파괴하고 모든 거주자의 생존을 위협하는 이런 현상들은 이미 긴 리스트를 이루고 있다.

생태계 위기의 중대성과 그 규모로 인해 기독교 창조론은 과거에 그 전례를 찾아보기 힘들 정도로 절박하게 재고될 필요를 요청받고 있다. 현재 우리가 창조론을 경시하거나 왜곡하거나 지엽적으로 다룬다면 임박한 재앙을 악화시키는 결과를 가져올 것이다. 그러므로 사도신경의 첫째 조항으로부터 견고하고 종합적인 신학을 발전시키는 작업은 오늘날 기독교 신학 전체의 주요 영역이 되어야 한다.

그러나 기독교 전통을 비판하는 진영에서는 이러한 사태를 아주 다르게 바라본다. 그들에 의하면 생태계 위기의 주된 원인은 기독교이기에, 이 종교는 문제를 일으키는 주요 원인일 뿐 사태를 해결하는 요인이 될 수 없다고 반박한다. 또한 그들은 근대의 특징인 자연환경에 대한 탐욕적인 태도가 시작된 발단은 의심할 여지없이 기독교 전통과 성경이라고 지적한다. 특히 인간만이 하나님의 형상으로 지음 받았으며(창 1:26a), 하나님은 인간에게 다른 모든 피조물을 "통치"하라고 명령하셨다는(창 1:26b) 성경의 가르침에 비난의 손가락질이 쏟아지고 있다. 성경의 이런 가르침 덕분에 서구 문명은 자연환경을 무자비하게 다루면서도 그것을 정당화할 수 있었다는 것이다. 즉 무자비한 자연 파괴가 하나님의 명령을 수행한다는 명분으로 용인되었다. 이런 측면에서 역사가 린 화이트(Lynn White, Jr.)는 자연에 대한 기독교 전통의 태도를 고발하는 대표적 입장을 기술하면서, 기독교가 오늘날의 생태계 위기에 대해 "엄청난 무게의 죄책감"을 지고 있다고 결론짓는다.[1]

화이트의 비난이 성경 가르침과 고전적 기독교 교리에 대한 일방적이고 단순화된 이해에 근거하고 있음은 오늘날 광범위하게 인정되는 사실이다. 하지만 그렇다고 기독교 신학에 대한 도전을 완전히 털어버릴 수 있는 것은 아니다. 기독교 신학 전통이 자연환경에 비친화적이라는 비판에 대해 단순히 방어적으로만 대응하는 것은 잘못이다. 수많은 연구가 입증하듯이, 육체와 물질세계에 대한 부정적 혹은 지배적 태도는 기독교 신학의 다수의 흐름 속에, 심지어 성경 자체 안에 남아 있다.[2] 페미니즘신학자들은 여성에 대한 남성 우월적 태도와 자연에 대한 인간 우월적 태도 사이에 연관성이 있음을 강조해왔다.[3] 남성 우월적이든 인간 우월적이든 간에, 이런 태도는 서구 역사에서 인간과 자연의 관계를 특징지어왔던 정복 정신에 대해 아무런 신학적 저항도 촉발하지 못했다. 자연을 정복하라는 하나님의 명령은 성경 맥락과는 분리되고 왜곡되면서 지배 이데올로기로 바뀌었다. 따라서 그리스도인은 환경 남용에 연관되어 있는 스스로의 모습을 회개해야 하며, 기독교 신학은 진지한 자기비판에 착수해야 할 충분한 이유가 있는 것이다.

이러한 과정에서 첫 번째 중요한 단계는 생태계 위기의 근저에 뿌리 깊게 자리 잡은 태도와 관행이 어떤 것인지를 확인하고, 그것들이 기독교

---

1) White, "The Historical Roots of Our Ecologic Crisis," *Science* 155 (1967): 1203-7.
2) H. Paul Santmire, *The Travail of Nature: The Ambiguous Ecological Promise of Christian Theology* (Philadelphia: Fortress, 1985).
3) Rosemary Radford Ruether, *Sexism and God-Talk: Toward a Feminist Theology* (Boston: Beacon Press, 1983). 『성차별과 신학』(대한기독교서회 역간).

신학과 교회에 제기하는 질문을 살펴보는 일이다.

1. **인간 중심주의**(Anthropocentrism). 인간 중심주의는 세계가 우선적으로 인간의 필요와 욕구를 채우기 위해 존재한다고 간주하는 견해이다. 고대 그리스 철학자 프로타고라스(Protagoras)는 "인간은 만물의 척도다"라고 말한 바 있다. 이런 가르침은 근대 자연관을 요약하는 일종의 슬로건이 되었으며, 생태계 파괴의 결과를 초래했다. 기독교 신학은 이런 견해에 동조했었던가? 슬프지만 대답은 부분적으로 "예"다. 창조론을 다룬 대다수 표준적 논의들은, 배타적이지는 않다 하더라도 우선적인 관심을 인간의 창조에 두었다. 하나님이 인간과 함께 다른 피조물도 창조하셨음을 확실히 인정하지만, 다른 존재들은 창조와 구원의 드라마에서 중요한 참여자라기보다 자주 무대의 소품처럼 취급받는다.[4] 포이어바흐는 단도직입적으로 다음과 같이 말했다. "자연, 즉 세상은 그리스도인에게 가치의 대상도 관심의 대상도 전혀 아니다. 그리스도인은 오로지 자신만을, 자신의 영혼의 구원만을 생각한다."[5] 인간 중심주의적 관점이 신학 전통에서 분명하게 드러나는 방식 중 하나는, 동물에 대한 공리주의적 견해로서 이는 광범위하게 받아들여지고 있다. 아퀴나스는 어느 누구 못지않게 하나님의 선하심이 피조물의 다양성 속에서 드러남을 확신하면서도, "동식물의 생명은 그 자체를 위해서가 아니라 인간을 위해 보존된다"고 선언했다. 또한 아우구스티누스의 『신국론』(*City of God*)을 인용하면서 동물에 대해 "창조자의 가장 정의로운 명령에 의해 동물의 생명과 죽음은 모두 우리 인간의 사용하에 놓여 있다"[6]고 썼다. 만약 오늘날 기독교 신학이 전통 속에 존재하는 이러한 인간 중심주의적 표현들을 분별없이 영속화하는 것을 중단하려

---

4) Alan Lewis, *Theatre of the Gospel* (Edinburgh: Handsel Press, 1984).

5) Ludwig Feuerbach, *The Essence of Christianity* (New York: Harper & Row, 1957), 287. 『기독교의 본질』(한길사 역간).

6) *Summa Theologica*, 2-2, q. 64, a. 1. 또한 Andrew Linzey, *Animal Theology* (London: SCM Press, 1994).

한다면, 성경 증언의 핵심에 놓여 있는 철저한 신 중심주의적 함의들을 회복하고 도출해야 하지 않겠는가?

2. **지배로서의 권력**(Power as Domination). 생태계 위기의 중심에는 권력 오용의 문제가 놓여 있다. 근대 과학과 기술은 자연의 힘에 대해 우세한, 거대한 힘을 획득했으며, 좋든 나쁘든 그런 힘을 사용할 수 있게 되었다. 세상을 알고자 하는 욕망과 그 지식을 건설적 용도에 쓰고자 하는 욕망은 인간의 소명에 속한다. 근대 이전을 이상화하면서 근대로부터 기인한 과학과 기술 전체를 맹목적으로 거부하는 것은 어리석고 무익한 일일 것이다. 그러나 근대 과학의 기획이 자주 권력에 중독되었음은 주지의 사실이다. 너무나 자주 과학은 인류와 다른 피조물의 공공복지를 위해 자연과 협력하기보다, 자연을 인간 의지에 굴복시키는 것을 목표로 했다. 프랜시스 베이컨(Francis Bacon)에 따르면, 아는 것은 힘이고 그러기에 과학의 임무는 자연으로 하여금 비밀을 포기하도록 강제하는 것이다. 베이컨의 이런 논리에서 보면 자연과 인간의 관계는 노예와 주인의 관계와 같다. 이 철학자의 노예–주인 비유는, 권력을 지배로 이해하는 견해가 서구의 과학과 기술에 심대한 영향을 미쳤음을 알려준다. 그렇다면 기독교 신학은 환경과 관련하여 권력을 이와 같이 이해하는 입장에 동조했던가? 여기에 대한 대답 역시 부분적으로 "예"다. 하나님을 압도적 힘으로 이해하고, 인간 안에 있는 하나님 형상을 하나님으로부터 부여받은 지상 "통치" 명령을 실행하는 모습으로 간주할 때, 신학은 근대의 자연 정복에 강력하게 기여할 수 있었다. 하지만 하나님의 힘을 앞과 같이 이해하는 것이 과연 기독교 신앙의 하나님을 올바르게 이해하는 것인가? 인간을 자연의 관리자와 보호자가 아니라 주인으로 이해하는 것은 과연 올바른가?

3. **상호 연관성의 부인**(Denial of Interconnectedness). 인간 중심주의와 지배로서의 권력 개념은 모든 형태의 생명의 상호 연관성과 상호 의존성을 이론적으로나 실천적으로 부인하는 것과 함께 간다. 생태학적 의식이란 생명들이 서로 엮여 있는 세밀한 망을 의식하고, 이런 관점에서 다른 피조

물의 존재와 가치를 존중하는 태도다. 인간의 진보를 명분으로 인간 외의 형태를 가진 생명을 분별없이 파괴한다면, 다른 존재들에게도 존중과 경의를 표하지 못할 것은 명약관화하다. 인간 외의 다른 형태의 생명을 존중하기 위해 반드시 거기에 인격성을 부여할 필요는 없다. 그런 것보다 반드시 제기되어야 할 논의는, 다른 형태의 생명들도 인간의 목적에 전적으로 의존하지 않고 그 자체로 가치를 지니느냐 하는 질문에 대답하는 일이다. 지금까지 기독교가 이 질문에 해왔던 대답은 솔직히 단편적이며 애매모호했다. 기독교 전통을 비판하는 어떤 이들은 더 심하게 나아가, 기독교 전통은 자연계에 대해 본질적으로 어떤 도덕적·종교적 의미도 발견하지 못하며 자연계의 가치란 오로지 인간에 대해 갖는 효용적 가치일 뿐이라고 비난한다. 생명의 상호 연관성을 부인하고 다른 형태의 생명이 가진 가치를 인간에 대한 유용성으로 축소하는 태도가 책임 있는 기독교적 창조론과 과연 양립할 수 있을까?

4. **자원이 무한하리라는 가정**(Assumption of Limitless Resources). 인간의 목적을 위해 땅을 착취하는 행위의 근저에는 맑은 공기, 깨끗한 물, 비옥한 토지와 같은 천연자원이 무한하거나 적어도 재생 가능하다는 가정이 깔려 있다. 따라서 지구가 자원을 무진장 풍성하게 공급하기에 생명에 필수적인 자원은 결코 부족하지 않을 것이라고, 설사 필수적인 자원이 부족해지더라도 현대 과학과 기술은 항상 대체 자원을 공급하리라고 낙관적으로 가정한다. 이와 같은 가정이야말로 생태계 위기를 초래했던 사고방식의 일부분이다. 예를 들어 우리는 점점 더 많은 연료를 소비하는 대형차들을 생산하여 사용하고 있으며, 여름에는 냉방, 겨울에는 난방을 위해 훨씬 더 많은 에너지를 필요로 하는 점점 더 큰 집들을 지어댄다. 마치 자원이 무한정인 양 행동하고 있는 것이다. 그렇게 하면서 우리는 세계의 한정된 자원을 결코 사용해보지 못한 가난한 자들과 미래 세대에 대해 냉담한 경멸을 표시한다. 과연 기독교 창조론은 천연자원이 무제한적이며, 그 자원은 오로지 인간의 목적에 봉사하기 위한 것이라는 사고방식에 저항하

는 방향으로 제시되어왔는가? 또한 어떤 사람들은 천연자원에 거의 또는 전혀 접근할 수 없는 데 반해 다른 이들은 흥청망청 허비하는 것을 당연히 여기면서, 현 세대가 대대손손 계속될 미래를 무시하는 방식으로 살아도 무방하다는 사고방식에 대해 충분히 효과적으로 항거해왔는가?

5. **고삐 풀린 소비주의**(Unchecked Consumerism). 끝없이 소비하고 소유하려는 욕망에 의해 굴러가는 시장 경제 또한 생태계 위기의 주요 요인이다. 이런 경제 체제 하에서는 나누는 것보다 소비하는 것이 실제로 작용하는 윤리인 것이다. "나는 생각한다. 그러므로 나는 존재한다"가 "나는 소비한다. 그러므로 나는 존재한다"의 슬로건으로 바뀐 것은 후기 근대적 사고방식을 가장 잘 표현하는 변화이다. 이런 소비주의적 관점에서 보면 지상최대의 목적은 세계의 재화를 최대한 많이 소유하고 사용하는 것이다. 이런 논리 속에서는 물건뿐만 아니라 심지어 인간과 관계조차 상품으로 전락한다. 자크 데리다(Jacques Derrida)는 상품 교환의 원리가 모든 것을 결정하는 세상에서, 과연 순수하게 무엇인가를 선물한다는 것이 가능한 일인지에 대해 질문했다. 선물이라고 불리는 것이 실제로는 무언가를 되돌려받기 위한 계약이라는 것이다.[7]

어떤 사회가 고삐 풀린 소비로 흥청거리는 동안, 그 여파로 인해 다른지역은 광범위한 빈곤에 시달리고 있다. 상대적으로 소수의 나라 국민들이 지구의 재생 불가능한 자원을 미친 듯 소비하는 반면, 수천만의 사람들은 가장 기본적 필수품조차 부족한 극빈 상태에 있다. 과연 통제되지 않는 소비주의는 성경의 가르침과 기독교 신학과 윤리학에 토대를 두고 있는가? 차라리 이런 소비주의는 창조와 구원의 하나님의 경륜, 즉 풍성하게 선물을 나눠줌으로써 모두에게 자원의 부족이 아니라 풍부함을 가져다주

---

7) Jacques Derrida, *Given Time: 1. Counterfeit Money* (Chicago: University of Chicago Press, 1992).

려는 경륜과 선명한 대조를 보이는 것은 아닌가?[8]

이렇게 생태계 위기의 근저에 있는 태도를 간단히 몇 개만 나열하는 것만으로도, 이 위기 현상의 근본은 기술적 차원이 아니라 영적·신학적 위기임이 분명해진다. 따라서 가장 시급한 문제는 창조자 하나님에 대한 신앙을 회복하고, 하나님의 창조세계 전체를 존중하는 일이다. 기독교 역사 초기의 몇 세기 동안 교회는 물질세계의 선함과 통전성을 부인하는 마니교에 대항해 싸워야 했다. 특히 마니교는 인간의 몸을 경멸하고 오로지 영혼의 영역만이 가치 있다고 간주했다. 오늘날 위기에 처한 것은 육체로 표현된 인간의 삶뿐 아니라 지구 자체와 거기에 사는 모든 피조물들이다. 다시 말해 하나님의 선한 창조세계의 통전성이 공격을 받고 있는 것이다. 그러므로 교회는 구체적 실천을 통해서뿐만 아니라 영적·신학적 차원에서 이런 도전에 맞서도록 도와야 한다.

창조에 관한 성경 증언의 재해석

생태계 위기에 민감한 창조론을 위해서는 전통을 단순히 반복하기보다 전통 자체를 다시 사고해야 한다. 이는 우선적으로 성경의 재해석을 필요로 하는 작업이다. 이미 언급한 바와 같이 성경 증언은 환경 파괴에 저항하기보다 오히려 그것을 지지하는 방식으로 자주 해석되어왔다. 하지만 그런 해석과는 대조적으로, 생태적 창조론을 강력하게 지지하는 성경의 증언들을 발견하는 것은 그리 어렵지 않다.

성경은 인간 이외의 피조물들을 창조와 화해와 구원에서 인간과는 분리될 수 없는 동료로 제시한다. 창세기의 첫 번째 창조 이야기에 따르면

---

8) M. Douglas Meeks, *God the Economist: The Doctrine of God and Political Economy* (Minneapolis: Fortress Press, 1989).

하나님은 각 종류의 피조물에 대해 "좋았더라"고, 또 각기 종류대로 만들어진 피조물 전체에 대해서는 "아주 좋았더라"고 선언했다(창 1:12, 18, 21, 25, 31). 하나님이 모든 피조물에 가치를 두고 그것을 기뻐하신다는 점은, 인간뿐 아니라 모든 피조물이 창조자 하나님께 어떤 식으로든 영광을 돌릴 수 있다는 성경의 주장에서 두드러지게 드러난다. "하늘이 하나님의 영광을 선포하고 궁창이 그의 손으로 하신 일을 나타내는도다"(시 19:1). 별과 나무와 동물이 인간과 동일한 방식으로 하나님의 영광을 말하고 노래하는 것은 아니지만, 그것들도 각자 나름대로의 방식으로 하나님께 찬양을 올려드린다. 우리가 아는 한 그들은 우리보다 훨씬 더 큰 자발성과 일관성으로 그렇게 하고 있다. 또한 욥기가 묘사하는 낯설 정도로 기이하고 장엄한 피조물은 하나님의 풍성한 은혜를 드러낼 목적만을 위해 존재하고 있다(욥 39-41장). 하나님이 모든 피조물을 기뻐하시고, 모든 피조물은 각기 독특한 방식으로 그분을 찬양하고 영화롭게 하도록 부름을 받았다면, 기독교 창조론에서 인간 이외의 피조물들이 단순한 보조적 존재일 수는 없는 것이다.

지구는 인간에게 속한 것이 아니라 하나님께 속한 것이다(시 24:1). 예수는 들의 백합화를 기뻐하고(마 6:28-29), 하나님이 공중의 새에게 필요를 공급하신다고 선언한다(마 6:26). 성경은 인간이 하나님의 형상으로 지음 받았고 지상을 "통치"하라는 명령을 받았다고 진술한다. 그러나 이러한 진술은 이 구절 단독으로서가 아니라 성경 전체에 나타나 있는 하나님의 독특한 정체성, 즉 자의적 권력을 행사하는 하나님이 아니라 자유로운 은혜와 언약적 사랑을 베푸시는 하나님의 정체성의 맥락에서 이해되어야만 한다. 하나님이 돌보시기에 인간도 온 창조세계를 돌볼 책임이 있다. 이것은 억압적 지배와 남용의 "통치"가 아니라 돌봄과 보호의 "통치"다. 인간과 맺은 하나님의 언약이 분명하게 드러내듯이, 땅을 경작하고 동물을 이용하는 데 기준이 되는 규례들이 있다. 동물과 땅이 정기적으로 쉬며 희년을 누리도록 율법이 제정되었던 것이다. 그리하여 희년에는 모든 노예가 자유롭게 되며 토지는 휴경지가 된다(레 25:8-12).

　때로 하나님은 나라들과 자연에 대해 엄혹한 주권을 행사하기에 이스라엘로 하여금 가나안을 정복할 때에 복수할 것과 심지어 무고한 자들을 도살할 것을 요구하는 분으로 묘사하는 성경 구절들이 있음을 부인할 수 없지만(예를 들어 삼상 15:3), 기독교 신앙은 이런 구절들을 하나님의 권능과 목적을 드러내는 중심적인 단서로 여기지 않는다. 확실한 것은 예수가 선포하고 그의 삶과 죽음이 실행한 하나님의 통치는, 주권을 타자에 대한 지배로 이해하는 모든 견해를 전복시킨다. "이방인의 집권자들이 그들을 임의로 주관하고 그 고관들이 그들에게 권세를 부리는 줄을 너희가 알거니와 너희 중에는 그렇지 않을지니, 너희 중에 누구든지 크고자 하는 자는 너희를 섬기는 자가 되고, 너희 중에 누구든지 으뜸이 되고자 하는 자는 모든 사람의 종이 되어야 하리라"(눅 10:42-44). 그리스도인이 성경의 중심 메시지라고 간주하는 것에 비추어보면, 하나님이 인간에게 주신 통치 명령은 선한 창조세계에 대한 존중과 사랑과 돌봄을 요구한다. 이 명령은 이기적인 방종의 삶이 아니라 지혜로운 청지기적 삶에 대한 요구이며, 착취에 대한 허가가 아니라 피조물이 세계 내에서 지도력을 행사하라는 요구이다. 우리는 인간에게 주신 하나님의 명령을 다음과 같이 다른 방식으로 표현할 수 있다. "그러므로 네가 세상을 신실하게 다스리는 방식이 은혜로운 하나님의 통치 방식과 닮도록 하라." 그러므로 가장 심오한 차원의 성경 증언에 따르면 자연에 대한 인간의 절대적 권리란 존재하지 않는다. 반대로 인간은 자연을 돌보고 보호하도록 위탁을 받았을 뿐이다.[9]

　성경은 인간 이외의 세계를 하나님의 선한 창조세계의 일부로 제시할 뿐만 아니라, 창조세계 전체가 죄와 구원의 드라마에 신비스럽게 연관되

---

9) 미장로교의 간결한 신앙고백문(A Brief Statement of Faith)은 인간이 지구를 돌보도록 창조자 하나님이 지구를 우리에게 위탁하신다고 말한다(*The Book of Confessions*, PCUSA, 10.3, line 38).

어 있으며 도래하는 하나님 나라의 소망에 포함되어 있다고 간주한다. 인간과 다른 피조물들은 고통과 소망으로 함께 묶여 있다. 만약 모든 피조물이 죄에 대한 하나님의 심판의 결과를 경험하는 것이 사실이라면(창 3장), 또한 이들은 하나님의 약속에 대해서도 공통의 수혜자다(창 9장). 현재 삶의 조건 하에 있는 인간과 자연은 모두 상호 소외와 남용의 그물 속에 빠져 있다. 하나님으로부터 분리된 인간의 소외는 인간과 자연과의 관계를 포함한 모든 다른 관계에 영향을 미친다. 한편으로는 인간이 자연환경을 잔인하게 착취하고 파괴하며, 다른 한편으로는 암, 지진, 허리케인, 가뭄 같은 자연현상이 상기시키듯, 자연이 파괴적 힘으로 인간에게 비극적 고통을 가한다. 그래서 사도 바울은 인간이 고통과 죽음으로부터 최종적인 자유를 기대하며 신음하는 것과 같이, 자연세계도 출산하는 여인처럼 신음한다고 표현한다(롬 8:22-23). 성경 증언에 따르면 우리 인간은 고통으로 신음하면서 자유를 기대하는 온 창조세계와 함께 생명과 죽음의 연대 안에 존재한다.

성경이 증언하는 인간과 자연과의 불가분리성은 최종 운명으로까지 연장된다. 성경은 자연세계를 구원의 약속과 소망에 포함시킨다. 하나님이 노아와 맺으신 언약이 증거가 된다. 홍수 이후의 무지개로 상징되는 언약은 분명히 모든 피조물을 포함한다. "하나님이 이르시되 내가 나와 너희와 및 너희와 함께 하는 모든 생명 사이에 대대로 영원히 세우는 언약의 증거는 이것이니라. 내가 내 무지개를 구름 속에 두었나니 이것이 나와 세상 사이의 언약의 증거니라"(창 9:12-13). 또한 성경에는 미래의 구원에 대한 비전이 다수 있는데, 이 비전들은 엄청날 정도로 포괄적이다. 곧 변모한 부활의 몸에 대해(고전 15장), 새 하늘과 새 땅에 대해(계 21장), 이리와 어린 양이 평화롭게 살며 어린이와 전갈이 함께 뛰노는 것에 대해(사 11장), 모든 피조물이 조화롭고 기쁜 공동체 안에서 다 함께 살 우주적 샬롬의 때에 대해 언급한다.

만약 성경 증언에 따라 자연계에 서식하는 모든 피조물이 우리와 함께 살아가는 동료임을, 우리 인간이 지상의 지배자가 아니라 청지기임을 이해한다면, 또한 자연이 우리와 함께 죄와 구원의 드라마에 얽혀 있음과, 하나님의 창조세계 전체에 정의와 자유와 평화가 임하기를 기대하는 우리의 소망에 자연을 포함시킨다면, 우리는 더 이상 인간 이외의 피조물을 마음대로 지배하는 권한이 하나님으로부터 온다고 단정함으로써 자연에 대한 우리의 남용을 합리화하지 않을 것이다.

성경신학은 창조세계의 생태에 민감하게 주의하면서 성경을 읽고 해석하는 작업에 있어 중대한 책임을 지고 있다. 하지만 이 생태 문제는 우리 시대를 위한 창조론을 이루는 필수 요소의 일부일 것이다. 이런 일부 요소뿐 아니라 창조론의 모든 주요 주제들을 다시 생각해보는 것이 조직신학의 과제이다.

창조론 주제의 재고찰

기독교 창조론이 성경이 증언하는 하나님의 계시에 비추어 전개되고 예수 그리스도에게 중심을 두며 생태계 위기에 민감하게 주의한다면, 이 창조론은 다음의 주제들과 밀접하게 연관될 것이다.

1. 세상을 하나님의 창조라고 말하는 것은 우선적으로 하나님에 대해 단언하는 것이다. 하나님을 "창조자"로, 세상을 구성하는 모든 것을 "피조물"로 명명함으로써, 기독교 신앙은 **하나님의 철저한 타자성, 초월성, 주권성**을 확증한다. 다른 말로 표현하면 하나님과 세상 사이, 창조자와 창조세계 사이에는 존재론적 차이가 있다. 고전적 기독교 창조론에 따르면 하나님은 "무로부터"(ex nihilo) 창조하셨다. "무"(無)는 세상을 창조할 때 사용된 원초적 물질이 아니다. "무로부터"의 창조는 하나님만이 존재하는 모든 것의 근원임을 의미한다. 세계 창조는 주권적인 자유의 행위이다. 하나님은 플라톤(Plato)의 『티마이오스』(Timaeus)에 나오는 장인과 같지 않다.

왜냐하면 플라톤의 장인은 선재하는 물질에 형태와 질서를 부여하는 자일 뿐이기 때문이다. 또한 창조는 신적 실재의 유출도 아니며, 이런 유출로 인해 창조가 부분적으로 신적인 것도 아니다. 기독교 신앙에서 하나님은 세상의 일부분이 아니며, 세상도 부분적으로 또는 비밀스럽게 신적인 것도 아니다. 하나님은 만물, 즉 랭던 길키(Langdon Gilkey)의 표현대로 "성운, 아메바, 공룡, 고대의 픽트 족과 스코트 족, 중국인, 크레믈린 궁전, 당신, 나, 우리 집 개 두 마리, 고양이"[10] 이 모두의 창조자, 곧 "하늘과 땅"의 창조자다. 하나님은 신비로운 타자이며, 존재하는 모든 것은 전적으로 철저히 그분에게 의존한다.

하나님을 창조자로 고백하는 행위는 더 많은 것을 의미한다. 즉 **자유로우며 초월적인 하나님은 베풀기를 좋아하며 우리를 반기는 분이다.** 하나님은 억지로 세상을 창조하지 않았다. 창조는 자유로운 은혜의 행동이다. 창조는 선물이며 혜택이다. 하나님을 창조자로 고백하는 것은 하나님의 성품에 대해 무엇인가 중대한 것을 진술하는 행위이다. 즉 하나님이 선하며 타자에게 생명을 주는 분임을, 타자로 하여금 자신과 함께 교제함으로써 존재하도록 하며 타자에게 공간을 마련하는 분임을 고백하는 것이다. 하나님은 어떤 외적 필연성 때문에 억지로 세계를 창조하지 않았다. 그분의 삶 안에서 만족되어야 하는 어떤 내적 결핍 때문에 창조한 것도 아니다. 이와 같은 이유로 인해 하나님의 창조는 필연적이 아니다. 만약 필연적이라면 그런 창조는 은혜가 아닐 것이다.

창조를 "필연적"(necessary)이라고 표현하는 것은 부적절하다. 그럼에도 불구하고 하나님은 자신의 본성에 전적으로 일관되도록 창조한다. 창조 행위는 하나님에게 "어울리는" 행동이다. 창조는 사랑이신 하나님의 참된 특성을 적절하게 잘 표현한다. 창조는 임의적 행위, 즉 마치 하나님이

---

10) Gilkey, *Message and Existence: An Introduction to Theology* (New York: Seabury Press, 1979), 87.

변덕스럽게 결정했던 무엇이 아니다. 정반대로 하나님은 창조의 행동에서 자신의 본성에 참되시며 신실하시다. 하나님을 창조자로 표현하는 것은 그분이 자비롭고 베풀기 좋아하는 분임을 고백하는 것이다. 그런 하나님의 쏟아부으신 사랑과 교제 안의 삶을 공유하고자 하는 목적은 창조의 행동 속에서 자유롭게, 일관적으로, 적합한 방식으로 나타난다. 하나님의 은혜는 아브라함을 부르거나 예수를 보내시는 행동 속에서 처음으로 역사한 것이 아니다. 하나님은 자신을 소통하고 타자를 긍정하며 공동체를 형성하는 사랑을 이미 창조의 행동 속에서 드러낸다. 그러한 사랑 덕분에 하나님은 영원한 삼위일체적 실재로 규정되며, 이 사랑은 예수 그리스도의 사역과 희생적 죽음 안에서 결정적으로 나타나는 것이다. 하나님은 사랑이시다. 삼위일체 하나님의 영원한 사랑은 조나단 에드워즈(Jonathan Edwards)의 표현대로 "풍요롭게 소통하고자 하는 성향"(disposition to abundant communication)[11]을 형성한다. 자신 안에서 사랑을 공유하는 삼위일체적 삶을 누리는 하나님은 공동체를 창조하고 생성하는 것을 목표로 삼는다.[12] 하나님은 타자를 창조하고 타자에게 나누어주며 타자와 생명을 공유하는 성향을 영원히 지닌 분이다. 타자를 반기는 모습은 하나님의 삼위일체적 삶 안에 근거하며, 이 모습은 창조 행위에서 이미 넘쳐흐른다.

하나님의 창조 사역은 단순한 은혜가 아니라 "비싼 값을 치른 은혜"로 서술되는 것이 더 적절하다. 창조는 하나님의 자기 비움(kenosis)의 행동이다. 하나님의 자기 비움의 비유는 보통은 인간 구원을 위한 하나님의 아들의 "비움" 또는 자기 비하에 한정되어 사용된다(빌 2:5-6). 하지만 어떤 의미에서 창조는 이미 일종의 신적인 자기 비움, 자기 비하 또는 자기 제한이며, 타자는 이 하나님의 자기 비움을 통해 생명을 누리고 상대적으로나

---

11) Jonathan Edwards, *The End for Which God Created the World*, ch. 1, sec. 3.
12) Eberhard Jüngel, *God as the Mystery of the World* (Grand Rapids: Eerdmans, 1983), 384.

마 독립적 존재를 그분과 함께 누릴 수 있다. 에밀 브루너(Emil Brunner)는 "그리스도의 십자가에서 (최고의) 절정에 도달한 자기 비움은 세상의 창조와 함께 시작되었다"[13]고 썼다.

2. 창조론은 하나님에 대해 확증함과 동시에 세상과 우리 자신에 대해서도 확증한다. 따라서 창조론의 두 번째 주제는, **전체로서의 세상과 개별자로서의 모든 존재는 철저히 하나님께 의존한다**는 것이다. 이러한 철저한 의존은, 우리가 삶의 일부 영역에서 또는 특별히 어려운 순간에 하나님에게 부분적으로 의존하는 것보다 훨씬 더 큰 것을 의미한다. 하나님은 창조자며 우리는 피조물임을 고백함은, 우리가 유한적이고 일시적이며 철저하게 의존적인 존재임을 인정하는 행위이다. 우리는 스스로가 존재하지 않았을 수도 있음을, 우리 존재와 경험의 모든 순간은 우리 자신 너머의 어떤 근원으로부터 온 선물임을 의식한다.

이와 같이 인간의 철저한 의존성을 깨닫는 순간, 즉 우리는 전적으로 생명의 수혜자일 뿐임을 자각하는 순간을 묘사하기 위해 어떤 철학자들과 신학자들은 "비존재의 충격"이라는 표현을 썼다. 우리는 창조자의 기쁘신 뜻대로 존재하는 피조물이다. 우리의 의존적 존재는 불안정하다. 우리는 아픔과 실패, 사랑하는 이의 상실, 필멸성의 자기 자각을 통해, 심지어 기쁨과 행복과 만족의 긍정인 경험을 통해서도—이 모든 행복조차 왔다가는 쏜살같이 사라지기 때문에—자신의 연약함을 자주 상기한다. 영원히 소유하고 싶을 정도로 강렬한 아름다움의 순간, 불의 앞에서 느끼는 무능함, 어린 생명의 출생 장면, 어린아이의 장례식, 이 모든 순간에 우리는 스스로의 피조성을 고백하게 된다. 생명에 대한 우리의 권한은 연약하기 이를 데 없다. 우리는 유한하다. 공동체와 국가의 자원은 제한적이다. 풀이

---

13) Brunner, *The Christian Doctrine of Creation and Redemption* (Philadelphia: Westminster, 1952), 20. 또한 John Polkinghorne, *Science and Creation: The Search for Understanding* (Boston: New Science Library, 1988), 62-63을 보라.

마르고 꽃이 시듦과 같이(사 40:7) 모든 피조물과 지구 자체는 언제 비존재로 떨어질지 모르는 벼랑 끄트머리에서 살아간다. 우리는 스스로 존재한 것이 아니며, 우리 존재가 지속될 것을 보증할 수도 없다. 프리드리히 슐라이어마허(Friedrich Schleiermacher)는 하나님에 대한 "절대 의존"(absolute dependence)이라는 보편적 감정에 대해, 루돌프 오토(Rudolf Otto)는 우리의 "피조물 감정"(creature feeling)에 대해 기술했다. 단순히 이것들은 세계 창조라는 먼 과거 사건에 대한 감정이 아니다. "피조물 감정"은 지금 여기서, 그리고 항상 어느 곳에서든 우리가 하나님의 창조적 권능에 의존함을 느끼는 감정이다. "여호와가 우리 하나님이신 줄 너희는 알지어다. 우리를 지으신 이는 하나님이요 우리 자신이 아니요"(시 100:3).

우리 자신의 존재가 하나님께 철저히 의존하고 있음을 느끼는 것은 그리스도인이 은혜로만 그리스도 안에서 구원을 얻음을 깨닫는 것과 밀접하게 연결되어 있다. 우리는 은혜에 의해서만 창조되고 또 은혜에 의해서만 의롭게 된다. 우리는 피조물로서 또한 용서받은 죄인으로서 은혜의 수혜자다. 두 가지 중 어느 경우도 우리 스스로 행함으로써 달성한 것이 아니다. 루터는 이러한 신앙 의식을 "우리는 모두 걸인이다"라는 말로 간결하게 요약한다. 칼뱅은 "우리는 우리 자신의 것이 아니라…하나님께 속한 자이다"[14]라며 동일한 확신을 표현했다. 그러므로 사도 바울이 죽은 자를 살리고(우리의 미래의 삶이 하나님께 의존함), 죄인을 의롭게 하며(우리의 현재 삶이 하나님께 의존함), 존재하지 않았던 자들을 존재하게 하시는(우리의 생명의 창조와 보존이 하나님께 의존함) 하나님에 대한 신앙 내용을 함께 모아 서술한 것은 우연이 아니다(참조. 롬 4:17; 5:1). 우리의 생명의 선물, 새로운 생명, 생명의 최종적 성취는 전적으로 하나님께 의존한다. 바로 이런 것들이 우리가 하나님을 창조자로 부를 때 고백하는 바이다.

특히 오늘날과 같이 기독교 신학이 수동적이며 노예적인 의존성의 정

---

14) Calvin, *Institutes of the Christian Religion*, 3.7.1.

신을 가르쳐왔다고 비난받는 상황에서, 우리는 창조론의 한 주제로서 하나님에 대한 철저한 의존성을 올바르게 해석해야 할 필요가 있다. 우리가 철저하게 의존하고 있는 하나님은 우리로 자유롭게 존재하도록, 책임적 존재가 되도록 부르는 분이다. 그러므로 복음의 하나님에 대한 의존은 모든 노예적인 의존으로부터의 철저한 해방이라고 할 수 있다. 따라서 창조론은 결코 신학적으로 난처한 주제가 아니며, 오히려 인간의 존엄과 자유의 기초가 된다. 그러나 하나님이 의지하시는 자유는 타자와 연합을 맺는 삶을 위한 자유, 타자를 사랑하며 섬기는 삶을 위한 자유다. 우리의 창조주 하나님, 삼위일체의 하나님은 공동체 안에서의 자유를 의지하시며, 은혜 가운데 우리를 자유롭게 하시는 분이다.

3. 창조론의 세 번째 주제는 **모든 우연성, 유한성, 한계성에도 불구하고 창조는** (불완전할지도 모르지만) **선하다**는 점이다. 만약 하나님이 선하다면 하나님이 주는 생명의 선물 역시 그 한계성과 일시성과 연약성에도 불구하고 선하다. 이 점은 창세기의 창조 이야기에서 "하나님이 보시기에 좋았더라"는 구절이 반복됨으로써 강조된다(창 1:10, 18, 21, 31).

창조가 선하다는 성경의 확증은 쉽게 이데올로기로 전락하여 삶의 상처와 악의 실재를 애매모호하게 만든다. 특히 창조에 관한 신앙 조항이 하나님이 창조했던 세계의 실제적 타락에 관한 신앙 조항들로부터 분리될 때 이런 일이 발생한다. 즉 창조 개념이 죄와 화해 사역에 대한 신앙 조항, 하나님의 선한 창조를 훼손하고 왜곡하는 모든 세력에 대한 하나님의 최종적 승리를 소망함에 대한 조항 등등으로부터 분리될 때 이런 결과가 오는 것이다. 하나님의 창조가 선하다는 주장을 부주의하게 진술하면, 현재의 모든 사태나 일어나는 모든 사건이 선하다는 터무니없고 심지어 신성 모독적인 말이 될 수 있다. 그러므로 기독교 신학이 선한 창조를 확증할 때는 이 개념이 주장하는 바와 그렇지 않은 바를 간단하게나마 구별해야 한다.

a. 창조가 선하다는 진술 속에는 모든 형태의 형이상학적 이원론(metaphysical dualism)에 대한 거부가 포함되어 있다. 즉 하나님이 창조한

것의 어떤 부분이나 영역이 본질적으로 악하다는 주장을 부인하는 것이다. 초창기부터 현재까지 교회의 신학과 삶 속에는 이런저런 형태의 이원론이 끼어들어왔다. 이원론이 과거에 취했고 현재도 계속 취하고 있는 형태들로는 다음과 같은 것이 있다. 영적인 것은 선하지만 물질적인 것은 악하다는 주장, 지적인 것은 선하지만 성적인 것은 악하다는 주장, 남성적인 것은 선하지만 여성적인 것은 악하다는 주장, 흰색은 선하지만 검정색은 악하다는 주장, 인간은 선하지만 자연환경은 악하다는 주장 등등. 이와 같은 모든 형태의 이원론에 맞서 기독교 신학은 하나님이 창조했던 모든 것이 선함을 선언한다. 창조의 어느 부분이 본질적으로 악하다고 간주하는 것은(마니교 이단처럼) 독단적이며 파괴적인 말이다.

b. 창조가 선하다고 말하는 것은 주위의 세상이 우리의 어떤 목적이라도 충족시켜줄 수 있을 정도로 유용하다고 말하는 것과는 매우 다르다. 창조가 선하다고 말하는 것은 우리에게 유용하든 유용하지 않든 하나님이 모든 피조물에게 가치를 부여하심을 의미한다. 창조가 선함을 확증하는 것은 모든 존재에 대한 존경과 존중의 근거가 된다. 인간뿐 아니라 동물도—우리에게 낯설고 경이로운 동물을 포함해(참조. 욥 39-41장)—하나님의 피조물이며 우리의 존중을 받을 자격이 있다. 생물계뿐만 아니라 무생물계도 하나님의 창조이고 하나님의 목적 안에 포함되어 있으며, 그러기에 존중받아야 한다. 인간은 창조세계를 착취하거나 훼손하거나 파괴할 권리를 하나님으로부터 받지 않았다. 근대의 기술관료적인 삶의 방식의 상당 부분이 갖는 오만한 가정, 즉 하나님은 오로지 인간만을(인간 중에서도 오로지 일부분만을) 사랑한다는 가정은 기독교 창조론을 인간 중심주의적으로 왜곡한다.

c. 하나님이 창조하신 세상이 선하다고 말하는 것은 극단적으로 긍정적인 의미에서 "완벽함"을 의미하지 않는다. 성경은 투쟁할 필요도, 고통의 경험도, 어떤 종류의 죽음도 없었던 과거의 황금시대에 특별한 관심을 두지 않는다. 만약 모든 피조물이 유한하고 한계가 있으며 취약할 가능성

이 있다면, 그리고 만약 도전과 위험과 성장이 하나님이 의도하셨던 피조물의 존재의 일부분이라면, **모든 형태**의 고통이 본질적으로 악하다고 가정할 이유는 없다. 칼 바르트가 표현하는 대로, 선한 창조 안에 "그늘진 면"(shadow side)이 있을 뿐이다.

d. 창조가 선하다고 말한다고 해서 우리가 알고 경험하는 이 세계가 "타락"했으며 구원될 필요가 있음을 부인하는 것은 아니다. 세상에는 **현재와 같은 상태로 되어서는 안 되었던 것**이 많이 존재한다. 본래 피조물의 존재는 유한성과 제한성을 내포하지만, 질병과 파괴와 억압의 세력은 창조자의 의도가 아니다. 하나님은 개인적으로 또는 집단적으로 표출되는 악의 세력의 원인이 아니라 그것의 대적자이다. 하나님의 선한 창조에 있는 악의 신비에 대해서는 다음 장에서 더 자세히 설명하겠지만, 여기서는 다음과 같은 점에 주목하는 것만으로 충분하리라. 즉 신앙이 창조의 선함에 대해 말할 때 그 선함은 창조 당시의 태초 상태에서 생겨난 실제적 가치만을 가리키는 것이 아니라, 창조세계를 향한 하나님의 계속된 값비싼 사랑에 의해 부여된 추가적 가치 역시 가리킨다. 피조물의 생명의 가치는 창조자가 본래 주었던 존엄에 의해서만 결정되지 않고, 하나님의 사랑이 그 피조물과 함께, 또 그를 위해 행할 수 있는 바에 의해서도 결정된다. 그러므로 "선한 창조"에 대한 기독교의 확증은 태초부터 최종적 완성에 이르기까지 세상과 관계를 맺는 하나님의 전체 역사를 포괄한다.

4. 창조론의 네 번째 주제는 **모든 피조된 존재의 공존성**(coexistence)**과 상호 의존성**이다. 하나님을 천지의 창조자로 진술하는 것의 한 가지 의미로서 "하나님은 나를 창조했다"를 언급한 루터의 말은 확실히 옳다. 그러나 하나님은 나 외에 더 많은 것들을 창조했다. 그래서 루터는 계속해서 다음과 같이 말한다. "하나님은 나와, 존재하는 모든 것을 창조했다."[15] 다

---

15) Luther, "The Small Catechism," 2.2, in *The Book of Concord*, ed. Theodore G. Tappert (Philadelphia: Fortress, 1959), 345.

른 말로 표현하면, 피조성은 고독한 또는 독재적 존재를 의미하기보다 철저한 공존성과 상호 간의 의존성을 의미한다. 다른 인간과 다른 피조물과 함께 한 인간을 창조했다는 것은 창세기의 창조 이야기의 분명한 주제이다. 창세기의 두 가지 창조 이야기는 확연한 차이점에도 불구하고 인간을 인간 상호 간에, 또한 자연세계와 유기적 관계를 맺는 존재로 묘사한다.[16) 하나님은 인간을 동산에 두시고 "**사람**(아담, 인간 피조물)이 혼자 사는 것이 좋지 아니하니"(창 2:18)라고 선언했다.

칼 바르트는 공존이 인간성의 "기본적 형태"라고 말했다. 즉 우리 인간은 오직 하나님과의 관계와 인간 상호 간의 관계 속에서만 진정한 인간이 될 수 있다는 것이다. 또한 바르트는 우리의 본질적인 관계성, 또는 공존 속에서의 존재는 인간의 영역을 넘어서서 확대된다고도 주장했다. 인간은 동물과 함께 존재하고, 태양과 흙과 물과 이것이 내는 모든 형태의 생명과 함께 존재한다.[17) 하나님은 세상의 창조자시고, 세상에 사는 모든 거주자는 아주 깊숙이 상호 의존적이다. 하나님은 세상을 고독한 존재자들의 집합체가 아니라 함께하는 삶을 위해 창조했다. 하나님 자신의 영원한 삶이 교제 안에서의 존재라는 인간 구조를 직접 반영하고 있는 것이다. 이것은 매우 중요한 주제로서 잠시 후에 다시 강조될 것이며, 하나님의 형상으로서의 인간론을 다루는 제7장에서 심화될 것이다.

5. 창조론의 다섯 번째 주제는 창조자 하나님은 목적을 가지며, 그분이 창조한 세상도 역동적이고 목적 지향적이라는 점이다. 하나님은 창조자와 보존자로서 계속해서 행동한다. 창조자 하나님의 사역을 과거의 한순간으로 제한하는 것은 칼뱅의 표현대로 "냉담하고 무익한 일"이다.[18) 하나님의 창조적 활동은 계속되며 하나의 목적을 가진다. 우리의 인식과 경험으

---

16) George S. Hendry, "On Being a Creature," *Theology Today* 33 (April 1981): 64.

17) Barth, *Church Dogmatics*, 3/1: 168-228.

18) Calvin, *Institutes*, 1.16.1.

로부터 창조자의 목적 지향적 활동과 세계의 목적 지향성을 직접적으로 "읽어내는" 것은 불가능하다. 이것들을 읽어내는 것은 신앙의 확증이지 경험적 관찰이 아니기 때문이다. 현대 과학에 의해 우리는 이 세계에는 질서와 무질서, 합리성과 비결정성, 조화와 혼돈이라는 상반된 요소가 함께 존재함을 알게 되었다. 과학적 탐구가 기술하는 세계는 신앙적 해석에 대해 개방되어 있지만, 세계를 이런 식으로 해석해야 함을 확증해주는 증거는 과학이 제공할 수 없다. 그래서 어떤 과학자들은 최종적으로 우주는 온난화에 의해서든 빙하기에 의해서든 파멸될 것이기에 우주는 무의미하다고 결론을 내리는 것이다.[19]

그러나 만약 하나님이 이스라엘 백성을 다루는 방식과, 그분의 방식이 예수 그리스도 안에서 결정적으로 확증됨을 우리의 중심적 실마리로 삼는다면, 우리는 창조세계에 목적이 있음을 고백할 수밖에 없다. 하나님은 우연이나 일시적 변덕에 의해서가 아니라 그분의 말씀에 의해, 또 그분의 말씀을 위해 창조한다. 성경에 따르면 예수 그리스도는 태초에 하나님과 함께했던 말씀이며 그를 통해 만물이 창조되었다(요 1:1-3; 히 11:3). 하나님은 온 창조세계가 지향해 나아가는 목적이며 바로 이런 신적 목적이 세상으로 하여금 혼돈이 아니라 조화로운 세계가 되게 한다. 그리스도 안에 "만물이 함께 섰느니라"(골 1:17). 하나님이 세상을 창조한 목적은 예수 그리스도의 삶과 죽음과 부활에서 결정적으로 드러난다. 성부 하나님과 성령과 함께 하나님의 말씀은 세상의 창조와 구원과 완성에서 현존하며 활동한다.

삼위일체 신학에서 창조세계는 개방적이며 폐쇄적이지 않다. 하나님의 영은 영원한 말씀과 같이 태초부터 세상 속에서 활동했고 태고의 수면 위에서 운행했으며(창 1:2) 피조물에게 생명과 호흡을 주신다(시 104:30). 하나님의 영은 창조적인 동시에 재창조적인 분으로서 계속해서 모든 곳에

---

19) Stephen Weinberg, *The First Three Minutes* (New York: Basic Books, 1977), 144.

서 활동하고 정의를 널리 펴시며, 공동체를 세우고 회복하시며, 만물을 새롭게 하신다. 성령은 바람과 같이 자유롭게 움직인다(요 3:8). 그리스도인에게 성령은, 성부와 성자로부터 나와서 사람들을 자유케 하고 그들로 하나님의 재창조의 활동에 참여하게 하는 변혁의 권능으로 주로 인식된다. 우리는 성령에 이끌려 하나님의 협력자, 즉 하나님의 동역자(참조. 고전 3:9)가 되고 창조세계가 정해진 목적, 즉 하나님의 통치로 나아가도록 돕는 활동으로 부름 받는다.

신약은 약속하기를, 구원된 창조세계가 자유와 평화와 축제의 종말이라는 목적지를 향해 가고 있다고 한다. 이 종말, 곧 평화와 축제의 메시아적 시대는 하나님의 창조 활동을 완성하는 안식일의 쉼으로 예표된다. 창세기의 첫 창조 이야기는 창조자의 안식일의 쉼과 향유를 목적으로 전개되고 있다. 또 새 창조의 역사는 새 하늘과 새 땅에서 완벽하게 실현될, 하나님과 다른 피조물들과 함께 온전하게 향유할 축하와 축제를 목적으로 삼는다. 몰트만에 따르면 "이스라엘은 열방에게 해방의 두 가지 원형적 이미지, 즉 출애굽과 안식일을 제공했다."[20] 창조세계의 해방의 목적은 구속으로부터의 "외적" 자유인 동시에, 하나님과 다른 피조물과의 교제의 삶이 주는 평화와 기쁨을 위한 "내적" 자유다.

하나님의 세상 창조를 삼위일체 하나님의 활동 전체의 맥락에서 이해하면, 창조는 과거에 종결된 것이 아니라 미래를 향해 여전히 열려 있는 것으로 묘사된다. 창조세계가 미래를 향해 열려 있다고 했을 때, 그 미래란 이 세계를 새롭게 하는 그리스도의 도래뿐 아니라 하나님의 영원한 영광에 창조세계 전체가 참여함을 함축한다. 몰트만은 중세 신학의 공리를 유용하게 변형하여 이 점을 다음과 같이 분명하게 표현한 바 있다. 곧 스콜라 신학자들은 "은혜는 자연을 파괴하지 않고 자연을 전제하며 완성한

---

20) Moltmann, *God in Creation: A New Theology of Creation and the Spirit of God* (San Francisco: Harper & Row, 1985), 287.

다"고 말했는데, 몰트만은 이를 받아 "은혜는 자연을 파괴하지도 완전하게 하지도 않으나, 자연으로 하여금 영원한 영광을 준비하도록 한다"[21]고 수정했다.

삼위일체, 창조, 생태학

최근 기독교 신학과 생태학에 대한 문헌이 급속한 속도로 광범위하게 쏟아져나오고 있다.[22] 여기서 두드러지는 것은 다음과 같은 몇 가지 접근법들이다.[23] 첫째로 눈에 띄는 것은 변증적 접근이다. 이는 자연에 대한 기독교적 태도가 생태계 위기에 대체적으로 책임이 있다는 비난에 맞서서, 기독교 신학 전통을 옹호하는 것을 주된 관심으로 삼는 접근법이다. 이러한 접근은 기독교 신학에 대한 근거 없는 몇몇 비난을 반박하는 데는 도움을 주었지만, 전통을 갱신하고 개혁할 필요성을 강조하지는 못한다. 둘째로 과정신학적 접근이 있다. 이 접근은 만약 기독교 신앙과 신학이 오늘날의 생태계 위기를 효과적이고 신뢰할 만한 방식으로 다루고자 한다면 전통을 철저히 개념적으로 재구성하는 작업이 필수적임을 논증했다. 과정신학은 테이야르 드 샤르뎅(Teilhard de Chardin)과 알프레드 노스 화이트헤

---

21) Moltmann, *God in Creation*, 8.

22) 도움이 되는 개론서로는 Moltmann, *God in Creation*; James A. Nash, *Loving Nature: Ecological Integrity and Christian Responsibility* (Nashville: Abingdon, 1991); *Christianity and Ecology: Seeking the Well-Being of Earth and Humans*, ed. Dieter T. Hessel & Rosemary Radford Ruether (Cambridge: Harvard University Press, 2000); *All Creation Is Groaning: An Interdisciplinary Vision for Life in a Sacred Universe*, ed. Carol J. Dempsey & Russell A. Butkus (Collegeville, Minn.: Liturgical Press, 1999); Larry Rasmussen, *Earth Community, Earth Ethics* (Maryknoll, N.Y.: Orbis Books, 1996)를 보라.

23) 이 대목의 분석에 있어서는 H. Paul Santmire, "In God's Ecology: A Revisionist Theology of Nature," *Christian Century*, Dec. 13, 2000, 1300-1305의 도움을 받았다.

드 같은 과정사상가들의 활동에 근거하여, 무엇보다 생태학 문제를 다루는 데 있어 기독교 신학을 재개념화하는 선구적 역할을 감당했다. 어떤 페미니즘신학자들은 페미니즘의 강조점과 생태학의 강조점을 과정신학의 관점에서 결합시켜 생태 페미니즘(ecofeminism)이라는 기획을 제안한다.[24] 셋째로 개혁주의적 삼위일체적 접근이 있다. 변증적 접근법과는 다르게 이 접근은 성경과 신학 전통 안에 인간 중심주의적 흐름이 있음을 인정하고, 단순히 전통을 옹호하는 것이 아니라 신학을 재해석하고 개혁할 필요성이 있음을 인정한다. 그러나 과정신학의 접근과는 달리 삼위일체적 접근은 신학의 개정과 갱신의 주된 토대를 성경의 중심적 증언에서, 그리고 성경에 근거한 삼위일체적 "교제의 존재론"(ontology of communion)에서 발견한다. 앞으로 내가 서술하게 될 반성은, 기독교 신앙이 생태학적 문제에 대해 가지는 적실성을 생각함에 있어 이 삼위일체적 접근과 가장 밀접하게 연관되어 있다.

과거 수십 년 동안 로마 가톨릭, 동방 정교회, 개신교를 포함해 다수의 교회들은 생태계 위기의 중대성에 대해, 그리고 이와 연관된 기독교 신학의 강력한 증언의 필요성에 대해 많은 문서를 발표해왔다. 세계교회협의회의 캔버라 총회(1990년)의 문서를 위시하여 다수의 문서들은 명백히 삼위일체적이다. 캔버라 총회의 문서는 "오소서, 성령이여! 온 창조세계를 새롭게 하소서"라는 주제 아래 정의와 평화의 문제를 "창조세계의 보전"과 관련지었다. 이와 같은 강조점에는 충분히 타당한 이유가 있다. 조셉 지틀러(Joseph Sittler)는 20세기 신학에서 생태학적 관심을 새롭게 한 선구자 중 한 사람으로, 삼위일체론이 서구 신학 전반에서 대체적으로 소홀히 여겨졌고 그 결과 하나님의 구원 사역이 협소하게 이해되었음을 논증했

---

24) John B. Cobb, Jr., *Is It Too Late? A Theology of Ecology*, rev. ed. (Denton, Tex.: Environmen-tal Ethics Books, 1995); Rosemary Radford Ruether, *Gaia and God: An Ecofeminist Theology of Earth Healing* (San Francisco: HarperSanFrancisco, 1992). 『가이아와 하느님』(이화여대출판부 역간).

다. 지틀러에 따르면, 은혜가 죄의 용서로 제한되면, 생명을 선물로 주는 하나님의 행위 속에 이미 임재하는 하나님의 은혜가 무시된다. 이 신학자는 교회가 하나님의 은혜를 이해함에 있어 "삼위일체적 충만성"을 회복하고, 창조세계 전체를 "은혜의 장"으로 간주할 것을 요청했다.[25]

여러 가지 이유로 말미암아 삼위일체적 창조론은 생태학적으로 책임 있는 창조론을 세우기 위한 핵심적인 자원이 된다. 첫째로 **삼위일체 신학은 창조세계에 대한 하나님의 초월성과 내재성을 함께 확증하면서 그 둘을 결합시키기 때문이다.** 기독교 창조론은 하나님의 초월성과 내재성, 이 두 가지를 모두 확증해야 한다. 즉 기독교 창조론은 창조가 초월적이며 자유로운 하나님의 사역임을 확증하는 동시에, 창조자 하나님이 창조세계에 본질적으로 외따로 있지 않음을 혹은 창조세계가 창조자에 본질적으로 외따로 있지 않음을 확증해야 한다. 만약 이 두 확증 중 어느 하나가 소홀히 여겨지거나 무시된다면, 그 결과는 하나님과 세상이 구별 없이 하나가 되는 일원론이거나, 또는 하나님과 세상이 서로에게 본질적으로 대립적이거나 외따르게 여겨지는 이원론이 된다. 삼위일체적 창조론은 하나님과 세상을 "대조적"(contrastive) 관계로 설정하지 않는다. 하나님과 세상과의 관계는 본질적으로 경쟁적인(competitive) 관계도 아니다.[26] 삼위일체론은 "하나님이 성령 안에서 성자를 통해 창조자가 된다"고 확증함으로써 창조의 행동 속에 하나님의 초월성(transcendence)과 내재성(immanence)을 결합한다. 하나님의 은혜로운 활동이 나타내는 "삼위일체적 충만성"(trinitarian amplitude)은 강력한 생태신학을 위한 필수적인 전제이다. 한 분 삼위일체 하나님의 은혜는 역사에서뿐 아니라 자연 속에서도, 용서의 선물에서뿐만 아니라 창조와 완성의 선물에서도 존재한다.

---

25) Joseph Sittler, *Essays on Nature and Grace* (Philadelphia: Fortress, 1972), 2, 82.
26) Kathryn Tanner, *Jesus, Humanity and the Trinity: A Brief Systematic Theology* (Minneapolis: Fortress, 2001), 2-5.

많은 신학자들이 "우주적 기독론"(cosmic Christology)을 요청함으로써 이와 같은 주장을 제시했다. 위르겐 몰트만은 성령론의 관점에서 이 문제에 접근한다. 창조는 "말씀에 의한 창조"일 뿐만 아니라 "성령 안에서의 창조"이기도 하다.[27] 몰트만에 의하면 이미 칼뱅이 동일한 강조점을 지지한 바 있다. 칼뱅의 『기독교 강요』의 한 구절에 따르면, "도처에 퍼져 있는 성령은 삼라만상을 지탱하고 성장하도록 하며 하늘과 땅에 있는 만물을 되살아나게 한다."[28] 몰트만은 "성령 안에서의 창조"에 대한 삼위일체적 이해를 성숙시키는 길만이, 하나님의 활동과 목적이 가진 우주적 차원을 인정하는 생태신학이 세워지는 필요조건이라고 주장한다. 성령은 인간의 영으로 축소될 수 없다. 기계주의적 세계관을 선호하면서 성령의 사역을 제거할 수도 없다. 성령은 살아 계신 삼위일체 하나님의 영이다. 하나님은 창조세계를 초월하는 동시에, 예수 그리스도 안에서 성육신하고 창조세계 전체에 현존하며 활동하신다. 이레나이우스가 하나님의 말씀과 성령을 그분의 "양손"이라고 표현했을 때, 그는 기독교 창조론의 역사에서 자주 분리되어 다루어진 두 주제를 결합시켜주는 삼위일체적 하나님 이해를 상징화했던 것이다.

삼위일체적 하나님 이해가 생태학적 창조론을 위한 자원을 제공할 수 있는 두 번째 이유는, **이런 이해를 통해 피조 질서의 정합성**(coherence)**과 풍성한 다양성이 삼위일체 하나님의 삶에 뿌리내리고 있는 것으로, 또 그것과 일치하는 것으로 간주될 가능성이 크기 때문이다.** 현대 우주론이 가르치는 바와 같이, 우주 안에 있는 혼돈의 요소조차 우주의 통일성과 정합성에 기여한다. 동시에 세상은 경이로울 정도로 다양성을 내포한다. 이렇게 실재의 통일성과 다양성이라는 상반된 두 요소를 어떻게 결합시킬 것

---

27) Moltmann, *God in Creation*, 9ff., 또한 *The Way of Christ* (San Francisco: Harper-Collins, 1990), 274-305.
28) Calvin, *Institutes*, 1.13.14.

인지는 철학과 신학의 영원한 숙제다. 통일성과 차이성의 관계는 이론적 문제일 뿐만 아니라 매우 실천적인 문제다. 이 문제는 공동체의 의미, 정치의 목적, 생태 윤리의 근거에 대해 질문할 때 피할 수 없는 것이다. 폴 샌트마이어(Paul Santmire)가 주장하듯, 문제는 세계의 통일성을 어디에서 발견할 것인가 하는 것이다. 인간 중심주의적 대답은 세계의 통일성을 인간 안에서 찾는다. 인간의 기획 속에 전부가 있다고 가정한다. 이런 견해는 생태 친화적 관점이 되지 못한다. 유신론적 대답은 창조세계의 통일성을 초월적인 실재에서 찾는다. 그러나 만약 초월적인 실재가 다만 인간의 상상을 위한 필수적인 구성물로서만 이해된다면, 비록 이 초월적 실재가 관념주의적 용어를 통해 간접적으로 해석된다 하더라도, 결국 만물의 통일성은 인간 안에 있다는 결과가 나온다. 삼위일체적 창조 신학은 통일성과 차이성의 근원과 조화를 삼위일체 창조자에게서 발견한다. 삼위일체 하나님은 서로 사랑하는 교제 안에서 머물고 차이점을 긍정하며 타자를 위한 공간을 마련하는 분이다. 삼위일체 창조자 안에 존재하는 통일성과 차이성의 조화는, 풍성한 다양성을 지닌 우주의 창조 속에 반영되어 있다. "생태적 세계-공동체"(ecological world-community)[29]의 토대와 비전을 제공하는 분은, 말씀과 성령에 의해 세상 속에 현존하는 창조자, 구원자, 완성자인 삼위일체 하나님이다.

셋째, **삼위일체론이** 생태학적 창조론을 위한 본질적 자원을 제공하는 이유는 그것이 **창조의 선함, 창조의 신음, 창조의 갱신과 완성에 대한 소망을 강조하기 때문이다.** 창조론이 적절하려면 이 모든 요소를 다 확증할 수 있어야 한다. 창조는 선물이다. 그러나 현재 창조는 상처를 입었고 불완전한 상태에 있다. 창조론은 단지 우주의 시초만을 다루지 않는다. 창조에는 역사가 있다. 창조는 하나님의 사랑으로 시작하여 그분의 은혜로 계속되며, 생명을 주시는 하나님의 성령에 의해 완성될 것이다. 따라서 창조

---

29) Moltmann, *God in Creation*, 12.

를 역동적이며 미완성된 실재로서 이해하기 위해 적합한 유일한 지평은, 바로 삼위일체 하나님이 창조세계와 맺는 관계의 역사다. 즉 부활의 약속뿐 아니라 십자가의 표지를 담지하는 역사가 필요하다. 이런 역사관 안에서는 인간만이 아니라 창조세계 전체가 하나님과 관계를 맺으며, 인간뿐 아니라 자연 전체가 하나님의 목적 안에서 자신의 통전성과 가치를 가진다. 폴 샌트마이어가 썼듯이 "하나님께는 만물과 함께하는 우주적 진화의 역사가 있다." 이런 역사는 "하나님의 창조적 말씀의 행위에 의해서, 그리고 생명을 주시는 하나님의 영의 활력의 모체 안에서 현실화된다." 물론 샌트마이어는 삼위일체 하나님과의 관계 안에서 인간이 가지는 특별한 소명을 소홀히 여겨서는 안 됨을 강조한다. 그러나 비록 우리 인간이 다 명확히 파악하지는 못한다 해도 인간 외에 하나님의 모든 피조물들도 "하나님이 허락하고 보호하는 지위와 소명을 가지고 있다."[30]

창조의 모델들

하나님과 세상의 관계를 이해하기 위한 주요한 입장으로는 통상 유신론(theism), 범신론(pantheism), 만유재신론(panentheism, 범재신론)이 거론된다. 유신론은 하나님이 세상의 초월적 창조자임을 믿는다. 범신론은 세상이 하나님의 존재의 양식임을 믿으며, 만유재신론은 세상과 하나님이 상호의존적임을 믿는다. 그런데 이런 입장들은 모두 하나님과 창조에 대한 삼위일체적 교리에 전적으로 적합하지 않기 때문에, 우리에게는 다른 모형과 비유가 필요하다. 세상의 창조가 다시없는 독창적 행동인 것은 사실이지만, 그렇다고 우리 인간의 경험 속에서 창조의 **유비**를 찾거나 기대하지 말아야 할 이유는 없다. 물론 하나님의 삶과 활동을 표현하기 위해 사용되

---

30) Santmire, "In God's Ecology," 1303-1305.

는 모든 유비와 모형이 근본적으로 불완전함을 잊어서는 안 된다. 유비와 모형은 인간적 도구일 뿐 우리가 이해하고자 추구하는 것을 완전히 드러내지는 못한다. 샐리 맥페이그가 상기시키듯이, 하나님에 대한 우리의 언어는 불가피하게 은유적인데, 은유란 "그것이 무엇임과 무엇이 아님을 동시에 말하는" 역할을 하는 것이다.[31]

조지 헨드리(George Hendry)는 하나님의 창조 행동을 표현하기 위해 기독교 신학이 사용하는 여러 유비와 모형을 파악하여 정리한 바 있다. 다음에 열거된 각각은 성경적 지지와 동시에 인간의 공통 경험에 근거한다.[32]

1. 첫 번째 명확한 유비는 **출생**(generation)이다. 생명을 낳는 인간의 행동을 우리는 출산(procreation)이라고 부른다. 성경 안에는 출산의 유비를 암시하는 예가 여러 개 있다. 하나님은 이스라엘에 대해 "아버지" 또는 "어머니"와 같다고 묘사된다. 하지만 성경 속에 출산의 비유가 나타나는 것도 사실이지만, 고대 근동의 다른 종교와 비교했을 때 그 빈도와 강도가 현저할 정도로 약함에도 주목해야 한다. 이스라엘의 예언자들과 그 이후의 예수가 하나님을 "아버지" 또는 "어머니"로 표현했을 때, 이 비유는 성적인 출산의 행위가 아니라 하나님의 창조적 사랑과 부모로서의 돌봄을 의미한다.

2. 두 번째 유비는 **조성**(fabrication) 또는 **형성**(formation)이다. 조성의 개념은 하나님을 집을 세우는 자로 묘사하는 텍스트에서(시 127:1), 형성의 개념은 그분을 진흙으로 그릇을 빚는 토기장이로 표현하거나(렘 18장; 롬 9:21) 땅의 흙으로 인간을 지은 행위를 말하는 텍스트에서(창 2:7) 명확하게 나타난다. 조성과 형성의 유비는 창조자 하나님의 의도와 목적을 효과적으로 강조하지만, 두 가지 분명한 단점도 가진다. 즉 이 유비는 조성에 필

---

31) McFague, *Metaphorical Theology* (Philadelphia: Fortress, 1982), 13.
32) George S. Hendry, *Theology of Nature* (Philadelphia: Westminster, 1980), 147-62; Ian Barbour, *Religion in an Age of Science*, vol. 1 (San Francisco: Harper & Row, 1990), 176ff.

요한 재료가 선재해야 함을 전제할 뿐 아니라(따라서 하나님이 "무로부터" 세상을 창조했다는 성경의 명확한 선언을 애매모호하게 만든다), 하나님이 생성한 것들에 대해 비인격적 지위를 부여한다는 난점도 있는 것이다.

3. 세 번째 유비는 **유출**(emanation)이다. 유출의 문자적 의미는 "흘러나오는 것"이다. 이는 마치 샘에서 물이 흘러나오거나, 태양과 불에서 빛과 열이 방사되는 것과 유사하다. 이 유비에 따르면 창조는 하나님의 충만함이 흘러넘치는 것이다. 창조는 신성의 풍성함과 풍부함에서 기원한다. 나는 이 장의 서두에서 이런 이미지를 이미 사용했다. 그러나 유출의 이미지는 비인격적인, 심지어 비의지적인 과정을 암시할 수 있다는 약점이 있다. 헨드리는 유출의 유비가 고전 신학에서 삼위일체의 내적인 관계를 지시하기 위해 사용되긴 했지만(예를 들면 니케아 신조의 한 구절인 "빛으로부터 나온 빛"), 이 유비는 하나님의 세상 창조를 가리키는 유비로서 광범위한 지지를 받지 못했음을 지적했다.

4. 헨드리가 언급하지는 않았지만 오늘날 광범위하게 논의되고 있는 유비는 **몸/마음** 관계(mind/body relationship)다. 일부 신학자들은 억압적인 위계질서의 모형에 대한 대안을 내놓기 위해 애쓴 결과, 세상을 하나님의 몸으로 이해할 것을 제안했다. 이들에 따르면 이런 유비가 하나님과 세상의 관계의 친밀성과 상호성을 가장 잘 표현한다는 것이다.[33] 물론 이 유비에도 문제점은 있다. 즉 성경은 하나님과 세상의 관계가 은혜의 관계이며 비필연적이고 비대칭적이라고 묘사하지만, 이 유비는 이 점을 분명하게 표현하지 못한다.

5. 마지막 유비는 헨드리가 **예술적 표현**(artistic expression) 또는 **놀이**(play)라고 일컫는 것이다. 우리는 자주 창조를 하나님의 "일"(work)로 표현한다. 이런 표현 방식에도 일리가 있지만, "일"은 무엇인가 판에 박히고 대

---

33) Sallie McFague, *The Body of God: An Ecological Theology* (Minneapolis: Fortress, 1993), 131-57.

체로 유쾌하지 않는 것을 암시할 우려가 있다. 불행하게도 인간의 삶에서 일은 그런 식으로 곧잘 경험되기 때문이다. 그러므로 세계 창조를 하나님의 "놀이"로 간주함이 더 유용할 수 있다. "놀이"는 일종의 자유로운 예술적 표현이며, 그 기원은 궁극적으로 하나님의 선한 기쁨에서 찾을 수 있다.

성경에 따르면 하나님의 말씀과 성령에 의해 창조세계가 생성되었다. 하나님이 말씀하시자 세상이 존재한다(창 1장). 하나님의 영은 태고의 혼돈 위에 운행하며(창 1:2), 모든 피조물에게 생명을 부여한다(시 104:30). 이와 같은 하나님의 창조 활동은 자유롭고 자발적으로 일어나며, 그러기에 놀이와 예술적 표현의 특징과 부합한다.

그렇다면 놀이와 예술적 행위의 특징은 무엇인가? 첫째, 진정한 놀이는 항상 자유롭고 비강제적인 활동이다. 모든 예술적 표현은—음악이든, 드라마든, 춤이든, 회화든, 조각이든—자유롭고 창조적이며 유희적이다. 물론 이러한 유희 활동도 나름의 규칙은 있지만, 이는 자의적으로가 아니라 오히려 자유의 특정 영역을 규정하는 것으로 경험된다. 둘째, 모든 예술적 활동에는 자유로운 자기 제한이 있다. 예술가는 자신이 작업할 재료의 본래 상태를 존중해야 한다. 이런 까닭에 어느 정도의 자발적인 자기 제한이 필수적인 것이다.[34] 셋째, 예술가는 스스로를 표현할 때 자신과는 매우 다른 것을 창조하지만, 그 결과물에는 예술가 자신의 이미지가 남는다. 예술적 창조물은 자주 창조물 자체의 고유한 삶을 획득한다. 고전 음악의 악보 또는 고전 문학의 텍스트는 창조자 없이도 "스스로 말한다." 소설이나 드라마의 주인공들은 자신만의 성격과 모습을 획득한다. 그러기에 주인공들로 하여금 아무것이나 말하거나 행동하게 한다면 그것은 저자의 횡포거나 인위적인 것이 된다. 예술적 창조물은 자유로부터 만들어지지만, 자신의 창조자로부터 어느 정도의 독립성을 획득한다. 마지막으로, 예

---

34) David Brown, *Divine Humanity: Kenosis and the Construction of a Christian Theology* (Waco, Tex.: Baylor University Press, 2011), 193-200.

술가는 재료를 필요로 하지만, 예술 활동의 결과물 안에서 발견되는 재료는 원재료와는 전혀 다른 질서를 가진다. 모차르트의 협주곡이나 렘브란트의 그림은 단순히 재료들을 모아놓은 덩어리가 아니라 "새 창조"인 것이다.

창조를 예술적 표현으로 이해하는 모형은 특히 삼위일체 신학에 적절한 것처럼 보인다. 하나님을 세상에 관여치 않고 멀리 계시는 창조자로 여기는 사고(이는 서양 철학 전통의 전형적 특징이다)는 성경의 관점에서 볼 때 전적으로 부적합하다. 다른 한편으로 새롭게 영향력을 확장시키고 있는 만유재신론적 기술은 세상을 하나님의 몸으로 묘사함으로써 하나님과 세상의 친밀한 관계를 강조하지만, 세상에 대한 하나님의 자유 혹은 세상의 본질적 타자성과 자유를 적절히 표현하지 못하는 약점을 가진다. 반면 예술적 표현의 모형은, 예술가와 예술적 창조물 사이의 친밀한 관계와 창조적 자유의 요소, 이 둘을 모두 결합할 수 있기 때문에 매력적이다. 삼위일체의 내적인 연합 안에서 하나님의 사랑이 자유롭게 표현되고 공유되는 것과 마찬가지로, 그분은 사랑 안에서 창조 행위를 통해 신적 창조성의 흔적을 지닌 자유로운 피조물의 세계를 생성한다.

창조론에서 예술적 활동이나 놀이의 모형을 제대로 탐구하지 못한다면, 이는 부분적으로 현대의 전형적 현상인 신학과 예술의 불행한 분리 때문일 것이다. 또한 그 이유는 몰트만의 지적대로, 유감스럽게도 신학이 창세기의 첫 창조 이야기가 전하는 안식일의 쉼의 의미를 무시하기 때문일 수 있다. 하나님의 창조성은 인간을 만든 사건에서가 아니라 안식일의 쉼과 기념과 축제에서 그 절정에 도달한다. 안식일은 창조의 완성과 절정으로서 하나님의 창조성의 유희적 차원을 상기시켜준다. 또한 이 쉼의 날은 하나님의 섭리로 인해 창조된 세상이 누리도록 되어 있는 환희와 자유와 평화를 맛보도록 해준다.[35]

---

35) Moltmann, *God in Creation*, 5-7, 276-96, 310-12.

창조론과 현대 과학

기독교 창조론은 세계 생성의 기원을 다루는 유사 과학적 이론이 아님을 앞의 논의에서 명확하게 다뤘어야 했지만 그러지 못했다. 따라서 여기서는 이 주제에 대해 간단히 언급하겠다. 기독교 창조론은 예수 그리스도 안에서 하나님의 은혜를 경험함으로써 형성된 매우 종교적인 확증이다. 기독교 창조론은 우리가 의존적이고 유한한 존재이며 또 우리 존재는 하나님으로부터 받은 선물임을 자각하는 신앙 의식을 표현한다. 창세기 1장과 2장의 이야기는 현대의 우주론적 이론들과 경쟁하는 과학적 기술이 아니다. 오히려 이 텍스트의 목적은 세상과 우리 각각을 창조하고 우리와 화해했던 하나님에 대한 신앙을 시적이고 송영적으로 선언하는 것이다.

창조자 하나님에 대한 신앙과 현대 과학과의 관계에 관한 탐구는 점차 확대되어가는 추세이다.[36] 이안 바버(Ian Barbour)는 종교와 과학을 관계 짓는 표준적인 유형론을 다음과 같이 네 가지로 제시했다. 즉 갈등(conflict, 다른 관점을 무조건 거부하는 입장), 독립(independence, 각 영역은 분리적이라는 입장), 대화(dialogue, 둘 사이에 대화가 가능함을 인정하는 입장), 통합(integration, 어느 정도의 조화 또는 종합을 시도하려는 입장)이 바로 그것들이다.[37] 비록 기독교 신학과 현대 과학의 상호 작용에 대해서는 복잡한 논의가 존재하지만, 공통적으로 다음 몇 가지 원리는 인정되어야 한다.

---

36) 이 주제에 있어서는 광범위한 문헌이 급속도로 증가하고 있다. A. R. Peacocke, *Creation and the World of Science* (Oxford: Clarendon Press, 1979); John Polkinghorne, *Science and Creation*; Polkinghorne, *The Faith of a Physicist* (Princeton: Princeton University Press, 1994); Ian Barbour, *Issues in Science and Religion* (New York: Harper & Row, 1966); Barbour, *Religion in an Age of Science* (San Francisco: Harper & Row, 1990); Wentzel van Huyssteen, *Duet or Duel? Theology and Science in a Postmodern World* (London: SCM, 1998); Elizabeth A. Johnson, *Ask the Beasts: Darwin and the God of Love* (London: Bloomsbury, 2014).

37) Barbour, *Religion in an Age of Science*, 3-30.

첫째, **과학과 신학은 서로 다른 별개의 언어를 사용한다는 점**, 즉 두 개의 다른 "언어 게임"[language games, 비트겐슈타인(Wittgenstein)의 용어]임에 주목해야 한다. 과학이 데이터, 경험적 증거, 인과관계, 개연적 이론을 다루는 언어를 사용함에 반해, 신학은 세상을 하나님의 창조로 묘사하며 풍부한 상징과 이미지와 시적 운율의 언어를 다룬다. 세상의 기원에 대한 과학적인 기술을 성경의 창조 이야기가 담고 있는 상징적·비유적 확증과 동일시하려는 시도는, 바르트의 표현처럼 진공청소기의 소리와 오르간의 소리를 같은 잣대로 비교하려는 시도와 같다. 과학의 언어와 신앙의 언어는 구별되어야 한다. 한쪽이 다른 쪽으로 흡수되어서도 안 된다. 두 언어 중 오직 하나만이 진리의 소리며 실재에 접근할 수 있다고 말하는 것은 근거 없고 오만한 주장일 뿐이다.

둘째, **과학의 언어와 신학의 언어는 비록 구별되지만 그렇다고 전적으로 다르거나 상호 배타적이지 않다.**[38] 많은 반대 입장에도 불구하고 우리는 계속해서 이 점을 주장해야 한다. 과학과 신학, 이 양자는 근대의 상당 기간 동안 불화해왔지만 사실 그럴 필요가 없는 일이었다. 물론 성경을 자연과학에 사용될 수 있는 무오한 텍스트라고 주장한다면, 이런 행위는 신앙의 입장에서 현대 과학을 향해 선전포고 하는 것과 다름이 없을 것이다. 또 역으로 만약 진화론이 필연적으로 무신론과 연결된다고 주장한다면, 이는 현대 과학이 신앙을 향해 총대를 겨누는 것과 같다. 과학과 신학 사이의 전쟁은 근대에 들어 극적인 순간들을 맞았다. 교회가 갈릴레오(Galileo)의 과학적 판단, 즉 지구가 움직인다는 판단을 철회하도록 강요했을 때, 이 사건은 과학과 신앙의 적대 관계를 보여주는 주요 상징이 되었다. 19세기와 20세기 초에 와서 양자 간 충돌은 점점 더 진화론에 집중되

---

38) 이안 바버는 "만약 동일한 세계를 말하고 있는 언어들이 상호 관련성을 결여하고 있다면, 우리는 그 언어의 다수성에도 불구하고 거기에 만족할 수 없을 것이다"라고 주장한다(*Religion in an Age of Science*, 16).

었다. 윌버포스-헉슬리 논쟁(Wilberforce-Huxley debate), 스코프스 재판 사건(Scopes trial), "창조과학"(creation science)에 관한 최근 논쟁들은 과학과 신앙의 관계에 얽힌 혼란이 양 진영 모두에 얼마나 광범위하게 퍼져 있는지를 극적으로 보여준다.

이런 혼란에도 불구하고, 진화론과 창조자 하나님에 대한 신앙을 동시에 지지하는 것은 가능하며 이는 본질적으로 전혀 비일관적이지 않다. 하나님의 창조 활동의 기간과 단계와 과정에 대해 우리의 과거의 가정이 아무리 광범위하게 수정된다 하더라도, 이것은 창조자 하나님에 대한 우리 신앙의 중심적 주장에는 본질적인 영향을 미치지 못한다. 진화론을 옹호하는 이들 중 현대 과학이 하나님에 대한 신앙을 인정하지 않는다고 생각하는 사람들이 있는지 모르겠지만, 이런 결론은 자신들의 이론 자체에 의해서도 지지를 받지 못한다. 마찬가지로 "창조과학" 역시 세계의 창조자인 하나님에 대한 신앙의 확증으로부터 도출되는 필연적인 결론 혹은 가장 적절한 결론이 아니다. 과학 환원주의와 신학적 제국주의, 우리는 이 양자를 다 피해야 한다. 우리의 경험 세계에는 다중적 차원들, 즉 물리적·화학적·생물학적·인격적·사회적·도덕적·종교적 등의 차원이 있으며, 이 각각의 차원은 자신만의 언어로 이해될 수 있지만 동시에 최고의 차원 안에서 새로운 이해에는 늘 개방되어 있다.[39] 따라서 우리는 둘 중 어느 하나를 증명하고 다른 하나를 반박하는 양자택일의 상황에 빠지지 않으면서도, 세계에 대한 과학적 이해와 신학적 이해 양자의 일치를 모색할 가능성을 가진다.[40]

셋째, 과학과 신앙은 서로 불화할 필요 없이 상대방에게 영향을 미치고 상대를 풍성하게 할 수 있으며, 또 그렇게 해야 한다. 이는 많은 신학자

---

39) 인지 활동의 여러 차원에 관해서는 Bernard Lonergan, *Insight: A Study of Human Understanding* (London: Longmans, Green, 1957), 271-78을 보라.

40) John Polkinghorne, "The Hidden Spirit and the Cosmos," in *The Work of the Spirit: Pneumatology and Pentecostalism*, ed. Michael Welker (Grand Rapids: Eerdmans, 2006), 172.

와 과학자 사이에서 인정되기 시작하는 내용이다. 현재 점점 더 많은 과학자들이 과학적 탐구 안에 존재하는 인격적 참여와 창조적 상상력의 차원을 인정하고 있다.[41] 동시에 과학의 기획 그 자체에도 엄밀하게 증명할 수 없는 가정들과 근본적 비유들에 전제되고 있음이 드러나고 있다. 스탠리 자키(Stanley L. Jaki)는 근대 과학을 가능하게 했던 가정들, 즉 관찰 대상이 되는 독립체들이 객관적으로 실재한다는 가정, 이 독립체들은 내재적 합리성을 가지며 일시적으로 존재한다는 가정, 우주가 정합성을 지닌 전체라는 가정이 기독교 창조론과 전적으로 일치함을 설득력 있게 논증했다.[42] 어느 과학철학자는 오늘날에는 신앙이 이해를 추구한다는 사실만이 아니라, 과학적 이해 역시 적어도 광의의 의미에서 신앙을 추구한다는 사실이 인정되어야 함을 역설했다.[43]

　　기독교 신앙과 신학은 현대 생물학의 연구와 과학적 우주론으로부터 많은 것을 배울 수 있다. 즉 하나님은 폐쇄된 정적 우주가 아니라 역동적이고 개방적인 우주를 창조하셨다는 점, 그리고 그분은 연속성과 질서와 정합성뿐 아니라 변화와 창발성과 비결정성을 내포한 우주를 지었다는 점이 그러하다.[44] 신앙과 신학이 희미하게밖에는 암시할 수 없는 것을 과학이 명확하게 드러내기를 기대한다는 점에서, 과학을 기대하는 추의 움직임은 오늘날 반대 방향으로 너무 멀리 나아가기 시작했는지도 모른다. 적어도 몇몇 대중적 저술이 떠들어대는 소리, 곧 양자 물리학과 빅뱅 우주론이 하나님께 나아가는 길을 신앙보다 더 확실하게 제시한다는 주장을 들으면 그러한 우려가 현실인 듯 보이기도 한다. 그러나 이처럼 신중하지 못한 주장은 현대 과학과 신학 간의 대화를 진전시키지 못할 것이다.

---

41) Michael Polanyi, *Personal Knowledge* (Chicago: University of Chicago Press, 1958). 『개인적 지식』(아카넷 역간).

42) Jaki, *Cosmos and Creator* (Edinburgh: Scottish Academic Press, 1980).

43) Polkinghorne, *Science and Creation*, 32.

44) A. R. Peacocke, *Creation and the World of Science*.

진보에 기여하기 위해서는 과학과 신학 양쪽 모두가 새로운 개방성을 가져야 한다. 과학은 과학 탐구에 내포된 신비의 차원에 열려 있어야 하며, 신앙과 신학은 인간 중심주의적인 협소한 관점을 초월하는 하나님의 목적 지향적 활동에 대한 비전에 열려 있어야 한다. 새로운 신(神) 중심주의와—더 구체적으로는 다시 활기를 띠기 시작하는 삼위일체적 하나님 이해와—과거에 고착되지 않으면서도 하나님의 온 창조세계를 포함하면서 미래의 종말을 지향하는 창조론이 신학적 인간 중심주의를 극복해야 한다. 이는 인간의 삶의 가치를 무시하는 것이 아니라 창조세계 전체의 가치를 재평가하는 것을 의미한다. 위르겐 몰트만이 썼듯이, "인간 존재의 영속적 의미는 하나님의 창조를 찬양하는 (유일한) 환희의 찬가에 참여하는 데 있다. 이 찬가는 인간이 출현하기 **이전**에 이미 시작되었고 인간의 영역 밖에서도 불리고 있으며, 아마도 인간 존재가 이 행성에서 사라진 **이후에도 계속될 것이다.**"[45]

특별히 오늘날 직면하고 있는 생태계 위기의 관점에서 볼 때, 이제는 기독교 신앙과 현대 과학의 케케묵은 전쟁을 종식해야 한다. **자연신학**(natural theology), 적어도 전통적인 자연신학은 더 이상 도움이 되지 못한다. 그러나 **자연에 대한 신학**(theology of nature)은 중대한 의미를 지니게 될 것이다.[46] 과학자들과 과학적 발견이라는 한편의 진영을 다른 한편의 진영, 즉 신학자들과 신앙의 비전으로부터 떼어내는 전적 분리와 상호 무관심의 태도를 이제는 탈피해야 한다. 과학자와 신학자는 서로 개방적 대화를 시작해야 한다. 한 관점이 상대의 관점을 흡수하려고만 하지 않는다면, 각각은 하나님이 지으신, 상호 연결되어 있는 창조세계의 복잡하고도 연약한 아름다움을 나름의 방식으로 지시할 수 있을 것이다.

---

45) Moltmann, *God in Creation*, 197.
46) Hendry, *Theology of Nature*, 13-14; Barbour, *Religion in an Age of Science*, 183; Polkinghorne, *The Faith of a Physicist*, 41-46.

참고 문헌

Barbour, Ian G. *Issues in Religion and Science*. Englewood Cliffs, N.J.: Prentice-Hall, 1966.

Barth, Karl. *Church Dogmatics*, 3/1: 3-41. Edinburgh: T&T Clark, 1958.

Birch, Charles, and Lukas Vischer. *Living with Animals: The Community of God's Creatures*. Geneva: World Council of Churches, 1997.

Cobb, John. *Is It Too Late? A Theology of Ecology*. Denton, Tex.: Environmental Ethics Books, 1995.

Fergusson, David. *The Cosmos and the Creator*. London: SPCK, 1998.

Haught, John F. *God After Darwin*. Boulder, Colo.: Westview, 2000.

Hendry, George S. *Theology of Nature*. Philadelphia: Westminster, 1980.

Johnson, Elizabeth A. *Ask the Beasts: Darwin and the God of Love*. London: Bloomsbury, 2014.

May, Gerhard. *Creatio ex Nihilo*. Edinburgh: T&T Clark, 1994.

Miller, Daniel K. *Animal Ethics and Theology: The Lens of the Good Samaritan*. New York: Routledge, 2012.

Moltmann, Jürgen. *God in Creation*. London: SCM, 1985.

Peacocke, A. R. *Creation and the World of Science*. Oxford: Clarendon, 1979.

Polkinghorne, John. *Science and Creation*. London: SPCK, 1988.

_____. *The Work of Love: Creation as Kenosis*. Grand Rapids: Eerdmans, 2001. 『케노시스 창조이론』(새물결플러스 역간).

Schwöbel, Christoph. "God, Creation and the Christian Community: The Dogmatic Basis of a Christian Ethic of Createdness." In *The Doctrine of Creation*, ed. Colin Gunton. Edinburgh: T&T Clark, 1997. p. 149-76.

Soskice, Janet. *Creation "Ex Nihilo" and Modern Theology*. Oxford: Wiley-Blackwell, 2013.

Tanner, Kathryn. *God and Creation in Christian Theology: Tyranny or Empowerment?* Oxford: Blackwell, 1988.

하나님의 섭리와

▶▶▶▶▶▶▶▶▶▶▶▶▶▶▶▶▶▶▶▶▶▶▶ 제 6 장 ▶

악의 신비

거대한 악과 고통의 문제 앞에 설 때, 모든 질문에는 답이 있다고 자만하는 모든 웅장한 신학 체계들의 착각과 허상이 폭로된다. 철저히 근본에서부터 존재하는 악은 하나님, 특별히 하나님의 섭리적 통치에 대한 모든 신학적 사고와 진술을 뒤흔드는 "장애물"이라 할 수 있다.

제1장에서 나는 신학을 이해를 추구하는 신앙으로 규정하면서, 신학의 과제 중 한 측면이 예수 그리스도 안에서 드러난 하나님의 계시에 비추어 하나님과 우리 자신과 세계에 대한 우리 사고의 전체성과 정합성을 탐구하는 것이라고 말한 바 있다. 그러나 정합성을 탐구하더라도 사상의 체계를 세우고자 하는 유혹에는 저항해야 한다. 왜냐하면 사상 체계는 실제로 우리가 아는 것보다 더 많은 것을 아는 척함으로써, 신앙과의 접촉점과 생활 실재와의 접촉점을 모두 상실하게 할 위험이 있기 때문이다. 우리는 그리스도 안에서 계시된 하나님의 진리에 대해서는 확신할 수 있지만, 하나님에 대한 우리의 지식이 모든 것을 아우르는 것은 아니다. 신앙의 상태가 다만 희미하게 보는 것이듯(고전 13:12), 모든 신학은 칼 바르트의 표현대로 필연적으로 "조각조각 쪼개어진 사고"에 불과하다. 우리에게 주어진 신학 지식의 절대적 파편성을 가장 극명하게 확인할 수 있는 지점이 바로 이 세상에 존재하는 철저한 악의 실재에 직면하면서도 하나님의 섭리를 확증해야 하는 경우이다. 하나님의 섭리와 "악의 문제"와 관련해서 신학자들은 수많은 주장들을 내놓고 그것들을 명료하게 표현하고자 시도했지만 애석하게도 이런 모든 노력은 전혀 만족스러운 결과를 내지 못했다. 거대한 악과 고통의 문제 앞에 설 때, 모든 질문에는 답이 있다고 자만하는 모든 웅장한 신학 체계들의 착각과 허상이 폭로되는 것이다. 철저히 근본에서부터 존재하는 악은 하나님, 특별히 하나님의 섭리적 통치에 대한 모든

신학적 사고와 진술을 뒤흔드는 "장애물"[아서 코헨(Arthur Cohen)의 용어]이라 할 수 있다.

섭리 신앙과 악의 실재

그리스도인은 하나님이 세상에 대해 주권을 가지고 섭리적으로 돌보신다고 고백한다. 이신론의 주장처럼 하나님은 창조세계가 스스로 돌아가도록 내버려두는 분이 아니다. 참 하나님은 부재지주(absentee landlord)가 아니다. 참 하나님은 창조세계에 대해 신실하고 그것을 지탱하고 축복하시며, 이 세계가 목적을 향해 나아가도록 인도한다. 수많은 성경 구절이 모든 피조물을 향한 하나님의 지속적인 돌봄을 증거하고 있다(예를 들어 창 9:8-17; 시 104편). 아마도 가장 익숙한 구절은 하나님이 비를 의로운 자와 불의한 자에게 똑같이 내려주시며(마 5:45), 공중의 새를 먹이고 들의 백합화를 입히며(마 6:26-30), 우리의 머리털까지 다 세신다(마 10:30)고 한 예수의 가르침일 것이다.

하이델베르크 요리문답(Heidelberg Catechism, 1563년)은 섭리에 대해 간결하지만 핵심적인 정의를 제시한다. 섭리(providence)란 "하나님의 전능하며 항존적인 권능이다. 하나님은 이 권능으로 마치 자신의 손으로 하는 것처럼 하늘과 땅과 모든 피조물을 계속 지탱한다. 그리고 그분은 나뭇잎과 풀, 비와 가뭄, 풍년과 흉년, 먹을 것과 마실 것, 건강과 병, 부와 가난, 그외 모든 것을 우연이 아니라 하나님의 자애로운 아버지 같은 손을 통해 우리에게 일어나는 방식으로 모든 것을 통치한다."[1]

하나님의 섭리적 활동에 대한 이러한 확증은 악의 실재와 권세에 의해 가장 심각하게 도전을 받는다. 악은 하나님의 뜻에 대적하며 선한 창조세

---

1) "The Heidelberg Catechism," A. 27, in *The Book of Confessions* (PCUSA), 4.027.

계를 왜곡한다. 악은 환영도, 단순한 현상도, 세상에서 점차적으로 사라지는 세력도 아니다. 악의 실재를 부인하거나 악의 권세를 최소화하는 모든 이론은 근대 후기의 끔찍한 경험과 공포로 인해 비현실적이고 무가치한 것으로 폭로되었다. 이전 시대에는 악이 문화적 지체(cultural lag)나 불충분한 교육, 부적합한 사회 계획의 결과로 일어난다고 보았다. 동시에 사회가 점진적이지만 필연적으로 진보하고 우주와 인류가 낙원을 향해 전진하고 있으며, 결국에는 모든 고통과 악이 제거될 것이라고 보았다. 그러나 21세기 초에 벌어진 경악할 만한 파괴적 전쟁과 인종 학살, 세균전과 핵전쟁의 자행으로 인해 인류 멸절의 가능성이 대두되면서, 진보에 대한 모든 순진한 믿음은 파괴되었다.

만약 악의 문제가 명쾌하게 풀리지 않고 거대한 악의 실재를 신문의 모든 면과 암 병동에서, "근대 역사기의 잔혹한 사실들"에서 직면해야 한다면,[2] 신학은 다음과 같은 신정론의 문제를 피할 수 없다. 즉 이처럼 끔찍한 악에 직면하여 어떻게 하나님의 주권을 계속 긍정할 수 있는가? 이 문제는 자주 다음과 같이 정식화된다. 즉 만약 하나님이 전능하고 선하다면 어떤 이유로 이처럼 엄청난 악이 세상에 존재할 수 있는가? 하나님의 전능성을 제한하거나 그분의 선하심을 부정하거나, 또는 악의 실재를 부인해야 하는 것 아닌가? 자주 자연 악(자연의 손을 통해 인간이 경험하는 고통과 악)과 도덕 악(죄인인 인간이 인간 서로에게, 또한 인간이 사는 세계에 가하는 고통과 악)이라고 불리는 것과 관련하여, 신정론의 문제는 우리를 압박한다. 이 두 가지 경험의 영역에서 삶의 잔혹한 실재와 하나님에 대한 신앙을 연결시키려는 우리의 노력은 난해하고 괴로운 질문으로 가득 찬 미로 속으로 쉽게 빠져버리고 만다.

1. "자연 악"(natural evil)은 질병과 사고와 지진과 화재와 홍수가 일으키

---

2) Arthur A. Cohen, *The Tremendum: A Theological Interpretation of the Holocaust* (New York: Crossroad, 1981), 81.

는 상처와 고통을 가리킨다. 암으로 죽어가는 젊은 어머니, 에이즈에 걸린 채 태어난 유아, 뺑소니차에 치여 죽은 어린아이, 짙은 안개 속에서 비행기 충돌로 희생된 수백의 사람들, 허리케인으로 실종된 많은 인명과 전체가 파괴된 마을들, 화산 폭발로 생긴 진흙더미에 묻힌 수천의 사람들, 해일에 쓸려간 수천의 사람들을 예로 들 수 있다.[3] 병원을 심방하고 유족과 상담하는 모든 목회자는 이런 사건으로 인해 초래된 고통과 슬픔이 심대하며 때로 재앙에 가까움을 안다.

자연 악의 경험을 다루고자 할 때 우리는 상처받을 가능성, 유한성, 필멸성을 그 자체로 악으로 간주하려는 유혹에 빠질 수 있다. 그러나 이는 잘못된 태도이다. 바로 앞 장에서 주목했듯이, 어느 정도의 한계성과 상처받을 가능성은 하나님이 창조한 생명의 선함에 속한다. 인간은 하나님이 세운 자연 질서의 일부분이며, 다른 피조물과 함께 자연 법칙의 지배를 받는다. 유한한 피조물은 고통과 병, 슬픔, 실패, 무능력, 엄연한 노화와 종국적 죽음의 가능성에 노출된다. 피조물의 삶은 일시적이며 시작과 끝이 있다(시 90:10). 하나님은 출생과 사망, 합리성과 우연성, 질서와 자유, 위험과 상처받을 가능성이 망라된 세상을 창조했다. 그와 같은 세상에서 도전, 투쟁, 일정한 고통은 삶의 근본적 구조에 속한다. 세상에 어떤 형태의 투쟁도 고통도 없기를 바라는 것은 창조 자체를 바라지 않는 것과 같다.[4] 그리스도인이 모든 피조된 존재에게 한계성과 위험성이 없어야 한다고 주장한다면 그것은 편협하며 근거 없는 생각이다. 유한성과 필멸성은 하나님이 창조한 삶의 "그늘진 곳"을 구성하지만, 그렇다고 그것들이 본질적으로 악하다고는 말할 수 없다.

유한성과 악을 세밀하게 구별한다 하더라도, 우리는 자연계의 질서 안

---

3) David Bentley Hart, *Doors of the Sea: Where Was God in the Tsunami?* (Grand Rapids: Eerdmans, 2005).

4) Douglas John Hall, *God and Human Suffering* (Minneapolis: Augsburg, 1986), 49-71.

에서 혹독한 형태의 고통에 직면한다. 게다가 이런 고통은 부조리하고 과도하며, 목격할 수 있는 선의 크기에 비해 지나치게 커 보인다. "나이가 많고 늙어서 기운이 다한"(창 25:8) 자의 죽음은 슬픔을 유발할지언정 우리의 신앙을 위협하지는 않는다. 그러나 백혈병이나 다른 질병으로 어린아이나 청년이 죽는다면 충분히 신정론의 질문을 촉발하고도 남는다.

더욱이 자연 질서 안에 존재하는 하나님의 섭리적 인도를 의심하고 싶은 충동은 개인의 비극적 경험으로만 한정되지 않는다. 개인적 경험뿐만 아니라 우주적 과정의 해석에서도 우리는 하나님의 선한 섭리를 의문시하지 않을 수 없다. 폭력으로 인한 죽음과 피폐해진 삶은 전체 자연계의 질서를 구성하는 요소로 보이지 않는가? 존 맥쿼리(John Macquarrie)는 진화 과정에서 생긴 "부산물"에 대해 다음과 같이 논평한다. "지상에서 일어나는 진화의 과정은 미리 고안된 계획이 실행되는 것이라기보다는, 엄청난 부산물을 배출하는 시행착오를 통해 더듬거리며 나아가는 절차와 같다."[5]

자연의 혹독한 모습으로 인해 어떤 이들은 하나님을 부인하거나 그분을 파멸적 악과 동일시한다. 테네시 윌리엄스(Tennessee Williams)의 극작품 『지난 여름 갑자기』(Suddenly Last Summer)에서 하나님을 찾고 있던 세바스찬은 커다란 새들이 매혹의 섬인 갈라파고스 군도 위로 급강하하는 것을 보았다. 이 새들은 갓 부화한 바다 거북이들이 바다를 향해 힘겹게 기어가는 것을 보고는 달려들어 몇 마리를 제외하고 다 삼켜버렸다. 이런 살육의 현장을 목격한 세바스찬은 어머니에게 다음과 같이 말한다. "아, 이제 저는 그분을 보았어요." 여기서 그분이란 하나님을 의미한다.[6] 자연 안에서 다중적으로 발생하는 악의 실재에서 느껴지는 충격적인 잔혹성과 끔찍한 허망함, 세상의 자의성 때문에 하나님의 섭리적 돌보심과 선하심을 의심

---

5) Macquarrie, *Principles of Christian Theology*, 2d ed. (New York: Scribner's, 1977), 257.
6) Williams. Gordon D. Kaufman, *Systematic Theology: A Historicist Perspective* (New York: Scribner's, 1968), 310-11에서 재인용.

하게 되고 심지어는 절망에 빠질 수 있다.

2. 자연에서 눈을 돌려 역사의 영역을 본다 하더라도, 동일하게 악의 신비는 다 파악될 수 없다. 18세기의 리스본 대지진은 신정론 질문의 대명사 격이었지만, 21세기에는 아우슈비츠 같은 사건의 기억이 모든 전통적인 신학적 성찰을 막히게 만든다. 제2차 세계대전 동안 나치가 유럽의 유대인들에게 저지른 대학살은 구원받지 못한 세상의 근본적 악을 드러내는 주요한 상징이 되었던 것이다.

우리의 사고를 마비시키는 이런 끔찍한 경험을 신학적으로 반성하는데 있어, 유대인 작가들이 주도적 역할을 감당했다는 사실은 실로 아이러니하다. 사실 6백만 유대인이 학살된 홀로코스트는 역사 속에서 벌어진 악의 등급 중에서도 최고도의 수치, 우리의 정신과 영혼을 마비시킬 만한 등급을 형성한다. 기관총을 차고 가스실을 만든 나치는 유대인이라는 바로 그 이유만으로 수백만의 무고한 사람들을 죽음의 수용소에서 살해했다. 인종 학살의 최고 절정을 이룬 이런 만행의 유일한 동기는 극도의 증오심이었다. 그래서 홀로코스트는 전적으로 악마적인 성격을 띤다. 근대 서구 문화의 정점을 대표하는 사회에 의해 대학살이 자행되었다는 사실이 더더욱 우리를 소름끼치게 한다. 나치는 그들의 악마적 행동이 전쟁 수행에 유용했다고 주장할 수조차 없다. 왜냐하면 사실은 정반대임을 보여주는 증거가 많기 때문이다. 유대인 남자와 여자와 아이들은 언약의 하나님께 신실하지 못했기 때문이 아니라, 반대로 언약 백성에 참여하고 있다는 바로 그 사실 때문에 무분별하고 잔인하게 학살당했다.

엘리 위젤(Elie Wiesel)은 『나이트』(Night, 예담 역간)에서 단 한 개의 에피소드를 통해 아우슈비츠 대학살이라는 공포의 순간을 포착한 바 있다. 어느 날 어린 소년 하나가 수용소의 사소한 규칙을 위반한 것 때문에 모든 포로 앞에서 교수형을 당했다. 소년의 몸이 줄에 달려 대롱거리고 있을 때 누군가가 위젤에게 물었다. "하나님은 지금 어디에 계시는가?" 그때 위젤의 내면 속에서 한 목소리가 들렸다. "하나님이 어디에 계시냐고? 바로 저기 계신다. 저기, 교수대의 줄 끝에 매달려서….".[7] 위젤의 이야기에는 힘 있는 감동이 있다. 끔찍한 고통의 경험 속에서 겪게 되는 신앙의 심각한 위기에 초점을 두고 있기 때문이다. 무고한 자가 고통을 당하는 모든 경험 속에는 필연적으로 신학적 차원이 존재하는 것이다. 시몬 베이유(Simone Weil)가 보석 같은 에세이에서 말한 것처럼 고통에는 다양한 차원들이 있다. 신체적 고통뿐 아니라 사회적 거부와 자기 증오까지도 포함한다. 그러나 무엇보다 고통이 힘든 것은, "고통은 한동안 하나님이 부재하는 것처럼 보이도록 만들기"[8] 때문이다. 이렇게 하나님이 부재하는 듯한, 또는 하나님이 죽으신 듯한 경험은 철저한 악의 경험과 밀접하게 연관되어 있다.

유대인 대학살 사건은 특수하고 독특한 사건이지만, 이것으로 끝은 아니다. 이 비극적 사건에 더하여, 세계 도처에서 고통당하는 사람들의 수많은 증언이 덧붙여진다. 미국의 흑인 노예들, 남아프리카공화국의 인종 분리 정책의 희생자들, 스탈린 노동 수용소의 수감자들, 히로시마와 나가사키에서 원폭으로 사망한 수십만의 사람들, 캄보디아의 킬링필드에서 생명을 잃은 사람들, 발칸 반도 "인종 청소"(ethnic cleansing)의 희생자들, 종족 간의 갈등으로 도살된 수백만 르완다인, 과도한 군사 작전 감행에서 생긴 "부수적인 민간인 피해"의 희생자 등등 이 목록에는 끝이 없는 듯 보인다. 아서 코헨은 다음과 같이 썼다. "유대인들이 죽음의 수용소에서 경험한 '몸이 떨리는 엄청난 두려움'(tremendum)은 독특했다고 한다. 이런 주장은 옳을 것이다. 그러나 이 땅에서 학살당한 다른 사람들도 그에 못지않다. 그들도 유대인 못지않게 자신의 존재를 도살당했고 유대인 못지않게 불합리하고 무제한적으로 죽음을 당했다."[9]

"몸이 떨리는 엄청난 두려움"이 어떤 식으로 알려지든 이것이 드러내

---

7) Wiesel, *Night* (New York: Bantam Books, 1982), 62.
8) Weil, *Waiting for God* (New York: Harper & Row, 1976), 120. 『신을 기다리며』(문지사 역간).
9) Cohen, *The Tremendum*, 36.

는 바는 동일하다. 즉 악은 실제적이며 강력하다는 것, 악에는 저항해야 한다는 것, 그리고 악의 무게에 눌려 고통당하는 자들은 조만간 시편 기자의 질문, 즉 "여호와여 어느 때까지니이까?"(시 13:1)나 그보다 훨씬 더 끔찍한 예수의 질문인 "나의 하나님, 나의 하나님 어찌하여 나를 버리셨나이까?"(막 15:34)를 외치게 된다는 점이다.

신학 전통에서 섭리와 악

고전적 섭리론이라고 해서 세상 속 악의 실재에 둔감한 신학자들의 작품이라고 생각해서는 안 된다. 섭리를, 세상이 존재하도록 보존하고 모든 사건을 통치하며 세상이 자신의 최종적인 목적으로 나아가도록 인도하는 하나님의 사역이라고 정의할 때, 고전 신학자들은 개인과 사회와 국가에 역사하는 하나님의 의지를 부정하는 힘에 대해 무시하지 않았다. 이 점은 아우구스티누스와 칼뱅이 발전시킨 인상적인 섭리론에서 분명하게 드러난다.[10]

　아우구스티누스에 따르면, 비록 하나님의 섭리가 대체로 감추어져 있다 하더라도 그분의 섭리는 개인적 삶과 역사 안에서 활동한다. 『고백록』(Confessions)은 하나님이 비밀스럽지만 확실하게 그의 인생을 많은 우여곡절 끝에 그리스도에 대한 신앙으로 이끄시고 교회로 인도하셨음을 설명한다. 하나님의 목적은 강압적으로 혹은 이른바 "밖으로부터" 실행되지 않으며, 정확히 말해 아우구스티누스 자신의 자유로운 결정과 행동 안에서, 그리고 그것을 통해 실행된다. 『고백록』 이후의 저서인 『신국론』은 독자로 하여금 로마 제국의 해체 속에서도 하나님의 섭리적 손길이 작용함을

---

10) Langdon Gilkey, *Reaping the Whirlwind: A Christian Interpretation of History* (New York: Seabury Press, 1976), 159-87.

보도록 도와준다. 하나님은 독재, 불의, 사회의 몰락, 전쟁, 여타 다른 악한 사건을 일으키는 원인이 아니다. 이런 비극은 피조물들이 자신의 자유를 오용하기 때문에 생겨난다. 그럼에도 하나님은 이와 같은 사건이 일어남을 허용하고, 그것조차 이용하여 그분의 목적을 성취한다. 하나님은 그 자체로는 부정적이고 파괴적일 뿐인 것으로부터 선한 것을 이끌어내심으로 악에 대한 자신의 주권을 행사한다.[11]

칼뱅의 섭리론은 모든 사건에 대한 하나님의 통치권을 훨씬 더 단호하게 확증한다. 칼뱅의 핵심적 목표 가운데 하나는 어떤 사건이 운명이나 우연성, 혹은 변덕에 의해 일어난다는 사고에 반대하는 것이었다. 칼뱅은 "모든 사건은 하나님의 비밀스런 계획에 의해 통치된다"고 썼다. "하나님이 알고 의지로 작정한 것이 아니면 어떤 일도 일어나지 않는다."[12] "하나님의 예지"를 있는 그대로 긍정하는 것만으로는 불충분하다고 생각한 칼뱅은, 하나님은 자연과 역사의 길을 가장 세세한 부분까지 통치한다고 선포한다. 하나님은 "자신의 측량할 수 없는 지혜로 만물을 인도하고 그것을 하나님 자신의 목적에 맞게 사용한다."[13]

하나님의 주권적인 통제를 강조함에도 불구하고 칼뱅은 섭리를 운명론과 동일시하지 않는다. 정반대로 칼뱅은 하나님을 만물의 "제일원인"(first cause)으로 간주할 수 있지만, 동시에 우리는 필요한 곳에서는 "제이원인들"(secondary causes)에도 주의를 기울여야 한다고 가르친다.[14] 하나님은 인간이 위험을 예견하고 신중하게 행동하도록 이성을 주셨다. 만약 위험이 분명하다면 그 위험 속으로 무모하게 달려들어서는 안 된다. 만약 고통에 대한 치료제를 이용할 수 있다면, 우리는 이 치료제를 무시할 이유

---

11) Augustine, *City of God*, 13.4: "인간의 범죄에 대한 처벌조차도 하나님의 형언할 수 없는 자비에 의해 덕을 이루는 도구로 바뀐다."

12) *Institutes of the Christian Religion*, 1.16.3.

13) *Institutes*, 1.16.4.

14) *Institutes*, 1.17.6.

가 없다. 하나님의 섭리를 다룬 다른 고전적 신학자들처럼 칼뱅은 양 방향의 위험 사이, 즉 한편으로는 피조물의 자유와 책임성을 희생하면서까지 모든 것을 하나님에게 돌리는 위험과, 다른 한편으로는 피조물에 어느 정도의 자율성을 허용함으로써 하나님의 전능성을 타협하는 위험 사이에서 줄타기를 한다고 볼 수 있다.

아우구스티누스와 칼뱅 모두에게 하나님의 섭리는 사변적 교리가 아니라 실천적인 진리다. 우리는 하나님이 통치하시고, 악이 확실히 그분의 통제 하에 있음을 확신할 수 있다. 이런 가르침은 신앙의 삶에 다음과 같은 중요한 혜택을 가져다준다. 첫째, 비록 역경의 이유를 다 이해할 수 없다고 하더라도, 섭리론은 역경이 하나님의 손길로부터 온 것임을 믿고 받아들일 수 있는 겸손함을 우리에게 가르친다. 둘째, 섭리론은 우리가 편안하고 번창할 때에도 하나님께 감사하도록 가르친다. 마지막으로, 하나님의 섭리에 대한 신뢰는 모든 불필요한 염려와 근심으로부터 우리를 자유롭게 한다. 칼뱅은 이런 요점들을 다음과 같이 표현했다. "일의 결과가 바라는 대로 이루어진 것에 감사하는 것, 역경 속에서 인내하는 것, 그리고 미래에 관한 근심으로부터 믿을 수 없을 정도로 자유한 것, 이 모든 것은 필연적으로 섭리에 대한 지식으로부터 나온다."[15]

전통적인 섭리론의 틀 내에서 신정론의 문제에 대해서는 적어도 다음 세 가지 분명한 대답이 존재한다.

1. 우리에게 익숙한 신정론 논증은 **하나님의 불가해성**(incomprehensibility of God)을 강조한다. 왜 세상에 이렇게 많은 악이 창궐하는지, 어째서 악은 불공평한 방식으로 나타나는지 우리는 잘 알지 못한다. 그럼에도 불구하고 우리는 하나님을 신뢰할 수 있고 인내할 수 있다. 악에 대한 이런 믿음과 인내의 반응은 사실 성경이 지지하는 태도이기도 하다. 욥의 질문에 대해 하나님은 회오리바람으로부터 나와서 일련의 역(逆)질문을

---

15) *Institutes*, 1.17.7.

퍼부으신다. 이를 통해 그분은 욥에게 세계를 다스리는 하나님의 길들을 인간으로서는 도저히 파악할 수 없음과 욥 자신의 유한성을 깨닫게 하려고 의도했던 것이다(참조. 욥 38-41장). 여기에 대해 칼뱅은 다음과 같이 서술한다. "욥의 이야기는 늘 하나님의 지혜와 권능과 순수를 묘사함에 있어서 인간을 압도하는 강력한 논증을 제시한다. 이를 통해 인간은 자신의 어리석음과 무능력과 부패를 깨닫게 된다."[16]

하나님의 길에 대한 우리의 지식이 제한적이라는 사실과, 극도의 고통 앞에서는 그 이유를 경박하게 설명하기보다 때때로 침묵하는 것이 훨씬 더 적절한 반응이라는 가르침에 대해서는 전적으로 동의하지 않을 수 없다. 하지만 이런 반응은 모든 질문을 억누르는 경향으로 빠질 수 있다. 모든 종류의 고통에 순응하여 받아들이도록 조장하는 단점이 있는 것이다. 하나님의 불가해성이라는 주제를 이렇게 사용하면 모두가 동의하는 성경적 보증을 얻기가 어려워진다. 참으로 욥기 자체는 하나님께 항의하는 것을, 그분의 통치에 의문을 품는 것을 허용하는 가장 두드러진 성경 텍스트이다. 그리스도인의 의식 깊은 곳에는 이 책의 서론과 결론에 나타난 경건하고 인내하는 욥의 모습만이 새겨지는 경향이 있다. 시적 텍스트에서 드러난 반항적이며 하나님께 질문을 제기하는 욥의 모습은 상대적으로 훨씬 덜 알려져 있다. 옳은 말을 한 것에 대해 결국 칭찬을 받은 자는 정통적 입장에서 욥을 비판한 친구들이 아니라 바로 하나님에게 대든 욥이었음을 기억하라(욥 42:7). 극도로 힘든 고통과 악에 직면한 인간이 하나님의 정의를 의심하는 것이 허용되고 있다는 사실 속에는 심오한 신학적·목회적 의미가 담겨 있다.[17]

2. 또 다른 전통적 신정론 논증은 불행의 경험을 **하나님이** (악한 자를)

---

16) *Institutes*, 1.1.3.
17) Kathleen D. Billman & Daniel L. Migliore, *Rachel's Cry: Prayer of Lament and Rebirth of Hope* (Cleveland: Pilgrim, 1999).

처벌하거나(divine punishment) (하나님의 백성을) **징계하는**(divine chastisement)
증거로 해석하는 입장이다. 이런 견해에 따르면 하나님은 세상을 통치하
시되, 선인과 악인이 각각 혹 이생에서는 아니더라도 저생에서라도 응
당 받을 것을 받도록 통치하는 분이다.[18] 칼뱅은 "성경은 전염병, 전쟁, 그
외 이런 종류의 재난은 하나님이 우리 죄에 대해 가하는 징계임을 가르친
다"[19]고 주장했다.

확실히 성경에는 이와 같은 확신을 지지하는 여러 흐름이 있다(예를 들
어 신명기적 전통이나 욥기에 등장하는 하나님을 옹호하는 자들의 논리). 그러나 예수
는 이 점에 대해 분명한 이의를 제기했다. 예수는 날 때부터 맹인 된 사람
에 대해 이는 자기 죄 때문도, 부모의 죄 때문도 아니라고 선언했다(요 9:1-
3). 실로암에서 망대가 무너져 치여 죽은 사람들도 그들의 특별한 악 때문
이 아니라고 했다(눅 13:4). 고통과 악을 하나님의 처벌로 이해하는 신정론
은 종종 희생자를 너무 쉽게 비난하며 가해자의 과실을 간과한다. 따라서
난치병으로 고생하는 사람들이나 역사적 대학살에서 도살된 수백만 희생
자들에 대해 하나님의 처벌을 운운할 때, 신정론은 역겹고 파괴적인 이론
이 될 수 있다. 인간의 행동은 결과를 초래한다. 때때로 무모하거나 죄악
된 행동의 결과로서 고통이 야기되는 것이 사실이다. 그러나 처벌의 신정
론은 죄와 고통의 관계를 극단적으로 단순화해서 이해한다. 모든 고통을
죄와 인과관계적으로 관련시키는 것은 불가능하다. 특히 고통을 당하는
사람과 죄를 관련시킬 때 신정론은 위험해진다. 자연 악에 의해서든 인간
의 불의에 의해서든 희생자가 부담하는 고통에 죄책감을 가중시키는 행
위는 파렴치하다.

3. 전통적 신정론의 또 다른 논증은 **하나님의 교육**(divine pedagogy)에

---

18) *Institutes*, 1.5.10.
19) Calvin, *Dorothee Sölle, Suffering* (Philadelphia: Fortress, 1975), 24에서 재인용. 『고난』
(한국신학연구소 역간).

초점을 둔다. 하나님은 지상의 고통을 이용하여 우리로 하여금 하나님을 향하도록 하며 **영원한 삶을 향한 우리의 소망을 배양시킨다**고 이해하는 입장이다. 이 논증은 그리스도인이 모든 고통을 영적 성장을 위한 기회로 볼 수 있음을 가르친다. 하나님은 우리로 하여금 세상에 대한 관심을 단념하게 하고 우리의 눈이 현재 삶의 즐거움이 아니라 천국을 응시하도록 하기 위해 가난과 가족의 죽음과 질병과 다른 재앙을 보내신다.[20] 사도 바울도 이런 견해를 지지한다고 볼 수 있다. "생각건대 현재의 고난은 장차 우리에게 나타날 영광과 비교할 수 없도다"(롬 8:18).

그러나 여기서 사도 바울이 언급하는 고난은, 그리스도인이 주의 복음을 위해 기꺼이 당하는 고난임에 주목하자. 변화시키거나 개선할 수 있는 조건들 안에서 일어나는 고통과, 하나님의 통치를 위해 기꺼이 감수하는 고통 사이의 차이를 애매하게 만들기 위해 바울이 한 그 말을 이용해서는 안 된다. 바울의 요점, 즉 악을 이기는 하나님의 최종적 승리에 대한 소망이 무고한 고통에 의미를 줄 수 있다는 주장에 반론을 제기할 그리스도인은 없을 것이다. 그러나 사도의 가르침을 윤리적 무저항주의나 현재 삶에 대한 평가절하로 해석하는 입장에 대해서는 이의를 제기할 수밖에 없다. 예수처럼 우리도 고난으로부터 배울 수 있다(히 5:8). 그러나 이를 근거로 모든 고난은 선하다는 보편 명제를 도출할 수는 없다. 희생자, 고통당하는 자의 목소리는 억눌려서는 안 된다. 신정론이 그런 행위를 할 때, 그 이론은 어떤 것이든 우리를 미혹하게 한다.

앞에서 요약한 전통적 신정론들이 고난의 상황에 처한 수많은 그리스도인에게 위로와 지원을 제공해왔음은 의심할 여지없는 사실이다. 앞에서 열거한 신정론에는 저마다 진실된 요소가 있다. 그러나 이들 모두의 공통된 특징은, 하나님의 주권을 생각하고 악의 실재에 반응함에 있어 복음에 대한 지속적 관심을 결여하고 있다는 점이다. 21세기의 신정론은 "현대

---

20) *Institutes*, 3.9.1.

역사에 나타난 엄연한 사실들"의 관점에서, 동시에 십자가에 달려 죽은 예수에게서 드러난 하나님의 사랑에 대한 성경 증언의 관점에서 전반적으로 재고찰되어야 한다. 이런 작업을 수행하기 위해서는 하나님에 대한 모든 전통적 지식과 이해를 다시 검토하는 일이 필요하다. 따라서 여기서는 전통적 섭리론의 전제가 되는 하나님의 전능성(omnipotence)과 전인과성(omnicausality) 개념을 특별히 재고하고자 한다.

섭리와 악에 관한 재고찰

현대 신학자들은 하나님의 권능과 피조물의 자유 양자를 존중하는 방식으로 섭리론을 재고하고자 시도해왔다. 하나님의 활동과 인간의 활동은 상호 배타적이지 않다. 하나님은 자신의 목적을 이루기 위해 보통 피조물의 행위 안에서 그리고 피조물의 행위를 통해 활동한다(롬 8:28).

고전적 개혁주의 신학 전통을 깊이 존중하는 칼 바르트 같은 신학자조차도, 개혁주의적 섭리론이 애석하게도 하나님의 전인과성 개념에 있어서 결함이 있음을 지적하지 않을 수 없었다. 바르트는 하나님의 활동이 "칼뱅주의자의 가르침이 기술하듯 주권적"[21]임을 인정한다. 그러나 하나님의 주권성은 그리스도 안에 나타난 하나님의 계시의 관점에서 항상 이해되어야 한다. 바르트에 따르면 실제로 정통 개혁주의 신학의 섭리 신앙은, 무슨 일이든지 신의 명령에 의해 발생한다고 이해하는 스토아적 순응 사상과 구별되지 않는다. 그리고 이런 가르침의 불가피한 결과로 근대 문화에서는 "변덕스러운 하나님의 주권적 통치에 대한 반역"[22]이 출현했던 것이다. 전통적 섭리론은 기독교적 하나님 이해의 본질적 규범, 즉 그리스도

---

21) *Church Dogmatics*, 3/3: 131.
22) *Church Dogmatics*, 3/3: 116.

안에서 드러난 계시를 섭리론에 적용하지 못함으로써 "사악한 신" 개념의 전령이 되었다. 그러므로 바르트는 "섭리론 전체를 철저하게 재고찰할 것" 을 요구했다.[23] 기독교 섭리론은 하나님의 전능성과 선하심에 대한 추상 적 주장들로부터 단순 논리적으로 연역한 결과가 아니다. 기독교 섭리론 은 철저하게 기독교적인 하나님 이해에 비추어 제시되어야 한다. 기독교 의 그리스도 중심적·삼위일체적 하나님 이해에 따르면 하나님은 자유롭 게 사랑하고 교제 안에서 사는 것을 원하며, 영원 전부터 그리스도를 선택 하고 그리스도 안에서 하나님 백성과 창조세계 전체를 선택하신 분이다.

자신의 섭리론을 이러한 방향으로 전개함에 있어 바르트는 다음과 같 은 중요 조치들을 취했다. 그는 전통 신학의 범주를 사용하여, 하나님의 섭리는 모든 피조물을 위한 하나님의 보존(conservatio)과 동행(concursus)과 통치(gubernatio)를 포함한다고 기술한다. 그러나 바르트는 하나님의 섭리 의 세 측면 각각을 예수 그리스도 안에서 세상을 다루는 하나님의 특별한 방식에 비추어 재정의한다. 창조하고 섭리하는 하나님은 이스라엘과 창조 세계 전체와 언약을 맺으신 바로 그 하나님이며, 그분의 신실함과 심판과 은혜는 예수 그리스도의 인격과 사역에서 지고한 형태로 드러난다.

따라서 하나님은 창조세계 전체를 **보존하며 그 존재를 유지한다.** 하나 님의 보존의 행위는 전능성을 자의적으로 행사하는 외적 표현이 아니라 세계를 창조한 목적에 대한 신실함의 표출이다. 창조세계는 영원 전부터 선택되었고 하나님의 언약의 협력자인 예수 그리스도를 지향하도록 지어 졌다. 그러므로 창조세계를 보존하는 하나님의 행위는 섬김의 행동이자 피조물을 위한 자유로운 은혜의 행동이다. 피조물이 은혜의 언약에 참여 하도록 하기 위해 하나님은 피조물을 지탱하고 강화하신다. 하나님은 발 생하는 모든 것의 비인격적 혹은 기계적인 "제일원인"이 아니라 예수가 계시했던 하늘에 계신 아버지인 분이다.

---

23) *Church Dogmatics*, 3/3: 118.

더욱이 하나님은 피조물이 자신의 생명력과 자유를 행사함에 있어서 **동행하신다.** 동행의 개념은 하나님이 피조물의 자유로운 행동을 인정하고 존중하며 독재자의 역할을 하지 않음을 의미한다. 피조물은 창조자의 손에 놀아나는 단순한 꼭두각시나 도구가 아니다. 하나님의 활동과 피조물의 활동은 두 가지 다른 질서에 속한다. "하나님은 피조물의 활동에 현존하되 주권성과 전능성으로 현존한다. 그래서 하나님의 행동은 피조물의 활동 속에, 그것과 함께, 그것 위에서 일어난다."[24] 이와 같이 하나님은 피조물과 동행함에 있어 항상 피조물의 유한한 자율성을 존중하되, 피조물의 자율성이 예수 그리스도 안에서 이룩된 단 한 번의 연합, 그분의 활동과 인간의 활동의 연합에 상응하는 방식으로 존중한다.

마지막으로, 하나님은 창조세계를 그 궁극적인 목표로 인도하심으로써 만물을 **통치하고 다스린다.** 하나님은 종종 깊이 감추어진 그분의 통치를 일방적인 강제력으로써가 아니라 하나님의 말씀과 성령으로 행사한다. 바르트는 "하나님은 자유의 세계 안에서 그리고 그것 위에서 통치한다"[25]고 썼다. 하나님은 항상, 도처에, 만물 안에 현존한다. 그러나 하나님은 유일한 등장 인물이 아니다. 피조물과의 연합에 의지하는 하나님은 피조물에게, 그분의 사랑에 대해 자발적 사랑으로 보답할 수 있는 자유를 부여한다. 창조와 구속에 못지않게 섭리에서도 하나님은 은혜로운 주님이다. 이 모든 바르트의 주장을 통해 우리는 이 신학자가 전통적인 "통제의 논리" 또는 지배의 개념에 근거한 섭리론과 결별하기를 원했음을 선명하게 볼 수 있다[팔리(Farley)].

바르트는 기독교 섭리론에 새로운 방향을 제시함으로써 신성과 전능성에 대한 선험적인 정의를 거부하고 대신 예수 그리스도 안에서 계시된 하나님의 은혜에 집중한다. 하지만 악의 실재와 악에 맞서는 투쟁에서 인

---

24) *Church Dogmatics*, 3/3: 132.
25) *Church Dogmatics*, 3/3: 93.

간이 맡은 역할에 대한 바르트의 견해는 해결하기 힘든 많은 의문점을 남긴다. 바르트에게 있어 악은, 하나님이 창조 행동에서는 **원하지 않았던** 어떤 것으로부터 신비스럽게 발생한 "무성"(nothingness, das Nichtige)의 낯선 힘이다. 바르트의 설명에 따르면 "무성"은 무(nothing)가 아니다. 하나님이 원한 적도 없고 그분과 동등한 것도 아니지만, 이 "무성"은 가공할 위협적인 힘을 지닌다. "무성"은 예수 그리스도 안에서 나타난 하나님의 의지를 대적하는 힘이다. "'무성'이라는 힘은 하나님에 대해서는 지극히 보잘것없는 것이지만 우리 인간에 대해서는 최고도로 엄청난 것이다."[26]

바르트를 비판하는 많은 비평가들은 "무성"에 관한 신학자의 이론이 형이상학적 사변으로 빠지고 있다고 공격한다.[27] 바르트가 악의 실재와 악에 대한 하나님의 정복을 관념 속에서 벌어지는 초월적인 투쟁쯤으로 간주하는 것처럼 보이며, 따라서 인간을 악과의 투쟁에서 적극적 주체가 아니라 방관자로 이해하는 경향이 있음을 지적한다. 만약 악을 창조세계 안에 있는 낯선 힘의 영역으로 정의하고 그것에 맞서 이길 수 있는 존재는 하나님밖에 없다고 결론짓는다면, 인간의 고통과 억압의 직접적 근원들을 폭로하고 그것에 맞서 투쟁하고 싶은 마음이 들 리가 없지 않겠는가?

그러나 "무성"의 힘에 대한 하나님의 투쟁을 말하는 바르트의 견해는 결코 우리로 하여금 수동적 자세를 취하게 하지 않는다. 이런 식으로 이해하는 것은 전적인 오해다. 바르트의 견해를 더 정확히 기술한다면 그가 주장하는 핵심은 하나님의 은혜의 절대적 우월성이다. 그분의 은혜의 우월성은 승산이 없어 보이는 싸움에서 그리스도인을 고무하고 강화시키며, 결과적으로 세상의 악과 고통에 맞서 용감히 투쟁하도록 이끈다. 실제의 삶에서도 바르트는 독일의 나치 통치 동안 매우 적극적으로

---

26) *Church Dogmatics*, 3/3: 295.

27) 예를 들어 G. C. Berkouwer, *The Triumph of Grace in the Theology of Karl Barth* (Grand Rapids: Eerdmans, 1956).

교회와 함께 투쟁했으며, 이런 그의 신학은 남아프리카공화국의 인종차별 정책과 같은 악의 구조에 맞섰던 수많은 그리스도인에게 영감을 주었다.[28] 더욱이 역사 그 자체의 증언도 오직 하나님만이 철저한 악의 힘을 정복할 수 있다는 바르트의 주장을 지지한다. 자신의 무고함과 대적자의 사악함을 철저하게 맹신하는 개인이나 집단, 국가가 세상의 악을 제거할 권리와 힘이 자기에게 있음을 주장할 때, 자기 스스로 악을 행하는 자로 돌변함을 역사는 거듭해서 보여주지 않았던가?

그렇지만 바르트에 대한 비판에도 어느 정도의 타당성은 있다. 비록 바르트가 섭리론을 현대적으로 재구성함에 있어 선구자적 역할을 감당한 것은 사실이지만, 악에 대한 투쟁에서 하나님의 활동과 인간의 활동 간의 관계를 충분하게 명료화하지는 못했다. 또한 기독교 섭리론과 고통과 악의 실재에 대한 기독교적 반응에 있어 인내와 저항과의 관계를 충분히 탐구하지는 못했다. 이러한 약점들은 현대 신학의 논의에서 계속해서 다루어지고 있다.

최근의 신정론

바르트 이후의 많은 신학자들은 바르트가 섭리와 악에 대한 전통적 교리에 제기했던 비판에 공감했다. 그러나 이후의 신학자들은 이런 주제를 재고찰하는 작업에 접근하면서 바르트를 답습하는 대신 다양한 새로운 입장들을 광범위하게 제안했다. 그들의 새로운 신정론을 살펴보면 다음과 같다.

1. **항의의 신정론**(protest theodicy). 존 로스(John Roth)가 자기 입장에 붙

---

28) 바르트의 입장을 그의 비정기적인 글들과 『교회 교의학』에서 드러난 사회적·정치적 상황에 대해 응답하는 것으로 이해해야 한다는 논증으로는 Timothy J. Gorringe, *Karl Barth Against Hegemony* (New York: Oxford University Press, 1999)를 보라.

인 이 이름은, 대학살의 생존자이며 저자인 엘리 위젤의 증언과 묵상으로부터 그 토대와 영감을 얻었다.[29] 이 입장을 대표하는 자들로는 유대인 신학자 리처드 루벤스타인(Richard Rubenstein)과 아서 코헨을 거론할 수 있겠다. "항의의 신정론"은 성경을 따라 하나님의 주권을 강력하게 확신하지만, 그분의 전적인 선하심에 대해서는 의문시하는 경향을 띤다. 역사 안에는 너무 많은 비극과 불의와 살인이 있었다. 우리는 우리 경험에 대해 그리고 하나님에 대해 정직해야 하며, 그러기에 하나님이 사랑이라는 너무도 뻔한 구절과 싸워야 한다. 하나님이 주신 역경과 밤새 씨름한 후 이스라엘 곧 "하나님과 겨루어 이긴 자"라고 불린 야곱처럼(창 32:22-32), "여호와여 어느 때까지니이까?"라고 절규한 시편 기자처럼(시 13, 35, 74, 82, 89, 90, 94편), 자신의 무고함을 격렬하게 변호했던 욥처럼, 십자가에서 하나님께 부르짖은 예수처럼(막 15:34), 우리는 하나님의 침묵과 잠잠하심에 대해 항의해야 하며, 그분이 언약의 약속을 잊었더라도 그것을 상기시켜드려려 한다. 신앙이 직면하는 실재로 인해 이 신앙은 "하나님을 시험하며 하나님께 항의함으로써 하나님을 위한다."[30]

항의의 신정론은 쉬운 해답을 가지고 있지 않다. 그러나 이 신정론은 이전 그리스도인들이 신성 모독적이라고 간주했던 질문들을 솔직하게 제기하는 동시에, 하나님의 신실함이 중단된 것처럼 보이는 때도 그분께 신실한 태도를 지닐 것을 결의한다. 항의의 신정론이 자연과 역사 속에 존재하는 악의 집요함으로부터 도출하는 신학적 결론에 대해서는 우리도 당연히 이의를 제기할 수 있다. 동시에 항의의 태도가 하나님에 대한 신실한 반응의 일부가 될 수 있다는 입장이 가진 정당성을 인정할 수도 있을 것이다.

---

29) Roth, "A Theodicy of Protest," in *Encountering Evil: Live Options in Theodicy*, ed. Stephen T. Davis (Atlanta: John Knox, 1981), 7-22.
30) Roth, "A Theodicy of Protest," 11, 19.

2. **과정신학 신정론**(process theodicy). 존 캅(John Cobb), 데이비드 그리핀 (David Griffin), 마조리 수코키(Marjorie Suchocki)는 과정신학 신정론을 대표하는 유명 신학자들이다.[31] 이들은 과정신학적 형이상학의 관점에서 악의 문제에 접근한다. 과정사상은 하나님의 선하심에 대해 타협하는 것을 거부하면서, 대신 하나님의 권능을 철저하게 제한함으로써 해답을 찾는다.

과정신학자들에게 하나님의 권능은 본질적으로 제한적이다. 하나님의 권능은 강제적이기보다는 설득적이다. 설득(persuasion)이란 상대방의 자유를 침해하지 않으면서도 그에게 영향력을 행사할 수 있는 유일한 방식이다. 하나님은 무로부터 창조하지 않는다. 그분은 플라톤의 데미우르고스 장인처럼 반항적인 물질을 최선을 다해 설득한다. 세상에는 다수의 존재자가 있으며, 모든 존재자는 나름대로 어느 정도의 자유와 힘을 지닌다. 하나님은 권력을 독점하지 않으며 결코 그런 적도 없다. 그러므로 하나님께는 할 수 없는 일들이 존재한다. 예를 들면 대학살을 방지하는 것, 뺑소니차가 어린아이를 치어 죽이는 것을 막는 것, 인간 육체에서 암의 성장의 가능성을 제거하는 것 등이다.

과정신학 신정론의 견해에 따르면, 하나님은 악에 대해 간접적인 의미로 책임이 있다. 왜냐하면 하나님은 선을 향한 잠재력을 가진 피조물뿐 아니라 악을 향한 잠재력을 가진 피조물 역시 내도록 세상을 설득하셨기 때문이다. 즉 피조물은 하나님의 뜻에 의해 선을 향해서도 악을 향해서도 자유롭다. 따라서 하나님은 간접적으로 책임이 있지만, 그렇다고 그분을 비난할 수는 없다. 하나님은 항상 선을 의도하며, 아름다움과 비극이 공존하는 세상에서 피조물의 고통을 늘 공유하신다.

과정신학의 신정론은 현대의 신정론 중에서도 가장 포괄적이고 일관

---

31) Cobb, *God and the World* (Philadelphia: Westminster, 1969), 87-102; Griffin, "Creation out of Chaos and the Problem of Evil," in *Encountering Evil*, 101-19; Suchocki, *The End of Evil: Process Eschatology in Historical Perspective* (Albany: State University of New York Press, 1988).

적인 입장이라고 할 수 있다. 그러나 동시에 과정신학의 신정론은 성경의 증언과는 가장 멀리 떨어진 입장일 것이다. 하나님의 사랑의 주권성이 형이상학적으로 제한된다고 가르치는 점에서, 또 무로부터의 창조의 교리와 고통과 악에 대한 종말론적인 완전한 승리의 교리를 수용하지 않는다는 점에서 특히 그러하다.

3. **인격 형성의 신정론**(person-making theodicy). 이는 현대의 신정론 중에서도 가장 영향력 있는 입장이다. 아마도 존 힉(John Hick)이 이 이론을 가장 효과적으로 대표할 것이다.[32] 힉은 아우구스티누스적인 신정론과 이레나이우스적인 신정론을 구별한다. 전자에서 악은 죄의 결과로 간주된다. 후자에서 악의 가능성과 경험은, 하나님의 형상대로 지음 받은 인간이 성숙하고 자유로운 존재로 성장할 수 있기 위한 조건으로 여겨진다. 인간의 삶이 성장하기 위해 받은 자유와 잠재력은 남용될 수 있다. 하지만 선과 악 사이에서의 실제적 선택이 없이는, 또한 고난의 경험으로부터 배우는 가능성 없이는 인격의 형성은 불가능하다. 힉에 따르면, 하나님은 꼭두 각시가 아니라 자유롭게 예배하고 찬송할 수 있는 인격을 원하신다. 그러므로 불완전하게 지음 받은 인간은 하나님이 의도한 목적으로 나아가는 과정에 자유롭게 참여해야 한다.

다른 과정신학자와는 달리 힉은 사랑을 통해 역사하는 하나님의 권능을 제한하는 것을 거부한다. 힉은 이 세상 너머에 다른 세상들이 존재한다고 가정하며, 그곳에서 인격들은 하나님이 피조물 전체를 위해 의도한 사랑의 충만한 삶을 향해 계속 나아간다고 생각한다. 어떤 비평가들은 힉의 신정론이 지닌 이런 특징이 그의 사변적 성향을 보여주는 증거라고 여긴다. 또한 죽음 이후에도 영혼이 진보한다는 생각은 로마 가톨릭의 연옥설

---

32) Hick, *Evil and the God of Love* (New York: Harper & Row, 1966); "An Irenaean Theodicy," in *Encountering Evil*, 39-52. 『신과 인간 그리고 악의 종교 철학적 이해』(열린책들 역간).

과 기능적으로 유사하다고 지적한다.

인격 형성의 신정론이 사회적·윤리적 차원을 전적으로 결여한 것은 아니지만, 이런 측면에서 약점을 가짐은 부정할 수 없는 사실이다. 고통을 제거하고 저항하는 것에 초점을 두기보다 고통을 수용함으로써 성장하는 가능성에 훨씬 더 많은 관심을 두기 때문이다. 확실히 고통을 통해 배우고 고통 안에서 성장하는 것에 대한 사고는 성경에 깊이 근거를 두고 있다. 예수는 "받으신 고난으로 순종함을 배우셨다"(히 5:8). 더욱이 다른 종교 공동체뿐 아니라 무수히 많은 그리스도인의 인생 경험이, 가장 어두운 곳에서조차 은혜가 역사함을 강력하게 증거한다. 그러나 희생자들을 삼켜버리려고 위협하는 거대한 고통과 악의 사건이 존재함을 간과해서는 안 된다. 이런 사건은 모든 형태의 고통이 영적 발전을 위한 기회가 된다는 주장을 지지하지 않는 듯 보인다. 메릴린 맥코드 애덤스(Marilyn McCord Adams)는 그와 같은 사건들을 "끔찍한 악"으로 명명하면서, 현존하는 이런 사건은 힉의 인격 형성의 신정론을 그 토대부터 흔든다고 논평했다.[33] 힉의 신정론이 가진 강점에도 불구하고, 이 입장은 "몸이 떨리는 엄청난 두려움"의 관점에서 봤을 때 만족스럽지 못한 이론으로 드러난다.

4. **해방신학의 신정론**(liberation theodicy). 다양한 형태의 해방신학은 신정론의 문제를 다룰 수밖에 없다. 왜냐하면 가난한 자와 억눌린 자가 계속 고통받고 있는 현실은, 하나님이 가난한 자의 해방을 위해 세상에서 활동하신다는 해방신학의 주장과 정면으로 배치되는 것처럼 보이기 때문이다.

제임스 콘이 다룬 것이 바로 이 문제였다. 콘은 딜레마를 지적으로 만족스럽게 해결하기 위해 하나님의 권능과 하나님의 선하심 중 한 가지를 감소시키는 입장을 거부한다. 그는 성경에 악의 신비에 대한 다양한 반응

---

33) Marilyn McCord Adams, *Horrendous Evils and the Goodness of God* (Ithaca: Cornell University Press, 1999).

들이 있음을 인정한다. 그리고 그중에서도 예수 그리스도의 역사에서 충만하게 표현된 구속적 고통의 주제(이사야의 종의 노래들)에서 가장 심오한 반응을 발견한다. 그러나 콘은 성경 전통이 인간으로 하여금 **고통에 대해 경건하게 순응하기보다 고통에 맞서는 하나님의 투쟁**에 용감하게 참여하도록 부른다고 해석한다. 아프리카계 미국인들의 종교 전통은 악의 기원의 문제나, 혹은 불의의 희생자들이 주인에게 복종해야 하는지 따위의 이론적 문제를 중시하지 않는다. 대신 그들의 신앙 전통은 악에 맞서는 하나님의 투쟁을 십자가에서 발견하며, 악에 대한 하나님의 최종적 승리의 약속을 부활에서 발견한다. 하나님은 "힘이 없는 자들에게 힘을 주셔서, 예수의 십자가와 부활 안에서 우리의 것이 된 자유를 위해 바로 지금 여기서 투쟁하도록 하신다."[34]

악에 직면하여 수동적 태도를 보이는 전통적 신정론과 대조적으로, 해방신학적 신정론이 지닌 중대한 진리의 측면은 이렇듯 분명하게 드러난다. 그러나 동시에 그것이 내포한 위험성 또한 있다. 정의를 위한 투쟁은 용서의 실천과 화해의 소망과 분리되어서는 안 된다. 만약 해방신학적 신정론이 한쪽만을 편파적으로 강조한다면, 이 이론은 전통적 신정론 못지않게 일방적이 될 것이다.

삼위일체 하나님과 인간의 고통

세상 안에 악이 지속적으로 존재하고 활동함을 정직하게 인정하면서도, 하나님의 선한 섭리에 대해 책임감 있게 주장할 수 있을까? 만약 하나님의 주권을 예수 그리스도의 사역과 십자가와 부활에 중심을 두는 복음 이야기의 관점에서 일관되게 재기술한다면, 그리스도인은 앞과 같은 도전적

---

34) Cone, *God of the Oppressed* (New York: Seabury Press, 1974), 183.

질문에 대해 효과적으로 답할 수 있을 것이다. 따라서 고통의 실재와 관련하여 하나님의 주권을 다루는 기독교적 접근은 철저하게 그리스도 중심적인 동시에 삼위일체적이어야 한다.

그리스도 안에서 드러난 하나님의 계시에 근거한 삼위일체적 하나님 이해는, 하나님과 세상의 관계를 성부와 성자와 성령을 통해 풍성하고 다양한 방식으로 표현한다. 하나님은 피조물 각각의 본성에 적합한 방식으로 그들과 관계 맺으신다. 바위와 돌과 맺는 방식이 다르고 식물과 맺는 방식이 다르며, 동물과 맺는 방식이 다르고 인간과 맺는 방식 또한 다르다. 하나님은 피조물과 함께 현존하되, 그들과 함께 행동하면서 그리고 함께 고통을 받으면서 현존한다.

앞 장에서 주목했던 바처럼, 종속론과 양태론은 모두 하나님이 투쟁과 고통과 죽음을 경험한다는 생각을 꺼린다. 그러나 삼위일체적 신앙은 사랑 안에 있는 하나님의 영원한 존재가 이 세상에까지 오심을 인정한다. 하나님은 결코 멀리 계시거나 무감동하거나(apathetic) 불변적인(immutable) 분이 아니며, 자유 가운데서도 세상을 향한 신실한 사랑으로 인해 상처받기도 하는(vulnerable) 분이다. 창조세계에 존재하는 악의 파괴성은 하나님의 독단적 명령에 의해서는 극복될 수 없고, 오로지 하나님의 고귀한 사랑의 역사에 의해서만 극복될 수 있다. 그 사랑의 역사 속에서 하나님은 세상의 고통을 실제적으로 경험하고 극복하신다.

디트리히 본회퍼의 다음과 같은 구절은 자주 인용되는 인상적인 문장이다. "성경은 우리로 하여금 하나님의 무능함과 고통당함에 주목하게 한다. 오로지 고통당하시는 하나님만이 우리를 도울 수 있다."[35] 만약 이런 진술을 아무 생각 없이 반복해서 기계적인 슬로건으로 만든다면, 그 심오한 의미가 흐릿하게 가려질 것이다. 오직 고통당하는 하나님만이 우리를 도울 수 있다니 도대체 무슨 말인가? 이때 고통당하는 하나님은 삼위일체

---

35) Bonhoeffer, *Letters and Papers from Prison* (New York: Macmillan, 1972), 361.

하나님이며, 그분의 거룩하고 자신을 내어주며 승리하는 사랑은 세상 창조로부터 완성에 이르기까지 역사한다.

위르겐 몰트만은 현대 신학자 중에서 누구보다도 강력하게 삼위일체적 하나님 이해와 십자가 사건 사이의 심오한 연관성을 강조했다. 십자가에서 발생한 저 사건은 신학적으로, 오로지 삼위일체적 용어와 개념에 의해서만 파악될 수 있다. 몰트만에 따르면, 성자는 세상을 향한 사랑으로 인해 자신의 수난과 죽음 속에서 고통과 죽음을 경험한다. 희생적 사명을 감당하도록 성자를 파송한 성부 역시 사랑하는 성자를 상실한 슬픔을 경험한다. 성부와 성자가 고통을 공유하는 이 사랑의 사건으로부터 새로운 생명을 주고 세상을 변혁하는 성령이 나타난다. 세상의 모든 고통은 성자의 고통과 성부의 슬픔과 성령의 위로 속에 포함된다. 성령은 만물의 갱신을 위해 기도하고 활동할 용기와 소망을 주신다.[36] 일부 비평가들은 몰트만이 하나님 안에 있는 고통을 영원한 것으로 만듦으로써 신정론을 이데올로기로 전락시킬 위험성을 농후하게 내비친다고 지적했다.[37] 그러나 몰트만의 의도는 삼위일체 하나님의 고통에 대한 강조에다가, 모든 악을 이기는 하나님의 사랑의 종말론적 승리에 대한 소망, 그리고 창조세계가 하나님의 영원한 기쁨에 참여할 것에 대한 소망을 분명하게 결부시키는 것이었다.

여기서 핵심은, 하나님의 섭리와 악의 실재에 대한 삼위일체적 이해는 이교주의와 같이 하나님을 단순한 전능성으로 이해하는 것이 아니라 예수의 사역과 십자가와 부활에서 역사한 사랑의 권능으로 이해한다는 점이다. 이와 같은 신학은 승리주의적인 "통제의 논리"에 중심을 두는 대신, 세상의 창조자와 구원자와 완성자의 자기희생적 사랑인 "삼위일체적 사랑의 논리"에 중심을 둔다. 삼위일체 하나님의 권능은 단순한 전능성이 아

---

36) Moltmann, *The Crucified God* (New York: Harper, 1974), esp. 235-49. 참조. Hans Urs von Balthasar, *Theo-Drama*, vol. 4: *The Action* (San Francisco: Ignatius, 1994), 319-28.
37) 이런 비판은 한스 우르스 폰 발타자르(Hans Urs von Balthasar)의 신학, 특히 하나님의 삼위일체적 삶 속에 있는 영원한 케노시스에 대한 그의 사상에서 논의된다.

니라, 고통당하고 해방하며 화해시키는 사랑의 권능이다. 하나님을 삼위일체로 강조하여 이해하는 것은 섭리를 다른 식으로 이해하도록 해준다. 세상을 창조하고 보존하는 하나님은 독재적 지배자가 아니라 "하늘에 계신 우리 아버지"다. 멀리 계시는 하나님이 아니라, 성육신하고 십자가에서 죽고 부활하신 주님으로서 우리와 같은 자가 되고 우리와 동행하는 하나님이다. 강제력으로 다스리는 무능한 하나님이 아니라, 말씀과 성령으로 만물을 다스리는 분이다.

1. 창조자와 섭리자로서 하나님의 사랑은 생명이 지탱되고 강화되는 곳에서 역사할 뿐 아니라 생명과 그 성취를 위협하는 모든 것에 대한 저항과 심판 안에서도 역사한다.

성경 증언에 따르면, 천지를 창조한 하나님은 생명을 위협하는 모든 것과의 싸움에서 중요한 투쟁자다. 이 점은 출애굽과 율법 제정의 이야기에서, 그리고 불의와 폭력에 대한 하나님의 심판을 선포하도록 예언자들을 파송한 이야기에서 분명하게 드러난다.

복음서에 따르면, 처음부터 하나님 나라의 도래에 대한 예수의 메시지와 그의 해방 사역은 인간의 삶을 노예로 만들고 파괴하고자 위협하는 세력과의 투쟁에 필연적인 방식으로 연루되어 있다. 예수는 자신을 파송한 성부와 같은 일을 한다. 즉 병자를 고치고 가난한 자를 축복하고 사회에서 소외된 자들과 교제하며, 모든 사람이 회개하여 죽음의 길을 버리고 생명의 길로 들어서도록 부른다. 그러므로 십자가로 나아가는 예수의 여정은 맹목적 운명에 대한 포기가 아니라, 악과 싸워 최종적으로 승리하기를 원하시는 성부의 거룩한 뜻에 대한 사랑의 동의다. 절대로 수난 이야기는 기독교적 피학성을 위한 토대가 되어서는 안 된다. 메츠(J. B. Metz)의 표현대로 수난 이야기는 하나님의 뜻에 저항하고 인간의 삶을 구속하는 악의 권세에 대한 하나님의 열정적인 저항의 "위험스러운 기억"이다.[38]

---

38) Metz, *Faith in History and Society: Towards a Practical Fundamental Theology* (New York:

전통적 신학에서는 섭리에 대한 신앙이 인내와 일방적인 방식으로 연결되었다. 즉 가난한 자들로 하여금 자신들의 운명을 하나님의 정하신 바로 받아들이도록 가르쳤다.[39] 그래서 자주 전통적 신학은 질병과 치유에 있어, 단순히 체념하는 것과 신앙을 가지고 저항하는 것 사이를 구별하는 데 도움을 주지 못했다. 삼위일체 하나님의 섭리는 운명론을 조장하지 않는다. 하나님의 보존은 우리의 인내를 통해서뿐 아니라 악에 대한 우리의 결연하고 용감한 저항을 통해서 역사한다. 그리스도인은 악으로 악에 저항하지는 말아야 한다. 하지만 어쨌든 악은 이길 수 있다(참조. 롬 12:21).

2. **구속자로서 하나님의 사랑은 피조물의 파란만장한 경험 속에서 항상, 다시 말해 피조물이 강하고 활동적일 때나 약하고 수동적일 때나 항상 역사한다.** "모든 것이 합력하여 선을 이루느니라"(롬 8:28)라는 고백은, 하나님이 영원히 신실하심을 확증하는 것이다. 건강하든 아프든, 고통을 당하든 고통을 당하는 자들과 연대하든 우리는 혼자가 아니다.

기독교 섭리론에 따르면, 하나님은 생명을 위협하는 요인에 저항하는 것과 생명을 보존하는 것 이상의 일을 하신다. 또한 하나님은 피조물의 활동과 고통 속에서 친밀하게 동행하신다. 자유로운 은혜의 하나님은 홀로 행동하지 않으며, 피조물 역시 혼자 고통 속에 있기를 원하지 않으신다. 전통 신학이 종종 간과하는 하나님의 동시 작용(concursus)의 개념은 하나님이 함께 고통당함을 포함하고 있다.

성경은 하나님이 고통당하는 이스라엘 백성과 함께 슬피 우신다고 묘사한다. 시편 기자에 따르면 하나님은 스올의 심연에도 계신다(시 139:8). 바로 이 점을, 사도신경은 그리스도가 지옥으로 내려갔다고 고백함으로써 반영하고 있다. 복음서는 예수가 "무리를 보시고 불쌍히 여기시니 이는 그들이 목자 없는 양같이 고생하며 기진함이러라"고 묘사한다(마 9:36). 예

Seabury Press, 1980), 65-67, 88ff.
39) Calvin, *Institutes*, 1.16.6.

수는 병자를 고치고 죄인들과 식탁 교제를 나누며, 당대의 소외된 자들과 여자들과 자유롭게 교제했다. 그러므로 하나님이 암 병동이든 노동 수용소든 지상의 모든 비참한 자들과 함께 고통 속에 계시다고 표현하는 것은 성경 증언과 충분히 일치한다. 이스라엘과의 언약의 역사에서 드러났으며 예수 그리스도에게서 최고로 계시되었던 바와 같이, 하나님은 우리의 활동뿐만 아니라 우리의 고통과 사망 속에서도 동행하신다.

하나님이 고통 속에 있는 피조물과 동행하심은 전적인 은혜이며, 고통의 심연 속에서도 예기치 않게 느낄 수 있는 교제이다. 고통을 당하는 자에게는 누군가가 함께 있다는 사실 자체가 선물인 것이다. 따라서 고통당하는 자에게 긍휼하신 하나님이 함께 계심은 형언할 수 없이 귀중한 선물이다. 하나님이 고통당하는 자들과 함께 계시기에, 질병이 습격하고 남들에게 희생된다 하더라도 그들의 위엄과 가치는 지켜진다.

고통당하는 사람들은 신체적 고통과 사회적 억압으로 인해 공격을 당할 뿐만 아니라, 스스로 무가치하는 자각과 버림받았다는 생각으로 인해 이중의 공격을 당한다. 그러므로 하나님이 희생자들과 연대하신다고 말하는 것은 단순히 수사학적 위로가 아니라 삶을 새롭게 하는 확증이다. 하나님의 아들 예수가 죄인들과 사회의 소외된 자들과 교제를 나누고 병자와 가난한 자를 긍휼히 여겼으며, 급기야 마지막에는 성문 밖으로 쫓겨나 십자가 위 두 범죄자 사이에서 죽었다는 메시지는 구원의 능력을 가질 수 있다. 왜냐하면 이와 같은 메시지에는 자연이나 동료 피조물에 의해 고통당하는 자들이 품게 되는 절망감과 자기 증오를 극복하게 하는 힘이 있기 때문이다. 그러므로 악의 냉혹한 실재에 맞서서 희생자들과 함께하는 하나님의 연대는 심판인 동시에 은혜다. 그것은 모든 무감각과 비인간성에 대한 심판인 동시에, 고통당하는 모든 자들에 대한 은혜인 것이다. 하나님이 고통당하는 자들과 함께하신다는 사실은, 기독교 제자도로의 부름을 직접적으로 기술할 뿐 아니라 기독교 섭리론에 대한 시금석이기도 하다.

3. 성화를 일으키는 분으로서 하나님의 사랑은 도처에서 역사하여 도

래하는 하나님의 나라를 준비하고 희망의 씨앗을 심으며, 만물을 갱신하고 변혁한다. 개인의 삶이든 민족 전체의 경험이든 새로운 사랑이 구속의 사슬을 깨뜨리는 곳이라면 어디서든, 사랑과 자유 안에서 새로운 공동체가 세워지는 곳이면 어디서든, 모든 악조건에 맞서 소망을 품는 곳이면 어디서든, 하나님의 성령은 만물을 변화시키면서 현존하고 활동한다. 사망의 한가운데서조차 새로운 생명이 드러나는 것은, 이러한 일이 일어나는 곳이라면 어디서든, 하나님의 영이 여전히 활동함을 알리는 표지가 된다. 하나님의 영은 신음하는 창조세계를 변혁하고 그것을 움직여 그리스도 안에 있는 하나님의 목적을 완성시킨다.

진정으로 하나님은 각 인간의 삶의 사건과 역사 전체를 다스리고 통치하신다. 그러나 자유와 구속, 죄와 고통이 공존하는 세계를 통치하는 하나님의 방식은 말씀과 성령의 권능에 의해서, 즉 죽음보다 더 강한 희생적 사랑의 권능에 의해서다. 이것은 그리스도의 사역과 십자가와 부활의 관점에서 이해된 하나님의 통치의 방식이다.

그리스도 안에 거하고 성령과 함께 걷는다는 것은 해방을 주는 희생적인 하나님의 사랑의 힘에 참여하는 것이며, 그 사랑에 의해 새로운 용기와 희망을 품는 것이다. 이와 같은 하나님의 거룩한 사랑만이—예수 그리스도 안에서 우리에게까지 확대되고, 성령에 의해 우리 안에서 효력을 일으키는 사랑만이(고전 13장)—깨어진 세계를 변혁하고 치유하며 갱신할 수 있다. 오직 이런 사랑만이 질병과 파멸에 맞선 투쟁 속에서 살아남을 수 있고, 거기서 초래되는 쓰라린 고통에도 끝까지 저항할 수 있다. 오직 이런 사랑만이 죄를 용서할 수 있다. 다시 말해 하나님이 우리 죄를 용서하시지 않으면, 우리가 우리 이웃의 죄를 용서하는 일도 일어나지 않으며, 실제적인 변화에 대한 어떤 소망조차 있을 수 없다. 모두가 자유롭고 모두가 긍정되는 새로운 생명과 공동체를 세우고자 하는 하나님의 사랑만이 증오와 복수의 마음에 사로잡히지 않으면서 치유와 정의와 평화를 위한 투쟁을 지탱할 수 있다. 십자가의 고통을 거쳐 그리스도의 부활에서 확증된 새로운 생명에 대한 약속으로 나아가는 사랑만이 개인적이든 집단적이든 실망과 죽음에 직면해 절망하지 않는 소망의 기초가 될 수 있다. 하나님의 성령은 죽음과 분리와 절망의 한가운데서도, 새로운 생명과 새로운 공동체와 새로운 희망이 시작되며 드러나는 곳이면 어디서든 역사한다.

섭리, 기도, 실천

결론에서 나는 이 장의 서론에서 제시한 요점을 순환적으로 다시 제시할 생각이다. 섭리와 악에 대한 우리의 모든 성찰은 파편적이고 불완전하다. 우리의 성찰은 "악의 문제"에 대해 이론적으로 결정적인 "해결책"을 제시할 수 없음이 이미 판명되었다. 그러므로 신학적 성찰의 목적은 훨씬 더 온건해져야 한다. 폴 헬름(Paul Helm)이 진술했듯이 "섭리 신앙은 그리스도인으로 하여금 자신의 고통을 다른 배경에서 보도록 한다."[40] 여기서 내가 제안했던 것은 교회의 그리스도 중심적·삼위일체적 신앙의 "배경"에서 하나님의 섭리와 악의 실재를 이해하기 위한 작은 서론에 불과하다.

끔찍한 악의 사건 안에는 신앙의 토대를 뒤흔드는 잠재성이 내재되어 있다. 이런 사건에서 우리는 하나님의 부재와 무관심과 적대감을 느끼는 것이다. 개인적·공동체적·국가적 삶에 내재한 폭력적인 세력들은 오랫동안 당연시되었던 하나님의 선한 이미지를 갑작스럽게 허물어뜨릴 수 있다. 세계 각처에서 테러가 자행되고 그 테러에 보복으로 응수하는 전쟁이 벌어지는 오늘날에는 하나님의 섭리에 대한 확신이 특히나 어렵다. 폭력과 보복의 악순환이 제어되지 않는 이 세상에서, 어떻게 하나님이 나와

---

40) Paul Helm, *The Providence of God* (Downers Grove, Ill.: InterVarsity Press, 1994). 『하나님의 섭리』(IVP 역간).

가족과 국가와 세계를 위한 섭리적 계획을 가지고 계심을 확신할 수 있는가? 이론적으로 정교하게 다듬어진 신정론들도 이런 고뇌에 찬 질문을 제거할 수는 없다.

침묵, 고통 중의 교제, 긍휼의 행동이 몇 마디 말보다 훨씬 더 효과적일 때가 있다. 수천 명의 사람들이 목숨을 잃었던 2001년 9월 11일 세계무역센터 공격에서 하나님은 어디에 계셨는가라고 묻는 이에게, 우리는 구조대원들과 민간인 동료들의 용감하고 자기희생적인 행동이야말로 이 큰 혼란 가운데 현존하는 하나님의 영의 활동의 표지라고 말할 수 있을 것이다.[41] 9·11 테러와 같은 사건과 관련해서 하나님의 섭리를 어떻게 설명할 것인가라는 질문에 대해 로완 윌리엄스는, 자살 폭탄범들이 자신의 무시무시한 폭력을 정당화하기 위해 사용했던 일견 "종교적인" 언어와, 빌딩에 갇힌 채 곧 죽을 것을 직감한 사람들이 마지막으로 가족과 통화하면서 표현했던 사랑과 염려의 "세속적인" 단어 사이의 아이러니한 대조에 관심을 기울일 것을 요청한다.[42]

끔찍한 악 한가운데서는 많은 것들이 이전보다도 더 명확하게 드러나고 분별될 수 있다.[43] 첫째, 이런 극적 상황에서는 십자가에 달린 주님의 복음에 뿌리를 내리지 않았거나 그 십자가에 의해 검증되지 않은 하나님의 이미지나 섭리는 그 어떤 것도 우리를 끌어당길 수 없다. 우리는 하나님이 선택한 자들이기 때문에 어떤 재앙도 발생하지 않을 것이라고 가르치는 것은 성경 메시지의 명백한 왜곡이다. 만약 십자가의 신학이 9·11 테러와 같은 사건을 해석하는 열쇠라면, 우리는 선택된 자들은 상처 입을 가

41) James Martin, *Searching for God at Ground Zero* (New York: Sheed &Ward, 2002).

42) Rowan Williams, *Writing in the Dust: After September 11* (Grand Rapids: Eerdmans, 2002), 3-12.

43) 9·11 사건에 대한 나의 자세한 입장은 이 사건 직후에 썼던 "September 11 and the Theology of the Cross," in *The Princeton Seminary Bulletin* 23, no. 1 (February 2002): 54-58을 보라.

능성이 없다거나, 우리 믿음의 공로에 근거한 섭리론, 우리의 개인적·국가적 무고함을 전적으로 주장하는 데 기여하는 섭리론을 경계해야 할 것이다. 스테이시 존슨(W. Stacy Johnson)은 다음과 같은 지혜로운 논평을 남겼다. "하나님의 약속을 신뢰함은 마치 우리가 당연히 특정 결과를 얻을 자격이 있다고 여기며 스스로 세운 특정 비전에 집착하는 것과는 아주 다른 행위이다."[44]

둘째, 기독교적 삶과 신학적 활동에서 기도는 거대한 악과 지속적으로 영향력을 행사하는 악한 권세에 대한 반응에 있어 필수불가결한 위치를 차지한다. 정직한 기도와 정직한 신학은 악이 우리 바깥에뿐만 아니라 우리 안에도 있음을, 악의 권세에 맞서 투쟁하는 우리 자신의 자원이 심각하게 제한적일 뿐만 아니라 대단히 애매모호한 특징을 지님을, 또한 악을 악으로 정복하려는 시도는 단지 악을 증가시킬 뿐임을 인정하면서, 우리의 심원한 소망은 스스로가 아니라 오로지 하나님 안에만 있음을 고백한다. 끔찍한 악의 사건은 우리로 하여금 제어되지 않는 분노를 표출하도록, 비참함에 대한 보상을 누군가에게 요구하도록, 죄책이 있어 보이는 자들에 대한 우리 복수의 행위를 정당한 듯이 느끼도록 유혹하는 계기가 될 수 있다. 그래서 그리스도는 제자들에게 다음과 같이 기도할 것을 당부했다. "아버지의 나라가 오게 하시며 아버지의 뜻이 이루어지게 하소서.…우리 죄를 용서하여 주시고…우리를 악에서 구하소서."

셋째, 이해를 추구하는 신앙의 탐구가 이생에서는 결코 완전한 이해에 도달하지 못함에도 불구하고, 하나님은 분명 우리를 믿음과 소망과 사랑 안에서 제자도로 부르신다. 그리스도인은 고통당하고 구원을 부르짖는 모든 이들 가운데서 정의와 평화가 깃든 하나님의 새 세상을 위해 스스로 관찰하고 기도하고 투쟁하도록 부름 받았다. 성경의 증언은 악의 기원에

---

44) W. Stacy Johnson, "Probing the 'Meaning' of September 11, 2002," in *The Princeton Seminary Bulletin* 23, no. 1 (February 2002): 43.

관한 사변에는 거의 관심이 없는 반면, 예수 그리스도 안에 나타난 하나님의 사랑의 우월적이고 궁극적인 승리에 대한 확신을 가지고 악에 저항하는 것에는 훨씬 더 많은 관심을 기울인다. 악의 실재에 대한 기독교적 반응은 항상 우선적으로 실천적이다. 희생자와 연대하는 것과 죽어가는 자들에게 고귀한 사역을 행하는 것은 파괴적인 사건 한가운데서 기독교 증언이 취할 수 있는 중요한 형태들이다. 다른 데서도 마찬가지지만 여기서도 신학의 주요 과제는, 예수 그리스도라는 중심으로부터 신앙의 전통을 해석함으로써 그것이 다시 한 번 인간의 삶을 변혁하는 힘이 되도록 하는 것이다. 예수 그리스도 안에서 드러난 하나님의 사랑의 권능에 대한 신약의 신앙은 오만하거나 무관심한 태도를 일으키지 않는다. "모든 것이 합력하여 선을 이루느니라"(롬 8:28), "다른 어떤 피조물이라도 우리를 우리 주 그리스도 예수 안에 있는 사랑에서 끊을 수 없느니라"(롬 8:38-39)고 선언하는 사도 바울의 확증은 추상적 이론으로 옮겨질 수 없으며, 신음하는 창조세계와의 연대 속에서 기독교적 제자도의 구체적인 실천을 통해 가장 선명하게 이해된다.

끔찍한 악에 직면할 때 그리스도인을 괴롭히는 질문은 "왜 이런 일이 일어났는가?", 또는 "그때 하나님은 어디에 계셨는가?" 같은 것들이다. 우리는 여기에 대해 쉽게 대답할 수 없으며, 그렇다고 정당한 질문을 경건한 태도로 억누르기만 해서도 안 된다. 무엇인가가 해결되기 위해서는 아주 많은 시간이 흘러야 할지도 모른다. 하지만 우리는 다음과 같은 다른 질문들도 제기해야 한다. 하나님은 치유하실 뿐만 아니라 또한 고통당하는 분인가? 우리가 기도하는 대상인 하나님은 누구신가?[45]

---

45) Gerhard Sauter, "'A City upon a Hill'? Die Religioese Dimension des amerikanischen Selbstverstandnisses und seine gegenwartige Krise," in *Der 11. September 2001: Fragen, Folgen, Hintergruende, hrsg. Sabine Seilke* (Frankfurt: Peter Lang, 2002), 80.

참고 문헌

Barth, Karl. *Church Dogmatics*, 3/3: 3-288. Edinburgh: T&T Clark, 1960.

Billman, Kathleen, and Daniel L. Migliore. *Rachel's Cry: Prayer of Lament and Rebirth of Hope*. Cleveland: United Church Press, 1999.

Calvin, John. *Institutes of the Christian Religion*, 2 vols., ed. John McNeill. Philadelphia: Westminster, 1960. Vol. 1, p. 197-237.

Cone, James. "Divine Liberation and Black Suffering." In *God of the Oppressed*. New York: Seabury, 1995. p. 163-94.

Davis, Stephen, ed. *Encountering Evil: Live Options in Theodicy*, rev. ed. Louisville: Westminster John Knox, 2001.

Gilkey, Langdon. *Reaping the Whirlwind: A Christian Interpretation of History*. New York: Seabury, 1976. p. 159-299.

Hall, Douglas John. *God and Human Suffering: An Exercise in the Theology of the Cross*. Minneapolis: Augsburg, 1986.

Hart, David Bentley. *Doors of the Sea: Where Was God in the Tsunami?* Grand Rapids: Eerdmans, 2005.

Lochman, Jan Milič:. "Reconsidering the Doctrine of Providence." In *Reformed Theology: Identity and Ecumenicity*, ed. Wallace M. Alston and Michael Welker. Grand Rapids: Eerdmans, 2003. p. 281-93.

Long, Thomas G. *What Shall We Say? Evil, Suffering and the Crisis of Faith*. Grand Rapids: Eerdmans, 2011. 『고통과 씨름하다』(새물결플러스 역간).

Sanders, John. *The God Who Risks: A Theology of Providence*. Downers Grove, Ill.: InterVarsity, 2007.

Tiessen, Terrance. *Providence and Prayer: How Does God Work in the World?* Downers Grove, Ill.: InterVarsity, 2000. p. 91-118, 206-70.

Wiesel, Elie. *Night*. New York: Hill and Wang, 2006.

Wood, Charles. *The Question of Providence*. Louisville: Westminster John Knox, 2008.

FAITH
SEEKING
UNDERSTANDING

피조물, 죄인, 그리스도 안의

▶▶▶▶▶▶▶▶▶▶▶▶▶▶▶▶▶▶▶▶▶▶▶▶▶   제 7 장 ▶

새로운 존재인 인간

첫째, 우리는 하나님의 형상으로 창조되었다. 둘째, 우리는 스스로가 창조된 존재임을 부인하고 왜곡하는 죄인들이다. 셋째, 우리는 용서받은 죄인이다. 그래서 우리는 하나님의 은혜에 의해 믿음 안에서 새로운 삶을 시작할 수 있고 사랑 안에서 그리스도의 제자로서 섬길 수 있다.

AN INTRODUCTION
TO CHRISTIAN
THEOLOGY

우리 인간은 우리 자신에게도 신비다. 우리는 합리적이면서도 불합리하며, 문명적이면서도 야만적이며, 친밀한 우정을 맺으면서도 살인할 정도의 적대관계를 맺으며, 자유로우면서도 구속되어 있고, 창조세계의 절정이면서도 가장 큰 위험이다. 우리는 렘브란트와 같으면서도 히틀러와 같고, 모차르트와 같으면서도 스탈린과 같고, 안티고네와 같으면서도 맥베스 부인과 같고, 룻과 같으면서도 이세벨과 같다. 셰익스피어는 인간을 "참으로 놀라운 예술 작품!"이라고 표현한다. 아서 밀러(Arthur Miller)는 『타락 이후』(After the Fall)라는 책에서 다음과 같이 말한다. "우리는 매우 위험하다. 인간은 에덴의 동쪽에 위치한 밀랍 과일과 채색 나뭇잎으로 가득한 정원에서 사는 것이 아니라 그 이후, 즉 타락 이후에, 많고 많은 죽음 이후의 세계에 산다." 성경과 기독교 신학은 인간의 존엄성과 위험성에 관련된 신비를 다음과 같은 세 개의 상호 연관된 진술로 요약한다. 첫째, 우리는 하나님의 형상으로 창조되었다. 둘째, 우리는 스스로가 창조된 존재임을 부인하고 왜곡하는 죄인들이다. 셋째, 우리는 용서받은 죄인이다. 그래서 우리는 하나님의 은혜에 의해 믿음 안에서 새로운 삶을 시작할 수 있고, 사랑 안에서 그리스도의 제자로서 섬길 수 있으며, 소망 안에서 앞으로 도래할 하나님의 나라에서 약속받은 생명의 성취를 향해 전진할 수 있다. 칼뱅의 말처럼 하나님에 관한 지식과 우리 자신에 관한 지식은 상호 연관되어 있다. 새로운 자기 인식에로 일깨워지지 않으면 진정으로 하나님을 알 수 없으며, 또 역으로 하나님의 위엄에 찬 은혜를 새롭게 의식함이 없이는 우리의 참된 인간성 역시 알 수 없다.

"하나님의 형상"에 대한 해석

창세기의 첫 번째 창조 이야기는 다음과 같이 전한다. "하나님이 이르시되 우리의 형상을 따라 우리의 모양대로 우리가 사람을 만들고 그들로 바다의 물고기와 하늘의 새와 가축과 온 땅과 땅에 기는 모든 것을 다스리게 하자 하시고, 하나님이 자기 형상 곧 하나님의 형상대로 사람을 창조하시되 남자와 여자를 창조하시고"(창 1:26-27).

많은 것을 내포한 구절인 "하나님의 형상"(image of God)은 기독교 신학사에서 다수의 상이한 방식으로 해석되어왔다. 첫째, 어떤 해석에 따르면 직립 보행하는 인간은 하나님과 **신체적으로 닮았다**. 사실 성경의 몇몇 구절은 하나님을 묘사함에 있어 두드러질 정도로 신인동형론적(anthropomorphic)이다(예를 들어 창 3:8이하). 그러나 구약은 하나님의 초월성과 감추어짐을 더 강조하기 때문에 하나님과 인간 사이의 신체적 유사성 같은 개념을 지지하지 않으며, 나아가 하나님을 보이는 형상으로 재현하는 것을 엄격하게 금지한다(출 20:4). 마찬가지로 신약 교회 역시 그리스도의 얼굴에 비친 하나님의 영광을 주목한다고 하지만(고후 4:6; 요 1:14), 이런 진술은 예수가 하나님과 신체적 형상의 면에서 상응함을 의미하는 것이 아니라 예수의 의도와 행동이 성부의 그것과 닮았음을 의미한다. 장 칼뱅은 하나님의 형상을 신체적인 닮음으로 해석하는 입장을 전적으로 거부하지는 않았지만, 과도한 신인동형론적 표현에 대해서는 깊이 염려했다.[1]

둘째, 신적 형상에 대한 서구의 지배적인 해석에 따르면 하나님의 형

---

1) Calvin, *Institutes of the Christian Religion*, 1.15.3.

상은 **인간의 이성적 본성** 안에 존재한다. 토마스 아퀴나스를 포함한 다수의 고전적 신학자들은, 하나님이 그분의 로고스 혹은 이성을 통해 세상을 창조했으며, 따라서 인간은 이성을 행사함으로써 하나님의 로고스 혹은 이성에 참여하며 그것을 반영한다고 보았다.[2] 이렇게 인간의 이성에 높은 가치를 두는 입장에는 부분적 진리가 존재하지만, 이런 경향은 기독교 인간론의 지성화를 조장하는 부정적 측면을 남겼다. 인간됨의 본질이 우선적으로 추상적 추론에 있고 이를 통해 인간 삶의 육체적 차원이 초월된다고 가정한다면, 결과적으로 인간 실존의 감정적·육체적 차원은 평가절하되는 것이다.

셋째, 위의 입장과 연관되지만 또 다른 해석은 인간이 **땅에 대한 지배**를 부여받았다는 창세기 텍스트에 근거한다. 인간은 다른 피조물에 대해 힘과 지배를 행사한다는 점에서 하나님을 닮았다. 하나님의 형상에 대한 이런 해석은 모든 관계를 위계질서적 유형으로 파악하는 세계관과 자주 결부된다. 즉 하나님은 세상을 다스리고 영혼은 몸을 지배하며, 남자는 여자의 주인이 되고 인간은 다른 피조물을 지배한다. 창조론을 논의할 때 살펴보았듯이, 하나님의 형상에 대한 이런 해석은 종종 근대에 와서 자연에 대한 무모한 착취를 정당화하는 방책으로 이용되었다. 가부장제와 인종차별과 식민주의는 타자를 지배하려는 이런 경향성의 상이한 표현들이라고 할 수 있다. 이런 견해에 반대해서 나는, 인간에게 위탁된 지배를 올바르게 이해하려면 하나님 자신의 지배처럼, 타자에 대한 지배와 조작이 아니라 존중과 보호와 돌봄을 포함하는 지배를 거론해야 함을 주장하고 싶다.

넷째, 하나님의 형상의 의미를 **인간의 자유**로 보는 해석이 있다. 수많은 근대 철학자와 신학자들은 인간을 본질적으로 자유롭고 자기 결정적이며 자기 초월적인 존재로 기술했다.[3] 이와 같은 논리에 따르면 인간은

---

2) Thomas Aquinas, *Summa Theologica*, Pt. 1, q. 93, a. 4.
3) Reinhold Niebuhr, *The Nature and Destiny of Man* (New York: Charles Scribner's Sons,

자신을 만든 창조자인 동시에 자연 질서에 부여한 문화 세계를 만든 창조자다. 인간은 자유롭고 창조적인 활동 속에서 하나님의 자유를 반영하며 그럼으로써 세상에 나타난 하나님의 형상이 된다. 확실히 이런 해석에는 많은 장점이 존재한다. 그러나 이 해석이 지닌 심각한 한계점은 근대 문화가 자유의 관념을 "분리된 주체" 또는 타자로부터의 단순한 독립, 혹은 심지어 전적인 자기만족과 자주 동일시했다는 사실에 있다.[4]

다섯째, "하나님의 형상"은 하나님 및 다른 피조물과 **관계를 맺고 있는 인간의 삶**에서 드러난다는 해석이 있다. 이는 다수의 현대 신학자들의 입장이며 나도 여기에 동의한다. 창세기의 첫 번째 창조 이야기에서 "하나님이 자기 형상 곧 하나님의 형상대로 사람을 창조하시되"라는 구절 바로 다음에 "남자와 여자를 창조하시고"라는 구절이 뒤따른다(창 1:27). 인간이 된다는 것은 상호 존중과 사랑의 관계 속에서 자유와 기쁨을 느끼며 사는 삶을 의미한다. 관계 속에 있는 인간의 존재는―인간관계의 전형적 형태는 남자와 여자의 공존이다―고독이 아니라 교제 속에서 영원히 사시는 하나님의 삶을 반영한다. 그러므로 우선적으로 하나님의 형상은 인간의 기능이나 소유, 재능의 집합으로 환원될 수 없다. 하나님의 형상은 타자들, 즉 하나님이라고 불리는 "전적 타자"와 모든 다른 "타자들"과의 관계에서 경험되는 자기 초월적 삶을 표현한다. 우리가 하나님이 의도하신 인간 피조물이 되기 위해서는 모든 다른 "타자들"과 우리 사이의 상호적 도움이 필요하다.[5]

하나님의 형상은 동전 위에 영구히 찍힌 이미지 같은 것이 아니다. 오히려 거울 속에 반사된 이미지와 유사하다. 즉 인간은 하나님 자신의 관

1955).

4) Charles Taylor, *Sources of the Self: The Making of the Modern Identity* (Cambridge: Harvard University Press, 1989).

5) Douglas John Hall, *Imaging God: Dominion as Stewardship* (Grand Rapids: Eerdmans, 1986).

계적 삶을 반영하기 위해, 또 그것에 상응하는 관계적 삶을 살기 위해 창조되었다. 예수 그리스도의 역사라는 관점에서 보면, 기독교 신앙과 신학은 하나님의 형상(imago Dei)을 그리스도의 형상(imago Christi)과 삼위일체의 형상(imago trinitatis)으로 해석하게 된다. 성육신하신 주님이 죄인과 가난한 자들과 함께, 그들을 위해 최고의 연대 속에서 사셨던 것처럼, 그리고 하나님의 영원한 삶이 교제 가운데 있는 삼위일체적 "사랑의 사회"로서 세상에 열려 있는 삶인 것처럼, 타자와의 공존 속에서 사는 인간은 예수 그리스도 안에서 우리에게 알려지고 성령에 의해 우리 가운데 역사하는 살아 계신 삼위일체 하나님을 피조물로서 반영하도록 의도되었다.[6]

신학적 인간학에 대한 최근의 독창적인 논문에서 데이비드 켈시(David Kelsey)는 삼위일체적이고 그리스도 중심적인 관점에서 인간됨의 의미가 무엇인가에 대한 설명을 제공한다. 켈시는 인간을 "외심적"(eccentric) 존재로 규정한다. 즉 인간은 "인간 자신의 바깥", 즉 하나님이 하나님 아닌 모든 존재들과 관계를 맺으시는 세 가지 구체적이고 구별되는 방식(우리에게 생명을 주시는 창조자, 각종 소외와 우리를 화해시키는 구원자, 최종 성취를 약속하고 거기로 우리를 이끄시는 완성자로서의 세 관계)에 "기반을 두고 있는" 기이한 존재다. 그리스도는 삼위일체 하나님의 살아 있는 형상이다. "그리스도를 통해 하나님은 하나님 아닌 모든 존재들과 관계 맺는 방식과 하나님 자신을 규정한다…."[7] 켈시의 설명에서 신학적 인류학과 그리스도 중심적인 하나님에 대한 삼위일체적 이해는 같이 간다.

이런 간결한 논평들을 통해 분명해진 사실은, 하나님의 형상에 대한 기독교 신학의 이해는 창세기 1장의 주석으로 제한될 수 없다는 점이다. 창세기 본문의 증언은 복음 이야기에 비추어 재해석됨으로써 새로운 심

---

6) Stanley J. Grenz, *The Social God and the Relational Self: A Trinitarian Theology of the Imago Dei* (Louisville: Westminster/John Knox, 2001).
7) David H. Kelsey, *Eccentric Existence: A Theological Anthropology*, 2 vols. (Louisville: Westminster John Knox, 2009), pp. 1008, 966.

층적 의미를 획득할 수 있다. 기독교 신앙에서 예수 그리스도는 하나님이 의도하신 인간됨의 가장 충만한 표현이다. 바로 이 인간이신 예수 그리스도야말로 "하나님의 형상"(고후 4:4; 골 1:15)이며, 그리스도 안에 있는 우리 인간의 운명은 하나님의 형상을 닮아가는 것이다. 그러므로 예수 그리스도 안에서 만나는 인간의 삶의 형태는, 참된 인간됨이 무엇인가를 묻는 기독교적 논의에서 확실히 결정적 요소가 될 것이다.[8] 물론 그렇다고 인간의 삶에 관한 기독교적 이해가 인간 실존의 다른 경험과 이해를 무시할 수 있음을 의미하지는 않는다. 신학적 인간론은 문화인류학, 심리학, 사회학, 그리고 여타 다른 학문의 결과물을 무시할 수 없다. 다만 내가 말하고자 하는 바는, 기독교 신앙과 신학에서 참된 신성과 참된 인간성을 규정하는 결정적 규범이 예수의 삶과 죽음과 부활이라는 점이다.

창조된 인간

이제 나는 창조된 인간, 타락한 인간, 그리스도 안에서 새롭게 된 인간이라는 소제목을 두고, 하나님과의 관계와 타자와의 관계 속에 있는 인간의 본질적 차원을 기술하고자 한다.[9] 각각의 경우에 나는 인간 삶의 현상을 기독교 신앙의 관점에서 바라보려 한다. 우선 삼위일체 하나님이 창조하신 인간 삶에 대해 다음 세 가지 명제를 제시함으로써 논의를 시작하겠다.

    1. 하나님의 형상으로 창조된 인간은 하나님이 자유롭게 오셔서 말을

---

8) "어떤 의미로는 인간 이해에 대해 기독교가 공헌하는 바 전체는 단 하나의 자료, 즉 예수 그리스도로 구성되어 있다"[José Comblin, *Retrieving the Human: A Christian Anthropology* (Maryknoll, N.Y.: Orbis Books, 1990), 223]. 엄밀하게 그리스도 중심적인 인간론을 발전시키려는 칼 바르트의 시도에 대해서는 *Church Dogmatics*, 3/2를 보라.

9) 참조. Peter C. Hodgson, *New Birth of Freedom: A Theology of Bondage and Liberation* (Philadelphia: Fortress, 1976).

걸 수 있는 존재며, 이 하나님의 대화에 대해 자유롭게 반응하는 존재다. 철학적 차원에서든 과학적 차원에서든 근대의 인간론은 전통적인 기독교 교리와의 관계를 끊어버렸지만, 그럼에도 인간론은 여전히 인간의 독특성에 대한 질문과 씨름해야 했다. 전통적으로 인간의 삶에 대한 이해는 한편에서는 천사주의와, 다른 한편에서는 자연주의와의 사이를 왔다갔다했다. 천사주의(angelism)란 인간을 몸이 없는 정신으로 간주하는 경향이고, 자연주의(naturalism)란 인간 행동을 전적으로 예측 가능한 것으로 여기면서 자유 의지나 영혼, 하나님과의 관계처럼 무형적인 것들은 고려하지 않는 경향을 뜻한다.

근대의 철학적 인간학과 문화적 인간학은 천사주의나 자연주의에 빠지지 않으면서도 인간됨의 독특성을 파악하고 기술하고자 노력했다. 그리하여 인간의 "자기 초월"(self-transcendence), "세계 개방성"(world-openness), 또는 인간만의 독특한 언어적·문화적·종교적 잠재성과 활동성에 대해 언급하게 되었다. 다른 동물과는 눈에 띄는 차이를 보일 정도로 인간은 "외심적으로"(exocentrically) 존재한다. 즉 인간은 경험의 대상에 의해, 특히 타인과의 관계에 의해 인간 자신 밖으로 이끌려나가는 존재다. 볼프하르트 판넨베르크(Wolfhart Pannenberg)에 따르면 "인간의 자기 초월의 개념은—이 개념과 상당히 동등한, 세계 개방성이라는 개념처럼—인간의 독특한 특성을 규명하려고 노력하는 현대 인류학자들 사이에 광범위한 일치점이 있음을 보여준다."[10)]

물론 인간의 특징인 자기 초월적 자유와 세계 개방성은 유한하고 조건적일 뿐 결코 절대적이지 않다. 인간은 육체로 구체화되는 존재다. 우리는 몸이 없는 영이 아니며 심리적인 동시에 신체적 존재자다. 단순히 우리가 **몸을 소유**한 것이 아니다. 우리는 **우리의 몸이다.** 우리는 몸으로 구체화된

---

10) Wolfhart Pannenberg, *Anthropology in Theological Perspective* (Philadelphia: Westminster, 1985), 63.

행동을 통해 자신을 표현하고 타인과 소통한다. 인간의 번영은 몸의 욕구의 충족과 분리될 수 없다.

더욱이 인간의 삶은 사회와 역사 속에 깊숙이 박혀 있다. 우리는 특정한 사회, 특정한 문화, 특정한 역사 시대에 속하며, 이런 조건이 우리의 정체성을 파악하는 데 도움을 준다. 그러나 인정해야 할 가장 중요한 점은, 우리의 특정한 구체적 상황과 역사적 여건이 단순히 삶의 부정적 한계가 아니라는 사실이다. 이런 조건들은 우리의 유한하지만 실제적인 자유를 드러낸다. 의심할 여지없이 유전(遺傳), 역사, 문화는 아주 구체적인 방식으로 우리를 형성한다. 우리는 스스로 남자나 여자로, 흑인이나 백인으로, 러시아인이나 미국인으로 태어나는 것을 선택하지 않았다. 그럼에도 불구하고 우리는 이와 같은 우연적인 특성을 삶을 풍요롭게 하는 계기로 전환시킴으로써 활용할 수 있다. 자유는 결코 절대적이거나 무제한적이지 않다. 그러나 인간의 자유는 경험의 제반 여건을 재형성하고 재정립할 수 있는 가능성을 가진다.

내가 지금까지 기술한 것들은 기독교적 관점으로 보아 하나님이 창조하신 인간의 삶을 드러내는 증표나 표지다. 몸으로 구체화된 우리 존재는 결코 하나님과의 교제를 방해하는 장애물이 아니다. 정반대로 기독교 신앙은 하나님이 창조하신 몸으로 구체화된 삶의 선함을 확증하고, 말씀이 예수 그리스도 안에서 성육신함을 가르치며 몸의 부활을 소망한다. 그러므로 기독교 신앙은 "모든 위대한 종교 중에서도 가장 물질주의적이라고 공언할 수 있다."[11]

기독교 신앙에 따르면, 우리의 "외심성"(exocentricity)과 유한하지만 실제적인 자유는 인간이 몸으로 구체화된 존재며 역사적으로 조건 지워진 존재로서 하나님과의 교제를 위해 창조되었다는 사실로부터 도출된다. 관

---

11) William Temple, *Nature, Man and God* (London: Macmillan, 1956), 478. 또한 José Comblin, *Retrieving the Human*, ch. 2을 보라.

계 안에 사시는 하나님은 우리 역시 관계 안에서 살아가도록 부르신다. 하나님이 우리에게 말씀하기에 우리는 인간이 된다. 우리의 창조자는 자유 안에서 우리에게 생명을 주고 우리를 부르고 우리와 언약을 맺고 우리의 반응을 원하시는 분이다. 하나님은 심리적·신체적 총체성을 지니면서 특정한 역사적 상황 속에 존재하는 인간에게 말씀하는 동시에, 인간의 전 인격에서 우러나오는 자유로운 반응을 원하신다.

성경 전체는 하나님이 인간에게 말씀하고 인간으로부터 반응을 기다리심을 증언하고 있다. 따라서 인간을 그러한 대상인 피조물로 묘사한다. 하나님과 관계 맺는 인간의 삶의 이런 대화적 본성은 복음 이야기에서 가장 명확하게 드러난다. 예수는 하나님의 뜻과 타인의 필요에 온전히 반응하는 분이었다. 예수의 존재 전체와 사역은 그가 아바라고 부른 분, 즉 그에게 권한을 위임해서 임무를 담당하게 하신 하나님에 대한 전적인 신뢰와 자유로운 순종을 드러낸다. 예수의 인간됨의 관점에서 보자면, 참으로 인간이 된다는 것은 하나님의 은혜에 신실하게 반응하며 사는 것을 의미한다. 하나님은 인간이 홀로 분리되어 사는 것에서 벗어나 관계를 맺으며 살도록 부르신다. 하나님이 인간에게 원하시는 것은 단순한 반복이나 기계적인 반영이 아니라 자유와 기쁨 가운데서 우러나온 반응이다. 협력과 섬김의 삶을 살도록 인간을 부르는 살아 계신 하나님은 인간에게 말씀하며, 이를 통해 인간은 자유로운 행위자, 역사의 주체가 된다. 인간이 된다는 것은 하나님의 은혜로운 말씀에 자유로운 순종으로 반응함을 의미한다.

2. 하나님의 형상으로 창조되었다는 사실은 인간의 참된 정체성이 인간 상호 간의, 또한 다른 피조물과의 공존에 있음을 의미한다. 거듭 말하지만, 현대 철학과 인류학과 심리학의 결과물은 신학적 인간론에 도움을 제공할 수 있다. 이런 학문들은 인간 존재가 개인주의적이지 않고 공동체적임을 강조한다. 우리는 개인적 정체성과 공동체적 참여 사이의 긴장 속에서 인간이 되며 인간으로 산다. 우리의 자유는 완전히 분리된 상태에서가 아니라 타자와의 지속적인 상호 작용 속에서 행사된다.

인간의 삶은 상호 관계를 맺고 있는 생태 체계와 구조에 의존한다. 간단히 말해, 우리는 대화 속에서 산다.[12] 이런 사실을 의식하기 훨씬 이전부터 우리는 타자와의 상호 관계와 반응 속에서 살아간다. 두 발로 서서 첫 발걸음을 떼기도 전에 우리는 타자를 신뢰하는 법을 배워야 하는 것이다. 이런 원리는 개인 발달뿐만 아니라 정치 질서가 흘러가는 역사에도 적용된다. 아리스토텔레스(Aristotle)가 인간을 "정치적" 동물이라고 정의했을 때 그가 의미한 바는, 인간은 폴리스(polis), 즉 도시의 복잡한 관계와 상호 의존 속에서 삶으로써 잠재성을 발전시킬 수 있는 존재라는 것이었다. 같은 지혜가 다음과 같은 아프리카 속담에 아름답게 담겨 있다. "당신이 인간이라는 바로 그 이유를 통해서만 나도 인간이다."[13]

성경의 창조 이야기를 주의 깊게 읽어보면, 창조 전체, 특별히 인간을 묘사하는 대목에서 상호 관련성의 중요성이 강조됨을 알 수 있다. 첫 번째 창조 이야기에서(창 1장) 인간은 하나님이 세우신 우주 질서의 일부분이다. 두 번째 창조 이야기에서(창 2장) 인간은 흙으로 지음을 받고 많은 다른 피조물이 사는 동산에서 살아간다.

성경의 증언에서 가장 눈에 두드러지는 지점은, 하나님의 형상으로 인간이 지어질 때 그는 혼자가 아니라 남자와 여자라는 이중의 관계 속에 있는 존재로 창조되었다는 것이다(창 1:27). 하나님이 창조하신 대로 우리는 본질적으로 관계적·사회적 존재다. 남자와 여자의 공존성은 이러한 사회성과 공동-인간성을 단적으로 드러낸다. 우리는 타자와의 공동체적 삶을 위해, 교제에 있어 상호 간 신뢰와 상호적 자유를 누리도록 창조되었다. 바로 이것이 인간의 성(性)을 기독교적으로 이해하기 위한 신학적 정황이다. 인간의 성은 상호 간에 헌신하고 서로 기뻐하며 지속적으로 맺는

---

12) 대화적 인격주의를 진술한 현대의 대표적 저서로는 Martin Buber, *I and Thou* (Edinburgh: T&T Clark, 1958)가 있다. 『나와 너』(대한기독교서회 역간).

13) Allan Boesak, *Black and Reformed* (Maryknoll, N.Y.: Orbis Books, 1984), 51.

관계를 의미하며, 이런 조건 속에서만 온전하게 표현될 수 있다.[14]

20세기 신학자 중 그 누구보다도 영향력 있게, 인간의 본질로서의 관계성을 신학적으로 정립한 이가 바로 칼 바르트다. 바르트에게 인간의 존재는 공존이며, 이러한 사실은 남자와 여자의 공존 속에서 전형적으로 구체화된다. 만약 우리의 공동-인간성(co-humanity)이 남녀의 공존 속에서 표현되어야 함을 무시한다면, 또한 남녀의 상호적 관계 속에 있는 우리 존재의 의미를 희미하게 희석시켜 버린다면, 우리는 삶의 모든 영역에서 자신을 고독한 인간(homo solitarius)이라는 비인간적 비전으로 정의하려는 유혹에 너무도 쉽게 굴복해버릴 것이다.

바르트는 관계성의 주제를 정교하게 다듬으면서 다음과 같은 세 가지 근본적인 주장을 제시한다. 첫째, 인간은 **남자 또는 여자**이며, 인간은 자신의 특별한 성적 정체성을 확증하도록 하나님으로부터 부름을 받는다. 둘째, 인간은 **남자와 여자**이며, 자신의 성적 배우자와의 상호적 협력 안에서 인간 정체성을 발견하도록 부름을 받는다. 성적 배우자는 서로 비슷한 점을 공유하는 동시에 서로 환원될 수 없는 차이점을 소유한다. 셋째, 남자와 여자로서의 인간은 비가역적인 명확한 **질서** 속에서 공존한다.[15]

바르트의 주장 각각은 다양한 질문을 촉발한다. 모든 인간은 자신의 성을 부인하거나 부끄러워하는 대신 오히려 즐거워해야 한다는 주장에는 전적으로 동의할 수 있다. 그러나 바르트의 첫 번째 주장에 대해서는, 남자와 여자의 차이점에 대한 모든 고정 관념적 기술을 경고하고 즉각적으로 한계를 설정해야 한다. 지성적인 남자와 감성적인 여자, 객관적인 남자와 주관적인 여자, 혹은 대중문화에서 흔히 발견되는 "화성인" 남자와 "금성인" 여자의 대립 묘사는 전적으로 신화일 뿐이며, 이런 단순화는 신학적

---

14) 바르트의 다음과 같은 인상적인 구절이 기억에 남아 있다. "공존(co-existence)이 없는 성교(coitus)는 악마적이다."(Church Dogmatics, 3/4: 133).

15) Barth, Church Dogmatics, 3/4: 149-81.

인간론에 발붙여서는 안 된다.

바르트의 두 번째 주장도 세심하게 한정되어야 한다. 즉 이런 기술이 기혼자에 비해 미혼자가 타자와의 관계적 삶에 있어 덜 부름 받았음을 함축하지 않도록, 그리고 동성 간의 지속적 우정이나 헌신적 협력이 인간 상호 간의 삶을 추구하는 하나님의 의지를 반영하지 못할 수도 있다는 식으로 흘러가지 않도록 다듬어야 할 것이다. 폴 레만(Paul Lehmann)이 주장하듯, 성경이 상호적 사랑과 신뢰 관계의 범주적이며 근본적인 예로서, 또 타자성과 차이성을 온전히 존중하면서도 공동체적 삶에 헌신하는 것의 예로서 남자와 여자의 관계를 제시하고 있음은 의심할 여지없는 사실이지만, 그렇다고 모든 관계성을 남녀 관계만으로 **제한**하거나 배타적으로 간주할 수는 없다. 만약 하나님의 견고한 언약적 사랑과 타자와의 공동체 속에 있는 새로운 삶으로 인도하는 하나님의 부르심에 비추어 성경을 읽는다면, 우리는 성경이 하나님의 은혜로 인해 가능하게 된 깊은 교제의 종류를 그렇게 제한적으로 한정하지 않음을, 오히려 깊은 교제를 암시하는 표지와 비유의 다양성에 있어 개방적으로 열려 있음을 발견하게 될 것이다.[16]

그러나 바르트의 주장 중 가장 논란이 되는 것은 세 번째 진술이다. 왜냐하면 이 진술 속에서 그는 남자와 여자의 관계 안에 있는 비가역적 질서를 상정하기 때문이다. 물론 바르트도 고정 관념과 이데올로기의 가능성을 의식하며 이런 질서를 기술하기 위해 사용되는 모든 단어의 "위험성"을 인정한다.[17] 그럼에도 바르트는 남녀의 관계에서 남자를 "A", "지도자", "우월적", "위로"라는 말로, 그리고 여자를 "B", "추종자", "종속적", "아래로"라는 말로 표현한다. 바르트 자신이 가한 수많은 제한에도 불구하고, 이와 같은 비가역적인 질서의 묘사는 폭넓게 거부당해왔는데, 이는 정당

---

16) Paul L. Lehmann, *The Decalogue and a Human Future: The Meaning of the Commandments for Making and Keeping Human Life Human* (Grand Rapids: Eerdmans, 1995), 174.

17) Barth, *Church Dogmatics*, 3/4: 169.

한 반응이라고 할 수 있다.[18] 바르트의 대립적 묘사는 현대적 감수성에 맞지 않을 뿐 아니라 근본적인 방법론적 원리와도 심각하게 모순된다. 바르트의 방법론적 원리는 예수 그리스도에 비추어, 또한 그리스도에게 기초를 두는, 상호 간의 사랑과 섬김이 있는 새로운 공동체에 비추어 모든 기독교 교리를 재고찰하는 것이었다.

바르트와는 대조적으로, 성경의 첫 번째 창조 이야기는 남자와 여자의 관계에서 위계질서, 우월성 혹은 열등성, "위로" 또는 "아래로", "첫 번째" 또는 "두 번째" 등의 구별을 언급하지 않는다. 성경은 남자와 여자가 함께 하나님의 형상을 형성한다고 말하고 있을 뿐이다. 이것이 의미하는 바는, 레티 러셀(Letty Russell)의 표현대로, 인간은 "협력" 속에서 존재하고 또 상호적으로 말하고 듣고 살고 일한다는 의미이다.[19] 복음의 하나님에 비추어볼 때 남녀 관계의 올바른 질서는 엄격한 위계질서가 아니라 상호 간의 사랑과 섬김이다(갈 3:28; 엡 5:21). 삼위일체적 유비를 사용해보면, 남녀관계는 "상호 내주적"(perichoretic)이다. 즉 서로가 서로 안에 거하며 상호적인 사랑이 이루어지는 삶이다.[20] 삼위일체의 위격들 간의 상호 내주적 일치에서든 남녀 관계 속에서든, "위로"와 "아래로" 같은 비상호적 구별이나 "우월성"과 "종속성" 같은 일방적이고 고착화된 구별은 발붙일 곳이 없다.

공동체적 삶이 인간의 정체성을 드러내는 단서라고 가르치는 구약의 교훈은 복음 이야기에 의해 확증되고 심화된다. 복음 이야기 속에서 예수는 타자를 위해 존재하는 인간으로, 즉 다른 사람들, 특히 사회적·종교적 인습에 의해 하나님의 공동체와 그분의 선택된 백성에 해당되지 않는

---

18) Paul Jewett, *Man as Male and Female* (Grand Rapids: Eerdmans, 1975); Jürgen Moltmann, *God in Creation* (San Francisco: Harper & Row, 1985); Rosemary Radford Ruether, *Sexism and God-Talk: Toward a Feminist Theology* (Boston: Beacon Press, 1983).

19) Russell, *The Future of Partnership* (Philadelphia: Westminster, 1979).

20) 참조. Alexander McKelway, "Perichoretic Possibilities in Barth's Doctrine of Male and Female," *Princeton Seminary Bulletin* 7 (1986): 231-43.

다고 규정되는 자들과의 긴밀한 연대 속에서 사는 자로 묘사된다. 그러므로 기독교 신앙에 의하면 존재한다는 것은, 교제 안에 존재하시는 하나님의 형상을 가지는 것이라고 할 수 있다. 영원한 삼위일체적 사랑이 타자를 위한 공간을 마련하듯이, 하나님의 형상으로 지음 받은 인간도 타자와의 관계성 속에서 진정한 인간됨을 발견하도록 부름을 받는다.

3. 하나님의 형상으로 창조되었다는 것은 고정된 상태나 조건이 아니라 목적을 가진 운동이다. 즉 인간은 아직 실현되지 않은 삶의 성취를 향해 쉼 없이 움직인다. 인간의 삶은 역동적으로 움직이면서 전진한다. 남자든 여자든 모든 인간은 추구하고 탐구하고 기대하는 존재다. 우리에게 익숙한 기도문에서 아우구스티누스는, 인간의 삶은 끊임없는 움직임이라고 말했다. "당신은 우리가 당신을 **향하도록** 지으셨으므로, 우리의 마음은 당신 안에서 안식할 때까지 쉴 수가 없습니다."[21] 인간의 마음에 쉼이 없다는 것, 즉 늘 달아나버리는 목적을 향하지만 항상 충족되지 않는 인간의 욕구 상태는, 볼프하르트 판넨베르크의 표현대로 "세계 개방성"(world openness) 또는 "미래에 대한 개방성"(openness to the future)으로도 표현될 수 있을 것이다.

인간이 아닌 동물은 명확한 충동과 특정 대상에 의해 발동되는 욕구 내지는 본능을 가지고 있다. 이와 대조적으로 인간의 마음은 만족이나 안식 없이 끝없이 표류한다. 인간의 욕구는 쉼 없이 넘쳐난다. 인간은 신체적 만족과 감정적 충족을 추구할 뿐만 아니라, 규정하거나 파악하기 어려운 삶의 난해한 의미도 추구한다. 이 쉼 없는 마음 때문에 인간은 영원한 충족을 주는 목적을 이 세상에서 발견하지 못한다. 더욱이 인간 외의 동물들은 주위 환경의 조건에 의해 엄격히 제한되지만, 대조적으로 인간은 자연이든 문화든 주어진 환경을 기꺼이 초월하는 능력이 있다. 인간은 의미의 세계를 창조하고 이를 지속적으로 변혁한다. 하지만 결코 완전한 충족

---

21) Augustine, *Confessions*, 1.1.1.

에는 이르지 못한다. 인간은 미래에 대해, 아직 존재하지 않는 것에 대해, 즉 모든 개인적·사회적·문화적 성취를 넘어서는 삶의 궁극적 충만성에 대해 철저한 개방성을 지닌 존재로 창조되었다.[22] 인간은 철저하게 시간적인 존재이기에 과거를 단순히 보존하는 것이나 현재를 무조건 인정하는 것에는 결코 만족하지 못한다. 인간이 된다는 것은 그가 명확하게 예상할 수 없고 충분하게 실현할 수 없는 미래에 대해 개방되어 있음을 의미한다. 새로운 자유를 향해 "나아오라는 부름"은 모든 창조세계에, 특별히 인간의 삶에 적용된다.[23]

인간의 삶이 지닌 이와 같은 역동성은 신학이 예고하는 것, 즉 도래할 하나님 나라를 향한 인간의 자유를 암시하는 전조가 될 수 있다. 창세기의 창조 이야기에는 피조물의 자유와 역동성을 드러내는 작은 암시들이 존재한다. 바르트에 따르면 두 번째 창조 이야기에서 언급된 에덴동산의 생명나무(창 2:9; 참조. 계 2:7)는 하나님의 은혜로운 약속을 보여주는 일종의 성례로 이해될 수 있다.[24] 인간의 삶은 풍성하고 영속적인 생명을 주시는 하나님의 약속을 지향하며 이것에 계속해서 열려 있다. 하나님이 주시는 생명은 획득하거나 소유할 수 없고, 오직 선물로서 거듭 받을 수 있을 뿐이다. 게다가, 첫 번째 창조 이야기에 따르면 하나님은 인간에게 자신의 미래를 구체화하라는 사명 또는 소명을 주신다. 즉 땅을 다스리는 소명이 인간에게 주어진 것이다(창 1:26, 28). 그러나 내가 이미 주장했던 대로, 이 구절은 인간이 책임감 있는 청지기와 보호자가 되라는 권면으로 이해되어야 옳다.

예언자들의 증언 속에서 창세기 이야기는 더욱 확대된다. 즉 미래에 있을 인간의 삶은 하나의 선택, 다시 말해 정의와 자비와 겸손을 행하라는

---

22) Wolfhart Pannenberg, *What Is Man? Contemporary Anthropology in Theological Perspective* (Philadelphia: Fortress, 1970).

23) John B. Cobb, Jr., *God and the World* (Philadelphia: Westminster, 1969), 42-66.

24) *Church Dogmatics*, 3/1: 281-84.

하나님의 명령에 순종하거나 아니면 심판과 파멸을 자초하거나 어느 하나를 택하는 선택으로 묘사된다. 구약의 메시아적 전통에 따르면, 인간의 삶은 하나님이 만물을 새롭게 하실 때를 끊임없이 기대하면서 영위되어야 한다. 이와 같이 인간의 삶이 하나님의 약속을 바라고 지향한다는 개념은 예수 그리스도의 복음 안에서 한층 더 심화된다. 예수는 하나님 나라의 도래를 선포하고 그것을 개시하는 예언자적 행위를 행함으로써, 무엇보다도 십자가에 달려 죽고 부활함으로써, 인간의 삶은 그 자체로 완전하지 않고 하나님이 성취하실 미래를 향해, 마침내 실현될 풍성한 생명의 약속을 향해 나아가고 있음을 선명하게 드러낸다. 인간에게는 목적(destiny), 즉 하나님을 영원히 영화롭게 하고 즐거워하기 위해 창조되고 구원받는다는 목적이 있다.[25]

지금까지 개괄해왔던 창조된 인간의 자유의 여러 차원들, 즉 하나님과의 관계성과 하나님 앞에서의 책임성, 타자와의 관계 안에서의 삶, 하나님의 약속에 대한 개방성은 서로 긴밀히 연결되어 있다. 우리의 피조물로서의 자유는 하나님이 우리에게 말씀하심으로 깨어나고, 우리와 전혀 다른 타자들과 공존함으로써 확장되며, 도래할 하나님 나라에서의 미래적 성취를 지향하도록 움직인다.

앞에서 주목했듯이, 여기서 우리는 "하나님의 형상"을 관계성 안에서의 인간의 삶으로 이해하는 이런 해석이 그리스도 중심적·삼위일체적 하나님 이해의 기반 위에서 가능함을 분명히 볼 수 있다. 전적으로 하나님을 위한 존재이자 타자를 위한 존재인 예수 그리스도가 "하나님의 형상"으로서 하나님의 정체성과 또 그분의 피조물된 우리의 정체성을 드러낸다고 한다면, 교제 안에 있는 하나님의 삶에 대한 이해는 필연적으로 인간

---

25) 언어가 시간에 제약되어 있음을 고려하면, 웨스트민스터 소요리문답의 첫 번째 질문에 대한 대답은 타당하다. "인간의 주된 목적은 하나님을 영화롭게 하며 그를 영원히 즐거워하는 것이다"[The Book of Confessions (PCUSA), 7.001].

의 삶이 지닌 심원한 관계성을 이해하도록 요청할 것이다. 스탠리 그렌츠(Stanley Grenz)가 논증했듯이 온전한 신학적 인간론의 문을 연 것은 삼위일체론의 회복이었다."[26] 삼위일체 하나님은 홀로 존재하는 단자가 아니라 교제 안에 계신 분이다. 하나님의 삼위일체적 삶은 관계성 안에 거하는 모든 생명의 원천이며 능력이다. 하나님의 형상으로 창조된 우리는 하나님과의 교제 속에서 그리고 타자와의 교제 속에서 살아가는 인격이 되도록 부름 받는다.[27] 우리는 하나님 자신의 관계성과 교제의 삶에 참여하도록, 또한 일정 정도 그것을 반영하도록 부름 받고 있다.

타락한 인간

만약 기독교 교리가 인간이 하나님의 형상으로 창조되었음만 언급한다면, 이러한 교리는 순전히 관념론에 머물 것이다. 그러나 기독교적 인간론은 완전히 현실주의적이다. 라인홀드 니버(Reinhold Niebuhr)의 진술대로, "기독교적 인간 본성론은 하나의 역설을 포함한다. 즉 한편으로는 인간의 드높은 위상을 말하면서도, 다른 한편으로는 어떤 인간론보다도 진지하게 인간의 악에 대해 고찰한다."[28] 신학적 인간론은 하나님이 창조한 인간 존재의 선한 가능성을 확증하지만, 동시에 현실적인 인간 실존의 특징으로 나타나는 극심한 혼란, 무질서, 소외, 잔혹, 억압을 진지하게 고려한다.[29]

---

26) Stanley J. Grenz, *The Social God and the Relational Self*, 16. "기독교적 신학적 인간론은 삼위일체적 신학적 인간론이다"(23).
27) Colin E. Gunton, "Trinity, Ontology and Anthropology: Towards a Renewal of the Doctrine of the Imago Dei," in Christoph Schwöbel & Colin E. Gunton, eds., *Persons: Divine and Human* (Edinburgh: T&T Clark, 1991), 47-61.
28) Niebuhr, *The Nature and Destiny of Man*, 18.
29) 죄론을 다룬 최근의 주목할 만한 책들로는 Cornelius Plantinga, Jr., *Not the Way It's Supposed to Be: A Breviary of Sin* (Grand Rapids: Eerdmans, 1995); Ted Peters,

이런 이중의 상황은 우리 인간이 "타락"하고 "죄인"된 피조물이라는 주장으로 요약된다. 창조와 타락을 이야기하는 야웨 문서는(창 2-3장) 우리 인간이 하나님으로부터뿐 아니라 동료 피조물로부터도 소외된 존재임을 생생하게 묘사한다. 아담과 하와는 신들과 같이, 아니 "하나님과 같이" 되려는 욕망에 사로잡혀 불순종함으로써 에덴동산에서 쫓겨난다. 하나님과의 관계의 파괴는 인간 상호 간 관계의 파괴로 드러난다. 동산 밖에서 인간이 한 행동 중 첫 번째로 기록된 것은 가인의 아벨 살인이다. 이렇게 인간은 하나님의 형상에 따라 창조되었으나, 이제 그 형상은 죄로 인해, 그리고 죄에 종종 수반되는 폭력으로 인해 흐려지고 왜곡된다.

따라서 우리의 다음 과제는 피조물로서의 인간 존재의 여러 차원이 죄로 파괴된 상황을 상세히 기술하는 것이 될 것이다. 만약 우리가 우리와는 전적으로 다른 하나님과의 관계를 위해, 또 우리와 상대적으로 다른 피조물과의 관계를 위해 창조되었다면, 죄의 본질은 우리와 진정으로 "다른" 타자들과 맺는 본질적인 관계성을 부인하는 것일 것이다. 우리는 하나님이신 타자에 대한 우리의 의존성을 부인한다. 동시에 우리는 동료 피조물, 특히 우리에게 전적으로 낯설고 "다르게" 보이는 자들, 희생자와 가난한 자, "잉여의"[30] 인간을 우리가 필요로 한다는 사실을 거부한다. 이런 관점에서 보면, 죄란 "인간이 다름에 대해 가진 깊은 관용의 결여"[31]다. 즉 피조물 사이의 다름에 대해 관용하지 않을 뿐 아니라, 가장 근본적으로는 하나님과 피조물 사이의 다름에 대해서도 관용하지 않는 것이다. 창조된 인간을 논의할 때와 마찬가지로 타락한 인간을 기술하기 위해서도 우리의

Radical Evil in Soul and Society (Grand Rapids: Eerdmans, 1994); Alistair McFadyen, *Bound to Sin: Abuse, Holocaust, and the Christian Doctrine of Sin* (New York: Cambridge University Press, 2000); Serene Jones, *Feminist Theory and Christian Theology: Cartographies of Grace* (Minneapolis: Fortress, 2000)를 보라.

30) Comblin, *Retrieving the Human*, 55.

31) Susan Thistlethwaite, *Sex, Race, and God: Christian Feminism in Black and White* (New York: Crossroad, 1989), 59.

주된 규범은, 하나님의 형상이 예수 그리스도 안에서 구현되었다는 진술 속에서 발견될 것이다.

1. 하나님의 형상을 가진 인간이 된다는 것이 자유와 은혜 가운데 우리에게 오셔서 말씀하는 하나님께 자유롭게 반응하며 사는 삶을 의미한다면, 거꾸로 죄란 하나님과의 관계성과 하나님의 은혜의 필요성을 부인하는 것이다. 이런 입장에서 보면 죄는 근본적으로 **은혜에 대립적**이다. 즉 하나님의 선물인 생명을 찬양과 감사로 받아들이라는 초대를 거부하고, 하나님을 기쁘게 섬기는 삶을 부인하며, 동료 피조물들과의 우정의 삶을 부정하는 행위이다. 죄는 다양한 타자와의 공동체적·인격적 삶을 가능하게 하는 하나님의 은혜에 따라 감사와 기쁨으로 사는 것을 거부한다. 한마디로 죄란 "은혜를 부인하는 것"[32]이다.

죄를 단지 도덕률의 위반 또는 관습적 행동으로부터의 일탈로, 즉 통상 "나쁘다"고 여겨지는 것을 행하는 것으로 이해한다면, 죄의 깊은 본질을 오해하는 것이다. 죄란 무엇보다도 하나님과의 관계가 파괴되는 것이다. 그래서 시편 기자는 "내가 주께만 범죄하여"(시 51:4)라고 기록한다. 죄의 본질인 하나님과의 관계의 파괴는 많은 다양한 모습으로 표출된다. 여기서는 특별히 두 가지만 언급하고자 한다. 첫째, 죄는 하나님의 은혜를 거부하고 우리 자신을 절대화하는 모습으로 드러난다. 인간의 자유가 무한하다고 선언하는 것은 우리 자신을 하나님이라고 선포하는 것과 다를 바 없다. 이것은 교만하고 거대하며 이기적인 자아가 범하는 죄이다. 종종 교만이라고 단순화되는 이 죄는 **적극적인 자아 중심적 우상숭배**에 해당한다. 이를 통해 우리는 자아의 한계를 인정하기를 거부하고, 생명과 생명의 풍성함이 하나님께만 의존함을 부인한다. 유한성과 한계성은 그 자체로 악은 아니지만, 자주 근심과 불안의 계기가 된다. 자신 너머에 있는 은혜에 따라 사는 대신 우리는 불안한 상태 안에서 스스로 하나님이 되고자 한다.

---

32) Jones, *Feminist Theory and Christian Theology*, ch. 5.

둘째, 하나님과의 관계의 파괴는 또 다른 모습, 즉 하나님의 은혜를 거부함으로써 우리 자신을 경멸하고 다른 피조물이 우리의 삶에서 하나님의 자리를 차지하도록 허용하는 것으로도 드러난다. 이것은 자기 거부와 자기 혐오의 죄이며, 쉽게 **수동적인 타자 중심적 우상숭배**를 초래한다. 교만으로서의 죄는 설교와 신학 교재에서 많이 다루어진 반면, 자기 혐오와 자기 부인, 자기 상실의 죄는 자주 무시된다. 이런 소극적 형태의 죄는 덜 선정적일 수 있으나, 우리를 자유와 성숙과 공동체적 관계로 부르시는 은혜의 하나님으로부터 돌아선다는 본질에 있어서는 마찬가지다. 자기 경멸로 인해 우리는 보잘것없고 사소한 우상들에게 빠지게 되며, 하나님이 인간의 삶을 위해 의도하신 것을 한심스럽게 왜곡한다.

최근에 페미니즘신학자와 해방신학자들은 전통 신학이 교만으로서의 죄에 일방적으로 몰두하고 있었음을 폭로했는데, 이는 정당한 지적이다.[33] 그들에 따르면 은혜를 거부하는 죄는 선정적이고 반역적인 것뿐 아니라 진부하고 일상적인 것들도 포함해야 한다. 죄론이 적절하기 위해서는, 하나님의 은혜를 반대한 루시퍼의 거대한 반역뿐만 아니라, 온전한 인간으로 빚기 위해 부어지는 하나님의 은혜를 소심하고 얌전한 방식으로 거부하는 모든 행위도 포함해야 하는 것이다. 유다의 배반이 적극적 형태의 죄라면, 예수가 심문받는 동안 다른 제자들이 보인 공포와 부인과 도주는 소극적 형태의 죄다.

2. 하나님의 형상으로 인간이 된다는 것이 우리의 자유를 선물로서 받아들이고 타자와 함께 타자를 위해 자유롭게 살도록 하신 하나님의 부르심에 반응하는 것이라면, 죄는 다른 동료 피조물과의 관계에 있어 **지배와 노예근성**, 또는 자기 존귀와 자기 파괴의 이중적인 모습으로 드러난다. 하

---

33) Judith Plaskow, *Sex, Sin and Grace: Women's Experience and the Theologies of Reinhold Niebuhr and Paul Tillich* (Lanham, Md.: University Press of America, 1980). 페미니즘 신학적인 관점에서의 죄에 관한 유용한 논평으로는 Alistair McFadyen, *Bound to Sin*, 131-66을 보라.

나님과의 관계에 있어 죄의 모습과 마찬가지로, 타자와의 관계에 있어 죄를 해석할 때도 이런 이중적 현상에 주목해야 한다. 죄를 타자에 대한 지배와 우월로 묘사하는 것은 많은 사람에게 익숙하다. 사람과 자연을 단순히 자신의 목적만을 위해 이용하는 기술 통치 사회의 정신, 열등하며 위험하다고 여겨지는 자들의 불쾌한 존재를 제거하기 위해 무슨 짓이라도 할 준비가 되어 있는 인종적 또는 민족적 우월감, 유대인 대학살과 인종 간 전쟁과 피조물 전체 종들의 멸종을 초래한 무한한 권력 의지 같은 것들은 쉽사리 죄로서 파악된다.

하지만 타자와의 관계에 있어 죄는 위와 같은 권력 의지뿐만 아니라, 필요할 때 아무런 이의를 제기하지 않는 무저항, 무능, 무절제, 무기력, 지리멸렬함, 무감각, 주도권을 잡는 것에 대한 공포 안에서도 덜 뚜렷하게나마 표출된다. 로즈메리 래드포드 류터(Rosemary Radford Ruether)는 "죄는 타자와의 관계에 있어 교만과 적대감이라는 적극성의 영역과, 집단 이기심에 묵종하는 수동성의 영역 모두에서 발견될 수 있다"[34]고 썼다. 여기서 우리는 "희생자를 비난하는" 관행에 빠지지 않도록 매우 주의해야 한다. 예를 들어 구타를 당하는 여성들이 학대 속에서 느끼는 무력과 절망에 대해 죄책감을 갖게 하는 것은 전혀 내 요지가 아니다. 또는 종종 우파 정치인들이 말하듯 가난한 자들이 가난한 것은 게으르기 때문이라는 논리를 설파하고 있는 것도 아니다. 내가 의도하는 바는 죄에 대한 왜곡된 해석 때문에, 불의 속에서도 무감각한 채 아무 행동도 취하지 않는 부자들의 행위를 죄라고 인식하는 것을 놓칠 뿐 아니라, 해방되고자 하는 희생자들의 의지를 무너뜨림으로 영구적인 피해자로 고착시킬 수 있는 위험성을 지적하는 것이다.

페미니즘 정신분석과 페미니즘신학은 "성공", 즉 권좌에 오르는 것, 또는 강하게 자기를 주장하고 공격적이 되는 것을 배타적으로 강조해왔던

---

34) Ruether, *Sexism and God-Talk*, 164.

전통적 죄론에 반대하는데 이는 정당한 지적이다. 이렇게 죄를 기술하는 경향은 모든 문화권에 살고 있는 다수의 여성, 가장 특별하게는 제3세계의 절망적으로 가난한 남자와 여자, 착취당하는 사람들에게 전혀 타당하지 않다. 왜곡된 전통에 대해 신학적으로 올바르게 반응하기 위해서는 두 상반된 경향의 죄, 즉 지배와 노예근성, 자기 존귀와 자기 부정을 각각 남성과 여성에게 돌리는 단순화로는 충분하지 않다. 이것은 일종의 이데올로기가 되어, 죄가 구체적 인간의 경험 속에서 음험한 방식으로 활동하는 모습을 폭로하기보다는 은폐할 것이다. 핵심적으로 짚고 넘어가야 할 점은 죄가 여러 개의 얼굴을 가졌다는 것이다. 메리 포터 엥겔(Mary Potter Engel)의 관찰대로, 죄는 일종의 히드라, 즉 잘려진 머리마다 두 개의 새로운 머리가 튀어나오는 괴물과도 같다.[35]

최근 연구가 입증하듯, 죄의 수많은 얼굴에 대해 논의할 때 성(性)의 차이를 고려하는 것만으로는 결코 충분하지 않다. 성의 차이는 유일한 차이가 아니다. 인종과 사회 계층 또한 중요한 요인이다. 따라서 아프리카계 미국 여성들의 "생존" 문제와 관련해 죄가 의미하는 바는, 백인 중산층 여성들의 "성취" 문제와 관련한 죄의 의미와는 다를 수밖에 없다.[36]

인종, 성, 계층의 차이에 관심을 기울이다 보면, 죄에 대한 우리의 이해가 깊어지면서 죄의 다면적 얼굴이 떠오를 것이다. 가부장제 사회에서 대다수의 남자들이 자기 주장을 내세우는 교만의 죄를 회개해야 했다면, 인종과 성에 상관없이 많은 여성들과 가난한 사람들은 자신을 무력화하는 자기 비난과 파괴적인 의존으로부터 해방되어 하나님의 형상으로 창조된

---

35) Engel, "Evil, Sin, and Violation of the Vulnerable," in *Lift Every Voice: Constructing Christian Theologies from the Underside*, ed. Susan Brooks Thistlethwaite and Mary Potter Engel (San Francisco: Harper & Row, 1990), 163.

36) Jacquelyn Grant, *White Women's Christ and Black Women's Jesus: Feminist Christology and Womanist Response* (Atlanta: Scholars Press, 1989), 195-201; Thistlethwaite, *Sex, Race, and God*, 77-91.

인격으로서 말하고 행동하도록 격려받아야 한다. 수동적으로 묵종하는 것은 지나친 교만에 못지않게 전체주의와 비인간화를 양산하는 토대가 된다. 모든 인종과 모든 계층에 속한 남자와 여자는 모두 죄의 두 가지 형태 중 어느 하나에 의해 일정 정도 영향을 받는다. 과도한 자기 사랑이나 깊숙한 자기 증오는 어떤 성이나 인종, 계층의 사람들에게만 배타적으로 속한 특질이 아니다. 게다가 전통적 신론의 일방적인 강조점을 고려한다면, 오늘날 죄론을 재고찰할 때 주된 노력을 기울여야 할 부분은, 불의 앞에서도 수동적 묵종을 가르쳤던, 종교적 이데올로기로서 기능하는 해석의 이면을 폭로하는 작업이다. 사람이 사람을 지배하는 곳에서든, 사람이 억압에 저항하지 못하는 곳에서든, 하나님이 의도하신 인간의 자유와 성숙은 파괴되기 마련이다.

3. 하나님의 형상으로 인간이 된다는 것이 도래할 하나님의 나라에 대해 개방적인 자세를 취하는 것이라면, 죄는 **하나님이 정하신 인간의 운명을 부인하는 것**이다. 다시 한 번 반복하지만 하나님의 미래에 대해 인간이 취하는 죄된 태도를 올바르게 파악하기 위해서는, 죄가 드러나는 두 가지 상반된 모습에 모두 주의해야 한다. 이 두 상반된 모습은 각각 교만과 나태, 지배와 노예근성과 유사하다.

한편으로는 무관심과 무감동과 **체념**의 죄가 있다. 체념이란 인간 역사의 사악한 세력에 무조건적으로 묵종함을 의미한다. 실제로 무엇인가가 변화될 수 있는 가능성, 더 정확히 말해 무엇인가가 더 나은 상태로 변화될 수 있는 가능성을 의심하고 비웃는 것이다. 도대체 우리와 다른 이들이 경험하는 이 불의, 공동체와 사회가 부분적으로 책임져야 하는 이 전쟁과 억압에 대해 뭔가를 말하고 행하는 것이 과연 무슨 소용이 있겠는가? 삶은 혼란스럽고 불공평하며, 전쟁과 가난은 영속적이고 불가피한 실재라는 사실에 그저 익숙해져야 하는 것 아닌가? 그런 생각들로 우리는 운명에 체념한다. 그러면서 내일도 오늘과 똑같으리라고 말한다. 이런 체념의 결과로, 더 큰 정의를 위한 작은 기회들과 평화와 화해의 방향으로 나아가기 위한 작은 조치들이 무시되거나 냉소적으로 일축된다. 이런 태도는 하나님의 형상으로 창조된 동시에 예수 그리스도 안에서 드러난 하나님의 약속의 상속자로서의 우리 운명을 부인하는 거짓된 증언이다.[37)

다른 한편으로 **교만한 추정**(presumption)의 죄가 있다. 교만한 추정이란 인간적 한계 안에서 성급하게 넘겨짚고, 하나님과 함께하든 그렇지 않든 하나님의 나라를 이룩하기 위해 폭력을 동원하는 노력을 의미한다. 이것은 체념의 죄에 못지않게 하나님의 미래에 대한 인간의 개방성과는 모순된다. 성급한 폭력의 정신은 우리 자신과 우리의 선함을 무한하게 확신하는 데서 나온다. 또한 이런 정신은 고통당하며 사랑으로 역사하는 은혜로운 하나님의 능력에 대한 노골적이고 깊은 절망의 표현이기도 하다. 하나님의 권능이 총과 탱크에 비교해서 너무도 약하고 무기력하게 보이는 것이다. 그래서 폭력의 정신은 필요하면 무슨 악한 조치를 취해서라도 이 세상에서 악을 제거하려고 한다.

오늘날 그리스도인들은 타 종교인에 못지않은 무감동의 태도와 폭력적 행동 사이를 오간다. 전자는 우리가 직면한 극악한 악에 대한 절망감에서 생기는 태도며, 후자는 더 나은 미래의 목표를 심각하게 위협하고 심지어 파괴해버리는 폭력과 강압에 의존하는 태도다. 양자 중 무엇이든지 이런 태도는 우리의 창조자며 구원자인 하나님이 방향 설정하신 미래를 차단하고 방해할 수 있다.

원죄의 의미와 원수로서 죽음의 의미

많은 전통 신학의 인간론은 **죄의 기원** 같은 난처한 질문에 몰두해왔다. 그

---

37) 바르트는 인간의 죄의 세 가지 주요한 형태로 교만, 나태, 거짓을 제시한다(*Church Dogmatics*, 4/1-3).

러나 제시된 다양한 대답들은, 죄의 뿌리가 인간의 자유의 오용과 부패임을 강조하는 성경의 주요한 가르침과 분명하게 상반된다. 기독교 신학의 여타 흐름처럼, 우리는 죄의 기원을 인간의 육신이나 성, 삶의 자연적 상태에서 찾을 수는 없다. 또한 19세기의 대다수 개신교 자유주의 신학의 신봉자들처럼, 죄의 기원을 무지 또는 교육의 결핍에서 찾을 수도 없다. 또한 다수의 사회 개혁 운동의 가설대로 정의롭지 못한 사회 상황에서 찾을 수도 없다. 불의한 사회 상황은 인간 죄성의 궁극적인 원인이라기보다는 그것의 집단적 표출에 더 가깝다.

에덴동산과 인간 타락을 전하는 성경 이야기(창 2-3장)의 목적은 죄의 기원을 역사적으로 설명하는 데 있지 않고, 창조의 선함과 죄의 보편성을 상상력을 동원하며 묘사하는 데 있다. 신학 전통은 타락 이전의 황금시대에 인간 존재가 지녔던 장엄함에 대해 수많은 공상을 펼쳐왔으나, 성경 증언은 이런 공상을 전혀 장려하지 않는다. 성경은 잃어버린 낙원의 회복을 갈망하기보다는 죄의 실재성, 회개의 필요성, 하나님의 구원의 약속을 확증하는 것에 훨씬 더 많은 관심을 보인다. 로마서 5:12이하에서 아담과 그리스도를 다루는 바울의 논의가 입증하듯, 성경은 죄와 구원을 논의함에 있어 시원론적(protological) 접근보다는 종말론적(eschatological) 경향을 보인다.

그러므로 "원죄"(original sin) 교리는 죄의 기원에 대한 이론이 아니라, 인간성 전체가 죄의 포로로 잡혀 있는 상황이나 상태를 알려주는 주장이다. 신학 전통은 원죄(인간의 근본적이고 보편적인 죄성의 상태)와 자범죄(actual sins, 하나님의 뜻을 위반한 구체적으로 특정한 행위)를 구별한다. 원죄는 근본적이며(인간 삶의 모든 면에 영향을 끼침) 보편적이다(모든 인간에게 영향을 미침). 죄의 상태에 있는 인간은 강탈과 부패와 오염과 분열의 그물망 속에 사로잡혀 있다. 이런 개념은 계몽주의적 전통 속에서 교육을 받은 이들, 아마도 특별히 미국인들에게는 이해하기 어려운 말일 것이다. 게리 윌즈(Garry Wills)는 미국 정치인들을 괴롭히고 있는 순진 결백함에 대한 위험스러운 이해를 논평하면서, 다음과 같이 원죄를 묘사한 바 있다. "우리는 서로에게 묶인 인질로서 치명적인 상호 관계 속에 함께 엮여 있다. '백지 상태'와 같은 본성은 존재하지 않으며, 우리는 누구나 우리 조상이 휘갈겨 써서 더러워진 종이를 물려받는다."[38]

20세기의 파멸적인 악행을 목도한 결과, 우리는 죄의 기원과 개선에 관한 모든 낙관주의적 이해를 피상적인 것으로 인식하게 되었다. 20세기의 많은 신학적 인간론, 특히 지금도 강력한 영향력을 끼치고 있는 라인홀드 니버의 글이 역설하듯이,[39] 원죄의 교리 혹은 근본적 죄의 교리는 인간의 상태에 대한 심오한 진리를 드러낸다. 그런데 이런 교리를 적절하게 기술하려면 역설적인 진술을 사용하지 않을 수 없다. 다음은 이런 역설들 중에서 가장 중요한 개념들이다.

a. 죄는 **보편적 상황**이다. 그러나 **스스로 선택한 행동**이기에 우리가 책임을 져야 하는 행동이다. 아우구스티누스의 죄성의 유전(inherited sinfulness), 루터의 "노예 의지"(bondage of the will), 칼뱅의 "손상되고 부패한 의지"(vitiated and corrupted will), 조나단 에드워즈의 인간의 보편적 "악의 성향"(evil disposition) 같은 논증이 같은 개념을 설명하고 있다.[40] 아마도 몇몇 논증과 비유는 지나치다는 느낌도 줄 수 있으리라. 그러나 이들 중 누구도 인간이 죄를 선택했음과 그에 따라 책임을 가져야함을 부인하지 않았다. 죄의 보편성과 개인의 책임 사이에는 긴장 관계가 존재하며, 특히 논쟁이 한창일 때는 그러한 긴장 관계가 균형을 잃을 수 있다. 그렇게 되면 죄는 숙명으로 전락하고, 더 이상 인간이 책임을 져야 하는 행위가 되지 않는다. 이런 역설을 두고 니버는 다음과 같이 자주 인용되는 경구를

---

38) Garry Wills, *Reagan's America: Innocents at Home* (Garden City, N.Y.: Doubleday, 1987), 384. Cornelius Plantinga, Jr., *Not the Way It's Supposed to Be*, 198에서 재인용.

39) 특히 니버의 *The Nature and Destiny of Man*을 참조하라.

40) Augustine, *On Original Sin*; Luther, *The Bondage of the Will*; Calvin, *Institutes*, 2.2; Edwards, *Original Sin*.

작성했다. "죄는 불가피하다. 그러나 반드시 필연적인 것은 아니다"(Sin is inevitable but not necessary).[41]

b. 죄는 인간의 모든 행동, 즉 **악**이라고 광범위하게 정죄되는 행동뿐만 아니라 통상적으로 **선**으로 칭송되는 행동에도 교묘하게 스며든다. 이런 역설은 선과 악에 대한 구별이 대수롭지 않음을 암시하지 않는다. 대신 이런 역설은, 죄가 선행을 가장하여 가장 매혹적이고도 사악한 방식으로 활동할 수도 있음을 강조한다. 현대 신학자 중 어느 누구보다도 이런 지점을 강조한 이가 바로 라인홀드 니버였다. 또한 엘리 위젤도 자신의 소설에 등장하는 인물의 목소리를 빌어, 죄와 순수가 복잡하게 얽혀 있는 인간의 삶에 대해 다음과 같이 논평한다. "심오한 측면에서 보자면…인간은 집행자, 희생자, 방관자이다. 그뿐만 아니라, 인간은 자신 안에 이 셋 모두를 가지고 있다."[42]

c. 죄는 **개인**의 타락이다. 그러나 동시에 죄는 공적이고 **집단적인** 삶의 구조 속에서 강력하게 활동한다. 현대 사회에서는 죄를 사적인 것으로, 개인적 행위로 제한하는 경향이 증대하고 있다. 하지만 성경 증언은 이런 경향에 반대하여, 악의 광범위한 지배를 강조하고 모든 인간이 죄와 소외의 옛 "아담"과 연대하고 있음을 선언한다. 니버는 자신의 저서 『도덕적 인간과 비도덕적 사회』(Moral Man and Immoral Society, 대한기독교서회 역간)에서 현대 사회가 죄를 사유화하거나 개인화(privatization)하는 경향에 대해 폭로하고 있다.[43]

---

41) Niebuhr, *The Nature and Destiny of Man*, 263. 또한 Jones: "While we are not inherently sinful, no privileged area in our lives escapes it"(*Feminist Theory and Christian Theology*, 117).

42) Elie Wiesel, *The Town Beyond the Wall*, 174. 『벽 너머 마을』(가톨릭출판사 역간). Marilyn McCord Adams, *Horrendous Evils and the Goodness of God* (Ithaca: Cornell University Press, 1999), 200에서 재인용.

43) *Moral Man and Immoral Society: A Study in Ethics and Politics* (New York: Charles Scribner's Sons, 1932).

이와 같은 역설이 죄의 기원에 대한 합리적 설명을 제공하는 것은 아니지만, 때로는 합리적인 설명을 시도하는 신학보다 더 적합하게 죄의 실재를 규명할 수도 있다. 근본적으로 죄란 하나님과의, 또 이웃과의 올바른 관계 속에서 사는 것을 거부하는 것이고, 하나님의 은혜를 부인하는 것이며, 하나님 자신의 교제를 반영하는 정의롭고 평화로운 공동체에 참여하는 것을 거절하는 행위다.

죄의 기원에 못지않게 난해한 질문이 **죄와 죽음**의 관계에 대한 질문이다.[44] 이 질문에 대해 널리 퍼진 기독교 신학은, "죄의 삯은 사망이요"(롬 6:23)라는 바울의 말에 따라 아담과 하와는 죽지 않도록 창조되었으나 인간의 죄에 대한 처벌로서 죽음이 세상에 들어왔다는 주장이다. 이 견해에 따르면, 죽음은 하나님에 의해 "맨 나중에 멸망 받을 원수"다(고전 15:26).

현대에는 이런 견해가 여러 가지 이유로 도전을 받아왔다. 첫째는, 인간이 출현하기 오래전부터 죽음은 지상의 모든 생명의 특징이라는 엄연한 사실 때문이다. 둘째는, 인간의 유한성이 시간의 한계성을 의미한다는 사실 때문이다. 그러므로 창조된 인간이 죽지 않는 본질적 특성을 가졌다고 말하는 것은 인간의 유한성을 모호하게 만들며 창조자와 피조물 사이의 구별을 흐린다. 그리스도인은 참으로 죽음 이후의 영원한 생명을 소망한다. 그러나 이런 소망은 인간의 본성에 본질적으로 속한 특성에 기반을 두지 않고, 전적으로 하나님의 자유로운 은혜와 신실하심에 근거한다. 전통적인 견해의 적절성을 문제 삼는 셋째 이유는, 상당히 많은 성경 구절들이 인간의 죽음을 본질적인 악으로는 간주하지 않는다는 사실 때문이다. 구약에서 장수는 복으로 간주되며, "늙어 나이가 차서" 죽는 것은 가능한

---

44) 여기에 대한 독특한 입장 혹은 상반되는 입장에 대해서는 다음을 참고하라. Karl Barth, *Church Dogmatics*, 3/2: 587-640; Eberhard Jüngel, *Death, the Riddle and the Mystery* (Philadelphia: Westminster, 1975); Karl Rahner, *On the Theology of Death* (New York: Herder & Herder, 1961); Wolfhart Pannenberg, *Systematic Theology* (Grand Rapids: Eerdmans, 1991), 2: 265-75.

일이었다(창 25:8; 욥 42:17). 죄와 죽음의 관계에 대한 전통적인 이해를 의심하는 마지막 이유는, 임종과 관련된 윤리적 문제를 다루는 현대의 논의에서 "자연사"라는 개념이 부각되고 있기 때문이다.

죽음을 "죄의 삯"(wages of sin)으로 간주하는 전통적인 견해가 중요한 진리를 포함하는 것은 사실이지만, 이 진리는 하나님과 인간의 관계의 역사라는 더 큰 틀에서 이해되어야 한다. 죽음에 대한 좀더 포괄적인 이해를 단순화해서 표현하자면, 생명과 죽음은 창조자와 구원자와 새 생명의 수여자인 한 분 하나님과의 관계 속에서 이해되어야 한다는 것이다. 앞서도 말했듯이, 그리스도 중심적 인간론과 삼위일체적 하나님 이해는 서로 밀접한 관련을 맺고 있다.[45]

창조자 하나님과의 관계 속에서 죽음을 이해한다면, 우리는 죽음이 우리 유한한 존재의 한계와 범위라고 말할 수 있다. 하나님은 우리를 현재 모습과 같이 시간적으로 한계가 있으며 육체 안에 구체화된 존재로 창조하셨다. 우리에게는 시간상 시작과 끝이 있다. 우리 존재가 가진 시공간적인 유한성이야말로, 인간의 자유의 가능성과 도덕적·영적 성장의 가능성을 위한 조건이다. 하나님과 이웃을 섬기고 사랑할 날들이 무제한적이지 않기에, 우리는 주님께 우리의 날 계수함을 가르치시도록 기도한다(시 90:12). 우리의 시간이 영원하다면 어떤 특정한 시간도 결코 결정적이거나 긴급하거나 귀중하지 않을 것이다. 사실 현재 지상의 그 누구도 죽음을 이런 식으로, 즉 유한한 지상적 존재가 지닌 창조된 한계성 자체로 경험하지는 못한다. 하지만 그렇다고 해서 유한한 피조물의 실재가 달라지는 것은 아니다. 그리고 유한한 피조물이 경험하는 시간상의 끝은, 죄인인 우리가 경험하는 죽음과는 매우 다를 것이다.

---

45) 삼위일체적 관점에서 인간의 필멸성을 다룬 논의에 대해서는 David H. Kelsey, "Two Theologies of Death: Anthropological Gleanings," in *Modern Theology* 13, no. 3 (July 1997): 347-70을 보라.

실제로 죄인인 우리는 죽음을 원수, 폭력, 부정, 철저한 상실로서 경험한다. 죄의 조건 속에서 실제로 경험되는 죽음을 가리켜 성경은 "죄의 삯"이라고 표현했다. 또한 성경은 이런 고통스런 죽음의 의미에 대해, 우리를 위해 죄와 죽음을 이겼던 그리스도를 통한 하나님의 화해 사역을 송축한다. 죄의 조건 하에서 죽음은 "자연적인" 끝이 아니라 하나님의 심판의 표지로서 경험된다. 죽음은 하나님으로부터 우리를, 또한 우리가 사랑하고 소중히 여기는 모든 것으로부터 우리를 분리시키는 어떤 것으로 경험된다. 생명의 "자연적인" 끝으로서의 죽음이 어떤 모습인지는 우리에게 깊이 감추어져 있다.[46] 우리가 실제로 경험하는 죽음은 참으로 바울이 표현한 대로 "맨 나중에 멸망 받을 원수"다(고전 15:26). 현실에서 경험되는 죽음은 죄책과 비탄과 풀 수 없을 정도로 얽혀 있다. 우리의 불완전하고 자기중심적이며 결점 많은 삶을 무자비하게 폭로하기 때문에 우리는 죽음을 두려워한다. 죽음에 직면해서 우리는 스스로 의롭다고 할 수 없음을 깨닫는다. 그러므로 죽음은 심판을 알리는 중대한 표지가 된다.

우리 삶의 특징이 되는 하나님과 이웃과의 관계를 의지적으로 부인하기 때문에, 우리는 무겁게 짓누르는 죽음을 경험한다. 만약 죽음을 전적인 무관계성(relationlessness)으로 떨어지는 타락으로 이해한다면, 죽음과 죄의 연관성이 분명하게 드러날 것이다. 모든 관계성의 상실로서의 죽음은 죄의 "삯"이다. 즉 자기를 희생하는 사랑과 교제 안에서 살기보다, 타자와의 의지적인 분리 속에서 자기중심적으로 살아가는 삶의 최종적인 표지이며 냉혹한 결과인 것이다.[47] 이런 까닭에 죽음을 원수와 저주로 이해하는 자들은, 죽음을 자연적인 것으로 받아들이는 자들, 심지어 친구나 형제로 부르면서 죽음을 미화하고 길들이려는 자들보다 죽음의 실제적 경험이 드

---

46) Barth, *Church Dogmatics*, 3/2: 598.

47) 죽음을 무관계성으로 이해하는 입장에 관해서는 Jüngel, *Death, the Riddle and the Mystery*를 보라.

러내는 진리에 훨씬 더 가까이, 근접해 있다.

그러나 기쁜 소식이 있다. 죄로 인해 우리가 하나님으로부터, 이웃으로부터, 또한 우리 자신의 피조된 존재의 진리로부터 소외되어 있다 할지라도, 하나님은 우리를 홀로 내버려두지 않으셨다. 예수 그리스도 안에 계신 하나님이 우리에게 주신 선물은 죄를 용서하심과 고통과 죽음 속에서 동행하심, 자기를 희생하는 사랑으로 우리에게 새로운 생명을 주기 위해 해방시킴으로 나타난다. 오로지 하나님의 은혜를 신뢰하는 기초 위에서만, 우리는 죽음을 이미 정복된 원수로 받아들일 수 있다. 예수 그리스도 안에서 드러난 하나님의 은혜는 "사망이 쏘는 것"을 제거한다(고전 15:56). 그리스도로 인해 "사나 죽으나 우리가 주의 것이로다"(롬 14:8). 그러므로 바르트는 예수 그리스도의 삶과 죽음에서 드러난 하나님의 은혜를 기대하는 자들은 "자연적인 죽음을 위해 자유롭게 되었다"고 표현한다. 바르트가 말하는 "자연적인 죽음"은 단순히 생물학적인 중단이라는 세속적인 의미에서의 죽음이 아니라, "사망이 쏘는 것"이 제거되고 이제는 "하나님의 한 손에서 다른 손으로" 옮겨가는 순간으로서의 죽음이다.[48]

죽음에 대한 기독교 신학은 여기서 그치지 않는다. 그것은 "자연적인 죽음을 위한 해방"뿐만 아니라 모든 죽음에 대한 하나님의 궁극적인 승리를 말한다. 인간의 유한성과 관련해서든 인간의 죄와 관련해서든, 죽음은 최종적인 단어가 아니다.[49] 하나님에 의해 창조되고 화해된 우리 존재의 최종적인 목적은 영원한 삶이다. 개인의 삶의 차원에서든 신음하는 창조세계 전체의 차원에서든, 아직은 죽음이 완전하게 패배한 것이 아니기 때문에, 기독교 신앙과 신학은 다시는 사망이 없는 새 하늘과 새 땅을 기다

---

48) 이 구절은 탁월한 신학자 헤이코 오버만(Heiko Oberman)이 임종 시에 한 말이다. 여기에 대해서 나는 Gerhard Sauter, "Dying with Dignity" (unpublished paper, Center of Theological Inquiry, December 18, 2002)를 참조했다.

49) 유한성과 죽음의 구별에 관해서는 Wolfhart Pannenberg, *Systematic Theology*, 3: 560을 보라.

린다. 삼위일체 신학은 창조자와 화해자이신 하나님뿐만 아니라, 새롭게 하고 생명을 주시는 성령으로서의 하나님과 관련해서도 죽음을 이해한다. 특히 신약의 바울은 그리스도인들에게, 성령의 권능에 의해 그리스도 안에서 현재 경험하는 새로운 삶만이 영원한 삶의 선취라는 점을 상기시킨다. 몸의 부활은 아직 완성되지 않았다. 우리는 다가오는 세계에서의 삶을 소망한다. 신음하는 창조세계 전체와 연대하면서 우리는 하나님의 구원 사역의 완성을 고대하고 있다.

앞의 논의에서 분명하게 드러나는 바는, 기독교 신학에서 이해한 죽음은 하나 이상의 얼굴을 가지고 있다는 점이다. 첫째, 비록 죽음이 하나님이 창조하신 우리 존재의 "자연적인" 일부임이 우리에게 깊이 감추어져 있다 하더라도, 죽음은 모든 피조물의 "자연적인" 한계다. 둘째, 불가피하게 죽음은 죄에 대한 하나님의 심판을 선명하게 상기시켜준다. 그러나 이심판은 그리스도가 우리 모두를 위해 자유롭게 감당함으로써 해결되었다. 셋째, 죽음은 하나님의 은혜로운 품으로 받아들여지는 순간이다. 죽음은 어느 한 가지 얼굴이 아니라 세 가지 얼굴 모두를 지닌다. 왜냐하면 우리의 삶과 죽음은 창조자, 화해자, 구원자인 한 분 하나님의 현존 속에서, 생명의 근원이고 삶의 심판자와 갱신자며 영원한 생명의 수여자인 한 분 하나님의 현존 속에서 이루어지기 때문이다.

그리스도 안의 새로운 인간

기독교적 자유는 죄의 구속으로부터 벗어나 하나님과 이웃과 함께하는 관계를 위한 새로운 자유의 시작이다. 그리고 이런 새로운 출발의 토대는 하나님의 용서의 은총이다. 하나님은 예수 그리스도의 새로운 인간성 안에 현존하고 성령의 권능으로 우리를 예수 그리스도와 연합시킨다. 예수는 하나님과의 관계성이 왜곡되지 않은 온전한 인간성을 실현한 분이다.

또한 그분은 모든 사람, 특히 죄인과 이방인, 가난한 자들과 소수 민족, 억압당하는 자들과 긴밀히 연합한, 타자를 위한 인간이다. 더 나아가 예수는 정의와 자유와 평화를 약속하는 하나님의 통치에 철저하게 개방적인 자세로 사는 새로운 인간성을 보여주는 위대한 선구자이다(히 12:2). 하나님을 전적으로 신뢰하는 예수는 우리의 대제사장으로 활동하면서 하나님의 은총과 용서를 우리에게 전달한다. 모든 사람, 특히 가난한 자와 버려진 자들과 놀라울 정도로 깊이 연대하는 예수는 우리의 왕으로 활동하면서 우리를 정의의 새 왕국으로, 오랫동안 우리와 소외되었던 "타자들"과 동행하는 새 왕국으로 인도한다. 침노하는 하나님의 나라를 대담하게 선포하고 실현하는 예수는 우리의 예언자로서, 하나님과 우리의 동료 피조물과의 연합 안에서 온전한 자유를 누리는 미래로, 창조세계 전체가 갈망하는 미래로 나아가는 길을 안내한다. 그리스도인이 되는 것은 예수 안에 현존하는 새로운 인간성에 믿음과 소망과 사랑으로 참여하는 행위이다. 기독론과 성령론과 그리스도인의 삶을 다루는 다음 장들에서 나는 이런 주제들을 상세하게 발전시킬 것이다. 현재 문맥에서 내가 논의하고 싶은 부분은, 앞에서 제시한 창조된 인간과 타락한 인간에 대한 분석들과 비교·대조하면서 그리스도 안에서 드러난 새로운 인간성을 간략하게 묘사하는 것이다.

1. 하나님의 형상 안에 거하는 것이 하나님의 은총으로 사는 것을 의미한다면, 또한 자기 높임과 자기 부정의 죄가 그러한 은총의 삶을 부인한다면, **믿음(신앙)이란 성령의 권능 안에서 예수 그리스도에 의해 우리에게 확대된 하나님의 자비를 순전히 신뢰하고 확신하는 것이다.**[50]

믿음은 자신을 하나님께 위탁하는 자유로운 행동이다. 믿음은 자신이

---

50) 칼뱅의 고전적인 신앙 정의에 따르면, "신앙은 우리를 향하신 하나님의 자비하심에 대한 견고하고 확실한 지식이다. 이것은 그리스도 안에서 자유롭게 받은 약속의 진리에 근거하고, 성령을 통하여 우리의 정신에 계시되며 우리의 마음에 봉인되어 있다"(*Institutes*, 3.2.7).

든 다른 존재든 모든 우상숭배를 종식시킨다. 믿음은 마음과 정신과 뜻을 다해 하나님을 사랑하라는 첫 계명에 기쁨으로 반응하는 것이다. 믿음은 타자를 지배하기를 원하는 절대 권력에의 의지와는 상반된다. 마찬가지로 믿음은 냉담하게 무력감에 빠지는 것에도 반대한다. 왜냐하면 무력감은 확신과 기쁨으로 살고 행동할 수 있는 능력과 권리를 좀먹고, 의심과 자기 증오와 쉽사리 연결되기 때문이다. 믿음은 타자를 위한 공간을 마련하기 위해 능력을 행사하는 신뢰와 은혜의 하나님께 자유롭게 반응하는 것이다. 이런 믿음은 자신을 세계의 중심으로 삼는 것이나 자신을 거부하는 것과는 다르다. 기독교 신앙이 믿는 삼위일체 하나님은 인간의 자유를 시기하지 않으신다. 정반대로 은혜로운 하나님은 우리의 자유를 강화하고, 우리 스스로 서도록 도우며, 책임감 있는 성숙한 존재가 되도록 부르신다. 자유가 하나님의 은혜에 토대를 둘 때 우리는 자신의 자유를 절대화하려는 충동으로부터, 동시에 상황을 지배하는 역사와 문화의 유혹적인 흐름을 따라가면서 책임을 회피하려는 욕구로부터 자유롭게 된다.

2. 하나님의 형상 안에 거하는 것이 이웃과 상호적으로 돕는 관계 속에 사는 것을 의미한다면, 또한 타인에 대한 경멸과 자기 증오, 권력욕과 노예 근성의 죄가 이렇게 지음 받은 삶의 구조를 왜곡한다면, **사랑이란 타자와 함께하고 타자를 위한 인간이 되는 새로운 길을 의미한다. 이런 사랑은 예수 그리스도 안에서 최고로 구현되고 성령에 의해 우리 안에서 강화된다.**

기독교의 사랑은 강력하며 자유롭게 자신을 내어주는 사랑이다. 기독교의 사랑은 자기희생적인 방식으로 표현된다. 하지만 이 자기희생은, 현 상황에 어떤 압력이 가해지더라도 그것에 단순히 묵종하는 것과 다르며, 자기 파괴적인 자세나 수동성과도 다르다. 믿음처럼, 사랑도 자유롭게 흘러나오는 행동이다. 사랑은 자기를 제한하고 타자를 배려하는 것을 자유 가운데 실천한다. 사랑은 타자를, 특히 원수로 불리는 자들을 자발적으로 돕고, 정의와 상호 관계성과 우정을 증진하기 위해 기꺼이 첫걸음을 내딛는다.

성경 증언에 따르면, 사랑은 단순히 의무감으로 감당해야 하는 무엇이 아니다. 사랑은 타자를 위해 받은 새로운 자유를 기쁘게 실천하는 행위다. "우리가 사랑함은 그가 먼저 우리를 사랑하셨음이라"(요일 4:19)는 말씀처럼, 기독교적 사랑에는 항상 우리를 향한 하나님의 놀라운 사랑이 선행되고 있다. 세계 도처에 있는 형제자매와의 연대감을 인정할 때 비로소 우리는 진정한 인간으로 살아갈 수 있다. 왜냐하면 바로 이것이 우리가 창조될 때 의도된 삶의 방식이기 때문이다. 우리는 자신을 너무 중요시한 나머지 타자와 분리되어 사는 것이 아니라, 타자와의 깊은 관계 속에서, 심지어는 값비싼 희생을 치르면서도 연대감을 이루며 사는 삶을 위해 창조되었다. 그리스도 안에 거한다는 것은 모두가 한 형제와 자매인 포용적인 대가족 안으로 들어가는 것이다. 이곳에서는 유대인이나 헬라인이나 종이나 자유인이나 남자나 여자나 다 하나이기 때문에 해악적인 위계질서가 더 이상 존재하지 않는다(갈 3:28).[51] 하나님의 은혜에 근거한 자유를 누리는 이들, 낯설고 탐탁잖은 타자들과 함께 또 그들을 위해 살고자 자유를 발휘하는 자들은 진정 이 세상을 놀라게 하고 요동하게 한다. "주인"의 강압적인 힘과 "종"의 무저항적인 노예근성에 너무나 익숙해진 나머지, "하나님의 자녀들의 영광의 자유"(롬 8:21)가 무엇인지 상상할 수도 없는 이 세상을 뒤흔드는 존재들인 것이다.

3. 하나님의 형상 안에 거하는 것이 도래할 하나님의 나라를 갈망하는 것을 의미한다면, 또한 절망과 교만한 추정의 죄가 이 갈망을 부인하거나 왜곡한다면, **소망이란 하나님의 미래를 향한 새로운 자유를 의미하며 그 속에서 우리는 하나님의 은혜의 약속이 성령의 권능에 의해 예수 그리스도 안에서 성취될 것을 기대하며 산다.**

---

51) 이 본문에 대한 해석을 위해서는 J. Louis Martyn, *Galatians* (New York: Doubleday, 1997), 373-83을 보라. 참조. Elisabeth Schüssler Fiorenza, *In Memory of Her* (New York: Crossroad, 1983), 212. 『크리스챤 기원의 여성 신학적 재건』(태초 역간).

그리스도의 성령은 우리로 하여금 하나님이 창조와 구원 사역을 장대하게 완성하실 것을 끊임없이 바라도록 만든다. 믿음과 사랑과 마찬가지로, 소망도 인간의 자유로운 행동이다. 소망은 우리의 창조적인 상상력을 이용하여 더 정의로운 사회를 꿈꾼다. 소망은 우정과 평화를 위한 진정한 가능성을 분별하고, 그것을 실현하기 위해 최선을 다해 일한다. 소망은 교황 요한 바오로 2세의 표현처럼 "죽음의 문화"가 아니라 "생명의 문화"에 자신을 헌신한다. 기독교의 소망은 우리 스스로가 하나님의 나라를 도래하게 할 수 있다는 식으로 공상적이지 않다. 소망은 과거와 현재의 주님뿐만 아니라 미래의 주님으로서의 하나님에 대한 확신을 표현하는 방식으로 살고 행동한다. 기독교의 소망으로 산다는 것은, 하나님의 은혜로 만물이 변화할 수 있고, 질병과 죽음이 인간 운명을 표현하는 최종적 단어가 아닐 수 있으며, 평화가 가능할 수 있고 원수들 사이에 화해가 일어날 수 있음을 기대하면서, 동시에 이런 목적을 위해 기도하고 활동하도록 우리가 부름 받았음을 깨달으며 사는 것이다. 소망으로 산다는 것은 비록 이 세상에서는 자주 선한 계획과 고귀한 운동이 저항에 직면하고 패배를 당하더라도, 정의와 화해와 평화를 위한 투쟁에서 끈기 있게 인내하는 것을 의미한다. 기독교의 소망은 결코 오만하지 않으면서도 하나님의 궁극적인 승리를 확신하는 것이다.

　　믿음, 사랑, 소망은 그리스도 안에서 우리를 위해 실현되고 우리에게 약속된 하나님의 형상에 따라 살아가는 방식들이다. 이들은 하나님과의 새로운 관계, 타자와 연대하는 인간이 되는 새로운 길, 도래하는 하나님 나라에 대한 새로운 기대를 보여주는 선물이며 실천이다. 이런 미덕들은 "주 예수 그리스도의 은혜와 하나님의 사랑과 성령의 교통하심"(고후 13:13) 안에 근거하고 여기서 영양을 취하여 자라난다.

참고 문헌

Ashley, Benedict M. *Theologies of the Body: Humanist and Christian*. Braintree, Mass.: Pope John Center, 1985.

Barth, Karl. *Church Dogmatics*, 3/2: 203-85. Edinburgh: T&T Clark, 1960.

Brunner, Emil. *Man in Revolt: A Christian Anthropology*. Philadelphia: Westminster, 1947.

Gunton, Colin E., ed. *God and Freedom*. Edinburgh: T&T Clark, 1985.

Hefner, Philip. *The Human Factor: Evolution, Culture, and Religion*. Minneapolis: Fortress, 1993.

Jensen, David H. *God, Desire, and a Theology of Human Sexuality*. Louisville: Westminster John Knox, 2013.

Kelsey, David. *Eccentric Existence: A Theological Anthropology*, 2 vols. Louisville: Westminster John Knox, 2009.

Macquarrie, John. *In Search of Humanity: A Theological and Philosophical Approach*. New York: Crossroad, 1983.

McFadyen, Alistair. *The Call to Personhood: A Christian Theory of the Individual in Social Relationships*. Cambridge: Cambridge University Press, 1990.

McFarland, Ian. *Difference and Identity: A Theological Anthropology*. Cleveland: Pilgrim, 2001.

Niebuhr, Reinhold. *The Nature and Destiny of Man*. New York: Charles Scribner's Sons, 1941. Vol. 1, p. 150-264.

Plantinga, Cornelius, Jr. *Not the Way It's Supposed to Be: A Breviary of Sin*. Grand Rapids: Eerdmans, 1995.

Tillich, Paul. *Systematic Theology*, 3 vols. Chicago: University of Chicago Press, 1967. Vol. 2: Existence and the Christ. p. 19-96.

Van Huyssteen, J. Wentzel. *Alone in the World? Human Uniqueness in Science and Theology*. Grand Rapids: Eerdmans, 2006.

Zizioulas, John. "Personhood and Being." In *Being as Communion: Studies in Personhood and the Church*. Crestwood, N.Y.: St. Vladimir's Seminary Press, 1985. p. 27-65.

FAITH
SEEKING
UNDERSTANDING

예수 그리스도의

제 8 장 ▶

▶▶▶▶▶▶▶▶▶▶▶▶▶▶▶▶▶▶▶▶▶▶▶

인격과 사역

기독교 신앙에서 "전능하신 아버지 하나님, 천지의 창조자"는 우리 주 예수 그리스도의 아버지로써, "성령"은 그리스도가 오시는 길을 준비하며 그의 사역을 강화하고 완성시키는 영으로서 우선적으로 규정된다. 즉, 기독론의 관점으로부터 다른 모든 것들이 결정적으로 조명되는 것이다.

AN INTRODUCTION
TO CHRISTIAN
THEOLOGY

기독교 신학에는 수많은 탐구 주제가 있지만, 이 모든 주제의 결정적 기초와 기준은 예수 그리스도의 인격과 사역이다. 이런 이유로 인해 우리는 앞선 장들에서 삼위일체 하나님, 창조, 섭리, 인간, 죄, 악에 대해 논의하면서 그리스도 안에서 드러난 하나님의 계시를 결정적인 단초로 삼았다. 마찬가지로 이후의 장들에서도 성령, 그리스도인의 삶, 교회, 소망에 대한 교리를 논의할 때 우리의 사유에 중심점을 제공할 지점은 그리스도에 대한 성경의 증언, 즉 예수 안에서 탁월하게 알려진 하나님의 목적과 활동을 증언하는 성경 내용이 될 것이다. 제1장에서 나는 신학을 이해를 추구하는 신앙으로 규정했다. 어떤 주제에 관한 신학적 성찰이 **기독교적**이라고 인정되기 위해서는, 그 성찰이 예수 그리스도의 중심성과 그를 통한 구원을 받아들여야 한다. 그러므로 사도신경의 두 번째 조항("나는 그의 유일하신 아들, 우리 주 예수 그리스도를 믿습니다.…"로 시작한다)이 가장 긴 것에는 그만한 이유가 있다. 창조자 하나님에 대한 첫 번째 조항이든 성령과 교회에 대한 세 번째 조항이든, 모든 신앙 내용은 두 번째 조항과 관계 맺음으로써만 기독교적인 독특한 내용을 담게 된다. 따라서 기독교 신앙에서 "전능하신 아버지 하나님, 천지의 창조자"는 우리 주 예수 그리스도의 아버지로서, "성령"은 그리스도가 오시는 길을 준비하며 그의 사역을 강화하고 완성시키는 영으로서 우선적으로 규정된다. 기독론이 기독교 교리의 전부는 아니지만 기독론의 관점으로부터 다른 모든 것들이 결정적으로 조명되는 것이다.

기독론의 문제

예수 그리스도는 누구인가? 그는 우리를 어떻게 돕는가? 전통 신학에서 기독론(예수 그리스도의 인격론)과 구원론(예수 그리스도의 구원의 사역론)이라는 제목 하에 논의되었던 방대한 내용을 가능한 한 짧게 요약하면 이런 질문들로 표현될 수 있을 것이다. 모든 시대의 모든 교회는 예수가 주님이며 그를 통해 구원이 온다고 고백해왔다. 그럼에도 오늘날 수많은 그리스도인들은 예수에 대한 이런 진술을 어떻게 이해해야 할지 확신을 갖지 못하는 실정이다. 우리 시대에 진지한 기독론이 직면하게 될 난처한 질문으로는 다음과 같은 것들이 있다.

1. 고전에 속하는 기독론적 신조들을 어떻게 이해해야 하는가? 기독론의 초기 역사에서 유래한 낯선 개념들과 전문 용어상의 논쟁은 고전적 기독론적 신조의 의미를 이해하고 전달하는 작업에 심각한 도전을 제기하고 있다. 니케아 신조에서 하나님의 아들은 성부 하나님과 "동일본질"(of one substance)로 표현되는 반면, 칼케돈 신조는 예수 그리스도가 "완전한 하나님인 동시에 완전한 인간"(fully divine and fully human)이고 하나의 "위격"(person) 안에서 연합된 두 개의 "본성들"(natures)이며, "혼동이나 변화나 분할이나 분리가 없다"(without confusion or change, division or separation)고 선언한다. 이와 같이 고전적 기독론의 공식에서 사용된 용어는, 평신도뿐만 아니라 신학자에게도 애매하고 추상적이며 심지어 신앙의 경험으로부터 동떨어져 있다. 게다가 많은 비평가들은 고전적 신조가 보여주는 기독론이 형이상학적 사변의 미로 속을 헤매고 있으며, 그 덕분에 나사렛 예수의 구체적인 역사적 실재를 거의 상실하고 있다고 주장한다. 비록 이와 같은 비판에 전적으로 동의하지 않는 신학자들도, 위에서 소개한 고전적 기독론을 단순히 반복하지 말고 새롭게 해석해야 함은 인정하고 있다.[1]

---

1) Sarah Coakley, "What Does Chalcedon Solve and What Does It Not? Some

2. 역사의식의 증가와, 역사비평 방법의 복음서 연구에 대한 적용 작업은 기독론에 대한 또 다른 도전을 몰고 왔다. 19세기에 만개한 역사비평적 주석은, 교회에 맡겨졌다고 추정되는 교리들과 신약 공동체의 편견에 찬 신앙고백의 흐릿함을 몰아내고 그 너머에 있는 "실제적 예수"(real Jesus)를 발견할 수 있을 것이라고 확신에 찬 기대를 가졌다. 하지만 알베르트 슈바이처(Albert Schweitzer)는 이와 같은 역사주의 운동의 역사를 기술하면서, 이 운동이 과단성 있는 시도이긴 했지만 실패할 수밖에 없는 운명이었다고 선언한다. 슈바이처의 결론에 따르면, 성경 역사가들의 많은 노력에도 불구하고, 예수를 근대인의 눈에 매력적이고 접근 가능한 분으로 만드는 것은 불가능한 시도였던 것이다. 역사라는 우물 속을 들여다보며 역사적 예수를 발견하려는 그들의 시도는 고작해야 수면에 비친 자신의 얼굴을 발견하는 데 그쳤다. 슈바이처에 따르면, 종말론적 예언자로서 임박한 하나님 나라의 도래를 선포한 예수는 근대인의 눈에는 전적으로 낯선 존재였다.[2]

최근 수십 년이 흐르는 동안 "역사적 예수 탐구"(quests for the historical Jesus)는 한층 더 세련되고 정교해졌다.[3] 오늘날 다수의 신약학자들은 복음서의 특성이 신앙과 선포를 위한 문서임을 고려할 때 예수에 대한 역사적 전기가 불가능함에는 동의하면서도, 그분에 대한 역사적 지식 자체를 완전히 회의적으로 보는 태도는 정당화될 수 없고 심지어 위험하다고 경고한다. 이런 역사적 회의주의는 쉽게 가현설(docetism)로 전략하거나, 예수를 교회의 삶과 교훈과 무비판적으로 동일시하는 경향으로 빠진다. 최

Reflections on the Status and Meaning of the Chalcedonian 'Definition,'" in *The Incarnation: An Interdisciplinary Symposium on the Incarnation of the Son of God*, ed. Stephen T. Davis, Daniel Kendall, and Gerald O'Collins (Oxford: Oxford University Press, 2002).

2) Schweitzer, *The Quest of the Historical Jesus* (New York: Macmillan, 1961).

3) Dale C. Allison, *The Historical Christ and the Theological Jesus* (Grand Rapids: Eerdmans, 2009).

근 신약학계가 의견을 같이하는 지점들 중 하나는, 비록 예수가 "주변인"적 존재임에도 유대인이었기 때문에 그의 메시지와 사역이 1세기의 유대교의 종교적·사회적·정치적 흐름 안에서 이해되어야 한다는 것이다.[4] 또한 대부분의 신약학자들은 예수의 메시지의 중심이 도래하는 하나님 나라의 선포였다는 데 의견을 같이한다. 그러나 이런 어느 정도의 일치에도 불구하고, 그 결과로 이루어진 예수의 모습들은 당황스러울 정도로 다양하다. 예를 들어 예수는 카리스마적 인물, 치유자, 지혜의 스승이고[마르쿠스 보르그(Markus J. Borg)], 급진적인 사회적 비전을 지닌 유대 소작농이며[존 도미닉 크로싼(John Dominic Crossan)], 묵시적 예언자다[데일 앨리슨(Dale C. Allison)].[5]

3. 현대 기독론의 세 번째 문제는 앞서 기술한 두 번째 문제, 즉 신약성경 안에 나타난 예수의 모습은 현저할 정도로 다양하다는 인식과 긴밀하게 연관되어 있다. 모든 신약의 증언은 그리스도에 대한 신앙이라는 점에서는 일치하지만, 구세주이며 주님인 예수를 묘사하는 방식에서는 눈에 띄게 차이가 난다. 예를 들어 바울의 기독론은 그리스도의 십자가와 부활에 초점을 둔다. 바울은 모든 승리주의적인 관점에 반대하여, 부활한 주님이신 예수는 바로 십자가에 달려 죽었던 분임을 강조한다. 그리스도의 십자가야말로 하나님의 참된 능력이며 지혜다(고전 1:24). 마가는 예수의 이야기를 갈릴리로부터 예루살렘으로 가는 여정, 즉 권능을 행한 사역으로부터 치욕적인 버림을 당한 십자가에서의 죽음으로 나아가는 여정으로 묘사한다. 마가에 따르면, 예수의 전능한 행위는 십자가와 부활에서 드러난 하나님의 구원의 목적의 관점에서만 올바르게 이해될 수 있다. 마

---

4) John P. Meier, *A Marginal Jew: Rethinking the Historical Jesus*, 3 vols. (New York: Doubleday, 2001); Leander E. Keck, *Who Is Jesus? History in Perfect Tense* (Columbia: University of South Carolina Press, 2000).

5) *The Apocalyptic Jesus: A Debate*, ed. Robert J. Miller (Santa Rosa, Calif.: Polebridge, 2001).

태는 예수를 권위를 가진 메시아적 교사로 묘사한다. 예수의 율법 해설은 새롭고도 고차원적인 의(義)를 밝히 드러내며 그의 삶과 죽음은 구약의 약속을 성취한다. 사도행전에서 누가는 예수의 이야기가 교회의 지속적인 사명과 확장의 토대라고 말한다. 누가에게 예수는, 이스라엘에게 주신 하나님의 약속을 성취한 분일 뿐 아니라 세계 전체의 구세주이다. 누가가 묘사한 바 예수는, 특별히 소외된 자와 가난한 자, 여성과 주변인에게 관심을 가진다. 요한의 복음서는 "성자"와 "성부" 사이의 독특한 관계에 초점을 둔다. 요한은 예수가 하나님으로부터 빛과 생명을 가져온다고 선포한다. 요한에 따르면, 예수는 우리의 구원을 위해 성부의 뜻에 따라 가르치고 사역하고 성부의 사랑을 계시하며, 최종적으로는 승리하여 자신을 파송하셨던 아버지에게로 되돌아간다.

이처럼 신약 안에는 예수에 대한 여러 가지 구별되는 묘사들이 공존한다. 신약 외에도 예수에 대한 해석들은 교회의 신학과 예술 안에, 또 세속의 문학과 예술 안에 무수히 많다. 이처럼 기독론이 현저하게 다양하다는 것에는 긍정적인 측면과 부정적인 측면이 동시에 따라온다. 긍정적 측면은, 풍성하게 다양한 기독론 덕분에 우리는 예수의 인격과 사역의 다양한 면들에 대해 열린 태도를 견지할 수 있다는 점이다. 만약 기독론이 오직 하나의 묘사로만 제한되어야 한다면, 예수의 다양한 측면들이 간과될 수도 있다. 기독론이 다양한 덕분에 우리는 그리스도 안에 있는 충만한 구원을 더 잘 이해할 수 있으며, 자신의 시대와 장소에 있어 그리스도가 내포하는 의미를 해석해야 하는 우리의 자유와 책임을 더 선명하게 깨달을 수 있다.

그러나 그리스도에 대한 다양한 묘사로 인한 부정적 측면도 있다. 한스 퀑(Hans Küng)이 주목했듯이, 서로 상이한 그리스도가 너무도 많은 것이다. 경건의 그리스도와 세속의 그리스도가, 고전적 교리의 그리스도와 현대 이데올로기의 그리스도가, 지배 문화의 그리스도와 반체제 문화의 그리스도가, 정치적 반동의 그리스도와 사회 혁명의 그리스도가, 고전 문학의 그리스도와 대중 문학의 그리스도가, 고급 종교 예술의 그리스도와 천박한 예술의 그리스도가 함께 있다. 따라서 어느 그리스도가 참된 그리스도인지에 대한 질문이 불가피하고 긴급해진다.[6] 기독론의 다양성의 근거가 신약의 증언 자체에 있기 때문에 이런 다양성을 두려워할 필요는 없다. 하지만 기독론의 다양성은 어느 것이나 허용된다는 상대주의와는 철저하게 구별되어야 한다. 상대주의는 기독교적 정체성의 상실을, 그리스도에 대한 진정한 신앙과 이데올로기적 왜곡을 구별하지 못하는 무능력을 의미하기 때문이다.

4. 오늘날 기독론의 네 번째 문제는 종종 "특정성이라는 걸림돌"이라는 이름으로 거론되는 것이다. 이 문제는 이런저런 다양한 모습으로 항상 기독교 신앙과 신학에 도전해왔다. 사도 바울은 십자가에 못 박힌 그리스도의 메시지가 이 복음을 듣는 이들에게 거리끼는 것이며 미련한 것이라고 말한 바 있다(고전 1:23). 그러나 십자가라는 근본적인 걸림돌 외에도, 특정성과 관련된 다른 걸림돌들이 오늘날 교회와 기독론에게 도전한다. 예를 들어 일부 페미니즘신학자들은, 가부장적 신학이 복음의 걸림돌을 예수의 남성성이라는 존재론적 필수성의 걸림돌로 사실상 대체했다고 주장한다.[7] 흑인 신학자들과 제3세계 신학자들은 제1세계, 즉 주로 백인이며 상대적으로 풍족한 세계의 교회가 가난하고 억눌린 자를 위한 예수의 사역이라는 복음의 걸림돌을 흐릿하게 만들고 전복시키는 것은 아닌지 의심한다.[8] 세계 종교 간의 새로운 상호 이해와 협력을 촉진하는 데 관심을 가지는 신학자들은, 기독론적 제국주의의 거짓된 걸림돌을 거부할 것과 "비 – 배타적"이며 심지어 "비 – 규범적"인 기독론을 발전시켜야 한다고

---

6) Küng, *On Being a Christian* (New York: Doubleday, 1976), 126-44.

7) Rosemary Radford Ruether, *To Change the World: Christology and Cultural Criticism* (New York: Crossroad, 1981), 45-56.

8) Jon Sobrino, *Jesus in Latin America* (Maryknoll, N.Y.: Orbis Books, 1987).

주장한다.[9] 여기서 언급한 기독론의 문제들은 모두 심각한 것들이며 오늘날 기독론을 재고찰할 때 꼭 다루어야 할 내용이다.

기독론의 원리들

위에서 언급한 기독론의 문제들을 유념하면서, 그리스도의 인격과 사역에 관한 교리를 탐구할 때 필요한 지침으로서 우리는 다음과 같은 원리들을 제시하고자 한다.

1. **예수 그리스도에 대한 지식은 단순히 "학문적"인 지식도, 역사적인 지식도 아니다. 예수 그리스도에 대한 지식은 신앙의 지식이다.** 그리스도에 대한 신앙은 단지 그에 대해 지식을 얻는 것이 아니라 그를 신뢰하는 것이며 길과 진리와 생명인 예수를 기꺼이 따르는 것이다.[10] 물론 신앙 안에 인지적 차원이 있음을 부정할 의도는 없다. 하지만 성경 증언과 교회 선포의 근본적 의도는, 옛날에 예수라는 이름을 지닌 인간이 고귀한 삶을 살았고 귀중한 진리를 가르쳤으며 비극적인 죽음을 맞았다는 사실에 대해 단순히 정보를 제공하는 것이 아니다. 성경과 교회의 선포가 예수를 가리켜 언급할 때 암시되는 가장 중요한 의도는, 예수의 삶과 죽음과 부활이 "우리를 위한 것"이고 "많은 사람을 위한 것"이며 "모두를 위한 것"임을 선포하는 데 있다(막 10:45; 롬 5:8; 8:32; 고전 15:22). 성경과 교회가 예수에 대해 확증하고 싶어하는 주된 내용은 바로 하나님이 예수 안에서 세상을 용서하고 해방시키고 화해케 하며 새 생명을 주신다는 점이다. 즉 신약 전통

---

9) Paul F. Knitter, *No Other Name? A Critical Survey of Christian Attitudes toward the World Religions* (Maryknoll, N.Y.: Orbis Books, 1985).

10) 칼뱅의 주장에 따르면, 그리스도를 받아들이는 신앙은 "머리보다는 가슴에 더 관계 있는 것이며 이해보다는 성향에 더 관계 있는 것이다"(*Institutes of the Christian Religion*, 3.2.8).

의 모든 층위와 교회가 물려받은 모든 고전적 기독론의 진술 안에는 바로 이 구원론적 차원이 담겨 있는 것이다. 그러므로 기독론의 진정한 "핵심" 은 역사적 호기심의 충족도 헛된 사변에의 탐닉도 아니며, 하나님이 세상 의 구원을 위해 예수 안에서 결정적으로 현존하시며 은혜 가운데 활동하 고 계심을 확증하는 것이다.[11]

2. **만약 예수를 하나님과 이스라엘 백성이 맺은 언약과 분리한 채 이해 한다면, 또는 예수의 구원 사역의 범위를 창조세계 전체가 아니라 특정 개 인이나 비밀 집단으로 제한한다면, 그를 올바르게 이해할 수 없다.** 신약은 하나님이 자기 백성과 맺은 언약의 성취를 선포하며, 그럼으로써 이스라 엘의 역사와 소망에 대한 이해를 전제한다.[12] 좀더 폭넓게 이해하자면, 예 수는 은혜와 심판으로써 항상 어디서나 세상 속 인간의 삶에 침입하는 하 나님의 영원한 로고스를 결정적으로 구체화하는 분이다(요 1:1-14). 이 말 은 기독론이 역사적 배경뿐만 아니라 우주적 차원도 지님을 함축한다.[13] 기독론은 "나의 구원"에 대한 관심을 포함하지만, 이런 개인적 관심으로만 축소되어서는 안 된다. 또한 기독론의 우주적 차원이 교회 중심적인 태도 에 의해 질식되어서도 안 된다. 이런 관점에서 성경 증언 자체는 "비-배타 적인" 기독론을 요구한다.

3. **그리스도의 인격에 대한 교리와 사역에 대한 교리는 서로 분리될 수 없다.** 한편으로는, 필립 멜랑히톤(Philip Melanchthon)의 정당한 주장대로

---

11) Schubert Ogden, *The Point of Christology* (New York: Harper & Row, 1982).

12) Paul Van Buren, *Christ in Context* (San Francisco: Harper & Row, 1986).

13) 과정신학은 기독론의 우주적 정황에 특별한 관심을 두었다. W. Norman Pittenger, *The Word Incarnate* (New York: Harper, 1959); N. M. Wildiers, "Cosmology and Christology," in *Process Theology*, ed. Ewert H. Cousins (New York: Newman Press, 1971), 269-82을 보라. 데니스 에드워즈(Denis Edwards)는 칼 라너의 신학의 통찰력에 근거하여 우주적 기독론을 전개한다. *Jesus and the Cosmos* (New York: Paulist Press, 1991).

"그리스도를 아는 것은 그가 우리에게 베푸신 **혜택들**을 아는 것이다."[14] 다른 한편으로는, **그리스도**의 혜택을 알기 위해서 우리는 그가 누구인지, 즉 그의 **인격**을 알아야 한다. 편의상 기독론에서는 인격과 사역을 전통적으로 구별하지만, 때때로 이런 구별은 심각한 오해를 초래할 수 있다. 어떤 사람의 삶의 행동을 알지 못하면 그의 정체를 깊이 있게 알 수 없다. 확실히 예수의 경우에 있어서도 마찬가지다.[15] 한 사람의 진정한 정체는 그의 역사, 즉 그의 삶의 이야기로 형성된다. 초기교회는 예수의 정체를 복음 이야기들로 선포했다. 예수의 이야기를 말함으로써, 즉 복음 전체를—그의 메시지, 사역, 수난, 부활—이야기함으로써 우리는 예수의 인격과 사역을 결합시킬 수 있다. 신약이 그의 인격과 사역을 서로 분리하지 않는다는 점은 예수의 이름에 대한 해석에서 분명하게 증명된다. "아들을 낳으리니 이름을 예수라 하라. 이는 그가 자기 백성을 그들의 죄에서 구원할 자이심이라"(마 1:21).

4. 예수 그리스도에 대한 모든 이해와 고백은 특정 상황에서 나온 것이다. 그러므로 모든 기독론은 특정한 필요와 갈망들을 반영하며 그것들을 다룬다. 기독론은 우리 시대의 고통과 소망과는 아주 다른 모습을 지닌 역사에 의해 형성되었고, 우리는 그것으로부터 배워야 한다.[16] 앞서 언급했듯이 신약은 다수의 기독론을 포함한다. 어떤 기독론은 (Q문서와 마태복

---

14) Philip Melanchthon, *Loci Communes Theologici, in Melanchthon and Bucer*, ed. Wilhelm Pauck, Library of Christian Classics, vol. 19 (Philadelphia: Westminster, 1969), 21.

15) 이것은 바르트의 기독론(*Church Dogmatic*, 4/1-3)과 최근의 "내러티브 기독론"의 선명한 특징이다.

16) 이것은 해방신학적 기독론의 주요한 강조점이다. 여기에 대해서는 다음의 책을 보라. James H. Cone, *God of the Oppressed* (New York: Seabury Press, 1975), 108-37; Jon Sobrino, *Christology at the Crossroads* (Maryknoll, N.Y.: Orbis Books, 1978); Rosemary Radford Ruether, *Sexism and God-Talk: Toward a Feminist Theology* (Boston: Beacon Press, 1983), 116-38; Jacquelyn Grant, *White Women's Christ and Black Women's Jesus: Feminist Christology and Womanist Response* (Atlanta: Scholars Press, 1989), 195-222.

음처럼) 예수의 가르침에 초점을 둔다. 다른 기독론은 (마가복음과 바울 서신처럼) 예수의 수난에 중심을 둔다. 또 다른 기독론은 (요한복음처럼) 부활하신 주님의 영광과 승리를 강조한다. 대체할 수 없는 한 분 그리스도는 무제한적으로 풍성하기 때문에, 바로 그분에게로 모든 인간의 필요와 경험이 수렴된다. 그리스도는 모든 시대와 장소에서 주님과 구세주로 인정받기를 원하며, 그렇기 때문에 새로운 상황은 그리스도에 대한 새로운 고백을 요구한다. 그리스도인은 신약의 증언과 연속성을 이루면서도, 자신만의 구체적 상황 속에서 바로 여기 있는 사람들의 특정한 경험과 필요와 소망과 대화하면서, 그리스도를 적합한 방식으로 고백하는 자유와 책임을 견지해야 한다.

5. 살아 계신 예수 그리스도는 우리의 모든 신앙고백과 신조들보다 훨씬 더 큰 분이며, 그에 대한 모든 신학적 반성을 초월한다. 부활한 주님은 인간이 세워놓은 모든 고상한 기독론의 범주와 분류를 끊임없이 뒤흔드신다. "너희는 나를 누구라 하느냐?"고 예수는 묻는다. "당신은 그리스도시니이다"라고 베드로는 정답을 이야기한다. 그러나 바로 다음 순간 예수가 자신이 고난을 받고 아버지의 뜻을 행하기 위해 죽어야 한다고 말씀하자, 베드로는 예수에게 항변한다. 이로써 베드로는 예수를 그리스도로 고백하는 자신의 이해가 교정될 필요가 있음을 보여준다(막 8:27-35). 어떤 기독론도 그리스도의 신비의 깊이와 넓이를 다 파악했다고 자신할 수 없다. 교회의 기독론적 신조 또한 마찬가지다. 기독론적 신조들은 그리스도에 대한 교회의 신앙고백의 역사에서 획기적인 사건들이며, 따라서 우리는 진지한 관심을 가지고 존중해야 마땅하다. 하지만 어떤 신조도 절대적이지는 않다. 칼 라너가 칼케돈 신조(451년)의 양성 기독론을 염두에 두며 언급한 바 있듯이, 교회의 신조는 신학적 반성을 위한 최종적 결론이 아니라 출발점일 따름이다.[17] 고전적 신조를 작성한 옛 교회의 신자들처럼 우리도 그

---

17) Rahner, "Current Problems in Christology," in *Theological Investigations*, vol. 1

것에 의해 교훈받기를 원할 뿐 아니라 그 표현된 언어와 개념과 씨름해야 한다. 우리의 신앙은 그리스도 안에서 계시된 하나님에 대한 신앙이지, 특정한 신학 체계나 기독론적 공식에 대한 믿음이 아니다. 우리는 사나 죽으나 그리스도를 신뢰하고 그에게 순종할 수 있다. 그러나 이런 그리스도를 향한 신앙은, 그분에 대한 특정한 교리를ㅡ고전적 교리든 현대적 교리든 관계없이ㅡ절대화하는 것과는 매우 다르다.

교부 시대의 기독론

신약 시대 이후 수백 년 동안 교회는, 예수가 주님이고 구주라는 고백을 새로운 상황 안에서 재진술하고, 심각한 오해에 맞서 그 진술을 옹호해야 했다. 이는 집중적인 신학 작업을 요구하는 상황이었고, 새로운 형태의 개념의 창출이 필요한 시기였다. 교부 시대 교회의 기독론 논쟁과 결정들은 그 이후의 기독론적 성찰 전체에 깊은 영향을 끼쳤기 때문에, 우리는 이 시대의 특징적 측면을 검토할 필요가 있다.

사도 시대 이후의 기독론 발전의 역사에서 첫 이정표는 **기원후 325년에 니케아에서 개최된 제1차 에큐메니칼 공의회이다.** 니케아 공의회는 아리우스주의가 기독교 신앙에 초래한 위협에 맞서기 위해 소집되었다. 아리우스(Arius)와 그의 추종자들은 신적인 로고스인 예수 그리스도는 하나님의 영원한 아들이 아니라 탁월한 피조물이라고 주장했다. 즉 아리우스는, 참 하나님이라면 어떤 한계에도 종속될 수 없으며 따라서 고통과 죽음도 겪을 수 없다고 보았다. 따라서 그리스도는 하나님의 유일한 계시자며 우리의 구원자지만, 참으로 우리와 함께하시는 하나님은 될 수 없다. 피조물이 하나님을 닮을 수 있듯이 그리스도도 하나님을 많이 닮을 수는 있지

(Baltimore: Helicon Press, 1965), 149-200.

만, 그럼에도 불구하고 그는 하나님과 동등하지 않다. 그리스도는 하나님의 존재를 공유하지 않는다. 그래서 아리우스는 "그리스도가 존재하지 않았던 때가 있었다"라고 결론지었다. 본래 아리우스의 의도는 모든 피조물 위에 뛰어난 하나님을 예배하고 찬양하는 것이었지만, 그는 하나님의 초월성 개념을 피조된 모든 것과 대립되는 의미로 사용했다. 아리우스에게 있어서는 우리에게로 오셔서 우리와 같이 되신 하나님은 상상할 수 없는 개념이었던 것이다. 아리우스의 하나님은 신적인 삶과 사랑을 피조물과 함께 공유할 수 없는 분이다.

이런 아리우스주의에 대항해 전적으로 다른 하나님 개념을 표현한 이가 바로 4세기의 위대한 신학자 아타나시우스였다. 그는 니케아 신학 안에서 그리스도의 완전한 신성에 대해 또렷하게 진술한다. 니케아 신학에서 두드러지는 복음의 하나님의 신성의 특징은 절대성이나 비공유성, 상처받을 가능성의 부재 따위가 아니다. 정반대로 복음의 하나님은 자기를 내어주는 사랑의 행동으로 정의된다. 이러한 하나님 이해는 예수 그리스도가 참으로 하나님의 아들로서 "하나님으로부터 나오신 하나님, 빛으로부터 나온 빛, 참된 하나님으로부터 나오신 참된 하나님이다"라고 설파하는 니케아 선언에 전제되어 있다. 아리우스의 견해와는 정반대로 니케아 신조는, 예수 그리스도, 성육신한 성자 하나님은 "태어나신 분이지 창조된 분이 아니며" 성부 하나님과 "동일본질"(homoousios)임을 확증한다. 기원후 381년의 콘스탄티노플 공의회를 통해 재확증되고 확대된 니케아 신조는, 교회가 삼위일체 신앙을 신조로 표현한 최초의 공식이며 예수 그리스도의 완전한 신성을 표방한 결정적인 선언이다.

니케아 공의회가 그리스도의 신성의 문제를 해결하긴 했지만, 그리스도의 완전한 인성을 확증하는 것과, 그리스도 안에 있는 신성과 인성을 통일하는 작업에서는 새로운 문제들이 대두되었다. 알렉산드리아와 안디옥을 중심으로 한두 개의 기독론 학파가 집중한 것은 주로 이 문제들에 대해서였다. 이 두 학파가 내세운 상이한 강조점을 염두에 둔다면, 니케아 공의회로부터 451년의 칼케돈 공의회와 그 직후의 공의회들에게 이르기까지, 기독론 논쟁의 복잡하고 혼란스러운 역사를 더 잘 이해할 수 있을 것이다.[18)

아타나시우스와 알렉산드리아의 키릴루스(Cyril of Alexandria)가 이끌었던 **알렉산드리아 학파**(Alexandrian school)는, 나중에 학자들이 "말씀-육신"(Word-flesh) 형태의 기독론이라고 일컫게 될 이론을 창시했다. 이 학파의 주요한 강조점은 그리스도의 신성과 그의 위격 사이에 있는 통일성이었다. 예수 그리스도의 역사의 유일한 주체는 삼위일체의 두 번째 위격이며, 성육신한 하나님 말씀이다. 알렉산드리아 학파에 따르면, 하나님의 영원한 말씀은 성육신에서 육신을 "취하고" 또는 "입으셨다"(요 1:14; 빌 2:7). 그리스도의 위격의 통일성을 강조하는 알렉산드리아 학파는 그리스도의 신성과 인성을 분리하는 경향을 지닌 안디옥 학파, 특별히 네스토리우스의 견해와는 뚜렷하게 대립한다. 알렉산드리아 학파의 관점에서 볼 때, 안디옥 학파가 주장하는 분리는 성육신한 하나님의 말씀이 우리를 위해 성취했던 하나님과의 회복된 연합의 실재를 부인하는 것이었다. 아타나시우스의 유명한 진술에 따르면 "우리가 하나님이 되도록 하기 위해, 하나님이 인간이 되셨다."[19) 이런 목적을 실현하기 위해서는 예수 그리스도의 위격 안에서 신성과 인성의 실제적인 통일이 요구되었던 것이다. 아폴리나리우스(Apollinarius)는 알렉산드리아 학파의 기독론을 극단까지 밀어붙였는데, 그의 표현은 이후 교회에 의해 거부되었다. 아폴리나리우스는 하나의 위격 안에서 신성과 인성이 어떻게 통일되는지를 설명하려고 노력하면서, 성육신할 때 하나님의 말씀이 예수의 인간적 정신을 대체하게 되었다고 가르쳤다.

---

18) 4세기와 5세기의 기독론 개관에 대해서는 J. N. D. Kelly, *Early Christian Doctrines* (New York: Harper & Brothers, 1958), 280-343을 보라. 『고대 기독교 교리사』(크리스챤다이제스트 역간).

19) Athanasius, *On the Incarnation*, 54.

안디옥 학파(Antioch school)는 그리스도의 완전한 인성을 강조했다. 이 학파의 가장 두드러진 대표자는 몹수에스티아의 테오도루스(Theodore of Mopsuestia)와 네스토리우스(Nestorius)이다. 알렉산드리아 학파의 "말씀-육신" 기독론과는 대조적으로 안디옥 학파는 "말씀-인간"(Word-human being) 기독론을 옹호했다. 바꾸어 말하면, 안디옥 학파는 예수의 완전한 인성을 옹호했던 것이다. 네스토리우스는 예수의 어머니 마리아를 하나님의 어머니(theotokos), 즉 "하나님을 낳은 자"(God-bearer)로 부르기를 거부했는데, 이런 입장은 알렉산드리아의 키릴루스를 격분하게 만들었다. 알렉산드리아 학파는 말씀이 육신을 "취한다"고 표현한 데 반해, 안디옥 학파는 말씀이 인간 안에 "거주한다"고 표현했다. 안디옥 학파는 특별히 그리스도의 신성과 인성을 구별할 것을 강조했다. 이는 부분적으로는 피조물의 부패성과 고통으로부터 신성을 보호하려는 관심 때문이었고, 또 다른 이유로는 오직 그리스도가 참으로 인간일 경우에만 그의 순종과 신실함이 인간 본성의 죄와 죽음을 말소할 수 있다는 확신 때문이었다. 알렉산드리아 학파가 안디옥 학파에 대해 만족스러운 방식으로 예수 그리스도의 인성의 완전한 실재성을 표현할 수 없었던 것과 마찬가지로, 안디옥 학파 역시 알렉산드리아 학파에 대해 만족스러운 방식으로 예수 그리스도의 위격의 통일성을 설명할 수 없었다. 아폴리나리우스의 가르침이 그리스도의 신성과 그의 위격의 통일성을 강조하려는 알렉산드리아 학파적 경향의 극단적 표현이라면, 네스토리우스의 양성 분리는 그리스도의 완전한 인성을 보호하고 신성의 불변성과 무감동성을 보호하려는 안디옥 학파적 관심의 극단적 표현이었다.

니케아 공의회 이후의 복잡한 기독론적 논쟁은 마침내 **기원후 451년에 칼케돈 공의회를** 개최하도록 하는 주요 원인이 되었다. 칼케돈 공의회는 교회의 네 번째 에큐메니칼 공의회로, 고전적 기독론의 발전에서 두 번째로 위대한 이정표가 된다. 칼케돈 신조에 따르면, 예수 그리스도는 "참 하나님이며 참 인간이고, 한 위격 안에 두 본성이 있되 혼동이나 변화나 분리나 분할이 없다."[20] 칼케돈 신조는 신성과 인성의 구별을 "본성"(physeis)의 차원에 두고, 동시에 성육신한 말씀의 통일성을 "위격"(hypostasis)의 차원에 두었다. 대부분의 교리사가들은, 칼케돈의 입장이 알렉산드리아 학파의 강조점과 안디옥 학파의 강조점 사이에서 신중한 균형을 이루었다고 평가한다. 물론 이 신조가 기독론의 문제를 완전히 "해결"한 것은 아니지만, 적어도 그리스도에 대한 정통 신앙의 고백이 취할 수 있는 범위를 정한 것은 사실이다.[21] 한편으로는 안디옥 학파의 관심이 예수 그리스도의 완전한 인성에 대한 명확한 확증으로 드러났다. 또 신성과 인성이라는 그리스도의 두 본성이 "혼동과 변화 없이" 이루는 통일성에 대한 선언을 통해서도 안디옥 학파의 강조점을 계승했다고 볼 수 있다. 이런 강조점을 통해 그리스도의 인성을 제거하는 아폴리나리우스의 기독론이나 그리스도의 완전한 인성을 의심하는 기독론을 반박할 수 있었다. 다른 한편으로 칼케돈 선언은, 예수 그리스도는 하나의 위격이며 신성과 인성이 "분리나 분할이 없이" 연합되어 있다고 함으로써 알렉산드리아 학파의 관심을 옹호했다. 따라서 칼케돈의 정의는 동방 정교회, 로마 가톨릭, 개신교와 같은 다수의 교회에 있어 이후의 모든 기독론 고백의 표준을 제시했다.

하지만 기독론 논쟁은 칼케돈에서 끝나지 않는다. 제5차 에큐메니칼 공의회(553년, 콘스탄티노플)는 예수 그리스도의 신성과 인성의 "위격적 연합"(unio hypostatica)에 대해 훨씬 더 분명한 표현을 채택했다. 이 교리에 대한 전통적 해석에 따르면, 그리스도의 인성은 비위격성(anhypostasis)이다. 즉 하나님의 말씀과의 연합으로부터 분리되고 그 자체로 고려된 그리스

---

20) 칼케돈 신조의 전체 본문은 *Christology of the Later Fathers*, ed. Edward Rochie Hardy, Library of Christian Classics, vol. 3 (Philadelphia: Westminster, 1954), 372-74을 보라.
21) 칼케돈 신조가 기본적으로는 알렉산드리아 학파적이라는 견해에 관해서는 John A. McGuckin, *St. Cyril of Alexandria: The Christological Controversy* (Leiden: Brill, 1994)를 보라; 칼케돈 신조가 안디옥 학파의 경향으로 기울었다는 견해에 대해서는 Robert W. Jenson, *Systematic Theology*, vol. 1 (New York: Oxford University Press, 1997)을 보라.

도의 인성은 구체적인 존재를 결여한다. 이 입장의 중요한 함축은, 그리스도의 인성은 하나님의 말씀 이전에 존재하는 독립적인 주체가 아님을, 다시 말해 하나님의 말씀과 분리되어 존재하는 독립적인 주체가 아님을 의미한 데 있다. 이 교리의 긍정적인 면은 그리스도의 인성을 내재 위격성(enhypostasis)으로 확증했다는 것, 즉 그리스도의 인성은 하나님 말씀의 위격(hypostasis)과의 완전한 연합 안에서 존재함을 확증했다는 점이다. 달리 표현하면, 예수 그리스도의 인성은 오직 하나님의 말씀과의 연합 속에서만 위격성을 지닌다. 그리스도의 인성을 비위격성/내재 위격성으로 간주하는 이 교리는, 칼케돈 신조 내에 있는 알렉산드리아 학파적인 해석을 분명하게 강화시키고 있다.

제6차 에큐메니칼 공의회(681년, 콘스탄티노플)에서는 안디옥 학파의 관심이 더 선명하게 강조되었다. 이 공의회에 따르면, 성육신한 한 분 주님이 지닌 두 개의 본성 속에는 두 개의 의지와 두 개의 행동 중심이 포함된다. 이 두 의지는 서로 구별되지만, 인간의 의지는 하나님의 의지에 완전하게 종속된다. 그리스도의 두 의지를 말하는 이 교리가 결정적으로 의존하고 있는 성경 본문은 겟세마네 동산에서의 예수의 기도이다. "나의 원대로 마시옵고 아버지의 원대로 하옵소서"(막 14:36).

이와 같이 교부 시대의 기독론을 간결하게 개괄할 때 빠뜨려서는 안 될 사항이 하나 있다. 즉 교부 시대에 있어 예수 그리스도의 위격의 통일성을 확증하는 중요한 방식은 "속성의 교류"(communicatio idiomatum)라는 교리 형식을 취했다는 점이다. 이 교리에 따르면, 신성과 인성은 성육신한 주님 안에서 완전하게 연합되어 있기 때문에 속성 사이에는 "교류" 또는 "교환"이 일어난다. 신성이나 인성 중 각 본성에 적합한 술어는 하나로 연합된 위격에 적용될 수 있다. 그러므로 "하나님의 아들이 고통을 당한다"고 말할 수 있다. 즉 고통은 인성에 속하는 속성이지만, 속성의 교류로 인해 이 고통은 성육신한 하나님의 아들에게도 사용될 수 있는 속성이 되었다. 마찬가지 논리로 "예수는 주님이다"라고도 말할 수 있다. 주님됨은 신성에 속하는 속성이지만, 속성의 교류로 인해 성육신한 하나님의 인성인 예수에게도 동일하게 적용할 수 있는 속성이 된 것이다.[22]

오늘날의 사람들에게는 속성의 교류 개념이 추상적 사변이라는 인상을 줄 수 있다. 하지만 본질에 있어 이 교리의 취지는 심대하게 구원론적이다. "속성의 교류"와 밀접하게 연관되어 있는 "경이로운 교류"(admirabile commercium) 개념이 이 점을 가장 선명하게 보여준다. 경이로운 교류의 교리는 초대 교부들과 이후의 다수의 신학자들에게 중심적인 주제였다.[23] 예를 들어 칼뱅은 다음과 같은 아름다운 문장으로 이 주제를 전개한 바 있다. "(하나님의 아들은) 자신의 측량할 수 없는 자비하심으로 우리와 경이로운 교류를 행하셨다. 즉 우리와 함께하는 인자가 되심으로써 우리가 그분과 함께 거하는 하나님의 자녀가 되도록 하셨다. 지상으로 내려오심으로써 우리가 천국에 올라갈 수 있도록 준비하셨다. 우리의 죽음을 택하심으로써 자신의 영원한 삶을 우리에게 베풀어주셨다. 우리의 연약함을 동정하심으로써 그의 권능으로 우리를 강하게 하셨다. 우리의 가난을 자신에게 받아들임으로써 그의 풍부함을 우리에게 전해주셨다. (우리를 짓누르는) 죄의 무게를 자신에게 돌림으로써 그의 의(義)의 옷으로 우리를 입히셨다."[24]

그리스도의 인격에 관한 고전적 진술의 재고찰

교회는 예수 그리스도를 고백함에 있어 나사렛 예수라는 역사적 인물을 가리킨다. 그리고 종종 특별한 칭호를 부가하여 언급하는 형식으로써 그

---

22) John of Damascus, *Exposition of the Orthodox Faith*, Book 3, chs. 4-5.

23) Hans Urs von Balthasar, *Theo-Drama: Theological Dramatic Theory*, vol. 4: *The Action* (San Francisco: Ignatius, 1994), 244-49.

24) John Calvin, *Institutes*, 4.17.2. 루터가 속성의 교류라는 주제를 다룬 예로는 "The Freedom of a Christian," in *Luther's Works*, 31: 351을 보라.

리스도에 대한 특정한 신학적 주장을 제시한다. 가장 초기의 기독교 신앙 고백은 "예수는 그리스도이시다"(막 8:29)와 "예수는 주님이시다"(고전 12:3)라는 형식을 취했다. 이러한 신앙고백으로 교회는, 예수가 참 인간임과, 그가 하나님과 독특한 관계를 가지고 있으며 우리의 구원을 위해 행동할 수 있는 유일자임을 의미했다. 후일에 니케아 신조와 칼케돈 신조가 이후의 모든 기독론의 방향을 설정하고 표준을 제시하긴 했지만, 오늘날 우리가 예수를 주님과 구세주로 진술함에 있어서는 옛 신조를 단순 반복하는 것 이상이 요구된다. 앞으로 전개될 논의 속에서 나는 초기교회의 기독론 고백을 재확증하는 동시에 니케아와 칼케돈의 선언에 대해 많은 부분 동의함을 보일 것이다. 그러나 고전적 기독론 전통에도 몇 가지 부족한 점들이 있음을 인정할 필요가 있으며, 이런 약점을 보완하기 위한 제안을 탐색해야 할 것이다.

1. 예수는 **완전한 참 인간**(fully human)이다. 신약은 예수의 전기에 대한 역사적 자료를 제시하지는 않는다. 그러나 신약이 모든 점에서 우리와 같고 다만 "죄만 없으신"(히 4:15) 구체적인 한 인간을 가리키고 있음에 대해서는 의심할 여지가 없다. 본질적으로 죄는 하나님의 은총으로부터의 소외이며 은혜에 대한 대적이기 때문이다. 예수는 여느 인간처럼 "여자에게서 났다"(갈 4:4). 1세기의 유대인으로서 예수는 유대의 문화와 종교적 유산에 깊은 영향을 받았다. 예수는 신체적으로 지적으로 영적으로 자라고 성숙했다(눅 2:40). 도래하는 하나님 나라를 전파하는 순회 설교자였던 예수는 집도 없는 처지였고, 배고픔과 갈증과 피로를 경험했다. 예수의 지식은 무제한적이지 않았다. 예수는 사랑하는 사람이 죽는 것을 경험했으며, 거기서부터 오는 슬픔의 고통도 겪었다. 예수는 실제적으로 유혹을 받았다. 유혹을 당한 척한 것이 아니다. 예수는 환호도 받았고 거절도 당했다. 종국에 예수는 배반당하고 체포되고 모욕당하고 고문당했으며, 마지막에는 십자가에 달려 죽었다.

예수의 완전한 인성에 대한 고백은 무엇보다도 예수의 지적·신체적

한계를 함축하고, 그가 환희와 분노와 비탄과 긍휼을 포함해 인간의 모든 차원의 감정을 경험했음을 의미한다. 이처럼 예수가 실제로 고통당하고 죽음을 자신 속에 내포하고 있었음을 인정한다면, 우리는 가현설의 입장을 단호하게 거부하게 될 것이다. 아마도 가현설자들은 이러한 함의에 당황할 것이다. 가현설에 따르면, 예수의 인성은 오직 "겉모양"일 뿐이다. 예수는 실제적으로 고통을 당하지도 죽지도 않았다. 일부 가현설자들은 심지어 예수가 발자국도 남기지 않았으며 눈을 깜빡이지도 않았다고 주장했다. 하지만 주류 기독교의 가르침은 모든 가현설적 견해를 비판하고 예수의 완전한 인성을 확증해왔다. 예수는 단지 유령에 불과한 것이 아니었다. 예수는 위에서 조정하는 끈에 의해서 움직이는 생기 없는 꼭두각시가 아니다. 예수는 실제 인간과 똑같이 기도하고 말하고 행동하고 고통을 당했다. 조야한 방식이든 정교한 방식이든 예수의 인성을 축소하는 것에 반대하는 이유는, 그것이 구원론적 함축을 가지기 때문이다. 나지안조스의 그레고리우스는 다음과 같은 인상적인 말을 남겼다. "그는 자신이 취할 수 없는 것은 치유하지 않으셨다."[25] 만약 그리스도 안에 계신 하나님이 인간의 유한성과 비참함의 경험, 신으로부터 버려진 경험의 심층 속에서 우리와 함께하시지 않는다면, 예수가 무슨 말을 하고 무슨 일을 행했다 하더라도 그는 필멸성과 비참과 유기의 경험을 너무도 잘 알고 있는 인간의 구세주가 될 수 없다. 만약 그리스도 안에 계신 하나님이 우리 인간의 조건 한가운데서 우리와 연대하지 않는다면, 우리에게는 구원도, 소망도 없게 된다. 그러므로 고전적 기독론 전통에서 예수의 완전한 인성은 구원의 포괄성을 위한 필수 불가결한 전제 조건이 된다.

그러나 만약 예수의 완전한 인성만을 언급한다면, 이 확증은 전통적 신조처럼 형식적으로는 올바르지만 구체적인 복음 이야기의 측면에서는

---

25) Gregory of Nazianzus, Epistle 101, in *Christology of the Later Fathers*, ed. Edward R. Hardy, Library of Christian Classics, vol. 3 (Philadelphia: Westminster, 1954), 218.

불충분한 면을 가질 것이다. 복음 이야기에 따르면, 예수는 단순한 한 인간이 아니라 **우리를 동요시키는 사람**, 심지어 **유일한 혁명적 인간**이다. 예수는 성령의 권능으로 도래할 하나님의 통치를 선포했으며, 놀라운 자유 가운데 하나님의 이름으로 행동했다. 예수는 하나님을 아바(Abba) 곧 "사랑하는 아버지"로 불렀고 원수를 사랑하라고 가르쳤으며, 죄인과 가난한 자들에게 하나님의 은혜를 선언했다. 그는 예언자 이사야를 인용하면서 자신의 사명을 다음과 같이 요약했다. "주의 성령이 내게 임하셨으니 이는 가난한 자에게 복음을 전하게 하시려고 내게 기름을 부으시고 나를 보내사 포로 된 자에게 자유를, 눈먼 자에게 다시 보게 함을 전파하며, 눌린 자를 자유롭게 하고 주의 은혜의 해를 전파하게 하려 하심이라"(눅 4:18-19; 참조. 사 61:18-19).

예수의 선포와 사역은, 이전에 하나님의 은총의 범위라고 사람들이 알고 있었던 한계를 초월했다. 그래서 종교적 전통을 수호하는 자들의 심장에 큰 충격을 주었던 것이다. 그는 가난한 자를 축복하고 병든 자를 고치고 귀신을 쫓아내고 여성의 친구가 되고 죄인과 교제했다. 예수의 말과 행동은 그의 비판자와 대적들에게는 신성 모독적으로 비쳐졌다. 거기다 예수는 하나님의 침노하는 통치를 선포함으로써 정치적 음모자로 고소를 당하게 되었다. 그는 신성 모독자와 제국 통치의 잠재적인 위험 인물로 간주되었고, 사람들을 동요시키는 그의 사역으로 인해 십자가에서 달려 죽었다.[26]

진정으로 예수는 참 인간이지만, 그의 인성은 새로운 종류의 인성이다. 예수가 하나님과의 관계 안에서 누리는 친밀성과 가난하고 억눌린 자들과 맺는 연대성은 새롭고도 공격적이다. 예수는 하나님의 도래하는 통치를 향해 철저하게 자유로운 인간이며, 그러기에 이웃과의 연합과 이웃

---

26) 참조. "A Brief Statement of Faith," in *The Book of Confessions* (PCUSA), 10.2, lines 19-20: "예수는 신성 모독과 선동의 죄로 부당하게 정죄를 받아 십자가에서 달려 죽었다."

을 섬김에 있어서도 완전히 자유롭다. 탕자의 비유에 나오는 아버지와 같이, 예수는 하나님의 사랑을 조금도 받을 자격이 없다고 여겨지는 자들까지 환영하면서 성부의 사랑을 확대시킨다(눅 15:11이하). 선한 사마리아인의 비유에서처럼, 예수는 자신을 크게 희생하면서까지 상처받은 자를 돌본다. 그러므로 예수를 참 인간으로 고백하는 그리스도인의 선언에는, 단순히 예수가 한 명의 인간이 아니라 하나님과 이웃과의 관계에 있어 새로운 인간성의 규범과 약속을 보여주는 존재라는 점이 함축되어 있다.

예수의 인성이 하나님의 은총에 기반한 새로운 인간성이라는 점이야말로, 예수가 "성령으로 잉태되어 동정녀 마리아에게 나시고"라고 말해진 성경의 확증과 신조의 핵심이다. "성령으로 잉태되어"라는 구절은, 하나님의 은총이 성령의 권능에 의해 한 인간의 삶 속에서 독특한 방식으로 역사함을 의미한다. "동정녀 마리아에게 나시고"라는 구절은, 구원이 인간의 내재적 가능성으로부터가 아니라 하나님으로부터만 오는 것임을 의미한다.[27] 그러므로 이런 확증의 목표는 예수의 신성을 "증명"하는 것도, 동정(童貞)을 특별히 성스러운 상태로 추앙하는 것도, 산부인과적 기적을 단순 보고하는 것도 아니다.[28] 오히려 이런 확증의 목표는 예수의 인성이 하나님의 인성임을 선포하고, 예수와 그가 주는 구원이 하나님의 전적인 선물임을 선언하는 데 있다.

페미니즘신학자들이 기독론에 대해 제기해왔던 심각한 질문을 다룰 때, 우리는 이런 예수의 완전한 인성에 대한 이해를 기반으로 해야 한다. 어떻게 한 남자가 여성의 구원자가 될 수 있는가? 예수는 특정한 성 때문에 보편적 구원자가 되지 못할 수도 있지 않을까? 이와 같은 종류의 질문은 명백하게 여성들이 경험했던 억압의 역사로부터 연유한다. 너무도 자

---

27) 이런 확증에 대한 칼 바르트의 해석으로는 *Church Dogmatics*, 1/2: 172-202을 참조하라.
28) Jürgen Moltmann, *The Way of Jesus Christ: Christology in Messianic Dimensions* (San Francisco: HarperCollins, 1990), 82. 『예수 그리스도의 길』(대한기독교서회 역간).

주 교회는 완전한 인성의 규범이 되는 존재가 남성임을 직간접적으로 암시하면서, 그 반대편의 성, 곧 여성을 억압해왔다. 만약 참다운 인간성이 정의상 남성성을 가리킨다면, 여성은 항상 참 인간에 비해 열등해야 마땅하다. 이런 문제에 대해서는 어떻게 올바른 방식으로 반응할 수 있을까? 많은 페미니즘신학자들처럼 우리도, 신약이 말하는 참 인간성은 예수의 남성성이 아니라 죄인들에 대한 그의 충격적인 용서, 가난한 자들과의 연대, 그리고 도래하는 하나님 나라에 대한 가르침과 실행에서 발견됨을 강조해야 할 것이다.

가부장적 문화의 전제가 성경 증언 전체에 다소간이라도 침투해 있다는 사실에는 의심할 여지가 없다. 그럼에도 예수의 메시지와 사역 자체는, 비록 부정적 문화의 영향으로부터 면제되었다고는 볼 수 없지만, 가부장제에 대한 중대한 도전들을 제기하고 있다. 천국의 비유에 있어서[여기에는 용서하는 아버지 비유뿐만 아니라(눅 15:11이하) 잃어버린 동전을 찾는 여인의 비유도 포함된다(눅 15:8이하)], 하나님과 자신의 사역을 표현하기 위해 사용했던 전혀 새로운 이미지와 심상에 있어서(눅 13:34), 여성들과 맺은 우정의 관계에 있어서, 가난한 자와 억눌린 자를 옹호함에 있어서, 예수의 선포와 삶과 죽음은 예언자적인 동시에 사람들에게 심히 거리껴지는 것이었다. 그러므로 성경 증언에 충실한 기독론은 항상 비판적이며 해체적인 차원을 가진다. 이런 기독론은 하나님을 자기중심적으로 이해하려는 입장을 타파하고, 그런 이기적 이해가 억압적 태도와 관계를 지지하는 현상을 깊이 비판한다.

좀더 구체적으로, 남성성이 하나님 말씀의 성육신을 위한 존재론적이고 필수 불가결한 조건이라고 주장한다면, 혹은 예수가 남성이기 때문에 여성은 목사 안수를 받을 수 없다고 주장한다면, 이는 복음 이야기가 묘사하는 예수의 인성을 완전히 왜곡하는 행위다.[29] 만약 복음 이야기가 묘사

---

29) 엘리자베스 쉬슬러 피오렌자(Elisabeth Schüssler Fiorenza)는 "생물학적 성의 실증이

하는 예수를 충실히 따른다면, 우리는 예수의 인성의 신학적인 의미가 그의 남성성이 아니라 하나님에 대한 그의 무조건적인 사랑과 이웃에 대한 놀라운 포용적 사랑에 있음을 인정하게 될 것이다. 그리고 이렇게 이해할 때에야, 예수의 삶과 죽음이 영원히 자기를 내어주고 타자를 긍정하며 공동체를 세우는 삼위일체 하나님의 사랑을 찬란하게 표현하고 있음을 알게 될 것이다.

2. 예수는 참 인간일 뿐 아니라 **완전한 참 하나님**(fully divine)이기도 하다. 고전적 신조들은 예수 그리스도의 신성에 대해 아무런 주저함 없이 신약의 증언과 충실한 일치를 보이며 선언한다. "하나님께서 그리스도 안에 계시사 세상을 자기와 화목하게 하시며"(고후 5:19). 이런 진술이 의미를 담고 있다면 그것은 예수의 사역과 고난이 동시에 하나님의 사역과 고난이기도 하다는 점이다. 예수의 설교는 예언자의 말 그 이상이다. 예수의 설교를 통해 하나님은 우리에게 결정적으로 말씀한다. 예수는 도래하는 하나님의 통치를 단순히 알린 것만이 아니다. 예수의 인격과 사역을 통해 하나님의 통치가 구체화된다. 예수가 죄를 용서함은 단순히 한 인간이 제공하는 사면이 아니다. 예수의 죄 용서는 예수라는 인간을 통해 표현되고 실행된 하나님의 용서이다. 가난한 자와 병든 자들과 함께하는 예수의 교제는 고통당하는 동료를 돌보는 한 인간의 단순한 교제가 아니다. 그것은 예수라는 인간의 사역과 고난을 통해 구체화된 하나님의 연대다. 우리를 위한 예수의 수난과 죽음은 불의한 세계에서 생겨난 또 한 명의 무고한 희생자의 순교가 아니다. 그것은 하나님 자신의 고통과 죽음이기도 하다.

라는 관점에서 성육신을 이해하는 것은 예수의 남성성이 아니라 인성이 구원론적 의미를 지닌다는 전통과 일치하지 않는다"고 말했다["Lk. 13:10-17: Interpretation for Liberation and Transformation," *Theology Digest* 36 (Winter 1989): 303-19]. 이와 비슷한 논리로, 흑인 페미니즘신학자 재클린 그랜트(Jacquelyn Grant)도 "그리스도의 중요성은 그의 남성성이 아니라 그의 인성에 있다"고 말했다(*White Women's Christ and Black Women's Jesus*, 220).

하나님은 죽음을 자신의 존재 안으로 취하고 우리의 구원을 위해 죽음을 극복하신다. 죽음으로부터의 예수의 부활은 죽음에 대한 단 한 사람의 승리가 아니라, 예수라는 인간의 부활 안에서 우리 모두를 위해 하나님이 이루신, 죄와 죽음에 대한 하나님의 승리이다.

하나님은 예수 안에서 예수를 통해 행동하고 고통당하고 승리하신다. 예수 그리스도 안에는 인간인 우리와 함께하시는 하나님 자신의 현존이 있다. 예수라는 바로 이 인간을 통해 영원한 하나님은 우리의 구원을 위해 고통당하고 행동하신다. 니케아 신조와 칼케돈 신조의 용어가 아무리 낯설게 들린다 해도, 이 선언의 요점은 그리스도가 성부와 "동일본질"이고 "참 인간이며 참 하나님이다"라는 선언이다. 여기서도 우리는 강한 구원론적 관심을 볼 수 있다. 인간은 우리를 구원할 수 없다. 만약 예수 그리스도가 우리와 함께하는 **하나님**이 아니라면, 예수 그리스도가 주는 생명과 용서가 하나님 자신의 생명과 용서가 아니라면, 예수 그리스도가 우리를 위해 쏟으신 헌신적 사랑이 **하나님** 자신의 사랑이 아니라면, 예수 그리스도는 구세주와 주님이 될 수 없다. 그러므로 기독교 신앙은 예수 그리스도의 완전한 인성이나 완전한 신성, 그 어느 것에 대해서도 타협할 수 없다.

그러나 만약 이 예수가 우리와 함께하는 하나님이라면, "하나님"과 "주님"이라는 단어에 대한 우리의 일상적 이해가 근본적으로 바뀌는 것이 필요해진다. 칼케돈 신조는 이 점에 대해 명확히 표현하지 못했다. 칼케돈 신조는 그리스도의 완전한 인성을 선명하게 고백하면서도, 그의 신성에 대해서는 형식적이고도 추상적인 방식으로만 언급한다. 그럼으로써 복음 이야기가 가진 구체적 인상을 전달하는 데는 실패했던 것이다. 복음 이야기는 모든 사람이 신성이라고 가정하는 바를 먼저 생각하고는, 그리스도 안에서 확인되는 신성이 기존의 이해와는 전혀 다름을 보인다. 복음 이야기는 자기를 비워 십자가에서 죽기까지 순종한 종의 활동과 고통을 통해 하나님의 말씀 또는 하나님의 아들이 오심을 묘사하고 있다(빌 2:5이하). 복음 이야기는 예수와 하나님과의 친밀한 관계, 또 그와 죄인과 가난한 자들 사이의 충격적 교제를 묘사함으로써 참 인성의 의미를 놀라운 방식으로 재정의한다. 마찬가지로 복음 이야기는 세상의 구속과 갱신을 위해 무조건적으로 자신의 생명을 내어놓는 겸손한 종의 활동과 고통을 묘사함으로써 참 신성과 참 주권성의 의미를 예상을 뛰어넘는 방식으로 재정의한다. 기독교 신앙은 예수의 사역과 십자가와 부활 속에서, 하나님이 변혁시키고 고통당하고 승리하는 사랑으로 역사하고 계심을 본다. 바로 이 예수라는 인간 속에서, 신성과 주권성이 놀라운 사랑의 관점으로 철저하게 재정의되는 것을 보는 것이다. 예수의 사랑은 죄인을 맞아들이고 남을 위해 자신이 상처를 받는 사랑, 약한 자와 가난하고 버려진 자를 위해 놀라운 방식으로 관심을 갖는 충성스런 사랑이다.[30]

3. 예수가 참 인간이고 참 하나님이라는 확증은 **예수의 위격의 연합이라는 신비**(mystery of the unity of his person)를 가리킨다. 고전적 기독론에 따르면, 그리스도의 두 본성은 "혼동이나 변화나 분할이나 분리가 없이" 하나의 인격(즉 위격) 안에 연합되어 있다. 여기에 대해 비평가들은 두 개의 본성을 지닌 하나의 위격이라는 교리가 마치 두 장의 판자가 접착된 나무판처럼, 두 개의 상이한 물체가 인위적으로 접합된 듯한 인상을 준다고 비난한다. 칼케돈 신조에 기본적으로 동의하는 신학자들조차도 이 신조의 교훈을 좀더 역동적인 용어로 재고찰하고 재진술할 것을 요구하고 있다.

이에 다음과 같은 몇 가지 제안이 제시되었다. 어떤 이들은 두 본성의 교리를 "관계들의 두 집합", 즉 한편으로는 예수와 성부와 성령과의 관계로, 다른 한편으로는 예수와 다른 인간들과의 관계로 간주할 것을 제안했다.[31] 어떤 이들은 신성과 인성, 즉 "본성들"의 연합이라는 표현을 포

---

30) *White Women's Christ and Black Women's Jesus*에서 재클린 그랜트는, 흑인 그리스도인들에게는 예수를 하나님과 주님으로 고백하는 것에 있어서 백인 자유주의자와 같은 문제는 없다고 논증한다. 흑인에게 예수는 "함께 고통당하는 하나님이며 억압의 상황에서 (흑인들을) 강화하는 분이다"(212).
31) Schwöbel, "Christology and Trinitarian Thought," in *Trinitarian Theology Today*, ed.

기하고 대신 신의 행위와 인간의 행위가 혼동이나 분리 없이 예수 그리스도의 독특한 역사 속에 연합되어 있다고 표현할 것을 제안한다. 이 제안은 예수 그리스도의 역사 안에 있는 신의 행위와 인간의 행위, 즉 "이중 행위"(double agency)의 개념을 가정하고 있다. 일부 철학자와 신학자들이 모색 중인 이 이중 행위 개념은 정합성이 있는 개념인가? 만약 정합성이 있다면 이 개념은 그리스도 안에 있는 신성과 인성의 연합 교리를 해석하는데 사용될 수 있는가?[32] 아니면 이중 행위 개념은 네스토리우스의 오류, 즉 두 개의 분리된 주체가 단순히 외적이고 의지적인 연합을 이룬다는 오류를 다시 끌어들이는 위험을 내포하고 있지는 않은가?

도널드 베일리(Donald Baillie)는 『그리스도 안에 계셨던 하나님』(God Was in Christ)에서 다음과 같이 논증한다. 즉 그리스도의 인성과 신성의 위격적 통일성은 우리가 완전하게 파악할 수 없는 "역설"이지만, 그럼에도 불구하고 우리 자신의 기독교적 경험에 근거한 유비를 통해 어느 정도는 위격적 통일성의 실재에 대해 알 수 있다는 것이다. 기독교적 경험의 중심에는 인간의 자유에 선행하고 인간의 자유를 가능하게 하는 하나님의 은혜에 대한 경험이 있다. 모든 시대마다 제시된 기독교적 증언은 반복해서, 우리가 하나님의 은혜에 반응하면서 살 때 비로소 가장 참된 인간이 되고 가장 풍성하게 우리 자신이 되며 가장 심대한 자유를 누린다고 선언한다. 사도 바울도 "내가…수고하였으나, 내가 한 것이 아니요, 오직 나와 함께하신 하나님의 은혜로라"(고전 15:10; 참조. 갈 2:19-20)라고 고백했다. 하나님이 행동하신다고 해서 인간의 행동이 제거되는 것은 아니다. 하나님의 은혜

Christoph Schwöbel (Edinburgh: T&T Clark, 1995), 143.

32) 바르트는 하나님의 동행(concursus divinus)의 교리에서 이중 행위의 주제를 논의한다. *Church Dogmatics*, 3/3: 90-154. 그러나 바르트는 그것을 기독론적 신비를 해석하기 위한 모형으로 여기는 것을 거부한다. 바르트 신학에서의 "이중 행위" 개념에 대해서는 George Hunsinger, *How to Read Karl Barth: The Shape of His Theology* (New York: Oxford University Press, 1991), 185-233을 보라.

와 인간의 자유는 상호 배타적이지 않다. 하나님의 은혜는 진정으로 자유로운 인간의 행동을 부정하지 않으며 오히려 인간의 자유를 허용하고 확립해준다.[33]

베일리의 논증에는 주목해야 할 점이 많지만, 그중에서도 우리는 다음과 같은 지점들을 명확히 해두고 싶다. 첫째, 예수 그리스도 안에서의 하나님의 말씀과 인성의 연합은 **유일하고 독특한** 연합이다. 이것은 형상과 질료의 연합과도, 영혼과 몸의 연결과도, 친구 사이의 결합과도 같지 않다. 그리스도 안에 있는 하나님의 말씀과 인성의 연합을 우리는 단순한 방식으로는 이해할 수 없다. 그 연합은 모든 피조물 안에 계신 하나님의 현존의 형식과는 다르다. 그리스도인이 예수 그리스도에게 참여하는 것과, 예수 그리스도가 그리스도인에게 참여하는 것은, 비록 둘 다 실제적이라 하더라도 성육신 사건과는 동일하지 않다. 이 성육신 사건에서는 하나님의 말씀이 인성과 연합되어 있기 때문이다. 예수 그리스도 안에서의 신성과 인성의 연합은 하나님의 유일무이한 행동이다. 의심할 여지없이 베일리가 언급한 기독교 경험의 "은혜의 역설"(paradox of grace)은 성육신의 독특성과 유일무이성을 보호하고자 하는 의도를 지닌다. 그러나 불행히도 이런 의도는 베일리의 논증이 그리스도의 위격에 대한 이해로부터 시작하여 기독교적 경험으로 나아가지 않고 오히려 정반대로 방향으로, 즉 기독교적 경험에서 출발하여 그리스도의 위격에 대한 이해로 나아감으로써 흐릿해지고 만다. 우리 인간의 경험은 그리스도 안에서 우리와 함께하는 하나님의 실재를 제대로 설명할 수 없다. 반대로 하나님의 실재의 빛에 의해 우리의 실재가 확인되고 이해될 수 있다. 즉 하나님이 의도한 인간 존재는 자체 안으로 닫혀진 삶이 아니라 하나님과 이웃과 깊은 관계를

---

33) Baillie, *God Was in Christ* (New York: Scribner's, 1948), 106-32. 존 메이엔도르프(John Meyendorff)는 "하나님과 접촉할 때 인간의 본성은 사라지지 않는다. 정반대로 하나님과 접촉할 때 인간성은 온전해진다"고 서술한다[*Christ in Eastern Christian Thought* (Washington: Corpus Books, 1969), 64].

맺는 삶이라는 점을, 우리는 하나님의 빛 속에서 분명하게 깨닫게 된다. 우정이나 연애와 같은 개인적 인간관계의 영역에서 취한 유비들로는 그리스도 안에 있는 신성과 인성의 연합을 완전히 이해하기 어렵다. 우리는 그런 유비들이 그리스도 안에 있는 연합의 신비를 불완전하게밖에는 암시하지 못함을 항상 기억해야 한다.

둘째, 예수 그리스도 안에 있는 하나님의 말씀과 인성의 연합은 **비대칭적** 연합(asymmetrical union)이다. 즉 하나님의 활동이 일차적이고 선행적이며, 인간의 반응은 이차적이며 후속적이다. 그리스도 안에서의 하나님의 말씀과 인성의 연합은 대등한 협력자들 사이의 관계가 아니다. 즉 대등한 자들 사이에 대칭적으로 협력이 이루어지는 관계가 아니라는 의미다. 하나님의 영원한 말씀이 예수 그리스도의 역사를 시작하는 주체다. 자유로운 인간의 반응을 창조하고 그것을 위한 공간을 마련하는 하나님의 행위의 전적인 선행성과 관대함을 강조함으로써, 우리는 초기교회의 기독론 전통이 말하고자 했던 바, 즉 오늘날에는 몹시 모호하게 느껴지는 비위격성과 내재 위격성의 개념들을 통해 말하고자 했던 바를 좀더 효과적으로 표현할 수 있을 것이다.

셋째, 그리스도 안에 있는 하나님의 말씀과 인성의 연합은 **역동적** 연합(dynamic union)이다. 전통적 기독론은 이런 연합을 정적이고 무시간적인 것으로 개념화하는 오류를 범했다. 따라서 기독론은 전통적으로 운동, 역사, 상호 작용, 만남, 발전 등의 개념을 허용하길 어려워했다. 전통적 기독론이 개념화한 신성과 인성과의 연합은, 인간 예수가 실제적으로 성장해 가는 것이나 하나님과 이웃과의 관계가 심화되어가는 것을 제대로 표현하지 못한다(눅 2:40). 하지만 그리스도 안에서의 인성과 신성의 연합은 단순히 예수가 잉태되는 순간이나 출산되는 순간과 동일시될 수 없다. 그리스도의 실제적 사역과 수난과 죽음 역시 그리스도 안에서 이루어진 신성과 인성의 연합의 관점에서 고려되어야 한다. 캐스린 태너(Kathryn Tanner)는 다음과 같이 진술한다. "예수는 친히 시험을 받기 전까지는 시험을 이긴 것이 아니며, 스스로 죽음의 두려움을 느끼기 전까지는 그것을 이긴 것이 아니다. 그가 시험을 받고 죽음의 두려움을 느끼는 순간에 하나님의 말씀이 그것들을 취하신다. 예수가 죽을 때 말씀이 그 죽음을 취하기 전까지는, 예수는 죽음을 치유한 것이 아니다. 예수가 사람들의 손에 의해 죽임을 당함으로써 그들의 죄를 취하고 담당하기 전까지는, 예수는 죄를 정복한 것이 아니다."[34] 따라서 예수 그리스도 안에서의 신적 "본성"과 인간적 "본성"의 연합은 정적으로가 아니라 역동적으로 사고되어야 한다.

넷째, 그리스도 안에 있는 하나님의 말씀과 인성의 연합은 성령에 의해 강화되고 지탱된다. 그리스도의 위격의 일치에 관해 더욱 역동적으로 생각할 수 있는 유망한 방법은 그리스도의 생애와 사역 전체에서의 성령의 활동에 더 큰 주의를 기울이는 것이다. 그는 성령의 권능으로 잉태된다(마 1:20). 그의 세례에서 성령이 내려와서 그 위에 머무른다(요 1:32). 그는 성령의 권능으로 귀신을 쫓아낸다(마 12:28). 성령과 권능으로 기름 부음을 받아 돌아다니면서 선한 일과 치유를 행한다(행 10:38). 영원한 성령으로 말미암아 흠 없는 자기를 하나님께 드린다(히 9:14). "그리스도께서 우리를 위해 이루신 모든 일은 성령을 통해 이루어진다"라는 태너의 요약은 적절하다.[35] 만약 우리의 기독론적 성찰에서 성령의 사역을 고려한다면 신선한 관점이 열리게 된다. 즉 성부와 성자를 사랑 안에서 영원히 연합시키고, 연합의 능력으로 신자들을 그리스도와 결합시키는 성령은 성육신하신 주님의 위격 안에 있는 하나님과 인성 사이의 단 하나의 연합의 권능이다.

다섯째, 예수 그리스도 안에 있는 하나님의 말씀과 인성의 연합은 **자신을 비우는 겸허한** 연합(kenotic union)이다. 칼케돈 신조에 충실하면서도 그것을 넘어서는 기독론이라면 예수 그리스도 안에서의 신성과 인성의

---

34) Kathryn Tanner, *Jesus, Humanity and the Trinity* (Minneapolis: Fortress, 2001), 28.
35) Kathryn Tanner, *Christ the Key* (Cambridge: Cambridge University Press, 2010), 165.

"겸허한 일치"(kenotic unity)를 올바른 방식으로 말할 수 있을 것이다.[36] 케노시스(kenosis) 개념은 빌립보서 2:5이하의 기독론적 찬송에서 유래한다. 겸허(문자적으로는 "자기 비움")는 강압에 의하지 않은, 자유로운 자기 제한과 자기 소모의 행동이다. 예수 그리스도 안에서 신성과 인성은 상호적으로 자기를 내어주는 사랑으로 연합되어 있다. 이는 성령 안에서의 연합으로서, 여기에는 상호적인 자기 제한과 상대방에 대한 전적인 개방이 존재한다. 예수의 신성과 인성은 [단성론(monophysitism)과는 다르게] 혼동되지 않으며, [네스토리우스주의(Nestorianism)와는 다르게] 분리되지 않는다. 인간이 된 하나님의 말씀 안에서, 말씀은 이 인간과의 사랑의 일치 속에서 살고, 이 인간은 하나님의 말씀과의 사랑의 일치 속에서 산다. 자유로운 하나님의 은혜와 자유로운 인간의 섬김이 독특한 일치를 이루는 것이다. 빌립보서 2:5이하의 말씀을 지침으로 삼는다면, 예수 그리스도 안에서의 신성과 인성의 일치는 상호적인 자기 포기의 사랑인, 성령에 근거한 겸허한 연합으로 가장 잘 묘사될 수 있을 것이다.

성육신한 주님의 삶의 특징이 되었던 겸허의 행동은(19세기의 케노시스적 기독론이 잘못 가르쳤던 것처럼) 하나님의 본성을 부정하거나 감소시키는 결과를 초래하지 않는다. 삼위일체를 논의했던 앞부분에서도 강조했듯이, 하나님의 본성은 자기를 내어주고 타자를 긍정하며 공동체를 세우는 사랑이다. 상호적인 교제의 삶은 하나님의 실재를 감소시키기는커녕, 오히려 그분의 실재를 규정한다. 하나님의 영원한 삶 안에는 "성령"의 연합하는 사랑 속에 "성부"와 "성자" 사이에 상호 작용과 교환이 이루어진다. 삼위일체 하나님의 일치는 호혜적으로 자기를 내어주는 사랑의 연합이다.

삼위일체적 사랑의 연합은 예수 그리스도 안에 있는 참 신성과 참 인

---

36) Lucien J. Richard, *A Kenotic Christology* (Lanham, Md.: University Press of America, 1982).

성의 연합의 영원한 토대며 원형이 된다.[37] 그리스도의 위격의 신비는 인격과 연합이 분리되지 않는 삼위일체적 신비를 배경으로 해서만 제대로 이해될 수 있다. 인격이 된다는 것은 연합의 관계를 맺는 것을 의미한다. 성육신에서 하나님은 인간의 삶을 자유와 사랑으로 취하시며, 이 인간의 삶은 하나님께 자유와 사랑으로 응답한다. 예수 그리스도의 역사에서 인간을 위한 하나님의 자유와 성실은 하나님을 위한 인간의 자유와 신실과 완전하게 연합되어 있다. 예수 그리스도에게서 하나님의 완전한 사랑과 인간의 완전한 응답은 하나가 된다. 한편의 관점에서 보면, 하나님은 예수를 하나님의 "택한 자"와 "사랑하는 자"로 선택하신다(마 12:18). 또 한편의 관점에서 보자면, 예수는 하나님께 전적으로 헌신하고 자유롭게 자신의 뜻을 하나님께 복종시킨다(눅 22:42). 참 하나님과 참 인간은 성령의 연합하는 사랑에 의해 강화됨으로써 예수 그리스도 안에서 위격적으로 연합한다. 여기서는 분리도 없고 구별의 상실도 없다.

요약하면 기독교적 삶의 "역설적 신비" 안에, 또는 둘이 하나인 듯 생각하고 의지하며 행동하는 친밀한 인격적 관계에 대한 인간 공통의 경험 속에, 성육신한 주님 안에서의 신성과 인성의 일치를 알려주는 희미한 유비들이 존재하기는 한다. 하지만 성경과 신조가 묘사하는 예수 그리스도의 정체성은 우리의 이해를 초월하는 신비이다. 하나님이 예수와 맺는 관계와 예수가 하나님과 맺는 관계는, 삼위일체 하나님의 삶 안에 있는 사랑의 영원한 교환이라는 신비에 토대를 두고 있으며, 그것으로부터 가장 충만한 유비를 발견한다.

---

37) 월터 캐스퍼(Walter Kasper)는 "최후의 수단으로, 예수 그리스도 안에서의 신성과 인성의 중재는 삼위일체 신학의 관점으로만 이해될 수 있다"고 말한다[*Jesus the Christ* (New York: Paulist Press, 1976), 249]. Schwöbel, "Christology and Trinitarian Thought," 113-46도 보라.

그리스도의 사역에 대한 고전적 해석의 재고찰

그리스도의 사역과 죽음과 부활은 모두 그리스도의 해방하며 화해시키는 사역에 속하지만, 지금까지 서구 신학의 속죄 교리가 집중적으로 논의한 대상은 주로 그의 십자가였다. 신약은 우리를 위한 그리스도의 속죄적 죽음에서 일어났던 바를 다양한 비유를 통해 표현하고 있다. 재무적 비유, 법적 비유, 군사적 비유, 희생 제사적 비유, 그 외에도 많은 비유가 있으며 그들 각각은 풍부한 의미를 담고 있다. 비록 이것들은 우리의 귀에 친숙한 것이지만 그 속에 담긴 새로운 통찰력은 여전히 우리를 놀라게 할 수 있는 잠재력을 지닌다.[38) 그리스도의 사역을 묘사하는 이와 같은 신약의 비유들 중 일부는 확대되어 속죄 이론(theories of atonement)으로 정교하게 다듬어졌다. 예수 그리스도의 속죄 사역에 대해 교회의 승인을 받은 하나의 절대적인 입장이 있는 것은 아니지만, 기독교 신학 전통 안에는 현저한 몇 개의 속죄론이 존재한다.[39)

1. 영향력 있는 속죄론 중 하나는 우주적 투쟁 이론 또는 **승리자 그리스도**(Christ the Victor) 이론이다. 이 이론은 대다수의 교부 신학자들이 선호한 이론으로서, 그 기반이 되는 텍스트는 신약의 몇몇 군데에서 발견되는 전투 비유이다(예를 들어 골 2:15). 이 견해에 따르면 속죄 사역은 하나님이 세상에 있는 악의 세력들과 벌이는 극적인 전투다. 그리스도의 신성은 인간의 형태 속에 은밀하게 감추어져 있으며, 거기에 속은 악한 세력은 그리스도를 손쉬운 먹잇감으로 간주한다. 여기에 대해 니사의 그레고리우스는 물고기가 낚시 바늘의 미끼를 아무런 의심 없이 삼켜버리는 다채로운 이미지를 사용한 바 있다. 인성의 장막으로 가려진 그리스도는 인간을

---

38) Colin E. Gunton, *The Actuality of Atonement: A Study of Metaphor, Rationality, and the Christian Tradition* (Grand Rapids: Eerdmans, 1989).

39) 뒤따르는 논의에 대해서는 Gustav Aulén, *Christus Victor* (New York: Macmillan, 1951)를 보라. 『승리자 그리스도』(정경사 역간).

사로잡고 있는 귀신과 마귀와 모든 정사와 권세들과 싸워 마침내 승리한다. 그리스도는 십자가와 부활을 통해 이런 세력들을 결정적으로 패배시키며 포로된 자들을 자유롭게 해방시킨다.

이 이론은 인간을 구속하는 악의 세력의 실재와 힘을 효과적으로 강조하는 유용성을 가지고 있다. 또한 하나님의 승리가 함축하는 귀중한 가치와 확신을 올바르게 강조한다. 그러나 한계점 역시 분명하다. 만약 낚시 바늘의 미끼의 이미지를 문자적으로 해석함으로써 예수의 인성을 악의 세력을 속이기 위한 변장으로 축소해서 이해한다면, 또는 하나님과 마귀의 우주적 전투를 표현하는 극적 언어 때문에 죄에 대한 인간의 책임성이 간과된다면 이 이론은 우리를 오도하는 것이다. 그리스도의 속죄 사역을 이와 같이 이해하는 입장은, 그리스도인을 자신의 머리 위에서 벌어지고 있는 우주적 투쟁을 그저 바라보는 구경꾼으로 만들 것이다. 승리자 그리스도 이론을 비판하는 측은, 이 입장이 과도하게 승리주의적인 것은 아닌지, 그래서 역사와 우리의 삶에서 계속적으로 나타나는 악과 죄의 실재와 힘을 부인하는 것은 아닌지 의심하고 있다.

이런 한계점에도 불구하고, 우주적 전투의 속죄 이론은 적어도 다음 두 가지 심오한 진리를 담고 있다. 첫 번째 진리는 하나님이 세상을 위해 자유와 화해를 성취함에 있어 강제력이나 폭력을 사용하지 않고 십자가의 어리석은 지혜를 사용하셨다는 점이다. 하나님은 악한 수단이 아니라 그분의 사랑의 권능으로 악을 패배시킨다. 니사의 그레고리우스가 표현했듯이, "하나님의 초월적인 권능은 거대한 하늘이나 광채를 발하는 별들, 질서 정연한 우주의 배열 속에서 펼쳐져 있지 않다. 또 영속적으로 우주를 감찰하는 하나님의 능력 속에 드러나 있지도 않다. 오히려 그의 권능은 우리 인간의 약한 본성 속으로 내려오시는 겸손 속에서 나타난다."[40] 우주적

---

40) Gregory of Nyssa, "Address on Religious Instruction," in *Christology of the Later Fathers*, ed. Edward Rochie Hardy, Library of Christian Classics, vol. 3

전투 이론에 담겨진 또 하나의 진리는, 악의 세력들은 파괴적일 뿐만 아니라 자기 파괴적이기도 하다는 점이다. 하나님이 구원 사역에서 속임수를 사용하신다는 생각 자체는 도덕적으로 불편하게 여겨지기도 하지만, 그만큼 이 이론이 세련되지 못한 이미지를 통해서라도 전달하고자 하는 바는, 하나님의 구속의 감추어진 방식 또는 "어리석은" 방식은 정복될 수 없을 것처럼 강력하게 보이는 악의 세력들보다 훨씬 더 지혜롭고 능력 있다는 사실이다. 일부 페미니즘신학자들은 우주적 전투라는 고전적 속죄설이 가진 통찰력을 회복해야 함을 주장했는데, 이와 같은 주장에는 충분히 주목할 만한 가치가 있다.[41]

2. 또 다른 영향력 있는 속죄설은 안셀무스의 **만족설**(satisfaction theory)이다. 이 이론은 인류를 구원하는 방식으로써 대속의 고난을 암시하는 성경 구절에 근거한다(예를 들어 사 53장; 갈 3:13). 우리는 이 이론에 대한 고전적 표현을 안셀무스의 『왜 하나님은 인간이 되셨는가?』(*Cur Deus Homo*)에서 찾아볼 수 있다. 이 질문에 대답하기 위한 안셀무스의 성찰은 중세의 사상 세계로부터 시작되며, 법률과 위반과 보상과 사회적 의무에 대한 중세의 통상적인 이해를 전제하고 있다. 이 관점에서 보면 하나님과 인간의 관계는 마치 봉건 영주와 노예와의 관계와 같다. 불순종은 영주를 불명예롭게 하기 때문에, 노예는 만족을 제공하거나 또는 처벌을 받아야 한다. 우리가 법을 위반하는 죄를 범함으로써 하나님께 갚아야 하는 만족은 무한히 크다. **인간은 마땅히** 이런 만족을 **제공해야 하지만** 그러기에는 무능하며, **오직 하나님만이 그것을 제공할 수 있다.** "하나님 외에는 누구도 이런 만족을 제공할 수 없다.…하지만 인간에게는 이를 행해야 하는 의무가 있다."[42] 이런 까닭에 하나님은 그리스도 안에서 인간이 되셨다. 그리고 그분이 죽

(Philadelphia:Wesminster, 1954), 301.

41) Darby Kathleen Ray, *Deceiving the Devil: Atonement, Abuse, and Ransom* (Cleveland: Pilgrim, 1998).

42) Anselm, *Cur Deus Homo?* Bk. 2, ch. 6.

음에 이르기까지 완전히 순종함으로써 만족이 제공되고 정의가 시행되며 하나님의 명예가 회복되고 죄인이 용서된다.

우주적 투쟁의 속죄론보다는 만족설이 그리스도의 인성에 더 중대한 역할을 부과한다. 더욱이 만족설은 죄의 심각성과 구원의 귀중함을 중세 교회가 이해할 수 있는 방식으로 표현하고 있다. 하지만 전통적으로 제시된 만족설은 심각한 오해와 문제 역시 일으킨다. 그중에서도 가장 중요한 문제는, 만족설이 하나님을 그분 자신과 대립시키는 것처럼 보인다는 점이다. 만족설은 신약의 법적인 비유를 사용하고는 있지만, 자비와 정의를 충돌시키는 방식으로 이용한다. 다른 말로 하면, 안셀무스의 만족설은 용서의 행위를 하나님에게 뭔가 문제가 되는 행동으로 만들어버린다. 즉 은혜는 만족이라는 조건에 달려 있다. 그러나 은혜가 조건적인 것이라면 어떻게 여전히 은혜일 수 있겠는가? 신약에 따르면 화해되어야 할 필요가 있는 자는 하나님이 아니라 인간이다. 신약에서 하나님은 그리스도 안에서 화해의 주체이지 그 대상이 아니다.

장 칼뱅은 안셀무스의 만족설의 전통에 확고하게 서 있다. 그럼에도 불구하고 칼뱅은 속죄의 동기가 하나님의 의로운 분노를 만족시키기 위한 필요성인지, 아니면 세상을 위해 하나님이 자유롭게 내주시는 순수한 사랑인지 사이에서 갈팡질팡했다. 칼 바르트는 안셀무스의 전통에 크게 기대고는 있지만 안셀무스와 칼뱅의 입장에서 더 나아가, 그리스도의 속죄의 사역은 하나님의 거룩한 사랑에 의해서만 시작된다고 일관성 있게 해석했다.[43]

전통적으로 제시된 만족설이 내포한 심각한 문제는, 이 이론이 대체자(substitute)와 대표자(representative)를 적절하게 구별하지 못했다는 점이다. 도로테 쥘레(Dorothee Sölle)는 이 점을 설득력 있게 설명한 바 있다. 대체의

---

43) Bruce McCormack, *For Us and Our Salvation: Incarnation and Atonement in the Reformed Tradition*, Studies in Reformed Theology and History (Princeton Theological Seminary, 1993).

세계는 대체될 수 있는 사물들로 이루어진 비인격적 세계다. 기계의 한 부품이 닳으면 새로운 부품으로 대체될 수 있다. 그러나 대표의 세계는 인격을 지닌 자들과 인격적 관계로 이루어진 세계다. 대표자는 단순히 우리를 대체하는 것이 아니라 우리를 대신하여 우리를 위해서 말하고 행동한다. 다른 말로 하면, 대표자는 우리 자신의 책임성을 박탈하지 않는다. 예를 들어 부모는 자녀가 스스로 말하고 행동할 수 있을 만큼 성숙할 때까지 그들을 대표한다. 그리스도의 속죄 사역은 기계 부품의 대체와 같이 비인격적 사건이 아니라 인격적인 대표의 행동이며, 이처럼 해석하는 것이 더 충실하고 이해하기도 쉽다.[44]

3. 또 하나 소개할 속죄론은 종종 **도덕적 감화설**(moral influence theory)로 불리는 이론이다. 앞서 개괄한 두 이론이 "객관적" 측면을 강조했다면, 이와는 대조적으로 도덕적 감화설은 "주관적" 측면을 강조한다고 알려져 있다. 도덕적 감화설에 의하면 그리스도는 우주적 전투나 법적인 집행을 통해 인간과 화해하지 않는다. 이 두 가지는 화해의 혜택을 받는 자들의 편에서 보면 그들의 어떤 참여가 없이도 완전한 것처럼 보이기 때문이다. 그리스도는 우리에게 사랑을 보이실 때, 우리로 하여금 경이와 감사 속에서 응답할 수밖에 없도록 하신다. 그리스도의 속죄 사역은 우리의 적극적 신앙의 행동을 통해 받아들여지고, 그것이 우리의 삶을 변혁시킬 때에야 완전해진다.

안셀무스와 동시대인이었던 아벨라르(Abelard)는 자주 도덕적 감화설의 대표적 주창자로 거론된다. 아벨라르의 이론이 모범주의 이론으로 불리는 것은 사실이지만, 이 신학자가 그리스도의 사역을 단순한 모범에 불과한 것으로 축소한 것인지에 대해서는 분명하지 않다. 아벨라르의 글을 읽어보면, 그가 그리스도 안에서 드러난 하나님의 사랑은 하나님이 베푸시는 혜택이자 창조적인 선물로서 우리 안에서 사랑의 응답을 일으킨다고 여김을 알 수 있다. 아벨라르가 그리스도 안에서 드러난 하나님의 사랑의

---

44) Sölle, *Christ Our Representative* (Philadelphia: Fortress, 1967).

권능이 어떤 단순한 모범보다 더 위대함을 성공적으로 명확하게 표현했다고 할 수는 없지만, 그의 사고 방향은 이런 설명을 유추할 수 있을 만큼 확실하다. 그리스도가 행하시는 일은 계시적이며 모범적이다. 그러나 "그것은 모범으로서의 가치를 훨씬 뛰어넘는다. 그리스도의 사역 안에는 어떤 인간적인 사랑도 소유하지 못한 신비로운 인과적 효력이 넘쳐난다."[45]

도덕적 감화설은 하나님의 사랑의 무조건적 본성과 변혁적 권능을 강조함에 있어, 그리고 인간의 반응의 중요성을 강조함에 있어 강점을 가진다. 이 이론은 속죄의 "주관적" 측면에 우선적인 관심을 두면서도, 객관적인 측면을 인정하는 방식으로 전개될 수 있다. 즉 인간의 죄인 된 상태를 구성하는 착각과 자기기만으로 뒤얽힌 객관적인 상황을 인정하면서도, 동시에 인간의 죄로 어두워진 세상 속에서도 밝게 빛나는 하나님의 희생적 사랑의 계시가 갖는 객관적 권능을 인정하는 방식으로 전개될 수 있는 것이다. 그러나 도덕적 감화설로부터 나온 다수의 이론 형태가 특히 근대에 와서 하나님의 사랑을 감상적으로 이해하는 경향으로 기울어졌고, 세상에서 계속되는 악의 끈질긴 세력을 평가절하했으며, 예수를 다만 사람들이 따라야 할 훌륭한 모범으로 묘사했음은 분명한 사실이다. 따라서 미국 자유주의 신학의 순진하면서도 바보 같은 형태를 비판한 리처드 니버의 말은 여전히 적절하다. "진노가 없으신 하나님이 십자가 없는 그리스도의 사역을 통해 죄가 없는 사람들을 심판이 없는 나라로 인도하셨다."[46]

앞에서 언급한 속죄의 세 이론과, 각각의 이론이 근거하고 있는 신약의 비유는 서로 배타적이지 않다. 물론 신학사에 나타난 속죄론들 중 어느 특정 이론 하나가 진리를 배타적으로 또 전적으로 구현한다고 주장한 자들이 있기는 했다. 하지만 하나의 이미지나 이론을 절대화하게 되면, 그리

---

45) Philip L. Quinn, "Abelard on Atonement: 'Nothing Unintelligible, Arbitrary, Illogical, or Immoral about It,'" in *Reasoned Faith*, ed. Eleonore Stump (Ithaca, N.Y.: Cornell University Press, 1993), 296.

46) Niebuhr, *The Kingdom of God in America* (New York:Harper Torchbook, 1959), 193.

스도의 속죄 사역의 의미에 대한 신약의 선포와 수세기에 걸친 교회의 묵상이 지닌 풍성함은 상실될 것이다.

위에서 소개한 세 이론은 각각 우리 시대를 위해, 특히 속박과 해방의 외침에 대한 특별한 이해를 바탕으로 하여 개선되고 재해석될 수 있다. 하나님은 바로 그리스도의 사역과 십자가를 통해 억눌린 자를 해방하는 결정적 일을 행하신다. 즉 하나님은 속박하는 악한 세력의 노예 상태로부터 우리를 해방시키고, 죄책감으로부터 우리를 자유롭게 하시며, 무질서한 사회 안에서 도덕적 질서를 회복하고, 우리 자신과 이웃을 파멸시키는 착각과 자기기만으로부터 우리를 자유롭게 하시며, 우리 안에 새로운 믿음과 소망과 사랑을 일깨우신다. 유익하게도 현재의 교회 찬송가는 이 세 가지 속죄설을 모두 표현하고 있다. "내 주는 강한 성이요"(승리자 그리스도 속죄설), "오 거룩하신 주님이 이제 상처를 입으시네"(만족설), "은혜의 하나님, 영광의 하나님"(도덕적 감화설)과 같은 찬송에서 이를 확인할 수 있다.

칼뱅의 그리스도의 삼중직론(munus triplex)은 우리의 속죄 이해가 개방적이고 포용적이 되는 데 도움을 준다. 칼뱅에 따르면 그리스도는 예언자와 제사장과 왕으로서 행동하신다.[47] 칼뱅의 삼중직론은 예수의 가르치는 직분과 희생적 죽음과 주권적 통치를 모두 포함한다. 아마도 그리스도의 삼중직론에 대한 칼뱅의 이론은 다음과 같이 재진술될 수 있을 것이다. 즉 예언자로서의 그리스도는 도래하는 하나님의 통치를 선포하고, 그런 통치에 적합한 삶의 형태를 우리에게 가르친다(도덕적 감화설). 제사장으로서의 그리스도는 우리를 위해 사랑과 순종의 온전한 희생 제사를 하나님께 드린다(만족설). 지명된 왕으로서의 그리스도는 악의 끈질긴 반항에도 불구하고 세상을 통치하고 의와 평화가 넘치는 하나님의 나라가 궁극적으로 승리할 것을 약속한다(승리자 그리스도설).

바르트 역시 자신의 정교한 화해론 속에서 그리스도의 삼중직론의 개

---

47) Calvin, *Institutes*, 2.15.

넘을 이용했다. 즉 그는 전통적인 양성의 교리(그리스도의 하나의 위격 안에는 신성과 인성이 있음)와 두 상태의 교리[그리스도의 낮추어짐(humiliation)과 존귀(exaltation)의 상태]를 상상력 넘치는 방식으로 엮음으로써 삼중직론 이론을 새롭게 사용했다. 이런 작업은 다시 다음과 같은 주제들, 즉 "종으로서의 주님"(Lord as Servant, 예수 그리스도 안에 계신 하나님이 우리의 제사장으로서 겸허하게 행동하며 교만의 죄로부터 우리를 구속하신다), "주님으로서의 종"(Servant as Lord, 예수 그리스도 안에 있는 인성은 은혜로 존귀하게 되어 하나님과 함께 통치하고 나태의 죄로부터 우리를 해방시킨다), "참된 증인"(True Witness, 예수 그리스도 안에 있는 신성과 인성의 연합은 찬란한 진리로서 예언적 권능을 수행하며 거짓의 죄를 쫓아낸다) 같은 주제를 형성하게 된다.[48] 예수 그리스도의 인격과 사역에 대한 칼뱅과 바르트의 신학은 이보다 훨씬 더 풍성하다고 할 수 있다. 왜냐하면 이들의 접근법은 신약 증언의 풍부한 비유를 포함하는 동시에 고전 신학의 상호 교정적인 주제들을 포괄하기 때문이다.

몇몇 주요 속죄설을 검토한 결과, 그리스도의 사역에 대한 해석들이 현재에 풍성한 결실을 맺도록 하기 위해 우리는 다음과 같은 원리를 따를 것을 제안하고 싶다.[49]

(1) 속죄에 대한 신약의 비유와 고전적 공식이 풍성하고 다양하다는 사실을 존중해야 한다. 즉 이 모든 다양성을 하나의 공통점으로 환원하지 말아야 한다.

(2) 그리스도의 속죄 활동은 복음 이야기 전체, 즉 그의 사역과 가르침과 십자가와 부활을 망라한다. 그중 어느 것도 생략되거나 분리되어서는 안 된다.

(3) 속죄 사역은 하나님의 은혜로운 주도성에 토대를 둔다. 하지만 동

---

48) Barth, *Church Dogmatics*, 4/1-3.
49) 폴 틸리히가 제시한 속죄설의 간결한 원리에 대해서는 *Systematic Theology*, 2: 173-76을 참조하라.

시에 인간의 응답도 요구한다. 적절한 속죄설은 두 측면 모두에게 적절한 관심을 기울여야 한다.

　(4) 하나님의 은혜는 심판을 포함하고, 하나님의 심판은 은혜의 목적에 기여한다. 속죄설은 은혜와 심판을 상호 충돌하는 것으로 제시하지 말아야 한다.

　(5) 그리스도 안에서 드러난 하나님의 속죄 사역은 개인과 사회와 우주 전체에 중대한 의미를 가진다.

폭력과 십자가

성경은 예수의 죽음이 "나를 위해"(갈 2:20), "우리를 위해"(롬 5:8), "많은 이들을 위해"(막 10:45), "모두를 위해"(고후 5:14-15) 일어난 것임을 다양한 방식들로 확증한다. 사도 바울에 따르면 "성경대로 그리스도께서 우리 죄를 위해 죽으셨다"(고전 15:3). 이런 성경의 확증은 옛 에큐메니칼 신조 속에도 명시적이든 암시적이든 표현되어 있다. 예수 그리스도는 "본디오 빌라도에게 고난을 받아 십자가에 못 박혀 죽으시고 장사되었다"(사도신경). 이 모든 것은 "우리와 우리의 구원을 위해" 행해졌다(니케아 신조). "우리를 위해 십자가에서 죽으신 그리스도"에 대한 신앙고백을 우리 시대와 특별히 직접적으로 연결되도록 이해하는 방식은 어떤 것일까?

　"우리를 위한" 예수의 죽음을 이해하는 데 난관에 부딪히는 주된 이유는 아마도 예수의 죽음에 폭력이 동원되었기 때문일 것이다. 자주 우리는 우리 삶과 세상의 활동 속에 만연한 폭력을 은폐하는 것에서뿐만 아니라, 그리스도의 죽음에 가해진 폭력을 교묘하게 가장하는 것에서도 노련함을 발휘한다.[50] 어느새 많은 교회의 예배자들은 금박으로 덧입혀지고 보석

---

50) 이하 단락의 아이디어에 대해서는 르네 지라르(René Girard)의 작업[*Violence and*

으로 치장된 화려한 십자가에 익숙해졌다. 황제들은 십자가를 제국의 위엄과 영광의 상징으로 받아들였다. 우리는 복음 드라마에서 중심적 위치를 차지하는 십자가 사건의 폭력성을 은폐하면서, 하나님의 값진 사랑의 메시지를 한낱 감상적인 동화나 지배의 상징으로 전락시키고 그것의 참된 의미를 여러 가지 형태로 왜곡한다. 때로는 십자가의 폭력성을 인정하기도 하지만 그것은 우리가 경멸하는 집단을(빈번하게 유대인들을) 비난하거나, 혹은 (하나님의 진노를 누그러뜨리기 위해 십자가가 필요하다고 말하는 속죄 이론에서처럼) 하나님을 비난하기 위해서이다.

옛 성경 시대에 못지않게 오늘날의 세계도 공포스럽고 체계화된 폭력이 난무하는 곳이다. 유대인 대학살은 이런 사실을 가장 생생하게 알려주는 20세기의 사건이다. 21세기가 새로운 시작이 될 수 있으리라는 소망역시 순식간에 산산조각 나버렸다. 20세기 후반기의 "냉전"은 21세기 초반에 벌어진 테러와 보복 전쟁으로 대체되었다. 자살 폭탄 테러와 이 테러행위에 대한 다양한 군사적 대응의 결과로 생물전과 화학전과 핵전쟁에 대한 공포가 확산되면서 우리의 온 정신을 마비시키기에 이르렀다. 국제정치의 차원에서 폭력과 불법에 대한 억제가 존재하는지는 모르지만, 설령 그런 것이 있다고 해도 그 특징적인 형태는 확실하게 서로에게 파멸을 안겨다 줄 체계를 수립하는 것일 뿐이다.

이런 비극적이고도 전면적인 폭력의 실재를 접할 수 있는 영역은 비단 국제 관계에서뿐만이 아니다. 미국 역사의 지울 수 없는 한 부분임에도, 흑인과 아메리카 원주민에 대한 가혹한 학대는 자주 기억에서 지워진다.[51] 사회적·경제적 영역에서 사람들은 남을 희생시키면서까지 자신의 명예와 부를 쌓고, 한계를 모르는 경쟁과 출세가 칭송의 대상이 된다. 통

---

the Sacred, 『폭력과 성스러움』(민음사 역간)]과, 지라르의 논의에 대한 게하드 포드 (Gerhard Forde)의 성찰[Christian Dogmatics, vol. 2 (Philadelphia: Fortress, 1984), 79-99]로부터 많은 신세를 졌다.

51) James H. Cone, The Cross and the Lynching Tree (Maryknoll, N.Y.: Orbis, 2011).

계가 증명하듯 가정의 영역 또한 너무도 자주 조화와 평온의 장소가 아니라 폭력의 장으로 타락한다. 남편이 아내를 구타하고 부모가 자녀를 학대한다. 교회의 영역도 폭력의 실재로부터 거의 면제되지 않는다. 즉 교회역시 가장 연약한 자들에 대한 권력 남용 및 착취의 이야기들로 더럽혀진다. 폭력은 끝없이 다양한 형태로 인간의 상황에 흔적을 남긴다.

만약 우리가 인간의 상황을 이런 방식으로 서술한다면, 이는 고전적기독교 신앙과 신학에서 죄라고 일컬어지던 것을 폭력의 실재로 대체하는 것을 의미하는가? 이것은 심각한 실수가 될 것이다. 죄는 하나님의 은혜와 우리 이웃의 선으로부터의 소외라고 하는 인간의 보편적 상황을 가리키는 필수 불가결한 신학 용어이다. 이런 상황에 대해 우리 모두는 개인적인 책임을 져야 한다. 폭력의 만연성은 죄와 대등한 것이 될 수 없고, 다만죄에 언제나 수반되는 것이다. 죄의 성경적 의미를 충분히 고려하면, 죄와폭력 사이의 밀접한 관계는 분명하다. 이런 점은 가인이 아벨을 살해한 이야기가 증언한다(창 4:1-8). 우리의 개인적인 삶과 사회와 세계를 둘러싸고있는 폭력과 죽음의 끔찍한 망에 대해 우리 모두가 동일한 비난을 받는것은 아니다. 그러나 우리 모두는 이런 망 속에 갇혀 있다. 희생자이든, 가해자이든, 방관자이든, 또는 이 셋 전부에 해당하든, 우리 모두는 폭력의악순환의 일부분이다.

요약하면, 구원의 드라마가 펼쳐지는 이 세계는 무수한 폭력 행위와거대한 폭력 체제라는 특색을 가지고 있다. 이곳은 가난한 자와 약자가 착취당하고 버려지고, 여성이 구타와 강간을 당하고, 어린아이가 학대당하고, 무고한 자가 학살되고, 지구가 강탈당하고, 예언자가 살해되는 세계다. 예수의 메시지와 사역은 필연적으로 이런 세계를 방해하며 이 세계와 충돌한다. 예수는 죄인을 용납하는 하나님의 용서를 선언하고, 하나님의 율법의 참된 목적을 무시하고 자기 이익을 위해 율법을 사용하는 해석자들과 충돌하고, 가난한 자에게 미래를 약속하고, 소외된 자와 이방인을 환영하고, 모두를 회개로 부르고, 그들로 하나님과 이웃을 사랑하는 새로운 삶을 살도록 이끈다. 예수의 말과 행동은 정치가와 종교 지도자들 모두로부터 강력한 저항을 불러일으킨다.

폭력 위에 세워진 세계에서 하나님의 통치를 선포하고 실행한다는 바로 그 이유 때문에 예수가 **고난당한다**는 사실은 자의적 종교 교리가 아니라 가장 심오한 차원의 진리다. 즉 하나님의 한없는 사랑은 지배욕이 복수의 욕망을 부추기고 폭력이 보복 폭력을 낳는 세계와 충돌할 수밖에 없다. 부활한 예수가 엠마오로 가는 제자들에게 설명한 것처럼, 그리스도가 자기 영광에 들어가기 위해서는 이런 고난을 받아야 하지 않겠는가?(눅 24:26) 하나님의 사랑이 예수 그리스도의 모든 연약성과 상처받을 가능성 안에서 충만한 표현을 얻는다는 사실은 하나님의 "필연성", 즉 하나님의 은혜롭고 비강압적인 사랑의 필연성을 보여준다. 동시에 하나님의 용서를 전달하고 정의와 자유와 평화가 가득한 하나님의 통치를 시작했던 예수 그리스도가 폭력으로 유지되는 인간의 세계 전체를 위협했다는 이유 때문에 폭력의 희생자가 되어야 했던 사실은, 죄 많은 인간의 "필연성", 즉 인간 스스로가 만든 세상의 필연성을 보여준다. 폭력의 신들에 사로잡힌 세상은 예수를 제거해야만 한다.

그리스도가 우리를 위해 "지옥에 내려가셨다"는 대목은 복음 중에서도 가장 기쁜 소식이다. 사도신경의 이 문장은 너무나 도발적이고 우리를 동요시키기 때문에 자주 생략된다. 그러나 이것이 바로 복음이다. "우리를 위해 지옥까지 내려가신 그리스도"는 십자가에 달려 죽은 그분 안에서 드러난 하나님의 자기 헌신적 사랑의 깊이를 생생하게 보여준다. 어떤 해석자들은 이 구절을 십자가 죽음과 부활 사이에 그리스도가 행한, 죽은 자의 영역에 거주하는 이들에게 복음을 전하기 위한 선교 여행으로 이해한다. 하지만 칼뱅과 바르트를 포함한 다른 해석자들에 따르면 "지옥으로 내려갔다"라는 표현은, 그리스도가 우리를 위해 십자가에 달렸을 때 느꼈던 고독과 유기의 끔찍스런 경험, 신체적 고통보다 훨씬 더 깊은 심대한 고뇌와 공포를 가리킨다. 나는 두 번째 해석에 동의한다. 한걸음 더 나아가 나는, 우리를 위해 그리스도가 내려갔던 지옥을 폭력과 만행이 횡행하는 곳으로, 하나님과 이웃과의 교제가 항상 심각한 공격을 받는 장소로, 하나님의 현존이 철저하게 감추어진 세계로 묘사하고 싶다.[52]

폭력의 수단에 사로잡힌 바로 이 세상에서 예수는 우리를 위해 살고 죽었다. 그러나 하나님은 십자가에 달려 죽은 예수를 살리셨고 그를 새로운 인간성의 으뜸가는 주춧돌로 삼으셨다. 예수의 새로운 인간성은 폭력의 수단을 더 이상 지지하지 않고, 희생양을 더 이상 요구하지 않으며, 피해자를 희생시키면서까지 살고 소유하려 하지 않고, 피에 굶주린 하나님을 상상하거나 숭배하지 않는다. 대신에 이 새로운 인간성은 새로운 성령의 권능 속에서 예수를 따른다.

우리의 폭력 세계와 대조해보면, 십자가에서 죽으신 그리스도의 구원 사역의 의미를 하나님이 세상에 주시는 자유롭고 은혜로운 자기 선물로 기술하는 것이 가장 적절하다.[53] 신약의 증언에 따르면, 성부는 우리의 구원을 위해 독생자를 "주셨다"(요 3:16). 성자는 우리를 사랑하고 우리를 위해 값없이 "자신을 주셨다"(갈 2:20; 참고. 1:4). 그리고 하나님의 사랑이 "우리에게 주신 성령으로 말미암아 우리 마음에 부은바 됨이다"(롬 5:5). 삼위일체 하나님의 값없는 자기 선물은 폭력과는 전혀 관계가 없다. 폭력은 다른 이에게 손상 또는 해를 끼치는 것을 의미한다. 폭력은 다른 이로부터 무언가를—예를 들면 존엄, 정당한 임금, 신체적인 온전함, 생명 자체를—뺏는 것을 의미한다. 대조적으로, 참된 선물은 폭력과는 정반대다. 참된 선물은 후원의 한 형태가 될 수 있는, 종종 "자선"이라고 불리는 것과는 다르다. 참된 선물은 단지 다른 이에게 "무언가를" 주는 것이 아니라 자신을 내어주는 것을 포함한다. 예수 그리스도 안에서 드러난 하나님의 자기 선물

---

52) "지옥에 내려가셨다"에 대해서는 David Lauber, *Barth on the Descent into Hell: God, Atonement, and the Christian Life* (Burlington, Vt.: Ashgate, 2004)를 보라.

53) Risto Saarinen, *God and the Gift: An Ecumenical Theology of Giving* (Collegeville: Liturgical, 2005).

은 최고의 선물이며, 기원과 내용과 효력에 있어 비폭력적이다. 하나님의 자기 선물은 자신 안에 폭력이 전혀 없고 오직 자유롭게 자신을 내어주는 사랑만이 존재하는 삶을 사시는 삼위일체 하나님으로부터 나오기에 그 기원이 비폭력적이다. 하나님의 자기 선물은 그리스도 안에서 드러난 하나님이 죄와 폭력과 죽음의 권세를 구체적으로 다루고 거부하고 극복하시기에 그 내용이 비폭력적이다. 그리스도 안에서 드러난 하나님의 선물은 우리의 응답을 강제하지 않고 감사와 찬양으로 우리가 자유롭게 반응하도록 기다리기에 그 효력이 비폭력적이다. 나아가, 우리는 십자가에서 죽으신 그리스도 안에서 드러난 하나님의 비폭력적인 자기 선물을 우리의 폭력 세계와 관련해서 세 가지 측면으로 확인할 수 있다.

1. 그리스도는 죄와 폭력으로부터 치명적인 속박의 상태에 있으며 하나님의 심판 아래 있는 세계의 현실을 폭로하기 위해 우리를 위해 죽으셨다. 그리스도 안에서 드러난 하나님의 은혜로운 자기 선물에 대한 거부의 절정으로서의 십자가 처형은 죄의 깊이를 폭로하고, 하나님으로부터 소외되어 있는 인간 삶의 "섬뜩한 폭력"을 폭로한다. 그리고 십자가 처형은 우리와 우리 종교, 정치, 개인적·공적 도덕이 연루되어 있는 볼품없는 세계의 가혹한 진실을 드러낸다.[54] 도래하는 하나님 나라를 선포하고 그분의 도움을 필요로 하는 모든 이들과 연대하심으로써, 죄인을 용서하고 가난한 자의 친구가 되고 아픈 자를 고치고 화평케 하는 자에게 복주고 정의와 화해와 평화를 뜻하시는 하나님을 신뢰하지 않고 검을 신뢰하는 모든 자에게 책임을 물으심으로써, 마지막에는 고통을 당하고 십자가 처형을 당하심으로써, 그리스도는 하나님의 목적과 전적으로 반대되는 우리의 폭력적인 방식들을 단번에 폭로하신다. 십자가에 의해 우리 모두는, 개별적으로든 집단적으로든, 하나님의 심판 아래 놓인다. 물론, 그리스도의 십자

---

54) Michael Welker, *God the Revealed: Christology* (Grand Rapids: Eerdmans, 2013), 186-87.

가 처형이 하나님의 은혜에 대한 세상의 폭력적인 판단을 드러내는 것은 사실이다. 그러나 훨씬 더 깊은 차원에서 십자가는 죄와 폭력이 있는 세계에 대한 하나님 자신의 무시무시한 심판이다. 자기 의에 집착하는 우리는 우리 자신과 우리 세계에 내려지는 판단에 움찔한다. 그리스도의 죽음에서 하나님은 우리를 위해 판단을 내리신다. 우리가 기꺼이 하지 않거나 할 수 없는 것을 하나님이 우리를 위해 행하신다. 죄의 통치와 폭력의 정신이 하나님의 심판 아래 있다는 것을 우리가 알도록 하기 위해, "그리스도께서 우리를 위해 죽으셨다"(롬 5:8).[55]

2. **그리스도는 사랑과 용서라는 하나님이 값없이 주시는 선물을 드러내고 전달하기 위해 우리를 위해 죽으셨다.** 이런 선물만이 증오는 증오로, 폭력은 폭력으로 갚는 끝없는 고리를 끊는다. 우리를 위한 그리스도의 죽음의 가장 심오한 신비는 그리스도 안에서 하나님이 구원자로서 값없이 은혜롭게 우리를 심판하신다는 점이다. 그리스도의 십자가에 비추어볼 때, 신적 정의는 신적 보복과는 전적으로 다름이 분명하다. 거룩하고 은혜로운 하나님의 심판은 눈에는 눈, 이에는 이라는 법으로 제한되지 않는다. 대신에, 죄의 치명적인 성격과 이로 인한 폭력의 고리는 그리스도 안에서 드러난 하나님의 값비싼 사랑과 용서에 의해 단번에 깨어진다. 예수 그리스도 안에서 하나님이 세상의 죄와 증오와 폭력을 그분 자신에게로 받아들이시고 신적 용서라는 놀라운 행동으로 그것을 소멸하신다. 비할 데 없는 이런 선물은 "경탄할 만한 교환"이다. 즉 그리스도 안에서 하나님은 우리의 원한과 폭력과 죽음을 받으시고 우리에게 용서와 새로운 삶과 사귐을 주신다. 믿음으로 분별한다면, 십자가 위에서 일어난 사건은 죄의 통치와 폭력의 치명적인 고리에 종언을 고한다는 사실을 알 수 있다. 십자가에서 죽으신 그리스도는 악을 악으로, 폭력을 폭력으로 대적하는 것을 거부하고 증오를 물리치며 복수의 정신을 무화시키신다. 증오는 폭력을 불러

---

55) 이 주제에 대해서는 Barth, *Church Dogmatics*, 4/1: 222-83을 보라.

오고 복수는 이에 대항하는 폭력을 촉발한다. "하나님의 약함"(고전 1:25)이 폭력적인 힘과 끝없는 악의 고리보다 우월함이 증명된다. 십자가는 하나님이 값없이 주시는 값진 자기 선물, 즉 사랑과 용서의 자기 선물이다. 이것의 목적은 인간성과 세계를 새롭게 하는 것이다. 여기서는 죄와 폭력의 통치가 지나가고 정의와 평화가 있는 하나님의 새로운 세계가 시작된다.

3. **그리스도는 폭력적인 세상 한가운데서, 새로운 인간과 새로운 창조를 위한 화해와 평화의 미래를 열기 위해 우리를 위해 죽으셨다.** 그리스도의 십자가는 "소망 너머의 소망"(참고. 롬 4:8)이라는 하나님의 값없이 주시는 선물이다. 그리스도의 십자가는 최고로 역설적인 주장, 즉 소망은 깊은 고통과 폭력적인 죽음으로부터 나올 수 있다는 것과, 십자가에 달리신 그리스도가 하나님의 목적의 완성에 대한 확신적인 소망의 기초라는 주장을 보여준다. 그러나 부활의 빛으로 다시 비추어볼 때, 십자가 사건에서 절정에 달한 예수의 역사는 창조세계 전체에 평화와 화해를 작정하시는 하나님의 비폭력적 사랑의 승리를 보여주는 선물이며 약속이다. 십자가의 메시지에는 복음이 있으며, 이것은 십자가에 달리신 하나님의 부활에서 찬란하게 빛난다. "하나님은 십자가를 영원하게 만들기 위해, 그리고 우리의 모든 소망을 빼앗기 위해 십자가를 겪으신 것이 아니다. 정반대로, 하나님은 역사의 모든 십자가를 종식하기 원하며 그래서 몸소 그것을 취하셨다."[56] 그리스도의 십자가의 메시지가 올바르게 선포되고 회개가 일어나는 곳은 어디든지, 신앙의 사람들이 주님의 식탁에 모여 예수 그리스도 안에서의 새로운 생명과 새 창조의 약속을 축하하는 곳은 어디든지, 그리스도의 이름으로 남을 용서하고 성령의 권능으로 용서를 받는 곳은 어디든지, 폭력과 이에 대항하는 폭력의 치명적인 고리가 끊어진다. 그리고 폭력의 통치가 연대와 긍휼과 평화의 새로운 세계로 대체되기 시작한다. 예

---

56) Leonardo Boff, *Passion of Christ, Passion of the World* (Maryknoll, N.Y.: Orbis, 1988), 144.

수 그리스도의 십자가와 부활은, 하나님의 긍휼이 우리 세계의 살인 충동보다 더 크고 하나님의 영광이 인간의 야만성이라는 깊은 흑암 속에서도 빛날 수 있으며, 하나님의 용서하시는 사랑이 우리를 마비시키는 죄책감보다 강하고 하나님의 생명의 길이 우리 죽음의 길보다 더 넓다는 진리를 인간의 역사 안에 깊이 새겨놓는다.

그리스도의 부활의 여러 차원

그리스도의 부활은 신약 증언의 중심에 놓여 있다. 그리스도의 부활 신학이 십자가 신학으로부터 분리되어서는 안 된다면, 똑같이 십자가 신학도 부활 신학으로부터 분리되어서는 안 된다. 미카엘 벨커(Michael Welker)는 다음과 같이 쓰고 있다. "십자가의 신학이 슬픈 결말, 즉 문제가 있을 뿐만 아니라 바닥이 없을 정도로 끝없는 고통의 신비주의로 끝나지 않도록 하기 위해서, 십자가의 신학은 부활로부터 분리될 수도 분리되어서도 안 된다."[57] 부활은 사복음서 모두가 증언하는 사건이며, 서신서에서도 중요한 위치를 차지한다. 무덤에서 천사가 여인들에게 말한다. "그가 여기 계시지 않고…살아나셨느니라!"(마 28:6). 그리스도의 부활을 증언하는 가장 초기의 이야기들은 기본적으로 다음과 같은 두 가지 형식을 가진다. 첫째는 빈 무덤에 대한 언급이다(예를 들어 막 16:1-8). 둘째는 부활하신 주님의 나타나심에 대한 언급이다(예를 들어 고전 15:1-11; 눅 24:13-35). 초기교회의 이런 부활 전승들을 상호 대립적으로 이해하는 작업은 별 의미가 없다. 어느 전통이 더 초기의 것이든 간에, 사도 바울이 선언한 대로 기독교 신앙은 십자가에 달린 예수의 부활의 진리에 달려 있다는 사실에는 변함이 없는 것이다(고전 15:14).

---

57) Welker, *God the Revealed*, 150.

그리스도의 부활에 관한 해석은 다음의 두 가지 극단적 입장을 피해야 한다. 한편으로, 현대의 역사 연구를 통해 부활절 메시지의 진리성을 증명하려고 해서는 안 된다. 그리스도의 부활에 대한 신앙은 예수의 시체가 소생되었다는 주장으로 축소될 수 없다. 예수의 무덤이 비어 있음을 보여주는 강력한 증거가 있다 하더라도, 신약의 증언이 이미 인정한 바처럼(마 28:11-15) 증거 자체가 신앙의 주장을 증명하지는 못할 것이다. 이 말은 신앙과 신학이 부활절 선언과 관련된 수많은 비평적·문학적·역사적 질문을 단순히 회피할 수 있음을 의미하지는 않는다. 하지만 로완 윌리엄스의 경고처럼, 그와 같은 질문에 몰두함으로써 "왜 부활이 기쁜 소식이 되는지에 대한 질문은 거의 사라지는" 슬픈 일이 일어날 수 있다.[58]

다른 한편으로, 그리스도의 부활의 의미를 초기 제자들 속에서 일어났던 정신과 마음의 변화로 축소해서도 안 된다. 이와 같은 견해에 따르면 본질적으로 부활은 **예수에게** 일어났던 사건, 즉 십자가에 달린 예수를 죽은 자들로부터 살리신 하나님의 새로운 일이 아니었다. 대신 부활은 예수의 **제자들의 내면에서** 발생한 사건이었다. 예를 들어 루돌프 불트만(Rudolf Bultmann)은 "부활절의 신앙은 바로 이것, 즉 선포된 말씀에 대한 신앙이다!"[59]라고 씀으로써, 부활을 십자가의 구원이라는 초기 기독교 메시지가 선포되고 이에 대한 신앙이 발흥한 사건으로 이해했다. 하지만 이런 해석은 여전히 선포된 말씀과 신앙의 반응을 촉발했던 원인이 십자가 사건 외에 무엇인가 더 있는 것은 아닌가 하는 질문에 대해 명확한 답을 제시하지 못한다. 다시 말해 이런 종류의 해석은 부활을 내면적이고 개인적인 현상으로 축소할 위험성을 내포하고 있다. 따라서 죄와 폭력과 죽음이 지배하는 공적 세상에 도전하지도, 그것을 변화시키지도 못하는 것이다.

---

58) Rowan Williams, *Resurrection: Interpreting the Easter Gospel* (Cleveland: Pilgrim, 2002), 110.

59) Rudolf Bultmann, "The New Testament and Mythology," in *Kerygma and Myth: A Theological Debate* (New York: Harper & Row, 1961), 41.

성경이 증언하는 바와 같이 그리스도의 부활은 완전히 역사적인 관점에서나 또한 완전히 사적이고 내면적인 관점에서 파악할 수 있는 사건이 아니다. "부활"의 성경적 의미는 후기 유대교와 초기 기독교의 묵시적 소망과 관련되어 있다. "부활"은 하나님의 백성의 고난과 핍박에도 불구하고 하나님의 언약의 약속이 성취되기 시작했음을 알리는 사건을 가리킨다. 하나님이 십자가에 달린 예수를 새로운 생명으로 살리신 것은, 종국에 가서는 악이 패배할 것이고 정의가 창조세계 전체를 다스릴 것이라는 약속에 대한 하나님의 구체적인 확증이다. 묵시적 종말론의 틀로 이해하자면, "예수가 다시 사셨다"라는 메시지는 다음과 같은 다차원적인 해석을 요구한다.

첫째, 부활에는 중대한 **신적**(theological) 차원이 있다. 하나님은 신실하시다. 하나님만이 무덤을 열 수 있고 죽은 자에게 새 생명을 줄 수 있기에 (겔 37장), 십자가에 달려 죽은 예수를 다시 일으키신 분은 분명 이스라엘의 하나님이다. "아브라함과 이삭과 야곱의 하나님 곧 우리 조상의 하나님이 그의 종 예수를 영화롭게 하셨느니라"(행 3:13). 부활절 아침에 일어난 사건은 당연한 절차도, 인간의 상상력이 이룩한 탁월한 위업도 아니다. 예수가 스스로 자신을 죽은 자들로부터 살린 것도 아니다. 부활에 대해 말한다는 것은 하나님에 대해 말하는 것이다.[60] 예수의 부활은 하나님의 행위, 곧 신실하고 은혜로운 하나님의 행위이다. 부활을 통해 하나님은 구원의 역사 안에서 누구도 예상하지 못한, 영광스러운 새로운 시작을 여신다. 예수가 우리를 위하여 죽으셨던 것처럼, 또한 그는 우리를 위해 부활하셨다. 죄와 폭력과 죽음의 세계가 예수에게 최종적 평결을 내렸지만, 하나님은 세상의 평결을 뒤집고 취소하며 정반대의 평결을 다시 내리셨다. 그러므로 예수의 부활은 "성부의 평결"이다. 이 평결은 성자를 향한 성부의 한없

---

60) Karl Barth, *The Resurrection of the Dead* (London: Hodder and Stoughton, 1933; reprinted Wipf and Stock, 2003).

는 사랑을 확증하는 동시에, 성자가 죽음조차 달게 받으며 구원하고자 했던 세상을 향한 성부의 사랑 역시 확증한다.[61] 십자가에 달린 예수의 부활을 통해 하나님은 결코 취소될 수 없는 강력한 "예"(yes)를 예수에게 선포하셨다. 그리고 바로 그 예수 안에서 이번에는 하나님의 "예"가 세상에 선포된다. 그럼으로써 이제 인간의 상황은 단번에 완전히 변화되는 것이다.

둘째, 부활에는 **기독론적**(Christological) 차원이 있다. 신약의 모든 부활 이야기는 부활한 그리스도가 바로 십자가에 달린 자임을 강조한다. 부활한 그리스도는 우리의 구원을 위해 육체를 입었고 겸허한 종으로서 우리 가운데 살았으며 십자가에서 죽기까지 순종했던 바로 그분이었다(빌 2:5-11). 바로 이 예수를 하나님이 죽은 자들로부터 살리셨다. 성경이 전하는 바에 따르면, 부활한 그리스도는 "제자들에게 손과 옆구리를 보이셨다"(요 20:20). 종으로 나타났던 주님은 이제 부활을 통해 광채가 빛나는 존재로 변화되신다. 예수의 자기 비움(kenosis)의 겸허한 삶의 끝은 구원할 수 없는 비극이 아니라 충만(plerosis)이고, 영웅적 죽음이 아니라 생명의 충만이다. 예수의 영광은 부활절 이전에는 대부분 감추어졌지만(참조. 사 53:1-3) 이제 부활을 맞이하여 찬란하게 빛난다. 부활한 예수의 빛은 모든 암흑을 쫓아낸다. 폭력과 죽음에 빠져 죄의 지배 아래 있는 세상은 결코 그의 사랑을 묶어둘 수 없다. 따라서 그리스도의 부활의 메시지를 듣는 자들은 놀라 떨고 무서워하며 감히 아무 말도 하지 못한다(막 16:8). 데이비드 벤틀리 하트(David Bently Hart)가 썼듯이, 부활한 그리스도의 영광은 우리의 세상을 지배하는 "질서 정연한 형이상학을 넘어선다."[62] 이 부활은 인간의 필연성의 개념을 전복하고, 가능한 것에 대한 우리의 세계관을 뒤엎으며 우리를 맹목적으로 몰아가는 "폭력의 매혹"을 분쇄시킨다. 동시에 부활은

---

61) *Church Dogmatics*, 4/1: 283-357.
62) David Bentley Hart, *The Beauty of the Infinite: The Aesthetics of Christian Truth* (Grand Rapids: Eerdmans, 2003), 389.

예수 그리스도 안에서 실현된 하나님의 화해와 평화라는 진리의 광채를 회복한다.[63] 우리는 부활하신 그리스도 안에서 존귀하게 변화된 인간성을 볼 수 있다. 부활절은 하나님의 자녀들의 영광의 자유의 시작이다(롬 8:21). 이레나이우스의 선언처럼, 이 하나님의 영광은 이제야 제대로 되살아난 인간성이다.[64]

셋째, 부활에는 **성령론적**(pneumatological) 차원이 있다. 복음은 하나님의 아들의 이야기이다. 그는 "육신으로는 다윗의 혈통에서 나셨고 성결의 영으로는 죽은 자들 가운데서 부활하사 능력으로 하나님의 아들로 선포되었던" 분이다(롬 1:3-4). 요한복음에 따르면, 부활하신 주님은 제자들에게 성령의 숨을 내쉰다(요 20:22). 그리스도의 부활은 사도 바울의 표현대로 새로운 창조의 "첫 열매"(고전 15:20, 23)다. 그리스도인은 성령의 권능으로 그리스도 안에서의 새로운 생명에 참여한다. 성령은 그리스도가 영 단번에 주었던 생명의 선물을 다시 베푼다. 십자가에 달리고 부활한 그리스도 안에서 빛났던 그 광채는 성령을 통해 계속 빛난다. 십자가에 달리고 부활한 그리스도의 사랑은 성령을 통해 인간의 마음과 정신에까지 미친다. "우리에게 주신 성령으로 말미암아 하나님의 사랑이 우리 마음에 부은 바 됨이니"(롬 5:5). 성부는 자유롭게 성자를 내어주시고, 성자는 자유롭게 자신을 우리를 위해 내어주신다. 성령은 자유롭게 다시 내어주는 하나님이다. "하나님은 거절당하는 것에 아랑곳하지 않고 그저 자유롭게, 끝없이, 계속적으로 주신다. 하나님은 주시면서 용서도 주신다. 그는 전에도 주시고 이제도 다시 주신다."[65] 그러므로 그리스도의 십자가와 부활은 세상을 위해 자신을 내어주는 하나님의 사랑의 삼위일체적 충만함을 드러낸다. 즉 성부의 주심은 끝없고, 성자의 주심은 영광스러우며, 성령의 다시 주심은 생

---

63) Hart, *The Beauty of the Infinite*, 349.
64) Irenaeus, *Against Heresies*, 4.20.7.
65) Hart, *The Beauty of the Infinite*, 351.

명 – 변혁적이다. 살아 계신 그리스도는 성령으로 말미암아 그의 제자들에게 새로운 생명과 사명을 주신다. 부활 이야기의 필수적 대목은 선포하고 섬기라는 사도적 위임의 장면이다. 제자들은 성령의 권능 안에서 부활하신 그리스도의 권위에 의해 파송을 받고 세상으로 나가 그리스도의 진리를 가르치고 삼위일체 하나님의 이름으로 세례를 주며(마 28:19-20), 이웃을 섬긴다(요 21:15-17).

넷째, 부활한 그리스도를 영접하는 것에는 **교회적**(ecclesial) 차원이 있다. 십자가에 달린 자가 부활했다는 사도들의 선포는 신앙의 인격적 행위로 받아들여져야 한다. 하지만 이 행위는 결코 홀로 고립된 경험이나 인식이 아니다. 부활한 자의 광채와 권능은 개개인이 아니라 새로운 공동체를 창조한다. "그리스도의 몸"인 공동체의 증언과 삶과 실천을 통해 십자가에 달리고 부활한 그리스도의 진리가 선포되는 것이다. 로완 윌리엄스가 지적했듯이, 초기 기독교 시대의 영지주의적 복음에서는 부활한 그리스도가 "육체가 없는 모습으로 돌아와서 사도들에게 도피를 위한 초연한 교훈을 준다." 그러나 부활에 대한 신약의 증언은 대조적이다. 신약에서 "교회는 예수를 만나는 곳이다. 이 교회에서는 육체를 입고 오신 역사적 은혜와 화해를 우리 눈으로 볼 수 있다."[66]

엠마오로 가는 제자들의 이야기는 이런 점에서 특히 시사하는 바가 크다. 부활절 아침, 두 명의 제자가 낙담한 채 함께 걸어가면서 그들의 산산조각 난 소망에 대해 이야기하고 있었다. 그때 낯선 자가 그들에게 다가와 동행하지만 제자들은 그가 예수인 줄 알지 못했다. 주님이 그들에게 성경 말씀을 설명하고 함께 떡을 뗄 때에야 비로소 그들은 부활하신 주님을 알아본다(눅 24:13-35).

부활하신 그리스도를 깨닫고 받아들이는 데 그리스도의 몸인 교회의 역할을 강조한다 하더라도, 이것이 부활한 그리스도를 신앙 공동체와 동

---

66) Williams, *Resurrection*, 93-95.

일시하거나 혹은 신앙 공동체의 경건한 구성물로 간주함을 의미하지는 않는다. 만약 그렇게 한다면 이런 입장은 예수의 부활의 실재를 그의 증인들의 반응으로 환원시키는 또 다른 방식이 될 것이다. 부활한 그리스도가 제자들**에게** 찾아온 것이다. 우리는 그리스도를 제자들과 비밀스럽게 동일시할 수 없으며 제자들의 상상력의 산물로 간주할 수도 없다. 신앙 공동체는 살아 계신 그리스도를 자주 마주치고 인정하고 고백하고 순종하는 장소이다. 그러나 신앙 공동체 자체가 부활한 주님의 궁극적인 원천이나 능력인 것은 아니다. 로완 윌리엄스에 의하면 "교회는 여전히 예수를 타자로, 즉 낯선 자로서 만난다. 예수는 여전히 교회를 사랑하는 자로, 교회를 심판하는 자로 남을 뿐이다. 교회는 결코 예수를 자신과 동일시할 만큼 자신 안으로 그분을 흡수할 수 없다."[67]

다섯째, 그리스도의 부활에는 **정치적**(political) 차원이 있다. 톰 라이트(N. T. Wright)는 "그리스도가 다시 사셨다"는 메시지가 과거에도 그랬고 여전히 현재에도 "정치적인 다이너마이트"(political dynamite)라고 주장함으로써 이목을 끈 바 있다.[68] 부활한 예수가 주님이라는 선언처럼(고전 12:3; 요 20:28)—이 선언은 부활절 메시지와 분리될 수 없는데—그리스도가 부활했다는 선포는 세상의 정사와 권세들의 정당성을 의문시한다. 만약 그리스도가 세상을 다스리는 부활한 주님이라면, 카이사르는 주님이 아니다.[69] 만약 하나님이 부활에 의해 예수를 "하나님의 아들"로 선언했고 이로써 예수의 주님됨을 확증하셨다면, 죄와 죽음의 압제뿐 아니라 황제와 제국의 포악한 주장과 폭력적 체제도 당연히 그 정당성을 잃고 전복되게 된다.[70] 벤틀리 하트는 다음과 같이 썼다. "강제적 폭력이든 자연적 폭력이든,

---

67) Williams, *Resurrection*, 95.
68) N. T. Wright, *The Resurrection of the Son of God* (Minneapolis: Fortress, 2003), 730. 『하나님의 아들의 부활』(크리스챤다이제스트 역간).
69) N. T. Wright, *The Resurrection of the Son of God*, 225.
70) N. T. Wright, *The Resurrection of the Son of God*, 729.

폭력과 협상하는 것은 부활 때문에 불가능하다. 또한 폭력의 기원을 운명이나 우주적 질서로 돌리는 것도 불가능하다.…모든 폭력, 모든 죽음은 하나님이 이미 극복하셨고 또 앞으로도 극복하실 것이기 때문에 심판 아래 놓여 있다."[71]

존 소브리노(Jon Sobrino)도 그리스도의 부활이 지닌 정치적 차원을 강조한다. 소브리노는 부활 메시지를 모든 불의와 폭력에 대한 하나님의 승리의 선포로, 역사의 모든 희생자에게 새롭고도 영속적인 소망을 주는 사건으로 이해한다. 소브리노에 따르면 역사 속에서 "십자가에 달렸던 모든 사람들"의 고난과 그리스도의 십자가는 "예수의 부활을 이해할 수 있는 가장 적합한 배경"[72]을 제공한다. 소브리노는 가장 초기의 부활 이야기에서 부활한 예수가 발견된 곳이 갈릴리였다는 사실에 주목한다. 갈릴리는 가난하고 멸시받는 자들이 사는 곳을 상징하기 때문이다. 예수의 제자들은 역사 속의 "갈릴리와 같은 곳"에서 사역할 때 부활한 예수를 만날 것이다. 이 모든 사항은 소브리노에게 매우 실천적인 의미를 환기시킨다. 십자가에 달리고 부활한 예수를 따른다는 것은 필연적으로 투쟁과 갈등을 초래한다. 죽은 자들로부터 예수를 일으키신 생명의 하나님은 죽음의 우상들에 대적하며, 따라서 그의 제자들 역시 그렇게 해야 마땅하다. 부활 메시지는 무력을 사용하라는 부름이 아니라 모든 불의와 폭력에 영구적으로 저항하라는 부름이다. 예수의 십자가와 부활은 불가분리적이다. 십자가와 부활은 희생자와 함께하는 하나님의 연대성을 표시하는 동시에, 하나님의 한없는 사랑의 효력을 표현한다. 이와 같은 관점에서 보면 십자가는 더 이상 무력한 사랑의 표출이 아니며, 부활은 사랑 없는 힘의 표출이 아니다.[73]

---

71) Hart, *The Beauty of the Infinite*, 394.
72) Jon Sobrino, *Christ the Liberator* (Maryknoll, N.Y.: Orbis Books, 2001), 14.
73) Sobrino, *Christ the Liberator*, 87-88.

마지막으로, 그리스도의 부활에는 **우주적**(cosmic) 차원이 있다. 우리는 이 우주적 차원을 그리스도의 부활의 종말론적 차원으로 이해할 수 있다. 위르겐 몰트만이 썼듯이, 그리스도의 부활은 하나님의 새로운 세계의 시작, 즉 "하나님의 새로운 창조의 임박한 여명을 처음으로 알리는 광채다."[74] 그리스도의 부활은 도래하는 하나님의 새로운 세계의 표지이고 약속이며 시작이다. 특별히 몰트만의 부활 신학은 이 부활이 포함하는 우주적 범위를 강조한다. 몰트만의 주장에 따르면, 적어도 서구 교회에서는 그리스도의 부활이 너무나 협소하게, 다만 인간의 미래에 소망을 제시하는 정도로 간주되었다. 부활 메시지가 이런 인간적 차원을 포함함은 분명하지만, 그것이 기대하고 시작하는 새로운 세계는 우리 인간의 운명에 국한되지 않는다. 그리스도의 부활은 개별적 인간과 공동체를 위한 소망뿐만 아니라, 구속과 죽음으로부터 벗어나기를 바라며 신음하는 온 우주 전체를 위한 소망을 의미한다(롬 8:18-25). 그리스도는 죄인과 연대할 뿐만 아니라 폭력을 당하는 모든 인간과 연대하면서 죽으셨다. 또한 그리스도는 죽음의 통치에 사로잡혀 있는 모든 살아 있는 피조물들과의 연대 속에서 죽으셨다. 따라서 올바르게 이해하자면, 그리스도의 부활은 도래하는 하나님의 우주적 통치의 "첫 열매"이며, 온 창조세계를 위해 하나님이 주시는 새로운 생명의 도래를 개시하는 사건이다. 그리스도의 부활을 믿는다는 것은, 하나님이 인간 역사에 군림하는 폭력적인 죽음에 대해서뿐만 아니라 현재 모든 생명이 굴복하고 있는 비극적 죽음에 대해서도 승리하실 것임을 믿는 것이다.[75] 이와 같은 종합적인 의미에서 그리스도의 부활의 선포는 "복음"이며 참으로 기쁜 소식이다.

---

74) Moltmann, *The Way of Jesus Christ: Christology in Messianic Dimensions* (San Francisco: HarperCollins, 1990), 220.

75) Moltmann, *The Way of Jesus Christ*, 253.

참고 문헌

Anselm. *Cur Deus Homo*. La Salle, Ill.: Open Court, 1951.

Athanasius. "On the Incarnation of the Word," in *Christology of the Later Fathers*, ed. Edward Rochie Hardy. Library of Christian Classics, vol. 3. Philadelphia: Westminster, 1954. p. 55-110.

Baillie, Donald. *God Was in Christ*. New York: Charles Scribner's Sons, 1948.

Balthasar, Hans Urs von. *Mysterium Paschale*. Edinburgh: T&T Clark, 1990.

_____. *Theo-drama*, 5 vols. San Francisco: Ignatius, 1988-1998. Vol. 4, p. 240-44.

Barth, Karl. *Church Dogmatics*, 4/1: 157-357; 4/2: 3-378; 4/3.1: 3-274. Edinburgh: T&T Clark, 1956-1961.

_____. *The Humanity of God*. Richmond: John Knox, 1960. p. 37-68.

Brown, David. *Divine Humanity: Kenosis and the Construction of a Christian Theology*. Waco, Tex.: Baylor University Press, 2011.

Cone, James. "Who Is Jesus Christ for Us Today?" In *God of the Oppressed*. New York: Seabury, 1975. p. 108-37.

Hill, Charles E., and Frank A. James III, eds. *The Glory of the Atonement*. Downers Grove, Ill.: InterVarsity, 2004.

Kasper, Walter. *Jesus the Christ*. New York: Paulist, 1967.

McCormack, Bruce. "The Humility of the Eternal Son: A Reformed Version of Kenotic Christology." *International Journal of Systematic Theology* 8 (2006): 243-51.

Meyendorff, John. *Christ in Eastern Orthodox Thought*. Washington: Corpus Books, 1969.

Moltmann, Jürgen. *The Crucified God: The Cross of Christ as the Foundation and Criticism of Christian Theology*. New York: Harper & Row, 1974.

_____. *The Way of Jesus Christ*. San Francisco: Harper, 1990.

Rahner, Karl. *Foundations of Christian Faith*. New York: Seabury, 1978. p. 176-321.

Saarinen, Risto. *God and the Gift: An Ecumenical Theology of Giving*. Collegeville, Minn.: Liturgical Press, 2005.

Stott, John R. W. *The Cross of Christ*. Downers Grove, Ill.: InterVarsity, 2006.

Tanner, Kathryn. *Christ the Key*. Cambridge: Cambridge University Press, 2010.

Tillich, Paul. *Systematic Theology*. 3 vols. Chicago: University of Chicago Press, 1967. Vol. 2: Existence and the Christ. p. 97-180.

Welker, Michael. *God the Revealed: Christology*. Grand Rapids: Eerdmans, 2013.

Williams, Rowan. *Resurrection: Interpreting the Easter Gospel*. Cleveland: Pilgrim, 2002.

FAITH
SEEKING
UNDERSTANDING

상황 속에서

▶▶▶▶▶▶▶▶▶▶▶▶▶▶▶▶▶▶▶▶▶▶▶▶▶▶▶▶▶

예수 그리스도 고백하기

신학의 시작점은 살아 계신 주 예수 그리스도이다. 성경은 예수 그리스도를 이야기하고 성령은 그 이야기에 생기를 불어넣으며, 교회의 신앙 규범은 그것을 요약하고 신실한 그리스도인들은 서로 다른 시간과 공간 속에서 상이한 문화적 언어로 그것을 다시 말한다.

AN INTRODUCTION
TO CHRISTIAN
THEOLOGY

예수 그리스도에 대한 고백은 특정한 역사적·문화적 상황 속에서 이루어진다. 우리가 처한 특수한 상황이야말로 예수 그리스도가 누구신지, 그가 우리를 어떻게 도우시는지에 대한 질문에 반응하는 우리의 응답이 형성되는 중대한 환경이다. 그래서 제9장에서 나의 목표는 기독론이 가지는 사회적·문화적 상황을 진지하게 고려하는 최근의 신학적 노력을 상세하게 탐색하는 것이다.

왜 조직신학 개론서의 한 장을 할애하여, 넓게는 상황신학의 주제에 대해, 좁게는 상황적 기독론에 대해 설명해야 하는가? 첫째, 모든 신학은 상황적임을, 즉 역사적·문화적 상황이 모든 기독교적 삶과 증언과 신학에 있어 하나의 중요 요인임을 상기시키기 위해서다. 전통적인 유럽 신학이나 북대서양 지역의 신학도 흑인신학이나 페미니즘신학에 못지않게 상황적이라 할 수 있다. 둘째, 기독론의 과제에 참여할 때 위험성으로부터 완전히 면제된 방식이란 존재하지 않음을 인정하기 때문이다. 스스로 상황적임을 의식하는 기독론에 위험성이 내포되어 있다면, 그리스도가 누구신지, 그의 구원은 어떤 종류의 것인지에 대해 말하는 모든 시도도 마찬가지다. 셋째, 오늘날의 교회는 한창 탄생 중에 있는 상황적 기독론[contextual Christologies, 가끔은 지역적 기독론(local Christologies)으로도 불린다]으로부터 풍성한 것을 배울 수 있을 것이다. 만약 이 떠오르는 경향을 무조건 배척하거나 무시한다면 적지 않은 것을 잃게 될 것이다. 따라서 전개될 제9장과

제10장을 부록쯤으로 간주해서는 안 된다. 이 장들에서 그리스도의 인격과 사역에 대한 성찰의 중요한 대목을 확장할 것이기 때문이다.

복음의 특수성과 보편성

상황적 기독론의 발전을 재촉한 요인으로는 내적인 것과 외적인 것이 동시에 있다.[1] 우리는 외적 요인에 대해서 비교적 쉽게 확인할 수 있다. 아시아, 아프리카, 남미의 수많은 그리스도인들은 그들의 신학적 반성이 서구와는 다른 자신들만의 독특한 문화와 사상 형태에 주의를 기울이며 형성되어야 함을 확신했다. 그들은 기독교의 전파와 함께 자신들의 땅을 침입해 들어왔던 서구의 문화적 제국주의에 분노한다. 또한 그들은 예수 그리스도에 대한 신앙이 아시아나 아프리카의 사상 형태가 아니라, 서구의 철학적 개념의 도움으로 표현되는 것이 가능한지에 대해서도 의문을 표하고 있다. 북미와 유럽에 거주하는 대다수 흑인 그리스도인과 아시아 그리스도인들, 또 인종을 막론하고 모든 여성 그리스도인들은, 전통 신학이 자신들의 독특한 역사와 투쟁을 무시했다고 주장한다.

이런 외적 요인과 함께, 상황적 기독론의 발전에 필수적인 역할을 했던 내적 요인들도 있다. 이런 내적 요인은 외적 요인과 동일하게 중요하다. 기독교의 복음은 예수 그리스도 안에서의 하나님의 화해의 활동에 중심을 두기 때문이다. 성경 증언과 교회의 에큐메니칼 신조들에 따르면, 하나님은 추상적인 원리나 개념이 아니라 구체적인 역사 속에서 우리에게로 오신다. 기독교는 이스라엘 백성을 부르는 하나님의 활동에, 무엇보다도 나사렛 예수의 인격과 사역에서 드러난 하나님의 활동에 집

---

1) Stephen B. Bevans, *Models of Contextual Theology* (Maryknoll, N.Y.: Orbis Books, 1992), 5-10.

중된 역사적·성육신적 신앙이다. 그러나 이 모든 특수성에도 불구하고 이스라엘 백성 속에서 그리고 예수 그리스도 안에서 최고로 드러난 하나님의 활동은 보편적인 의미를 지닌다고 선포된다. 그리스도는 "모든 사람을 위해" 살고 십자가에 달리며 죽은 자들로부터 부활하셨다. 하나님은 특수성을 통해서 보편성으로 나아간다. 그리고 바로 이 지점이 세계 도처에서 예수 그리스도를 증언하고 있는 교회의 활동에 심대한 시사점을 준다. 하나님의 결정적인 자기 전달이 특정한 한 인간의 삶의 성육신을 통해 이루어졌듯이, 교회의 복음 전파도 구체적이고 다양한 언어의 경험 및 철학적 개념, 특정 문화의 관습을 통해서 이루어져야 한다.

선교학자 앤드류 월스(Andrew Walls)는 복음 전파에 존재하는 "번역의 원리"에 대해 다음과 같이 논의했다. 성육신을 통한 하나님의 자기 전달 행동은 그분의 탁월한 번역 활동이다. 그래서 이 하나님의 번역 작업은 교회의 선포와 선교에 필수적인 번역 작업을 위한 신학적 토대를 제공한다. 성육신한 하나님의 말씀인 예수 그리스도는 특정한 지역에 살았고 특정한 민족 집단에 속했으며 특정한 언어를 사용했다. 기독교의 메시지가 새로운 장소와 새로운 시대에 전달되면, 이런 편치 않은 특수성 안에서 이루어진 하나님의 자기 전달의 행동을 증언하고 전유하려는 행위가 지속적 번역의 과정을 촉발하게 된다. 월스에 따르면, "성육신은 번역이다. 그리스도 안에 계신 하나님이 인간이 되었을 때 신성은 인성으로 번역되었다.…그러므로 하나님의 첫 번째 번역 활동은 끊임없이 계속되는 새로운 번역을 불러일으킨다. 기독교적 다양성은 성육신의 필수적인 결과인 것이다."[2]

초기교회의 실제 모습은 복음 전파에 번역의 원리가 작용하고 있음을 보여주는 풍부한 증거를 제공한다. 그곳에는 한 개의 복음서가 아니라 네 개의 복음서가 존재했던 것이다. 각각의 복음서는 각각의 특정한 상황에

---

2) Andrew Walls, *The Missionary Movement in Christian History: Studies in the Transmission of Faith* (Maryknoll, N.Y.: Orbis, 1996), 27-28.

의해 형성된 독특한 방식으로 그리스도를 선포한다. 사도 바울은 "모든 수단을 동원하여 아무쪼록" 몇 사람이라도 구원하고자 "여러 사람에게 여러 모습이" 되었다고 고백한다(고전 9:22). 물론 그렇다고 어느 누구의 비위도 거스르지 않기 위해 복음을 재단함을 의미하는 것은 아니다. 다만 바울의 고백은, 상이한 문화적 배경 속에 사는 사람들에게 효과적으로 복음을 선포하고자 한다면 해석의 노고가 필수적임을 함축한다. 복음의 참된 걸림돌과 거짓된 걸림돌은 구별되어야 한다. 오직 하나의 언어와 하나의 문화만이 복음 메시지의 매개체가 될 수 있다는 가정은 거짓된 걸림돌을 만들어낸다.

복음의 특수성과 복음의 보편성이 불가분의 유대 관계를 맺고 있음을 인정하고 나면 상황신학(contextual theology)의 필요성과 도전을 쉽게 이해할 수 있다. 한편으로는, 복음의 메시지를 일반화함으로써 모든 역사적 우연성을 제거하고 이 이야기의 보편성만을 강조할 위험이 있을 것이다. 그렇게 되면 우리는 복음의 특수성을 시야에서 놓치게 되며, 역사적 특수성과 다양성 가운데 있는 인간의 삶을 받아들이고 변혁하는 복음의 능력을 상실하게 된다. 다른 한편으로는, 복음의 어느 특정 표현만 강조하고 다른 것들을 배제할 위험이 있을 것이다. 그럴 경우 우리는 복음의 보편적인 능력을 시야에서 놓치게 된다. 로버트 슈라이터(Robert Schreiter)는 이 문제를 다음과 같이 진술했다. "오늘날 그리스도인이 보여주는 엄청난 생기와 능동적 힘 한가운데 문제들 역시 거듭해서 떠오르고 있다. 즉 복음의 현대적 경험과 그동안 수용됐던 기독교적 삶의 전통, 이 양자 모두에 대해 어떻게 하면 신실한 자세를 취할 수 있을까 하는 문제가 나타나는 것이다."[3]

앞서 제8장에서 나는 예수 그리스도의 인격과 사역에 대한 교회 공동의 확증을 요약하고 해석하고자 시도했다. 하지만 의심할 여지없이 내가

---

3) Robert J. Schreiter, *Constructing Local Theologies* (Maryknoll, N.Y.: Orbis Books, 1986), xi.

시도한 재진술 작업 속에도, 이 책이 집필된 시대의 특정한 역사적 정황과 저자의 특정한 교회 전통의 흔적이 남아 있을 것이다. 지금 전개되고 있는 제9장의 요점은, 그리스도의 인격과 사역을 고백하는 행위 속에는 필연적으로 세계적(보편적) 차원과 동시에 지역적(특수적) 차원이 있음을 확인하는 것이다. 나는 기독론의 이 두 가지 차원 모두에 더 많은 관심을 기울이려 한다. 이를 위해서 우리는 현재 우세한 위치를 차지하고 있는 서구 신학 말고도, 다른 지역의 역사에서 나타나는 기독론적 해석들도 경청해야 할 것이다. 확실히 상호 비판과 상호 교정의 작업은, "보편적" 신학 전통과 최근의 자기 의식적으로 "상황적인" 신학 사이의 대화의 일부분이 될 것이고, 상호 풍성함 또한 그럴 것이다. 최근에 부상 중인 상황적 기독론들은 예수 그리스도의 복음이 모든 역사적·문화적 다양성 속에 있는 인간의 삶에 연관성을 갖는다는 점과, 진정으로 인간적인 것은 그 어떤 것이라도 복음에 대해 이질적이지 않다는 점을 입증할 수 있는 가능성을 지닌다.

남미 해방신학의 기독론

최근의 기독론에서 이루어진 가장 창의적인 작업 중 일부는 주로 남미의 해방신학에서 유래한다. 남미 해방신학의 대표자들로 거론해야 할 신학자로는 구스타보 구티에레즈, 존 소브리노, 레오나르도 보프, 호세 미구에즈 보니노(José Míguez Bonino), 후안 루이스 세군도(Juan Luis Segundo)가 있다.[4]

---

4) Gustavo Gutiérrez, *A Theology of Liberation*, 15th anniversary ed. (Maryknoll, N.Y.: Orbis Books, 1988); Jon Sobrino, *Christology at the Crossroads: A Latin American Approach* (Maryknoll, N.Y.: Orbis Books, 1978); idem, *Jesus the Liberator* (Maryknoll, N.Y.: Orbis Books, 1993); idem, *Christ the Liberator* (Maryknoll, N.Y.: Orbis Books, 2001); Leonardo Boff, *Jesus Christ Liberator* (Maryknoll, N.Y.: Orbis Books, 1978), 『해방자 예수 그리스도』(분도출판사 역간); Juan Luis Segundo, *Jesus of Nazareth, Yesterday and Today*, vol. 2, *The Historical Jesus of the Synoptics* (Maryknoll, N.Y.: Orbis Books,

남미의 기독론은 결코 획일적이지 않으면서, 자기반성적인 교정 능력과 신선한 사고방식을 드러내며 그 능력을 입증했다. 이들의 신학 안에는 세계 교회적 차원에서 기독론 작업에 지속적인 영향력을 행사할 것으로 기대되는, 여러 가지 공통의 강조점들이 존재한다.

먼저 남미의 해방신학자들에 따르면, 기독론은 완전한 진공 상태 가운데서 제시될 수 없다. **기독론은 성경 메시지가 읽혀지고 들려지는 구체적인 배경, 즉 특정한 역사적인 상황에 주의를 기울여야 한다.** 이런 관점에서 해방신학자들은 남미의 압도적 현실인 가난과, 그 가난으로부터 초래되는 비인간화 현상에 주의를 기울인다. 수세기 동안 남미의 역사는 식민지적 착취와 그로 인한 제1세계 국가들에 대한 무기력한 의존을 특징으로 삼았다. 따라서 남미의 기독론적 상황은 무엇보다 경제적·문화적·영적 의존성으로부터의 해방을 추구하고 있다. 이곳의 해방신학자들이 그리스도를 묵상하기 위한 배경은 "가난한 자들의 세상"이다. 물론 "배경이 내용을 만들지는 않는다. 그러나 배경을 제쳐두고서는 (그리스도를) 발견하기가 어려우며 그리스도에 대한 텍스트를 올바로 읽기도 어려울 것이다."[5]

남미 신학자들은 자신들의 상황에 비추어 성경을 해석하는 동시에, 성경에 비추어 상황을 해석한다. 이와 같은 해석학적 순환을 통해 그들은 **그리스도 안에 계신 하나님이 가난한 자들과 연대하심을** 확증한다. 남미 해방신학자들은 "위로부터의"(from above) 기독론이 아니라 "아래로부터의"(from below) 기독론으로 시작할 것을 요구한다. "위로부터의 기독론"이 삼위일체와 영원한 로고스의 성육신 교리로부터 시작한다면, "아래로부터의 기독론"은 예수의 구체적인 역사적 사역으로부터 시작한다. 소브리노에 따르면, "만약 기독론의 끝이 예수가 그리스도임을 고백하는 것이라면,

---

기독론의 **시작점**은 그리스도가 역사적 예수임을 확증하는 것이다."[6] 나사렛 예수의 사역과 십자가 죽음에 대한 성경 증언에서부터 시작할 때만이, 교회의 고전적인 기독론적 교의들이 올바르게 이해될 것이다.

"아래로부터" 즉 1세기 팔레스타인의 "역사적 예수"와 그의 사역으로부터 시작할 때, 우리는 정의와 자유가 넘치는 하나님 나라의 임박한 도래를 선포했던 그분을 얼굴과 얼굴을 맞대고 만날 수 있다. 그는 가난한 자를 축복하고 죄인을 용서하고 소외된 자와 식탁 교제를 나누고 여성의 친구가 되어주셨다. 동시에 그는 율법의 수호자로 자처하며 스스로 의롭다고 여기는 위선자들과 충돌하고, 자신의 메시지와 사역으로 인해 로마 당국자로부터 의심과 분노를 불러일으켰다. 만약 우리가 예수의 구체적인 사역과 고통과 죽음에 집중한다면, 예수를 통해 계시되고 현존하신 하나님은 가난한 자와 연대하는 분이라는 결론에 이르지 않을 수 없다.

복음의 구체성에 대한 강조가 성경 선포가 지닌 구원의 보편적 성격을 왜곡한다고 비난하면서 이런 입장에 반대하는 자들도 있다. 하지만 남미 신학자들에게 있어서 가난한 자들과 맺는 하나님의 연대성이라는 주제는 배타성의 표현이 아니라 포용성의 표현이다. 가난한 자들이야말로 누구보다도 부당하게 배척당하는 자들이기 때문에, 이들은 하나님의 구원의 경륜에서 우선적으로 포용되어야 하는 것이다.[7]

남미 신학자들에 따르면, **인간을 구속하는 죄와 그들을 자유롭게 하는 구원은 개인적 차원과 정치적 차원 양자를 모두 지닌다.** 확실히 남미신학은 복음의 사회적·정치적 측면을 강조하는 특징을 보인다. 이는 기독교 신앙과 삶이 뿌리 깊은 데서부터 내면화되고 사유화됨으로써 끼친 해악에 대한 반작용일 것이다. 이와 같은 내면화·사유화는 현대 서구 문화에

---

6) Sobrino, *Christology at the Crossroads*, xxi.

7) Julio Lois, "Christology in the Theology of Liberation," in *Mysterium Liberationis: Fundamental Concepts of Liberation Theology*, ed. Ignacio Ellacuria and Jon Sobrino (Maryknoll, N.Y.: Orbis Books, 1993), 168-93.

만연한 이원론적 구조에는 적합할지 몰라도, 남미 해방신학의 관점에서 보면 명백히 성경 메시지의 왜곡이다. 분명히 죄와 불의를 일으키는 집단적 구조가 존재한다. 예수는 개별적 개인으로서의 죄인뿐만 아니라 세상의 죄악 된 구조에도 맞선다. 그분은 구원이란 고립된 개별 영혼들이 하나님과 교제하도록 회복되는 것 이상을 의미한다고 보았다. 예수가 선포하고 시작했던 하나님 나라는 은혜롭고 의로운 하나님의 통치로서 삶의 전 영역을 포괄한다.

남미의 기독론의 특징이 죄의 집단적·정치적 차원을 강조하는 것이긴 하지만, 그렇다고 죄와 구원의 개인적 차원의 중요성을 무시하는 것은 아니다. 남미의 기독론은 "통전적 해방"(integral liberation)과 "해방의 영성"(spirituality of liberation)을 드러내는 신학의 필요성을 주창한다. 가난한 자들을 감상주의적으로 이해하는 것이나, 모든 사람이 회개와 회심을 해야 할 필요성이 있음을 무시하는 것은 통전적 해방과는 아무런 관련이 없다.[8]

남미 해방신학자들은 오늘날 그리스도인들이 자신의 특수한 상황 속에서 취해야 할 행동과 예수의 행동을 단순히 일대일로 대응시키는 것만으로는, 예수의 사역이 가졌던 정치적 의미를 추구할 수 없음을 잘 인식하고 있다. 예를 들어 현대적 상황 속의 그리스도인이 자신이 수행하는 혁명 활동을 정당화하기 위해 예수와 열심당이라고 불리던 유대 혁명론자들을 연관 지으려 한다면 그것은 명백히 오도된 추론인 것이다. 하지만 오늘날 그리스도인이 모든 사람을 위해 하나님이 은혜로 주실 화해와 평화의 때를 소망하면서 자유를 위해 싸우는 것은, 예수가 자신의 사역의 일부로서 도래할 하나님의 통치의 이름으로 불의의 세력과 맞서 싸우는 것과 올바른 유비 관계에 있다고 할 수 있다.

---

8) Gustavo Gutiérrez, *We Drink from Our Own Wells: The Spiritual Journey of a People* (Maryknoll, N.Y.: Orbis Books, 1984). 『우리의 우물에서 생수를 마시련다』(한국신학연구소 역간).

남미의 기독론은 그리스도의 **십자가와 부활을 독특하게 해석한다.** 예수의 죽음은 몇몇 속죄론이 가르치듯이 하나님이 요구하신 것이라기보다, 예수의 거리끼는 메시지와 사역의 결과로 인해 초래된 것이라는 주장이다. 인간을 향한 하나님의 태도를 변화시키기 위해 십자가가 필수적으로 요구된 것이 아니다. 오히려 십자가는 하나님과 하나님의 통치에 전적으로 헌신하는 삶의 절정의 모습이다. "하나하나의 요소가 아니라 예수의 삶 전체가 하나님을 기쁘시게 하는 삶이었다."[9] 예수의 십자가의 진정한 의미는 무엇인가? 십자가는 하나님이 취소하거나 번복할 수 없이 확정된 방식으로 이 세상에 가까이 다가오셨음을, 그분이 "우리와 함께 계시고", "우리를 위한" 하나님임을 의미한다.[10]

남미 해방신학의 관점에서 보면, 기독교의 가르침에 이데올로기가 개입할 위험성은 십자가에 대한 해석에서 가장 두드러지게 나타난다. 십자가는 하나님이 모든 사람이 가능한 한 많은 고통을 받기를 원하심을 증명하는 사건이 아니다. 수많은 곳에서—남미에서도 역시—불의에 대한 저항을 무마하기 위해, 또 억눌린 자들을 잠잠케 하기 위해 십자가의 메시지가 반복적으로 잘못 이용되어왔다. 그리하여 이와 같이 오용된 십자가의 선포는, 갇힌 자들을 해방시키기 위해 자발적으로 선택된 고통과, 타인에 의해 강제적으로 부과된 고통 사이의 큰 차이를 모호하게 만드는 결과를 가져왔다. 결코 십자가는 착취와 학대가 초래하는 고통을 이데올로기적으로 방어하지 않는다. 십자가는 그리스도의 수난 속에서 하나님 자신이 고통을 당하고 계심을 알리는 표지이다. 십자가는 하나님이 억눌린 자들과 동행하실 것이라는 약속일 뿐만 아니라 불의한 고통에 대한 저항이기도 하다.

마찬가지로 그리스도의 부활 역시 잘못 해석되고 오용되는 주제이다.

---

9) Sobrino, *Jesus the Liberator*, 229.
10) Sobrino, *Jesus the Liberator*, 231.

부활의 함의가 왜곡되면, 이 세상을 실제적으로 변혁시킬 것을 요청하기보다 죽음 이후의 삶에 관심을 기울이게 된다. "예수의 부활에서 특별한 점이 있다면 그것은 하나님이 죽은 육체에 무슨 일을 행하셨는지가 아니라, 희생자를 위해 무슨 일을 행하셨는가 하는 것이다.…하나님은 희생자를 해방시키는 하나님이다."[11) 부활은 삶의 포괄적 변혁에 대한 하나님의 약속이며 하나님의 의의 보편적인 승리이다.

남미 해방신학자들에게 **그리스도에 관한 지식은 그리스도를 따르는 것과 불가분리적으로 연결되어 있다.** 신앙의 확증들과 기독교의 실천은 서로 분리될 수 없다. 학대당하고 부당하게 대접받으면서, 이미 상실했거나 한 번도 맛본 적 없는 정의와 자유를 부르짖는 자들과 함께 거했던 그리스도를 온전히 따를 때까지는, 우리는 결코 그리스도의 선포와 사역과 죽음과 부활을 올바르게 이해하지 못할 것이다. 소브리노는 다음과 같이 논증한다. "예수를 알 수 있는 유일한 길은 우리의 삶 속에서 그를 따르는 것, 예수 자신의 역사적 관심을 우리에게 똑같이 적용하는 것, 그리고 그의 나라를 우리 가운데서 실현하도록 애쓰는 것이다. 다른 말로 하면 우리는 기독교적 실천을 통해서만 예수에게 더 가까이 다가갈 수 있다. 예수를 따르는 것은 예수를 아는 것을 위한 전제 조건이다."[12)

물론 소브리노의 기독론적 원리가 가진 일방적 측면에 대해서는 비판을 면하기 어려울 것이다. 또한 예수를 따름이 예수를 아는 것의 전제 조건이 아니라, 예수를 올바로 아는 것이 그분을 따르기 위한 전제 조건이라는 점도 명확히 해둘 필요가 있다. 하지만 이 모든 약점에도 불구하고 한정된 한계 내에서 적절히만 이해된다면, 소브리노의 강조점은 보편적 교회뿐만 아니라 상황 속에 있는 특정 교회에게, 그리스도를 따른다는 위험천만한 실천과 분리된 기독론은 반드시 본질을 놓치고 헛된 것을 추구할

---

11) Sobrino, *Christ the Liberator*, 84.
12) Sobrino, *Christology at the Crossroads*, xiii.

수밖에 없음을 절실하게 상기시켜준다.

  남미 해방신학은 앞으로 어떤 변화를 겪을 것인가? 지금까지 해방신학에 대한 비판이 다양한 진영으로부터 꾸준히 제기되어왔다. 그 비판 중 주요한 입장으로는 해방신학의 운동이 이상주의적 경향으로 흐른다는 비판, 마르크스적 분석에 과도하게 의존하고 있다는 비판, "아래로부터의" 기독론에 대한 의심 등이 있다. 아울러 로마 교황청은 주교의 권위에 대한 도전이 해방신학을 번성하도록 기여한 지역 공동체 또는 "기초 공동체"(base communities)를 통해 표출되고 있다고 비판한다. 세심한 주의를 기울이는 독자라면 이런 비판을 통해 남미 해방신학의 통찰력과 결점을 동시에 확인할 수 있을 것이다.[13]

  적어도 초기 단계에서 발견된 해방신학의 한 가지 결점이라면, 인종과 성의 문제에 대해, 또 오랫동안 침묵해왔던 목소리들에 대해 충분한 주의를 기울이지 않았다는 점이다. 레베카 찹(Rebecca Chopp)은 다음과 같이 논평한다. "한 걸음 더 나아가 남미 해방신학이 자신의 다양성, 즉 문화와 실천의 다양한 모습들로 이루어진 모자이크를 검토할 수 있다면, 앞으로 남미 해방신학은 지금까지 목소리를 내지 못했던 여성과 흑인과 원주민들의 겉모습뿐 아니라 그들의 목소리까지 점점 더 많이, 그리고 깊이 있게 담아내야 할 것이다."[14]

흑인신학의 기독론

아프리카계 미국인 신학, 즉 흑인신학이 북미의 최첨단 상황신학이라는

---

13) Nancy E. Bedford, "Whatever Happened to Liberation Theology?" *The Christian Century* 116 (Oct. 20, 1999): 996-1000.

14) Rebecca S. Chopp, "Latin American Liberation Theology," in *The Modern Theologians*, ed. David F. Ford (Malden, Mass.: Blackwell, 1997), 409-25.

점에 대해서는 아무런 이의가 없을 것이다. 오늘날 전 세계적인 영향력을 행사하고 있는 흑인신학은, 1960년대 미국에서 일어난 시민권 투쟁 시기에 처음 등장했다. 하지만 공식적 등장이 그러할 뿐 이 신학의 뿌리는 수백 년 전 흑인의 비극적 역사와 경험으로까지 거슬러 올라간다. 역동적 운동으로서의 흑인신학은 격렬한 행동주의에서부터 흑인 교회의 경험과 선교의 연결을 위한 학문적 확립에 이르기까지 여러 국면들을 거쳐왔다.[15] 다른 상황신학에도 적용되는 사실이지만, 흑인신학 안에는 다수의 다양한 목소리가 공존한다. 이 목소리들은 서로 다르면서도 종종 상호 교정적 강조점을 가진다. 특히 흑인신학이 입증한 활발한 자기 비평 능력에 주목해야 할 것이다.

흑인신학은 아프리카계 미국인들의 역사와 경험에 근거한다. 흑인신학은 흑인의 역사와 문화가 지닌 가치와 영감을 용기 있는 백성의 이야기로서 확증한다. 그들은 하나님에 대한 신앙으로부터 힘을 얻어 불의한 억압에 맞서 투쟁했으며, 오랫동안의 잔혹한 학대에도 불구하고 살아남을 수 있었다. 아프리카계 미국인 교회는 처음에는 노예들로서, 그 후에는 사회와 기성 교회 안에서 자행되는 인종차별적 태도와 현실의 표적으로서, 복음이 전하는 하나님을 독특한 방식으로 증언했다. 흑인신학은 바로 이런 역사적·사회적 정황으로부터 탄생했던 것이다. 하지만 이런 상황만이 흑인신학을 전적으로 도출하거나 결정하는 것은 아니다. 물론 흑인신학은 하나님과 예수 그리스도와 기독교적 제자도의 의미에 대해 사람들이 생각하는 바들이, 그들이 처한 특수한 사회와 역사와 사회 계급에 의해 형성된다는 점을 강조했다.[16] 하지만 동시에 흑인신학은 아프리카계 미국인 그리스도인의 신앙은 어떤 종류의 환원주의로도 설명될 수 없음을 역설

---

15) M. Shawn Copeland, "Black, Hispanic/Latino, and Native American Theologies," in *The Modern Theologians*, 357-67.

16) James H. Cone, *God of the Oppressed* (New York: Seabury, 1975).

한다. 흑인신학은 단순히 그들이 처한 상황의 산물이 아니다. 기독교 복음이 아프리카계 미국인들의 경험에 근거하여 강력하게 말하는 동시에 그 경험에게 말하고 있는 것이다.

흑인신학에 따르면, 흑인 공동체의 경험과 신앙의 렌즈를 통해 성경을 만나고 읽는다면, 억눌린 자를 자유케 하는 하나님의 해방의 기쁜 소식을 재발견하게 될 것이다. 흑인신학의 이런 재발견은 그 중요성에 있어 루터와 바르트의 재발견에 비견될 수 있을 것이다. 루터는 구원이 인간의 선행에 의존한다는 가르침에 반대하고 오직 은혜로 의롭게 된다는 이신칭의의 복음을 재발견했고, 바르트는 개신교 자유주의의 길들여진 하나님과는 대조적으로 철저한 타자로서의 하나님을 재발견했다.[17] 이에 비교하여 아프리카계 미국인의 경험은 성경과 성경의 해방적 메시지라는 "세계를 들여다볼 수 있는 뚫린 창"으로서 사용되며, 여기서 획득된 통찰은 모든 이들을 위해 제공된다.[18]

대다수의 흑인신학자들은 자유를 위한 투쟁을 계속하는 백성의 눈으로 성경을 읽고, 자신들의 해석을 그리스도의 인격과 사역을 중심으로 전개하면서 **그리스도는 "흑인"**이라고 선언한다. 물론 이 선언은 올바르게 이해되어야 한다. 즉 그리스도가 흑인으로 불리는 것은 그분의 사역과 십자가 죽음에서 드러난 가난하고 소외된 자들과의 연대성 때문이다. 여기에 대해 제임스 콘은 다음과 같이 썼다. "그리스도는 흑인이다.…이런 선언은 흑인의 어떤 문화적·심리적 욕구 때문이 아니다. 그리스도가 가난한 자와 멸시받는 자와 흑인들이 존재하는 세계 안으로 실제로 들어왔기 때문이며, 그들의 모욕과 고통을 인내하고 억압된 노예를 해방된 일꾼으로 변혁

---

17) James Cone, *For My People: Black Theology and the Black Church* (Maryknoll, N.Y.: Orbis Books, 1984), 41.

18) Brian K. Blount, *Then the Whisper Put on Flesh: New Testament Ethics in an African American Context* (Nashville: Abingdon, 2001), 22.

시키면서 그들과 함께함을 잘 드러내기 때문이다."[19]

흑인신학의 기독론은 분명하게 예수를 참 하나님과 참 인간인 구세주로 인정한다.[20] 하지만 정통적 신앙 진술의 참된 의미가 인종차별적 사고방식에 의해 자주 흐릿해지거나 심지어 가치 전복이 일어난 것에 대해서는 비난한다. 다시 말해 비록 기성 교회들이 그리스도의 신성과 인성을 소리 높여 고백해왔지만, 그들이 고백하는 성육신한 하나님의 참된 인성 안에는 흑인이 당하는 고통이 포함되지 않는 것처럼 보인다는 것이다. 19세기의 대다수 백인 교회들이 노예 제도를 지지했다는 사실은 이 점을 명확하게 증명한다. 제임스 콘은 다음과 같이 질문한다. "그리스도와 하나님의 관계의 의미를, 한 위격 안에 있는 신성과 인성의 연합의 의미를 탐구했더라도, 이러한 기독론이 사회의 노예와 가난한 자들을 해방시키는 것과 아무런 관계가 없었다면 이런 전통이 무슨 소용이 있겠는가?"[21]

흑인신학의 기독론은 지상의 가난한 자와 멸시받는 자들을 위해 그리스도가 행한 사역과 십자가와 부활의 의미에 집중한다. 제임스 콘의 주장대로, 그리스도의 정체성은 과거에 그가 누구였는지, 현재에 그가 누구인지, 미래에 그가 어떻게 될 것인지 하는 세 측면에서 파악되어야 한다. 예수는 과거에 "가난한 자와 함께 사셨고 십자가 위에서 죽으신 분이었다." 현재 예수는 가난한 자들과 함께하고, 그들이 "억압의 상황에서도 인간됨을 보존하기 위해 투쟁하는 것을 돕는다." 또한 미래에도 예수는 억압받는 자들이 "그들의 투쟁이 수포로 돌아가는 것처럼 보일 때조차 계속해서 투쟁하도록" 격려하는 주님이 될 것이다.[22] 십자가의 잔혹한 실재를 추상적이고 괴리된 이론, 또는 목을 감싸는 예쁜 장신구로 변질시켜버리는 모든

---

19) Cone, *God of the Oppressed*, 136.
20) James H. Evans, Jr., *We Have Been Believers: An African-American Systematic Theology* (Minneapolis: Fortress, 1992), 96.
21) Cone, *God of the Oppressed*, 114.
22) Cone, *God of the Oppressed*, 108–37.

십자가 신학에 예리하게 반대하면서 콘은 다음과 같은 쓴다. "복음의 진정한 걸림돌은 이것이다. 즉 인간의 구원이 정죄받은 범죄자 예수의 십자가에서 계시되며, 우리 가운데서 십자가에서 죽은 사람들과 우리와의 연대성을 통해서만 이루어진다."[23] 콘에 따르면 "십자가를 신성모독으로부터―아니 더 나쁘게는 사소하다고 여겨지는 것으로부터―해방시키는 최선의 방식은 십자가를 린치용 나무 옆에 두는 것이다."[24] 흑인신학에 따르면, 성경이 증언하는 구원의 역사는 이집트에서 노예로 살던 이스라엘 백성의 출애굽에서부터 오늘날 멸시받는 자들 한가운데서 벌어지는 예수의 사역에 이르기까지, 특정성이라는 걸림돌을 주요 특징으로 삼는다. 그럼에도 흑인신학은 가난한 자를 향한 하나님의 편파적 애정을 강조하면서도 은혜의 보편적인 범위를 부인하지 않는다. 흑인신학은 분명히 분노를 이해하고 있으며, 이런 점은 대표적 흑인신학자들의 초기 글 속에서 특히 잘 드러난다. 동시에 대부분의 흑인신학자들은 복음의 보편성을 위협하고 기독교 메시지를 인종차별 이데올로기로 전락시킬 수도 있는 흑인됨이라는 특정성에 대해 "과도하게 집중하는 것"을 거부한다.[25]

흑인신학은 교회의 신학일 뿐 아니라 "정치신학"(political theology)이기도 하다. 흑인신학은 북미 교회와 북미 사회의 태도와 구조와 관행의 특징을 이루는 만연한 인종차별을 포함하되 여기에 한정되지 않고 모든 악한 세력을 폭로하는 것을 추구한다. 흑인신학에 스며들어 있는 투쟁과 갈등의 언어는 독자들을 적잖이 당황스럽게 만들 것이다. 왜냐하면 그런 언어는 마치 폭력적인 보복을 요구하는 것처럼 들리기 때문이다. 하지만 실제적으로 흑인신학은 복수를 지지한 적도, 선제적인 폭력적 행동을 요구한

---

23) James H. Cone, *The Cross and the Lynching Tree* (Maryknoll, N.Y.: Orbis, 2013), 160.

24) James H. Cone, "Wrestling with the Cross and the Lynching Tree," in *Theology Today* 70, no. 2 (July 2013): 226.

25) 참조. James H. Cone, *A Black Theology of Liberation* (Philadelphia: J. B. Lippincott, 1970) and Cone, *For My People*, 225, n. 6.

적도 없다. 제임스 콘도 입증했듯, 흑인신학은 마틴 루터 킹(Martin Luther King, Jr.)과 맬컴 엑스(Malcolm X)라는 두 흑인 지도자의 삶과 증언으로부터 깊은 영향을 받았다. 마틴 루터 킹이 비폭력적 저항의 메시지를 일관되게 주창했던 반면, 맬컴 엑스는 강인하고 비타협적인 목소리로 인종차별주의에 대적하면서 폭력에 맞서 자신을 옹호할 흑인의 권리를 지지했다. 그러나 킹과 마찬가지로 맬컴 엑스 또한, 적어도 그의 생애 말년에는, 모든 인종이 보편적 조화 속에 사는 삶에 대한 비전을 가졌다. 제임스 콘은 이 두 지도자의 삶과 증언이야말로 흑인 공동체의 신앙과 소망이 궁극적으로 수렴되는 주된 흐름이라고 본다.[26]

제1세대 흑인신학자들이 미국 사회와 교회에 만연한 인종차별을 폭로하고 성경의 해방 메시지의 정치적 함의를 강조하는 데 일차적인 관심을 보였다면, 후속 세대들은 흑인의 역사와 문화를 오늘날의 기독교 신앙과 신학을 위한 자료로서 탐색했다. 예를 들어 드와이트 홉킨스(Dwight N. Hopkins)는 노예들의 종교를 주된 자료로 활용하여 흑인신학을 구성한다. 홉킨스의 신학은 다음 세 가지 교리에 집중한다. "구성적 흑인신학에서 하나님은 우리를 위한 전적인 해방의 영이다. 예수는 우리와 함께하신다고 계시된 분으로서 총체적인 해방의 영의 성취. 또한 인간의 목적은 우리 안에 있는 총체적인 해방의 영이다."[27]

다른 해방신학과 마찬가지로, 흑인신학은 **그리스도를 고백하는 것과 그리스도를 따르는 것이 불가분리적**이라고 강조한다. 이런 진술은 반지성주의적인 목적을 위해 악용될 수도 있지만, 그 자체로는 반지성주의의 표

---

26) James H. Cone, *Martin, Malcolm, and America: A Dream or a Nightmare?* (Maryknoll, N.Y.: Orbis Books, 1992), 『맬컴 X vs. 마틴 루터 킹』(갑인공방 역간); Peter J. Paris, "The Theology and Ethics of Martin Luther King Jr.: Contributions to Christian Thought and Practice," in *Reformed Theology for the Third Christian Millennium*, ed. B. A. Gerrish (Louisville: Westminster/John Knox, 2003).

27) Dwight N. Hopkins, *Down, Up, and Over: Slave Religion and Black Theology* (Minneapolis: Fortress, 2000), 158.

현이 아니다. 사실 앞과 같은 진술에는 신학과 윤리, 이론과 실천, 정신과 육체, 개인과 사회, 교회와 세상을 분리하는 해로운 이분법을 거부하는 미덕이 있다. 이와 같은 분리는 복음의 통전성에 반대하며 인간의 삶의 비분리성에 역행하는 죄인 것이다. 포괄적인 역사적·신학적 분석에서 카메론 카터(J. Cameron Carter)는 인종 개념의 생성에서 신학이 한 역할을 추적한다. 그의 주장에 따르면, 서양의 지배적인 기독교 신학은 그리스도 안에서 이루어진 하나님 자신의 자기 비움의 움직임을 따르지 않고, 오히려 "인종에 관한 담론들을 만들어내는 선두에 섰으며" 제국 건설의 명분에 신학을 이용했다.[28]

흑인신학은 스스로를 확장하고 변혁시킬 수 있는 뛰어난 능력을 입증했다. **흑인신학은 자신의 작업이나 흑인 공동체의 삶이 비판에서 완전히 면제될 것이라고 낙관하지 않는다.** 흑인의 경험이라는 창으로 바라본 복음과의 철저한 만남은, 주류 사회를 심판할 뿐만 아니라 흑인 공동체 내에 존재하는 억압적인 관행과 태도에 대해서도 심판한다. 모든 공동체와 마찬가지로 흑인 공동체에도 "외부로부터뿐만 아니라(이 문제는 더 분명하게 드러난다) 내부로부터도(이런 문제가 훨씬 더 파괴적일 수 있다) 여전히 해방과 변혁을 필사적으로 필요로 하는"[29] 삶의 실재가 존재한다. 특히 우머니즘(womanism, 유색 인종 여성, 특히 미국 흑인 여성의 경험을 토대로 하는 입장)신학자들은 흑인신학의 기획 속에 여성과 여성적 관심이 부재하는 것에 대해 심각한 이의를 제기해왔다. 이런 비판으로 인해 최근에는 흑인신학자와 우머니즘신학자들 간에 빈번한 대화와 효과적인 협력이 이루어지게 되었다.[30]

---

28) J. Cameron Carter, *Race: A Theological Account* (Oxford: Oxford University Press, 2008), 368-69.

29) Blount, *Then the Whisper Put on Flesh*, 188.

30) Dwight N. Hopkins and Linda E. Thomas, "Womanist Theology and Black Theology: Conversational Envisioning of an Unfinished Dream," in *Dream Unfinished* (Maryknoll, N.Y.: Orbis Books, 2001), 72-86.

숀 코플랜드(M. Shawn Copeland)는 미래의 흑인신학이 다루어야 할 관심사에 대해 의견을 제시한 바 있다. 그가 제시한 항목 중에는 "비평적 흑인 성서학과의 교류"를 증대시키고 교회 교리사와의 관계를 강화할 것을 요구하는 대목이 있다. 코플랜드는 다음과 같이 질문한다. "어떻게 하면 흑인신학이 니케아-칼케돈 공식의 구원론적 함의를 더 적절하게 획득할 수 있겠는가?"[31]

아프리카계 미국 교회 내에서 학문적 신학은 그 중요성을 인정받기는 했다. 하지만 그리스도와 그의 길에 대한 헌신을 배양하고 지탱해온 것은 학문으로서의 신학이 아니었다. 오히려 교회를 이끄는 역할을 한 것은 **역동적인 예배, 영감 있는 설교, 슬픔과 기쁨을 표현하는 감동적인 노래들**이었다. 이것들을 통해 고통의 상황을 이야기하고 구세주 예수를 기억하며, 그의 현존을 기념하고 도래하는 그의 통치에 대한 소망을 선포할 수 있었다. 아프리카계 미국 교회 안에서 그리스도에 대한 신앙고백이 가장 강력하게 표출되는 방식 중 하나는 특히 독특하고 풍부한 음악적 유산을 통해서다.[32] 이런 유산이야말로 아프리카계 미국 교회가 전 세계의 교회에 제공할 수 있었던 풍요롭고 귀중한 선물이다.

최근 수십 년 동안 번성한 흑인신학을 통해 전 세계 교회는 **아프리카계 교회의 역사와 활력**을 깨닫게 되었다. 그래서 오늘날 예수를 말함에 있어 기독교는 아프리카의 예배와 신학이 지니는 독특한 이해와 이미지들을 결단코 무시할 수 없다. 아프리카의 일부 신학자들은 성경의 증언과 아프리카 역사와 경건 모두에 관심을 기울이면서, 예수를 모든 고통의 위대한 "치유자"로, 우리에 앞섰지만 우리와 인간성을 공유하는 최초의 "조상"으로, 악과 파괴의 세력을 이기는 위대한 "추장" 또는 "승리자"로서 보여주

---

31) Copeland, "Black, Hispanic/Latino, and Native American Theologies," 361-62.

32) "이런 음악 형태들(흑인영가들)은 흑인 기독론을 위해 가장 풍성하게 이용할 수 있는 자료이다"(Evans, *We Have Been Believers*, 81). James H. Cone, *The Spirituals and the Blues* (New York: Seabury, 1972)를 보라. 참조. Blount, *Then the Whisper Put on Flesh*, 90.

는 이미지를 강조한다. 아프리카의 독특한 "예수의 얼굴들"은 세계 도처의 그리스도인들로 하여금 예수 그리스도 안에 있는 하나님의 은혜의 새로운 차원을 발견할 것을 요청하고 있다.[33]

페미니즘신학, 흑인 페미니즘신학, 남미계 페미니즘신학의 기독론

페미니즘신학(feminist theology)은 최근의 신학 운동 중에서 아마도 가장 영향력 있는 신학일 것이다. 비록 페미니즘의 주요한 관심사가 복잡하고 광범위한 함의를 가지는 것이 사실이지만, 다음과 같은 간략한 설명도 틀리지 않을 것이다. 어느 페미니즘신학자에 따르면 "페미니스트는…(남성이든 여성이든) 여성이 온전한 인간임을 인정하는 자이고, 수세기 동안 교회와 사회 안에서 여성의 상황을 특징 지웠던 불균형과 불의를 분별하는 자이며, 그와 같은 잘못을 헌신적으로 시정하는 자를 의미한다."[34] 개신교와 로마 가톨릭, 보수주의와 진보주의와 급진주의 사상을 광범위하게 아우르는 페미니즘신학은 획일적인 신학 체계도, 비분화된 하나의 신학 학파도 아니다. 그럼에도 페미니즘신학의 흐름은 여러 개의 공통된 강조점을 드러낸다.[35]

다른 상황신학처럼, 페미니즘신학도 특정한 역사와 상황으로부터 나온다. 페미니즘신학의 상황은 **여성이 교회와 사회 안에서 가지는 특정한 경험**이다. 여성은 교회와 사회에서 제도적으로 열등한 지위로 전락되어왔

---

33) *Faces of Jesus in Africa*, ed. Robert Schreiter (Maryknoll, N.Y.: Orbis Books, 1991); and Kwame Bediako, "The Doctrine of Christ and the Significance of Vernacular Terminology," in *International Bulletin of Missionary Research* 22 (1998): 110-11.

34) Anne Carr, "Feminist Views of Christology," *Chicago Studies* 35 (Aug. 1996), 128.

35) 최근의 논의를 알기 위해서는 Lisa Isherwood, *Introducing Feminist Christologies* (London: Sheffield Academic Press, 2002)를 보라.

으며, 활동과 지도력을 발휘할 수 있는 다수의 영역으로부터도 배제되어왔다. 남성의 지배와 여성의 종속을 문화적으로 각인하고 신학적으로 지지하는 이런 체제는—페미니즘신학은 이를 가부장제라고 부른다—깊이 뿌리내린 성차별적 태도와 불의한 형식을 영속화할 뿐 아니라, 은밀하게 또는 공공연하게 자행되는 폭력과 학대를 조장한다.

페미니즘신학의 목적은 가부장제의 체제적인 불의를 폭로하고 그것에 맞서 투쟁하는 것이다. 페미니즘신학은 이런 과제를 달성하기 위해 여성의 경험의 중요성을 활용하고, 성경과 교회 역사와 기독교 신학 안에 내재해 있는 왜곡된 여성관을 폭로한다. 또한 신앙 공동체에 대한 여성의 기여가 오랫동안 감추어지거나 억눌려왔음에도 불구하고 대단히 많음을 증명하고, 그리스도와 복음에 신실한 방식, 즉 여성과 남성 모두를 온전히 포괄하는 방식으로 기독교 교리를 재진술하고 교회의 예전과 제도를 개혁할 것을 요구한다.

페미니즘신학의 기독론은, 많은 전통적 기독론들이 가부장제의 태도와 구조에 도전하기보다 오히려 그것을 강화해왔다고 논증한다. 제8장에서 주목했듯이, 페미니즘신학자들은 예수의 남성성이 그의 구세주로서의 사역의 존재론적 필수성이라는 전제에 대해서는 명시적이든 암묵적이든 철저하게 반박한다. 정반대로 페미니즘신학은 "예수 그리스도의 구세주로서의 능력은 그의 남성성이 아니라, 악과 억압의 힘 한가운데서도 사랑하고 해방시키는 그의 역사에 있다"[36]고 주장한다. 로즈메리 래드포드 류터에 따르면 예수는 성경의 역동적인 예언자적 전통 위에 있으며, 가난한 자와 버림받은 자들이 환영을 받으며 여성과 남성의 평등이 인정되는 새로운 인류 사회를 선언한다. 예수는 해방시키는 하나님의 말씀을 선포하고 자유롭게 된 인간성을 대표하므로, 가부장제의 모범이 아니라 반대로 "가

---

36) Elizabeth A. Johnson, *She Who Is: The Mystery of God in Feminist Theological Discourse* (New York: Crossroad, 1992), 167.

부장제의 비움(kenosis)"을 보여준다.[37]

다른 페미니즘신학자들은 예수를 영웅시하는 것을 경계하면서 초기교회의 통례적 해석을 개정하는 데 집중한다. 하나님의 포용적인 통치에 대한 예수의 비전을 강조하고, 예수를 중심으로 시작되었던 평등의 제자도를 강조했던 것이다. 초기교회 내에서 관계는 포용적이고 비계급적이었으며, 여성들은 상당히 중요한 역할을 담당했다. 빈 무덤을 이야기하는 부활 전통이 암시하듯, 주님의 부활을 가장 먼저 선포했던 자들도 여성들이었다.[38]

어떤 페미니즘신학자들은 초기교회가 예수를 하나님의 지혜[소피아(sophia)]의 성육신으로 이해했다고 주장한다. 그들은 구약에서 신적 지혜의 상징이 지니는 중요성을 강조하면서, 구약에서는 지혜가 여성으로 묘사되며 태초에 하나님과 함께 존재했다고 기술됨을 상기시킨다(예를 들어 잠 8장). 예수를 하나님의 지혜로 표현하는 것은 광범위한 이미지들을 확장시킴으로써, 예수의 정체성과 구원 사역을 교회의 고전적 기독론적 신조와 일치되게 해석할 수 있는 가능성을 제공한다.[39]

전통적 기독교 교리와 관습 중에서 페미니즘신학이 가장 다루기 힘든 두 가지 영역은 첫째, 고전적 삼위일체론이 사용하는 비유와 이미지와 둘째, 그리스도의 속죄적 죽음에 대한 기존의 해석일 것이다. 성부와 성자와 성령이라는 전통적 삼위일체 언어를 비판하는 어떤 페미니즘신학자들은 이런 남성 중심적 언어가 기독교적 하나님 이해를 본질적으로 성차별주의적으로 변질시킨다고 비난한다. 반면에 다른 페미니즘신학자들은, 진짜 문제는 **하나님을 묘사하는 인간의 언어를 단의적(univocal) 또는 문자주의적(literalistic)으로 이해하는 데 있으며, 하나님에 대해 한 개의 이미지 집**

---

37) Rosemary Radford Ruether, *Sexism and God-Talk: Toward a Feminist Theology* (Boston: Beacon Press, 1983), 137.

38) Elisabeth Schüssler Fiorenza, *Jesus: Miriam's Child, Sophia's Prophet: Critical Issues in Feminist Christology* (London: SCM, 1995).

39) Johnson, *She Who Is*, 164-67.

합만을 배타적(exclusive) 방식으로 사용하는 데 있다고 주장한다. 엘리자베스 존슨(Elizabeth Johnson)은, 교회의 언어 사용 문제의 중대한 부분은 기독교 초기에 발생했던 부정 신학적 전통에서 하나님의 신비와 불가해성에 대한 이해가 상실되면서 이미 시작되었다고 논증했다. 존슨에 따르면 성령의 권능 안에서 예수 그리스도를 통해 알려진 하나님을 증언하도록 우리가 부름 받은 것이 사실이라 할지라도, 하나님을 묘사하는 모든 언어가 부적합함을 인정해야 한다. 만약 성경의 증언과 교회의 증언 및 하나님의 백성의 현재적 경험을 통해 전달되는 살아 계신 하나님의 특징을 우리 인간의 언어가 신실하게 드러낸다면, 하나님에 대한 언어 사용을 성경에 사용된 단어들로만 제한할 필요는 없을 것이다.[40]

다음으로 **많은 페미니즘신학자들이 전통적 교리와 씨름하는 부분은 그리스도의 죽음이 지닌 속죄의 의미에 대해서이다.** 페미니즘신학은 예수의 죽음을 그의 사역과 분리해서 해석하는 것을 거부한다. 또한 예수의 죽음의 이유를 성부 하나님으로부터 죄의 용서를 받기 위해 예수가 우리를 위해 담당한 처벌로 묘사하는 것에도(만약 이것이 사실이라면 신적인 아동 학대라는 비난을 초래할 것이다) 반대한다. 이렇게 고통과 희생과 대리를 미화함으로써 여성의 삶에 해악적 영향을 끼친 모든 해석을 거부하는 것이다.[41]

이와 같은 주제들은 페미니즘신학 자체 내에서도 격렬한 논쟁의 대상이 되고 있다. 예를 들어 고전적 속죄 교리가 아동 학대를 조장하며 잔혹성의 대가로 용서를 획득한다고 해석하는 입장에 대해, 이는 성경 전통과 신학 전통을 오해한 것이라고 주장하는 페미니즘신학자도 있다.[42] 더욱이

---

40) Johnson, *She Who Is*, 7.

41) Delores S.Williams, *Sisters in the Wilderness: The Challenge of Womanist God-Talk* (Maryknoll, N.Y.: Orbis Books, 1993).

42) Leanne Van Dyk, "Do Theories of the Atonement Foster Abuse?" in *Dialog* 35, no. 1 (Winter 1996): 21-25; JoAnne Marie Terrell, *Power in the Blood: The Cross in the African American Experience* (Maryknoll, N.Y.: Orbis Books, 1998).

일부 페미니즘신학자들은 자신을 내어주고 자신의 소유를 나누는 행위가 자발적으로만 이루어진다면 그것이 본질적으로 억압적이지 않다고 주장한다. 억압적이기는커녕 인간의 연약성과 상처받을 가능성을 수용하고 위험을 감수하며 사랑을 표출하는 행위라는 것이다. 그리고 이와 같은 사랑의 행위는 가부장적 문화에 만연해 있는 절대적 이기주의의 정신과 타자를 지배하려는 정신과 대립한다. 사라 코우클리는 모든 형태의 연약성과 상처받을 가능성을 억압하는 것 자체가 기독교적 페미니즘에 오히려 위험이 된다고 주장한다. 연약성과 상처받을 가능성을 무시하면, 결과적으로 "희생자 연구의 관점을 제외하고는 그 어디서도 연약성과 고통과 '자기비움'의 쟁점을 직접적으로 다루지 못할 것이다."[43]

기독교 메시지를 해석할 때 특수성과 보편성의 우선순위가 흑인신학자들 사이에서 논란의 대상인 것과 마찬가지로, 동일한 주제가 **페미니즘신학자, 흑인 페미니즘신학자, 남미계 페미니즘신학자들 사이에서도 활발한 논쟁을 불러일으킨다.** 흑인 페미니즘신학자[우머니즘신학자(womanist theologian)]와 히스패닉 페미니즘신학자[뮤헤리스타신학자(mujerista theologian)]는 페미니즘신학과 밀접한 관련을 맺으면서 이 영역 내에서 비판적인 목소리를 내고 있다. 이들은 사회와 교회 안에 상존하는 성차별뿐만 아니라 인종차별과 계급주의가 지닌 억압적 힘에 주목한다. 즉 백인이든 흑인이든 남성 신학자들이 성차별이라는 악의 문제를 제대로 다루지 못했음에 주목하는 동시에, 백인 페미니즘신학자들이 남성 사이에서뿐 아니라 부유한 백인 여성들 사이에 존재하는 인종차별과 악과 계급주의의 죄악을 제대로 파악하지 못했음을 비판한다.[44] 히스패닉 페미니즘신학자

---

43) Sarah Coakley, "Kenosis and Subversion: On the Repression of 'Vulnerability' in Christian Feminist Writing," in *Powers and Submissions: Spirituality, Philosophy and Gender* (Oxford: Blackwell, 2002), 33. 또한 Johnson, *She Who Is*, 246-72을 보라.

44) Jacquelyn Grant, *White Women's Christ and Black Women's Jesus: Feminist Christology and Womanist Response* (Atlanta: Scholars Press, 1989); Stephanie Y. Mitchem,

들 역시 남성 우월주의의 정신과 이로부터 오는 비열하고 무례한 태도와 행동을 섬세하게 인식하고, 히스패닉신학 공동체 안에서 흑인 페미니즘신학자와 유사한 비판을 제기하고 있다.[45] 결론적으로 흑인 페미니즘신학자와 히스패닉 페미니즘신학자들의 글은 인종과 계급을 초월하여 모든 여성 사이에 협력을 위한 헌신과 심오한 차원의 연대가 가능하다는 사실을 잘 보여준다.

히스패닉 기독론

히스패닉신학(Hispanic theology)의 상황은 **북미의 히스패닉 또는 라틴계 사람들이 겪은 차별의 경험과 투쟁의 역사**다. 히스패닉신학은 남미 해방신학과 밀접한 관련을 맺고 있으며, 사회적 지위의 중요한 의미, 역사적 예수로부터 시작하기, 가난한 자들을 향한 하나님의 편파적 애정(partiality), 신앙과 실천의 불가분리성 등 많은 주요 주제를 공유한다. 하지만 동시에 히스패닉신학은 자신만의 독특한 특징과 주제도 가진다. 여기서는 특별히 멕시코 계통의 미국인이며 로마 가톨릭 신학자인 비르질리오 엘리존도 (Virgilio Elizondo)와 쿠바계 미국인이며 개신교 신학자인 후스토 곤잘레스 (Justo Conzalez)의 기독론을 인용하여 히스패닉신학을 간략하게 소개하려고 한다.

비르질리오 엘리존도는 신앙의 일치를 마음에 품은 신실한 로마 가톨릭 신학자로서 교회의 기독론적 교리를 확증하는 동시에, 히스패닉 그리스도인들의 신앙과 실천의 특수성에 주목하여 이를 의미 있게 확립하려

Introducing Feminist Theology (Maryknoll, N.Y.: Orbis Books, 2002).

45) Ada Maria Isasi-Diaz, *En la Lucha/In the Struggle: A Hispanic Women's Liberation Theology* (Minneapolis: Fortress, 1993)를 보라.

했다. 그의 기독론과 교회론의 중심적 개념은 메스티사혜(mestizaje), 즉 문화적·인종적 혼혈성이다.

엘리존도는 예수의 "갈릴리 여정"에 대한 묵상을 통해, 갈릴리라는 지명으로부터 환기되는 예수의 지위가 히스패닉 그리스도인과 전 세계 교회에 대해 갖는 의미를 회복하고자 시도했다.[46] 이 신학자는 예수가 갈릴리 사람이었다는 사실로부터 다양한 층위의 의미를 발견한다. 예수 당시의 갈릴리의 유대인은 많은 측면에서, 즉 지리적·사회적·문화적·언어적·종교적으로 소외된 자로 분류되었다. 갈릴리는 혼혈인들이 살았던 지역인 동시에, 예루살렘의 권력 중심으로부터 분리되고 경제적으로도 주변화된 지역이었다. 갈릴리는 독특한 방언으로 알려진 지방이며, 유대 종교법에 대해 무지하고 유대적 관습과 의식에 대해 해이하다고 멸시받는 지명이었다. 엘리존도에 따르면 하나님의 아들 예수가 갈릴리 사람이었다는 사실은, 성육신과 예수를 통한 하나님의 구원 사역의 목적을 이해하는 데 있어 중대한 의미를 지닌다. 엘리존도가 예수의 "갈릴리 여정"에 대한 해석에서 제시하는 주장은 다음과 같다.

갈릴리 사람으로서의 예수의 정체성은 걸림돌이 되는 성육신의 의미를 구체화한다. "하나님의 길에 있는 인간적 걸림돌은 십자가에서부터가 아니라 훨씬 이전부터, 즉 하나님의 아들이 갈릴리에서 역사적·문화적으로 성육신한 사실로부터 시작된다."[47] 예수 안에서 "하나님은 단순히 한 인간이 되신 정도가 아니라, 세상으로부터 소외되고 수치를 당하며 거부당하는 자가 되었다."[48] 다른 상황신학자나 해방신학자들처럼 엘리존도

---

46) Virgilio Elizondo, *Galilean Journey: The Mexican-American Promise* (Maryknoll, N.Y.: Orbis Books, 2000).

47) Elizondo, *Galilean Journey*, 53.

48) Virgilio Elizondo, "Mestizaje as a Locus of Theological Reflection," in *Mestizo Christianity: Theology from the Latino Perspective*, ed. Arturo J. Banukelas (Maryknoll, N.Y.: Orbis Books, 1995), 19.

도 "역사적 예수"에 초점을 맞추지만, 이 주제에 대한 기존 학계의 다양한 탐구와는 상이한 방식을 취한다. 즉 엘리존도는 복음서가 기술하고 있는 특정한 역사적 배경 속에 있는 예수의 구체적인 인격과 사역에 관심을 가진다.

갈릴리 사람으로서의 예수의 정체성은 **소외된 자들 가운데서 하나님의 나라를 선포하는 예수의 메시지와 사역이 지닌 갈등적인 특성을 강조**한다. 그리고 이 특성은 십자가에서 절정에 도달한다. "구원을 가져오는 것은 단지 십자가 상의 죽음만이 아니라, 십자가에서 절정을 이루는 예수의 길 전체다. 갈릴리에서부터 예루살렘으로 나아가는 여정에서 드러나는 갈등적인 긴장을 통해 예수의 구원론적 길이 지닌 완전한 영향력이 나타난다."[49] 예수는 자신이 선포하고 구현했던 하나님 나라를 대적하는 자들과 갈등하지만, 원수에 대해 폭력을 폭력으로 갚기를 거절했다. 엘리존도에 따르면, 예수는 "비폭력적 사랑을 공격적으로 선포한 예언자"[50]이다.

엘리존도는 **갈릴리 사람으로서의 예수의 정체성과 멕시코계 미국인들의 "혼혈적" 정체성 사이에 유비가 있다고 여긴다.** 바로 이 점이 엘리존도의 기독론에서 가장 도발적인 요소이며, 다른 히스패닉신학자들로부터 많은 질문과 반대를 불러일으켰던 지점이다. 엘리존도에 따르면, 사회적·문화적 혼혈성이라는 특징을 지닌 갈릴리에서 예수가 태어나고 성장했다는 사실은 혼혈성에 의해 규정되는 인간성 안에서, 또 이런 인간성을 통해 하나님의 은혜가 현존함을 의미한다. "혼혈성은 새로운 기독교적 보편주의의 시작이다."[51] 예수가 흑인이라고 선언한 흑인신학에 대해 가해진 비난과 비슷한 비판이, 예수는 혼혈성을 가리킨다고 말한 이 주장에 쏟아졌다. 그러나 엘리존도의 이와 같은 선언의 목적은 결코 인종차별적이고 배타

---

49) Elizondo, *Galilean Journey*, 69.
50) Elizondo, "Mestizaje," 20.
51) Elizondo, *Galilean Journey*, 124.

적 용어로 "혼혈성"을 높이려는 것이 아니었다. 반대로 이 신학자는 "기존의 인종차별적인 장벽을 파괴하는 새로운 종류의 보편주의"에 대해 말하고자 했다.[52] 멕시코계 미국인들은 갈릴리 사람 예수 안에서 드러난 하나님의 현존과 활동의 기쁜 소식을 들으면서 새로운 희망과 존엄을 발견할 수 있을 것이다. 왜냐하면 예수가 그들과 똑같이 멸시받고 소외된 혼혈인(mestizo)이었기 때문이다.[53]

엘리존도에 따르면, 멕시코계 미국인들의 사명은 갈릴리 사람 예수의 정체성과 구원 사역의 빛을 통해 분명하게 밝혀진다. 혼혈인들은 선택된 백성이다. 특권을 위해 선택된 것이 아니라 사명을 위해 선택되었다. 이들은 포용적인 백성인 동시에 새로운 창조를 위한 행동가가 될 수 있다. 그들은 소수자를 편애하고 다수의 민중을 박탈하는 우상숭배적인 악의 체제에 대적하라는 부름을 받았지만, 이 부름은 무력이나 폭력에 의지하라는 선동은 아니다. 오히려 선택된 민족으로서의 혼혈인들은 "바로 종교적 축제 속에서 우리의 정당한 정체성과 운명을 경험한다."[54] 다양한 축제는 "하나님의 백성의 궁극적인 종말론적 정체성의 시작을 기념한다. 하나님의 위대한 종말 속에도 차이점이 존재할 것은 분명하지만, 그러나 분리는 없을 것이다."[55]

엘리존도는 기존 교회의 기독론적 신조가 진리성을 내포함에 대해서는 분명히 인정하지만, 그것들이 갈릴리 사람 예수의 인격과 사역에 대한 자신의 해석과 어떻게 연관되는지에 대해서는 명확하게 설명하지 않는다. 아마도 이 주제는 쿠바 출신 미국인 개신교 신학자인 후스토 곤잘레스의

---

52) Elizondo, *Galilean Journey*, 124.
53) Miguel H. Diaz, *On Being Human: U.S. Hispanic and Rahnerian Perspectives* (Maryknoll, N.Y.: Orbis Books, 2001)를 보라. 히스패닉신학의 공헌과 도전을 이해하는 데에는, 프린스턴 신학교의 박사후보생 루벤 로사리오-로드리게스(Ruben Rosario-Rodriguez)에게 많은 도움을 받았다.
54) Elizondo, "Mestizaje," 25.
55) Elizondo, "Mestizaje," 25.

저작 속에서 중대한 관심사로 전개될 것이다. 엘리존도처럼 곤잘레스도 성경을 해방적 관점에서 읽기를 요청한다. 그의 주장에 따르면 히스패닉 신학이 지향해야 할 책임감 있는 성경 해석이란 "현재 상황에 빛을 비추어 우리가 상황을 이해할 수 있도록 도와야 하고, 정의와 해방을 위한 우리의 투쟁을 지원해야 한다."[56] 그러나 엘리존도의 입장과는 달리, 곤잘레스는 고전적 기독론적 교리와 히스패닉들의 상황이 어떻게 상호 간에 유용한 도움을 주고받을 수 있는지에 대해 입증하고자 노력한다. 곤잘레스에 따르면, 니케아 공의회와 칼케돈 공의회의 확증은 오늘날 히스패닉 교회에 대해 놀라울 만큼 적실성을 지닌다.[57]

곤잘레스는 니케아 신조를 예로 든다. 니케아 공의회는 예수 그리스도의 영원한 신성을 고백하는 동시에, 하나님을 "콘스탄티누스화"(Constantinization)하는 것에 항의했다. 곤잘레스에게 있어 "콘스탄티누스화"란 복음의 하나님을 그리스 정신과 그리스 세계에 익숙한 하나님 이해로 재단하여 짜맞추는 것을 의미한다. 아리우스는 성경적인 학식을 풍성히 가지고 있는 사람이었지만 자신을 한계 짓는 철학적·종교적 환경을 넘어서지 못했으며, 따라서 위엄과 초월의 하나님이 고통당하는 연약한 예수와 함께 계신다고 감히 생각할 수 없었다. 아리우스는 성경의 살아 계신 하나님을 버리고 싶은 유혹, 권력과 영광의 구성 요소만을 다루는 "현상 유지 신학"(theology of the status quo)에 안주하고 싶은 심각한 유혹에 빠졌다. 하지만 이런 도전을 당하는 자는 아리우스만이 아니며, 오늘날에도 이 유혹은 여전히 강력하다. 가난한 자들에게 복음을 선포하고 두 천한 강

56) Justo L. Gonzalez, "Scripture, Tradition, Experience, and Imagination: A Reflection," in *The Ties That Bind: African American and Hispanic American/Latino/a Theologies in Dialogue*, ed. Anthony B. Pinn and Benjamin Valentin (New York: Continuum, 2001), 64.

57) Justo Gonzalez, *Mañana: Christian Theology from a Hispanic Perspective* (Nashville: Abingdon, 1990).

도 사이에서 십자가 처형을 당했던 자가 바로 하나님의 아들이자 성부와 "동일본질"이라고 확증하는 행위는 그때나 지금이나 하나님을 강력한 절대 군주로 여기는 자들에게는 큰 걸림돌인 것이다. 다른 말로 하자면 니케아 신조는 신성과 참된 권능의 본질에 관한 우리의 이해를 혁명적으로 바꾼다.

곤잘레스에 따르면 그리스도의 참 신성과 참 인성을 확증하는 칼케돈 신조 역시 모든 형태의 "콘스탄티누스화"에 저항했으며, 그런 경향이 억압당하는 사람들의 영혼에 미치는 해악과도 싸웠다. 속박과 억압 속에 있는 사람들은 자주 자신의 상황을 설명해주는 듯한 신학적 설명을 무비판적으로 받아들이려는 유혹에 빠진다. 초기교회의 수백 년 동안 이런 식의 거짓 설명을 제시했던 것이 바로 가현설의 이론이었다. 가현설을 주장하는 자들에 있어 예수는 단지 외형적으로만 인간으로 보일 뿐이다. 실제적으로 예수는 순전히 천상적 존재였으며 인간의 고통과 죽음의 실재에 의해 아무런 영향도 받지 않았다. 칼케돈 신조는 예수 그리스도의 참 인성을 확증함으로써 이런 가현설을 단호하게 배격했다. 하지만 곤잘레스가 보기에 가현설 이단은 특히 오늘날 히스패닉 그리스도인에게 유혹이 된다. 즉 상황 앞에서 무력감을 느끼는 개인들로 하여금 지금 여기에서의 삶의 변혁을 회피하고, 대신 가난한 자들로 현재의 자신의 비참함을 잊고 오로지 미래의 삶에만 집중할 것을 권유하는 수많은 텔레비전 설교자의 메시지가 그런 현대판 가현설인 것이다.[58]

칼케돈 신조는 가현설뿐만 아니라 양자설(adoptionism), 아폴리나리우스주의(Apollinarianism), 네스토리우스주의도 거부했다. 곤잘레스는 이런 옛날의 이단들이 오늘날 명칭만 달리하여 여전히 히스패닉 그리스도인들을 유혹하고 있다고 경고한다. 예를 들어 현대의 양자설은 예수가 자신의 공로를 통해 하나님의 호의를 얻어냈다는 착상을 선호하면서 예수 그리

---

58) Gonzalez, *Mañana*, 143.

스도 안에서 구현된 하나님의 은혜를 부인한다. 그리고 이런 식의 기독론은 누구든지 열심히 일하기만 하면 최고의 자리까지 출세할 수 있다고 말하는 아메리칸 신화와 유사한 것이다. 만약 억압당하는 자들이 예수 그리스도가 단지 "출세한 촌놈" 정도가 아니라 우리를 위해 그리고 우리와 함께하는 하나님임을 배우지 못한다면, 자신을 무가치한 실패자로 간주하기 쉬울 것이다. 양자설의 예수는 사회 계층의 밑바닥에 있는 자들에게는 기쁜 소식이 되지 못한다.[59]

이런 식으로 곤잘레스가 히스패닉의 상황의 관점에서 재해석하는 니케아 신조와 칼케돈 신조는 결코 케케묵은 구식이 아니다. 참 하나님이 우리의 구원을 위해 예수 그리스도 안에서 참 인간이 되셨다는 확증은 다른 시대와 다른 장소의 교회에서처럼, 오늘날 히스패닉 교회에서도 중요하다. 하지만 이런 핵심을 효과적으로 파악하기 위해서는 반드시 히스패닉 미국인의 현재 상황과 관련된 방식으로 고전적 신조가 재해석되어야 한다. 곤잘레스는 칼케돈 신조가 성경이 증언하는 예수 그리스도의 참 신성과 참 인성을 충분히 구체적으로 규정하지 않는다는 비판에는 동의한다. "예수 그리스도가 참 신성을 드러낸 것은 정확히 타자를 위한 그의 존재를 통해서였다. 또한 예수 그리스도가 참 인성을 드러낸 것도 정확히 타자를 위한 그의 존재를 통해서였다."[60] 그러나 올바르게 이해되기만 한다면 옛 교회의 기독론적 신조는, 예수 그리스도 안에서 드러난 하나님의 무조건적인 은혜의 복음을 상황 속에서 선포하기 위해 필수적으로 요구되는 지침이다.

---

59) Gonzalez, *Mañana*, 145.
60) Gonzalez, *Mañana*, 152.

아시아계 미국인 기독론

아시아계 미국인 신학(Asian American theology)은 미국에서 가장 최근에 나온 상황신학 중 하나이다. 아시아계 미국인 그리스도인의 수가 꾸준히 증가하고 있기 때문에 틀림없이 이 신학도 계속해서 성장할 것이다. 아시아계 미국인들은 다양한 문화적·언어적 배경을 지닌 다수의 상이한 나라 출신이다. 그들은 많은 공통 관심사도 공유하지만, 그렇다고 해서 단일한 하나의 아시아계 미국인 신학이 존재하는 것은 아니다. 여기에서의 나의 요약은 대체로 한국계 미국인 신학자들의 글을 토대로 하고 있다.[61]

아시아계 미국인 신학의 상황은 미국으로 건너온 아시아계 이민자들과 그 가족의 경험이다. 이런 상황의 가장 큰 특징은 **서로 크게 다른 두 가지 문화의 복합적인 교차**라고 할 수 있다. 흑인신학에는 아프리카 대륙과 북미 대륙의 만남이 있고 히스패닉신학에는 북미 문화와 남미 문화와의 합류가 있는 것처럼, 아시아계 미국인 신학에는 동양 문화와 서양 문화 사이의 접촉이 있다.

아시아계 미국인 신학자들은 동양의 **철학적·종교적·문학적 전통을 활용하여 서양의 전형적인 사고 범주와 형식이 아니라 아시아인에게 더 적합하고 본래적인 양식과 형태로 신학 작업을 수행한다.** 어떤 신학자들은 음양(陰陽)과 같은 아시아적 개념에 의해 직간접적으로 영향을 받는다. 이들은 서양의 배타적(exclusive)·대립적(oppositional)·"양자택일적"(either-or) 사고방식과는 구별되는 동양의 포괄적(inclusive)·상호 보완적(complementary)·"양자 긍정적"(both-and)인 사고 형태를 선호한다. 또 다른 아시아계 신학자들은 도(tao)와 한(han)과 같이 발전 가능성 있는 개념

---

61) 이 주제에 대해서는 한국계 미국인 신학을 연구한 케빈 박(Kevin Park)의 박사 학위 논문에 신세를 졌다. Kevin Park, "Emerging Korean North American Theology: Toward a Contextual Theology of the Cross"(Princeton Theological Seminary, 2002).

을 이용하여 신학적인 활동을 수행하거나 또는 동양 문화로부터 이끌어
낸 삶의 이미지를 활용한다. 아시아적 이미지를 생생하게 활용한 좋은 예
로는, 여러 해 동안 태국에서 선교사로 활동했던 일본계 미국인 신학자 고
수케 고야마(Kosuke Koyama)가 있다. 그는 "조직신학"이나 "교리신학"이 아
니라 "물소 신학"(water buffalo theology)을 제창한다. 이 신학은 트랙터 대신
물소의 도움으로 밭을 경작하는 동남아시아의 가난한 농부들에게 이해
될 수 있는 신학이다.[62] 저명한 대만계 미국인 신학자인 송천성(Song Choan
Seng)은 신학이란 본질적으로 스토리텔링(storytelling)이라고 이해한다. 특
히 그는 아시아 사람 중에서도 가난하고 억압받는 자들의 이야기를 언급
하며, 예수의 관점에서 그 이야기를 재해석한다.[63]

아시아계 미국인 신학자들의 작업의 주요 개념은 "주변성"(marginal-
ity)**이다.** 이정용(Lee Jung Young)에 따르면, "성육신은…하나님의 주변성이
다.…그리스도는 자신이 가졌던 모든 것을 포기함으로써 주변성 중에서도
주변이 되었다."[64] 이정용은 하나님과 구원 사역을 묘사하는 모든 유비에
는 한계가 있음을 인정한다. 그럼에도 이 신학자는 미국에서 아시아계 미
국인이 경험하는 주변성을, 예수 그리스도 안에서의 하나님의 자기 주변
성과 비교한다. 하나님이 천상으로부터 이 세상으로 이주할 때 배척과 모
욕을 당하신 것과 마찬가지로, 아시아계 미국인 이민자들도 모든 것을 포
기하고 미국으로 이민 올 때 배척과 모욕을 경험한다. "한때 고국에서는
전문직에 종사했던 이들이 여기서는 청소부, 세탁소 일꾼, 식당일 하는 사
람, 다른 허드렛일을 하는 일꾼으로 시작했다."[65]

이상현(Lee Sang Hyun)은 주변성의 개념을 좀 더 다른 방식으로 전개

---

62) Kosuke Koyama, *Water Buffalo Theology* (Maryknoll, N.Y.: Orbis Books, 1974).
63) C. S. Song, *The Believing Heart: An Invitation to Story Theology* (Minneapolis: Fortress, 1999).
64) J. Y. Lee, *Marginality: Key to Multicultural Theology* (Minneapolis: Fortress, 1995), 83.
65) Lee, *Marginality*, 83.

한다. 그에 따르면 주변성, 즉 두 개의 세계 사이의 경계에서 사는 경험은 아시아계 미국인들에게 긍정적 측면과 부정적 측면 모두를 가진다. 부정적인 측면에서 말하자면, 주변성은 인종차별적 편견 때문에 주류 사회의 주변으로 밀려나는 경험이다. 또한 부정적인 의미의 주변성은 자신의 선택에 의해서가 아니라 자신의 의지와는 상관없이 주어지는 상황이다. 긍정적인 측면에서 보자면, 주변성은 문화적 차이점들이 만나는 곳으로 창조적인 활동을 위한 계기를 제공하며, 불의와 배타의 구조에 맞서 정의를 위한 예언자적 목소리를 낼 수 있는 기회를 제공한다.[66]

더욱 최근에, 이상현은 주변성의 긍정적·창조적 측면을 더욱 발전시켰는데, 이를 그는 "경계성"이라고 기술했다. 경계성은 두 세계 사이의 공간을 가리킬 뿐만 아니라, 두 세계를 초월하거나 넘어서기 위한 가능성이 존재하는 곳을 가리킨다. 경계성은 저항, 연대, 새로움에 대한 창조적이고도 개방적인 공간이 될 수 있다. 이상현의 논증에 따르면, 예수는 예루살렘의 권력과 부의 주변부에 있는 갈릴리 사람으로서 주변성과 경계성의 상황을 직접적으로 깨달았다. 자신이 처한 경계성의 상황 속에서 예수는 하나님의 침노하는 통치를 선포하고 구현했다. 예수의 경계성, 그리고 제자들로 하여금 이 공간을 공유하도록 하는 예수의 초청은 그의 사역 전체의 특징이 되었고, 십자가 위에서 최고의 심연에 도달했다. "십자가에서의 예수의 경계성으로부터 그리고 성령의 사역에 의해, 하나님 자신과의 공동체 즉 구속과 변혁의 공동체가 도래한다."[67]

주변성과 경계성의 주제는 이렇게 아시아계 미국인 기독론과 히스패닉 기독론에서 두드러진다. 엘리존도가 갈릴리 상황의 혼혈성, 즉 인종

---

66) Sang Hyun Lee, "Pilgrimage and Home in the Wilderness of Marginality," *Princeton Seminary Bulletin* 16, no. 1 (1995); and Kevin Park, "Emerging Korean North American Theology," 72-119.

67) Sang Hyun Lee, *From a Liminal Place: An Asian American Theology* (Minneapolis: Fortress, 2010).

적·문화적 혼혈성을 강조한 반면, 이상현은 예루살렘의 권력 중심과의 관계에서 갈릴리가 차지하는 정치적·종교적·문화적 주변성을 더 강조한다. 두 신학자의 요점은, 그리스도의 성육신과 구원 사역의 의미가 주변성의 상황 속에서 이루어졌던 그의 삶과 활동으로부터 분리될 수 없다는 것이었다. 이상현의 독특한 공헌은 예수의 인격과 사역에 대한 신약의 증언을 구체적인 역사적 상황 안에서 해석할 뿐만 아니라, 더 근본적으로 그 궁극적인 토대를 삼위일체 하나님의 영원한 삶에 두고 그 역사적 실현을 하나님의 아들의 성육신에 두는 것으로 해석하는 노력이다.

아시아계 미국인 신학의 발전을 위해 아시아 문화의 통찰을 차용한 좋은 예는 아마도 한(恨, han) 개념일 것이다. 한은 부당한 대우를 받아왔던 자들이 느끼는 분노와 원한과 비통을 가리키는 한국말이다. 앤드류 성 박(Andrew Sung Park)은 한의 개념이 죄의 의미와 그리스도의 구원 사역의 의미를 비추어준다고 제안한다. 죄는 항상 가해자의 관점에서만 논의되며, 피해자에게 끼친 영향의 관점에서는 좀처럼 논의되지 않는다. "전통적인 죄의 교리는 일방적이다. 그래서 세상을 죄인의 관점으로만 이해한다. 따라서 죄의 불의의 희생자들을 제대로 설명하거나 이해하지 못한다."[68] 가해자와 마찬가지로 희생자도 일종의 예속 상태에 있다. 피해자의 예속 상태는 가해자의 그것처럼 용서를 필요로 하는 죄책감의 예속이 아니라 자유로운 해방을 필요로 하는 분노와 원한의 예속이다. 그러므로 하나님의 구원 사역은 죄인을 용서함으로서뿐 아니라, 희생자가 분노와 체념으로부터, 또한 가해자에 대한 증오로부터 자유롭게 풀려나도록 하는 사역으로 이해되어야 한다. 원한과 분노와 증오 같은 감정은 곪으면 곪을수록 삶의 모든 기쁨을 파괴하고 변혁과 갱신의 가능성을 방해하기 때문이다.

다른 상황신학자들처럼, **아시아계 미국인 신학자들도 만족설과 같은**

---

68) Andrew Sung Park, *The Wounded Heart of God: The Asian Concept of Han and the Christian Doctrine of Sin* (Nashville: Abingdon, 1993), 10.

예수의 죽음에 대한 서양의 표준적 해석에 대해 대체로 비판적이다. 대신에 이들은 예수가 죽음에 이르기까지 가난한 자와 학대받고 고통당하는 자들과 연대하셨음을 강조한다. 고수케 고야마는 자신의 저서 속에서, 예수의 수난과 죽음에서 우선적으로 선언된 것은 지배 권력에 대한 철저한 비판이었음을 지적한다. 종교와 정치 양 영역에는 제국주의적 "중심주의"에 대한 우상숭배, 즉 권력과 부와 영향력의 중심에 있는 자들이 주변부에 있는 자들을 통제하고 착취하기 원하는 정신이 있음을 보여주는 많은 증거가 있다. 하지만 그리스도인은 예수가 만물의 중심이라고 믿는다. 그런 예수는 긍휼한 마음 때문에 주변부로 이동함으로써 자신의 중심성을 실현한 분이다. "세상 종교와 정치의 파괴적인 중심주의에…대항하여, 십자가에 달리신 그리스도는 주변부를 위해 자신의 중심성을 포기함으로써 오히려 그 중심성을 확증한다. 이것이 바로 샬롬을 실현하는 예수의 길이다."[69] 송천성에 따르면, 예수의 참된 정체성과 그의 구원의 본질을 알려주는 가장 중요한 단서는 "가난한 자와 버려진 자들, 사회적으로 또는 정치적으로 억압받는 자들 한가운데서 발견될 것이다. 예수의 말과 행동은 육체와 정신이 고통당하고 있는 남성과 여성과 아이들과 떨어져서는 절대로 온전히 파악될 수 없다."[70]

아시아계 미국인 여성 역시 종속과 억압의 역사라는 상황 속에서 예수의 주님됨이 어떤 의미를 가지는지 고민한다. 예수 그리스도를 따르는 것이 과연 여성의 수동적인 의존의 양식을 강화하는가? 그리스도를 따르기로 선택한다는 것이, 자신을 무시하고 유기함에도 불구하고 한 남자를 계속해서 사랑해야 하는 의무를 의미하는가? 정현경(Chung Hyun Kyung)에 따르면, 이런 질문에 대해 대다수의 아시아계 여성 그리스도인의 대답은 확

---

69) Kosuke Koyama, "The Crucified Jesus Challenges Human Power," in *Asian Faces of Jesus*, ed. R. S. Sugirtharajah (Maryknoll, N.Y.: Orbis Books, 1993), 155.

70) C. S. Song, *Jesus: The Crucified People* (New York: Crossroad, 1990), 12.

고한 "아니요!"다. 예수는 "여성을 긍정하고 존중한다. 또한 예수는 해방과 온전성을 실현하기 위해 장기간 힘든 여정을 걸어가고 있는 여성들과 적극적으로 함께하신다. 아시아 여성들은 모든 억눌린 사람들과 맺는 연대를 통해 예수가 그동안 침묵해왔던 자신들의 편에 서 계심을 깨닫는다."[71]

　아시아계 미국인 신학자들의 많은 신학적 기획들은 제9장에서 다룬 다른 상황신학들과 같이 주위의 이목을 끈다. 베트남계 미국인 로마 가톨릭 신학자인 피터 판(Peter C. Phan)은 그러한 기획들을 평가하기 위한 두 가지 중요한 기준들을 제안한다. 첫째는 적합성이다. 적합성이란 "성경과 기독교 전통을 통해 전달되는 예수의 삶과 교훈에 대하여 이 메시지가 가지는 관계적인 정합성이다." 둘째는 타당성이다. 타당성이란 "기독교의 복음을 듣는 자들의 상황을 이해하고 변혁하기 위하여 기독교의 복음을 현대적인 감각으로 말할 수 있는 능력을 가리킨다."[72]

기독론의 지역성과 세계성

언뜻 보기에 모든 종류의 지역적 상황신학과, 이 신학이 그리스도와 구원에 대해 언급하는 특수한 견해는 당황스럽고도 위협적으로 보일 수 있다. 어떤 이들은 그리스도에 대한 이와 같은 다양한 증언에 대해, 그저 혼란스럽고 분열적이며 이단적이라고 치부해버리고 싶은 유혹을 느낄 수 있을 것이다. 그리고는 고전적 기독론적 신조가 사용하던 친숙한 언어와 범주로, 기존에 확립된 신학 전통의 해석으로 도피해버리는 것이다. 하지만 이런 해결책은 명백히 잘못된 것이다. 지금 우리에게 필요한 것은 양자택

---

71) Chung Hyun Kyung, "Who Is Jesus for Asian Women?" in *Asian Faces of Jesus*, 226.
72) Peter C. Phan, *Christianity with an Asian Face: Asian American Theology in the Making* (Maryknoll, N.Y.: Orbis Books, 2003), 118.

일적 선택이 아니라 상호 간의 이해를 위한 대화다. 오늘날과 같은 다원적 사회에서 복음이 효과적으로 전달되려면, 교회 전체의 공통적인 기독론적 고백과 상황적 기독론 또는 지역적 기독론의 특수한 증언은 각각 서로를 필요로 한다.

전 세계 교회는 지역 교회의 증언을 경청할 필요가 있으며 살아 계신 그리스도에 대한 지역 교회의 경험에 귀 기울일 필요가 있다. 수적인 측면에서만 보아도 기독교의 "중심"은 유럽과 북미로부터 아프리카와 남미로 이동했다. 앞으로는 중국의 기독교가 크게 성장할 것이고, 따라서 21세기의 기독교적 증언과 신학에 있어 중국의 목소리가 신선하면서도 독특한 공헌을 하게 될 것이다.

최근 수십 년 동안 세계 기독교에는 다양한 목소리가 들려지기 시작했다. 제2차 바티칸 공의회는 역사상 처음으로 제3세계의 대표단이 참석한 에큐메니칼 공의회였다. 미래의 에큐메니칼 공의회가 세계 도처의 모든 그리스도인을 대변하고자 한다면, 전례가 없을 정도로 다양한 인종과 언어와 문화와 신학과 예전을 대표하는 자들이 반드시 참석해야 할 것이다. 지역적 신학이 없으면, 세계 교회의 목소리는 과도하게 추상적이며 이론적이 된다. 지역적 신학은 그리스도와 그의 구원에 대한 특수하고 구체적인 증언을 제공하며, 전 세계의 교회는 그것을 경청하고 흡수할 필요가 있다. 지역적 신학의 목소리는 때때로 우리를 동요시키는 질문을 제기한다. 그러나 지역적 신학은 인위적이지도 않고, 학문적이기만 한 것도 아니다. 이 신학은 삶의 경험에서 우러나오며, 응답과 변혁을 위한 성찰과 요청을 재촉한다.

만약 세계 교회가 지역적 신학의 목소리를 경청할 필요가 있다면, 그 역 또한 사실이다. 즉 지역 교회는 고전적 신조와 신앙고백과 예전을 통해 표현되는 전 세계 교회의 공동의 증언을 경청할 필요가 있다. 에큐메니칼 신앙고백이 추상성에 갇힌 채 거기에 안주할 유혹에 빠져 있다면, 지역적 증언과 신앙고백은 지역적 편협성과 일방성에 사로잡힐 위험이 있는 것이다. 그리스도의 의미에 대해 구체적인 상황 속에서 나오는 신선한 표현들도 정말 중요하지만, 그런 표현이 하나님의 구원 사역에 대한 성경의 증언과 에큐메니칼 신조 속에 요약된 더 큰 차원의 이야기로부터 분리되어서는 안 된다. 성경을 관통하는 큰 이야기의 뼈대를 초기 교회는 "신앙 규범"(rule of faith)으로 불렀다. 이 신앙 규범은 교회가 확장되어 새로운 지역과 문화권 속으로 퍼져갈 때, 교회의 삶과 사명에서 본질적 역할을 담당했다. 신학 안에 내재하는 일방성을 우리가 항상 피할 수 있는 것은 아니다. 자기 몫을 감당하는 어떤 신학도 스스로 일방적인 강조점을 과도하게 밀고 나가는 경향성으로부터 자유로울 것이라 자신할 수 없다. 만약 신학이 둔감해지고 타자의 목소리에 귀와 마음을 닫아버린다면, 그리고 스스로를 개혁하기 불가능하다고 말한다면, 그 신학의 일방성은 보수주의적이든 자유주의적이든 실패하고 말 것이다.

만약 기독론의 상황적 관심사와 에큐메니칼적 관심사를 결합하고자 한다면, 또한 이 두 관심사가 서로를 교정하고 서로를 풍성하게 만들고자 한다면, 적어도 다음과 같은 두 가지 원리에 주목할 필요가 있다.

첫째, **에큐메니칼 신학에서 모든 노력은 상황적 신학에 대해 진정으로 개방적이어야 한다.** 에큐메니칼 신학은 "오랫동안 침묵해왔던 자들의 목소리를 경청하기를"[73] 원해야 한다. 신적 진리가 로마, 런던, 제네바, 뉴욕 등 어느 중심지로부터 흘러나와 퍼진다는 하향 침투식 이론이 통하던 시대는 끝났다. 에큐메니칼 신학은 살아 계신 그리스도의 말씀과 영이 지역 교회를 통해 말하는 모든 내용을 경청하고 통합할 수 있는 능력에 대해 자신을 점검해야 한다. 북미의 주류 교회는 상이한 문화와 상황에 처한 그리스도인들의 목소리를 마지못해 억지로 듣는 식이어서는 안 된다. 오히려 이와 같은 다양한 목소리를 경청하는 것은, 앤드류 월스의 표현대로, "그리스도를 새롭게 발견하기 위한" 좋은 기회가 될 것이다. 예수 그

---

73) "A Brief Statement of Faith," in *The Book of Confessions* (PCUSA), 10.4, line 70.

리스도라는 영원한 실재는 "이전에는 결코 짐작하지도 못했던" 여러 의미와 여러 차원을 가지고 있다. 그러므로 모두의 통찰력과 재능이 에큐메니칼적으로 교환될 때에만 비로소 우리는 "완성되고 구속된 인간성의 영광"[74]이 무엇인지를 어렴풋이 알게 될 것이다.

둘째, **지역적 신학은 자신만의 상황 속에서 그 상황에 대해 말할 뿐 아니라 전 세계의 그리스도인 공동체의 상황에서도 발언하는 데 진정한 관심을 가져야 한다.** 로버트 슈라이터가 주목했듯이, "지역 공동체의 신학은 강제적으로라도 자신을 벗어나야 한다. 지역적 신학은 전통에서 이미 알려진 바를 확증하든지 혹은 그것을 새로운 상황으로 확대하든지, 기독교 교회 전체가 스스로를 이해할 수 있는 방식에 일정한 공헌을 해야 한다."[75] 만약 지역적 신학이 자신의 통찰력을 하나님의 백성 전체에 나누어 주지 않고 편협하고 고립된 상태로 머문다면, 지역적 신학 자신의 과제를 스스로 방해하는 것이 된다. 모든 지역적 신학의 목적은 전체 교회의 증언이 깊어지고 풍성해지고 교정되는 것이다. 사도 바울은 다양한 은사에 대해, 이 모든 선물은 모두에게 유익하도록 하기 위해 주어진 것이라고 했다. 그리스도의 몸의 어떤 지체도 다른 지체에게 "나에게는 네가 쓸 데가 없다"(고전 12:21)라고 말할 수 없다. 책임감 있는 지역적 신학은 목적에 있어서 에큐메니칼적이어야 하며, 진정으로 에큐메니칼적인 신학은 지역적 신학으로부터 나오는 통찰력과 실천적 행동에 대해 개방적이어야 한다.

물론 이것은 신학에 있어 쉬운 과제가 아니다. 하지만 교회의 임무와 신학의 과제 안에서 쉬운 것을 기대할 수 없는 법이다. 칼 라너에 따르면 칼케돈 신조는 기독론적 성찰의 끝이 아니라 중대한 출발점이다. 신학은 항상 움직이고 항상 자기 교정을 수행한다. 다르게 표현하자면 칼 바르

---

74) Walls, *The Missionary Movement*, xviii. 또한 Margaret O'Gara, *The Ecumenical Gift Exchange* (Collegeville, Minn.: Liturgical Press, 1998)를 보라.

75) Schreiter, *Constructing Local Theologies*, 120.

트가 말한 대로, 기독교 신앙의 교리는 교회의 신앙고백이 "임시적으로 중지"하게 된 지점일 뿐이다.[76) 신학의 과제는 "시작점에서부터 몇 번이고 되풀이해서 시작함으로써" 이해를 추구하는 신앙의 여정을 지속하는 것이다. 신학의 시작점은 살아 계신 주 예수 그리스도이다. 성경은 예수 그리스도를 이야기하고 성령은 그 이야기에 생기를 불어넣으며, 교회의 신앙 규범은 그것을 요약하고 신실한 그리스도인들은 서로 다른 시간과 공간 속에서 상이한 문화적 언어로 그것을 다시 말한다.

---

76) Karl Barth, *The Göttingen Dogmatics*, vol. 1 (Grand Rapids: Eerdmans, 1991), 39.

참고 문헌

Bonino, José Míguez. *Faces of Jesus: Latin American Christologies*. Maryknoll, N.Y.: Orbis, 1984.

Cone, James H. *The Cross and the Lynching Tree*. Maryknoll, N.Y.: Orbis, 2013.

Douglas, Kelly Brown. *The Black Christ*. Maryknoll, N.Y.: Orbis, 1994.

Gilliss, Martha Schull. "Resurrecting the Atonement." In *Feminist and Womanist Essays in Reformed Dogmatics*, ed. Amy Plantinga Pauw and Serene Jones. Louisville: Westminster, 2006. p. 125-38.

Gonzalez, Justo. *Manana: Christian Theology from a Hispanic Perspective*. Nashville: Abingdon, 1990.

Grant, Jacquelyn. *White Women's Christ and Black Women's Jesus: Feminist Theology and Womanist Response*. Atlanta: Scholars, 1989.

Johnson, Elizabeth A. *She Who Is: The Mystery of God in Feminist Theological Discourse*. New York: Crossroad, 1992. p. 150-69.

Lee, Sang Hyun. *From a Liminal Space: An Asian-American Theology*. Minneapolis: Fortress, 2010. p. 63-108.

Oduyoye, Mercy Amba. "Jesus Christ." In *The Cambridge Companion to Feminist Theology*, ed. Susan Frank Parsons. Cambridge: Cambridge University Press, 2002. p. 151-70.

Phan, Peter. *Christianity with an Asian Face: Asian American Theology in the Making*. Maryknoll, N.Y.: Orbis, 2003.

Rigby, Cynthia L. "Scandalous Presence: Incarnation and Trinity." In *Feminist and Womanist Essays in Reformed Dogmatics*, ed. Amy Plantinga Pauw and Serene Jones. Louisville: Westminster, 2006. p. 58-74.

성령과

▶▶▶▶▶▶▶▶▶▶▶▶▶▶▶▶▶▶▶▶▶▶▶▶ 제 10 장 ▶

그리스도인의 삶

하나님의 말씀과 영의 안내를 받는 그리스도인은 새 하늘과 새 땅에서 새로운 인간성을 약속하신 하나님의 최종적인 성취를 확신하고 소망하면서 이와 같은 과제를 담당한다. 이는 소명 중에서도 최고의 소명이며, "주 예수 그리스도의 은혜와 하나님의 사랑과 성령의 교통하심"에 의해 강화되는 부름이다.

그리스도인은 하나님이 은혜 가운데 세상을 지으시고 자신의 형상대로 인간을 창조하신 창조자이심을 확증한다. 또한 그리스도인은 하나님이 화해자로서 세상을 화해시키기 위해, 그리고 그분의 선한 창조를 파괴하려고 위협하는 죄와 사망과 모든 다른 악의 세력으로부터 인간을 해방시키기 위해, 예수 그리스도의 인격과 사역에 결정적으로 현존하셨음을 확증한다. 그러나 만약 교회의 신조가 창조자 하나님과 화해자 하나님에 대한 신앙의 첫 두 항목으로 갑작스럽게 끝난다면 어떨까? 그렇게 되면 교회의 신조는 지금 여기서의 우리의 삶과는 아무런 관련이 없는 진리처럼, 또한 현재로부터 역사적으로 멀찍이 떨어져 있는 사건처럼 보일 수 있다. 마르틴 루터의 표현대로 "만약 하나님이 네게 있어 하나님이 아니라면, 하나님은 하나님이라는 진술이 네게 무슨 유익이 있겠는가?"[1] 장 칼뱅도 동일한 요점을 표현한 바 있다. "그리스도가 우리 밖에 머무는 한, 또한 우리가 그리스도로부터 분리되어 있는 한, 그리스도가 인간의 구원을 위해 고통당하고 행하셨던 모든 것은 우리에게 아무런 소용도, 아무런 가치도 없다."[2]

교회의 신조의 세 번째 항목은 하나님이 창조자로서 우리 **위에**(over us) 계시고 화해자로서 우리를 **위하여**(for us) 계실 뿐만 아니라, 성화자로서

---

1) Martin Luther, "A Meditation on Christ's Passion," in *Luther's Works*, 42: 3-14.
2) Calvin, *Institutes of the Christian Religion*, 3.1.1.

우리 **안에서**(in us) 활동하심을 확증한다. 즉 세 번째 항목은 성령에 대해, 그리고 그리스도 안에 있는 새로운 인간에 대해 진술한다. 우리는 어떤 방식으로 창조와 화해와 변혁의 거대한 드라마에 참여하는가? 삼위일체 하나님의 삶과 활동에 인간이 참여할 수 있도록 하는 힘은 무엇인가? 예수 안에서 하나님의 은혜를 경험했던 사람들의 특징을 이루는 태도와 실천과 관계성은 어떤 것인가? 인간의 역사와 창조세계 전체의 역사가 지니는 목적은 무엇인가? 이런 질문에 대한 대답은 교회의 신조의 세 번째 항목, 즉 성령에 대한 신앙의 확증으로부터 시작한다.

성령론의 무시와 재발견

성령론은 기독론과 교회론 같은 교리가 받아왔던 관심을 좀처럼 받지 못했다. 어떤 신학자들은 초기교회 신조의 성령론이 거의 "부주의한"[3] 수준이었다고 말하기까지 했다. 교회는 성령의 현존과 권능을 강조했던 운동들을 자주 공식적으로 반대해왔는데, 이는 성령에 대한 교회의 무시와 의심을 보여주는 징후라고 할 수 있다. 2세기의 몬타누스주의자들(Montanists), 12세기의 왈도파(Waldensians), 16세기의 급진적 개혁자들(radical reformers), 우리 시대의 기독교 기초 공동체들(Christian base communities)은 성령의 활동을 강조한다는 이유만으로 모두 의심을 받아왔다. 항상 제도적 교회는 성령의 경험과 성령에 대한 호소를 잠재적으로 체제 전복적인 것으로, 그래서 통제할 필요가 있는 것으로 인식해왔다.

성령의 활동에 대한 이와 같은 통상적인 무시와 의심은 그리스도인의 삶과 기독교 신학에 해악을 끼쳤다. 즉 이런 무시와 의심은 신론, 성경

---

3) George S. Hendry, *The Holy Spirit in Christian Theology* (Philadelphia: Westminster, 1956), 13.

론, 자연 질서의 의미, 인간 문화의 가치, 그리스도와 그의 사역에 대한 해석, 교회의 본질, 그리스도인의 자유, 삶의 최종적 성취에 대한 소망 등에서 왜곡을 일으킬 가능성이 있다. 성령의 사역이 망각되거나 억압되면 하나님의 권능은 멀리 떨어져 있는 것으로, 위계질서적인 것으로, 강제적인 것으로 이해되기 쉽다. 그리스도 중심적 신앙은 그리스도 일원론으로 변질되고, 성경의 권위는 타율적이 된다. 또한 교회는 구성원들이 상호 간에 군림하는 경직된 권력 구조로 간주되고, 성례는 성직자 특권층의 통제 하에 있는 주술적인 의식으로 전락한다.

다행히도 최근의 신학과 교회의 삶에 있어 성령과 기독교 영성에 대한 관심이 되살아났다.[4] 이런 발전에는 다음과 같은 다양한 원인이 개입되었다.

1. 광범위한 문화적 관점에서 보면, 성령에 대한 새로운 관심은 현대 사회와 교회 안에 있는 비인격화와 관료 체제화에 대한 항의이다. 생명력에 대한 형식의 우위, 목적에 대한 조직의 우위, 자유로운 동의에 대한 외적 권위의 우위에 대한 항거인 것이다. 단순히 성경 구절이나 교회의 교리를 인용하면서 질문에 대한 해답을 찾는다면, 그것은 통제와 강제의 기풍을 보여주는 또 하나의 사례가 될 것이다. 하나님을 성령으로 아는 것은 그분을 강제적인 힘으로서가 아니라 자유롭게 하는 권능으로서 경험하는 것이다.

2. 두 번째도 동일하게 중요한 요인이다. 성령에 대한 새로운 관심은 우리 시대의 깊은 갈망을 해결할 영적 자원에 대한 광범위한 갈망을 뚜렷하게 증거한다. 더 심오한 신앙, 하나님과의 새로운 관계, 진정한 사랑과 영속적인 우정의 경험을 깊이 갈망하는 우리 시대의 개인적 혹은 집단적 울부짖음이 그 속에 있는 것이다. 현대 기술 사회에서 수많은 사람들은 고

---

4) 이런 경향은 1990년 호주 캔버라에서 개최된 세계교회협의회 제7차 총회의 주제인 "오소서, 성령이시여, 온 창조세계를 새롭게 하소서" 속에 반영되어 있다.

독하거나 무시당한다고 느낀다. 자신들의 삶에 영향을 미치는 비인격적인 세력 앞에서 극도의 절망감을 느끼기도 한다. 옛날이라면 의미를 제공하고 지원과 동행을 제공했을 문화적 기관들이 와해되고 있다. 하지만 개인주의와 자립을 찬양하는 세속 철학은 개인과 집단의 갈망과 울부짖음을 다루는 데 도움을 주기 어렵다. 그리하여 새로운 삶, 새로운 공동체, 새로운 기쁨에 대한 갈망은 성령에 대한 새로운 관심으로, 또 새로운 영성에 대한 추구로 표출되고 있다.

3. 성령에 대한 최근의 관심은 근대적 의식 속에 만연되어 있는 일종의 이해, 즉 냉정한 객관성과 역사적 간격에 대한 이해와 관계가 있다. 심지어 그리스도 중심적이라고 일컬어지는 신학조차도 역사적 간격과 객관주의적 사유 방식의 영향에서 자유롭지 못했다. 하지만 만약 그리스도 안에 있는 구원의 객관적 실재를 인격적으로 전유하지 못하고 그 실재의 변혁적 힘에 실제적으로 참여하지 못한다면, 그러한 실재는 무슨 의미가 있겠는가?[5]

4. 성령에 대한 새로워진 관심은 많은 목회자와 교회 지도자들의 공허감과, 최근의 다양한 사회적·정치적 운동에 참여했던 무수한 사람들의 "극도의 피로감"과도 연관이 있다. 때때로 사회 운동가들은 영성적인 삶을 과거의 불필요한 흔적으로 간주하여 무시하거나 심지어 경멸해왔다. 하지만 오늘날에 와서는, 정의와 평화와 자유를 위한 투쟁에서 불굴의 인내는 필수적인 영성과 분리되어서는 지탱될 수 없음이 분명해졌다.

5. 성령에 대한 새로운 관심은 또한 에큐메니칼 교회의 발전과도 분명하게 연결되어 있다. 에큐메니칼 교회의 발전의 중요한 예로서는 성령을 역사적으로 강조해왔던 오순절 교회의 세계적인 확장, 서방 교회의 영성

---

5) 이브 콩가르(Yves Congar)는 성령에 대한 자신의 광범위한 저작의 가장 중대한 결론으로서 "성령론 없이 기독론이 있을 수 없고, 기독론 없이 성령론이 있을 수 없다"고 말했다[*The Word and the Spirit* (San Francisco: Harper & Row, 1986), 1].

적 삶과 성령 신학에 결함이 있음을 수백 년 동안 주장해온 동방 정교회의 증대하는 영향력, 성령을 발견하고 기념하는 분위기 속에서 성령의 안내를 받으며 성경을 해석하는 남미와 그 외 여러 지역의 기독교 기초 공동체의 등장을 들 수 있다.[6]

6. 성령에 대한 최근의 관심을 촉진한 요인들 중 가장 중요한 요인은 구약과 신약에 나타난 성령의 뚜렷한 활동에 대한 평가가 크게 나아졌다는 점이다. 성령을 주제로 다룬 성경학자와 조직신학자들의 저서가 빠른 속도로 증가하고 있다. 어느 신학자는 성령을 파편적인 방식으로, 심지어 원자화하는 방식으로 읽는 경향에 대해 논평하면서 그런 방식이 몰고 오는 공통된 실패의 결과에 주목한다. 즉 우리가 공통적으로 실패하는 부분은 바로 "예수의 전체 이야기가 그러는 것처럼, 성령의 이야기 전체, 즉 구약과 복음서와 사도행전과 바울 서신에서 드러난 그대로의 전체로서의 성령의 이야기가 우리에게 영향력을 행사하도록" 허용하지 않는 지점일 것이다.[7]

서방 교회의 신학은 오랫동안 기독론에 집중해왔다. 그럼 이제는 성령론으로 관심의 방향이 바뀌는 전환기인 것인가? 20세기의 그리스도 중심적 신학의 위대한 주창자인 칼 바르트조차도 우리 시대에 대해 이런 질문을 제기했다. 아마도 바르트는 성령의 중요성이 회복되더라도, 그것이 교회의 증언 안에 있는 예수 그리스도의 중심성을 희생시키지 말아야 함을 상기시킨 첫 번째 신학자일 것이다.[8]

---

6) José Comblin, *The Holy Spirit and Liberation* (Maryknoll, N.Y.: Orbis Books, 1989).

7) John McIntyre, *The Shape of Pneumatology: Studies in the Doctrine of the Holy Spirit* (Edinburgh: T&T Clark, 1997), 16.

8) Barth, "Concluding Unscientific Postscript on Schleiermacher," in *The Theology of Schleiermacher* (Grand Rapids: Eerdmans, 1982).

성령 신학을 위한 밑그림

최근 들어 성령의 인격과 활동에 대한 관심이 되살아나는 요인이 무엇이건 간에, 다음과 같은 성령론의 주요 요소는 재고찰될 필요가 있을 것이다.[9]

1. 성경이 증언하는 성령은 하나님의 목적들을 성취하기 위해 세계 안에서 활동하는 하나님의 현존과 권능이다. 기독교 성령 신학은 창조, 이스라엘의 역사, 예수의 사역, 그리고 초기교회의 삶에서의 하나님의 영의 활동에 대한 성경의 광범위한 증언을 고려한다.

구약에서 성령은 모든 피조물에게 생명을 주시는 하나님의 창조적인 호흡이다(시 104:29-30; 욥 33:4). 성령은 하나님의 목적을 진전시키기 위해 하나님의 백성 가운데 지식과 기술과 재주를 은사로 준다(출 31:1-11). 성령은 죄의 용서에 확신을 주고(시 51:10-12), 억압당하는 자들에게 용기를 주며(학 2:4-5), 죽음에 새로운 생명을 불어넣고(겔 37장), 소망을 회복하고(욜 2:28-29), 국가의 정의를 촉진시킨다(사 11:1이하). 성령에 대한 구약적 이해의 특징은, 하나님의 영은 선택된 종들에게만 주어지며, 약한 자와 가난한 자들이 억압받는 땅에서 정의를 회복시키도록 하나님의 종들을 강화하고 위임한다는 점이다(사 42:1-4a; 61:1-4). 이와 같이 다양한 방식으로 구약은 하나님의 영을 하나님의 창조적·보존적·구원적·갱신적 권능으로 제시한다. 이런 하나님의 영은 붕괴와 자기 파괴의 세력으로부터 개인뿐만 아니

---

9) 성령론에 관한 최근의 중요한 저서로는 다음 책들이 포함된다. Yves Congar, *I Believe in the Holy Spirit*, 3 vols. (New York: Seabury Press, 1983); José Comblin, *The Holy Spirit and Liberation*; Alasdair I. C. Heron, *The Holy Spirit* (Philadelphia: Westminster, 1983); Jürgen Moltmann, *The Spirit of Life: A Universal Affirmation* (Minneapolis: Fortress, 1992), 『생명의 영』(대한기독교서회 역간); Michael Welker, *God the Spirit* (Minneapolis: Fortress, 1994); John McIntyre, *The Shape of Pneumatology*; Clark H. Pinnock, *Flame of Love: A Theology of the Holy Spirit* (Downers Grove, Ill.: InterVarsity, 1996).

라 하나님의 백성 전체를 구원한다.[10]

신약에서도 하나님의 영은 눈에 띄는 행위자다. 공관복음서는 예수의 삶과 사역이 처음부터 끝까지 성령에 의해 강화되었다고 묘사한다(눅 4:18 이하). 복음서 기자인 누가는 성령의 활동을 특별히 부각시킨다. 즉 누가는 예수가 성령의 권능으로 마리아에게서 태어났다는 이야기로 누가복음을 시작하고 있으며, 오순절에 제자들에게 성령이 임한 이야기로 누가복음의 속편 격인 사도행전을 시작한다. 초기교회는 오래전에 하나님이 약속했던 바로 그 영이 부어진 시대에 자신들이 있음을 분명히 인식했다(욜 2:28-32; 행 2:17-21). 바울은 성령을 부활한 그리스도와 가능한 한 밀접하게 관련시켜 이해하고 있으며, 성령의 활동을 도래하는 하나님의 통치의 추수의 "처음 익은 열매"로 해석한다(롬 8:23). 복음서 기자인 요한에 따르면 성령은 그리스도를 증언하기 위해, 그리고 제자들을 그리스도 안에서 진리의 충만함으로 인도하기 위해 보내졌다(요 14:26). 성경의 증언에 따르면, 성령은 창조와 화해와 완성과 같이 하나님의 전체 사역 안에 현존하고 활동한다. 초기교회는 오랫동안 약속되었던 성령의 부어짐의 시대 안에 스스로 살고 있다고 이해했음이 분명하다(욜 2:28-32; 행 2:17-21).

2. **신약에 따르면, 성령의 활동의 중심과 기준은 예수 그리스도다. 성령의 활동은 예수 그리스도의 구원의 사역을 확증하고 그 안에서의 새로운 삶을 강화한다.** 기독교 성령 신학은 그리스도인을 자신의 구주와 결합시키며 그리스도 안에서 새로운 생명과 새로운 공동체를 창조하는 성령의 사역에 특별한 관심을 기울인다. 대부분의 신학 전통이 성령의 사역을 불충분하게 이해해왔다는 사실에도 불구하고, 신약 자체는 그리스도의 사역과 관련해서 성령의 사역에 대해 풍성하고 다차원적인 묘사를 제공한다. 이런 관련성의 여섯 가지 측면을 다음과 같이 파악할 수 있다.

a. **성령은 그리스도를 증언하고 재현한다.** 그리스도와 그의 화해시키

---

10) 특히 Michael Welker, *God the Spirit*을 보라.

는 사역이 신자들에게 현존하게 되는 것은 바로 성령의 권능에 의해서다. 그리스도를 재현함으로써―그리스도를 현재로 불러옴으로써―성령은 과거 그곳과 지금 여기와의 간격을 메운다. 성경에서 증언되고 교회에서 선포되는 그리스도는 성령의 사역에 의해 우리 밖의 단순한 대상으로, 또는 시공간이라는 "넓고 흉측한 도랑"에 의해 우리와 분리된 머나먼 과거의 사건으로 남지 않는다[레싱(G. E. Lessing)]. 그리스도는 단순히 오래전에 살았던 누군가에 대한 기억도, 미래에 올 누군가에 대한 기대도 아니다. 그리스도는 성령의 권능 안에서 바로 지금 여기서 우리에게 현존한다. 칼뱅이 진술하듯, 바로 "성령의 에너지"를 통해 우리는 "그리스도와 그가 주는 모든 혜택을 향유할 수 있다."[11]

b. **성령은 그리스도 안에서의 새로운 삶의 권능이다.** 성령은 세계를 창조할 때(창 1:2) 그리고 모든 생명 있는 피조물에게 호흡을 줄 때(시 104:24-30) 이미 활동한다. 또한 성령은 새로운 삶의 원천, 또는 요한복음의 표현에 따르면 우리의 중생의 권능이다. 육신의 어머니의 자궁으로부터 첫 번째 출생을 받는 것처럼, 우리는 성령의 권능에 의해 새롭게 태어나야 한다(요 3:1-8). 니케아 신조는 요한복음의 이 이야기와 사도 바울의 언어를 따라서 성령을 "생명의 수여자"로 명명한다(고전 15:45). 이런 명칭은 우선적으로 그리스도 안에 있는 새로운 생명을 가리키지만, 또한 모든 피조물에게 생명을 주시는 수여자로서의 성령의 활동을 포함하고자 의도한 것 같다. 성령은 비존재를 존재로, 옛것을 새것으로, 죄와 사망의 세력에 매인 것을 하나님 및 이웃과 교제하며 살아가는 새로운 삶으로 변혁하는 권능이다.

c. **성령은 그리스도 안에서의 새로운 자유의 권능이다.** 신약은 성령의 도래를 모든 형태의 속박으로부터 인간의 삶을 자유하게 하는 것과 결부시키고, 하나님을 섬기기 위한 새로운 자유와 결부시킨다. 그리스도가 하

---

11) Calvin, *Institutes*, 3.1.1.

나님과 이웃을 섬기기 위한 새로운 자유를 가져오신 것처럼("그리스도께서 우리를 자유롭게 하려고 자유를 주셨으니", 갈 5:1), 성령은 우리 안에서 그리고 세계 안에서 그리스도의 자유케 하는 사역을 지속하신다("주의 영이 계신 곳에는 자유가 있느니라", 고후 3:17). 성령이 부어주시는 그리스도의 자유는 자기 중심적인 활력이나 무법적인 자유가 아니다. 그것은 전적인 "소비자의 자유"(consumer freedom)도 아니며 원하는 대로 무엇이나 선택하고 행하는 자유도 아니다. 대신에 성령은 우리를 자유롭게 만들어 그리스도의 "마음"을 품고(빌 2:5), 그리스도의 "법"에 따라 살도록 한다(갈 6:2). 이는 하나님과 이웃을 사랑하는 자유, 정의롭고 평화로운 관계 안에 있는 삶을 위한 자유다. 성령은 그리스도인을 자유롭게 해방시켜 그로 하여금 예수 그리스도 안에서 자신을 내어주는 하나님의 사랑의 유형을 반영하는 삶을 살도록 한다. 불의는 하나님과 이웃과의 올바른 관계를 파괴하기 때문에, 하나님의 영은 불의에 대한 저항에 활력을 주고(참조. 사 42:1이하; 61:1이하), 갇힌 자들에게 자유를 기쁘게 선포하는 것에 활력을 준다(참조. 사 61:1-2; 눅 4:18-19). 그리스도 안에서의 새로운 자유는 성령에 의해 강화되어 "소통의 자유"라고 불릴 수 있는 것을 포함한다. 즉 다른 나라와 다른 언어의 사람들이 "하나님의 위대한 활동들"(행 2:5-13)의 선포를 기뻐할 수 있도록 자유하게 하는 것을 포함한다.

  d. **성령은 그리스도 안에서의 새로운 공동체의 권능이다.** 성령은 우리를 그리스도와 연합시키는 동시에 우리 각자를 서로에게 연합시키는 권능이다. 이것을 성령의 결합적 사역이라고 일컬어왔다. "그리스도인은 성령의 행동을 통해 하나님의 삶 속으로 소위 사로잡히고, 성령의 활동을 통해 성자와 결합되고, 양자됨을 통해 하나님의 자녀로서의 확고하고 확실한 지위를 누리며, 성자가 성부께 드리는 끊임없는 친밀한 기도에 참여한다."[12] 이와 같이 연합시키고 결합시키는 성령의 권능은 마음이 비슷한 사

---

12) *We Believe in the Holy Spirit: A Report by the Doctrine Commission of the General Synod of*

람들을 단순히 끼리끼리 합쳐놓는 권능도 아니고, 동일한 가족, 동일한 인종, 동일한 경제적 계층, 동일한 민족에 속한 사람들끼리의 친근한 관계도 아니다. 성령의 권능은 낯선 자들, 심지어 이전의 원수들까지 새로운 공동체에 포함시키는 놀라운 능력이다. 성령의 권능은 이전에는 극복할 수 없었던 장벽을 무너뜨리며 새로운 공동체를 창조한다. "너희는 유대인이나 헬라인이나 종이나 자유인이나 남자나 여자나 다 그리스도 예수 안에서 하나이니라"(갈 3:28). 성령의 권능으로 그리스도 안에서 연합된 우리는 하나의 공동체다. 우리는 한 몸의 지체이며 서로에게 상호 의존적이다. 성령은 우리를 그리스도와의 새로운 연대 속으로, 동시에 우리들 상호 간의 새로운 연대 속으로 이끌어들임으로써 더 이상 자기중심적이고 분리된 개별자로서 살지 않고 공동체 속의 인격으로 재형성한다.

e. **성령은 그리스도 안에서 새로운 공동체를 세우는 선물 또는 은사의 수여자다.** 성령의 은사는 몇몇 개인만이 아니라 공동체의 모든 지체에게 주어진다. 사도 바울에 따르면, 은사는 많고 다양하다(고전 12-14장). 많고 다양한 은사가 주어짐으로써 모든 지체가 공동체의 삶과 사명에 기여할 수 있는 자로 인정된다. 은사를 받은 자들 사이에는 "공동의 선"을 위한 상호적인 의존과 지지가 있다(고전 12:7). 모든 이가 그리스도의 몸의 지체며 그의 성령에 의해 강화된다. 그럼으로써 모든 이가 하나님의 창조적·구속적 활동에 협력자로 참여하는 영예를 공유한다.

바울이 가르치듯이, 가장 중요한 은사는 방언과 같은 선정적인 것이 아니다. 오히려 중심적이고 지속적인 은사는 믿음과 소망, 무엇보다도 사랑이다. 바울은 기독교 공동체 내에서 방언을 금지하기를 원하지는 않았다. 하지만 동시에 바울이나 다른 어떤 신약 저자도 방언 현상을 기독교 영성에서 중대한 것이라고 간주하지 않았음이 분명하다. 실제로 바울은 "그러나 교회에서 네가 남을 가르치기 위하여 깨달은 마음으로 다섯 마디

the Church of England (London: Church House Publishing, 1991), 10.

말을 하는 것이 일만 마디 방언으로 말하는 것보다 나으니라"(고전 14:19)라고 쓰고 있다. 성령 안에서의 삶을 판단하는 주된 기준은 하나님에 대한 무조건적인 사랑과, 이 사랑에 상응하는 것으로 이웃에 대한, 특별히 낯선 자들로 심지어 원수로 간주되는 자들에 대한 사랑이다. 이런 사랑의 동기는 죄인과 가난한 자들을 위해 그리스도 안에서 드러난 하나님의 사랑이다. 그러므로 바울이 말하고자 하는 중요한 점은, 영적 은사가 공동체의 지체들 사이에 분열과 갈등을 조장하기보다는 공동체의 삶과 사명에 기여하는지 아닌지에 대한 기준으로서 이 은사들의 진정성을 검토해야 한다는 것이다. 성령의 참된 은사는 공동체를 세운다. 이런 은사는 소수의 자아를 고취시키는 대신 공동선에 기여한다.

f. 성령은 하나님의 모든 활동을 완성하는 그리스도 안에서의 권능이며 약속이다. 성령의 현존으로 인해 그리스도인의 삶과 봉사를 지탱하는 생생한 소망이 가능하다. 기독교 공동체에서 활동하고 있는 성령은 "처음 익은 열매"로(롬 8:23), 다른 비유에서는 하나님이 여시는 미래의 "첫 담보" 또는 "보증"으로(고후 1:22; 5:5) 표현된다. 하나님이 약속하신 미래의 권능인 성령은, 하나님의 구원 사역의 완성에 대해, 창조세계에서의 정의와 평화의 확립에 대해 소망과 갈망 및 부단한 운동을 일으킨다. 도래하는 하나님 나라에 대한 우리 인간의 탄식에서, 그리고 변혁된 세계를 향한 온 창조세계의 갈망에서, 성령이 활동하신다. 성령은 소망이 생생한 것이 되도록 하며, 신선한 비전과 새로운 꿈을 불러일으킨다(참조. 행 2:17). 비전이나 소망이 없는 곳, 현재의 불의와 악에 대한 저항이 없는 곳이라면, 성경적인 의미로 성령이 현존하지 않음이 분명하다.

3. 성령의 사역을 그리스도의 구원 사역을 준비하고 성취하는 것으로 이해할 때, 성령의 사역의 범위가 우주적이라고 기술하는 것이 적절하다. 기독교 성령 신학은 항상 성경의 증언을 고찰하고, 그리스도를 증언하고 신자들을 그분께로 결합시키고 그들이 선교를 잘 감당하도록 구비시키는 성령의 활동에 확고하게 중점을 둔다. 동시에 기독교 성령 신학은 성령이

비록 대부분 감추어진 방식이지만 창조세계 전체에 현존하고 활동하고 있다는 점을 확증하기에 주저하지 않을 것이다. 성령의 활동의 분야는 인격적인 것이지만, 그렇다고 개인주의적인 것은 아니다. 성령의 활동은 공동체를 형성하지만, 그렇다고 교회의 형성과 삶으로 제한되지는 않는다. 성령의 창조적·갱신적·해방적 사역은 창조세계 전체에 현존한다. 창조세계는 탄식하고 있으며 "하나님의 아들들의 영원의 자유"(롬 8:21)에 참여하기를 갈망하고 있기 때문이다.

그러므로 성령의 사역을 다루는 기독교 신학은 범위에 있어 협소하고 배타적이기보다는 광범위하고 포괄적이어야 한다. 성령이 "임의로 부는" 바람과 같다면(요 3:8), 교회의 담장 너머에서 또는 협소한 인간 중심주의의 한계 너머에서 움직이시는 성령의 활동을 기대하고 그것에 열려 있어야 한다. 하나님의 영은 자연계 안에, 별들의 운동과 생명의 전개 속에, 쉼을 모르는 인간의 마음 안에, 진리를 탐구하는 학문 안에, 인간관계의 정의와 조화를 추구하는 활동 속에, 예술가의 창의적인 솜씨 속에, 신과의 관계를 탐구하는 세계 종교들 안에서 현존하고 활동한다.

성령의 우주적인 사역은 확실히 종합적인 주제다. 때때로 이 주제는 "일반 은총"과 "일반 계시"의 주제 아래서 논의된다. 기독교적 인문주의자였던 아우구스티누스와 칼뱅은 이 영역에 대해 유익한 지침을 제공한 바 있다. 아우구스티누스에 따르면, "선하고 진실한 모든 그리스도인은 자신이 진리를 발견하는 어느 곳에서든지, 진리는 주님의 것임을 이해해야 한다."[13] 칼뱅도 동일한 의견을 피력한다. "만약 우리가 하나님의 영을 진리의 유일한 근원으로 인정하고 그분의 영을 모욕하기를 원하지 않는다면, 우리는 진리 자체를 거부하지 않을 것이며 하나님의 영이 드러나는 어느 곳에서든지 그분의 영을 경멸하지 않을 것이다."[14] 현대 신학자 중에서는

---

13) Augustine, On Christian Doctrine (New York: Liberal Arts Press, 1958), 54.
14) Calvin, Institutes, 2.2.15.

위르겐 몰트만이 성령의 우주적 사역을 인정하는 것이 신학과 교회에서 중요하다고 강조했다. 하나님의 영은 생명의 영으로서 도처에서 활동한다. 하나님의 영은 그분의 창조세계 안에 있는 생명과 평화를 지탱하고 고양하는 모든 것을 강화하는 동시에, 파괴와 파멸과 죽음의 모든 세력에 대항해서 싸운다.[15]

하나님의 영의 우주적 사역을 고려하는 신학은 두 가지 중요한 필연적인 결과를 가진다. 첫째, 이런 신학은 성령의 자유함을 인정한다. 동시에 하나님의 보편적인 통치를 증언하고 섬기는 일꾼으로서의 교회 자체가 하나님의 통치의 완전한 실현이 아님을 인정한다. 성령에 대한 확고한 신학은 모든 형태의 교회적 승리주의를 거부한다. 둘째, 교회는 하나님의 영이 어디서 활동하는지를 분별하고, 그분의 영을 세상에서 활동하는 다른 영들과 구별해야 하는 책임이 있다. 이런 점에서 그리스도의 구체적인 사역과 십자가에 달리시고 부활하신 그리스도의 메시지가 근본적으로 중요한 의미를 지닌다. 이런 점을 칼뱅은 다음과 같이 잘 표현하고 있다. 성령의 사역에 대한 모든 이해는 "만약 진리의 확고한 토대 위에 기초하지 않는다면, 하나님이 보시기에 불안정하며 일시적이다."[16] 그리스도의 빛과 분리된 채로, 성령 하나님과 그 우주적 활동을 논의하는 것은 마치 미로 속에서 헤매는 것과 같다.[17]

4. **성령은 삼위일체 하나님의 영이다.** 성경에서 언급되고 기독교 경험으로 확증되는 모든 일을 성령이 행한다면—즉 성령이 우리를 그리스도와 연합시키고, 우리 마음에 하나님의 사랑을 부어주고, 우리의 기도를 돕고, 우리를 자유롭게 해방시켜 하나님과 이웃을 사랑하도록 하고, 우리로 하나님을 섬기며 영화롭게 하도록 부름 받은 백성으로 삼고, 우리에게 섬

---

15) Moltmann, *The Spirit of Life*.

16) Calvin, *Institutes*, 2.2.16.

17) Calvin, *The Gospel According to St. John*, trans. T. H. L. Parker (Grand Rapids: Eerdmans, 1959), 213.

김의 은사를 주어 공동체의 모든 지체를 섬기도록 하고, 우리로 하여금 하나님의 약속을 확신시키고, 하나님의 구속적 목적의 최종 완성을 향한 소망을 우리 안에 일깨운다면—성령은 참으로 "하나님의 영"(롬 8:14), "그리스도의 영"(롬 8:9), "진리의 영"(요 14:17), "생명의 성령"(롬 8:2)이다. 따라서 니케아 신조가 확증하는 것처럼, 성령은 성부와 성자와 함께 예배와 영광을 받을 수 있다.

제4장에서 설명했듯이, 건전한 삼위일체 신학은 우리의 구원을 위해 행하는 예수 그리스도와 성령의 활동에서 항상 시작할 것이다. 이런 활동은 성경에서 증언되고 그리스도인의 삶과 기도에서 경험된다. 오직 이런 토대 위에서만 신앙과 신학이 하나님의 영원한 삼위일체적 존재에 관한 확증으로 나아가는 것이 정당화될 수 있다.[18] 이런 삼위일체적 사유의 규칙이 우리가 그리스도의 위격을 삼위일체적 신적인 실재에 속한다고 표현하는 것에 관해 방향과 한계를 제공하는 것처럼, 또한 우리가 성령을 삼위일체 하나님의 영원한 삶 안에 있다고 표현하는 것에 관해 방향과 한계를 제공한다. 성령의 활동은 하나님의 목적을 신실하게 드러내기 때문에, 즉 그리스도 안에서 우리를 **위한** 존재가 되시는 목적뿐만 아니라, 우리 **안에서** 그의 구원의 사역을 실현하시고 이런 사역을 최종적인 완성으로 이끄시는 목적을 신실하게 드러내기 때문에, 기독교 성령 신학은 구원의 경륜 안에서의 성령의 사역과 삼위일체 하나님의 영원한 삶 안에서의 성령의 활동 사이에 상응의 관계가 있다고 확신을 가지고 말할 것이다.

이미 내가 주장했듯이, 삼위일체적 신앙은 하나님이 살아 계신 하나님임을 확증하고, 그분의 영원한 존재가 무기력하지 않고 역동적이며 고립적이지 않고 사랑 안에서의 연합을 이룬다고 확증한다. 하나님의 존재는 성부와 성자와 성령 사이에서 삶과 사랑을 공유하는 행동이다. 삼위일체의 세 "위격들"은 서로 떨어진 채로 살아가는 분리된 자아들로 이해

---

18) Basil, *On the Holy Spirit* (Crestwood, N.Y.: St. Vladimir's Seminary Press, 1980).

될 수 없다. 오히려 이들의 위격성은 상호 간에 맺는 관계로 구성된다. 세 위격은 불가분리적으로 깊이 연합되어 있어 서로가 서로 안에 "내주한 다"(indwell). 조나단 에드워즈는 아우구스티누스의 삼위일체적 이미지의 한 흐름을 따라, 세 위격의 상호 내주하는 모습을 "하나님 안에 있는 세 위격의 모임"(society of the three persons in the Godhead)이라고 대담하게 표현했다.[19]

성령은 삼위일체를 연합하고 완성하는 사랑이고 교제의 삶의 에너지며 상호 사랑과 우정의 선물이다. 더욱이 삼위일체 하나님의 삶은 폐쇄된 원이 아니다. 삼위일체 하나님의 삶과 사랑은 성령의 권능 안에서 세상을 향해 개방되어 있다. 영원한 삼위일체 안에 있는 성령의 연합과 연결과 완성의 활동은, 우리가 꾸며내어 말하고 생각한 것도, 우리 소원과 공상을 단순히 투사한 것도 아니다. 오히려 이것은 성령의 계시와 경험에 토대를 둔 것이다. 성령은 우리 마음에 부어진 하나님의 사랑의 선물이고 그리스도 안에서 새로운 공동체의 권능이며, 그리스도를 통해 우리를 하나님과 연합시키는 위로자이고, 하나님의 목적의 완성을 보증하는 약속이다. 우리와 관계를 맺으시는 하나님은 하나님 자신의 존재에 대해 신실하신 분이기 때문에, 한편으로는 구원의 경륜에서 연합과 은사 수여와 완성의 활동을 담당하는 성령과, 다른 한편으로는 영원한 삼위일체 하나님의 삶 안에서 일치와 사랑과 기쁨과 평화의 띠로서 역사하는 성령의 활동 사이에는 상응의 관계가 존재한다.

5. 우리 시대에 더 적절한 성령 신학은 새로운 에큐메니칼 대화를 요청할 것이다. 하나의 중요한 대화는 서방 교회와 동방 정교회 사이의 대화가 될 것이다. 성령이 성부와 성자와 맺는 관계는 동·서방 교회의 삼위일체 신학에서 오랫동안 지속적인 논쟁의 대상이 되어왔다. 동방 교회와 서

---

19) *The Works of Jonathan Edwards*, vol. 18: The "Miscellanies," 501-832, ed. Ava Chamberlain (New Haven: Yale University Press, 2000), 110.

방 교회는 성령에 대한 이해에서 많은 공통점을 가진다. 즉 양쪽 모두 성령이 성부와 성자와 완전히 동등한 주님이며 생명의 수여자라고 선언한다. 성부와 성자에게 속한 하나님의 모든 속성이 또한 성령에게도 속함을 확증하는 것이다. 성령은 성부와 성자와 함께 예배와 영광을 받는다. 그리고 성령은 삼위일체의 다른 위격들에 못지않은 "위격"이라고 불린다.

이와 같은 주요한 일치점에도 불구하고, 동방 교회와 서방 교회는 성령의 "출원"(procession)의 문제를 두고 교리상의 상이점을 드러냈다. 이 문제를 이해하기 위해서는 먼저 고전적 삼위일체 신학이 성자와 성령에 대해 "파송"(missions)과 "출원"(processions)을 구별했음을 설명해야 한다. "파송"이라는 용어는 세상의 창조와 화해와 구원에서 성자와 성령의 보냄과 활동을 가리킨다. 동방 신학과 서방 신학은 모두 하나님의 모든 사역에 있어 삼위일체의 세 위격들이 현존하고 협력한다는 점을 인정한다. 그러므로 삼위일체 안에서 (내적으로, ad intra) 일어나는 성자와 성령의 영원한 "출원"은, 세상과 (외적으로, ad extra) 관계를 맺으시는 삼위일체 하나님의 "파송"에 상응한다.

381년의 니케아-콘스탄티노플 신조에 따르면 성령은 "성부로부터" 출원한다. 그런데 서방 교회는 6세기부터 이 신조에 필리오케(filioque), 즉 "그리고 성자로부터"(and from the Son)라는 구절을 추가했다. 따라서 결과적으로 서방 교회의 개정된 신조에 따르면, 성령은 "성부로부터 그리고 성자로부터" 출원한다. 그러나 동방 교회는 서방 교회의 일방적 조치를 부당하다고 여기며 필리오케 구절을 거부했고, 성령은 오로지 성부로부터 출원한다고 계속 확증하고 있다(참조. 요 15:26).

이와 같은 불일치는 어떤 중대한 점을 함축하고 있다. 서방 신학에 따르면 필리오케 교리는 성자와 성령이 불가분리적임을 선언한다. 만약 성령의 활동이 그리스도의 사역과 전적으로 독립적이라고 한다면, 하나님의 영에 의해 권위를 부여받았다고 주장하는 여러 경험과 운동에 대해 교회가 책임감 있는 판단을 내리지 못할 것이다. 또한 교회는 그리스도를 하나님의 결정적인 계시로서 간주하지 않는 모든 종류의 자연신학에 의해 휩쓸릴 수도 있을 것이다.[20] 더욱이 서방 신학에 따르면, 성령은 성부와 성자를 묶어주는 공동의 띠이기 때문에 필리오케 교리는 삼위일체의 통일성을 잘 보호한다.

그러나 동방 신학자들은 다른 지점을 지적한다. 그들에 따르면 필리오케 교리는 성령을 그리스도에게로 종속시키는 결과를 초래한다. 그래서 필리오케 교리는 성령이 결여된 기독론과 교회론을 장려하게 된다 이런 교리에서 권능은 영적인 현존과 분리된다. 나아가 동방 신학자들은 필리오케 교리가 성자와 성령의 유일한 근원으로서의 성부의 독특성을 흐릿하게 만듦으로써 삼위일체의 통일성 자체를 위협한다고 주장한다. 다시 말해 동방 신학에 따르면 필리오케 교리는 성육신한 말씀이 명시적으로 선포되고 고백되는 곳에서는 오히려 세계와 역사 속의 성령의 활동을 약화시키는 경향을 띤다는 것이다.

이런 옛 논쟁에 대해 최근의 에큐메니칼 진영의 연구와 대화는 약간의 진전을 보였다. 앞으로 양 진영이 여러 가지 요점에 대해 합의점에 도달할 수 있을지의 여부에 따라 어느 정도 진척이 이루어질지 알 수 있을 것이다. 첫째, 서방 교회가 일방적으로 신조를 수정한 것은 분명한 잘못이다. 이 수정 사항에 신학적으로 강력한 이유가 있었다 하더라도, 이 문제는 에큐메니칼 교회 회의에 의해 토론되고 해결되었어야 했다. 둘째, 두 개의 성령론적 전통 사이의 차이점들을 중재할 수 있는 이해에 관한 합의점이 가까운 곳에 있을 수 있다. 광범위하게 토론되고 있는 제안은 "성령이 성자의 성부로부터 출원한다(또는 성령이 성부로부터 성자를 통해 출원한다)"[The Spirit proceeds from the Father of (or through) the Son]이다.[21] 셋째, 성령의 출

---

20) 필리오케(*filioque*)에 대한 단호한 옹호의 입장으로는 Karl Barth, *Church Dogmatics*, 1/1: 448-89을 보라.

21) 토마스 웨인안디(Thomas G. Weinandy)가 "성부는 성령 안에서 또는 성령에 의해 성자를 낳으신다"(The Father begets the Son in or by the Spirit)라는 상이한 도발적 제

원에 대해서는 서방 교회의 모형이든 동방 교회의 모형이든 그 어느 것도, 성경의 증언이 묘사하는 삼위일체 위격들의 관계를 완전하게는 포착하지 못한다.

예를 들어 신약을 주의 깊게 읽어보면, 예수와 성령의 관계가 종속적이 아니라 호혜적이며 상호의존적인 관계임이 증명된다.[22] 예수는 성령을 받은 자이며 성령을 보내는 자이다. 한편으로 예수는 성령의 선물이다. 예수의 어린 시절 이야기에 따르면, 예수는 성령으로 잉태되었다(마 1:20; 눅 1:35). 세례를 받을 때 성령은 예수 위에 강림하고 머물렀다(요 1:32). 예수는 성령의 기름 부음을 받아 가난한 자에게 복음을, 포로된 자에게 자유를 전하고(눅 4:18이하), 아픈 자를 치유하며 성령의 권능으로 귀신을 쫓아내고(마 12:28), 성령의 권능으로 죽은 자들로부터 살아났다(롬 1:4). 이와 같은 이야기 안에서, 성령은 행위자이고 예수는 성령의 행동의 수용자(recipient) 또는 매개자(mediator)이다.

다른 한편으로 성령은 부활한 그리스도의 선물이다(요 20:22). 즉 성령은 그리스도가 보내기로 약속한 자이고, 그 약속대로 보냄을 받았다(요 15:26; 눅 24:49). 성령은 그리스도의 마음이 어떤 것인지를 우리에게 가르치고(고전 2:16), 우리 마음에 하나님의 사랑을 부어주고(롬 5:5), 그리스도 안에 있는 새로운 삶을 강화하고(롬 8:11), 우리로 하여금 제자도와 섬김에 대해 마음을 품고 구비하게 하는 권능이다(롬 8:14). 이와 같은 이야기 안에서, 성령은 그리스도의 행동의 수용자(recipient)며 매개자(mediator)다. 신약에서 드러난 그리스도와 성령의 관계는 너무나 친밀하다. 따라서 한편으로는 칼뱅의 표현대로 성령이 없는 그리스도는 "무익하며", 다른 한편으로는 예수를 주님으로 증언하고 고백하는 곳에는 참으로 성령이 현존한

안을 한 바 있다. *The Father's Spirit of Sonship: Reconceiving the Trinity* (Edinburgh: T&T Clark, 1995).

22) Hendrikus Berkhof, *The Doctrine of the Holy Spirit* (Grand Rapids: Eerdmans, 1965).

다고 할 수 있다(고전 12:3).

신약이 예수와 성령의 상호적인 관계를 묘사하는 것처럼, 또한 신약은 삼위일체 위격들의 순서가 정해진 활동을 여러 가지 방식으로 말한다.[23] 성부로부터 시작하는 하향 순서, 즉 파송의 순서만 있는 것이 아니라(성부·성자·성령; 참조. 갈 4:4-6), 성령으로부터 시작하는 상향 순서, 즉 증언과 연합과 찬양의 순서도 있다(성령, 성자, 성부; 참조. 롬 8:11). 성령의 "출원"에 관한 토론은 성령의 **기원**에 관한 문제, 즉 성부로부터 기원하는지 아니면 성부와 성자로부터 기원하는지의 문제에 일방적으로 집중했다. 기원의 관계들에 관한 관심은 성령의 활동 안에서의 삼위일체적 삶의 **목적** 또는 정점에 관한 관심으로 보완되어야만 한다. 예수의 사역과 교회의 삶 안에서의 성령의 사역은 삼위일체 하나님의 도래하는 통치와 종말론적 영광을 향해 나아간다.

성령의 사역에 관한 대화에서 두 번째로 필요한 것은—개신교든, 로마가톨릭이든, 동방 정교회든—서방과 동방의 오래된 모든 기성 교회와 20세기 초에 시작된 이래 기하급수적으로 성장한 오순절교회 사이의 대화다. 이런 대화로부터 기대되는 결과는, 한편으로는 역사적인 교회들이 교회의 삶 안에서의 성령의 실재와 은사들을 확실하게 회복하고 이런 회복이 기독교 예배와 실천에 대해 가지는 중요성을 발견하는 것이다. 다른 한편으로는, 오순절교회가 성경 증언의 충분성과 고전적 기독교 신앙 및 신학의 충분성을 기쁘게 발견하는 것이다. 이 대화로부터 양진영은 많은 것을 배울 수 있다. 제임스 던(James D. G. Dunn)의 표현에 따르면, "영이 너무나 위험하고 예측할 수 없는 것이기에, 성령을 제한하고 통제하기를 추구하는 교회는 안전할 수는 있으나, 이미 자신의 죽음의 보증에 서명했다. 성령이 이끄시는 곳으로 따라가기를 추구하는 교회는 기대하지 않은 바를 기대해야 할 것이며, 자신

---

23) Moltmann, *The Trinity and the Kingdom: The Doctrine of God* (San Francisco: Harper & Row, 1981), 94-95.

의 중심까지 뒤흔들릴 것을 준비해야 할 것이다."[24)

마지막으로, 교회의 예배와 기도에서 하나님의 여성 이미지를 사용하는 것과 특별히 성령의 여성 이미지를 사용하는 것의 적절성에 관한 지속적인 토론이 오늘날 필요하다. 제4장에서 이 주제를 간략하게 다루기는 했지만 여기서는 몇몇 논평을 추가하고자 한다.

일부 신학자들은 성령을 하나님의 성육신한 성자에 대응하는 여성적 존재로 파악할 것을 제안한다. 이들은 하나님의 말씀과 하나님의 영이 각각 하나님의 아들과 하나님의 딸로 묘사될 수 있으며, 이 둘이 우리 모두가 하나님의 자녀로 입양되도록 하기 위해 협력한다고 제안한다. 호세 콤블린(José Comblin)은 말씀과 영을 하나님의 "양손"으로 이해하는 이레나이우스의 이미지를 따라 다음과 같이 제안한다. 즉 하나님의 말씀이 단 한 명의 인간에게 성육신한 것과 마찬가지로, 하나님의 영은 교회라는 하나의 포용적인 공동체 안에 친밀하게 현존한다. 그래서 하나님의 영은 하나님의 새로운 인간성을 출산하며 양육한다. 콤블린에 따르면, 성령의 모성을 강조하는 신학은 하나님과 그분의 권능에 대한 교회의 전통적인 이해에 함축된 과도한 남성상을 상쇄할 수 있다.[25) 그러나 콤블린의 제안에는 한 가지 중요한 조건이 있다. 즉 교회 안에서의 성령의 현존과 활동이 두 번째 성육신으로, 즉 영원한 말씀과 그리스도의 인성 사이의 위격적 연합과 병행하는 두 번째 위격적 연합으로 이해되어서는 안 된다는 점이다. 만약 그렇게 이해하게 되면, 그 결과로 그리스도의 유일성이 너무 약해지고 성령의 공동체로서의 교회가 너무 강조될 것이다.

성령에 대해 사용되는 이름과 비유들에 관련해서, 영에 해당되는 단어가 히브리어로 여성이며(ruach), 그리스어로 중성이며(pneuma), 라틴어로 남

---

24) James D. G. Dunn, "Towards the Spirit of Christ: The Emergence of the Distinctive Features of Christian Pneumatology," in *The Work of the Spirit: Pneumatology and Pentecostalism*, ed. Michael Welker (Grand Rapids: Eerdmans, 2006).

25) Comblin, *The Holy Spirit and Liberation*, 39.

성(spiritus)이라는 사실은 별로 중요하지 않다. 양육하고 강화하는 성령의 활동에 관한 신약의 묘사들이 더 중요하며, 예수가 요한복음에서 니고데모와의 대화를 통해 성령의 활동을 새로운 출생의 행위자로 말씀하신 것이 더 중요하다(요 3:3-6).[26] 그러므로 성령을 여성 이미지로 표현하는 것은 일부 성경 구절에서 이미 제안되었다. 따라서 우리는 신학과 예전에서 그것의 사용을 환영해야 한다. 동시에 "영"이라는 이름은 하나님이 성을 초월하신다는 점과, 우리가 하나님의 어떤 이미지와 비유들을 우상화하는 위험을 피해야 한다는 점을 상기시키는 데 일차적으로 기여한다. 성령을 배타적으로 여성으로만 표현한다면 성의 고정관념화가 생길 수 있다는 점에 많은 여성신학자들이 동의하며 이를 경고한다. 삼위일체 하나님은 모두가 남성인 무리도 아니며, 남성 둘과 여성 하나로 구성된 무리도 아니다. 또한 삼위일체 하나님이 영이라고 불린다는 점은 하나님이 독특할 정도로 인격적인 분임을 생각하고 말하도록 가르친다. 따라서 이런 점은 한쪽 성에 국한된 이미지를 허용하는 동시에 이런 모든 이미지를 훨씬 잘 초월하도록 만들어준다. 하나님이 영이시라는 점은 그분에 대한 우리의 모든 언어가 지닌 한계점들을 상기시킨다.[27] 삼위일체 하나님은 완전한 연합과 자기를 내어주는 상호적인 사랑 안에서 사신다. 이렇게 말하는 것 외에는, 삼위일체 하나님에 관해 생각하고 말할 때 우리는 최상의 고전적 신학 전통의 특징이 된 경건한 감탄과 공경하는 겸손을 따르는 것이 현명하다.

---

26) Virginia Ramey Mollenkott, *The Divine Feminine: The Biblical Imagery of God as Female* (New York: Crossroad, 1984).

27) Krister Stendahl, *Energy for Life: Reflections on the Theme "Come, Holy Spirit—Renew the Whole Creation"* (Geneva: WCC, 1990), 6-8.

그리스도인의 삶: 칭의

성령의 권능은 우리로 하여금 예수 그리스도와 연합하게 하며, 예수 그리스도 안에서 드러난 하나님의 은혜는 그리스도인의 삶의 토대가 된다. 객관적인 측면에서 보자면, 그리스도 안에서의 새로운 삶은 칭의와 성화와 소명이라는 하나님의 변혁적인 사역에 뿌리를 두고 있다. 주관적인 측면에서 보자면, 그리스도인의 삶은 하나님의 은혜를 믿음과 사랑과 소망으로 인격적으로 자유롭게 전유하는 것이다.[28]

성령의 권능 안에서 그리스도인의 삶은 그리스도의 형상을 닮아가는 역동적인 변혁의 과정으로서 하나님의 주도적인 은혜에 의해 이미 시작되었다. 이 과정은 칭의와 함께 시작되고 성화에서 계속되며 소명이라는 목적을 향해 나아간다. 그리스도 안에서의 삶은 예수 그리스도의 삶과 죽음과 부활의 모범을 따라 형성되고, 옛 삶의 방식에 대해 끊임없이 죽는 것이며 새로운 삶의 방식에 대해 일어서는 것이다. 그리스도 안에서의 삶은 죽임(mortification)인 동시에 살림(vivification)이고, 하나님의 은혜를 수용하는 것인 동시에 그것에 반응함이고, 선물인 동시에 임무이고, 자유롭게 되는 것인 동시에 새로운 자유를 행사하는 것이고, 사랑을 받는 것인 동시에 남을 사랑하는 것이다. 그리스도인이 된다는 것은 그리스도 안에서 "범사에 자라는 것"이며(엡 4:15), 그리스도 안에서 우리의 새로운 인간성의 충만함까지 나아가는 도상에 있는 것이다.

이런 과정의 첫 번째 단계인 **칭의**(justification)**는 죄에 대한 하나님의 은혜로운 용서로서 오로지 믿음으로 받아들여진다**(롬 3:23-28). 예수 그리스도 안에서 성취되고 나타난 칭의는 하나님과 이웃과 우리 자신으로부

---

28) 바르트는 『교회 교의학』 4/1-3에서 칭의와 성화와 소명의 관점에서 그리스도인의 삶을 다루었는데, 여기에서 나는 그의 대략적 요점을 따랐다. 여기에 대해서는 Tillich, *Systematic Theology*, 2: 176-80을 보라.

터의 소외와 죄에도 불구하고 아무런 공로가 없는 우리를 무조건적으로 받아들이는 하나님의 자유로운 용납이다. "칭의"는 법적인 용어로서 "사면" 또는 "의롭다고 여기는 것"을 의미한다. 우리가 의롭게 되었다는 사실은 하나님과의 깨어진 관계가 그분의 자유로운 은혜와 용서의 행동에 의해 회복되었음을 의미한다. 하나님의 칭의의 행위는 오직 은혜로(sola gratia), 오직 그리스도 안에서(solus Christus), 오직 믿음을 통해(sola fide) 이루어진다.

때때로 칭의 교리는 축약된 형태로 표현된다. 즉 우리는 믿음에 의해 의롭게 된다(we are justified by faith). 그러나 여기서 만약 믿음이 칭의를 받을 만한 자격을 가져다주는 인간의 행동으로 이해된다면, 칭의 교리는 왜곡된다. 비록 하나님의 칭의의 행동은 우리의 반응을 요구하지만, 이는 하나님의 자유로운 선물이며 결코 우리에게 의존적이지 않다. 그러므로 칭의 개념을 설명하는 간결하면서도 적절한 형태는 다음과 같다. 즉 우리는 은혜에 의해 믿음으로 말미암아 의롭게 된다(we are justified by grace through faith). 우리는 우리 자신의 신앙의 행동에 의해서조차 칭의를 받을 자격이 없다. 신앙은 우리를 무조건적으로 받아들이는 하나님의 용납을 우리가 신뢰하고 수용하는 마땅한 반응을 가리킬 뿐이다.

신앙의 행위는 성경이나 교회가 제시하는 명제에 대한 단순한 동의가 아니다. 이런 식으로 신앙을 이해하는 것은 본질을 왜곡하는 것이다. 기독교 신앙은 그리스도 안에서 알려진 하나님을 인격적으로 신뢰하는 행동이다. 기독교 신앙은 하나님 또는 그리스도에 대한 명제들에 대해 단순히 동의하는 것이 아니다. 종교개혁자들은 믿는 행위에 대해 다음과 같이 두 가지로 구별했다. 하나는 **하나님에 대해** 어떤 것을 믿는 행위이다. 즉 하나님이 존재한다거나 그리스도가 기적을 행하셨음을 믿는다. 루터는 이것을 고유한 의미로서의 신앙이라기보다는 역사적 지식 또는 사실적 지식이라고 명명했다. 다른 하나는 **하나님을** 믿는 것이다. 하나님을 신앙한다는 것은 "나는 하나님에 대해 말해지는 바가 참임을 믿을 뿐 아니라 그분

을 신뢰하여 나 자신을 하나님께 굴복시킴"을 의미한다.[29]

루터의 표현대로 칭의 교리는 "우리의 가르침의 중심점이다."[30] 칼뱅도 같은 점을 되풀이해서 주장한다. 칼뱅은 칭의 교리를 "종교가 달려 있는 주된 경첩"으로 불렀다.[31] 루터에 따르면 로마서 1:17에서 바울이 언급한 "하나님의 의"가 징벌하는 의가 아니라 은혜로운 의임을 깨달았을 때, 복음에 대한 자신의 이해가 획기적으로 변했다고 한다. 이러한 발견을 하기 전에 루터는 하나님의 의를 죄인을 처벌하는 것에서 드러나는 의로 이해했다. "나는 죄인을 처벌하는 의로우신 하나님을 증오했다"라고 이 신학자는 고백하고 있다. 그러나 복음은 하나님의 의를 계시하며 자비로운 하나님은 은혜에 의해 믿음으로 의롭게 되는 칭의를 베푸신다는 것을 파악했을 때, 루터는 마치 천국의 문이 자신을 향해 활짝 열려진 것처럼 느꼈다. "비로소 내게 성경 전체가 완전히 다른 얼굴로 나타났다."[32]

고전적인 루터 신학은 "교회는 칭의 교리에 달려 있다"고 기술해왔다.[33] 그러나 모든 종교개혁자들이 기독교 교리 전체를 칭의 교리로 환원할 수 있다고 보았다고 믿는 것은 잘못이다. 예수 그리스도 사건의 충만성은 칭의 교리를 포함하여 어떤 하나의 교리로 완전히 드러날 수는 없기 때문이다.[34]

---

29) Martin Luther, "A Brief Explanation of the Ten Commandments, the Creed, and the Lord's Prayer," in *Works of Martin Luther* (Philadelphia: Muhlenberg Press, 1943), 2: 368.

30) Luther, *Stufenpsalmen* of 1532-33, Bernhard Lohse, *Martin Luther's Theology: Its Historical and Systematic Development* (Minneapolis: Fortress, 1999), 258, n. 2에서 재인용.

31) Calvin, *Institutes*, 3.11.1.

32) *Luther's Works*, 34: 336-37.

33) Carl E. Braaten, *Justification: The Article by Which the Church Stands or Falls* (Minneapolis: Fortress, 1990); Eberhard Jüngel, *Justification: The Heart of the Christian Faith* (Edinburgh: T&T Clark, 2001).

34) "교회가 서고 넘어짐을 결정하는 중대한 항목(*articulus stantis et cadentis ecclesiae*)은

16세기의 종교개혁자들의 칭의에 대한 해석과, 트렌트 공의회에서 진술된 로마 가톨릭 교회의 가르침 사이에는 실제적인 차이점이 존재한다. 거기다 양 진영 사이의 논의는 예리한 논쟁과 상호 간 오해로 인해 더욱 복잡하게 얽혀갔다. 로마 가톨릭 신학자들은 종교개혁의 칭의 교리가, 그리스도인이 하나님과 맺는 관계에 있어 순전히 법적인 지위의 변화만을 강조했으며 그럼으로써 그리스도인의 삶의 변혁의 중요성을 간과하고 순종과 섬김으로의 부름을 무시했다고 믿었다. 종교개혁자들은 로마 가톨릭의 가르침이 선행을 하나님의 칭의의 은혜를 획득하기 위한 전제 조건으로 만들었다고 비판했다. 종교개혁자들은 새로운 삶과 선행은 오직 믿음으로 받아들일 수 있는 하나님의 은혜에 의한 칭의의 **열매**이지 그것의 **전제 조건**은 아니라고 가르쳤다.[35]

여러 해 동안의 연구와 논의를 거친 후 1999년에 로마 가톨릭과 루터교의 공식적인 대표자들은 "칭의 교리에 대한 공동 선언서"(*Joint Declaration on the Doctrine of Justification*)에 서명했다. 물론 이 공동 선언서가 칭의 교리에 대한 모든 쟁점을 완전히 해소했다고는 볼 수 없다. 그럼에도 이 선언을 통해 양 교회가 다음과 같이 공통의 신앙고백을 할 수 있었다는 점에는 의미가 있다. "오직 은혜에 의해, 그리스도의 구원 사역에 대한 믿음 안에서, 그러나 우리 편에서의 어떤 공로 때문이 아니라, 우리는 하나님께 용납되고 성령을 받아들인다. 성령은 우리의 마음을 새롭게 하고, 선행을 행하도록 우리를 구비시키며 부른다."[36]

이런 공식적인 공동 선언서의 확립은 축하할 일이지만, 그렇다고 그것

칭의론 자체가 아니라 그것의 토대이며 절정이다. 즉 지혜와 지식의 모든 보물이 감추어져 있는 예수 그리스도에 대한 고백이며(골 2:3), 우리를 위하고 우리에게 오시며 우리 안에 계신 그분의 존재와 활동에 대한 지식이다"(Barth, *Church Dogmatics*, 4/1: 527).

35) Martin Luther, "Two Types of Righteousness," in *Luther's Works*, 31: 297-306.
36) *Joint Declaration on the Doctrine of Justification: The Lutheran World Federation and the Roman Catholic Church* (Grand Rapids: Eerdmans, 2000), 3.15.

이 우리 시대에 있어 칭의 교리를 해석하는 신학적 과제를 완전히 성취한 것은 아니다. 칭의 교리는 결코 케케묵은 가르침일 수가 없다. 올바로 이해되기만 한다면 이 교리는 오늘날에도 강력한 적실성을 계속해서 지닐 수 있다.[37] 우리의 삶이 남에게, 우리 자신에게, 또한 하나님께 받아들여지고 의미 있는 것이 되기 위해서, 그리고 우리 스스로를 정당화하기 위해 할 수 있는 방법이 많이 존재한다. 반드시 "선행"만이 그런 역할을 하는 것이 아니다. 자주 우리는 남의 인정을 받을 것으로 간주되는 행동이나 고된 노동을 통해 그런 목표를 추구한다. 이런 인정의 욕구로부터 자유로운 자가 어디 있으며, 남에게 거절당하는 것을 두려워하지 않는 자가 어디 있겠는가? 현대 사회에서 우리 모두는 어느 정도 계속해서 심판대 위에 서 있다. 프란츠 카프카(Franz Kafka)의 소설 『심판』(The Trial)에서처럼, 우리는 익명의 심판자로부터 떨어질 유죄 선고를 두려워하는 피고인과 같다. 받아들여지기 위해, 성공하기 위해 안간 힘을 쓰는 것은 오늘날의 경쟁 사회에서 거의 우상숭배같이 되었다. 개별자로서 동시에 하나의 민족으로서 우리는 인정과 사랑 받기를 갈망하지만, 그렇게 되지 못할 것에 대한 전망으로 불안에 떨고 있다.

미국 사회에서 인정을 받기 위해 필사적으로 애쓰는 모습은 마약 중독과 같은 유행병에서 확실히 나타난다. 마약을 사용하는 동기는 복합적이겠지만, 그 공통분모는 절망감과 무가치한 느낌, 의미 있는 긍정의 부재라는 사실에는 의심할 여지가 없다. 수많은 사람이 마약에 의존하는 모습 속에는, 우리 사회의 구조와 관계의 냉정함이 드러나는 동시에 모든 인간이 자기 스스로 부과한 중독이라는 구속에 매여 있음이 폭로된다.

자주 무시되기는 하지만, 소비주의적인 삶의 방식 역시 하나의 중독이다. 현대 사회는 광고를 통해 인위적인 욕구를 창출하고, 물질의 소유를

---

37) *Justification in Perspective: Historical Developments and Contemporary Challenges*, ed. Bruce McCormack (Grand Rapids: Baker Academic, 2006).

축적하는 것에서 정체성과 의미를 찾도록 부추긴다. 소유욕에 구속되어 있든 성공 욕구에 구속되어 있든, 우리는 "출세"하고 존재 가치를 느끼고 인정받고 사랑받고 싶은 욕구에 사로잡혀 있다. 이 모든 점을 고려할 때 칭의 교리가 오늘날 가질 수 있는 적실성에 대해 아무도 의심할 수 없을 것이다. 만약 그런 사람이 있다면 그는 현재의 삶의 현실과 완전히 괴리된 자일 것이다. 오늘날과 같이 극도로 세련된 사회의 사람들이 돈, 일, 여가, 명예, 성욕, 여러 가지 약물 남용과 같은 수많은 종류의 중독에 빠져 있음은 의미심장한 현상이다.

은혜에 의해 믿음으로 의롭게 된다는 칭의 교리를 20세기 들어 가장 인상적으로 재진술한 신학자는 폴 틸리히였다. 이 신학자는 "당신은 용납되었습니다"라는 제목의 설교에서 "당신이 이미 용납되었다는 사실을, 당신보다 더 큰 힘에 의해 용납되었다는 사실을 그저 받아들이라"고 선언했다.[38]

그러나 칭의 교리에 대한 훨씬 더 강력한 표현은 북미와 남아프리카에서 흑인들이 정의와 자유를 위해 수행하는 투쟁에서 드러난다. 마틴 루터 킹과 제시 잭슨(Jesse Jackson) 같은 뛰어난 연설가들의 메시지가 담고 있는 중요 요점은 "우리는 대단히 중요한 사람입니다"라는 확증 속에 요약되어 있다. 이런 확증을 복음의 근원에 비추어 해석한다면, 우리에 대한 사회의 부정적인 평가, 심지어 스스로의 부정적인 자기 평가에도 불구하고 우리는 가치 있는 존재임을 의미한다. 우리는 커다란 가치를 지닌 존재이다. 우리의 고용주나 교사가 그렇다고 말하기 때문도, 미국의 대통령이나 미국 헌법이 그렇게 말하기 때문도 아니다. 우리의 창조자며 구원자인 하나님이 그렇게 말하기 때문에 우리는 "대단히 중요한 사람"이다. 우리가 하나님의 형상으로 지음 받은 피조물이기 때문에, 하나님의 자녀가 되었기 때문에, 예수 그리스도가 우리를 위해 고통당하고 죽고 부활하셨기 때문에, 하나님의 영이 우리 안에서 활동하고 있기 때문에 그렇다. 바로 이

---

38) Tillich, *The Shaking of the Foundations* (New York: Scribner's, 1948), 162.

런 이유로 인하여 우리는 "대단히 중요한 사람"이며, 이런 이유야말로 우리의 존엄과 가치와 인권과 책임의 기초가 된다.

앨리스 워커의 소설 『칼라 퍼플』(The Color Purple)에 나오는 등장인물도 이와 유사한 발견을 한다. 주인공 씰리(Celie)는 친구인 셔그(Shug)가 교회에 가거나 성가대에서 찬양을 하거나 설교자를 물질적으로 부양하는 등의 일을 하지 않더라도 하나님이 자신을 사랑한다고 믿는 것을 보고 깜짝 놀란다. 그런 씰리를 보며 셔그는 다음과 같이 대답한다. "씰리, 만약 하나님이 나를 사랑한다면 이 모든 일을 할 필요가 없어. 내가 원하지 않는다면 말이야."[39] 이렇게 은혜에 의한 칭의라는 성경적 메시지를 재발견하는 작업은 적실성이 없기는커녕 반대로 혁명적인 잠재성을 지닌다. 만약 민중 스스로가 자신의 가치가 업적에 의해서도, 국가나 사회가 부여하거나 보류하는 무엇에 의해서도 결정되지 않음을 발견한다면, 역사상 가장 강력했던 카이사르라 할지라도 두려움에 떨 수밖에 없으리라. 우리에게 가치와 정체성을 부여하는 존재는 하나님이시다. 하나님은 우리가 누구든지 간에 우리를 있는 그대로 사랑하고 긍정하며 인정하신다. 예수 그리스도 안에 계신 하나님이 우리에게 완전한 "예"를 선언하셨기 때문에, 우리는 "무가치한 존재"가 아니라 "대단히 중요한 사람"인 것이다.

그리스도인의 삶: 성화

은혜에 의해 믿음으로 의롭게 된다는 칭의가 그리스도인의 삶의 토대라면, **성화**(sanctification)**는 그리스도인의 사랑이 성장하는 과정**이다. "성화"라는 단어는 "거룩하게 하다"라는 의미를 지닌다. 하지만 이런 정의는 어떤 사람에게는 도움보다는 방해가 된다. 우리는 결코 성화를 도덕적인 무

---

39) Walker, *The Color Purple* (New York: Washington Square Press, 1982), 176.

결점 또는 종교적인 내세성의 의미로 파악해서는 안 된다. 성화는 소위 도덕적 다수파에 속했다고 우쭐대는 태도와는 전혀 상관이 없다. 신약에서 성화의 의미는 삶 속에서 성령의 활동에 의해 그리스도의 형상을 닮아가는 것이다. 그리스도를 닮는 것의 본질적인 특징은 신약이 아가페(*agape*)라고 부르는 사랑, 즉 자유롭게 자신을 내어주고 이웃을 배려하는 사랑이다. 자기중심적인 강박적 힘으로부터 풀려난 우리는 이제 기쁜 마음으로 하나님과 이웃을 사랑할 수 있다.

칭의와 성화는 불가분리적이다. 왜냐하면 우리는 믿음으로 그리스도와 연합되어 있기 때문이다. 칼뱅은 믿음으로 그리스도 안에 참여하는 것을 "이중 은총"을 받는 것이라고 했다. 즉 우리는 그리스도 안에서 의롭다고 여겨지고 용서를 받으며, 그럼으로써 하나님과 화해한다. 동시에 우리는 그리스도의 영에 의해 성화되고, 그럼으로써 그리스도와 일치하는 새로운 삶을 영위한다.[40] 이중 은총의 이 두 측면은 구별될 수 있지만 분리될 수는 없다. 마치 우리를 위한 화해 사역을 이루는 두 순간인 그리스도의 십자가와 부활이 구별되지만 분리될 수 없는 두 사건인 것과 마찬가지다. 바르트는 칭의와 성화 사이의 분리되지 않는 관계를 바르트 특유의 정확성으로 다음과 같이 기술했다. 즉 칭의는 성화의 기초이자 전제이며, 성화는 칭의의 목표이자 결과이다.[41]

칭의를 전적인 **하나님의 사역**으로 이해하는 것과 대조해서, 성화를 주로 **우리의 행위**로 파악하는 것은 잘못이다. 성화된 삶의 중요성을 역설한 것으로 유명한 존 웨슬리(John Wesley)는 고전적 신학 전통과 유럽 대륙의 종교개혁자들과 같은 입장에 서서 다음과 같이 주장했다. "우리는 믿음으로 의롭게 될 뿐만 아니라 거룩하게도 된다.…정확하게 표현하자면, 우리는 믿음으로 의롭게 되는 것과 마찬가지로 믿음으로 거룩하게

---

40) Calvin, *Institutes*, 3.11.1.
41) Barth, *Church Dogmatics*, 4/2: 508.

된다."[42] 믿음을 하나님이 그리스도로 인해 인간의 삶을 의롭게 하시는 것에 대한 반응으로 이해하는 것이 적절하듯, 성화로서의 사랑은, 하나님이 그리스도 안에서 인간의 삶을 거룩하게 하시는 것에 대한 반응으로 이해되어야 마땅하다. 무엇보다도 성화는 우선적으로 하나님의 선물이며, 오직 이 점을 토대로 할 때만 인간의 소명도 된다.

그리스도인의 삶과 관련하여 우리는 "성장"이라는 단어를 신중하게 사용해야 한다. 그리스도인의 성장을 평온한 발전 과정이나 혹은 질서 정연한 단계들의 나열로 이해하는 입장은 피해야 할 것이다. 그리스도인의 삶에는 실제적인 발전이 있다. 그러나 이 발전은 수량화되거나 예측될 수 없다. 이 점에서 루터와 웨슬리는 화해할 수 없을 정도로 다른 입장인 듯 보인다. 즉 루터는 성화를 무시하는 것처럼 보일 만큼 칭의를 강조한 반면, 웨슬리는 "그리스도인의 완전성의 교리"(doctrine of Christian perfection)에 이를 만큼 성화를 강조했다. 하지만 두 신학자의 차이를 제대로 이해하기 위해서는 이들 각자가 처했던 서로 다른 역사적 상황을 감안해야 한다. 루터는 자기 의와 자기 공로를 내세우는 모든 형태의 교리에 반대하기 위해 바울의 신학에 근거하여 "우리는 의인인 동시에 죄인"(simul iustus et peccator)임을 주장한다. 그렇다고 루터의 강조점이 기독교 신앙의 실제적인 심화와 그리스도인의 삶의 진정한 성장을 배제하는 것은 아니다. 어쨌든 루터는 인간 죄성의 철저함을 역설하며 우리가 지속적으로 하나님의 용서에 의존해 있음을 강조한다. 반면 웨슬리가 사역했던 시대는 산업혁명이 몰고 온 도덕적 해이가 기승을 부리던 때였다. 이런 타락의 한가운데서 웨슬리는 그리스도인으로 하여금 하나님과 이웃을 사랑하는 데 있어 "완전"해질 것을 촉구했다. 몇몇 그리스도인들은 이 지상에서조차 완전성에 도달했다고 가르치면서 말이다. "하늘에 계신 너희 아버지의 온전하심과 같이

---

42) "The Scripture Way of Salvation," in *John Wesley's Sermons: An Anthology*, ed. Albert C. Outler and Richard P. Heitzenrater (Nashville: Abingdon, 1987), 376.

너희도 온전하라"(마 5:48)는 예수의 부름을 자신의 가르침의 토대로 삼은 웨슬리는, 물론 그리스도인의 삶 속에 여전히 죄가 강력한 세력으로 지속되는 현실을 부인하지는 않는다. 오히려 그런 현실 속에서 성령의 변혁적 사역에 더 큰 신뢰를 갖도록 요구하는 것이다.[43]

하나님의 은혜는 자유롭게 역사하며, 죄는 셀 수 없이 다양한 가면을 쓴 모습으로 출몰한다. 우리가 이 두 가지 사실을 확신한다면 그리스도인의 삶의 성장의 과정에 대해 지나치게 단순화된 이해를 결코 가지지 않을 것이다. 하지만 성장의 현상의 다양성에도 불구하고 하나님의 영이 활동하는 기독교 공동체 내에서는 반드시 믿음과 소망과 사랑의 실제적 성장이 나타나게 된다. 그리스도인의 삶의 성장을 나타내는 여러 가지 기준 또는 표지로는 다음과 같은 것들이 있다.[44]

1. 첫 번째 표지는 **하나님의 말씀을 경청하는 데서 성숙해가는 것이다.** 하나님의 말씀은 그리스도인의 삶을 형성하고 그것의 규범이 된다. 하나님의 말씀의 독특하고 주요한 증언은 신구약 성경이다. 하나님의 말씀은 그분의 은혜와 심판을 선포하고, 경청하는 자들을 회개와 회심과 새로운 삶으로 부른다. 하나님의 말씀을 성숙한 태도로 경청한다는 것은, 성경을 마술적인 해결을 제공하는 책으로서가 아니라, 예수 그리스도 안에서 지고한 형태로 계시된 하나님의 주권적인 거룩한 사랑에 대한 교회의 주요한 증언으로서 접근함을 의미한다. 하나님의 영은 성경의 증언을 사용하여 그리스도인의 삶을 형성하고 재형성하며 그의 성품을 빚고 강화한다.

성경 증언의 성숙한 경청은 인성 형성에 영향을 주는 성경의 모든 요소들, 즉 성경의 이야기, 시, 비유, 찬양, 명령, 약속, 탄식, 경고에 개방적

---

43) 위르겐 몰트만은 칭의와 성화에 대한 루터와 웨슬리의 입장을 비교했다. *The Spirit of Life: A Universal Affirmation*, 161-71을 보라.

44) John Calvin, *Institutes*, 3.1-10; Karl Barth, *Unterricht in der christlichen Religion* (Zürich: TVZ, 2003), 3: 306-33; Paul Tillich, *Systematic Theology*, 3: 231-37.

태도를 가짐을 의미한다. 또한 성숙한 경청은 성경의 증언을 들을 때 분리된 개별자로서가 아니라 공동체 안에서 듣는 것을 뜻한다. 여기에는 우리자신과는 아주 다른 상황에 처한 기독교 공동체가 제시하는 새롭고도 놀라운 성경 해석에 대해 열린 태도를 취하는 것이 포함될 것이다. 가난하고억압받는 사람들로부터 나온 성경 이해는 우리의 너무 친숙하고 진부한이해를 교정하고 심화시킬 것이다. 이와 같이 지속적으로 열린 자세로 성경에 주의를 기울인다면, 하나님의 영이 우리 가운데 활동하실 것을 우리는 확신할 수 있다.

2. 그리스도인의 성장을 알려주는 두 번째 표지는 **성숙한 기도**다. 기도는 하나님에 대한 우리의 사랑의 구체적인 표현이다. 기도는 하나님과의인격적인 소통으로서, 강직한 동시에 다정하신 아버지 또는 어머니가 되시는 하나님께 호소하는 행위이다(참조. 마 6:9; 롬 8:15; 사 66:13). 그리스도인에게 하나님은 **대상**이 아니라 **인격적 주체**다. 즉 하나님은 다만 우리의 대화의 **주제**가 아니라, 우선적으로 우리와 대화를 나누시는 **주체**다. 더욱이기도에서 대화의 주체가 되시는 이 하나님은 두려운 독재자가 아니다. 그분은 선과 자비로 통치하는 주권적이고 자유로운 하나님으로, 우리는 그분을진정으로 사랑할 수 있다. 그러므로 기도는 확신을 가지고 하나님께 호소하라는 초청을 우리가 받아들이는 것이다. 성숙한 기도는 영적인 삶을 위한모종의 기술을 숙달하는 것이거나 영적 삶의 대가가 되는 것을 의미하지않는다. 정반대로 성숙한 기도는 열린 자세와 정직한 태도를 가지고 하나님을 찬양하고 그분께 우리의 필요를 부르짖는 것을, 심지어 때로는 하나님께항거하듯 부르짖는 것을 의미한다.[45]

기도는 하나님의 영과 함께하는 새로운 인간성의 자유를 행사하는가장 근본적인 방법이다. 칼뱅은 기도를 "신앙의 주요한 훈련"으로 보았

---

45) Patrick D. Miller, *They Cried to the Lord: The Form and Theology of Biblical Prayer* (Minneapolis: Fortress, 1994).

다.[46] 기도는 찬양과 감사를 포함하지만 본질적으로 기도는 대담한 간구다. 예수가 가르치신 기도처럼, 우리는 **먼저** 하나님의 이름이 거룩해지기를, 하나님의 통치가 도래하기를, 하나님의 뜻이 이루어지기를 기도한다. 그런 **다음에는** 일용할 양식, 용서, 시험으로부터의 구원을 위해 기도할 수 있다(마 6:9-13). 성숙한 기도는 값비싼 은혜의 하나님의 현존 속에서 우리의 소원과 우리의 필요 사이의 차이를 기꺼이 배우는 것을 의미한다. 성숙한 기도란, 인간이 할 수 있는 모든 효과적 행위가 하나님의 통치와 용서와 은혜에 근거하고 있음을 배우는 과정이다.[47]

3. 그리스도인의 성장을 알려주는 세 번째 표지는 **성숙한 자유다.**[48] 하나님의 영이 활동하는 곳에는 자유가 넘쳐난다(고후 3:17). 하나님의 영은 강압적 수단을 사용해 강제로 역사하지 않는다. 하나님은 우리를 억누르지 않고 반대로 우리를 자유롭게 만들어 새로운 삶을 살도록 힘을 주신다.

그리스도의 영의 권능 안에서 산다는 것은 새로운 자유가 성장함을 의미한다. 칼뱅에 따르면 자유는 다음과 같은 세 부분을 포함한다. 첫째, 자기 의를 이루는 수단이 되는 율법으로부터의 자유이다. 둘째, 마음을 다해 하나님을 사랑하고 이웃을 네 몸과 같이 사랑하라는 계명 속에 요약되어 있는 하나님의 뜻을 기쁘게 순종하기 위한 자유이다. 셋째, 아디아포라(adiaphora), 즉 이럴 수도 있고 저럴 수도 있는 문제들로부터의 자유이다.[49] 그리스도인의 자유 안에는 부정적 측면이 있다. 즉 그리스도인의 자유는, 스스로 신이 되기를 추구하고 타인의 행복을 무시하는 죄인 된 삶의 방식에 매여 있는 상태로부터의 자유이다. 그리스도인은 인종과 민족과 지배

---

46) Calvin, *Institutes*, 3.20.

47) Jan Milic Lochman, *The Lord's Prayer* (Grand Rapids: Eerdmans, 1990); Karl Barth, *Prayer*, 50th Anniversary Edition, with essays by I. John Hesselink, Daniel L. Migliore, and Donald K. McKim (Louisville: Westminster/John Knox, 2002).

48) 고전적 종교개혁 본문 둘은 Calvin, "Christian Freedom" in *Institutes*, 3.19, 그리고 Luther, "The Freedom of the Christian," in *Luther's Works*, 31: 333-77이다.

49) Calvin, *Institutes*, 3.19.2-7.

와 부의 이데올로기에 묶인 것으로부터 자유롭게 되도록 부름 받는다. 또한 그리스도인은 하루살이는 걸러내고 낙타는 삼키는 종교적 율법주의로부터도 해방된다(마 23:24). 바울이 언급한 "그리스도의 법"(갈 6:2)은 하나님 앞에 서는 우리로 새로운 종류의 불안을 일으키도록 작용하지 않는다. 이 "그리스도의 법"은 새로운 자유를 행사하도록 우리를 안내한 그리스도의 자기희생적인 사랑과 일치되게 사는 삶을 의미한다.

그리스도인의 자유에 부정적 측면, 즉 하나님의 은혜를 획득해야 한다는 공포로부터의 자유와 우상숭배로부터의 자유가 있다면, 이 자유 안에는 긍정적 측면, 즉 하나님과 이웃을 섬기기 위한 자유 역시 존재한다. 하나님의 자비와 용서를 받아들인 우리는 자유 가운데 남도 용서할 수 있게 된다.[50] 아우구스티누스는 "하나님을 사랑하라. 그리고 네가 원하는 것은 무엇이든지 하라"[51]라는 문장으로 그리스도인의 자유의 특징을 적절하게 표현했다. 그의 말의 요점은 만약 우리가 하나님을 다른 무엇보다도 더 사랑한다면, 우리는 하나님이 의도하시는 바를 자유 가운데서 행할 것이라는 점이다. 그리스도 안에 있는 자유는 소비문화의 특징을 이루는 방종과는 전적으로 다르다. 하나님이 주신 새로운 자유는, 그분이 그리스도 안에서 행하시는 화해 사역을 위한 일꾼이 되기를 기꺼이 바라는 자유이다. 우리 안팎에서 벌어지는 증오와 불의와 그 외 다른 악에 대항하는 투쟁은 그리스도인의 자유와는 분리될 수 없는 짝패이다.

그러므로 그리스도인의 성장은 하나님 사랑과 이웃 사랑을 약화시키는 모든 것**으로부터** 점점 더 자유롭게 됨을, 그래서 그리스도처럼 새로운 섬김의 기회를 **향해** 무한한 자유를 가지게 됨을 의미한다. 이런 섬김은 비싼 값을 치러야 하며 그런 의미에서 고통은 성화 과정의 요소라 할 수 있

---

50) L. Gregory Jones, *Embodying Forgiveness: A Theological Analysis* (Grand Rapids: Eerdmans, 1995).

51) Augustine, *Homilies on 1 John*, 7.8, in *Augustine: Later Works*, ed. John Burnaby (Philadelphia: Westminster, 1955), 316.

다. 하지만 이것은 고통을 위한 고통이라는 개념과는 아무런 관련이 없다. 오히려 도래하는 하나님의 정의와 평화의 통치를 위해 고통에 용감하게 직면하는 자유와 관련되어 있다. 몰트만이 주목했듯이, 피상적이고 무관심하며 비인간화된 사회에서 고통을 기꺼이 감수하려는 자세는 영적 건강을 알려주는 표지가 될 수 있다.[52]

4. 그리스도인의 성장을 알려주는 네 번째 표지는 **성숙한 연대**다. "연대"(solidarity)는 우리의 모든 동료 피조물을 배려하고 사랑함을 의미한다. 이것은 우선 동료 인간을, 특별히 가난한 자와 무시받는 자를 사랑함을 의미한다.[53] 그리스도인의 삶의 성장은 성령이 창조하고 양육하는 공동체의 광범위한 사람들과 연대를 맺는 과정이다. 연대라는 새로운 정신은 회개(metanoia), 즉 마음의 돌이킴 또는 갱신을 전제로 한다. 회개를 통해 우리는 자신에게만 관심을 기울이는 것을 중단하고 타인의 필요를 더 많이 민감하게 의식하게 된다. 또한 사회와 교회 안의 불의에 대한 민감한 의식과 투쟁도 이웃과 맺는 성숙한 연대의 일부가 된다.

하나님의 말씀을 듣고 성례에 참여하는 것은 신앙 공동체의 구체적이며 정기적인 실천이다. 성례에의 참여는 그리스도 안에서, 신음하는 창조 세계 전체와 새로운 연대를 맺으며 살고 생각하며 느끼도록 하는 새로운 방식을 창조하는 데 도움을 준다. 만약 성례가 이러한 목적에 기여하지 않는다면 공허한 종교적 의식으로 전락할 것이다.

그리스도인이 자신과 너무도 동질적인 회중 속에만 거한다면 곧 그의 삶은 질식될 것이다. 너무도 자주 교회 회중은 유유상종하는 집단으로 변질된다. 그리스도인의 성장은 이질적이고 포용적인 공동체에 대해 열려 있는 동시에 그것을 추구하는 것을 포함한다. 교회 교인의 구성은 세속 사

---

52) Moltmann, *The Crucified God* (New York: Harper & Row, 1974), 115.

53) 가난한 자들과의 연대는 남미 해방신학 영성의 중심적 주제이다. Gustavo Gutiérrez, *A Theology of Liberation* (Maryknoll, N.Y.: Orbis Books, 1973); *We Drink from Our Own Wells* (Maryknoll, N.Y.: Orbis Books, 1984)를 보라.

회에서 발견되는 사회적·경제적·문화적·인종적·성정체성적 분리를 반영하는 데 그쳐서는 안 된다. 교회가 낯선 자, 통상적으로 탐탁치 않게 여겨지는 자, 심지어 원수로 분류된 자들과 연대를 맺을 때, 우리는 그리스도인으로서 성장했다고 판단할 수 있을 것이다. 또한 그리스도인의 성숙한 연대는 인간이 아닌 피조물 전체 영역과도 연대함을 포함한다. 우리의 일상적 태도, 삶의 방식, 경제적·정치적 결정 안에 만연해 있는 인간 중심주의는 그리스도인의 삶의 성장을 가로막는 장애물이다. 연대가 성장하려면 항상 대가를 치러야 한다. 즉 우리의 자기중심적인 사유와 삶의 방식을 포기하는 동시에, 연대를 향한 운동을 축복이기보다 치명적 위협이라고 간주하는 자들의 반대와 핍박을 이길 것이 요구되는 것이다. 그리스도인의 삶에 대한 고전적 신학의 기술은 성경에 근거하여 십자가에 달려 죽은 주님의 제자라면 삶 속에서 십자가를 불가피하게 짊어질 수밖에 없음을 강조한 바 있는데, 이런 지적은 적절한 것이라 할 수 있다.[54]

5. 그리스도인의 삶의 성장을 알려주는 또 다른 표지는 **성숙한 감사와 기쁨**이다. 하이델베르크 요리문답은 그리스도인의 삶을 "감사"라는 단 하나의 아름다운 단어로 요약한다. 동일한 신앙 전통에 서 있는 미장로교의 "간결한 신앙고백문"(Brief Statement of Faith) 또한 다음과 같이 말한다. "하나님께 감사하고 성령에 의해 강화되는 우리는 일상의 임무 속에서 그리스도를 섬기며 거룩하고 기쁜 삶을 살고자 노력한다."[55] 물론 그리스도인의 삶의 표지로서의 기쁨과 감사는 피상적인 낙관주의나 인위적인 유쾌함과는 매우 다르다. 또한 자기 의로부터 나오는 감사나 기쁨과도 다르다. 자기 의를 기쁨으로 삼는 자는 스스로가 토색, 불의, 간음을 행하는 자나 세리보다 더 낫다고 여기며 하나님께 감사한다(눅 18:11). 그러나 우리 그리스도인의 감사와 기쁨은, 자신이 전적으로 하나님의 은혜에 의존하고

---

54) 참조. Calvin, *Institutes*, 3.8.
55) *The Book of Confessions* (PCUSA), 10.72-74.

있음을 깨닫고 진심 어린 찬양과 개방적인 우정과 기쁜 섬김으로 스스로의 감사를 표현하려는 자의 상태이다. 이런 감사와 기쁨은 하나님에 대한 확신으로부터 나온다. 하나님이 성령에 의해 그리스도 안에서 삶의 갱신을 이미 시작하셨기 때문에, 그리고 하나님의 은혜는 모든 악과 죄와 사망에 대해 궁극적으로 승리할 것이기 때문이다.

은혜(grace)는 감사(thanksgiving)를 불러일으킨다. 즉 은혜(charis)는 감사의 성찬(eucharist)을 가져온다. 이런 까닭에, 기쁜 메시아적 만찬에 대한 예표로서의 감사의 성찬식은 하나님의 말씀 선포와 함께 항상 기독교 예배의 중심이 된다. 교회, 국가, 사회, 각자의 삶 안에는 저항하고 투쟁해야할 대상이 많이 있다. 그리스도인의 삶을 다루었던 칼뱅과 다른 신학자들이 강조했듯이, 십자가를 짊어진다는 것은 은혜 안에서의 성장을 알려주는 표시이다. 십자가를 짊어지고 투쟁하는 한가운데서, 우리는 감사하면서 성장하기를 계속한다. 감사와 찬양과 기쁨에 대한 우리의 수용력이 비싼 값을 치르는 제자도를 기꺼이 담당하고자 하는 마음과 함께 나아가면서, 우리는 성숙한 그리스도인이 될 것이다.

6. 그리스도인의 삶의 성장을 알려주는 마지막 표지는 **성숙한 소망**이다. 그리스도인의 삶은 순례, 즉 우리와 세계를 향한 하나님의 목적의 성취를 향해 나아가는 도상에 있는 삶이다. 그리스도인은 "본향", "더 나은 본향", 하나님이 예비하신 "성"을 추구한다(히 11:13-16). 성숙한 소망은 이 세상에서 결코 포기하지 않는다. 이 세상은 하나님의 세상이기 때문이다. 또한 성숙한 소망은 지상에서 하나님의 통치를 건설하는 우리의 능력에 의존하지 않는다. 오직 하나님만이 그것을 행하실 수 있기 때문이다. 그리스도인의 성숙한 소망은 도래하는 하나님의 통치를 위해 그리고 하나님의 뜻을 이루기 위해 기도하며 활동한다. 동시에 성숙한 소망은 하나님이 하실 때를 기다리는 지혜를 알고 있다.

칼뱅은 많은 측면에서 성숙한 그리스도인의 삶에 활기를 주는 확신을 다음과 같이 아름답게 요약한다. "우리는 우리 자신의 것이 아니다. 우리는 하나님의 소유다."[56]

그리스도인의 삶: 소명

그리스도인의 삶은 목적을 향해 나아가는 삶이다. 하나님은 성령의 권능으로 인간의 삶에 칭의와 성화를 주실 뿐만 아니라 구체적인 소명(vocation)과 거대한 소망을 주신다. 자유와 화해를 가져오는 하나님의 사역의 이런 측면이 무시된다면 편협성이, 심지어 자기애가 신앙의 삶과 신학의 활동 속으로 스며 들어올 수 있다.

선택(selection)과 소명(vocation)은 성경 증언 속에 깊이 배어 있는 주제다. 하나님은 아브라함을 부르시고 이스라엘 백성을 선택하시고 예언자들을 부르시고 나사렛 예수를 보내시고 세상에서 섬기도록 예수의 제자들을 파송하신다. 참으로 성경은 창세 전에 예수 그리스도 안에서 하나님의 백성이 선택된 것에 대해 언급한다(엡 1:4). 하지만 성경 속에 선택과 소명의 주제가 가득함에도 불구하고, 오늘날 이 주제는 많은 그리스도인에게 있어 실제적으로 망각되거나 오해받고 있다.

하나님은 자유 가운데서 피조물을 선택하여 세상을 고치는 동역자가 되도록 하신다. 선택은 특권으로의 부름이 아니라 섬김에로의 부름이다. 하나님은 이스라엘을 선택하여 땅의 모든 족속에게 복이 되도록 하신다(창 12:2-3). 하나님의 종은 이방의 빛이 될 것이다(사 42:6; 49:6). 예수 그리스도는 하나님의 택하신 아들로서 순종함으로 하나님의 일을 행하며, 다른 이들로 하여금 그 일에 참여하도록 부른다(요 4:34; 15:16). 인간은 자유와 화해의 사명에서 하나님의 동역자가 되도록 부름 받으며, 이런 사명을 부여받음으로써 새로운 존엄과 목적을 얻는다. 하나님의 영의 모든 은사

---

56) Calvin, *Institutes*, 3.7.1.

는 책임을 포함한다. 디트리히 본회퍼가 표현했듯이, 하나님의 은혜는 공짜로 주어지지만 결코 값싸지 않다. 우리 역시 비싼 값을 치르는 섬김으로 부름 받았으며 위임받았다.[57)]

　　그리스도인의 소명은 생계를 꾸려나가기 위한 직업과 혼동될 수 없다. 직업이나 전문직이 무엇이든지 모든 그리스도인은 세상 속에서 하나님의 선교를 행하는 그분의 동역자로 부름 받는다. 그리스도인의 삶은 내적인 성장과 갱신을 포함한다. 그러나 자아의 중요성을 다룬 현대의 관점과는 달리, 그리스도인의 삶은 자신의 내면으로만 집중하지 않는다. 그리스도인의 삶은 이웃을 향해 외적으로 뻗어가는 운동 중에, 하나님의 구속 사역의 완성이라는 미래를 향해 앞으로 나아가는 운동 중에 있다. 그리스도인의 소명은 자유롭게 해방시키는 화해의 사역이며, 모든 이들을 정의가 소중히 여겨지며 자유와 사랑이 넘쳐나는 새로운 공동체로 초청하는 부름이다. 이런 공동체는 그리스도 안에 근거하고 성령에 의해 강화되며 삼위일체 하나님의 영원한 교제로의 참여를 지향한다. 그리스도 안에서 알려지고 성령의 활동 안에서 효과적으로 역사하는 삼위일체 하나님의 사랑 안으로 전 세계를 부르고 참여시키는 것이 바로 그리스도인의 선교의 목적이다.

　　그리스도인은 하나님의 약속으로 살아가며, 따라서 창조적 소망 속에서 살아간다. 그리스도인은 사역을 행하고 메시지를 선포하고 용서를 베풀고 실천하고 섬김을 제공하고 증오를 극복해야 한다. 그에게는 해야 할 일과 선포해야 할 메시지와 실천할 용서가 있고 개선해야 할 불의가 있다. 하나님의 말씀과 영의 안내를 받는 그리스도인은 새 하늘과 새 땅에서 새로운 인간성을 약속하신 하나님의 최종적인 성취를 확신하고 소망하면서 이와 같은 과제를 담당한다. 그리스도인의 삶은 죄의 용서와 개인의 변화가 없이는 결코 실행될 수 없는 것이지만, 동시에 그의 삶은 죄의 용서나

---

57) Bonhoeffer, *The Cost of Discipleship* (London: SCM Press, 1959), 45.

개인의 변화 이상이다. 또한 그리스도인의 삶은 정의와 자유와 평화가 깃든 하나님의 통치의 도래를 준비하는 창조세계 전체에 참여하라는 소명이다. 이는 소명 중에서도 최고의 소명이며, "주 예수 그리스도의 은혜와 하나님의 사랑과 성령의 교통하심"(고후 13:14)에 의해 강화되는 부름이다.

참고 문헌

Barth, Karl. *The Christian Life* (Church Dogmatics 4/4, Lecture Fragments). Grand Rapids: Eerdmans, 1981.

Berkhof, Hendrikus. *The Doctrine of the Holy Spirit*. Grand Rapids: Eerdmans, 1965.

Bonhoeffer, Dietrich. *The Cost of Discipleship*. London: SCM, 1959.

Calvin, John. *The Christian Life*. Ed. John H. Leith. San Francisco: Harper, 1984.

Coakley, Sarah. *Powers and Submissions: Spirituality, Philosophy and Gender*. Oxford: Blackwell, 2002. p. 3-39.

Comblin, José. *The Holy Spirit and Liberation*. Maryknoll, N.Y.: Orbis, 1989.

Congar, Yves. *I Believe in the Holy Spirit*, 3 vols. New York: Seabury, 1983.

Gutiérrez, Gustavo. *We Drink from Our Own Wells: The Spiritual Journey of a People*. Maryknoll, N.Y.: Orbis, 1985.

Hauerwas, Stanley. "The Sanctified Body: Why Perfection Does Not Require a Self." In *Sanctify Them in the Truth: Holiness Exemplified*. Edinburgh: T&T Clark, 1998. p. 77-91.

Hendry, George S. *The Holy Spirit in Christian Theology*. Philadelphia: Westminster, 1965.

Heron, Alasdair. The *Holy Spirit*. Philadelphia: Westminster, 1983.

Jones, E. Gregory. *Embodying Forgiveness: A Theological Analysis*. Grand Rapids: Eerdmans, 1995.

McCormack, Bruce L., ed. *Justification in Perspective: Historical Development and Contemporary Challenges*. Grand Rapids: Baker Academic, 2006.

Miller, Patrick D. *They Cried to the Lord: The Form and Theology of Biblical Prayer*. Minneapolis: Fortress, 1994.

Moltmann, Jürgen. *The Spirit of Life: A Universal Affirmation*. Minneapolis: Fortress, 1992.

Rahner, Karl. "Poetry and the Christian." In *Theological Investigations*, 23 vols. Baltimore: Helicon, 1961-1992. Vol. 4, p. 357-67.

_____. *The Practice of Christian Faith: A Handbook of Christian Spirituality*. New York: Crossroad, 1983.

Welker, Michael, ed. *The Work of the Spirit: Pneumatology and Pentecostalism*. Grand Rapids: Eerdmans, 2006. p. 3-26, 221-32.

FAITH
SEEKING
UNDERSTANDING

새로운 공동체

교회란 하나님의 궁극적 목적에 있어 부수적인 존재가 아니다. 하나님이 우리로 하여금 그분의 교제를 공유하기를 원하신다면, 오늘날 세상 속에 있는 교회의 본질과 사명에 대한 질문은 기독교 신앙을 이해함에 있어 결코 부차적인 것이 아니라 중심적이고 본질적인 것이다. 세상을 창조하고 구원한 하나님의 목적은 그분과 창조세계 사이에 깊고 영속적인 교제를, 하나님의 은혜에 기반한 정의와 화해와 자유의 나라를 이루는 것이다. 비록 결점이 있고 계속적인 개혁과 갱신을 필요로 하지만, 그럼에도 교회는 하나님과 이웃과 화목하게 되어 세상 속에서 하나님을 섬기도록 부름 받은 피조물들, 자유롭게 해방된 이 피조물들이 구성하게 될 하나님의 새로운 포괄적인 공동체의 실제적인 시작이 된다.

AN INTRODUCTION
TO CHRISTIAN
THEOLOGY

니케아 신조에는 우리에게 익숙한 구절, 즉 "나는 하나의(one), 거룩한 (holy), 보편적(catholic), 사도적(apostolic) 교회를 믿습니다"라는 구절이 포함되어 있다. 다수의 그리스도인들에게 교회론, 즉 교회에 관한 교리는 아마도 기독교 신학에서 가장 흥미 없는 주제인 동시에 가장 거슬리는 주제일 것이다. "예수는 예스(yes), 교회는 노(no)"라는 말은 교회에 대한 논의로부터 자주 촉발되는 분노와 좌절을 잘 요약해준다. 창조자 하나님에 대한 믿음, 그리스도와 그의 화해 사역에 대한 신뢰, 성령의 변혁적인 권능에 대한 경험은 기독교 신앙과 신학에 필수적인 측면으로 인정된다. 대체로 이런 주제에 대한 적절한 해석이 어떤 것인지를 묻는 질문은 제기될 수 있지만 주제 자체의 중요성이 의심되지는 않는다. 하지만 교회에 대한 교리는 그렇지 않다. 많은 이들이 교회론의 주제를 조직과 운용에 대한 정치 구조와 결부시키지, 기독교 신앙과 삶에 필수 불가결한 실재와는 거의 결부시키지 않는다. 이러한 관점과 태도야말로 현대적 상황이 성경의 교회론이나 고전적 신앙고백에 담긴 교회론과 뚜렷한 차이를 보이는 지점일 것이다. 아우구스티누스 같은 신학자는 교회의 본질성을 두고 "보편 교회의 권위가 나를 움직이지 않는다면 나는 복음을 믿지 않을 것이다"라고 선언하기까지 했다.[1] 칼뱅이라면 아우구스티누스 같은 도발적인 발언은

---

1) Augustine, "Against the 'Foundation Letter' of the Manichees," in *The Works of St.*

삼갈 것이지만, 그 역시 그리스도인들의 "어머니"인 교회에 대한 깊은 애정을 가지고 글을 썼다.[2]

제11장에서 나의 논지는, 교회란 하나님의 궁극적 목적에 있어 부수적인 존재가 아니라는 것이다. 하나님은 피조물과 언약을 맺고 피조물의 협력을 원하신다. 하나님의 영원한 삶 안에 교제가 있고 하나님이 우리로 하여금 그분의 교제를 공유하기를 원하신다면, 오늘날 세상 속에 있는 교회의 본질과 사명에 대한 질문은 기독교 신앙을 이해함에 있어 결코 부차적인 것이 아니라 중심적이고 본질적인 것이다. 세상을 창조하고 구원한 하나님의 목적은 그분과 창조세계 사이에 깊고 영속적인 교제를, 하나님의 은혜에 기반한 정의와 화해와 자유의 나라를 이루는 것이다. 비록 결점이 있고 계속적인 개혁과 갱신을 필요로 하지만, 그럼에도 교회는 하나님과 이웃과 화목하게 되어 세상 속에서 하나님을 섬기도록 부름 받은 피조물들, 곧 자유롭게 해방된 이 피조물들이 구성하게 될 하나님의 새로운 포괄적인 공동체의 실제적인 시작이 된다.

교회에 대한 이해를 가로막는 장애물

오늘날 교회에 대해 사람들이 가지는 오해와 문제점은 많지만, 그중에서도 다음 몇 가지는 광범위하고 그 뿌리가 깊다.

1. 교회에 대한 오해와 적대감의 상당 부분은 미국 문화에 깊이 스민 **개인주의**(individualism)에 기인한다. 현대를 가장 강력하게 지배하는 문화적 신화와 이미지 하나는, 남의 도움 없이 인생에 성공하는 독립적인 자수성가형의 개인에 집중되어 있다. 지배적 서구 문화는 상호 의존성보다는

Augustine, ed. J. E. Rotelle (New York: New City Press, 1990), 1.19.

2) Calvin, *Institutes of the Christian Religion*, 4.1.4.

독립성에 과도한 관심을 보인다. 그리고 이런 현상은 기독교 신앙과 삶에 대한 일반적인 이해에 영향을 끼친다. 물론 근대 서구 사회 안에 공동체의 중요성에 대한 이해가 전혀 없는 것은 아니다. 그러나 근대 서구가 말하는 공동체란 자기 충족적인 개인 또는 사적 개인으로 구성된 "자발적인 사회"라는 특징을 가진다. 즉 이 "자발적 사회"에서 개인 각자는 집단에 참여할 것인지 여부를 스스로 선택하며, 그 집단이 자신의 욕구를 충족시키고 자신의 목적에 기여하는 한 집단의 일원으로 남는다. 북미의 백인 기독교 안에서 이러한 공동체 개념은 자기중심적 경건의 모습으로 나타난다. 이런 분위기에서 교회는 매우 이차적이며 전적으로 선택적 사항일 따름이다. 그리스도인이 된다는 것은 개인적 차원의 일일 뿐, 타인과 함께하는 삶과는 본질적으로 아무런 관련이 없다. 이런 개인주의는 미국인의 삶의 기저에 흐르는 깊은 갈망, 즉 공동체와 협력을 향한 깊은 갈망을 은폐하고 있다.[3]

2. 근대 문화에서 종교적 믿음과 실천은 개인주의화(individualized)되었을 뿐 아니라 전적으로 **사적 영역에 속한**(privatized) 형태를 띤다. 즉 종교는 공적인 일의 세계로부터 분리되어 가정생활, 여가, 개인 양육, 종교로 이루어진 사적인 세계 속에 편입되는 것이다. 이렇게 종교의 사사화 과정은 교회의 메시지와 선교를 삶의 더 큰 질문과 투쟁으로부터 소외시킨다. 이런 관점에서 교회에 목적이 있다고 한다면 그것은 사적 개인과 소규모의 동질적 집단의 필요를 채우는 것일 뿐이다.

3. 교회를 올바로 이해하는 데 부딪히는 또 다른 장애물은 **관료주의적 조직**(bureaucratic organization)이다. 행정 조직으로서의 관료주의는 익명성, 고정된 규칙의 고수, 권위의 서열화, 관료의 수적 증대를 특징으로 한다.

---

3) Robert N. Bellah et al., *Habits of the Heart: Individualism and Commitment in American Life* (Berkeley and Los Angeles: University of California Press, 1985). 『미국인의 사고와 관습』(나남 역간).

근대 관료주의의 최종 단계는 인격적인 관계를 기계를 통한 의사 전달로 바꾸어버린다. 불행히도 오늘날의 교회는 다른 모든 조직처럼 관료주의적 압박 하에 있다. 교회도 자신의 독특한 존재와 소명을 망각하고 이익 단체의 조직 구조와 경영 기술을 흉내내면서 성공과 존경을 추구하는 실정인 것이다. 이런 압박에 굴복할 때, 교회는 자신의 참된 정체성과 세상 속에서의 독특한 사명을 상실하게 된다.

4. 많은 사람들이 교회가 문제가 있다고 보는 중대한 이유는, 교회가 믿는 신앙고백과 그것의 **실제적 실천** 사이에 존재하는 현저한 괴리 때문이다. 이런 괴리는 많은 사람들의 마음을 혼동케 하고 시험에 들게 한다. 니체는 "내가 저들의 구원자를 믿도록 만들려면 저들은 좀더 그럴듯한 노래를 불러야 하리라. 그의 제자들은 좀더 구원받은 자처럼 보여야 하리라!"고 조롱했다.[4] 확실히 교회의 선포와 실천 사이에는 불일치가 존재한다. 그 결과 **교회**라고 불리는 공동체가 발하는 언어는 뻔뻔스럽게 승리주의적이거나 비실제적인 것처럼 들린다. 그런 예는 무수히 많다. "교회는 하나다"(현실적 교회가 셀 수 없이 많은 인종적·민족적·계급적 분파로 나뉘어 있는 것은 오직 외형상의 문제인가?), "교회는 거룩하다"(교회가 오류 가능성이 있고 죄 짓는 사람들의 공동체인 것도 오직 외형상의 문제인가?), "교회는 보편적이다"(종종 교회가 편협하고 위선적이며 이기적인 모습을 보이는 것은 단순한 착각인가?), "교회는 사도적이다"(교회가 사도 위에 자주 군림하는 것처럼 보이는 것도 착시 현상일 뿐인가?) 등등.

조셉 하루투니언(Joseph Haroutunian)이 지적하듯이, 교회에 대한 이러한 진술은 우리를 상당히 난처하게 하고 당황스럽게 한다. 왜냐하면 교회의 실재가 말한 바와 다름을 우리 모두가 알기 때문이다.[5] 이스라엘과 초기교회가 장벽을 철폐하는 백성인 동시에 가난하고 연약하며 위험에 처

---

4) Nietzsche, *Thus Spake Zarathustra*, quoted in Hans Küng, *The Church* (New York: Sheed & Ward, 1967), 150. 『차라투스트라는 이렇게 말했다』(민음사 역간).

5) Haroutunian, "The Realization of the Church," *Theology Today* 17 (1960): 137-43.

한 백성인 한에서는, 하나님 백성의 실재에 대해 이야기하는 그들의 언어에는 위엄이 있었다. 이런 점은 작고 주변화되고 핍박받는 하나님의 백성을 위로하고 지지하기 위해 하나님이 의도하신 바이기도 했다. 그러나 이 동일한 언어가 현재 우리가 아는 교회의 입을 통해 진술될 때는 적지 않게 당황스럽다. 이 말들이 단지 겉치레일 뿐임을 알고 당황하거나 화가 나는 것이다. 교회 일치를 추구하는 교회 지도자들 역시 이런 곤경을 민감하게 느끼고 있으며, 이런 사실은 "교회를 교회되게 하라!"라는 존 맥케이(John Mackay)의 슬로건에서도 잘 나타난다. 교회가 그리스도의 몸과 같이, 성령의 성전과 같이, 하나님의 종 된 백성과 같이 살고 행하도록 하라. 이것은 교회가 아무런 사회적 실재와 실천이 없이 그저 온갖 종류의 형이상학적인 찬사로 자신을 치장하는 행위를 중단하라는 권고이다.

오늘날 기독교의 개인주의화되고 사유화되며 관료주의화된 치장뿐인 형태 속에는 삶의 상호 연관성에 대한 진정한 이해가 결여되어 있다. 하지만 이러한 상호 연관성은 고전적 기독교 신앙의 모든 근본적 교리와 상징 속에 강력하게 표현되어 있는 바이다. 그리스도인은 성부와 성자와 성령의 서로 환영하고 기뻐하는 사랑으로 형성된 삼위일체 하나님에 대한 믿음을 고백한다. 또한 그리스도인은 홀로 계시기를 원하지 않고 언약의 상대방과 함께하기를 원하는 창조자·구원자·성화자가 되시는 하나님을 믿는다. 그리스도 안에서 드러난 하나님의 고귀한 은혜는 하나님과 이웃과의 관계성을 위한 새로운 자유를 개시한다. 그리고 하나님의 변혁적인 영은 자유 안에 있는 새로운 공동체를 수립하고, 이 새로운 공동체는 모든 창조세계의 구원을 예표한다. 하나님을 삼위일체적 교제로, 구원을 피조물들이 하나님의 "사랑의 사회"에 자유롭게 참여하는 것으로 이해하는 기독교적 이해는 기독교 신앙과 신학에서 교회가 차지하는 중요성을 강조한다.

그러므로 오늘날 교회의 개혁과 갱신을 향한 요청은 "현대성에 대한 열광"으로부터 나올 수 없고, 교회에 생명을 주었던 복음에 대한 신선한 이해로부터 나온다.[6] 우리가 교회의 문제를—이 문제는 우리가 신앙의 모든 항목이 함축하는 심대한 사회적 의미를 망각했기 때문에, 또한 신앙과 실천을 결합시키는 데 실패했기 때문에 생겨났다—정직하게 인정하고 나면 교회의 신비를 찾아내는 작업을 시작할 수 있을 것이다. 교회의 신비란, 하나님이 세상 속에서 성령의 권능에 의해 예수 그리스도 안에서 역사하는 하나님의 새로운 은혜를 통해 모든 분리적인 장벽을 철폐하며 "하나의 새로운 인간"(엡 2:15)을 만들고 계신다는 점이다. 또한 교회의 신비란, 교회가 하나님의 삼위일체적 사랑을 증언하고 그것에 참여하기 위해 부름 받았음을 의미한다. 하나님은 타자를 존재하게 하고 삶과 힘을 공유하며 사랑을 주고받는 상호적 관계 속에 사시는 분이다. 따라서 교회는 모든 개인주의, 계급주의, 인종차별주의, 성차별주의를 초월하여 관계성과 연대성과 우정으로 맺어진 새로운 인간의 삶을 개시하도록 부름 받는다.

신약에서 교회의 이미지

신약에서 교회[에클레시아(ecclesia), "모임" 또는 "회중"]는 예수 그리스도의 사역과 죽음과 부활의 복음에 대한 반응으로 성령의 권능 안에서 하나님을 찬양하고 섬기기 위해 모인 신자들의 새로운 공동체를 가리킨다. "교회"라는 단어는 그리스도인의 지역적 모임과 보편적 기독교 공동체를 동시에 지칭할 수 있다.

　　에클레시아 개념에 대해 더 자세히 들어간다면, 우리는 신약이 묘사하는 교회가 하나님의 은혜와 부르심에 의해 형성된 새로운 공동체적 실재를 의미함을 알 수 있다. 교회는 하나님과 이웃과 관계를 맺고 사는 독특한 형태의 인간의 삶이다. 교회는 그리스도 안에서 드러난 하나님의 화해

---

6) Küng, *The Church*, xi. 『교회란 무엇인가』(분도출판사 역간).

시키는 사랑에 중심을 두고 섬김을 위해 성령의 힘으로 강화된다. 그러므로 교회는 재형성과 갱신의 과정 중에 있는 인간의 삶이다. 교회의 존재와 선포는 도래하는 하나님의 나라를 증언한다. 교회 안에서 인간의 삶이 지니는 독특한 특징 중 하나는, 하나님과 그분의 백성을 분리하는 장벽을 철폐하는 작업이다. 교회 내의 삶이 지니는 특징은 하나님을 찬양하고 이웃을 섬기면서 함께 나누고 상호 의존하고 서로 용서하고 우정을 맺는 것이다. 교회 안에서는 권력과 책임이 공유되고, 가난한 자와 약한 자와 멸시받는 자에 대한 특별한 관심이 늘 존재한다.[7]

신약에서 교회와 교회의 독특한 삶의 형태는 도래할 하나님의 나라와 연관은 되지만 그것과 동일시되지는 않는다. 교회는 하나님의 나라의 표지이며 잠정적인 표현이다. 교회사를 보면, 교회와 하나님의 나라를 승리주의적으로 동일시하는 것은 많은 오만과 파괴의 근원이 되어왔다. 교회는 도래하는 하나님의 나라를 예기하고 섬기지만 그러나 완전히 실현하지는 못한다.

신약은 교회를 다수의 상이한 이미지와 비유를 동원해 묘사하고 있다. 폴 미니어(Paul Minear)는 『신약의 교회 이미지』(Images of the Church in the New Testament)라는 저서에서, 교회에 대한 신약의 이미지와 유비를 69가지나 발견하여 나열한 바 있다.[8] 확실히 성경에는 하나님과 예수 그리스도의 인격과 사역에 대한 이미지가 넘쳐나듯 교회에 대한 이미지도 풍부하게 발견된다. 교회를 묘사하는 수많은 이미지 중에는 다음과 같은 것들이 있다. "그리스도의 몸"(고전 12:27), "세상의 소금"(마 5:13), "그리스도의 편지"(고후 3:2-3), "사람을 낚는 어부"(막 1:17), "포도나무 가지"(요 15:5), "하나님의 밭"과 "하나님의 집"(고전 3:9), "하나님의 성전"(고전 3:16), "반석 위의

---

7) 믿음의 삶이 지니는 사회성에 대한 예리한 분석으로는 Edward Farley, *Ecclesial Man: A Social Phenomenology of Faith and Reality* (Philadelphia: Fortress, 1975)를 보라.

8) Minear, *Images of the Church in the New Testament* (Philadelphia:Westminster, 1960).

건물"(마 16:18), "그리스도의 신부"(엡 5:23-32), "하나님의 소유가 된 백성"(엡 2:19), "새 예루살렘"(계 21:2), "하나님의 권속"(엡 2:19), "외국인과 나그네"(히 11:13), "가난한 자"(눅 6:20) 등 등.

교회에 대한 신약의 풍부한 이미지들은 다음과 같은 네 개의 주요 카테고리로 분류될 수 있다.[9]

1. 첫 번째 카테고리의 이미지는 교회를 **하나님의 백성**(people of God), 특히 출애굽한 하나님 백성의 테마를 중심으로 묘사한다. 하나님과 그의 택하신 백성 사이에 맺어진 언약의 주제는 구약과 신약 전체에 깊숙하게 스며 있는 주제이다. "나는…너희의 하나님이 되고 너희는 내 백성이 될 것이니라"(레 26:12). "너희는…하나님의 소유가 된 백성이니 이는 너희를 어두운 데서 불러내어 그의 기이한 빛에 들어가게 하신 이의 아름다운 덕을 선포하게 하려 하심이라"(벧전 2:9). 이런 카테고리의 이미지에 비추어보면 일차적으로 교회는 건물이나 조직이 아니라 백성이고 공동체, 특히 하나님의 부르심을 받은 백성이다. 택하신 족속, 거룩한 나라, 새 이스라엘, 아브라함의 아들과 딸들, 남은 자들, 선택된 자들과 같은 이미지는 교회를 하나님의 백성으로 여기는 이미지와 연관되어 있다. 이런 집합에 속한 이미지들의 기본적 기능은 기독교 공동체를 하나님의 약속에 기반한 역사 상의 이스라엘 공동체와 연결시키는 것이며, 이런 백성을 출애굽한 순례의 공동체로, 즉 특별한 과제를 위한 부름을 받고 새로운 본향으로 나아가는 공동체로 묘사하는 것이다. 제2차 바티칸 공의회의 위대한 성과 중 하나는 "교회에 관한 교의 헌장"[Dogmatic Constitution on the Church (*Lumen Gentium*)]을 통해 하나님의 백성으로서의 교회의 이미지를 새롭게 부각시킨 것이었다.[10]

---

9) 참조. Peter C. Hodgson, *Revisioning the Church: Ecclesial Freedom in the New Paradigm* (Philadelphia: Fortress, 1988). 나는 제11장의 많은 사항에 대해 하지슨의 이 연구에 신세를 지고 있다.

10) *The Documents of Vatican II*, ed. Walter M. Abbott, S.J. (New York: Guild Press, 1966),

제11장 새로운 공동체 | **441**

2. 첫 번째와 관련된 두 번째 카테고리의 이미지는 하나님의 백성을 **섬기는 백성**(servant people)으로 묘사하고 있다. 이것은 구약에서 매우 현저하게 나타나는 주제이다. 야웨는 "이스라엘 백성이 나를 섬기도록 하기 위해" 그들을 해방할 것을 반복적으로 요구하신다(출 8:1; 9:1; 10:3). 섬기는 백성이라는 주제는 구약에 못지않게 신약에서도 중요하다. 이 공동체의 주님이 섬기는 주님이듯, 하나님의 부르심을 받은 공동체는 섬기는 자들의 공동체가 되어야 한다. "인자가 온 것은 섬김을 받으려 함이 아니라 도리어 섬기려 하고 자기 목숨을 많은 사람의 대속물로 주려 함이니라"(막 10:45). 인자와 마찬가지로 그리스도인도 섬기는 자가 되어야 한다. 즉 "예수를 위해 종이 되어야" 한다. 하나님과 이웃을 섬기도록 부름 받은 교회는 자기중심적인 방식으로 권세를 행사할 수 없고 남들 위에 군림할 수 없으며, 다만 고귀한 섬김을 베풀 준비를 해야 한다(마 20:25-26). 이러한 섬김의 이미지를 중심으로 하나의 집합을 이루는 많은 이미지들이 있다. 즉 하나님의 백성은 동역자이고 조력자이며 대사이고 증인들이다. 이런 이미지의 집합에 따르면 교회 공동체의 존재 이유는 그 자체 안에 있지 않고 교회의 과제, 즉 하나님을 섬기고 그가 창조하신 세상을 섬기는 데 있다. 교회가 하나님을 섬기는 모습은 예배와 기도와 찬양으로 표현된다. 세상에 대한 교회의 섬김은 하나님의 은혜에 대해, 그리고 하나님의 정의의 요구에 대해 말이나 행동으로 증언하는 형태를 취한다. 온 마음을 다해 하나님을 사랑하고 우리 자신과 같이 이웃을 사랑하라는 예수의 이중 계명처럼, 교회의 섬김에 대한 이 두 가지 측면은 온전히 연관되어 있다.

3. 세 번째 카테고리에 속한 이미지들의 초점은 교회를 **그리스도의 몸**(body of Christ)에 비유하는 데 있다. 특히 바울의 서신서에서 교회에 대한 이런 이미지를 찾아볼 수 있다(특히 고전 12:12-31). 교회 공동체는 한 분이신 주님, 한 분이신 성령, 하나의 세례에 참여하며, 이렇게 함으로써 "한

_____

15-96.

몸"이 된다. 우리는 세례 안에서 그리스도와 연합해 있다(롬 6:5). 우리의 참된 정체성은 자신 안에서 발견될 수 없으며 오히려 하나님 안에서 그리스도와 함께 감추어져 있다(골 3:3). 그리스도와의 유기적 연합은 요한복음의 주제이기도 하다. 요한복음에서 예수는 자신을 포도나무로, 제자들을 가지로 비유하신다(요 15:5). 그리스도의 몸으로서의 교회와 그리스도란 포도나무의 가지로서의 교회라는 유기체적 이미지는 교회의 역사와 신학에 엄청난 영향을 끼쳐왔다. 이 이미지는 몸의 모든 지체가 한 분 머리 되신 그리스도께 의존하고 있음을 전달한다(골 1:15-20; 엡 5:23). 동시에 이 이미지는 공동체의 모든 지체가 서로에 대해서도 상호 의존적임을 표현한다. 신자들은 그리스도 예수 안에서 모두 하나다(갈 3:28). 그리고 신자들이 받은 다양한 은사는 공동체 전체를 풍성하게 하고 교화하기 위함이다.

4. 마지막 카테고리에 속한 이미지들은 교회를 **성령의 공동체**(community of the Spirit)로 묘사한다. 성령의 공동체는 종말론적 공동체로서 성령의 은사들로 가득 차 있다. 신약의 교회는 하나님의 영의 새롭게 하는 경험 안에서 예언자들의 약속이 성취되었음을 알리는 중요한 증거를 발견한다(행 2:17이하). 즉 성별적·인종적·계급적 분열이 철폐되고(갈 3:28) 낯선 자들이 환영을 받으며 권력의 공유가 지배를 대체한다. 바로 이것이 하나님의 영광스러운 새 시대의 "처음 익은 열매"(롬 8:23)이자 "보증"(고후 1:23)으로 주어진 성령에 의해 강화되고 인도를 받는 성령의 공동체라는 새로운 창조며, 하나님의 새로운 인간성을 드러내는 표지다. 교회에 대한 종말론적 상징으로 구성된 이런 카테고리의 이미지들은 그리스도와 성령이 오심으로써 실현된 철저히 새로운 삶의 출발과, 창조세계 전체의 온전한 갱신과 변혁에 대한 약속을 가리킨다. 교회는 섬김을 베풀고 고난을 당한다. 동시에 교회는 경축하고 소망한다. 왜냐하면 교회는 코이노니아(koinonia), 즉 성령의 교제 안에서 새로운 삶과 환희를 이미 선취했기 때문이다. 도래하는 하나님의 통치의 표지인 교회는 "대안의 공동체"로서, 여기에서는 자유의 새로운 영이 다스리고 가장 비참한 자들도 포용되며 심

지어 원수들도 환영을 받는다.[11]

현재의 교회 모델에 대한 비판

앞에서 정리한 신약의 교회 이미지들을 기반으로 하여, 과거와 현재에 있던 교회의 여러 모델을 비판적으로 검토할 수 있을 것이다. 성경으로부터 도출된 교회에 대한 친숙한 이미지와 상징들은 예배와 일상적 신앙 대화에서 자주 사용되는 반면, "모델"(model)이라는 말은 복합적인 실재에 대한 이해를 심화시킬 목적으로 만들어진 이론적 구성물을 가리킨다. 애버리 덜레스는 교회를 제도적 모델, 신비적 교제의 모델, 성례적 모델, 전달자적 모델, 종의 모델로 구별한다.[12] 이어지는 논의의 전개에서 나는 덜레스의 범주들을 사용하되 그것을 내 방식대로 수정해서 사용할 것이다. 하지만 염두에 두어야 할 중요한 점은, 각각의 모델에는 약점이 있어 교회의 참된 본질과 목적에 있어 쉽게 왜곡을 초래할 수 있다는 사실이다.[13]

　1. 교회에 대한 가장 영향력 있는 모델 중 하나는 **구원의 제도**(institution of salvation)라는 모델이다. 이 견해는 우선적으로 교회를 하나님이 제정하신 구조와 직무자와 절차와 전통들의 관점으로 정의한다. 제도로서의 교회는 분명한 형태와 조직을 가지며, 권력과 권위의 관계가 정확하게 규정된다. 지도력의 구조, 예배의 유형, 권위적 텍스트 같은 몇몇의 교회 제도적 특징은 이미 신약 시대에도 분명하게 나타났다. 그리고 이런 제도적 특징은 1세기 혹은 2세기가 다 가기도 전에, 정경과 주교와 교리의 구

---

11) David J. Bosch, *The Church as Alternative Community* (Potschefstroom: Instituut vir Reformatoriese Studie, 1982).

12) Dulles, *Models of the Church* (New York: Doubleday Image Books, 1974).

13) 최근의 교회론의 왜곡에 대한 비판으로는 Leander E. Keck, *The Church Confident* (Nashville: Abingdon, 1993)를 보라.

조가 교회 공동체에 안정성과 일관성을 제공할 정도로 발전했다. 하지만 덜레스에 따르면, 전적으로 제도적인 교회관은 교부 시대의 특징도, 중세의 특징도 아니었다. 오히려 이런 교회관은 19세기에 와서야 지배적 특질이 되었다.

물론 제도적인 구조는 인간의 삶에서와 마찬가지로 교회의 삶에서도 본질적 요소이다. 교회는 위대한 보물을 담은 "질그릇"(고후 4:7)이다. 역사상 모든 공동체의 존립을 위해서는 어느 정도의 구조와 질서가 필수적이었다. 만약 이런 사실을 부정한다면 그 견해는 완전히 허구적 낭만일 것이다. 그럼에도 제도적 교회관이 주된 견해가 되고 특별히 국가 권력과 결합할 때는 유익보다는 훨씬 더 많은 해악을 끼친다. 이런 교회관은 교회의 목적을 신실한 증언과 고귀한 섬김으로 간주하기보다, 제도적인 생존과 권력의 증대를 선택하는 유혹을 물리치지 못했다. 제도적 모델에 따른 교회의 특징은 제국주의 국가의 특징과 유사해 보이기도 했다. 전형적으로, 제도적 교회의 질서는 대표적이거나 상호적이기보다 위계질서적이다. 권력은 항상 위에서 아래로 흐른다. 더욱이 이 권력은 침묵하고 무기력한 그리스도인 대중을 위해 하나님이 세우셨다고 간주되는 소수 엘리트의 손에 집중된다. 무엇보다도 이런 교회관을 지지하는 우세한 심리는 현상 유지의 욕구이며, 가능한 한 권력을 확대하려는 욕망이다.

전통적인 개신교는 위와 같은 제도의 특징이 전형적으로 로마 가톨릭 교회에서 나타났음을 논증해왔다. 하지만 실제적으로 교회의 제도적 구조가 성장하면서 해악적인 제도주의로 경직화되는 경향은 가톨릭 교회 못지않게 개신교 교회에서도 드러나게 되었다. 이런 경직화 현상이 생기면 위계질서가 공동체를 대신하고, 생존 욕구가 섬김의 정신을 대체한다. 개혁주의 교회는 "개혁된 교회는 항상 개혁되어야 한다"(ecclesia reformata semper reformanda)라는 선동적 슬로건을 내세우며 모든 그리스도인이 제사장 직분을 가졌음과, 안수를 받은 사역자의 직분은 형이상학적이라기보다 기능적임을 강조해왔다. 이러한 개혁주의적 원리 자체가 제도적 경화로 나아가는 현상과 맞서 싸우는 것도 사실이지만, 실제로 이 원리는 자주 말을 위한 말로서 존중될 뿐이다. 로마 가톨릭 제도주의는 교회를 위계질서와 동일시하지만, 개신교 제도주의는 교회를 조직의 형태, 정통주의의 기준, 규례서와 동일시하는 근소한 차이밖에는 없는 것이다.

과도하게 제도화된 교회에 대한 가장 강력한 비판은 자유주의적인 로마 가톨릭 전통이나 고전적 개신교 전통에서가 아니라 남미의 해방신학으로부터 나온다. 해방신학을 제대로 이해하려면, 이 신학의 중요한 관심사 중 하나가 위계질서화되고 과도하게 중앙 집권화된, 체제 유지를 위해 전전긍긍하는 제도적 교회를 비판하고 개혁하는 것임을 인식해야만 한다. 해방신학자들의 판단에 따르면, 제도적 교회는 권력을 행사함에 있어 너무도 자주 전체주의적 통치와 착취적 기업과 동일한 방식으로 행한다. 레오나르도 보프는 제도적 교회를 자본(즉 성례)을 맡은 엘리트와 단순한 소비자로 전락한 대중으로 구성된 기업에 비교했다.[14] 교회 역시 권력을 획득하고 남용하는 유혹으로부터 자유롭지 못하기 때문에, 복음과 복음의 권고, 즉 위험을 감수하고라도 섬기도록 부르는 권고가 계속적으로 교회 구조에 도전하고 그것을 변화시켜야 한다.

2. 교회에 대한 또 다른 모델은 교회를 **성령의 엘리트 공동체**(elite community of the Spirit)로 묘사한다. 이런 견해에 따르면, 교회는 형식상의 조직이라기보다 하나님의 살리는 영에 대한 공동 경험을 공유한 지체들로 긴밀하게 짜인 집단이다. 전통적인 형태의 교회가 규모가 크고 위계질서적으로 조직되며 비인격적이고 개인의 필요에 민감하지 못한 반면, 전형적인 영적인 공동체는 규모가 작고 인격적이며 느슨하게 조직되어 있다. 영적인 공동체로서의 교회는 지체들 사이에 강한 소속감과 상호 간 지지를 발전시키려 노력한다. 사회학적 용어로 표현하자면, 만약 제도로서의

---

14) Boff, *The Church: Charism and Power* (New York: Crossroad, 1985), 43. 『교회의 권력과 은총』(성요셉출판사 역간).

교회가 기독교의 사회적 삶의 "교회"(church) 유형을 대표한다면, 성령의 친밀한 공동체로서의 교회는 "분파"(sect) 유형을 대표한다고 할 수 있다.[15]

교회를 주로 성령의 친밀한 공동체로 이해한다면, 교회의 존재 이유는 영적인 경험을 배양하는 것이며 상호 인격적 관계를 증진하는 것일 것이다. 친밀한 공동체로서의 교회는 여러 가지 다른 형태를 취하기도 한다. 로마 가톨릭 안에서는 신비적 교제를 주장하는 교회론이 활력 없는 제도적·위계질서적 구조에 부분적으로 대응하며 발전했고, 교회에 대한 한층 더 인격적인 이해를 고취했으며, 하나님의 모든 백성에게 주어지는 성령의 은사의 중요성을 인식시켰다. 한편 개신교는 영적인 공동체로서의 교회에 대한 다양한 이해를 형성했다. 그것들 중 하나는 은사주의 운동에서 등장하여 성령의 은사를 강조하고 영적인 치유와 갱신의 특별한 경험을 강조한다. 그리고 이런 성령의 경험을 공유한 개인들은 자주 친밀하고 상호 협력적 집단을 형성하게 된다.

친밀한 공동체로서의 교회의 모델이 인간의 실질적인 욕구를 다룬다는 점에서는 의심할 여지가 없다. 현대 사회의 많은 사람들은 극도로 고독하고, 다툼으로 인해 상처를 입은 자들이다. 그들은 스스로를 편안하게 느낄 수 있는 안전한 도피처와 공동체를 추구한다. 어떤 이들은 비인간화되고 무관심한 사회 질서 속에서의 생존 과정에서 신체적·영적으로 상처를 입고 영적인 치유와 삶의 새로운 의미를 향해 부르짖고 있다. 이런 현실적 요구 속에서 친밀한 공동체로서의 교회는 기도와 묵상과 영성 훈련과 개인적 경험의 교환을 강조하면서, 제도주의적 교회 모델보다는 공동체의 삶에 대해 더 인격적이고 평등주의적인 경험을 배양한다. 사실 도움이 필요한 개인에 대한 사역은, 그 사역의 한계가 어떠하든지 간에, 교회의 사명에서 본질적인 요소다. 예수 역시 영혼뿐만 아니라 육신이 아픈 자들을

---

15) "교회"(church)와 "분파"(sect)의 구별에 관해서는 Ernst Troeltsch, *The Social Teachings of the Christian Churches*, 2 vols. (New York: Macmillan, 1956)을 보라.

치유하는 데 자신의 사역의 많은 부분을 할애했다(막 1:32-34).

그러나 이런 모델에도 심각한 약점이 있다. 특히 기독교 공동체에 대한 이해가 현대 문화의 흐름에 무비판적으로 의존할 때, 또한 교회의 삶이 참된 만남을 위한 단체, 민감성 훈련 단체, 여타 다른 종류의 치유 모임과 구별되지 않을 때 그 약점은 더 분명하게 드러난다. 이런 공동체들을 구체적으로 기독교적 모임이 되도록 하는 기준이 무엇인지가 항상 분명한 것은 아니다. 성스러움의 황홀한 경험이나 타자와의 친밀성과 유대성의 경험이 필연적으로 기독교 신앙을 형성하는 것은 아니기 때문이다. 더욱이 치유 중심의 공동체는 더 큰 차원의 사회적 책임에는 관심을 기울이지 않은 채 개인의 성장에만 집중하는 경향을 보인다. 오늘날 유행하는 뉴에이지 영성은 이런 사실을 선명하게 증명한다. 이런 형태의 영성과 친밀한 공동체를 모방하는 교회는 무감각해지는 동시에, 관료주의화된 사회와 이 사회의 비인격화된 영향으로부터 피하는 단순한 도피처가 된다. 다른 말로 표현하자면, 사회를 변혁하고 갱신하기 위해 노력하고 비판하기보다는 오히려 거기서부터 도망치는 것으로 만족하는 것이다. 참으로 교회는 성령의 공동체로서 모두가 은사를 갖고 힘을 공유하는 곳이지만, 신약은 성령의 인도를 받는 이 새로운 공동체가 개인을 변화시키고 세계를 변혁하는 하나님의 목적을 섬기도록 부름 받는다고 선언한다.

3. 교회에 대해 현재 통용되는 또 다른 모델은 **구원의 성례**(sacrament of salvation) 모델이다. 교회를 구원의 성례로 이해하는 이 모델은 제2차 바티칸 공의회 이후 로마 가톨릭 신학 안에서 점점 더 현저하게 나타난다. 이 모델은 예배와 증언과 섬김을 행하는 교회가 예수 그리스도 안에서의 하나님의 은혜의 지속적인 현존을 드러내는 표지임을 강조한다. 몇몇 신학자의 해석처럼, 이 모델은 우선적으로 교회의 성례적 삶, 즉 구체적으로 말해 성만찬에 참여하는 것에 관심을 기울인다. 성찬의 행위를 통해 양분을 공급받고 새롭게 변화되는 공동체 안에서 그리스도의 구속 사역이 모든 인간에게 확대된다고 보는 것이다. 성례적 모델의 장점 중 하나

는, 이 이론 속에는 교회의 삶의 객관적 측면과 주관적 측면이 결합되어 있다는 점이다. 두 측면의 결합은 제도로서의 교회나 친밀한 집단으로서의 교회 모델에서는 이루어지지 않는 경향이 있다.

그러나 성례로서의 교회 모델에도 약점이 존재한다. 이 모델은 종종 예전상의 정확성에 몰두하는 형태 속에서 교회 중심주의로 기울 수 있다. 그리스도와 성령의 현존은 배타적으로 교회 예전 속에서만 추구될 위험이 있는 것이다. 따라서 교회의 사회적 증언과 섬김이 상실될 수 있다. 일부 남미 해방신학자들은 성례로서의 교회의 모델을 채택하지만, 이 모델이 의미하는 바가 가난한 자들과의 연대를 실천함으로써 역사 속에서 하나님의 구속적 활동을 구체화하는 교회의 소명이라고 이해했다. 성례적 공동체로서의 교회는 자신이 말씀과 성례로 선포하는 삶의 해방을 내적인 구조와 사회적 실천 모두를 통해 드러내야 한다.[16]

4. 교회에 관한 네 번째 모델은 **복음의 전달자**(herald of good news) 모델이다. 이 모형은 특히 개신교 전통 속에서 주요한 모델이 되어왔다. 이 모델에 따르면 교회의 사명은 무엇보다 하나님의 말씀을 선포하는 것이며 열방이 회개하고 새로운 삶을 살도록 촉구하는 것이라는 확신에 토대를 둔다. 남자든 여자든 모든 사람은 예수를 구세주와 주님으로 믿도록 부름받는다. 따라서 교회의 제도적 구조와 개인적인 욕구 충족과 관련된 모든 일은 복음 선포와 복음 전도의 과제에 종속된다.

교회를 복음의 전달자로 이해하는 이 모델을 평가하기 위해서는, 복음 선포가 참으로 신앙 공동체의 일차적 과제임을 인정하는 데서부터 시작해야 한다. 하지만 복음 선포의 과제는 자주 협소한 관점으로 해석되어왔다. 이런 교회 모델이 지배적이 되거나 심지어 다른 모델을 배제할 때 나타나는 현상은, 교회가 하나님의 말씀이 선포되어야 할 민족들과 문화들에 대해

---

16) 참조. Gustavo Gutiérrez, *A Theology of Liberation* (Maryknoll, N.Y.: Orbis Books, 1988), 143ff.

선심을 쓰는 듯 자기 의에 빠진 태도를 쉽게 드러내는 것이다. 그렇게 되면 교회는 말만 할 뿐 들으려고 하지 않는다. 전달자로서의 교회가 지배의 도구가 되지 않으려면, 가르칠 뿐만 아니라 기꺼이 배워야 한다. 더욱이 이런 모델에서는 교회의 선포에 대한 통전적 이해가 자주 무시된다. 메시지의 전달에만 몰두함으로써 음식, 쉼터, 의료적 돌봄, 교육, 의미 있는 직업 활동에 대한 인간의 구체적 욕구를 충족시키는 관심을 간과하는 것이다.

5. 교회에 대해 현재 통용되는 다섯 번째 모형은 **섬기는 종**(servant)으로서의 교회 모델이다. 또한 이 모델은 디아코니아 모델(diaconal model)로도 불릴 수 있다. 이 견해에 따르면 교회는 일차적으로 생존이나 확장을 목적으로 하는 제도도, 현대 사회에서 무시되고 비인간화된 자들의 개인적 성장을 장려하기 위해 고안된 친밀한 공동체도, 단순한 메시지의 전달자도 아니다. 교회는 섬기는 공동체, 즉 하나님의 이름으로 그분의 모든 피조물이 생명의 풍성함을 누리도록 사역하기 위해 부름 받은 공동체이다.

이 모델에 따르면 교회는 해방과 정의와 평화를 위한 투쟁으로 세상을 섬김으로써 하나님을 섬긴다. 디트리히 본회퍼는 교회란 타자를 위해 존재하는 공동체라고 정의했다. 이 신학자는 "교회는 일상적인 인간의 삶의 세속적인 문제들을 공유해야 하며, 지배하지 말고 돕고 섬겨야 한다"고 기술했다.[17] 타자를 위한 교회, 즉 세상의 주인으로서가 아니라 섬기는 종으로서 교회를 이해하는 이 모델은 현대의 수많은 교회론에 강력한 영향을 끼쳐왔다. 또한 이 모델은 갈등 한가운데서 화해를 이루는 교회의 사명을 강조하는 데, 그리고 억압당하는 자들을 해방시키는 투쟁 속으로 교회를 참여시키는 데 중요한 역할을 감당했다.

1967년 미장로교 신앙고백문은 예수 그리스도 안에서의 하나님의 화해 사역이라는 주요한 주제를 다루면서 교회의 섬김을 하나님의 화해 사역에 참여하는 것이라고 기술하고 있다. 이런 사역은 복음 선포뿐만 아니라 교회

---

17) Bonhoeffer, *Letters and Papers from Prison* (New York: Macmillan, 1967), 204.

가 인종차별주의, 국제 갈등, 가난에 대한 무관심, 성적 착취에 의해 분열된 사회 집단들 간의 화해를 촉진하도록 노력하는 것까지 포함한다.

해방신학자들은 섬기는 종으로서의 교회의 의미를 상당히 다르게 이해한다. 이들은 교회의 화해의 요청이 너무 성급하고, 자주 억압의 현실과 그것에 대한 투쟁의 필요성을 무시해왔다고 의심한다.[18] 그래서 해방신학은 교회가 마땅히 실행해야 할 섬김이 세상 안에서 하나님의 해방 사역에 참여하는 것, 구속적인 현실 상황을 폭로하는 것, 사람과 집단의 구조를 변화시키고자 촉구하는 것, 정의와 자유를 위한 예언자적 행동을 촉진하는 것, 가난한 자들과의 연대를 추구하는 자들을 지지하는 것, 가난한 자들이 악과 불의의 권력에 투쟁하도록 지지하는 것이라고 이해한다.

해방신학의 탄생에 도움을 주었던 교회적 삶의 구체적 형태는 "기독교 기초 공동체"(Christian base community)였다.[19] 이 기초 공동체 또는 "가정 교회"(house churches)는 특히 남미에서 뚜렷하게 나타났을 뿐 아니라 지금도 제3세계 전역에서 증가 일로에 있다. 자주 이 공동체들은 사회 변화를 위한 운동을 치열하게 수행한다. 특정 지역에서 모여 함께 기도하고 성경을 해석하며 신앙과 일상의 공통 문제에 관련된 사람들이 소규모 집단으로 모여 형성한 기독교 기초 공동체는, 자신의 교회 형태가 새로운 존재 방식의 실험이라고 이해한다. 이 공동체는 종종 평신도가 지도하고 있으며, 위계질서적 구조가 아니라 훨씬 더 공동체주의적인 구조를 지닌다. 권력은 집중되기보다는 공유된다. 여기에 참여하는 이들은 복음의 빛에 비추어 물이나 전기의 부족, 불충분한 하수도, 광범위한 실업, 저임금, 학교

---

18) 예를 들어 남아프리카공화국의 인종차별 정책에 맞선 투쟁 동안 작성된 카이로스 문서 (Kairos Document)는 인종차별 정책을 지지하는 "어용 신학"(state theology)을 비판하는 동시에, 화해 회담을 성급히 진행함으로써 불의에 맞선 진정한 투쟁을 회피하는 "교회 신학"에 대해서도 날카롭게 비난하고 있다.

19) The Challenge of Basic Christian Communities, ed. John Eagleson and Sergio Torres (Maryknoll, N.Y.: Orbis Books, 1982).

의 부족, 경찰의 학대, 국가의 핍박 같은 문제를 분석한다. 또한 변화를 위한 전략을 연구하고 다양한 과제를 수행하면서 서로를 지원한다.[20] 하지만 기독교 기초 공동체는 단순히 정치적 행동 집단으로 축소될 수 없다. 이 기초 공동체가 세상 안에서의 믿음의 실천을 확고하게 지향하고 있는 것은 사실이지만, 이들은 기도와 성경 읽기와 성만찬의 교제와 같은 독특한 영성 안에서 자신의 사명을 존속시킬 힘을 얻기 때문이다.

섬기는 종으로서의 교회 모형은 기여하는 바가 많다. 최선의 상태에 있기만 한다면 이 모델은 영적인 것과 세속적인 것의 분리, 복음 전도에 대한 관심과 정의를 위한 투쟁 사이의 분리, 즉 다른 모형에서 너무나 자주 관찰되는 분리 현상을 극복하는 데 도움을 준다. 본회퍼처럼 칼 바르트도 교회가 세상을 위해 존재함을 주장했다. 바르트에 따르면 하나님은 우선적인 동시에 최고로 세상을 위해 존재하기 때문에, 교회 또한 자신을 위해서가 아니라 타인을 위해 존재할 수 있다.[21] 따라서 교회의 선교적 성격은 우연적이 아니라 하나님 백성으로서의 존재 자체에 있어 본질적이라고 할 수 있다.

그러나 섬기는 종의 모델도 다른 모형처럼 왜곡의 위험을 내포한다. 그중 하나는 교회를 사회 개선 기관과 실질적으로 동일시할 위험이다. 또다른 왜곡은 섬김에 대해 부적절하게 이해하는 데서 나타날 수 있다. 다수의 페미니즘신학자들은 섬김의 개념이 체계적으로 오용되어왔으며, 그결과 섬김은 그리스도 안에서의 새로운 삶을 특징짓는 가장 적절한 방식이 될 수 없다고 주장한 바 있다.[22] 그들이 보기에 섬김은 특히 여성들에

---

20) Carl Mesters, *Defenseless Little Flower* (Maryknoll, N.Y.: Orbis Books, 1989).
21) 바르트는 "예수 그리스도가 창조하고 그에게 순종하는 교회는, 차후에 또는 부수적으로가 아니라 본래적·본질적으로 교회의 정의 자체에 의해서, 하나님을 위해 그리고 세상과 사람을 위해 존재하도록 부름과 명령을 받았다"고 진술했다(*Church Dogmatics*, 4/3.2: 762).
22) 예를 들어 Susan Nelson Dunfee, *Beyond Servanthood: Christianity and the Liberation of Women* (Lanham, Md.: University Press of America, 1989)을 보라.

게 전적 복종을 의미했고, 돌봄과 치유의 사역을 강화하는 그리스도 안에서의 새로운 자유와 우정보다는 타인을 지배하도록 허용함을 의미했다(요 15:15). 하나님과 이웃을 섬기는 것은 기독교적 정체성의 중심이지만, 이 섬김의 의미는 노예 상태와 자기 부정과는 신중하게 구별되어야 한다.

섬기는 종의 모델이 왜곡되어 나타날 수 있는 또 다른 방식은 과도한 활동과 끊임없는 분주함을 섬김으로 착각하는 것이다. 교회는 섬김의 토대와 목적이 무엇인지를 망각할 수 있으며, 그 결과 교회론을 사회적 기능으로 축소하게 된다. 스스로를 세상에 대한 실천적 섬김의 관점에서만 파악하면, 교회는 복음 선포와 영적 삶의 양육을 정치적 행동을 위한 열심에 종속시키게 된다. 이런 현상과 평행적으로 밀접하게 관련된 것이 바로 하나님의 통치를 사회적·정치적 변화를 위한 특정한 프로그램과 무비판적으로 동일시하는 위험성이다. 역설적이게도 자기 비평의 능력을 상실하고 자신의 내적인 삶에서 개혁의 필요성을 의식하지 못하는 교회가 더 넓은 차원의 사회 속에서 개혁의 기관이 되리라고 기대할 수는 없는 법이다. 섬기는 종으로서의 교회 모델이 단순히 사회적 행동주의로 이해된다면, 교회의 참된 본성과 목적은 위태롭게 된다. 그렇게 되면 교회는 인간이 해방되어야 할 수많은 형태의 구속, 즉 교만, 탐욕, 무관심, 뻔뻔스러움, 방종과 같은 죄를 더 이상 진지하게 다룰 수 없을 뿐만 아니라, 이에 못지않은 구조적 형태를 취하는 죄, 즉 경제적 착취, 인종차별주의, 성차별주의, 가정폭력, 국가에 의해 자행되는 폭력도 심각하게 고려할 수 없다. 이와 같은 다양한 해방적 관심들이 서로 충돌하는 것은 불합리한 일이다.

뚜렷하게 나타나는 교회 모델들을 검토한 결과 다음과 같은 중요한 결론이 도출된다. 즉 교회의 본질을 왜곡하는 가장 큰 장애물은 아마도 어떤 역사적 교회 형태나 특정 이미지의 모형을 절대화하는 데 있다는 점이다. 십자가에 달려 죽고 부활한 예수 그리스도의 복음은 우리의 교회론을 포함하여 어떤 신학보다 항상 더 크다. 그리스도에게 주목하고 성령에 대해 열린 자세를 가질 때만 교회는 교회적 삶의 지속적인 개혁과 갱신을 위해 필수적으로 요청되는 권능과 연결될 수 있을 것이다. 교회 중심주의와 승리주의적인 태도의 위험은 항상 존재한다. 또한 어떤 이미지나 모형도 교회의 본질과 사명에 대해 모든 것을 담아낼 수 없다. 이런 이유로 인해 나는 다음에 이어질 논의 속에서 교회에 대한 두 가지 핵심적 진술을 감히 제시할 생각이다. 물론 이 두 가지 진술은 계속해서 변증법적 긴장 관계 안에 놓일 필요가 있을 것이다. 첫 번째 진술은, 교회는 말씀과 성례와 기도와 공동의 삶을 통해 잠정적이고 불완전한 방식으로나마 하나님의 삼위일체적 사랑에 참여한다는 점이다. 두 번째 진술은, 교회는 증언과 긍휼의 사역, 세계 내 정의와 화해와 평화를 위한 다층적인 섬김을 통해 삼위일체 하나님의 선교에 불완전하게나마 참여한다는 것이다.

교회와 교제로의 부름

나는 지금 전개 중인 교회론이 이 책의 다른 곳에서 드러난 삼위일체적 강조점과 일관성을 이루어야 한다고 확신한다.[23] 여기서 전개할 삼위일체적 교회론은 다음과 같은 사실을 토대로 할 것이다. 즉 예수 그리스도의 화해 사역과 성령의 계속된 활동 안에서 알려진 하나님이 자유 안에서 사랑하시는 삼위일체 하나님이시며, 우리가 이런 사랑의 삶에 참여하기를 바라신다는 점이다. 사랑을 공유하는 행동을 영원한 삶으로 가지신 바로 그 하나님이 이스라엘 백성과 언약을 맺으셨으며, 이제는 예수 그리스도를 통해 이 언약을 모든 사람에게 개방하신다. 하나님 자신의 삶은 교제

---

23) 콜린 건튼(Colin E. Gunton)에 따르면, "교회론이 부적절해지는 가장 뚜렷한 이유는, 이 교리가 진지하게 삼위일체이신 하나님 개념에 기반하지 않았다는 사실로부터 기인한다"["The Church on Earth: The Roots of Community," in *On Being the Church: Essays on the Christian Community*, ed. Colin E. Gunton and Daniel W. Hardy (Edinburgh: T&T Clark, 1990), 48].

속에 있는 삶이다. 동시에 하나님이 세상을 창조하고 세상과 화목했던 목적은 그분과 피조물 사이에 심오하고 영속적인 교제를 이루는 것이며, 피조물들 가운데 화해와 교제의 새로운 삶이 이루어지는 것이다.

교회를 그리스도 안에 있는 성령에 의한 교제(communion) 또는 코이노니아(koinonia)로 여기는 신약의 이해에 근거해서, 최근의 로마 가톨릭 신학, 동방 정교회 신학, 개신교 신학에서는 이런 주제에 대한 관심이 눈에 띌 정도로 부활하고 있다.[24] 교제의 교회론(ecclesiology of communion)은 세계교회협의회(WCC)의 연구 주제며,[25] 교회에 대한 바티칸의 최근 문서에서도 자주 등장하는 개념이다. 교제의 교회론은 과거 반세기 동안 존속했던 삼위일체 신학의 회복과도 함께 간다. 만약 하나님의 삶이 성부·성자·성령의 영원한 교제, 즉 신학 전통에서 전적으로 독특하게 사랑을 주고받는 관계(perichoresis, mutual "indwelling")로 묘사되는 영원한 교제로 이해된다면, 그리고 만약 우리가 성령에 의해 그리스도 안에 포함되고 그리스도를 통해 하나님의 은혜에 접근해서 하나님의 영광에 참여하는 소망을 가진다면(롬 5:3), 그렇다면 교회의 본질을 교제 안에 있는 새로운 삶, 즉 하나님 및 인간 서로와의 새로운 삶의 시작으로 보는 것은 전적으로 타당하다. 인간의 삶은 하나님의 삼위일체적 사랑에 참여하고 그것을 반영함으로써 완성된다. 종말의 이 세상 측면에서의 참여는 부분적이고 파편적이며 반영은 희미하고 흐리다. 그럼에도 교회의 삶이 성령에 의해 그리스도 안에서 알려진 하나님의 사랑에 근거하고 상응하는 정도로, 교회의 삶은 인간과 온 창조세계의 운명을 알려주는 표지이며 잠정적인 실현이 된다. 교회는 도래

---

24) Robert W. Jenson, *Systematic Theology*, vol. 2: *The Works of God* (New York: Oxford University Press, 1999), 167-269; Dennis M. Doyle, *Communion Ecclesiology* (Maryknoll, N.Y.: Orbis, 2000).

25) *On the Way to Fuller Koinonia: Official Report of the Fifth World Conference on Faith and Order*, Faith and Order Paper no. 166, ed. Thomas F. Best and Gunther Gassmann (Geneva: World Council of Churches, 1994).

하는 하나님의 통치와 결코 동일시되지 않지만, 교회는 말뿐만 아니라 자신의 공동적 삶과 봉사로써 도래하는 하나님 나라를 선포하고 증언하도록 부름 받는다.

신학의 모든 유비에서처럼, 교회의 교제를 하나님의 삼위일체적 교제의 유비로 묘사하는 입장은 큰 차이점들을 지속적으로 인정해야 한다. 교회 안에서의 교제는 항상 유한하고 깨어져 있으며 개혁될 필요가 있다. 삼위일체의 완전한 사랑과 상호 내주적 연합은 유일무이하다. 하나님의 사람의 공동 삶이 그것을 반영하되 오직 희미하게 깨어진 채로 반영한다.

사도신경에 따르면 교회는 "성도의 교제"(communio sanctorum)다. 라틴어 단어인 상크토룸(sanctorum)은 "거룩한 자들의 교제"와 "거룩한 것들에 있어서의 교제" 모두를 의미할 수 있다. 바르트의 설명대로 성도의 교제로서의 교회는 이 두 가지 의미를 모두 포함한다. 교회는 "상크티(sancti), 즉 성령에 의해 거룩하게 된 자들의 교제, 모든 시대, 모든 장소에 있는 그리스도인 전체의 교제"다. 그러나 동시에 교회는 "상크타(sancta), 즉 그리스도인들이 거룩한 자로서 맺는 모든 거룩한 관계들, 그들이 참여하는 거룩한 은사들, 그들이 부름을 받아 수행해야 할 거룩한 과제들, 그들이 받아들이는 거룩한 지위, 그들이 행해야 할 거룩한 기능 등에 있어서의 교제"이기도 하다.[26] 그리스도인은 함께 하나님을 예배하고 찬양하며, 용서를 위해 기도하고 서로를 용서하며, 곤궁한 자들을 위해 중보하고 선포된 하나님의 말씀을 들으며, 세례를 베풀고 주의 성찬을 거행하고 세상으로 나가 그리스도의 이름을 섬긴다. 이런 모든 행위를 통해 그리스도인은 하나님 자신인 새로운 삶의 은사에 참여한다. "우리가 축복하는 바 축복의 잔은 그리스도의 피에 참여함이 아니며 우리가 떼는 떡은 그리스도의 몸에 참여함이 아니냐?"(고전 10:16)

교회를 교제의 삶으로 묘사하는 설명의 장점 중 하나는 교회론과 다른

---

26) *Church Dogmatics*, 4/2: 642-43.

중요한 기독교 교리를 연결하는 것이 용이해진다는 점이다. 삼위일체는 교제 안에 있는 하나님의 삶이다. 하나님은 자신의 삶에 참여하며 그것을 반영하는 정의롭고 사랑이 넘치며 평화로운 교제를 위하여 인간을 창조하고 구원하신다. 교회는 성령 안에서 그리스도를 통하여 하나님과 이웃과 교제하는 새로운 공동체를 보여주는 구체적인 표지며 잠정적인 실현이다. 교회의 코이노니아는 복음을 공유하고 성례를 거행하는 것에 집중한다. 뒤에서 다시 강조하겠지만, 이러한 코이노니아는 폐쇄적이지 않고 선교와 섬김으로 세상에 대하여 개방되어 있다. 교회는 죄인들에게 주어지는 하나님의 은혜와, 하나님이 모든 사람과 창조세계로 하여금 그리스도 안에서 새로운 삶으로 부르심을 보여주는 표지가 된다. 이러한 관점에서 보면 "구원을 받는 것"이 무슨 의미인가라는 질문에 대한 분명한 답이 주어진다. 구원을 받는다는 것은 예수 그리스도를 통하여 주어지는 용서와 새로운 삶이라는 하나님의 은사에 참여하는 것이며, 이것의 열매는 하나님과 이웃과의 화해와 교제와 평화다. 하나님에 대한 믿음은 사랑을 통해 역사한다(갈 5:6). 이 믿음을 통하여 우리는 바로 여기에서 이 새로운 삶에 예비적이고 불완전한 방식으로 참여한다. 또한 소망 안에서 우리는 삼위일체 하나님과의 교제의 삶이 성취될 것을 고대한다.

만약 교회를 "성도의 교제"로 간주하는 고백이 오해되지 않으려면, 여기서 "성도"란 용서받은 죄인이라는 점을 분명히 해야 할 것이다. 하나님의 구원 활동이 완성될 때까지 성도의 교제 안에서는 날마다 회개와 용서를 위해 기도하는 것이 필요하다. 교회가 자신을 하나님의 통치와 동일시한다면, 혹은 교회가 화해와 교제라는 하나님의 사역의 성취를 더 이상 열정적으로 소망하지 않는다면, 이런 교회는 도래하는 하나님 통치의 잠정적인 표현으로서의 자신의 실재를 부인하는 것이다.

교제의 교회론은 기도, 선포, 찬양, 성례 거행, 성경 연구, 상호 용서, 상호 부담, 가난한 이웃 섬기기 등의 실천이 교회에서 전적으로 중요함을 강조한다. 이런 실천은 성령의 권능에 의해 그리스도 안에서 하나님과 맺는 교제를 구체적으로 표현한다. 기독교적 교제는 그리스도 안에서 함께 사는 삶으로서 단순한 이론적인 이해가 아니라 구체적인 실천을 통해 알 수 있는 실체다. 하나님과의 교제 혹은 상호 간의 교제는 완전하게 파악될 수 없는 동시에 일군의 명제들로는 명확하게 표현될 수 없는 실재이다. 교제 안에서의 삶은 인지적일 뿐 아니라 감정적이고 도덕적이며 심미적인 차원을 가진다. 이러한 삶은 삼위일체 하나님의 은사인 믿음과 소망과 사랑 안에서 함께 사는 삶이다. 교제의 교회론을 알려주는 주요한 성경 텍스트 중 하나는 제자들에게 가르친 예수의 기도다. "아버지여, 아버지께서 내 안에, 내가 아버지 안에 있는 것 같이 그들도 다 하나가 되어 우리 안에 있게 하사"(요 17:21). 바울도 다른 중요한 텍스트에서 주의 성찬을 그리스도의 몸과 피 안에서의 나눔과 교제로(고전 10:16), 자신이 그리스도의 고난에 참여하고 있음으로(빌 3:10), 교회가 성령의 교제에 참여하고 있음으로 묘사하고 있다(고후 13:13; 빌 2:1).

교회는 삼위일체 하나님과의 교제와 상호 간 교제로 부름 받는다. 이런 교회는 개인의 특수성을 무시하는 집단주의와는 철저히 다르며, 고독하고 소외된 자아로 구성된 세계만을 아는 개인의 집합체와도 다르다. 삼위일체의 위격들은 자기 충족적인 개인들이 아니며, 상호적으로 자유롭게 자기를 내어주는 관계 안에서 정체성을 형성한다. 삼위일체의 위격들은 서로를 위해, 서로 안에 함께하는 삶이다. 마찬가지로 교회도 교제의 삶을 살도록 부름 받는다. 여기서 개인은 이웃을 상호적으로 돕는 관계 속에서 발전하고 번영한다. 이런 교제의 삶 속에서 교회는 삼위일체의 형상(*imago Trinitatis*), 즉 하나님의 삼위일체적 삶의 유비에 부분적으로나마 참여한다.[27]

교제의 교회론은 특히 오늘날과 같이 파편화된 시대에 적실성을 가진다

---

27) John Zizioulas, *Being as Communion: Studies in Personhood and the Church* (Crestwood, N.Y.: St. Vladimir's Seminary Press, 1985).

고 할 수 있다. 현재의 포스트모던 세계에서는 다원주의라는 분권적인 힘이 강력하게 작용한다. 포스트모더니즘의 정신은 세계와 자아의 파편화뿐 아니라 진리와 정의의 파편화라는 특징도 지닌다. 교제 안에서의 새로운 삶을 잠정적으로 표현하는 교회의 실재는 이런 현재적 상황 속에서 소망을 제공할 수 있다. 그러나 교제의 교회론은 파편화된 포스트모더니즘의 시대에 유익한 무언가를 말하고자 하는 바람 이상의 것에 토대를 둔다. 교제의 교회론에서 중요한 것은 하나님의 참된 본성과 그분이 세상을 창조하고 구원한 목적을 올바르게 이해하는 것이다. 하나님은 성령 안에서 그리스도를 통해 새로운 삶을 세상에서 시작하셨다. 그리고 이 새로운 삶은 죄의 용서, 원수와의 화해, 하나님 사랑 안에서의 교제라는 특징을 지닌다.

교회와 선교로의 부름

교회가 교제로 부름 받았음을 이해하는 것은 삼위일체적 교회론의 본질적인 측면이 된다. 그러나 이것이 유일한 본질적 측면은 아니다. 앞의 이해와 함께 교회가 선교로 부름 받았음을 이해하는 것도 동일하게 중요하다. 하나님이 자신만을 위해 존재하는 삶을 선택하지 않은 것처럼, 교회도 자신만을 위해 존재하지 않는다. 삼위일체 하나님은 선교적 하나님이기에, 교회는 삼위일체에 뿌리를 둔 선교적 교회가 되도록 부름 받는다.[28]

---

28) "하나님의 선교 혹은 사명"(missio Dei)의 주제에 대해서는 다음 저서들을 보라. Barth, "Die Theologie und dieMission in der Gegenwart," *Zwischen den Zeiten* (1932), 189-215; *Ad Gentes* (Vatican II); Lesslie Newbigin, *The Open Secret: Sketches for a Missionary Theology* (Grand Rapids: Eerdmans, 1978); David J. Bosch, *Transforming Mission: Paradigm Shifts in Theology of Mission* (Maryknoll, N.Y.: Orbis Books, 1991), 『변화하고 있는 선교』(기독교문서선교회 역간); Darrell Guder, "From Mission and Theology to Missional Theology," *The Princeton Seminary Bulletin* 24, no. 1 (2003): 36-54; Daniel L. Migliore, "The Missionary God and the Missionary Church," *The Princeton Seminary*

교회는 삼위일체 하나님의 이름과 권능을 섬기기 위해 세상 속에서 생성되고 건설되며 파송된 공동체이다.[29] 교회의 사명은 삼위일체 하나님의 화해시키는 사랑에 참여하는 것이다. 이런 하나님은 성령의 권능 안에서 예수 그리스도를 통해 타락한 세상으로 다가가신다.

삼위일체적 선교의 맥락에서 교회의 선교를 이해하는 것과 다른 관점의 이해 사이에는 중대한 차이가 있다. 교회의 선교는 때때로 영원한 저주로부터 인간을 구원하는 것으로, 교회의 힘과 영향력을 확대하는 것으로, 혹은 타 문화권에 서구 문화의 축복을 나누어주는 것으로, 세상을 하나님이 통치하시는 곳으로 변혁하는 것으로 기술된다. 하지만 이 모든 기술은 진정한 선교를 위한 근거로는 부적절하다. 교회의 선교는 삼위일체적 토대를 가져야 한다. 즉 상호적으로 자신을 내어주는 사랑 안에서 영원히 사는 삼위일체 하나님은 자신의 사랑의 교제 안으로 모든 피조물을 포함시키기를 원하신다. 하나님의 환대하는 사랑은 그분의 말씀과 성령에 의해 세상을 향해 확대된다. 교회의 선교는 세상으로 나아가시는 하나님의 운동, 즉 하나님의 선교(missio Dei) 혹은 하나님의 사명 속에 그 진정한 토대와 모델을 가진다. 성육신한 말씀의 화해적 선교와 성령의 변혁적 선교는 기독교 신앙이 믿는 하나님을 선교적 하나님으로 이해하는 것이다.

교회의 선교적 활동은 예수 그리스도의 선교에 참여하는 것으로 이해되어야 한다. 제8장에서 주목했듯이, 특히 칼뱅과 바르트의 신학 안에서 그리스도의 구원 사역은 제사장, 예언자, 왕의 삼중직의 관점으로 설명되었다. 제사장으로서 예수 그리스도는 중보자다. 그는 자신의 사역과 십자가와 부활을 통해 세상 안에 하나님의 용서와 새로운 삶을 가져오고, 그분께 마땅한 순종을 돌린다. 예언자로서 예수 그리스도는 하나님의 뜻으로

Bulletin 19, no. 1 (1998): 14-25. 앞으로 전개될 논의는 바로 이 저서의 몇 단락과 긴밀히 연결되어 있다.

29) 바로 이것이 『교회 교의학』 속에서 바르트가 전개한 교회론의 구조다(Church Dogmatics, 4/1-3).

신자들을 가르치고 안내하며, 인간의 삶의 모든 영역을 다스리는 우상숭배와 불의와 폭력을 폭로한다. 왕으로서 예수 그리스도는 하나님의 백성을 보호하고 옹호하며 그들의 순종과 섬김을 요구한다.

그리스도의 삼중직의 교리는 교회와 선교에 대한 이해를 분명하게 하고 올바른 방향으로 이끈다. 물론 그리스도의 삼중직의 관점으로 교회의 선교를 설명한다고 해서, 교회가 일차적인 선교사인 그리스도를 대체한다는 의미일 수도 없으며, 또한 교회가 본질적으로 결함이 있는 그리스도의 선교를 온전하게 한다는 의미일 수도 없다. 이 교리의 설명이 함축하는 바는, 살아 계신 그리스도가 세상 속에서 자신의 선교 활동을 지속한다는 것이며, 또한 교회는 그리스도의 선교 활동에 참여하고 그의 안내를 받도록 요구된다는 의미이다. 따라서 교회의 선교는 그리스도의 이름으로 용서와 화해를 선포하는 제사장적 활동을 항상 포함할 것이다. 동시에 그리스도 안에서 드러난 하나님의 뜻을 가르치고, 그분의 뜻에 대적하는 불의와 억압을 비판하는 예언자적 활동도 포함할 것이다. 마지막으로 교회의 선교는 약하고 천한 자들을 보호하고 편드는 활동, 그리고 자신을 위해서가 아니라 도래하는 하나님의 정의와 평화의 통치를 위해 가진 자원과 영향력을 이용하는 왕적 활동을 포함할 것이다. 이미 하나님의 통치는 그리스도의 왕적 삶과 죽음과 부활에 나타난 권능 속에서 드러나기 시작했다.[30] 만약 교회의 선교가 그리스도 중심적이라면 그 활동은 십자가의 길을 따를 것이며, 그럼으로써 주변화된 자들과 낯선 자들, 소외되고 무가치하고 우리를 동요시킬 정도로 이질적이라고 간주되는 모든 자들에게 특별한 애정과 관심을 보일 것이다.[31]

---

30) Philip W. Butin, *Reformed Ecclesiology: Trinitarian Grace According to Calvin*, Studies in Reformed Theology and History 2, no. 1 (Princeton, NJ.: Princeton Theological Seminary, 1994).
31) Patrick R. Keifert, *Welcoming the Stranger: A Public Theology of Worship and Evangelism* (Minneapolis: Fortress, 1992).

삼위일체 하나님의 선교에 참여하는 것으로서의 교회의 선교 활동은 그리스도 중심적일 뿐만 아니라, 하나님의 영에 의해 수반되고 강화된다. 성령의 사역은 태초로부터 계속해서 세상에서 활동해왔으며, 그리스도 안에서 절정에 이른다.[32] 만약 하나님의 영이 창조세계 전체 안에서 삶을 나누어주고 갱신하며 회복하는 일에 현존한다면, 성령의 사역의 결정적인 특징은 그리스도 안에서 하나로 연합된 하나님의 백성을 창조하고 양육하는 것이다. 한편으로 성령의 선교는 그리스도의 선교를 뒤따른다. 그리스도는 아버지로부터 성령을 파송하며, 성령은 구원의 사역을 완성하는 것이다. 다른 한편으로 성령의 선교는 그리스도의 선교에 앞선다. 왜냐하면 성령이 앞서 준비해왔던 모든 것을 그리스도의 선교가 하나로 모으기 때문이다. 성령의 선교는 생명을 나누어주고 삶을 강화한다. 성령의 선교는 새롭고 포용적인 공동체 안에서 개인의 삶을 창조하고 지탱한다. 성경의 말씀대로, 주님의 성령이 계시는 곳에 자유가 있다(고후 3:17). 성령은 삶을 파괴하는 모든 세력과 두려움으로부터 인간을 해방시키고, 하나님이 의도하신 정의롭고 평화로운 공동체 안에서의 풍성한 삶을 향한 자유를 가져다준다.

사도행전 2장에 기록된 오순절 성령 강림 사건은 성령의 선교 활동을 분명하게 이해하도록 하는 해석학적 틀을 제공한다. 성령은 경계를 넘어서고 분리와 소외를 극복하는 하나님의 능력이다. 오순절 성령 강림 사건은 이전에는 서로 이해할 수 없는 사람들 사이에 전례 없는 소통과 새로운 연합을 촉발한 사건이었다. 성령은 사람들을 분리하는 모든 장벽을 철폐한다. 이로 인해 다양한 문화와 언어를 가진 사람들 사이의 소통이 현실화되었다. 오순절 경험은 그리스도 안에서의 새로운 일치와 상호적 이해

---

32) Stephen B. Bevans, "God Inside Out: Toward a Missionary Theology of the Holy Spirit," in *International Bulletin of Missionary Research* 22 (1998): 102-5.

를 풍성한 다양성의 한가운데서 체험하게 했던 것이다.[33] 따라서 권능으로 세례를 받는다는 것은, 실제적인 차이점이 남아 있음에도 불구하고 오히려 그런 차이점 덕분에 더 깊은 통일성에 의해 차이가 포용되고 상대화되는 그런 공동체의 일원이 됨을 의미한다. "너희는 유대인이나 헬라인이나 종이나 자유인이나 남자나 여자나 다 그리스도 예수 안에서 하나이니라"(갈 3:28).

그러므로 성령의 권능 안에서의 교회의 선교 활동은 다음과 같은 네 가지 특징을 가진다. 첫째, 교회의 선교는 정의롭고 포용적인 공동체를 촉진하는 활동이 될 것이다. 이런 새로운 공동체 안에서는 예전에는 낯선 자로 간주된 자들이 그리스도 안에서 형제자매로 품어질 것이다. 차이성과 타자성은 치명적 위협으로 간주되지 않을 것이며, 도리어 그리스도 안에서 새로운 정체성을 발견하고 이것으로 말미암아 상호적 관계를 변혁적으로 바꾸라는 요청으로 여겨질 것이다.[34] 둘째, 성령의 권능 안에서 선교는, 교회의 모든 지체가 가진 사역을 위한 은사가 전체의 행복과 평화를 위해 사용되기를 기대하고 환영하는 장이 될 것이다. 하나님의 영은 결코 인색하거나 당파적이지 않고 모든 이들에게 은사를 아낌없이 준다. 셋째, 교회의 선교 활등은 두려움이나 부담스러운 의무감에 의해서가 아니라 감사와 기쁨에 의해 움직인다. 교회가 하나님의 선교 활동에 참여할 때 나타나는 것이 기쁨이듯(눅 10:17), 교회가 성령의 삶과 사역에 참가하는 행동의 특징도 기쁨과 평강이다(롬 15:13). 교회는 선교에 참여하면서 확신을 가지고 하나님의 말씀과 성령을 기대하며 "주 예수여, 오시옵소서!", "성령이여, 오시옵소서!"라고 기도한다. 마지막으로, 교회의 선교 활동은 인간이 노력하는 모든 분야에서―예술뿐만 아니라 학문과 종교와 정치에서도―활동하는

---

33) Michael Welker, *God the Spirit* (Minneapolis: Fortress, 1994).
34) Miroslav Volf, *Exclusion and Embrace: A Theological Exploration of Identity, Otherness, and Reconciliation* (Nashville: Abingdon, 1996). 『배제와 포용』(IVP 역간).

성령의 현존을 인정하고 환영하며 지지한다. 또한 성령이 활동하는 곳에서는 생명과 평화가 강화되며 죽음과 파멸이 도전을 받는다.

때때로 근대는 교회의 본질을 일차적으로 정치적인 것으로 이해해왔다. 이런 견해에 따르면, 교회는 자신의 근본적인 선교적 책임을 가망성 있는 정치적 명분이나 사회개혁을 위해 필요한 운동을 지지하는 것으로 이해해야 했다. 교회가 이런 방식으로 그리스도 및 그의 나라에 대한 충성을 표현할 필요가 있는 때와 상황이 존재한다. 그러나 교회의 소명을 정치적인 영역의 활동으로만 이해하는 것에는 위험성도 존재한다. 교회의 선교를 정치화하면 "공적 삶의 복잡성과 풍부성을 협소화할 수 있으며", 복음 메시지가 열매를 맺을 수 있고 맺어야 하는 영역을 제한할 수 있다. 적절하게 이해한다면 교회의 선교는 가정, 동네, 지역 학교, 봉사단체, 환경 보호, 예술과 학문의 추구와 같은 다양한 영역에서 복음의 빛을 비추는 것을 포함할 것이다.[35]

교회가 교제와 선교로 부름 받은 공동체라는 사실에 대해 지금까지 논의한 바를 고려할 때, 회사, 동호회, 학교 등 우리에게 익숙한 다른 형태의 조직이 가진 전형적인 성장 원리와 구조와 전략 안에서 교회와 교회의 선교 활동을 이해하기 위한 단서와 유비를 찾는 행위는 중대한 실수임을 간파할 수 있을 것이다. 교회의 삶과 선교의 토대는 하나님의 자유로운 은혜 안에 있지, 인간적인 지혜와 영리한 전략과 프로그램 안에 있지 않다. 교회는 살아 계신 그리스도를 마음대로 조종할 수 있을 만큼, 또한 성령을 마음대로 통제할 수 있을 만큼 그분을 "소유"할 수 없다. 반대로 교회가 그리스도의 선교와 성령의 선교에 참여하도록 명령을 받는다. 존 테일러 (John V. Taylor)는 "성령이 교회에 주어지는 것이 아니라 교회가 성령에 주

---

35) James Davison Hunter, *To Change the World: The Irony, Tragedy, and Possibility of Christianity in the Later Modern World* (New York: Oxford University Press, 2010).

어진다고 생각할 때 우리 신학은 진보할 것이다"[36]라고 썼다. 그리스도 안에 있는 새로운 공동체가 성령에 의해 강화되고 인도됨을 보여주는 유비를 찾고자 한다면, 우리는 하나님의 삼위일체적 삶을 언급해야 한다. 삼위일체적 삶 안에는 생명과 사랑을 영원히 나누어주고 공유하는 행위만이 존재한다. 그 속에서 인격성은 심오한 차원의 관계를 경험하며, 차이점은 대상 사이의 동등성을 전복하지 않고 오히려 풍부하게 만든다. 성령의 권능 안에 있는 예수 그리스도의 교회는 사랑과 섬김의 공동체가 되도록 부름 받는다. 여기서는 하나님이 모든 이에게 "은사를 주시고",[37] 이들은 그 은사를 가지고 상호적 교환에 참여한다. 모든 이는 그리스도 안에서 성령의 권능에 의해 새로운 정체성을 부여받으며, 이미 화해를 이룬, 현재 화해 상태에 있는 공동체 속으로 편입된다. 이런 방식으로 교회는, 비록 부분적이고 온전하지 않다 하더라도, 삼위일체 하나님의 도래하는 통치를 예표한다.[38]

교회의 고전적 표지들

교회는 하나님의 통치와 완전히 동일시될 수 없으며 다만 그것을 증언하거나 잠정적으로 대표하기 때문에, 하나님의 백성의 삶이 역동적 긴장으로 가득 차 있음은 전혀 놀라운 일이 아니다. 앞선 논의에서 우리는 실제적 교회가 가진 불가분리적인 두 측면, 즉 교제로서의 교회와 선교로서의

---

36) John V. Taylor, *The Go-Between God: The Holy Spirit and the Christian Mission* (London: SCM Press, 1972), 133.

37) Stephen H. Webb, *The Gifting God: A Trinitarian Ethics of Excess* (New York: Oxford University Press, 1996).

38) Miroslav Volf, *After Our Likeness: The Church as the Image of the Trinity* (Grand Rapids: Eerdmans, 1998).

교회를 확인했다. 하지만 교회의 삶 안에는 언제나 다른 많은 긴장의 요소가 존재한다. 이런 긴장 관계의 요소를 교정하지 못하거나 오히려 풍부함으로 바꾸지 못한다면, 이것들은 서로 충돌하기 시작하면서 교회의 정체성과 일치를 위협하고 파괴할 것이다.

은사적 공동체로서의 교회와 질서와 구조를 지닌 제도로서의 교회를 분리하는 것은 파괴적인 결과를 초래한다. 어느 정도 필요한 형태와 구조를 가지지 못한 영적 활동은 혼란스러워지는 반면, 영적 활동이 부재하는 제도적 형태는 공허하고 무감각해진다. 교회의 질서는 기능적이지만 존재론적이지 않고, 잠정적이지만 영구적이지 않으며, 상호 작용적이지만 위계질서적이지 않다. 교회의 질서는 하나님의 말씀과 성령에 의해 항상 개혁되어야 한다.

예배하는 교회와 사회적 참여를 실행하는 교회 사이에서 양자택일을 강요하는 것도 파괴적 결과를 가져올 수 있다. 찬양과 기도는 그리스도의 이름으로 행해지는 섬김과 행동에 대립될 수 없으며, 그 역 또한 마찬가지다. 세상에서 하나님을 섬기도록 사람의 마음을 열어주지 못한다면 과연 그 기도는 무슨 소용인가? 하나님의 이름의 거룩함을 구하는 기도, 우리 죄의 용서를 구하는 기도, 또한 주기도문에 나오는 다른 모든 간구에 뿌리를 내리지 않은 기독교적 행동은 과연 무슨 소용이 있는가?

말씀의 교회와 성례의 교회를 분리하는 것 역시 파괴적인 분리이다. 우리는 훌륭한 개혁교회란 말씀의 교회이지 성례적 교회가 아니라는 고정관념을 가지고 있다. 또한 훌륭한 가톨릭 교회는 성례적 교회이지 말씀의 교회가 아니라는 고정관념도 가지고 있다. 하지만 이런 이분법은 심각한 해악을 끼친다. 말씀이 성례를 통해 구체적으로 실행되지 않는다면, 그 말씀은 무슨 소용인가? 성례에 강력하고 분명한 하나님의 말씀이 수반되지 않는다면, 그 성례는 과연 성례인가? 포용적인 교회와 당파적인 교회를 분리하는 것도 파괴적인 결과를 가져온다. 교회의 포용성을 해석할 때는 정의와 평화의 중대한 쟁점에 대해 옳은 편을 드는 것을 두려워 할 정도로 모호하게 해석해서는 안 된다. 그러지 않다면 화해는 모든 갈등을 회피하기 위한 값싸고 공허한 단어가 되고, 다만 옳고 그름을 판결할 용기가 부족함을 의미할 것이다. 동시에 교회의 옳고 그름을 가리는 능력으로서의 편파성은 항상 보편적 의도 또는 포용적 의도를 가진다. 하지만 교회의 보편성은 특수성을 통해서만 성취되기 때문에, 또한 교회는 특정한 사람들과 그들의 필요에 헌신하는 것을 통해 보편성을 목표로 한다는 것도 잊어서는 안 된다.

또한 교회의 고전적 "표지들"(marks)을 유용하게 재해석하고자 한다면, 교회라는 존재가 가진 역동적인 긴장을 염두에 둘 필요가 있다. 니케아 신조에 따르면, 교회는 "하나의, 거룩한, 보편적, 사도적"(one, holy, catholic, and apostolic) 교회다. 신학 전통은 이 진술을 참된 교회의 표지 또는 본질적인 특징으로 자주 인용하고 있다.[39)]

1. 교회의 **통일성**(unity)은 무엇을 의미하는가? 교회의 통일성은 구조나 직무, 교리나 프로그램 안에서 발견될 수 없다. 이것은 "성령도 한 분이시니…주도 한 분이시요 믿음도 하나요 세례도 하나요 하나님도 한 분이시니 곧 만유의 아버지시라"(엡 4:4-6)는 말씀에 근거한 독특한 통일성이다. 즉 성령 안에서 그리스도를 통해 하나님과 맺는 교제의 통일성인 것이다. 교회의 통일성은 삼위일체 하나님의 값비싼 사랑에 부분적이고 잠정적인 방식으로 참여한다. 이와 같은 하나님의 사랑 안에 있는 통일성은 생명력 없는 획일성이나 무감각한 동일성이 되어서는 안 된다. 교회의 통일성은 그리스도 안에서 형성된 통일성이다. 그리스도 안에서 우리의 자아는 죽는다. 그리고 그리스도 안에서 이웃과 상호 관계를 맺으며 우리의 새로운 정체성을 발견한다.

---

39) 앞으로 전개될 논의에 대해서는 Jürgen Moltmann, *The Church in the Power of the Spirit* (New York: Harper & Row, 1977)에서 많은 착상을 얻었다. 『성령의 능력 안에 있는 교회』(한국신학연구소 역간).

하나님의 사랑과 이 사랑에 근거한 교회의 통일성은 다름 속에서의 교제를 거리낌없이 기뻐한다. 천지의 창조자인 하나님은 광대할 정도로 다양한 존재들을 생성시키는 분이다. 화해자로서의 하나님은 이전에 하나님과 이웃으로부터 소외되었던 자들을 새로운 교제 안에서 연합시킨다. 성화자로서의 성령 하나님은 수많은 나라와 문화, 민족 집단에 속한 다양한 사람들로 구성된 공동체를 일으키고, 그들로 교회와 세상에서 상호적으로 섬기도록 하기 위해 많은 은사들로 그들을 강화한다. 신약의 증언에 따르면 교회의 통일성은 삼위일체 하나님의 일체성을 표현한 것이다. 교회의 통일성은 성부와 성자가 성령 안에서 맺는 교제에 참여하며 그것을 반영한다(요 17:21). 교회의 통일성은 이전에는 소외되었지만 이제는 그리스도의 십자가로 화해되어 한 분 성령 안에서 성부께로 나아가는 자들이 가진 통일성이다(엡 2:18). 삼위일체 하나님이 일으키는 통일성은 지루하고 숨막히는 통일성도, 숫자상으로 나타나는 빈약한 하나됨도 아니다. 하나님이 촉발하는 통일성은 그 구성원이 서로 구별되지만 풍성함을 이루는 통일성으로, 믿음으로 고백되고 사랑으로 공유되며 소망으로 고대된다. 이 교회는 도상(in via), 즉 그리스도 안에서 주신 하나님의 약속의 성취를 향해 나아가는 길 위에 있는 순례자의 교회며, 현재 안에서는 주님의 식탁 주위에 둘러앉은 사람들의 새로운 통일성의 도래를 기뻐하고 기념하는 곳이다. 동시에 이 교회는 동서남북으로부터 모인 지상의 모든 족속이 주님의 현존 속에서 평화와 기쁨을 맛보며 함께 참여할 중대한 종말론적 만찬을 고대하는 곳이기도 하다(눅 13:29).

2. 교회의 **거룩함**(holiness)은 무엇을 의미하는가? 거룩함은 "내가 너보다 더 거룩하다"는 의미, 즉 외형상 덜 거룩하게 보이는 자들과 자신을 차별하는 도덕적 우월성의 태도가 아니다. 앞서 강조했던 대로 교회는 용서받은 죄인들의 공동체이다. 교회의 거룩함은 교회 그 자체에 있지 않고 그리스도에게 있다. 그리스도의 삶과 죽음과 부활이 신자들을 은혜로써 의롭다고 칭하며 그들로 성화의 길로 나아가게 한다. 교회는 하나님의 거룩

한 사랑에 참여함으로써 의롭게 된다. 하나님의 사랑은 그 자체로 죄인과 낯선 자들로부터 초연해 있기 때문에 거룩한 것이 아니라, 오히려 그들을 무조건적으로 포용하기 때문에 거룩한 것이다. 하나님의 사랑은 예수 그리스도 안에서 계시된 그분의 거룩함과 정의다. 즉 하나님은 죄인이 자격이 없음에도 불구하고, 그를 의롭다고 하고 용납하고 사랑하신다.

유추해서 보자면, 교회의 참된 거룩함은 전통적인 도덕 규칙을 흠잡을 것 없이 순종하는 데 있다기보다, 불의에 대한 용기 있는 비판, 가난하고 소외된 자들과의 연대, 약하고 멸시받는 자들과의 우정과 힘의 공유 같은 것에 있다. 교회의 모든 표지에 적용되는 사실이지만, 교회의 거룩함에 대한 고백 또한 믿음과 소망의 표현이다. 교회의 거룩함은 하나님의 약속에 의해 보증되지, 교회의 삶에 대한 경험론적 기술에 의해 보장되지 않는다. 하지만 그렇다고 교회의 거룩함이 다만 미래에만 관련된 사안이라고 할 수는 없다. 교회는 인간 삶의 새로운 형태를 구체화하는 공동체로서 이 삶을 보여주는 표지들을 나타내야 한다. 즉 기독교적 성품과 미덕을 가진 사람들이 이 공동체 내에서 길러져야 하는 것이다. 이런 사람들은 현대 소비 사회의 특징인 자기중심적 삶의 양식을 거부하고 더 단순한 방식의 삶을 선택하는 데 선구적 역할을 하며, 타인들, 특히 가난한 자들의 필요에 열린 태도를 드러낼 수 있어야 한다.

3. 교회의 **보편성**(catholicity)은 무엇을 의미하는가? 고전적인 정의에 따르면 보편성은 "항상 모든 곳에서 모두에 의해서 믿어지는 것"[what is believed everywhere, always, and by all, 레랭의 빈켄티우스(Vincent of Lerins)]이다. 많은 측면에서 교회는 가톨릭적, 즉 보편적이다. 교회는 세상의 모든 영역 안에, 역사의 모든 시대 안에 현존한다. 교회에는 수많은 교구가 있지만 편협하지는 않다. 사실 이런 의미들은 쉽게 교회의 보편성의 정의에 편입될 수 있다. 문제가 되는 것은 보편성이 일종의 추상 개념으로, 즉 문화와 역사의 특수 상황을 초월하는 어떤 특질로 이해될 때다. 이렇게 보편성이 잘못 오해될 때, 이 개념은 비헌신적인 태도, 즉 만인을 만족시키면서 어

느 누구의 마음도 상하지 않도록 애쓰는 중립적 태도와 결부된다.

오늘날의 교회는 **보편성**의 의미를 모든 종류의 사람을 포괄하는 의미로 해석할 필요가 있다. 교회가 이런 의미의 보편성을 획득하기 위해서는 역설적이게도 교회는 당파적이 되어야 한다. 만약 이방인이 그리스도 안에서 자유의 복음을 듣는 것으로부터 배제되고 있다면, 교회는 사도 바울처럼 자신과 그리스도의 주권의 보편성을 확증하기 위해 필연적으로 이방인을 향해 당파적이 되어야 한다. 만약 특정한 인종 집단이나 경제적 계층이 교회로부터 직간접적인 외면을 당하고 있다면, 즉 그들의 특수한 관심사와 필요가 진지하게 고려되지 않는다면, 교회는 흑인신학과 페미니즘 신학과 여타 다른 형태의 해방신학이 그랬던 것처럼, 소외된 사람들을 위해 필연적으로 당파적이 되어야 한다. 만약 교회가 가난한 자들을 우선적으로 선택한다면, 이런 행위는 보편성을 부인하는 것이 아니라 오히려 증명하는 것이다. 그러나 동전의 다른 면처럼, 교회의 모든 당파적 행동은 의도적으로 보편적인 것이 되어야 한다. 그렇지 않으면 이런 행동은 하나님의 당파성, 곧 가난하고 소외된 자들을 향한 편파적 사랑이 되지 못하고, 분열적이고 파괴적인 당파심으로 타락한다.

4. 교회의 **사도성**(apostolicity)은 무엇을 의미하는가? 몇몇 교회에 따르면, 교회의 본질적인 표지는 신약의 사도들과 역사적 연속성을 가진 주교들이 교회의 직무를 담당하도록 정당하게 안수를 받는 데 있다. 하지만 이런 안수 행위가 사도 교회와의 연속성을 알려주는 표지가 될 수는 있지만, 교회의 사도성 자체는 외적이고 기계적인 계승으로 보장될 수 없다. 교회의 사도성은 안수받은 성직자들에게만 한정될 수 없다. 세례를 받은 모든 사람은 예수 그리스도 안에서 침노하는 하나님 나라의 복음을 증언하도록, 또한 이런 의미에서 교회의 사도직에 참여하도록 부름 받는다. 교회가 예언자와 사도들이 증언한 예수 그리스도의 복음을 믿음과 삶으로 따르고자 하는 한, 교회는 사도적이다. 복음을 신실하게 따르고자 한다는 의미로서의 사도적 연속성은 교회의 선포와 삶과 증언에서 모두 나타나야 한

다. 그리고 이런 사도적 연속성이 세상에서 복음 전달과 선교 수행을 추구하는 교회의 방식을 결정해야 한다. 구체적으로 말해서, 복음의 참된 증언은 추종자를 끌어모으기 위한 전략으로 강압, 위협, 속임수를 쓰지 않는다. 국가 권력이 교회의 지위와 영향력을 보호하도록 노골적으로 호소하는 형태, 또는 방송 전도와 노방 전도 같은 유형 속에 존재하는 좀더 은밀한 형태의 호소, 위협, 강제의 전략을 사용하지 않는 것이다. 사도 바울이 자신의 사도됨을 증명하기 위해 상처의 흔적과 핍박을 내세웠듯이(고후 11:23이하), 사도적 교회는 약하고 가난한 가운데 선교를 수행함으로써 복음에 대한 신실성을 드러낼 것이다. 하나님의 은혜는 약함과 가난함을 사용해서 그분께 영광을 돌리게 하고 인간을 구원하신다.

거의 모든 기독교 전통은 니케아 신조 안에 진술된 교회의 참된 표지들을 인정하지만, 개신교 종교개혁자들은 참된 교회를 다른 방식으로 정의하고자 시도한다. 그들은 "교회의 통일성, 거룩함, 보편성, 사도성의 근거는 무엇인가?"라고 질문하고 여기에 대해 "하나님의 말씀을 순수하게 선포하고 듣는 것이며 성례를 올바르게 집행하는 것이다"라고 대답한다. 루터에 따르면 "만약 교회에 말씀이 없다면, 교회는 교회 되기를 중단하는 것이다."[40] 칼뱅 역시 이 점에 동의했다. "하나님의 말씀이 순수하게 선포되고 들려지며 그리스도의 제정에 따라서 성례가 집행되는 곳이면 어디든지 하나님의 교회가 존재한다는 점은 의심할 수 없다."[41] 이런 종교개혁의 견해는 기성 교회의 비판, 즉 종교개혁 운동은 니케아 신조의 교회론을 거부했다는 비판에 대응하기에 적합했을 뿐 아니라, 종교개혁 운동 자체 내의 분열적 경향에 맞서기 위해서도 필수적이었다. 사실 교회의 표지를 다루는 이 두 개의 목록은 상호 보완적이다. 종교개혁의 목록이 없다면 니케아 신조의 교회 묘사는 승리주의적이거나 도덕주의적으로 이해될 수

---

40) Luther, "Concerning the Ministry," in *Luther's Works*, 40: 37.
41) Calvin, *Institutes*, 4.1.9.

있다. 또한 니케아 신조의 표현이 없다면 종교개혁의 목록은 분열주의적으로 들릴 것이다.

하루가 다르게 세계의 빈부 격차가 확대되고 있는 21세기 초엽에 서 있는 우리는, 교회를 설명하는 목록이 전통적인 해석을 따른 앞의 두 가지만으로 충분한지 자문할 필요가 있다. 신약 시대 이후로, 그리스도가 존재하는 곳에는 교회가 존재한다는 것이 교회론의 원리가 되어왔다. 그러나지금 그리스도는 어디에 계시는가? 이 질문에 대한 교리적인 대답은 이미우리에게 익숙하다. 그리스도는 주교가 있는 곳에 있다. 그리스도는 성만찬이 집행되는 곳에 있다. 그리스도는 복음이 선포되고 들려지는 곳에 있다. 그리스도는 성령의 은사가 드러나는 곳에 있다. 이런 대답들도 각각 일리는 있지만, 그중 어느 것도 마태복음 25:31과 그 이하 구절에서 제시된대답을 명시적으로 포함하고 있지 않다. 이 텍스트에 따르면 그리스도는가난한 자들과 배고픈 자들, 병들고 갇힌 자들 가운데 계신다. 따라서 지상의 불쌍한 사람들을 섬기는 자는 그리스도를 섬기는 것이다. 참된 교회는귀의 교회(이곳에서는 복음이 올바르게 선포되고 들려진다)나 눈의 교회(이곳에서는 신실한 자들이 보고 경험하기 위해 성례가 집행된다)일 뿐 아니라, 손을 내밀어 도와주는 교회이기도 하다. 그동안 교회와 신학은, 그리스도가 어디 계신지, 그리고 참된 교회를 어떻게 인식할 것인지에 대해 마태복음 25:31과 그 이하에 나타난 선명한 대답을 무시해오지는 않았는가? 그리스도는 가난한자들 가운데 계시며, 교회는 이 가난한 자들과 연대하기 위해 자유를 얻은하나님의 백성이다. 이런 대답이 그리스도가 어디 계신지에 대한 유일한대답은 아닐지 모르지만, 교회는 결코 이 대답을 무시해서는 안 된다.

참고 문헌

Alston, Wallace M. *The Church of the Living God: A Reformed Perspective*. Louisville: Westminster John Knox, 2002.

Barth, Karl. "The Church: The Living Congregation of the Living Lord Jesus Christ." In *God Here and Now*. New York: Routledge, 2003. p. 75-104.

Bender, Kimlyn. *Karl Barth's Christological Ecclesiology*. Burlington, Vt.: Ashgate, 2005.

Bosch, David. *Transforming Mission*. Maryknoll, N.Y.: Orbis, 1991.

Dulles, Avery. *Models of the Church*. Garden City, N.Y.: Image, 1987.

Hauerwas, Stanley. *The Peaceable Kingdom*. London: SCM, 2003.

Hunter, James Davison. *To Change the World: The Irony, Tragedy, and Possibility of Christianity in the Late Modern World*. New York: Oxford University Press, 2010. 『기독교는 어떻게 세상을 변화시키는가』(새물결플러스 역간).

Jenson, Robert W. Systematic Theology, 2 vols. New York: Oxford University Press, 1999. Vol. 2, p. 167-249.

Küng, Hans. *The Church*. Garden City, N.Y.: Image, 1976.

Moltmann, Jürgen. *The Church in the Power of the Spirit*. Minneapolis: Fortress, 1993.

Newbigin, Lesslie. *The Open Secret: An Introduction to the Theology of Mission*. Rev. ed. Grand Rapids: Eerdmans, 1995. p. 19-65.

Volf, Miroslav. *After Our Likeness: The Church as the Image of the Trinity*. Grand Rapids: Eerdmans, 1998. 『삼위일체와 신학』(새물결플러스 역간).

_____. *Exclusion and Embrace: A Theological Exploration of Identity, Otherness, and Reconciliation*. Nashville: Abingdon, 1996.

Zizioulas, John D. *Being as Communion: Studies in Personhood and the Church*. Crestwood, N.Y.: St. Vladimir's Seminary Press, 1985.

FAITH
SEEKING
UNDERSTANDING

선포, 성례, 사역

▶▶▶▶▶▶▶▶▶▶▶▶▶▶▶▶▶▶▶▶ **제 12 장** ▶

성만찬은 하나님의 창조 및 구원 사역의 과거와 현재와 미래를 결합한다. 성만찬 예배의 필수적인 부분인 감사 기도에서 우리는 세계를 창조하고 보존하시는 하나님의 넘치는 은사들을 모두 상기할 뿐 아니라, 무엇보다도 우리의 구원을 위한 그리스도의 삶과 죽음과 부활을 상기한다. 그러나 이 성례는 신앙 공동체에게 단순히 기억의 상기로만 그치지 않는다. 떡을 떼고 먹으며 포도주를 붓고 마심을 통해 그리스도는 성령의 권능으로 자신을 지금 여기에서 현존하도록 하신다. 그리고 이런 만찬에 참여하는 자들은 그리스도 안에서 한 몸과 한 백성이 된다. 게다가, 성만찬에서 신자들은 그리스도의 다시 오심을 소망하도록 부름 받는다.

AN INTRODUCTION
TO CHRISTIAN
THEOLOGY

선포와 성례와 사역은 서로 밀접하게 연관된 교리다. 특히 성례와 사역의 교리는 지금도 교회를 분열시키고 있으며, 에큐메니칼 차원의 합의와 교회의 재연합을 위한 노력이 지체되는 주요 원인이기도 하다. 만약 교회가 다른 인간 공동체처럼 자신의 정체성을 분명히 하고 자신의 사명을 지지할 정기적 실천을 갖고 있다고 선언하는 것만으로 충분하다면, 또한 교회의 질서를 확립하고 인도할 지도자를 선택할 필요가 있다고 말하는 것으로 충분하다면, 필요한 합의는 쉽게 도출될 수 있을 것이다. 그러나 이런 식으로 도출된 합의는 사회학적 관점에서는 타당할지 모르지만, 신앙이 추구하는 신학적 이해에는 미치지 못할 것이다. 말씀 선포와 성례 집행이 기독교 신앙과 삶에 필수적이기 때문에, 그리고 사역 직무와 교회 정치 체제는 교회의 중심적 메시지와 선교에 일치해야 하기 때문에, 교회는 이런 주제들에 대해서 면밀하게 성찰할 책임을 포기하지 말아야 한다.

말씀의 선포

신학과 설교는 구별되지만 상호적으로 연관된 활동이다. 한편으로 설교를 해야 하는 책임이 신학적인 반성을 하도록 자극하는 주요한 원천이 된다. 다른 한편으로 신학은 설교를 생산하고 지원하며 때로는 설교를 비판하는 작업을 주요한 임무로 삼는다. 신학은 설교가 복음에 대해 충실한지 아닌지를 시험하고 예수 그리스도 안에서 드러난 하나님의 계시의 충만성을 상기시킴으로써, 또한 설교가 더욱 설득적이고 구체적이고 자기비판적이 되도록, 동시에 지배적 문화에 대항함에 있어 덜 비겁하고 덜 소심해지도록 촉구함으로써 설교를 섬긴다.[1]

말씀 선포와 성례 집행은 하나로 연결된다. 말씀 선포와 성례 집행은 예수 그리스도 안에서 드러난 하나님의 자유로운 은혜를 각각 상이한 방식으로 증언하고 전달하기 때문에 서로를 전제하고 보완한다고 할 수 있다. 선포는 구체적인 시간과 장소에 있는 특정한 사람들에게, 이미 기록된 하나님의 말씀을 신실하게 증언하는 행위라고 정의된다. 아마도 이런 정의는 다음과 같은 주장을 통해 부연 설명될 수 있을 것이다.

1. 하나님의 말씀의 선포는 예수 그리스도의 복음에 대한 인간의 증언이며, 이 선포의 효력은 궁극적으로 설교자가 아니라 하나님께 있다. 설교자가 강단의 계단에 올라섰다고 초인간(superhuman)이 되는 것은 아니다. 만약 설교자의 말이 진정으로 하나님의 말씀을 전달한다면, 그것은 설교자의 총명이나 능변 때문이 아니라 성령의 주권적이며 자유로운 은혜 때문이다. 하나님의 성령은 피조물의 섬김을 경멸하지 않고, 오히려 그것을 효과적으로 이용한다. 그러므로 인간의 한계를 솔직하게 인정하고 하나님의 은혜를 기도하면서 확신하는 것은 하나님의 말씀을 선포하기 위한 본질적인 전제라고 할 수 있다. 오만함이나 자기 이익을 추구하는 정신은 설교자에게는 특별히 비난받아 마땅한 악덕이다. 바르트는 다음과 같이 진술했다. "우리는 사역자로서 하나님에 대해 말해야 한다. 그러나 우리는 인간이다. 그래서 우리는 하나님에 대해 말할 수 없다. 그러므로 우리는 자신의 의무와 동시에 자신의 무능력을 인정해야 한다. 이것을 인정함으

---

1) Fred B. Craddock, *Preaching* (Nashville: Abingdon, 1985); Gerhard O. Forde, *Theology Is for Proclamation* (Minneapolis: Fortress, 1990).

로써, 우리는 하나님께 영광을 돌린다."[2]

2. 하나님의 말씀 선포는 **성경 본문의 증언에 근거한다.** 기독교 신학에서 "하나님의 말씀"(Word of God)은 다음 세 가지 의미를 가진다. 첫째, 성육신하신 또는 살아 계신 하나님의 말씀, 즉 예수 그리스도. 둘째, 기록된 하나님의 말씀, 즉 성경. 셋째, 선포된 하나님의 말씀, 즉 현재의 복음 선포. 이런 세 가지 형태의 말씀은 정해진 순서와 질서 속에서 상호 불가분리적이다. 즉 현재의 선포가 예수 그리스도 안에서 성육신한 살아 계신 하나님의 말씀에 대한 성경의 본래적 증언에 충실하게 근거할 때, 그것은 성령의 권능에 의해 바로 여기에 있는 사람들에게 하나님의 말씀이 된다.

설교가 성경 증언에 **근거해야 한다**는 주장은 설교를 자의적인 고안물로 보는 견해를 배격하기 위한 의도를 담고 있다. 하지만 그렇다고 해서 설교가 성경의 단어와 개념들을 단순히 반복하는 것이라고 보는 것은 아니다. 선포는 다시 드러내는 것, 즉 재현이다. 선포는 사도들이 말했던 것과 동일한 메시지를 선포하되, 사도들과는 다른 시대와 장소에서 다른 언어로 선포함을 의미한다. 진정한 선포는 묵상과 상상을 요구한다. 설교자가 사도적 복음에 충실하려고 한다면 복음을 재진술하는 것이 필수적이다. 선포는 바로 지금 여기에서, 이스라엘과의 언약의 역사를 통해 그리고 예수 그리스도 안에서 가장 지고한 형태로 세상에 알려진 하나님의 약속과 요구를 새롭게 증언하는 것이다. 성경을 통해 하나님의 말씀과 만나는 것은 결코 당연한 일이 아니다. 하나님이 그리스도의 십자가의 감추어짐 안에서 놀랍도록 계시되었던 것과 마찬가지로, 하나님의 말씀은 성경의 역사적 우연성을 통해 감추어진 채 전달된다. 그러므로 우리는 성경의 증언을 연구하고 숙고하며 질문하고 주장해야 한다.[3] 설교자와 회중은 양쪽

---

2) Barth, *Word of God and Word of Man* (New York: Harper, 1957), 186.
3) 성경 증언의 문제를 다룬 현저한 예로는 Phyllis Trible, *Texts of Terror* (Philadelphia: Fortress, 1984)를 보라.

모두 끊임없이 성경으로 되돌아오게 된다. 때로는 성경으로 인해 소동하고 격분하게 되겠지만, 또 때로는 성경으로 위로를 받고 힘을 얻는다. 또한 우리는 예언자와 사도들의 증언을 통해 성령이 생명을 주시는 말씀으로 우리에게도 말씀할 것이라고 기대할 수 있다.

3. 하나님의 말씀의 선포는 **진리를 증언하는 행동**이다. 증언자가 된다는 것은 인간의 행위 중 가장 엄숙한 행위이며, 극도의 주의와 헌신을 요구하는 행동이다. 폴 리쾨르가 주목하듯, 인간의 공통 경험 속에서 증언과 가장 친숙한 자리는 바로 법정이다. 법정은 진리가 쟁점이 되고 정의가 중요해지는 장소다.

증언이라는 행동 속에는 여러 가지 특징이 포함되어 있다. 첫째, 증언은 진리를 말할 것을 맹세한다. 둘째, 신실한 증언은 증언 자체에 관심을 두는 것이 아니라, 증언과는 구별된 어떤 사람이나 사건에 관심을 둔다. 셋째, 증언이 말하는 내용은 미리 알려진 혹은 보편적으로 접근 가능한 일반적 진리와는 전적으로 다르기 때문에 증언의 필요성이 대두된다. 넷째, 증언의 행위는 행위자 자신을 포함한다. 즉 증언은 행위자의 인격적 참여와 헌신과 용기를 요구한다. 다섯째, 진리는 자주 저항을 받기 때문에, 가장 엄숙한 형태의 증언은 죽음까지 감수해야 하는 헌신이 될 수도 있다. 증언과 위험 감수의 관계는 신약의 단어인 증언자(martus), 즉 "순교자"(martyr)라는 단어 안에 보존되어 있다. 헌신과 위험 감수는 그 자체로 증언이 진리를 말하고 있음을 증명하지는 않지만, 멀찍이 떨어져 행해진 관찰이나 수동적인 정보 전달로부터 증언 행위를 구별시켜 주는 역할을 한다.[4]

4. 하나님의 말씀의 선포는 **언어**라는 매개체를 사용한다. 물론 기독교적 증언은 언어의 영역으로만 제한되지 않는다. 말로 행하는 증언뿐 아니

---

4) 참조. Paul Ricoeur, "The Hermeneutics of Testimony," in *Essays on Biblical Interpretation*, ed. Lewis S. Mudge (Philadelphia: Fortress, 1980), 119-54.

라 행동으로 하는 증언도 존재한다. 하지만 여전히 하나님의 살아 있는 말씀의 선포는 언어적 소통이라는 일차적 형태를 취한다.

인간은 언어를 전달하고 언어를 통해 이해하는 능력을 부여받았다. 긍정적 측면에서든 부정적 측면에서든, 언어는 인간의 삶을 형성한다. 반복해서 들려지는 특정한 이야기에 의해, 세상과 인간과 궁극적 실재인 하나님을 이해하기 위해 사용되는 은유와 비유에 의해, 인간과 인간 공동체는 매이고 속박될 수도 있고, 아니면 새롭게 해방되기도 한다. 주의 깊은 방식이든 부주의한 방식이든, 우리는 하나님에 대해 생각하고 말하기 위해 선택된 단어와 이미지들을 사용한다.

이렇게 인간의 삶에서 언어가 중요하다는 사실은 교회가 복음 선포의 과제를 진지하게 감당하는 모습 속에서 인정되고 존중된다. 성경 저자들은 말로 표현할 수 없는 심오한 경험, 통찰, 신앙의 탄식이 있음을 알았지만(롬 8:26), 그럼에도 불구하고 "믿음은 들음에서 나며 들음은 그리스도의 말씀으로 말미암았느니라"(롬 10:17)라고 선언했다.

기독교적 선포는 필수적으로 언어를 사용하되, 사람의 이목을 끌기도 하고 소동을 일으키기도 하는 비범한 방식으로 언어를 사용한다. 이로 인해 효과적인 비유와 이미지와 이야기가 기독교의 하나님 이야기 속에 두드러지게 나타나게 된다. 복음을 선포할 때 언어는 은혜로운 창조자·구원자·성화자이신 하나님의 실재를 가리키기 위해 자신의 한계를 최대한으로 끌어올려 효과적으로 사용된다. 세상의 구원을 위해 십자가에서 죽고 부활한 그리스도의 이야기가 복음 메시지의 중심에 있다면, 어떻게 이 충격적인 복음을 선포하는 언어가 평범한 것일 수 있겠는가? 만약 하나님의 은혜가 우리의 일상적 삶의 한가운데서 놀랍도록 현존한다면, 어떻게 복음을 이야기하는 언어가—성경의 문학 장르가 그렇듯—신선한 이미지와 경이로운 은유와 이목을 끄는 비유로서 풍성하지 않을 수 있겠는가?[5]

---

5) Thomas G. Long, *Preaching and the Literary Forms of the Bible* (Philadelphia: Fortress,

하나님의 말씀을 전하기에 본질적으로 적합한 특정 단어나 화법이 있는 것은 아니지만, 어떤 단어나 화법이 성경이 증언하는 하나님의 정체성과 행동을 가리키기에 다른 것들보다 더 적합한 것은 확실하다. 앞에서 이미 언급했듯이, 만약 살아 계신 하나님의 계시의 결정적인 형태가 영원한 진리를 진술한 문장들의 집합이 아니라 한 인격의 삶과 행동으로 드러난다면, 교회의 선포는 성경의 이야기 형식, 특히 복음서의 형식에 어느 정도 우선권을 두어야 할 것이다. 왜냐하면 이것들은 하나님을 살아 계시고 행동하며 인격적이고 은혜로우신 실재로 표현하는 데 효과적이기 때문이다.

5. 하나님의 말씀의 선포의 내용은 풍성하고 심오하지만, 동시에 근본적으로 단순하다. 이 내용은 죄와 상처로 물든 인간과 온 창조세계에게 대한 하나님의 놀라운 신실함을 알리는 **복음**(gospel)이며 "기쁜 소식"(glad tidings)이다. 복음의 과제는 이런 "하나님의 기쁜 소식"(롬 1:1)을 제시하는 것이다. 즉 예수 그리스도 안에 있는 용서와 새로운 삶이라는 하나님의 선물을 선언하되, 내적인 일관성과 이해성과 명료성을 갖추는 동시에 무궁한 충만성과 불가항적 호소력과 자유로운 설득력을 가지고 제시하는 것이다. 기독교적 선포의 내용은 "성경이 말하는 바가 무엇인지"가 아니라 "도대체 성경이 무엇에 관한 것인지", 즉 성경의 중심적 메시지를 가리킨다.

비록 복음은 간단하지만 그렇다고 극단적으로 단순하지는 않다. 비록 복음은 확정적으로 말하고 있지만 그렇다고 사소하거나 값싼 내용은 아니다. 복음이 선포하는 선물에는 사랑과 섬김의 훈련된 삶을 살도록 부르는 요청과 심판이 뒤따른다. 루터교 신학자와 개혁주의 신학자들은 이 점을 분명한 방식으로 제시한다.

루터교 신학의 유명한 강조점은 다음과 같다. 즉 만약 기독교의 선포가 성경에서 선언된 하나님의 은혜를 사소한 것으로 만들지 않으려면, 반

1989).

드시 율법과 복음을 분명하게 구별하는 동시에 각각의 중요성과 위치를 인식해야 한다. 여기에 대해 에드문트 슐링크(Edmund Schlink)는 루터교 신앙고백의 가르침을 요약하면서 다음과 같이 서술한다. "율법은 두렵게 한다. 그러나 복음은 두려움에 빠진 자를 위로하고 격려한다. 율법은 때려눕힌다. 그러나 복음은 일으켜 세우고 힘을 북돋워준다. 율법은 고소하고 정죄한다. 그러나 복음은 용서하고 베푼다. 율법은 처벌하고 죽인다. 그러나 복음은 자유케 하며 살린다."[6]

기독교의 선포를 "값싼 은혜"(cheap grace, 본회퍼)의 선언과 구별하려는 노력, 또한 복음을 도덕주의로 환원하려는 입장과 맞서는 관심도 중요하지만, 개혁교회의 신학적 관점에 따르면 하나님의 말씀에 대한 이원론적인 이해를 피하는 것도 똑같이 중요하다. 율법과 복음은 혼동되지 않아야 하지만, 동시에 이 둘은 분리되어서도 안 된다. 예수 그리스도 안에서 세상에게 주어진 하나님의 말씀은 강력하고 분명한 예(yes)이지만(고후 1:20), 이 "예"는 약속과 방향을 포함하는 "예"다. 기독교의 설교의 중심에는 추상적인 율법/복음의 변증법이 있는 것이 아니라, 우리의 구원을 위해 십자가에서 죽으시고 부활한 예수 그리스도를 통해 선포된 하나님의 자유로운 은혜의 메시지가 있다. 이런 메시지는 우리를 해방시키고 강건하게 만들어 우리로 하여금 하나님과 이웃을 사랑하도록 한다. 복음의 빛으로 보자면, 율법에는 심판하는 기능만 있는 것이 아니라 그리스도 안에서의 새로운 삶으로 인도하는 기능도 있다. 성경이 증언하는 그리스도의 전체 모습에 집중할 때만이, 설교는 루터교 신학자들이 비판하는 도덕주의적 설교를 올바르게 피할 수 있으며, 또한 개혁교회 신학자들이 비판하는 새로운 삶의 방향을 결여한 복음 설교도 피할 수 있을 것이다.[7]

---

6) Schlink, *Theology of the Lutheran Confessions* (Philadelphia: Fortress, 1961), 104. 또한 Carl E. Braaten, *Justification: The Article by Which the Church Stands or Falls* (Minneapolis: Fortress, 1990), 143-53을 보라.
7) 개혁교회 전통에서 율법의 올바른 목적은 하나님이 의도하신 공동체의 삶에 사랑의 방

6. 하나님의 말씀의 선포는 항상 특정한 상황 속에서 일어난다. 기독교의 증언이 항상 텍스트를 가진다고 한다면, 또한 그 증언은 특정한 **컨텍스트**(context)도 지닌다. 기독교의 증언은 하나님과 세계 및 인간에 대한 일반적 진리를 다루지 않는다. 만약 그렇다고 한다면 선포의 내용은 하나님의 살아 있는 말씀이 되지 못할 것이며, 모든 것을 그대로 놔두는 무시간적인 진리가 될 것이다. 기독교의 선포는 하나님의 살아 있는 말씀에 대한 증언이기에, 구체적인 시간과 장소에 사는 특정한 사람들을 향해 말한다. 기독교의 선포는 구체적인 메시지를 가지고 지금 여기의 특정한 상황 속에서 발언된다. 기독교의 선포는 사람들로 하여금 구체적인 결정과 행동을 하도록 요청한다. 기독교의 선포는 하나님에 대한 모호하거나 중립적인 담론도, 어떤 위험도 무릅쓸 필요가 없는 담론도 아니다. 기독교의 선포는 구체적인 반응을 목표로 하는, 복음에 대한 구체적인 증언이다. 확실히 기독교의 선포가 증언하는 그리스도는 "어제나 오늘이나 영원토록 동일하며"(히 13:8), 그리스도에 대한 충성은 기독교의 모든 증언에서 본질적이다. 살아 있는 주님이신 예수 그리스도는 하나님의 선물이자 소유인 우리에게 늘 새로운 상황 속에서 구체적인 방식을 통해 말씀한다. 그러므로 우리는 매번 그의 목소리를 새롭게 듣고 순종해야 한다. 선포가 지닌 상황성이 상실된다면, 성령의 현존도 상실될 것이다. 왜냐하면 오직 성령만이 기록된 말씀 또는 선포된 말씀에 생명을 부여하기 때문이다(고후 3:6).[8]

향을 설정하고 질서를 제시하는 것이다. 장 칼뱅이 논의한 율법의 세 가지 용도와 그 중 주된 항목인 "세 번째 용도" 즉 신자들을 그리스도 안에서의 새로운 삶으로 인도하는 역할에 대해서는 *Institutes of the Christian Religion*, 3.7.6-14을 보라. 또한 Karl Barth, "Gospel and Law," in *Community, State, and Church*, ed. Will Herberg (Garden City, N.Y.: Doubleday Anchor, 1960), 71-100도 보라.

8) 설교가 지닌 상황성의 중요성에 대해서는 다음을 보라. Justo L. Gonzalez & Catherine G. Gonzalez, *Liberation Preaching: The Pulpit and the Oppressed* (Nashville: Abingdon, 1980); Nora Tisdale, *Preaching as Local Theology and Folk Art* (Minneapolis: Fortress, 1997).

7. 하나님의 말씀이 **어떻게**(how) 설교될 수 있는지에 대해서 웨스트민스터 대요리문답이 제시하는 대답은 분명 17세기의 언어와 경건의 산물이긴 하지만, 여전히 존중받아 마땅하다. "말씀의 사역에 힘쓰도록 부름받은 자들은 건전한 교리를 설교해야 한다. 때를 얻든지 얻지 못하든지 부지런히 설교해야 한다. 인간의 지혜의 유혹하는 말로써가 아니라 성령과 권능의 증명으로 분명하게 설교해야 한다. 하나님의 전체 계획이 알려지도록 신실하게 설교해야 한다. 듣는 이의 필요와 능력에 맞추어 지혜롭게 설교해야 한다. 하나님과 그의 백성의 영혼에 대한 열렬한 사랑으로 열심히 설교해야 한다. 하나님의 영광을 목적으로, 그리고 그의 백성의 회개와 교육과 구원을 목적으로 삼음으로써 진지하게 설교해야 한다."[9]

성례란 무엇인가?

하나님의 말씀 선포는 은혜의 필수 불가결한 수단이지만, 그렇다고 말씀 선포만이 하나님의 넘치는 사랑을 전달하는 유일한 방식인 것은 아니다. 말씀 선포 이외에도 여러 가지 성례가 존재한다. 성례는 "눈에 보이는 말씀"(visible words)[10]으로서 은혜의 구체화된 표현이며, 예수 그리스도 안에 있는 하나님의 사랑에 대한 증언이다. 성례는 몸을 지닌 피조물로서의 우리의 모든 감각에게 말한다. 성경 봉독 전에 종종 "하나님의 말씀을 경청하십시오"라는 말을 듣는다. 주의 성찬으로 초대할 때는 "여호와의 선하심을 맛보아 알지어다"(시 34:8)라고 말하는 형식을 취할 수 있다.

---

9) The Westminster Larger Catechism, Q. 159, in *The Book of Confessions* (PCUSA), 7.269. 개혁교회의 전통에서 은혜의 수단인 말씀 선포에 대한 강의에서 내가 이 구절에 관심을 기울이게 된 것은 도온 드브리스(Dawn DeVries) 덕택이다.

10) Robert W. Jenson, *Visible Words: The Interpretation and Practice of Christian Sacraments* (Philadelphia: Fortress, 1978).

성례의 정의에 대해서는 아우구스티누스의 공식화된 문장이 자주 인용된다. 그는 성례를 두고 "비가시적 은혜에 대한 가시적 표지들"(visible signs of an invisible grace)이라고 불렀다. 웨스트민스터 소요리문답이 제시하는 정의는 더욱 구체적이다. 즉 성례는 "그리스도가 제정한 거룩한 규례다. 그리스도 안에서 이 가시적인 표지들에 의해 그리스도와 새 언약의 혜택이 신자들에게 재현되고 보증되며 적용된다."[11] 성례는 복음을 지각할 수 있도록 실행한다. 이런 실행을 통해 하나님의 성령은 예수 그리스도 안에서 드러난 그분의 사랑의 용서와 갱신과 약속을 우리에게 확증하며, 우리로 하여금 믿음과 소망과 사랑 안에서 살게 한다. 말씀 선포 안에 있는 그리스도의 현존과 성례 집행 안에 있는 그리스도의 현존은 두 개의 상이한 그리스도가 아니라, 상이한 방식들 안에 현존하는 동일한 그리스도다.

성경에는 성례에 대한 정의도 없으며 성례의 가짓수도 명시되어 있지 않다. 신약에서 그리스어 단어인 뮈스테리온(mysterion)은—문자적으로는 신비(mystery)이며, 이후에 라틴어 번역본에서는 사크라멘툼(sacramentum), 즉 "성례"(sacrament)로 번역되었다—예수 그리스도 안에서 알려진 하나님의 현존과 목적을 가리키지, 구체적으로 세례나 성만찬 같은 의식을 가리키지 않았다(엡 1:9-10). 하지만 중세 초기에 이미 성례의 수는 매우 다양해졌다. 그리하여 13세기 이후로 로마 가톨릭과 동방 정교회에서 성례의 수는 7성례, 즉 세례, 견진, 성만찬, 고해, 서품, 혼례, 종부 성사로 고정되었다.

종교개혁 교회는 성례의 수를 둘 또는 셋으로 축소했지만, 세례와 성만찬은 가장 중요하게 간주되어 항상 인정되어왔다. 성례는 그리스도와 사도들이 제정한 것이 분명한 세례와 성만찬으로 제한될 수 있다는 것이 종교개혁의 요지였던 것이다. 그러나 종교개혁의 정신 중 성례의 수를 축소한 사실 자체보다 훨씬 더 중요한 것은 다음의 두 가지 요점이다. 첫째, 말씀과 성례는 불가분리적이다. 둘째, 말씀과 성례에서는 성령의 사역과

---

11) Westminster Shorter Catechism, in *The Book of Confessions* (PCUSA), 7.092.

믿음의 응답이 중요하다. 이와 같은 강조점은 성례의 본질과 효력에 대한 모든 유사 주술적 견해에 반대한다.[12]

성례를 해석하는 데 있어 다음과 같은 두 가지 경향은 초기 교회에서 부터 분명하게 존재해왔다. 첫 번째 경향은 성례 자체 안에 있는 하나님의 은혜의 **객관적 실재**(objective reality)를 강조한다. 이 견해를 주장하는 자들은 성례는 하나님이 제정하신 의식임을 강조한다. 그래서 성례가 올바르게 집행되고 아무런 장애물이 없다면 성례는 은혜와 구원을 실제적으로 전달한다는 것이다. 즉 성례는 그 자체로 효력을 지닌다[ex opere operato, 사효론(事效論)]는 주장이다. 예를 들어 이런 경향은 이그나티우스(Ignatius), 아우구스티누스, 로마 가톨릭의 화체설(transubstantiation)에서 발견된다. 이그나티우스는 성만찬을 "불멸의 약"(medicine of immortality)이라고 불렀다. 아우구스티누스는 도나투스주의자들(Donatists)에 맞서서, 성례의 효력은 성례 집행자의 순결성이나 자격에 의존하지 않는다고 주장했다. 전통적인 로마 가톨릭의 화체설은, 마땅한 방식으로 임명된 사제가 올바르게 성만찬을 집행할 때 빵과 포도주의 본체(substance)는 그리스도의 몸과 피의 본체로 변화한다고 주장했다.

두 번째 경향은 성례를 해석할 때 중요한 것은 우리의 **신앙의 응답**임을 강조한다. 이 견해에 따르면, 성례는 하나님의 은혜의 극적인 표지이며 그 자체로서 효력이 있는 것이 아니라 믿음으로 성례를 받아들일 때에야 효력이 있다. 성례는 **우리에게 행해지는** 무엇이 아니라 **우리가 행하는** 무엇이다. 즉 본질적인 것은 우리가 회개하고 신앙을 고백하며 신실한 삶을 맹세하는 데 있다. 이 견해에 따르면, 성례의 목적은 그리스도인에게 신앙

---

12) 마르틴 루터의 표현처럼, "이런 효력을 내는 것은 물이 아니라 물과 연관된 하나님의 말씀이며, 물과 연관된 하나님의 말씀을 의지하는 우리의 신앙이다. 왜냐하면 하나님의 말씀 없는 물은 단순히 물일 뿐이며 세례가 되지 못하기 때문이다"["The Small Catechism," 4.10, in *The Book of Concord*, ed. Theodore G. Tappert(Philadelphia: Fortress, 1959), 349].

을 공적으로 증언하기 위한 기회를 주는 것이다. 성례는 헌신을, 그리고 그리스도를 향한 충성을 공적으로 표현하는 행위이다.

오늘날까지도 이 두 가지 경향은 교회와 신학의 차원에서 상충하고 있다. 객관성을 더 추구하는 견해(즉 첫 번째 견해)의 위험성은 신앙적 응답의 중요성을 최소화하고 성령의 자유를 무시하는 것처럼 보인다는 점이다. 순전히 객관적으로 성만찬을 이해한다면, 성례의 행동에 의해 매개되는 하나님의 은혜는 비인격화되고 물화된다. 주관성을 더 추구하는 견해(두 번째 견해)의 위험성은 하나님의 은혜의 무조건적이며 객관적인 실재를 모호하게 만든다는 점이다. 우리는 이 두 가지 경향을 각각 로마 가톨릭 전통과 종교개혁 전통과 직접적으로 연결할 수는 없다. 각각의 전통 안에는 두 가지 경향의 요소가 어느 정도 혼재해서 존재하기 때문이다.

오늘날 로마 가톨릭 신학자와 개신교 신학자들은 말씀과 성례에서 하나님의 자기 전달이 지닌 인격적 특성을 점점 더 많이 강조한다. 이는 성례에 대한 전통적인 논쟁의 난국을 극복하고자 하는 노력인 것이다. 그중 한 입장은, 그리스도를 성례적인 것의 패러다임으로 삼고, 성례 신학을 삼위일체적으로 더 적절하게 재정의하려는 견해다. 이런 관점을 대표하는 칼 바르트, 칼 라너, 에드바르트 스킬레벡스 같은 신학자들은, 예수 그리스도가 일차적인 성례(primary sacrament)라고 주장한다. 바로 그리스도 안에서 하나님의 결정적인 현존과 활동이 유한한 실재를 통해 일어났다는 것이다. 이렇게 성례를 그리스도 중심적으로 재정의하는 작업은, 하나님의 은혜가 구체적이고 물질적인 형식 안에서 자유롭고 인격적으로 현존함을 강조하는 동시에, 인격적인 현존으로서의 은혜는 인간의 자유롭고 인격적인 응답의 여지를 만들고 요청함을 드러내는 이점이 있다.

만약 그리스도가 일차적인 성례라면, 성례라고 불리는 교회의 의식들은 모두 그 원형에 상응해야 한다. 성례는 그리스도를 재현하며 그리스도 안에서 경축된다. 하나님은 말씀과 성례라는 구체적이고 물질적인 매개체를 통해 성령의 권능에 의해 인격적으로 인간에게 오신다. 하나님의 값비싼 사랑의 복음이 우리에게 말해지며 우리 한가운데서 행해지는 것이다. 말씀과 성례는 각각 다른 방식으로, 성령의 권능에 의해 예수 그리스도 안에서 드러난 하나님의 무조건적인 은혜의 은사와 요구를 재현한다.

제2차 바티칸 공의회 이후로, 로마 가톨릭과 개신교 신학에서는 성례의 이해에 대해 일치하는 부분이 점점 더 늘어나고 있다. 이런 일치의 내용은 다음과 같다. (1) 말씀과 성례의 불가분리성, (2) 말씀 선포와 성례 집행에 대한 삼위일체적이고 그리스도 중심적 해석, (3) 창조세계 전체가 지닌 "성례적" 특성을 조명하는 방식으로 성례를 해석하고자 하는 노력, (4) 성례, 그리스도인의 삶, 기독교 윤리 사이의 연관성을 가능한 한 분명하게 기술하고자 하는 관심.

세례의 의미

기독교적 세례는 그리스도 안에서 사는 삶으로 들어가는 **입회**(initiation)를 나타내는 성례다. 세례는 평생 동안 지속되는 신앙과 제자도의 여정의 출발점이 된다. 세례에서는 삼위일체 하나님의 이름으로 그리스도인이 전체적으로 물에 잠기거나, 또는 소량의 물이 부어지거나 뿌려진다.

1. 세례의 위임(authorization of baptism)은 예수의 명령에서 자주 발견된다. "그러므로 너희는 가서 모든 민족을 제자로 삼아 아버지와 아들과 성령의 이름으로 세례를 베풀고 내가 너희에게 분부한 모든 것을 가르쳐 지키게 하라. 볼지어다! 내가 세상 끝날까지 너희와 항상 함께 있으리라 하시니라"(마 28:19-20).

물론 위의 텍스트가 세례의 실천의 역사에서 대단히 중요한 것은 사실이지만, 사실 세례는 전적으로 예수의 **명령**에 근거하지는 않는다. 오히려 세례는 자신을 복종시켜 세례를 받은 예수의 **행동**에 근거한다. 바르트의 묘사처럼, 예수의 이런 자유로운 행동은 수난으로 끝나는 복음 드라마의

"전체를 개시하고 그것의 특징이 되는 서론"이다.[13] 예수는 요한으로부터 세례를 받음으로써 자신의 소명, 즉 하나님의 부르심에 대한 순종의 응답을 시작한다. 세례를 받는 이 행동을 통해 예수는 잃어버린 인간성과 연대한다. 그는 비싼 값을 치르는 사랑과 섬김의 삶을 시작하며, 이런 삶은 마침내 그의 수난과 죽음과 부활로 이어진다. 그러므로 예수의 세례는 이 세상의 죄인과 소외된 자들과의 연대를 의미하는 동시에, 성부의 뜻에 대한 그의 철저한 순종을 의미한다. 복음서 기자들의 묘사처럼 죄인 된 인간성과 자신을 동일시하는 예수의 모습은, 예수를 사랑하는 아들로 여기시는 성부와 성자 위에 강림하는 성령의 모습과 만난다(막 1:9-11).

예수는 세례의 이미지를 사용하면서 제자들의 삶과 예수 자신의 자기 희생적 사랑의 선교를 관련짓는다. "내가 마시는 잔을 너희가 마실 수 있으며 내가 받는 세례를 너희가 받을 수 있느냐?"(막 10:38) 그러므로 세례 사건은 그리스도인이 그리스도인다운 삶과 죽음과 부활에 참여하는 것의 시작이 된다. 세례는 옛 삶의 방식에 대해 죽고 그리스도 안에서 새로운 삶으로 출생함을 의미한다. 세례를 통해 그리스도인은 기독교적 이름을 부여받으며, 그의 삶 전체는 신앙의 여정이 된다. 그리고 이 여정을 통해 그리스도인은 세례 때 받은 정체성 안으로 점점 더 깊이, 충분하게 들어갈 수 있다. 즉 삼위일체 하나님의 이름으로 세례를 받은 사람은 삶 전체를 통해 삼위일체 하나님의 삶과 사랑에 참여하는 자가 된다.

2. 신약은 세례의 의미를 여러 가지 풍성한 이미지를 통해 드러낸다. 이 이미지들은 각각 중요하며 상호 보완적이다.[14]

a. 세례는 그리스도와 함께 **죽고 다시 사는 것**(dying and rising)으로 묘사된다. 물에 잠기는 행위는 신자가 그리스도의 고난과 죽음을 자기 것과

---

13) Barth, *Church Dogmatics* 4/4 (fragment): 53.
14) 전개될 논의에 대해서는 *Baptism, Eucharist and Ministry* (Geneva: World Council of Churches, 1982)를 보라.

동일시함을 의미한다. 이를 통해 옛 삶의 방식에서 죄가 행사하던 권세가 깨어진다. 신자가 물로부터 나오는 것은 그리스도의 부활의 권능에 근거하여 새로운 삶에 참여함을 의미한다(롬 6:3-4).

　b. 세례는 죄로 물든 삶을 **씻는 것**(washing)으로 그려진다. 물이 몸의 더러움을 씻어내듯, 하나님의 용서는 진정으로 회개하는 자의 죄를 씻어낸다(고전 6:11). 그리스도에 의해 죄 사함을 받고 정결하게 된 자는 세례에서 삶의 새로운 출발과 새로운 윤리의 방향을 부여받는다.

　c. 세례는 성령에 의해 **다시 태어나는 것**(rebirth)과 성령의 은사를 받는 것으로 묘사된다(요 3:5; 행 2:38). 성령은 창조세계 전체에서 활동하면서 생명을 주기 때문에, 신약은 성령 안에서의 새로운 삶의 은사를 세례와 밀접하게 연관시킨다.

　d. 신약에서 세례의 또 다른 이미지는 그리스도의 몸과의 **일체**(incorporation)이다. 이런 일체를 통해 우리는 그리스도와 연합하는 동시에　서로에게 연합하고, 시대와 장소를 초월하여 하나님의 백성 전체와도 연합한다. 세례에 의해 언약의 공동체 안으로 편입된 우리는 더 이상 고독한 개인이 아니다. 반대로 이제 우리는 새로운 가족의 지체이며 새로운 사회의 시민이다(엡 2:19). 이 새로운 사회에서는 유대인이나 헬라인이나, 종이나 자유인이나, 남자나 여자나 아무런 차별이 없다(갈 3:28).

　e. 또한 세례는 **도래하는 하나님의 통치의 표지**(sign of God's coming reign)다. 세례는 이런 통치를 향해 신앙으로 나아가는 그리스도인의 운동의 시작이다. 세례에 의해 그리스도인은 성령을 장차 있을 추수의 "처음 익은 열매"(롬 8:23)로 받는다. 또한 세례를 통해 하나님의 목적의 성취와, 그분의 정의와 평화의 도래를 간절히 고대하며 신음하는 온 창조세계와 연대한다.

　3. 만약 기독교적 삶의 시작인 세례가 그리스도와 함께 죽고 다시 사는 것, 죄로부터 정결하게 되는 것, 생명을 주는 성령을 받아들이는 것, 사랑으로 충만한 하나님의 새로운 사회 속으로 환영을 받으며 들어가는 것, 장

차 하나님이 만물을 새롭게 하실 미래로 나아가는 신앙 여정의 시작이라면, 유아 세례는 어떻게 이해해야 하는가?

비록 루터와 칼뱅은 로마 가톨릭이 가르쳤던 세례신학의 몇몇 지점들은 부인했지만 유아 세례(infant baptism)는 옹호했다.[15] 하지만 이후의 침례교 전통은 수세기 동안 유아 세례에 대해 강력하게 반대해왔다. 더욱이 최근 개혁주의 신학자인 칼 바르트도 강한 반대 의사를 제기했다.[16] 유아 세례에 대한 바르트의 반대는 다음과 같이 요약될 수 있다.

a. 유아 세례는 성경에 명시적인 근거가 없다. 사도 시대에 유아 세례를 베풀었을 가능성도 배제할 수 없지만, 모든 증거에 따르면 유아 세례는 사도 시대 이후에 이르러서야 교회에서 실천되었다는 결론에 다다르게 된다.

b. 더 나아가 바르트는 유아 세례가 지닌 파괴적 함축, 즉 실제로 사람이 나면서부터 그리스도인이 된다는 가정에 반대한다. 이런 가정이 성립되면 하나님의 은혜는 값싼 은혜가 되며 복음은 교묘하고 노골적인 강제력을 통해 전파될 것이다. 바르트는 유아 세례가 근대 교회가 중병에 걸리고 무능력에 빠지는 데 기여했다고 보았다.

c. 바르트의 신학적 주장의 핵심은, 유아 세례가 자유롭고 책임감 있는 제자도로 들어가는 시작으로서의 세례의 의미를 모호하게 만든다는 점이다. 우선적으로 세례 안에는 하나님의 행동(성령으로 주는 세례)이 있고, 그 다음으로 여기에 상응하는 인간의 행동(물로 주는 세례)이 있다. 세례에는 하나님의 은사와 인간의 응답이 동시에 존재하는 것이다. 세례는 하나님

---

15) 루터의 견해에 대해서는 Jonathan D. Trigg, *Baptism in the Theology of Martin Luther* (Leiden: Brill, 1994)를 보라. 칼뱅에 대해서는 Francois Wendel, *Calvin: Origins and Development of His Religious Thought* (Durham: Labyrinth, 1963), 318-29을 보라.『칼뱅』(크리스챤다이제스트 역간). 또 참고할 자료로는 B. A. Gerrish, *Grace and Gratitude: The Eucharistic Theology of John Calvin* (Minneapolis: Fortress, 1993), 109-23.

16) Barth, *Church Dogmatics*, 4/4 (Fragment).

의 은혜를 증언하고, 그리스도 안에서의 새로운 삶을 시작하게 한다. 세례는 예수 그리스도 안에서 하나님의 은혜로운 활동에 대한 자유롭고 기쁜 인간의 응답이기 때문에, 또한 이런 응답은 인간의 심오한 책임을 요구하기 때문에, 바르트는 유아 세례가 세례의 의미를 모호하게 왜곡한다고 믿었다.

바르트의 이런 반대에 대해 우리는 무슨 말을 할 수 있을까? 바르트의 첫 번째 요점(a)에 대한 대답으로는, 때때로 사도 시대에는 온 가족이 동시에 세례를 받았다는 사실과(행 16:33), 믿는 자들에게는 그들의 자녀에게까지 하나님의 언약의 약속이 주어졌다는 사실이(행 2:39) 언급되어왔다. 하지만 여전히 역사적인 증거가 희박하기 때문에, 유아 세례가 신약 교회에서 실행되었음을 간신히 증명하는 정도로는 유아 세례의 정당성을 충분히 옹호할 수 없다.

유아 세례가 교회 역사에서 남용되어왔다는 바르트의 두 번째 비판(b)은 부인될 수 없을 것이다. 하지만 이런 논리의 비판은 거의 모든 신학 교리와 예전에 대해서도 적용될 수 있을 것이다. 교리의 왜곡이나 실천의 남용은 교정과 개혁을 요구하는 것이 사실이지만, 그렇다고 해서 그 교리 자체를 반드시 제거해야 하는 것은 아니다.

그러므로 실제적 쟁점은 어떤 조건 하에서 유아 세례를 베푸는 것이 신학적으로 **허용 가능**(permissibility)한가 하는 문제이다. 교회는 오로지 성인에게만 세례를 베풀어야 하는가? 아니면 유아에게도 세례를 베풀 수 있는가? 베풀 수 있다면 어떤 조건 하에서 실행할 수 있는가?

성인 세례(adult baptism)든 유아 세례(infant baptism)든 양자에 공통적인 요소는, 우리가 하나님의 사랑의 은사의 수혜자라는 확증과 우리가 하나님을 섬길 것을 요구받는다는 확증이다. 성만찬에서 생명의 떡과 구원의 잔을 먹고 마시는 것과 같이, 무엇보다 세례는 우리가 어떤 행위의 수혜자임을, 즉 **우리를 위해** 무엇인가가 행해졌음을 선포한다. 유아 세례든 성인 세례든, 세례는 우선적으로 하나님이 우리를 위해 은혜 가운데 행하셨던 바를 의미하며, 우리의 신앙은 바로 여기에 근거한다.

두 가지 형태의 세례, 즉 유아 세례와 성인 세례는 각각 따로 있을 때보다는 함께 있을 때 더욱 효과적으로 세례의 온전한 의미를 드러낸다. 달리 표현하면, 두 가지 세례의 의미는 상호 배타적이기보다는 상보적이다. 성인 세례는 예수 그리스도 안에서 드러난 하나님의 용서하는 사랑에 대해 우리가 의식적이며 자유롭게 응답하는 데 강조점을 둔다. 즉 성인으로서 그리스도의 길에 대해 공적으로 분명하게 고백하고 인격적으로 헌신할 것이 요구되는 것이다. 그러나 만약 성인 세례만이 배타적으로 실행된다면, 마치 신앙이 하나님의 주도권에 대한 응답이라기보다는 하나님의 주도권에 선행하는 어떤 것으로 간주될 위험이 있다. 또한 한 사람이 유년기와 성인기에 신앙과 제자도로 성장하는 과정에서 공동체가 지니는 중요성을 무시하는 잘못된 개인주의를 조장할 수도 있다. 성인 세례만을 인정하는 전통 안에도 자주 유아와 그 부모를 위한 봉헌과 헌신의 예배가 있다는 사실은, 자녀를 신앙의 삶 안에서 양육할 때 교회가 가지는 책임을 어느 정도 공적으로 인정할 필요가 있음을 의미한다.

다른 한편으로 유아 세례는 하나님의 주권적인 은혜와 주도권을 선언한다. 유아 세례는 가장 절망적인 때조차도 하나님이 인간을 사랑하고 긍정함을 증명한다. 칼 라너의 말처럼, 유아 세례는 하나님이 세례 받는 어린아이를 사랑하신다는 사실을 선포한다.[17] 또한 하나님이 사랑 안에서 이 아이를 언약 공동체 안으로 받아들이심을 표현한다. 그리하여 언약 공동체는 아이의 신앙이 성숙하도록 돕는 책임을 가진다. 유아 세례는 세례가 그리스도에게까지 성장하는 과정의 시작임을, 또한 이런 성장 과정은 신앙 공동체의 지원 없이는 가능하지 않다는 점을 분명히 한다.

유아 세례에 대한 주된 반대 논거로는, 이 세례가 제자도의 삶을 자유롭고 의식적으로 받아들이는 행위의 필요성을 무화시킨다는 주장이 있다.

---

17) Rahner, *Meditations on the Sacraments* (New York: Seabury, 1977), 1.

따라서 유아 세례가 올바르게 실행되려면 값싼 은혜를 베푸는 일체의 관습과 분리되어야 한다. 유아 세례는 일종의 "위임" 예식으로서 유아 세례와 수세자의 자유로운 인격적 반응을 연결해야 한다. 세례와 신앙은 불가분 연결되어 있다. 문제는 시간과의 관련인 것이다. 수세자의 신앙의 응답은 세례 사건과 동시적으로 일어나야 하는가, 또는 세례 사건 후에 일어나도 되는가? 바르트가 확실히 동의했듯이, 결국 하나님은 기다리며 인내하는 분이다. 하나님의 은혜는 강제적이지 않으며 인간에게 시간을 준다. 물론 인간은 하나님의 인내하심을 이유로 응답을 연기해서는 안 된다. 다만 유아 세례를 받은 자녀에게 성인이 되고 스스로 독립하며 그래서 그들의 삶에 역사하는 제자도로의 부름에 자유롭고 기쁘게 응답할 수 있을 때까지 시간을 줄 때는, 이런 하나님의 인내하심을 언급하는 것이 적절하다. 이런 상황과 동시에, 유아 세례 때 실행된 하나님의 은혜에 대해 이미 응답하고 있는 신앙이 존재한다. 유아 세례는 신앙을 가진 부모와 공동체 한가운데서 주어진다. 부모와 공동체의 신앙이 자녀의 신앙을 단순히 대체할 수는 없지만, 자녀가 자신이 받은 세례에 대해 반응할 수 있도록 준비시킬 수는 있다. 부모와 교회 회중은 자녀가 스스로 신앙을 고백할 준비가 되는 날까지 그들을 위해 기독교적 환경을 제공하겠다고 맹세한다.

성령은 유아에게도 역사하는가? 제프리 브로밀리(Geoffrey Bromiley)는 이 질문에 대해 부정적으로 답하는 것 자체가 충격적이라고 보았는데, 확실히 이런 견해는 옳다. 성령은 자녀의 부모와 보호자와 교사와 친구들의 사역을 통해 유아와 자녀의 삶 속에서 역사할 수 있고 또 실제로 역사한다. 그렇다면 더더욱 올바르게 실행된 유아 세례를 통해서는 어째서 성령이 역사할 수 없겠는가?[18] 하나님의 성령의 사역은 성이나 인종이나 계급에 의해 제한되지 않으며, 당연히 연령에도 제한받지 않는다.

---

18) 참조. Bromiley, *Children of Promise: The Case for Baptizing Infants* (Grand Rapids: Eerdmans, 1970).

그러므로 나의 결론은 다음과 같다. 유아 세례의 실행이 교회의 삶에 절대적으로 필수적인 것은 아니지만 유아 세례는 **허용될 수 있다.** 다만 유아 세례가 통상적인 사회적 의식으로서 실행되고 있는지, 값싼 주술적 은혜의 형태로 실행되고 있는지, 아니면 앞에서 열거한 적절한 기준에 벗어난 방식으로 실행되고 있는지 살펴야 한다. 이 성례가 허용되기 위해서는, 유아 세례가 예수 그리스도 안에서 드러난 하나님의 무조건적인 은혜를 선포함을 분명히 이해하는 것과 동시에, 공동체와 부모에게 유아 세례를 받은 자녀를 믿음과 소망과 사랑의 삶 안에서 돌보고 양육하며 안내하는 책임이 있음이 분명히 드러나야 한다.

유아 세례가 올바른 책임과 함께 실행된다면, 이 성례는 창조와 구원에 있어 **하나님의 은혜의 주도권**(God's gracious initiative)을 나타내는 표지가 된다. 유아 세례는 우리가 신뢰와 사랑으로 하나님께 응답하기 시작하기 전에도 하나님이 우리를 사랑하신다는 사실을 강력하게 표현한다. 유아 세례는 하나님의 사랑이 전적인 은사임을 선포하고 있는 것이다.

더 나아가 유아 세례는 하나님의 현존 속에서의 **인간의 연대**(human solidarity)를 나타내는 표지가 된다. 인간 삶의 어떤 단계에서도 우리는 서로로부터, 또는 하나님으로부터 소외되지 않는다. 하나님의 은혜는 우리를 깊은 관계성 속으로 이끈다. 하나님의 은혜는 새로운 공동체를 형성한다. 하나님의 은혜는 개인을 변혁시킬 뿐만 아니라 가족과 공동체로서의 우리 삶을 변혁시키는 것을 목적으로 삼기 때문에, 유아 세례의 실행은 신학적으로 정당하며 의미가 있다.

마지막으로 유아 세례는 신앙의 공동체에게, 또한 가장 특별하게는 수세자의 부모에게 **언약적 책임**(covenantal responsibility)이 있음을 나타내는 표지이다. 만약 교회 회중이 부모로서 자녀를 집과 교회 안에서 양육하는 책임에 무관심하다면, 그래서 기독교 신앙과 제자도에 대해 자녀가 자유롭고 인격적인 결정을 하도록 인도하는 책임을 소홀히 여긴다면, 이런 회중은 가족이나 자기 교회 바깥에 있는 자들에 대해서는 더 희박한 사회적 책임감을 가질 것이 틀림없다. 특히 깨어진 가정과 편부모 가정, 학대받고 버려진 아이들로 넘치는 현대에 있어, 유아 세례는 하나님이 모든 아이를 사랑하신다는 사실을 분명하고 힘차게 선포할 수 있다. 유아 세례를 적절하고 진지한 방식으로 고려한다면, 예수 그리스도를 따르는 회중에 속한 부모와 다른 지체들은 자녀를 신앙의 삶 안에서 돌보며 양육하는 책임을 담당하도록 부름 받았음을 자각할 기회를 얻을 것이다.

4. 오늘날 세례신학에 있어 특별한 쟁점은 세례식에서 사용되는 언어의 문제다. 즉 하나님을 특정한 성(性)으로 표현하는 언어를 피하기 위해 전통적인 삼위일체 정식을 대신하는 다른 언어를 사용해도 되는지 아닌지에 대한 논의가 한창이다. 하지만 이 문제에 대해 해답을 찾는 것은 쉽지 않다. 한편으로 고전적 삼위일체적 이미지는 에큐메니칼 교회가 인정하는 세례식의 일부분이다. 그러므로 이 이미지는 에큐메니칼 교회 내 관계에서의 진지한 반향을 고려하지 않고서는 어떤 회중이나 교단의 일방적 행동에 의해서도 제거될 수 없다. 더욱이 만약 하나님이 우리와 맺는 관계에 있어서만—예를 들면 창조자와 구원자와 성화자로서—삼위일체 하나님을 말할 수 있다면, 이런 용어는 비록 기독교적 하나님의 진술에서 근본적일지는 몰라도, 하나님 자신의 존재 내에 있는 삼위일체 위격들의 관계성을 올바르게 파악하지는 못할 것이다. 이렇게 기능적이기만 한 삼위일체적 언어는 양태론의 방향으로 나아갈 수밖에 없다.

다른 한편으로 하나님에 대한 배타적인 남성 이미지는 우상숭배가 될 수 있기 때문에 비판받아야 마땅하다. 전통적인 삼위일체 공식에 대한 **어떤** 변형이나 확대나 대체도 거부하는 예전적 근본주의는 지지되어서는 안 된다. "성부와 성자와 성령의 이름"은 세례를 베푸는 주술적인 주문이 아니다. 세례는 삼위일체 하나님의 사랑에 대한 증언이다. 삼위일체 하나님은 교제 속에서 살며, 오직 은혜에 토대를 둔 새로운 인간 공동체 안으로 모든 사람을 이끌고 환영한다.

브라이언 렌(Brian Wren)은 찬송과 기도와 예전에서 삼위일체 하나님을 표상하는 우리의 언어에 대해 더 진지하게 신학적으로 작업하고, 더 독창적으로 상상하며, 더 책임감 있게 확대할 것을 요청한 바 있다. 이런 요청은 의심할 여지없이 올바르다. 하나님의 말씀과 성령의 인도를 받는 교회는 전통적인 삼위일체 이미지를—대체하는 것이 아니라—보완하는 새로운 삼위일체적 이미지에 대해 개방적이어야 한다.[19] 주의 깊게 고려할 만한 제안 중 하나는, 전통적 이미지를 성과 무관한 언어로 해석할 수 있을 정도로 세례 공식문을 확대하자는 주장이다. 예를 들어 다음과 같은 형태로 확장할 수 있을 것이다. "성부와 성자와 성령의 이름으로, 즉 생명의 근원과 생명의 말씀과 생명의 은사의 이름으로 세례를 주노라."[20]

성만찬의 의미

성만찬의 거행은 교회 초기부터 있어온, 복음 전통의 가장 중심적인 부분이다. 사도 바울은 자신이 전승받은 전통에 대해 다음과 같이 말한다. "주 예수께서 잡히시던 밤에 떡을 가지사 축사하시고 떼어 이르시되 '이것은 너희를 위하는 내 몸이니 이것을 행하여 나를 기념하라' 하시고, 식후에 또한 그와 같이 잔을 가지시고 이르시되 '이 잔은 내 피로 세운 새 언약이니 이것을 행하여 마실 때마다 나를 기념하라' 하셨으니, 너희가 이 떡을 먹으며 이 잔을 마실 때마다 주의 죽으심을 그가 오실 때까지 전하는 것이니라"(고전 11:23이하).

---

19) 렌의 주장에 대해서는 *What Language Shall I Borrow?* (New York: Crossroad, 1989)를 보라.
20) David S. Cunningham, *These Three Are One: The Practice of Trinitarian Theology* (Malden, Mass.: Blackwell, 1998). 여기서는 "근원, 샘, 생수"라는 표현이 제안되었다. 또한 Gail Ramshaw, "In the Name: Towards Alternative Baptismal Idioms," *The Ecumenical Review* 54 (2002): 343-52을 보라.

1. 세례가 하나님의 은혜 안에서 사는 그리스도인의 삶의 토대가 되는 성례라면, 성만찬은 동일한 하나님의 은혜로서 그리스도인의 삶을 **지탱하는** 성례다. 세례가 그리스도인의 삶의 시작이 되는 성례라면, 성만찬은 그리스도인의 삶의 **성장**과 영양 공급이 되는 성례다. 세례는 예수 그리스도 안에서 드러난 하나님의 사랑의 은사를 표시한다. 예수 그리스도는 성령의 권능으로 우리를 자신의 몸 안으로 반갑게 맞아준다. 성만찬은 삼위일체 하나님이 언제나 새롭게 삶과 사랑을 **공유하심**을 표시한다. 삼위일체 하나님은 우리로 하여금 하나님과 이웃과의 교제를 더 깊게 맺도록 이끄시며 세상 속에서 섬길 수 있도록 우리를 강화한다.

성만찬은 하나님의 창조 및 구원 사역의 과거와 현재와 미래를 결합한다. 성만찬 예배의 필수적인 부분인 감사 기도에서 우리는 세계를 창조하고 보존하시는 하나님의 넘치는 은사들을 모두 상기할 뿐 아니라, 무엇보다도 우리의 구원을 위한 그리스도의 삶과 죽음과 부활을 상기한다. 그러나 이 성례는 신앙 공동체에게 단순히 기억의 상기로만 그치지 않는다. 떡을 떼고 먹으며 포도주를 붓고 마심을 통해 그리스도는 성령의 권능으로 자신을 지금 여기에 현존하도록 하신다. 그리고 이런 만찬에 참여하는 자들은 그리스도 안에서 한 몸과 한 백성이 된다. 게다가 성만찬에서 신자들은 그리스도의 다시 오심을 소망하도록 부름 받는다. 그리스도인은 해방시키고 화해하게 하는 하나님의 활동의 완성을 갈망하는 동시에, 현재도 그 활동에 참여하여 그분과 함께 활동한다. 그러므로 시간 속에 존재하는 그리스도인의 삶의 전체 범위는 성만찬의 거행을 통해 표현된다고 할 수 있다. 즉 성만찬을 통해 그리스도인은 십자가에 달려 죽은 주님을 기억하고, 성령으로 지금 여기서 그리스도의 임재를 잠정적으로 경험하며, 정의와 자유와 평화로 충만한 하나님의 통치의 신속한 도래를 소망한다.

2. 성만찬에서의 그리스도 임재의 본질에 대해서는 교회들 사이에 자주 격렬한 논쟁이 있었다. 그러므로 이 주제를 논의하기 전에 우리는 앞에서도 반복해서 언급했던 바를 다시 상기할 필요가 있겠다. 즉 모든 신학적

공식화는 절대적이기보다는 잠정적이라는 점과, "교회 내에 존재하는 친교의 실재는 항상 신학적 이해에 선행한다"는 사실이다.[21] 성만찬에서 그리스도의 임재에 대한 수많은 해석들 중 다음 네 가지가 특별한 영향력을 행사해왔다.

a. 첫 번째는 로마 가톨릭의 전통적인 **화체설**(transubstantiation)이다. 이 견해에 따르면, 성만찬에서 떡과 포도주라는 요소의 "본체"(substance)는 성령의 권능에 의해 예수 그리스도의 몸과 피의 본체로 실제적으로 변화된다. 이 요소들의 "우연들"(accidents), 즉 외적 형태는—볼 수 있고 맛볼 수 있으며 느낄 수 있는 속성들—동일하게 남는다. 이 견해의 전제가 되는 것은 오늘날 대부분의 사람들에게 낯선 것으로 여겨지는 아리스토텔레스와 토마스 아퀴나스의 철학적 개념과 구별들이다. 비록 화체설의 대중화된 형태가 주술적 견해와 근접한 것처럼 보일지 모르지만, 실상 이 교리의 진정한 취지는 바로 주술적 견해를 피하기 위해서였다.

최근에 전개된 가톨릭 신학은 화체설에 대해 새로운 해석을 제안한다. 일부 신학자는 화의설(transignification), 즉 떡과 포도주의 의미의 변화를 제안하며, 또 다른 신학자는 화목적설(transfinalization), 즉 떡과 포도주의 목적의 변화를 제안한다. 이런 해석의 주요 요점은, 어떤 대상에 대한 정의는 그것의 정황과 용도와 분리될 수 없다는 점이다. 정황과 용도의 변화는 의미와 정체성의 변화를 수반한다. 마치 한 장의 종이가 일정한 상황 속에서는 메시지를 담은 서신이 되는 것과 같다. 떡과 포도주에 일어나는 변화에 대해 이렇게 사유하는 방식은, 예전의 아리스토텔레스적 개념화와 그것이 초래했던 문제를 우회한다는 장점을 가지고 있다. 비록 이런 사유 방식이 공식적인 가톨릭의 가르침으로 인정되지는 못했지만, "요소들의 변화"를 둘러싼 교회의 불일치 중 일정 부분을 극복하게 할 가능성을 가

---

21) Wolfhart Pannenberg, *The Church* (Philadelphia: Westminster, 1983), 148.

지고 있다.[22]

　b. 성례에서 그리스도의 임재에 대한 또 다른 견해는 루터의 "성례적 일치"(sacramental unity)[23]의 교리이다. 비록 루터 자신은 이런 용어를 사용한 적이 없지만, 이 견해는 자주 **공재설**(consubstantiation)로 불린다. 루터는 가톨릭의 화체설을 구속력 있는 이론으로 받아들이기를 거부했지만, 사실 성만찬에서 그리스도의 임재에 대한 루터 자신의 이론도 만만치 않게 객관적이고 사실주의적이라 할 수 있다. 이 종교개혁자에 따르면 그리스도는 떡과 포도주라는 "요소 안에, 요소와 함께, 요소 아래에"(in, with, and under) 임재한다. 마치 불이 타오르고 있는 장작에 스며들고 동시에 그 장작을 둘러싸는 형국과 같다. 루터의 교리는 그리스도가 "영적으로"만이 아니라 육체적으로도 임재함을 강조한다. 그리스도는 심지어 성만찬의 가치를 욕되게 하며 먹는 자들과 그들에 대한 심판 속에도 임재한다. 그리스도가 다만 "영적으로" 임재한다는 개념은 루터에게는 혐오스러운 것이었다. 그래서 루터는 "나에게는 그와 같은 하나님은 없다!"고 선언했다.[24]

　루터에 따르면, 성만찬에서 그리스도의 몸의 임재를 강력하게 강조하는 것은 몸의 편재성의 교리를 수반했다. 만약 하나님의 권능이 모든 장소에 현존하고 활동한다면, 마찬가지로 그리스도의 몸도 기독교계의 모든 교회에서 동시에 일어나는 성만찬의 거행에 현존할 수 있다. 이런 편재성의 교리는 루터파 신학자와 개혁파 신학자 사이의 논쟁점이다. 루터파는 그리스도의 신적 본성과 인간적 본성의 일치를 강조하고, 따라서 그리스도의 고양된 인간성이 하나님의 편재성에 참여함을 강조한다. 반면에 개

---

22) Edward Schillebeeckx, "Transubstantiation, Transfinalization, Transignification," *Worship* 40 (1966): 366; Alasdair I. C. Heron, *Table and Tradition: Toward an Ecumenical Understanding of the Eucharist* (Philadelphia: Westminster, 1983), 164.

23) Bernhard Lohse, *Martin Luther's Theology: Its Historical and Systematic Development* (Minneapolis: Fortress, 1999), 309.

24) Martin Luther, "Confession Concerning Christ's Supper," in *Luther's Works*, 37: 218.

혁파는 부활한 그리스도의 참된 인간성을 보호하기를 원하며, 따라서 그리스도가 참된 인간적 본성의 결정적인 속성들을 보유하고 있음을 주장한다.

c. 성만찬에서의 그리스도의 임재에 관한 세 번째 견해는 칼뱅주의 전통 또는 개혁주의 교회 전통의 중심 흐름 속에서 발견된다. 이 해석은 그리스도의 실제적인 임재를 확증한다는 점에서 가톨릭과 루터교와 일치한다. 그러나 이 해석은 그리스도가 성령의 연합하는 권능에 의해 임재하며 그리스도는 신앙에 의해 받아들여진다는 점을 강조한다. 성례에서 그리스도의 실제적 임재에 대해 칼뱅은 정교한 이론을 전개한 바 있다. 한편으로 칼뱅은 그리스도를 물질적 요소에 기계적으로 덧붙이는 모든 해석을 거부한다. 다른 한편으로 이 신학자는, 그리스도가 성만찬에 실제적이고 효과적으로 임재함을 부인하는 모든 견해를 거부한다. 칼뱅이 보기에, 우리가 신실하게 떡을 먹고 포도주를 마실 때 그리스도는 성령의 은혜와 권능에 의해 우리를 그리스도 자신에게로 연합시킨다. 그리스도는 성만찬의 전체 행동 속에 임재한다. 그리스도는 하나님이 사용하는 요소들의 용도와 분리된 요소 그 자체 안에 임재하지는 않는다. 그러므로 칼뱅이 그리스도는 육적으로 임재하지 않고 "영적으로" 임재한다고 했을 때 그가 의미했던 바는, 그리스도는 성령의 권능에 의해 신앙에 임재한다는 점이었다. 그리스도는 다만 비유적인 방식으로 또는 단순한 개념이나 기억으로서 임재하는 것이 아니며, 그의 인성과 분리된 신적 본성으로만 임재하는 것도 아니다.

칼뱅의 주된 관심은 성만찬 예전에서의 두 순간에 관한 그의 주석에서 드러난다. 그는 "여러분의 마음을 드높이도록"(sursum corda) 초청하는 도입부를 우상숭배를 막는 경계로, 그리고 그리스도를 바라보도록 하는 격려로 이해했다. 즉 그리스도가 어떤 활력 없는 물체와 같은 요소들 안에 갇혀 있는 것이 아니라 살아 계시고 승천하신 주님이 성령의 권능에 의해 실제로 임재하시도록 하기 위함이었다. 그러므로 감사의 대기도에서 성령 임재 기원(*epiclesis*)은 칼뱅에게 매우 중요하다. 이런 기원은 성만찬에서 그리스도의 실제적인 임재의 효력을 가져오는 능력이 성만찬을 집례하는 사제 또는 목회자의 힘도 아니고, 성례에 참여하는 자들의 믿음이 아무리 강하다고 하더라도 그 믿음의 힘도 아니며, 다만 우리가 그 임재를 위해 계속해서 기도하는 성령의 늘 자유로운 힘임을 강조한다. 칼뱅은 "성례는 성령의 권능이 없이는 조금도 유익을 주지 못한다"라고 말한다.[25]

브라이언 게리쉬(Brian Gerrish)는 성만찬에 대한 칼뱅의 이해를 다음과 같은 6개의 명제로 정리한다. (1) 성만찬은 은사(선물)다. (2) 은사는 예수 그리스도 자신이다. (3) 은사는 표지들과 함께 주어진다. (4) 은사는 성령에 의해 주어진다. (5) 은사는 성만찬에 참여하는 모든 자에게 주어진다. (6) 은사는 신앙으로 받아들일 수 있다.[26]

칼뱅은 스스로 성만찬에서 그리스도의 실제적 임재에 대해 명확한 설명을 제시하지 않았음을 인정하면서 다음과 같이 말했는데, 이 문장은 주목할 가치가 있다. "누군가가 나더러 어떻게 이런 일이 일어날 수 있는지 묻는다면 나는 부끄러움을 무릅쓰고 이렇게 고백할 수밖에 없으리라. 이것은 너무도 고상한 비밀이라서 내 정신으로는 온전히 파악할 수 없고 나의 언어로는 선포할 수 없다고. 더 분명하게 표현하자면, 나는 그것을 이해한다기보다 체험한다. 그리스도는 내게 자신의 거룩한 성만찬에서 떡과 포도주의 상징 아래에 놓인 자신의 살과 피를 집어서 먹고 마시라고 명하신다. 그리스도 자신이 이것들을 제시하고 계심을, 또 내가 그것들을 받아들이고 있음을, 나는 의심할 수 없다."[27]

d. 또 다른 해석은 **기념설**(memorialist doctrine)로 알려진 견해다. 이 견해에 따르면, 성만찬 거행은 본질적으로 그리스도가 자신의 고난과 죽

---

25) Calvin, *Institutes*, 4.14.9.
26) Gerrish, *Grace and Gratitude*, 135-39.
27) Calvin, *Institutes*, 4.17.32.

음과 부활을 통해 인간을 구원하셨음을 기억하고 상기하는 행위다. 이 해석에서는 "실제적 임재"라는 말 대신에 생동감 있는 또는 생생한 "기억"(memory)이라는 말이 사용된다. 전통적인 관점에서 "성례"(sacraments)라고 명명된 것들은, 기념설의 관점에서 보자면 "규례"(ordinances)라고 부르는 쪽이 더 적절할 것이다. 그리스도는 이런 규례를 제정하고 제자들이 이를 계속 실행함으로써 자신에 대한 충성을 표현하도록 명령했다. 그러므로 세례와 성만찬의 규례는 본질적으로 헌신과 순종의 행동이다. 세례와 성만찬이라는 수단을 통해 신자는 그리스도와 그의 구원 사역의 이야기를 전하고, 자신이 그리스도에게 참여하고 그와 동일시됨을 표현한다. 신자는 세례와 성만찬의 상징적인 행위를 통해 구원의 드라마를 회상하는 동시에, 그리스도에 대한 자신의 헌신과 충성과 순종을 선언한다.[28]

3. 성만찬 해석에서 다음 두 가지 주요한 경향은 계속 상호 긴장 속에 있다. 한 가지 경향은 우선적으로 성례를 희생 제사(sacrifice)로 간주하는 견해다. 다른 경향은 우선적으로 성례를 식사(meal)로 이해하는 견해다. 현재의 로마 가톨릭의 가르침에 따르면, 성만찬은 창조와 구원 사역에 대해 성부에게 찬양과 감사를 드리는 희생 제사이고, 십자가 위에서 그리스도가 드렸던 희생의 재현이며, 자신을 내어주는 그리스도의 행위와 신자의 연합이다.[29] 반면에 대부분의 개신교인에게 성만찬은 우선적으로 식사다. 이 식사에서 신자는 그리스도 안에서 주어진 하나님 자신이신 선물을, 그리스도가 영광 중에 다시 올 때까지 기억하고 축하하며 선포한다. 예수 그리스도 안에서 드러난 그분의 영단번의 희생적 사랑에 대한 응답으로 교회가 하나님께 희생 제사를 드린다는 그런 엄격한 의미에서만, 성만찬은 희생 제사를 포함할 수 있다.[30] 하지만 최근의 에큐메니칼 대화가 알려

---

28) 세례와 성만찬에 대한 이런 이해를 더 심화시키려면 Stanley J. Grenz, *Theology for the Community of God* (Nashville: Broadman and Holman, 1994), 665-704을 보라.

29) *Catechism of the Catholic Church* (San Francisco: Ignatius Press, 1994).

30) Calvin, *Institutes*, 4.18.13-16. 또한 D. M. Baillie, *The Theology of the Sacraments* (New

주듯, 이런 상이한 강조점에 대한 오해만 제거한다면 이 두 입장은 상호배타적이지 않으며 충분한 일치점을 분명하게 드러낼 것이다.[31]

주의 만찬(Lord's Supper)으로 불리는 이 성례는 여러 다른 이름도 가지고 있다. 즉 성만찬(holy communion), 성찬(eucharist), 거룩한 예전(divine liturgy), 떡을 뗌(breaking of the bread) 같은 이름이 그것이다. 하지만 어떤 이름으로 불리든지 성만찬은 철저히 삼위일체적인 의식이다. 성만찬 전체의 행위에서 우리는 성령 안에서 그리스도를 통해 하나님께 감사를 드린다. 성만찬은 창조와 구원의 은사에 대해 하나님께 감사를 드리는 **감사의 식사다**. 또한 하나님이 세상에게 은사로 주신 그리스도, 즉 십자가에 달려 죽었으나 살아난 그리스도와 교제하는 **교제의 식사다**. 이 식사를 통해 우리는 하나님의 자유와 화해의 활동이 완성될 종말에 있을 **위대한 메시아적 만찬을 선취**하며, 새로운 생명을 주는 성령의 권능 안에서 기쁨과 소망을 맛본다. 성만찬의 식사가 가진 삼위일체적이고 종말론적인 본질을 충분하게 인정할 수 있다면, 로마 가톨릭, 동방 정교회, 개신교는 성만찬의 해석에 있어서 화해를 이룰 새로운 가능성을 가지게 될 것이다.[32] 특별히 에피클레시스(epiclesis), 즉 성만찬의 기도에서 성령의 오심을 요청하는 기원의 중요성이 회복된다면, 떡과 포도주에 무슨 일이 일어나는지에 대해서만, 즉 성만찬 의식에서 떡과 포도주가 성별되는 특정한 한순간에만 집

York: Scribner's, 1957), 115도 보라.

31) Baptism, *Eucharist and Ministry*. 1993년 루터교회와 개혁교회는 성만찬의 해석에 있어 계속되는 차이점을 인식하면서도 온전한 교제를 이룩했다. "상호 인정과 충고"의 원리를 사용하면서, 양 교회는 각자의 해석이 동일한 복음에 대한 다양한 증언임을 인정했다. 즉 "우리의 공동의 고백 안에 있는 신학적 다양성은 복음을 온전하고 적절하게 증언하기 위해 요구되는 상보성을 제공하는(상호 인정) 동시에, 모든 신학적 접근법은 복음에 대한 부분적이며 불완전한 증언임을 상기시키며 교정한다(상호 충고)"[A Common Calling: The Witness of Our Reformation Churches in North America Today, ed. Keith F. Nickle and Timothy F. Lull (Minneapolis: Augsburg, 1993), 66].

32) Michael Welker, *What Happens in Holy Communion?* (Grand Rapids: Eerdmans, 2000).

중했던 왜곡된 경향이 바로잡힐 것이다. 또한 이런 사실은 성만찬 식사의 전체 행동 속에서 주어지는 은사에 대해 교회가 하나님의 영에 철저히 의존하고 있음을 강조해줄 것이다.[33]

성만찬은 하나님의 은혜에 의해 인간의 삶 안에 있던 본래적 목적, 즉 서로 공유하며 사랑하는 공동의 삶을 드러낸다. 사랑과 순종과 섬김으로 이루어진 독특한 삶의 시작이며 요약인 예수 자신의 세례와 기독교의 세례가 분리될 수 없는 것과 마찬가지로, 사역 내내 죄인과 가난한 자들과 함께 나누었던 예수의 식탁 교제의 실천과 성만찬의 의미는 분리될 수 없다(막 2:15; 눅 15:1-2). 의심할 여지없이 성만찬은 윤리적 함의를 내포한다. 성만찬에 대한 올바른 이해는 그리스도와 교제하는 현재의 실재를 포함해야 할 뿐만 아니라, 정의와 자유와 평화로 이루어진 메시아적 통치의 도래하는 기쁨의 약속도 포함해야 한다. 성만찬은 새 하늘과 새 땅에서 인간성이 자유롭게 되고 화해하며 새로워질 것이라는 하나님의 약속을 드러내는 구체적인 표지이고 확증이다. 식탁에서 함께 먹고 마시는 행위는 성령에 의해 그리스도와 교제하는 행위이며, 모든 사람에게 하나님의 사랑, 즉 자신을 내어주고 남을 긍정하며 공동체를 세우는 사랑을 확장하도록 도전하는 행위다. 모든 사람이 이 식탁으로 초대받지만, 가장 특별하게는 가난한 자와 병든 자와 소외받는 자들이 우선적으로 초대된다(참조. 눅 14:15-24). 이런 식으로 이해된 성만찬은 오늘날 세상 속에서 기독교 윤리와 교회의 선교에 대해 심대한 의미를 드러낼 수 있다.

---

33) 루카스 피셔(Lukas Vischer)는 "성령의 임재를 간구하는 기도는, 교회가 항상 빈손으로 하나님 앞에 서야 함을 보여준다"고 주장한다["The Epiclesis: Sign of Unity and Renewal," *Studia Liturgica* 6 (1969): 35]. 로마 가톨릭과 루터교 대화 위원회에서 도달한 합의점에 따르면, "그리스도가 성만찬에서 역사하는 것은 바로 성령을 통해서다. 주님이 우리에게 주신 모든 것과 그것을 우리 것이 되도록 하는 모든 것은 바로 성령을 통해 우리에게 주어진다. 이런 사실은 예전에서 성령의 임재를 기원하는 순서에서 특별히 분명하게 드러난다"[*Das Herrenmahl* (Paderborn: Verlag Bonifacius, 1980), p. 20]. 또한 *Baptism, Eucharist and Ministry*, 10ff.도 보라.

세례, 성만찬, 윤리

나는 세례를 연대의 성례로, 성만찬을 나눔의 성례로 표현했다. 기독교 공동체의 두 가지 중요한 성례를 이런 식으로 기술하는 방식은 성례적 행위와 기독교 윤리 사이에 있는 본질적인 연관성을 분명하게 드러내주는 장점이 있다. 세례와 성만찬은 기독교 초기 전통에 대한 단순한 존경심이나 성례가 지닌 심미적 가치 때문에 실행되는 것이 아니다. 세례와 성만찬의 상징적인 행위를 통해 그리스도인은 자신의 정체성과 소명을 부여받는다. 말씀 선포와 함께 성례 집행은 은혜의 수단이다. 하나님은 이 수단을 통해 교회를 부르고 강화하며 세상에서의 선교를 위해 파송하신다.

세례는 죄와 소외로 가득한 **세상과 맺는 하나님의 연대성**을 나타내는 성례다. 예수 그리스도 안에서 하나님은 죄 많고 길 잃은 인간과 무조건적으로 연대를 맺으셨다. 그리스도가 세례를 받은 것은 바로 이 길 잃은 인간을 위해서였다. 기독교의 세례는 그리스도의 삶과 죽음 및 부활에 참여하는 첫 단계다. 그리스도인은 세례에서 새로운 정체성을 받는다. 그리하여 그는 영원 전부터 타자와 연대 맺기를 원하시는 삼위일체 하나님의 자녀며 동반자가 된다.

또한 세례는 **그리스도 안에서 인간 상호 간에 맺는 연대성**을 나타내는 성례다. 특히 우리와는 다른 이질적이고 낯선 자, 심지어 우리를 두렵게 하는 자들 모두와 맺는 연대성을 나타낸다. 동료 피조물과의 연대성, 그리고 그들의 모든 필요와 갈망과의 연대성의 의미를 심화시키지 않으면서 그리스도로 세례를 받는 것은 불가능하다. 그리스도 안에서는 유대인이나 헬라인이나, 종이나 자유인이나, 남자나 여자나 다 하나다(갈 3:28). 초기의 세례 고백문으로 보이는 이 신약 텍스트는 그리스도 안에서의 삶이 가진 유례없는 연대성을 선언하고 있다. 세례는 연대성을 창조함으로써 죄인인 인간이 만들어놓았던 분열과 장벽을 비판하고 무너뜨린다. 이런 이유 때문에 인종차별주의, 성차별주의, 여타 다른 분열을 일으키는 이데올로기가 교회 내에 존재하거나 교회의 지지를 받을 때 비난이 가중되는 것이다. 왜냐하면 이런 이데올로기는 삼위일체 하나님의 형상으로 창조되고 삼위일체 하나님의 활동으로 화해케 된 인간의 삶을 향해 그분이 의도하신 연대성을 부인하기 때문이다.

또한 세례는 **인간과 신음하는 창조세계 전체의 연대성**을 나타내는 성례다. 세례는 도래하는 하나님의 통치와 만물의 약속된 변혁을 알려주는 표지다. 이 세례의 행위 속에는 자연도 함께 있다. 이런 사실이 가장 선명하게 나타내는 대목은 세례에서 물을 사용한다는 사실이다. 만약 하나님이 그리스도 안에서 인간성의 정결과 갱신을 의미하기 위해 세례에서 물을 사용하신다면, 어떻게 교회는 자연계에 대한 교회의 청지기직에 관계되는 이런 함의를 무시할 수 있을까? 세례를 통해 새로운 연대성의 삶을 시작한 그리스도인이 어떻게 무모한 오염 정책에 의해 지구의 물, 토양, 공기가 훼손되는 것에 무관심할 수 있을까? 세례신학이 21세기를 사는 우리에게 제공하는 풍부한 의미와 차원 중에서도, 우리는 하나님에 대해, 즉 우주의 창조자고 주님이며 인간 구원과 자연계의 관리와 보존에 대한 사명을 불가분리적으로 결합해놓은 그분에 대해 상기해야만 하지 않겠는가?

세례가 다차원적 연대성을 의미하듯이, 성만찬도 다차원적인 나눔(공유)을 의미한다. 첫째, 성만찬은 **하나님이 삶을 인간과 함께 나눔**을 나타내는 성례다. 영원히 사랑과 교제가 풍성하신 삼위일체 하나님은 그분의 사랑의 삶을 예수 그리스도 안에서 인간과 함께 자유롭고 은혜롭게 공유하신다. 어떤 대가를 치르든 간에, 타자와 삶을 공유하는 것은 하나님 자신의 존재 방식이다. 또한 이것은 예수 그리스도의 삶과 죽음에서 드러나고 삼위일체 교리에서 분명하게 표현된 하나님의 정체성이기도 하다.

그러므로 또한 성만찬은 **인간이 서로의 삶을 나눔으로써 하나님의 삶에 참여함**을 나타내는 성례다. 공개적이고 개방적이며 환희와 소망으로 가득한 식사로서의 성만찬은 미래에 완성될 새로운 인간성을 미리 맛보게 한다. 그리스도인이 이 식탁에서—여기서는 모든 이가 환영 받고, 어느 누구도 주리거나 목마르지 않다―먹고 마시면서, 동시에 어떤 형태의 차별 또는 기아나 다른 형태의 궁핍을 초래하는 사회적·경제적 정책을 계속 용납하는 것은 있을 수 없는 일이다. 성만찬은 낯선 자들을 하나님의 가족으로 환영하는 "성만찬적 환대"(eucharistic hospitality)를 실천한다.[34] 그리스도인은 세상에서 굶주리는 수백만의 사람들과 일용할 양식을 나누기를 거절하면서 성만찬의 떡과 포도주를 나눌 수는 없다.[35] 책임감을 갖고 성만찬에 참여하는 것과 지상의 재화를 모든 사람에게 공평하게 헌신적으로 분배하는 행위 사이에는 본질적인 연관성이 있는 것이다.

곡식과 포도나무 열매라는 자연적 요소로 구성된 성만찬은 **인간과 자연 사이에 공유된 삶과 공동의 최종적 목적**을 상징적으로 인정하는 성례다. 자연계는 인간에게 생명을 나눠주며 인간에게 새로운 생명을 부여하는 하나님의 사역을 공유한다. 동시에 역으로 인간 역시 땅을 돌보고 경작하는 일을 공유하며 땅의 선한 선물을 감사함으로 받는다. 성만찬 안에는 인간의 구원과 공동체의 구원과 우주 구원의 상호 연관성과 상호 의존성이 아름답게 묘사되어 있다.

19세기의 가장 위대한 인문주의적 철학자인 루트비히 포이어바흐는, 모든 기독교 교리는 자연환경에 있어 인간이 지닌 잠재력을 표현하는 은밀한 방식일 뿐이라고 비판했다. 『기독교의 본질』의 결론에서 포이어바흐는 기독교 성례를 분석하며 다음과 같은 최종적 결론을 내놓았다. "그러므로 떡은 우리를 위해 거룩해지도록, 포도주도 우리를 위해 거룩해지도록

---

34) L. Gregory Jones, "Eucharistic Hospitality," *The Reformed Journal*, March 1989, 12-17을 보라. 위르겐 몰트만도 "성만찬은 십자가 상에서 그리스도께서 펼치신 두 팔 만큼이나 열려진 초대에 근거하여 일어난다"고 말하면서 동일한 점을 주장한다[*The Church in the Power of the Spirit* (New York: Harper & Row, 1977), 246].

35) 참조. Monika K. Hellwig, *The Eucharist and the Hunger of the World* (New York: Paulist Press, 1976); Anne Primavesi and Jennifer Henderson, *Our God Has No Favourites: A Liberation Theology of the Eucharist* (Turnbridge Wells, England: Burns & Oates, 1989).

하라. 또한 물도 그리되라! 아멘."[36] 세례와 성만찬에 대한 기독교적 해석은 결코 포이어바흐의 환원주의에 굴복하지 말아야 한다. 확실히 우리는 포이어바흐보다 풍성한 것을 말해야지, 더 빈약하게 말해서는 안 된다. 물은 그리스도와 이웃과 연대성을 맺는 우리의 새로운 삶을 상징하므로, 깨끗하고 순수하게 보존되어야 한다. 또한 떡과 포도주는 그리스도가 자신의 삶과 사랑을 우리와 함께 공유하심을 상징하므로, 배고프고 목마른 모든 자와 함께 공유되어야 한다.

안수받은 목회 사역의 의미

모든 그리스도인이 예수 그리스도를 통해 하나님의 자유와 화해의 사역에 참여하도록 부름 받은 것이 사실이라면, 또한 모든 이가 성령의 은사를 받았다고 한다면, "안수받은 사역"(ordained ministry)의 의미와 필요성은 무엇일까? 안수받은 사역이라는 개념은 모든 그리스도인이 하나님과 이웃을 섬기는 소명을 받았다는 사실과 모순되지는 않는가? 또한 이런 개념은 교회 내에 엘리트주의와 위계질서를 조장하지 않는가? 이런 질문에 대한 대답은 다음과 같은 몇 가지 중요한 구별의 형태로 제시될 수 있을 것이다.

　1. 기독교 신학에서 사용되는 "사역"(ministry)이라는 단어는 **일반적 의미와 특수한 의미**를 동시에 지닌다. 제10장에서 그리스도인의 소명을 논의하면서 나는 모든 그리스도인이 삼위일체 하나님을 예배하고 섬기도록 부름 받았음을 강조했다. 하나님을 사랑하고 이웃을 사랑하라는 소명, 예수 그리스도를 따르고 언행으로 그의 신실한 증인이 되라는 부름은 모든 그리스도인에게 주어지며, 그들 각자는 신앙 공동체의 삶과 세상에서의 선교에 독특하게 공헌할 수 있도록 성령의 은사를 선물받는다. 이런 **일**

---

36) Feuerbach, *The Essence of Christianity* (New York: Harper Torchbooks, 1957), 278.

반적인 의미의 사역은 종교개혁 전통에서 "만인 제사장설"(priesthood of all believers)로 자주 표현된다. 즉 모든 그리스도인은 사역을 담당하도록 부름 받으며, 성령은 이 임무를 잘 감당할 수 있도록 힘을 준다는 것이다.

그러나 동시에 "기독교 사역"(Christian ministry)이라는 말 속에는 **특수한** 의미도 있다. 성령이 교회에게 주신 다양한 은사 중에는 어떤 사람을 말씀 사역과 성례 사역으로 부르고 안수하는 것이 있다. 이런 의미에서 사역은 복음 선포, 성례 집행, 교회의 삶과 봉사를 위한 지도력 행사와 같은 활동을 정기적으로 책임감 있게 제공하기 위해 하나님이 임명하신 안수직이다. 이런 활동은 신앙 공동체의 삶과 행복에 있어 핵심적이기 때문에 우연적이거나 무계획적으로 수행될 수 없다. 모든 시대와 장소를 불문하고 교회는 설교하고 가르치고 성례를 집행하고 그리스도인의 신앙과 삶에 안내를 제공할 수 있는 자격을 갖춘 지도자를 필요로 하기 때문이다.

2. 말씀과 성례 사역의 소명은 **내적인 측면과 외적인 측면** 모두를 가진다. 성령은 사람들을 이런 사역으로 부르고, 특별한 은사들을 제공하며, 복음 사역에 삶을 헌신하도록 동기를 부여한다. 사도 바울이 "만일 복음을 전하지 아니하면 내게 화가 있을 것이로다"(고전 9:16)라고 말했을 때 그는 하나님의 소명이 지닌 내적인 측면을 언급하고 있었다.

그러나 안수직으로의 소명은 또한 외적인 측면도 가진다. 안수직은 신앙 공동체에 의해 전달된다. 이 직무는 공동체 전체를 위해 수행되기 때문에, 성령의 뜻이 소명을 받은 개인에게 드러날 뿐 아니라 공동체 전체도 그런 소명을 확인해야 한다. 따라서 교회를 위한 지도자를 준비하기 위해 학교가 세워진다. 그곳에서 사역의 후보자는 학문과 기도의 방법을 수행하고 소명을 분별한다. 동시에 사역의 공적인 소명은 하나님의 백성 전체를 대신하여 각 회중에 의해 제시된다.

지도의 책임을 감당하도록 성령에 의해 내적으로 또 외적으로 소명을 받은 자들은 안수식을 통해 특별히 구별된다. 안수식에서 안수를 받는 자는 하나님의 백성 전체에게 그리고 그리스도에게 신실할 것을 서약한다.

이미 안수를 받은 자들은 사역 파송의 표지로서 안수를 받는 자에게 손을 얹는다. 그리고 교회는 성령이 안수받는 자의 사역에 힘을 주시도록 기도한다.

3. 안수는 **존재론적으로**(ontologically)**가 아니라 선교적으로**(missi-ologically) 이해되어야 마땅하다. 안수는 존재론적 신분의 신비적 변화를 일으키지 않는다. 즉 안수받은 자를 다른 그리스도인들 위로 고양시키는 신비적 변화를 의미하지 않는 것이다. 안수는 특별한 임무를 수행하도록 성령의 권능 안에서 위임을 받고 권한을 부여받는 행위이다. 말씀과 성례의 사역을 위해 안수를 받는 것이 그리스도인의 다른 사역과 비교하여 "더 고차원적"이며 "더 온전하다"고 보는 견해는 전혀 성경에서 찾을 수 없는 생각이다. 성직자는 그리스도인 무리 중에서 별도의 계급을 형성하지 않는다. 성직자와 평신도를 위계질서적에 따라 분리하는 것은 교회의 삶에 큰 상처가 된다.

하지만 그렇다고 해서 말씀과 성례의 사역을 단순한 기능으로 환원시킬 수는 없다. 사역을 맡은 자는 사역의 임무와 쉽게 분리되지 않는다. 사역은 철저한 교육적 준비뿐만 아니라 하나님에 대한 깊은 헌신과 그리스도를 섬기는 것에 대한 진지한 열망을 전제한다. 안수받은 사역은 구별된 소명으로서, 아무나 감당할 수 있는 역할도, 아무나 행하는 일도 아니다.

그러나 예수 그리스도의 복음의 사역자는 위대한 "보배를 질그릇에"(고후 4:7) 담는 자이다. 다른 그리스도인과 마찬가지로, 안수받은 사역자도 오류 가능성이 있는 인간일 뿐이다. 하지만 그의 섬김을 받는 교인들은 때때로 목회자가 완벽한 성인이기를 기대한다. 목회자로부터 오류가 없는 조언자, 탁월한 설교가, 용기 있는 지도자를 바라는 동시에, 그가 어떤 의심이나 불확실성도 없이 확고한 신앙을 가지고 모든 질문에 답변하기를 기대하는 것이다. 그러나 칼 라너의 표현처럼, 끔찍하면서도 다행스러운 진실은 사역자 역시 때로는 강건하지만 대체로 연약한 인간이라는 사실이다. 사역자도 두려움과 떨림 속에서 산다. 사역자도 "주여, 제가 믿나이다,

나의 믿음 없음을 도와주소서", "주여, 죄인인 저에게 자비를 베풀어주소서"라고 외친다. 그럼에도 사역자는 세상을 변혁시키는 복음을 설교한다. 그러므로 사역자는 교인들이, 또 스스로가 자신의 인간됨에 분노하지 않도록 끊임없이 이 사실을 상기시켜야 한다. 라너에 따르면 사역자는 다음과 같이 항변해야 마땅하다: 우리의 실패에 대해 화를 내지 말라. 우리 연약함과 허약함을, 하나님의 은혜는 보통의 인간의 사역을 통해서조차 승리함을 보여주는 약속으로 삼으라. 우리의 부적절함으로부터 "하나님은 어떤 인간에 대해서도 경악하거나 충격을 받지 않으심을 배우라."[37]

하나님이 보통의 인간을 안수받은 사역으로 부르시고 그들의 인간됨에 당황하지 않으신다는 사실은 다음과 같은 점을 함축한다. 즉 모든 안수받은 사역자나 사제에게 독신을 의무적으로 부과하는 정책은 실제적으로 지혜롭지 않을 뿐만 아니라 신학적으로도 결함이 있다는 점이다. 그리스도를 섬기는 중에 신중하게 검토되고 자유 가운데서 택한다면 독신의 서약은 확실히 존중될 수 있다. 그러나 모든 안수받은 사역자가 반드시 독신이어야 한다는 조항은 성경적으로 어떤 근거도 없고, 동방 교회의 관행이 아니었으며, 기독교 역사의 첫 천 년 동안은 서방 교회에서도 획일화된 관행이 아니었다. 현재 로마 가톨릭의 수많은 신학자와 무수한 평신도들역시 독신을 의무적으로 부과하는 이와 같은 제도에 대해 점점 더 거세게 비판하고 있다.

요약하면, 신학은 다음의 두 가지를 피해야 한다. 즉 안수받은 지도자와 나머지 하나님 백성을 분리하는 **사역의 신성화**(sacralizing of ministry)를 피하는 동시에, 교회의 삶 안에서 사역자의 직무가 차지하는 중요성을 최소화하는 **사역의 폄하**(demeaning of ministry) 역시 피해야 한다. 사역을 맡은 자를 다른 그리스도인과 비교하여 더 우월하거나 거룩하다고 여기는 것이 사역을 희화화하는 것이라면, 안수받은 사역자가 최신 유형을 따르

---

37) Karl Rahner, *Meditations on the Sacraments*, 61-62.

거나 회중의 일부가 되고자 전전긍긍 노력하면서도, 복음의 신실한 사역에 필수적인 영육의 훈련을 소홀히 한다면 이것 또한 가증스러운 일이다. 사역이 무엇인가를 이해하는 올바른 관점은 이상주의적 견해로부터도, (기업의 경영자나 대중 매체의 유명 인사와 같이) 성공적인 지도자에 대한 세속적 모형으로부터도 오지 않고, 오직 그리스도와 그의 사역 수행에 대한 성경적 증언으로부터 나온다.

4. 그리스도의 모든 사역의 특징은 **지배가 아니라 섬김**이다. 예수는 자신이 섬김을 받기 위해서가 아니라 섬기기 위해 왔다고 말했다(막 10:45). 또한 예수는 제자들에게 남 위에 군림하는 자들과는 다르게 권한을 행사할 것을 명령했다(막 10:42-44). 성공회든 장로교든 회중교회든 간에 교회 체제를 막론하고, 권한의 의미와 행사는 예수 그리스도의 복음에 의해 결정되어야 한다. 남을 지배하고 통제하는 권력처럼, 권한을 세속적으로 이해하고 사용해서는 안 된다. 교회 안에 총회장, 감독, 주교, 심지어 교황이 있다 해도, 그들 모두는 스스로를 종으로 섬기신 그리스도의 종들로 간주해야 하며, 여기에 합당하게 자신의 책임을 감당해야 한다.

모든 사역의 목적은 하나님의 백성이 세상 속에서 더 효과적인 섬김을 감당할 수 있도록 그들을 믿음과 소망과 사랑으로 세우는 것이다. 그러므로 모든 교회 질서와 교회 직무는 그리스도의 사역과 근본적으로 일치하느냐라는 기준에 의해 끊임없이 점검되어야 하며, 교회의 삶에 질서를 잡아주는 특별한 방식이 실제로 교회 전체로 하여금 효과적인 사역에 참여하도록 도와주느냐 하는 실제적 시험에 의해 점검되어야 한다.

사역은 권위적이어서는 안 되지만, 권위의 행사를 포함한다. 그리스도를 섬기는 자들은 바람에 날리는 나뭇잎과 같지 않다. 기독교적 섬김은 교회 안팎에 존재하는 권력 구조에 비굴하게 복종하는 것이 아니다. 특별히 개혁교회 전통 안에서 하나님의 말씀을 섬긴다는 것은, 공동체가 복음을 모호하게 하거나 복음으로부터 이탈할 때 공동체 자체를 비판하는 자유와 책임뿐 아니라, 권력이 정의를 파괴하고 도래하는 하나님의 통치에 저항한다면 어떠한 권력에라도 도전할 자유와 책임도 또한 포함한다. 안수 받은 사역의 권위는 사람에게 있지 않고 예수 그리스도의 복음에 전적으로 근거한다. 이 권위는 하나님의 모든 백성과 함께 협력하면서 항상 행사되어야 하는 권위이다. 사역의 권위는 본성상 군주제적(monarchical)이지 않고 오히려 본질적으로 협의회적(collegial)이다.

교회가 시작된 이래로 지도적 위치에 있는 사역이 여러 모로 인정되어 왔지만, 어떤 특정한 교회 질서도 신약성경의 권위보다 위에 있다고는 배타적으로 주장할 수 없다. 많은 교회는 다음과 같은 사역의 삼중적 형태를 인정한다. 첫째, 특정 지역에 있는 여러 교회의 활동을 감독하는 주교(bishop) 또는 대회(synod). 둘째, 지역 교회에서 말씀을 선포하고 성례를 집행하는 장로(presbyter). 셋째, 곤궁한 자들을 돌보는 일을 주도하는 집사(deacon).

이런 삼중적인 형태가 광범위하게 채택되고는 있지만, 그럼에도 불구하고 여전히 교회 질서에 대한 에큐메니칼 대화에서 가장 논쟁적인 쟁점 중 하나는 바로 이 지점이다. 감독제(episcopal)든, 대회제(synodal)든, 회중제(congregational)든, 교회 질서는 교회를 도울 수 있는 선(善, bene esse)에 속하는가? 아니면 교회의 본질(esse) 자체에 속하는가? 만약 교회 전체가 서로 완전한 교제를 누리고자 한다면, 모든 교회는 하나님이 오직 한 개의 교회 질서의 형태만을 주셨음을 인정하고 그것을 채택해야 하는 것일까? 물론 교황의 수위권에 대한 쟁점 역시 이런 질문과 분리될 수 없다. 교황직은 교회 사법권의 최종적인 권좌로서 이해될 수 있는가? 아니면 교황직은 우선적으로 교회의 가시적인 일치의 표지로서 이해될 수 있는가? 논의의 쟁점으로 떠올랐던 자신의 회칙 "저들도 하나 되게 하소서"(Ut Unum Sint)에서 교황 요한 바오로 2세는, 새로운 에큐메니칼 상황에서 교황직을 올바르게 행사하는 것에 대해 다른 교회들이 "인내심을 갖고 형제애적인 대화"에 참여할 것을 요청했다.[38]

---

38) Pope John Paul II, Encyclical Letter *Ut Unum Sint* (Vatican City: Liberia Editrice

직제(order)는 교회의 삶에서 확실히 중요하다. 교회 정치 구조(polity) 역시 참으로 중요한 문제다. 관건이 되는 것은 교회 질서의 원리가 예수 그리스도의 복음에 일치하느냐 여부며, 이 질서가 하나님의 모든 백성에게 주어진 성령의 은사와 자유를 질식시키느냐 아니면 지원하느냐는 하는 것이다. 이런 기준 하에서 모든 교회 질서는 개방적이고 공의회적인 의사 결정을 소중하게 간주하고, 독재적이고 강압적인 방식이 아니라 영적인 방식으로 교회 내에서 합의점을 찾는 것을 목표로 해야 하며, 새로운 상황에 반응하고 성령의 인도하심 하에서 개혁에 대해 열려 있어야 한다.[39]

5. 말씀과 성례의 사역으로의 안수는 **배타적이지 않고 오히려 포괄적**이다. 이런 직무를 행사할 때는 성, 인종, 성적 지향성에 근거하여 어떤 집단의 사람을 배제해서는 안 된다. 사역의 포괄성의 교리는 자연적 인권 이론에 토대를 두지 않으며 하나님의 자유로운 은혜에 토대를 둔다. 왜냐하면 하나님은 인종과 계급과 국가와 성을 막론하고 모든 사람을 불러 교회의 사역자가 되도록 하시기 때문이다.[40]

오늘날 기독교 사역에서 일어난 가장 중대한 발전은, 성령이 말씀과 성례 사역의 소명을 위해 남성뿐 아니라 여성을 부르심을 많은 교회가 인정하기 시작했다는 점이다. 의심할 여지없이, 이 쟁점은 향후 수년 동안 교회들 사이에 긴장을 고조시키는 원인이 될 것이다. 여성에 대한 안수를 반대하는 입장이 내세우는 근거는 다음과 같다. 즉 예수는 오직 남성만을 사도로 선택했다는 사실과, 오직 남성만이 하나님의 백성에게 주어진 그리스도의 인격과 사역을 올바르게 대표할 수 있다는 점, 그리고 여성 안수

Vaticana, 1995). 이 회칙에 대한 논의로는 *Church Unity and the Papal Office: An Ecumenical Dialogue on John Paul II's Encyclical "Ut Unum Sint,"* ed. Carl E. Braaten and Robert W. Jenson (Grand Rapids: Eerdmans, 2001)을 보라.

39) 그리스도의 주권의 독특한 특징에 근거한 교회 질서에 대해서는 Karl Barth, *Church Dogmatics*, 4/2: 676-726을 보라.

40) "간결한 신앙고백문"(A Brief Statement of Faith)에 따르면, 성령은 "여성과 남성을 교회의 모든 사역으로 부르신다"[*Book of Confessions* (PCUSA), 10.4, line 64].

는 수세기 동안 행해진 로마 가톨릭의 전통으로부터 크게 이탈한 사안이라는 것이다.

하지만 개혁교회의 관점에서 보자면 이와 같은 주장은 전혀 설득력이 없다. 신약 안에는 교회의 삶에서 여성이 중요한 지도력을 행사했음을 보여주는 충분한 증거가 있다. 게다가, 남성만이 그리스도의 인격과 사역을 대표할 수 있다는 주장은 궁극적으로 하나님이 남성이라는 가정에 기반하는 것처럼 보인다. 또한 이런 주장은 기도와 설교와 성만찬을 인도하는 자는 회중에게 하나님을 대표할 뿐만 아니라, 동시에 하나님을 향해 회중을 대표한다는 사실을 무시하고 있다. 적어도 회중의 절반은 여성이며, 실제로 수많은 교회에서 여성은 회중의 다수를 차지한다. 전통에 근거하여 여성 안수를 반대하는 주장에 대한 우리의 응답은 다음과 같다. 즉 오늘날 다수의 안수받은 여성이 교회에서 행하는 사역 안에는 하나님의 영이 실제로 역사하고 있으며, 이런 사실은 복음의 권능을 확증할 뿐 아니라 교회 구조는 항상 개혁될 필요가 있음을 상기시켜준다(semper reformanda). 종교개혁 교회에 속한 다수의 그리스도인에게뿐 아니라 점점 더 많은 로마 가톨릭 교인들에게까지, 여성을 말씀과 성례 사역으로부터 계속해서 배제하는 행위는 복음에 대한 큰 걸림돌이고, 하나님의 백성 안에서 새롭고 놀라운 방식으로 역사하는 성령의 자유를 부인하는 것이며, 현재의 교회와 선교를 점점 더 빈곤하게 만드는 결과를 가져온다.

참고 문헌

Baillie, Donald. *Theology of the Sacraments*. New York: Scribner, 1957.

Baptism, Eucharist, and Ministry. Geneva: World Council of Churches, 1982.

Barth, Karl. *The Christian Life: Baptism as the Foundation of the Christian Life* (Church Dogmatics 4/4, fragment). Edinburgh: T&T Clark, 1969.

Barth, Marcus. *Rediscovering the Lord's Supper: Communion with Israel, with Christ, and among the Guests*. Atlanta: John Knox, 1988.

Gerrish, Brian A. *Grace and Gratitude: The Eucharistic Theology of John Calvin*. Minneapolis: Fortress, 1993.

Hellwig, Monica. *The Eucharist and the Hunger of the World*. New York: Paulist, 1976.

Hunsinger, George. *Eucharist and Ecumenism: Let Us Keep the Feast*. New York: Cambridge University Press, 2008.

Jenson, Robert W. *Systematic Theology*, 2 vols. New York: Oxford University Press, 1999. Vol. 2, p. 251-88.

Long, Thomas G. *The Witness of Preaching*. Louisville: Westminster John Knox, 2005.

Moore-Keish, Martha L. *Do This in Remembrance of Me: A Ritual Approach to Reformed Eucharistic Theology*. Grand Rapids: Eerdmans, 2008.

Rahner, Karl. *Meditations on the Sacraments*. New York: Seabury, 1977.

Smith, Gordon T. *The Lord's Supper: Five Views*. Downers Grove, Ill.: InterVarsity, 2008.

Welker, Michael. *What Happens in Holy Communion?* Grand Rapids: Eerdmans, 2000.

Wright, David F. *Infant Baptism in Historical Perspective: Collected Studies*. Waynesboro, Ga.: Paternoster, 2007.

FAITH SEEKING UNDERSTANDING

예수 그리스도의 최종성과

▶▶▶▶▶▶▶▶▶▶▶▶▶▶▶▶▶▶▶▶▶▶▶▶ 제 13 장 ▶

종교다원주의

기독교 신앙과 타 종교의 관계에 대한 진지한 반성은 21세기의 교회와 신학이 당면한 가장 중대한 과제 중 하나다. 정치·경제·문화·통신 분야에서 끊임없이 진척되고 있는 세계화 과정은, 국내외적 긴장과 갈등 안에 존재하는 종교적 요인의 중대한 비중에 대한 인식을 한층 더 예리하게 만들고 있다.

AN INTRODUCTION TO CHRISTIAN THEOLOGY

기독교 신앙과 타 종교의 관계에 대한 진지한 반성은 21세기의 교회와 신학이 당면한 가장 중대한 과제 중 하나다. 정치·경제·문화·통신 분야에서 끊임없이 진척되고 있는 세계화 과정은 국내외적 긴장과 갈등 안에 존재하는 종교적 요인의 중대한 비중에 대한 인식을 한층 더 예리하게 만들고 있다. 이런 상황 속에서 기독교 신학이 종교신학의 발전에 참여해야 할 필요성은 실제적이고도 긴급하다고 할 수 있다. 기독교 종교신학(Christian theology of religions)이라는 말로 내가 의미하고자 하는 바는 인간의 다양한 종교의 역사, 믿음, 실천을 기술하는 학문과는 다르다. 이런 종교학적 연구는 그 자체로 중요한 노력이긴 하지만, 이것과는 별도로 기독교 종교신학은 세계 종교의 다원성이 예수 그리스도 안에서 알려진 하나님의 목적 안에서 어떤 위치를 차지하는지에 관한 질문을 제기해야 할 독특한 신학적 과제를 가진다. 이런 과제의 핵심적인 측면은, 예수 그리스도가 세상의 주님이며 구세주라는 확신을 주장함과 동시에, 타 종교들의 온전성과 가치를 존중하는 것이 어떻게 가능한지를 분명하게 하는 일이다.

종교의 모호성

현대의 종교다원주의적 상황 속에서 예수 그리스도의 주님됨에 관한 논의는 일단 종교의 모호성(ambiguity)에 대한 인식으로부터 시작하는 것이 적절하다. 종교는 적어도 다음 세 가지 측면에서 모호성을 지닌다.

첫째, 종교의 **정의**의 모호성이다. 종교를 정의하는 다양한 방식들이 존재한다. 곧 하나님 또는 신들을 예배하고 믿는 것이라는 정의, 궁극적 실재를 인식하는 것이라는 정의, 성스럽다고 여겨지는 것에 대한 외경과 존경이라는 정의 등이 있다.[1] 둘째, 종교에 대한 해석의 모호성이다. 어떤 해석은 다양한 종교가 공통의 본질을 가지고 있으며, 단지 거룩함과의 만남을 표현하는 데 사용되는 상징과 의식의 차원에서만 차이가 난다고 주장한다. 이와 대조적으로 또 다른 해석은 다수의 종교 저변에 공통 본질이 있을 것이라는 가정을 거부하며, 모든 종교는 각자의 독특성과 특수성을 가진다고 주장한다. 셋째가 가장 중요한 측면인데, 모든 종교의 모호성은 그 종교의 **실제적 역사와 실천**에서 극명하게 드러난다는 점이다. 즉 역사는 모든 종교가 선뿐만 아니라 악을, 진리뿐만 아니라 미신도 증진시켰음을 분명하게 증명했다.

종교에 대한 비판은 이미 고대로부터 연원하며, 이 비판의 목소리는 교회 안팎에서 꾸준히 제기되어왔다. 플라톤은 올림포스 산에 사는 신들의 신화가 숭배자들을 타락시킨다고 보아 그 신화를 배척했다. 아리스토텔레스는 신을 부동하는 원동자(unmoved mover)로 간주하여, 신의 완전성은 모든 피조물 안에 사랑과 욕망을 불러일으킨다고 믿었다. 하지만 이 철학자의 견해는 당시 대중이 가진 종교 사상과는 아주 거리가 먼 것이었다.

우상숭배적인 믿음과 관행을 심판하는 것은 성경 증언이 가진 두드러진 특징이기도 하다. 참으로 성경 전통이야말로 종교 비판의 가장 오래된 강력한 근원이라 할 수 있다. 고대 이스라엘의 예언자들은 모든 형태의 우상숭배를 정죄했다. 또한 정의와 자비라는 중대 문제에 관심을 기울이는

---

1) 종교에 대한 9가지 상이한 정의의 목록은 Charles Taliaferro, *Contemporary Philosophy of Religion* (Oxford: Blackwell, 1998), 21-24, 30을 보라.

대신, 종교적 관행이 만연하고 외적인 의식에만 관심을 기울이는 그릇된 현상을 맹렬히 비판했다(미 6:1-8). 예수 역시 같은 예언적 전통 위에 서 있었다. 하나님을 사랑한다는 구실로 자기애를 감추고자 기도와 다른 종교적 실천을 이용하는 자들에 대해, 예수는 가르침과 사역을 통해 꾸짖었던 것이다. 예수는 하나님과 이웃에 대한 사랑의 중대성을 전복하는 종교적 경건을, 또한 자기 의를 강화하고 약자와 가난한 자를 소홀히 여기는 수단으로 전락한 종교적 실천을 통렬히 정죄했다.

하지만 종교 비판의 가장 거센 모습은 계몽주의 철학 속에서 나타났다. 그리고 이런 계몽주의적 비판의 정점을 이루는 것이 데이비드 흄(David Hume)과 임마누엘 칸트의 저서들이다. 흄의 『자연종교에 관한 대화』(Dialogues on Natural Religion, 아카넷 역간)와 칸트의 『이성의 한계 안에서의 종교』(Religion within the Limits of Reason Alone, 아카넷 역간)는, 과연 인간 이성이 신앙의 주장을 입증할 수 있는지에 대해 전면적으로 회의한다. 칸트에게 있어서 종교의 본질은 핵심적으로 보편 도덕이 명령하는 의무다. 따라서 특정한 신앙 공동체의 교리는 거의 의미가 없다. 왜냐하면 그곳에는 실천적인 도덕적 의미가 없기 때문이다. 삼위일체 교리에 대해서도 칸트는 다음과 같이 진술한다. 즉 설사 누군가가 그 교리를 이해할 수 있다 하더라도, "삼위일체 교리는 인간의 진보를 위해 도대체 아무것도 성취할 수 없을 것이다."[2]

19세기와 20세기에 전개된 철학적 종교 비판은 "의심의 대가들", 즉 칼 마르크스, 프리드리히 니체, 지그문트 프로이트(Sigmund Freud)의 논의와 특별히 연관된다. 이들 각각은 종교적 실천의 이면에 은폐되어 있는 동력에 대해 고발한다. 마르크스는 포이어바흐의 종교 투사론(projection theory of religion)에 근거하여 종교를 "민중의 아편"이라고 불렀다. 마르크스의 견해에 따르면, 종교는 고통에 처한 인간이 스스로 제공하는 마약으로서

---

2) Immanuel Kant, *Religion within the Limits of Reason Alone* (New York: Harper & Brothers, 1960), 133.

착취와 억압의 고통을 완화시켜주는 기능을 한다. 간단히 말해서, 종교는 다른 세상에서의 삶을 위로로 제시함으로써 이 세상에서의 삶의 불행을 달래주고자 시도한다. 그 결과 종교는 현재의 삶의 조건을 변혁하려는 노력을 방해하고 현재의 불의한 조건에 순응할 것을 조장한다. 따라서 마르크스는 종교 비판이 모든 정치적·경제적·사회적 구조를 비판하는 데 필수적 토대라고 보았다.

니체는 기독교를 원한의 종교(religion of resentment)로 부르면서 공격했다. 즉 기독교는 힘과 비범성을 경멸하는 반면 약함과 지리멸렬한 평범함을 미덕으로 간주한다고 보았던 것이다. 니체는 어떤 비유 속에서 한 광인의 입을 빌어 신의 죽음을 선언한 바 있다. 또한 『차라투스트라는 이렇게 말했다』(Thus Spoke Zarathustra)에서는 과거의 인습적인 종교적 믿음과 도덕적 가치를 초월할 초인의 도래를 선포했다. 현대 정신 분석의 아버지인 프로이트는 종교를 유아기적 환영(infantile illusion)으로 치부했다. 즉 종교를 삶의 상처와 도전에 대처하지 못하는 어린아이가 자신의 무능력과 연약함으로 인해 부모에게 의존하는 습성이 성인기로까지 연장된 것이라고 보았다. 종교는 유한하고 필멸하는 인간이 전능한 타자의 힘에 의해 보호받기를 바라는 갈망을 변장한 것일 뿐이다.

19세기와 20세기에 들어 기독교에 대해 신학적 비판을 제기한 자들 중에는 쇠렌 키에르케고르(Søren Kierkegaard)와 칼 바르트가 두드러진다. 키에르케고르는 덴마크 기성 교회의 관습적인 기독교가 실존적인 진지함을 상실했으며, 복음의 걸림돌을 순응시켰다고 공격했다. 한편 바르트는 19세기와 20세기 초에 널리 유행한 개신교 자유주의에 대해 동일하게 신랄한 공격을 퍼부었다. 『로마서 주석』에서 바르트는 교회와 사회의 우상들을 격렬하게 비난하고, 부르주아 종교성(bourgeois religiosity)이 믿는 신은 "무신"(no-god)에 불과하다고 했다. 또한 이런 종교는 불신앙이며, 인간의 삶이 깨어지고 병들었음을 가장 선명하게 폭로하는 지점일 뿐이라고 선언했다. 이후로도 자신의 비판 작업을 계속했던 바르트는, 복음은 결코 자기 확대를 꾀하는 교회의 주장이나 경건한 자들의 오만한 자기 의를 지지하지 않으며, 반대로 진정한 복음은 이렇게 왜곡된 교회의 "종말"과 종교의 "폐지"를 의미한다고 주장했다.[3] "전적 타자"(wholly other)이신 하나님의 이름으로 바르트가 제기한 강력한 종교 비판은, 이 신학자가 교회와 신학에 기여한 가장 논쟁적 공헌 중 하나로 남아 있다.

바르트의 종교 비판은 전적으로 부정적인 것으로 자주 간주된다. 그렇기 때문에 그의 비판은 필연적으로 세속주의를 신학적으로 지지하거나, 아니면 기독교를 유일한 참된 종교로 무비판적으로 지지하는 결과를 초래한다는 것이다. 하지만 이런 평가는 전혀 정확하지 않다. 바르트는 복음이 단순히 종교를 해체하며 종교를 세속주의로 대체한다고 보지 않았다. 동시에 자신의 철저한 종교 비판으로부터 기독교만을 보호하고자 의도했던 것도 아니다. 바르트에게 있어 예수 그리스도 안에서 드러난 하나님의 계시는 기독교 종교를 포함해 모든 종교를 심판한다. 더욱이 바르트가 복음은 모든 종교를 "폐지"한다고 말할 때, 그가 사용한 독일어 단어인 "아우프헤붕"(Aufhebung)은 "폐지"(abolition)와 "고양"(elevation)을 동시에 의미한다. 다른 말로 표현하면, 하나님의 계시는 모든 종교를 심판할 뿐만 아니라 인간과 인간의 종교적 삶을 변혁시키는 힘도 동시에 가진다는 것이다.

비록 바르트의 평가가 일방적이라는 점은 의심할 여지가 없지만, 그렇다고 진자 운동처럼 양 극단을 오가는 것은 잘못일 것이다. 세계의 종교는 참으로 복잡하며 모호하기 이를 데 없는 실재다. 그것을 악마화하거나 미화하는 것은 아무런 소용이 없는 일이다. 종교적 다원주의 세계 안에서 기독교 종교신학은 타 종교를 제국주의적으로 물리쳐서도 안 되며, 모든 종교가 근본적으로 똑같다고 주장해서도 곤란하다. 오늘날 종교신학은 다음과 같은 두 원리의 안내를 받아야 한다.

첫째, 종교신학은 세계 종교 간에 단순한 표면적 차이뿐만 아니라 실제

---

3) Karl Barth, *Church Dogmatics*, 2/1: 280-361.

적인 차이가 존재함을 인정하고, 모든 종교에 공통적인 본질이 있다는 추상적인 규정을 피해야 한다. 모든 종교에 공통적인 본질이 있다고 가정하는 접근법은 각 종교의 특징적인 진리와 가치를 모호하게 만든다. 종교신학이 추상적인 수준에서 머물 때, 이것은 세계 종교가 가진 구체적인 실재를 무시하게 된다.[4] 현대의 종교학자들은 특정한 종교 각각에 대한 연구가 얼마나 중요한지 깨닫고 있으며, 종교를 단수로 표현하거나 모든 종교에 공통적이고 보편적인 본질이 있다는 가정에는 유보적 입장을 취한다. 현대의 종교역사학의 목적은 종교를 일반화하거나 추상적으로 이해하는 것이 아니라 각 종교가 지닌 역사적 특수성을 고려하여 이해하는 것이다.

신학은 종교 연구에 있어 특수성을 강조하는 입장이 의미 있는 진보임을 알고 그것을 환영해야 하지만, 사실 이런 진보에는 위험성도 내재한다. 왜냐하면 종교의 특수성을 강조하는 입장은 그 종교의 믿음과 실재에 대해 순수한 기술을 제공할 수는 있지만, 진리와 가치의 차원에 대해서는 거의 관심이 없기 때문이다. 진리와 가치의 문제에 무관심하거나 그것을 억압하는 태도는 기껏해야 피상적 관용, 즉 "진리의 문제를 사소하게 여기거나 심지어 그것에 대해 감히 묻지도 않는 잘못 이해된 자유주의"[5]를 낳을 뿐이다. 종교 연구에서 진리와 가치의 문제를 보류하기만 한다면, 결과적으로 일종의 "소비자 다원주의"(consumer pluralism, 로완 윌리엄스의 표현)가 종교의 영역으로 확대되는 일이 발생할 것이다.

이와 같은 논의는 종교신학이 명심해야 할 두 번째 원리와 직접적으로 연관된다. 즉 **종교신학은 특정한 신앙의 관점에서 수행되어야 하며, 반드시 비판적인 판단까지 포함해야 한다.** 종교신학은 멀찍이 서 있는 중립성의 태도나 전적인 상대주의의 태도를 피해야 한다. 인간의 모든 종교는

---

4) Jacques Dupuis, *Toward a Christian Theology of Religious Pluralism* (Maryknoll, N.Y.: Orbis Books, 1997), 8.
5) Hans Küng, *Christianity and the World Religions* (New York: Doubleday, 1986), xviii.

존중받아 마땅하지만, 그렇다고 비판적인 검토를 넘어서 있는 것은 아니다. 종교적인 믿음과 실재가 항상 일관적으로 순전하거나 훌륭한 것만은 결코 아니다. 수천 년 동안의 종교 역사와 최근의 사건들이 상기시켜 주듯이, 종교는 파괴적이며 치명적인 종국으로 나아갈 수도 있다.

기독교 종교신학은 종교의 모호성을 상기시키면서 그동안 기독교나 여타 다른 종교의 이름으로 자행되어 온 악을 솔직하게 인정하는 것에서부터 논의를 시작해야 한다. 무수한 추악한 사실을 무시하거나 외면하지 말아야 한다. 중세의 잔인한 십자군 운동은 주님이신 그리스도의 이름으로 수행되었다. 다수의 교회와 교회 지도자들은 수백 만 아프리카인을 노예화하고 북미의 토착민을 학살하는 것을 신학적으로 정당화했다. 스페인의 정복자들은 십자가의 표식 아래서 남미의 수많은 토착민을 살해했다. 신학적인 근거를 토대로 하여 여성을 교회와 사회에서 지도력을 행사하는 자리로부터 조직적으로 배제해왔고, 남성에 종속시켜 왔다. 6백만 유대인 학살 사건은 수세기 동안 유대인을 경멸하도록 가르쳐온 명목상의 그리스도인에 의해 자행된 비극이다. 북아일랜드에서 벌어진 로마 가톨릭교인과 개신교도 사이의 격렬한 무력 갈등은 오늘날까지도 계속되고 있다. 카슈미르 지역에서는 힌두교도와 이슬람교도 사이의 유혈 전투가 주기적으로 발생하고 있다. 이슬람교도와 그리스도인 사이, 또는 이슬람교도와 유대인 사이에는 오래된 전쟁이 진행 중이다. 최근에 발생한 국제적 규모의 테러와 이에 대응한 군사 보복에는 항상 종교적 슬로건과 정당화가 동반된다. 종교가 원인이 된 폭력과 전쟁의 목록은 여기서 끝나지 않고 무한정 길어질 수 있다. 어쨌든 여기서는 종교를 낙관적으로 보는 견해가 얼마나 터무니없는지 느끼는 것만으로 충분하리라. 모든 종교는 악한 목적을 위해 이용될 수 있다. 이런 사실을 인식하지 못하는 것은 터무니없을 뿐더러 그 이상으로 위험한 일이기도 하다.[6] 모든 종교는 모호한 역사적

---

6) Charles Kimball, *When Religion Becomes Evil* (San Francisco: Harper, 2002).

현상이다.

그러므로 기독교를 포함해 종교의 모호성을 인식하고 때때로 벌어지는 무시무시한 오용을 인식하는 작업은, 상이한 종교 전통에 존재하는 선하고 진실한 부분에 대한 인식 작업과 병행되어야 한다. 비록 바르트의 신학적 종교 비판이 일방적인 면이 있긴 하지만, 그렇다고 그의 견해가 무시되어서는 안 된다. 1967년 미장로교의 신앙고백문이 진술하듯, "복음이 가진 화해의 메시지는 기독교를 포함한 모든 형태의 종교에 대한 하나님의 심판이다."[7] 물론 이것이 기독교 종교신학이 말하고자 하는 모든 것은 확실히 아니지만, 그렇다고 이것보다 더 적은 것을 말할 수는 없다.

기독교 종교신학의 유형들

보편적인 구주이며 주님이신 예수 그리스도에 대한 기독교적 헌신이 지니는 무조건적인 본질은 때때로 "그리스도의 최종성"(finality of Christ)이라는 구절로 표현된다. 그런데 문화적·종교적 다원성의 상황이 개방과 대화의 정신을 점점 더 요구하는 현재에도, 기독교는 계속해서 "그리스도의 최종성"을 확증할 수 있을까?

기독교와 타 종교 간의 관계에 대한 견해를 개관해보면 세 가지 입장, 즉 배타주의, 포용주의, 다원주의가 있음을 알게 된다.[8] 배타주의(exclusivism)는 예수 그리스도만이 유일한 길이고 진리이고 생명이며, 그에 대한 신앙을 통하지 않고서는 구원이 없다고 주장한다. 다른 종교들은 하나님의 진리에 대해 어느 정도 지식을 가지나 구원의 길이 되지는 못한다. 포용주의(inclusivism)는 예수 그리스도가 하나님의 결정적인 계시이고,

---

7) *The Book of Confessions* (PCUSA), 9.42.

8) Alan Race, *Christians and Religious Pluralism* (Maryknoll, N.Y.: Orbis Books, 1982).

그에게서 성취된 구원은 모든 사람을 포함하며 모두에게 이용 가능하다고 주장한다. 다원주의(pluralism)에 따르면 모든 종교는 하나님의 신비의 지식을 전달하는, 구원에 이르는 동등하며 타당한 길이다. 이런 각각의 입장은 예수 그리스도에게서 드러난 하나님의 계시의 "최종성"에 대해 독특한 이해를 가지고 있다.

하지만 현재의 종교신학의 표준적인 유형론이 된 이런 구별은 매력적인 단순성을 장점으로 하지만 심각한 한계 또한 가지고 있다. 첫째, 이 유형론은 세 입장 사이에 중첩되는 부분이 상당하다는 사실을 묵살하고, 각 입장으로 분류된 신학자들 사이의 중대한 차이점을 모호하게 만들 위험성이 있다. 둘째, 포용주의라는 범주는 배타주의와 다원주의보다 더 복잡하지만 덜 예리하게 규정되어 있기 때문에, 많은 비평가들은 이처럼 중도적인 입장을 구성하는 것이 가망 없는 노력이라고 여긴다. 다시 말해 보수 진영의 비평가는 포용주의가 지닌 보편주의적 편향성이 다원주의와의 절충이라고 불평하는 반면, 진보 진영의 비평가는 포용주의가 가진 그리스도 중심적 헌신 때문에 포용주의는 단지 배타주의의 변형일 뿐이라고 비난한다. 따라서 포용주의는 불명료한 방식으로 정의된 범주다. 기독교 신앙과 다른 신앙들 사이의 관계에 대한 논쟁은 배타주의와 다원주의라는 양 극단을 오가는 경향이 있다. 크리스토프 슈뵈벨(Christoph Schwöbel)의 적절한 지적처럼, 신학적인 관점에서 보면 배타주의/다원주의의 양극성이 가진 문제점은, 그중 어느 입장도 하나님의 은혜의 특수성과 보편성 양자 모두에 대한 기독교 신앙의 관심을 진지하게 고려하지 않는다는 점이다.[9]

---

9) Schwöbel, "Particularity, Universality, and the Religions: Toward a Christian Theology of the Religions," in *Christian Uniqueness Reconsidered*, ed. Gavin D'Costa (Maryknoll, N.Y.: Orbis, 1990), 30-46. 로완 윌리엄스도 그의 논문 "그리스도의 최종성"(The Finality of Christ)에서 "종교 간 대화를 위해 규정된 교과서적 구분들, 즉 배타주의, 포용주의, 다원주의"를 피하고자 시도한다[*On Christian Theology* (Oxford: Blackwell, 2000), 95].

최근에 와서 폴 니터(Paul Knitter)는 종교신학을 분류하는 새로운 유형론을 제안했다. 그의 유형론은 상이한 입장들의 범위와 복잡성을 더 깊이 이해하려고 시도한다. 니터가 파악한 네 가지 유형은 다음과 같다. 첫째, 타 종교를 완전히 또는 부분적으로 대체(replacement)하는 유형(복음주의적 입장). 둘째, 타 종교를 성취(fulfillment)하는 유형(제2차 바티칸 공의회에서의 로마 가톨릭의 입장). 셋째, 종교 간의 상호성(mutuality)을 인정하는 유형(개신교 자유주의와 로마 가톨릭 자유주의의 입장). 넷째, 종교 각각의 특수성과 비교 불가능성(incommensurability)을 인정하는 유형[후기 자유주의적(postliberal) 입장].[10) 종교신학에 더 적합한 유형론이 필요함을 니터가 인정했다는 사실로부터 우리는 여전히 종교신학적 반성이 상대적으로 초기 단계에 있으며, 여기서 제기되는 질문조차 아직 명확하게 분류되지 않았음을 유추할 수 있다. 예를 들어 "예수 그리스도는 유일한 구주인가?"라는 질문과 "구원은 기독교 이외의 종교를 믿는 자들에게도 가능한가?"라는 질문은 동일하지 않다. 동시에 앞의 두 질문 어느 것도 "종교 간에 대화가 필요한가? 만약 그렇다면, 이 대화의 목적은 무엇인가?"라는 물음과 동일하지 않다. 다음에 제시되는 종교신학의 유형들의 목록은 니터의 최근의 유형론에 신세를 지긴 했지만, 그것을 확장하거나 수정한 것이다.

　1. 첫 번째 유형은 예수 그리스도만이 전 인류의 구주이고 주님이며 구원은 그분에 대한 분명한 신앙을 통해서만 가능하다고 선언한다. 예수 그리스도는 세상의 유일한 구주이며 "길과 진리와 생명"(요 14:6)이기 때문에, 또한 타 종교는 모두 그분 안에서 드러난 하나님의 은혜를 알지 못하거나 선포하지 않기 때문에, 계시나 구원은 기독교 이외의 종교에서 발견될 수 없다. 그리스도인이 다른 신앙 전통과의 만남으로부터 중요한 것을 배울 수 있다고 가정하고 대화하는 입장은 이 유형에서 배척되지는 않는다 하더라도 경시된다. 간단히 말해서, 기독교 종교는 참되고 다른 모든 다른

---

10) Paul Knitter, *Introducing Theologies of Religion* (Maryknoll, N.Y.: Orbis Books, 2002).

종교는 그릇되다.[11] 니터는 이런 입장을 "전적인 대체"(total replacement)의 유형이라고 명명한다.

이런 입장에 대한 가장 심각한 반대는, 이 입장이 예수 그리스도 자체와 그에 대한 우리의 개념과 이해를 구별하지 못한다는 점이다. 그리스도를 주님으로 고백한다고 해서, 우리가 그리스도의 정체성과 그가 의미하는 모든 것을 소유하는 것은 아니다. 그리스도의 진리의 빛이 아직 우리에게 완전히 밝혀지지 않았다는, 진리에 대한 열린 태도만이 참된 기독교적 헌신의 기본적 측면이라 할 수 있다.

2. 두 번째 유형 역시 예수 그리스도만이 구주이고 주님이며, 구원은 그에 대한 분명한 신앙을 통해서만 가능하다는 고백을 확고하게 고수한다. 그러나 유형 2는 타 종교 안에도 하나님에 대한 지식이 어느 정도 들어 있음을 인정하고, 기독교의 진리 주장이 무시되거나 약화되지 않는 조건 하에서 타 종교인과의 대화를 조심스럽게 승인한다는 점에서 유형 1과 차이가 있다. 니터는 이런 입장을 "부분적 대체"(partial replacement)의 유형이라고 일컫는다.

복음주의 루터교 신학자인 칼 브라텐(Carl Braaten)은 유형 2의 입장을 상세하게 설명하면서, 종교신학에서는 두 가지 본질적인 구별이 있는데 그것은 계시와 구원의 구별과 율법과 복음의 구별이라고 했다. 브라텐에 따르면 "하나님은 자신을 다수의 방식으로 계시하신다. 그러나 구원은 오직 예수 그리스도의 이름 안에만 있다."[12] 타 종교들은 하나님의 율법에 대해 어느 정도 안다. 그러나 이 지식은 복음의 하나님에 대한 지식이 아니기 때문에 구원에 이르도록 하지 못한다. 하나님은 자연, 양심, 도덕법,

---

11) Harold Lindsell, "Missionary Imperative: A Conservative Evangelical Exposition," in *Protestant Crosscurrents in Mission: The Ecumenical-Conservative Encounter*, ed. Norman A. Horner (Nashville: Abingdon, 1968), 57.

12) Carl E. Braaten, "Hearing the Other: The Promise and Problem of Pluralism," in *Currents in Theology and Mission* 24 (1997): 395.

세계 종교를 통해 말씀한다. 그러나 하나님은 이런 방식 속에서는 예수 그리스도 안에서 주어진 하나님의 은혜와 용서의 복음을 말씀하지 않는다. 브라텐은 타 종교에서 발견할 수 있는 바에 대해 "계시에 대해서는 긍정이요, 구원에 대해서는 부정"이라고 요약했다.[13]

3. 세 번째 유형에 따르면, 예수 그리스도는 세상의 구주와 주님이며 하나님의 진리와 은혜의 "충만"이다. 모든 종교는 그리스도 안에서 성취된다. 제2차 바티칸 공의회가 채택한 "교회와 비기독교 종교들과의 관계성에 대한 문서"(Nostra Aetate)는 이런 견해를 대표하고 있다.[14] 제2차 바티칸 공의회의 가르침에 따르면, 비기독교 종교들은 본질적인 가치를 담고 있으며 하나님의 진리의 참된 빛을 소유한다. 따라서 타 종교는 기독교 복음의 진리의 충만성을 수용하기 위한 준비(praeparatio evangelica)로서 간주될 수 있다. 사실상 유형 3은 그리스도와 타 종교 간의 관계에 대한 토마스 아퀴나스의 저 유명한 공식, 즉 "은혜는 자연을 파괴하지 않고 그것을 성취한다"(Grace does not destroy nature but fulfills it)를 채택한다. 예수 그리스도 안에서 드러난 하나님의 은혜는 타 종교가 내포한 진리를 파괴하거나 대체하지 않는다. 니터는 이 입장을 "성취"(fulfillment)의 유형이라고 적절하게 명명했다.

예수 안에서 드러난 하나님의 은혜를 여타 다른 종교의 성취로서 이해하는 입장은 제2차 바티칸 공의회 이후로 로마 가톨릭 교회의 공식적인 가르침이 되었는데, 이런 변화는 가톨릭 교리 안에서 상대적으로 새로운 발전을 의미하기도 한다. 제2차 바티칸 공의회 이전 여러 세기 동안, 교회 밖에 있는 자들에 대한 로마 가톨릭 교회의 중심적인 가르침은 "교회 밖에는 구원이 없다"(extra ecclesiam nulla salus)는 진술로 요약되었다. 하지만 제

---

13) Braaten, "Hearing the Other," 396; 또한 Braaten, No Other Gospel! Christianity among the World Religions (Minneapolis: Fortress, 1992)도 보라.

14) The Documents of Vatican II, ed. William M. Abbott (New York: Guild Press, 1966), 660-71.

2차 바티칸 공의회에 와서 로마 가톨릭 교회는, 타 종교에서 발견되는 "참되고 거룩한 것은 어느 것도 배척하지 않으며", "모든 사람을 비추는 진리의 광선"은 인정한다고 선언했던 것이다.[15]

교회와 타 종교 간의 관계에 대한 제2차 바티칸 공의회의 선언은 타 종교에서 반사되는 진리의 빛에 대해 간략하게 묘사하고 있다. 이 선언에 따르면 힌두교 신자는 "신적 신비를 묵상하고, 그것을 철저한 철학적 탐구와 신화가 지닌 다함이 없는 풍성함을 통해 표현한다." 또한 "다양한 형태를 가진 불교는 변화하는 이 세계의 철저한 불충분성을 인정한다. 불교는 사람들이 경건하고 명확한 정신을 통해 절대적 자유의 경지에 도달할 수 있다고, 혹은 자신의 노력이나 고차원의 조력을 통해 최고의 깨달음을 획득할 수 있다고 가르친다." 또한 "교회는 이슬람교도를 존중한다. 그들은 살아 계시고 영속하며 자비롭고 전능하신 천지의 창조자 한 분 하나님을 찬양한다."[16]

하나님은 모든 사람이 구원받기를 원하시기 때문에(딤전 2:4), 또한 진리의 빛과 어느 정도의 신적 은혜가 비기독교 종교에도 현존하기 때문에, 제2차 바티칸 공의회는 그리스도인으로 하여금 "타 종교의 추종자들과의 대화와 협력"에 참여할 것을 권고한다. 제2차 바티칸 공의회는 그리스도인에게 그들 신앙의 증언의 일부로서, 자신의 사회와 문화 속에 내재된 가치뿐만 아니라 타 종교에서 발견되는 "영적·도덕적 행위의 가치도 인정하고 보존하고 증진할 것"을 격려한다. 특별히 제2차 바티칸 공의회의 선언은 그리스도인과 이슬람교도가 "과거를 잊고 상호 이해를 진지하게 추구할 것"과 사회적 정의, 도덕적 가치, 평화, 자유를 촉진함에 있어 "공동 전선을 펼 것"을 촉구한다.[17]

---

15) *Documents of Vatican II*, 662.
16) *Documents of Vatican II*, 662-63.
17) *Documents of Vatican II*, 663.

제2차 바티칸 공의회가 구원은 타 종교를 통해서도 가능하다고 가르치는지 아닌지, 또한 공의회의 진술이 그런 해석을 내포할 수 있는지 아닌지에 대해서는 여전히 논쟁이 분분하다.[18] 유형 1과 유형 2는 구원이 타 종교를 통해 가능함을 단호하게 부인하는 입장인 반면, 유형 3은 그럴 가능성을 조금이라도 열어두거나 혹은 침묵한다고 할 수 있다.

4. 유형 4는 예수 그리스도만이 모두의 구주이며 주님임을 확증하는 점에서는 이전의 세 유형과 일치한다. 그러나 유형 4는 예수 그리스도 안에서 결정적으로 알려진 하나님의 구원의 은혜가, 사람들이 기독교 복음을 들었든지 아니든지 상관없이 모든 사람에게 어떤 방식으로든 현존함을 주장한다는 점에서 앞의 세 유형과는 차이점을 보인다. 따라서 구원은 타 종교 안에서, 그리고 타 종교를 통해서 가능하다. 이런 입장은 자주 "포용주의"의 유형으로 기술되는 견해로, 다수의 상이한 형태를 취하지만 가장 빈번하게는 칼 라너의 신학과 결부된다. 아마도 20세기의 가장 위대한 로마 가톨릭 신학자인 라너는 그리스도를 **타 종교와 필연적으로 대립하는 자**로 이해하기보다는 그리스도의 구원의 은혜가 **타 종교 내에서도 현존함**을 인정하는 종교신학을 전개했다.

오직 예수 그리스도를 통해서만 구원이 있다고 주장함과 동시에, 하나님의 구원의 은혜가 타 종교에도 현존하며 구원에 이르게 하는 신앙이 타 종교에 근거할 수도 있음을 가르치는 것이 어떻게 가능한가? 어떻게 라너는 "선교 활동에 참여하는 것이 긴급한 의무"라고 선언하면서도, 타 종교 내에 그리스도의 구원의 은혜가 있음을 확증할 수 있었을까?[19] 라너의 주

---

18) David Wright, "The Watershed of Vatican II: Catholic Approaches to Religious Pluralism," in *One God, One Lord: Christianity in a World of Religious Pluralism*, ed. Andrew D. Clarke and Bruce W. Winter (Grand Rapids: Baker Book House, 1992), 207-26.

19) Karl Rahner, "On the Importance of the Non-Christian Religions for Salvation," in *Theological Investigations*, vol. 18 (New York: Crossroad, 1983), 289.

장과 추론은 다음과 같다. 즉 성경이 가르치는 바와 같이 만약 하나님이 모든 사람이 구원받기를 원하신다면(딤전 2:4), 또한 그분이 자신이 뜻하는 바를 성취하기를 추구하신다면, 예수 그리스도 안에서 지고한 형태로 드러난 하나님의 은혜는 반드시 모든 인간의 삶에 자유롭게 역사해야 한다. 하나님의 은혜에 의해 모든 인간 존재의 실존의 심층 속에는 "자유와 하나님과의 구원의 관계성에 대해 영구적으로 현존하는 가능성"이 존재한다.[20] 더욱이 인간은 본성상 사회적 존재로서 그의 근본적 결정은 자신의 사회적·역사적 삶의 특정한 형태를 통해 매개되기 때문에, 반드시 비기독교 종교는 신적 은혜를 매개함에 있어서 어느 정도의 긍정적인 역할을 할 수밖에 없다. 따라서 라너는 다음과 같은 결론을 내린다. 즉 타 종교의 공동체 내에서 그 종교에 의해 매개되는 빛을 향해 신실한 자들은 "익명의 그리스도인"(anonymous Christian)[21]으로 불릴 수 있다는 것이다. 라너로서는 **의식적 차원에서도** 그리스도인이 되는 것이 "익명의 그리스도인"의 본질적 목적이기 때문에, 익명의 그리스도인에 대한 이론과 선교 활동의 "중대한 의무"에 관한 주장 사이에는 모순이 없다고 여긴다.

비록 라너의 신학이 제2차 바티칸 공의회에서 주요한 영향력을 행사한 것은 사실이지만, 이 신학자의 입장은 그 공의회가 타 종교에 대해 제시한 공식적 선언을 적어도 다음 두 가지 측면에서 넘어선다. 첫째, 라너는 비그리스도인이 하나님에 대해 어느 정도 진리를 알 수 있다고 주장할 뿐만 아니라, 만약 알려진 지식에 대해 그가 신실하게 반응한다면 하나님과 구원의 관계를 누릴 수 있다고 주장한다. 반면에 앞에서도 주목했듯이, 제2차 바티칸 공의회 문서는 이 부분에 대해 애매한 입장을 취하거나, 혹은 이런 가능성에 대해 침묵하고 있다. 둘째, 라너는 비그리스도인이 "익

---

20) Rahner, "On the Importance of the Non-Christian Religions," 291.

21) Karl Rahner, "Anonymous Christians," in *Theological Investigations*, vol. 6 (Baltimore: Helicon, 1969), 390-98. 또한 Rahner, *Foundations of Christian Faith* (New York: Seabury Press, 1978), 311-21도 보라.

명의 그리스도인"이 될 수 있다고 주장할 뿐만 아니라, 타 종교도 하나님의 구원의 지식을 전달하는 역사상의 통로가 될 수 있다고 주창하는 점에서 제2차 바티칸 공의회를 넘어선다. 라너는 비기독교 종교가 "불완전하고 초보적이며 부분적으로 가치가 떨어진다"고 하면서도, 그럼에도 불구하고 하나님이 그것을 사용해 "인간이 그분과 그리스도에 접근할 수 있는 구원의 길"이 되게 하신다고 주장한다.[22]

라너를 비판하는 자들은 "익명의 그리스도인"에 대한 그의 논의가 성경과 전통 모두의 지지를 결여하고 있다고 비난한다. 더 나아가 라너의 이론이 교묘한 형태의 신학적 제국주의(theological imperialism)라고도 비판한다. 누군가는 라너의 "익명의 그리스도인" 이론을 뒤집어서, 왜 그리스도인을 "익명의 불교도"(anonymous Buddhist)라고는 부를 수 없는지 질문했다. 또 다른 이들은 라너의 입장이 지닌 도덕주의적 색채가 하나님의 율법을 지키고 신실하며 선한 의지를 드러내는 사람을 받아들이는 반면, 죄인과 범법자를 오직 은혜에 의해 받아들이는 하나님의 복음 선포와는 모순되는 것이 아닌지 의심한다.[23]

5. 다섯 번째 유형은 예수 그리스도에 대해 들은 적이 없거나, 혹은 들었지만 이생에서 거부한 자들이 구원받을 가능성에 대해 열린 태도를 보이면서도 종교의 차이점을 우선적으로 강조하는 태도이다. 조지 린드벡(George Lindbeck)은 이런 유형의 지도적인 대표자로, 종교들이 가진 철저한 특수성과 이질성을 강조한다.[24] 그는 각각의 종교를 독특하고 환원될 수 없는 언어와 삶의 형태로 기술한다. 린드벡이 보기에, 라너의 이론 같은 종교신학은 종교들 사이에 존재하는 실제적 차이점을 무시하고 있다. 즉

---

22) Rahner, "On the Importance of the Non-Christian Religions," 295.

23) Lesslie Newbigin, *The Open Secret: Sketches for a Missionary Theology* (Grand Rapids: Eerdmans, 1978), 196.

24) George A. Lindbeck, *The Nature of Doctrine: Religion and Theology in a Postliberal Age* (Philadelphia: Westminster, 1984).

라너를 위시한 종교신학은 암묵적 신앙, 언어로 표현되기 이전의 은혜의 경험, "익명의 그리스도인", "익명의 기독교" 같은 개념을 사용함으로써 종교들 간의 형이상학적 연관성을 확립하려 했으나 이런 시도는 실패로 끝났다는 것이다.

린드벡은 예수 그리스도를 인류 전체의 구주와 주님으로 명시적으로 고백하고 예배하는 행위가 기독교 신앙을 타 종교와 구별해준다고 생각한다. 동시에 이 신학자는 기독교 신앙을 다룰 때뿐만 아니라 타 종교를 다룰 때도 각 종교적 전통이 가진 특수성에 관심을 기울이는 원리를 지지해야 함을 주창한다. 즉 종교 각각이 지닌 독특성을 이해해야 하며, 그러기 위해서는 각 종교가 자신을 묘사하는 바에 세심한 관심을 가져야 한다. 린드벡의 강조점은 자주 종교 간 대화를 상상하던 것보다 훨씬 더 난해하게 만들어버리기는 하지만, 그렇다고 종교 간의 의미 있는 대화가 전혀 불가능하다고 주장하는 것은 아니다. 특별히 다음과 같은 경우에는 충분히 가능하다. 즉 만약 종교 간 대화가 포괄적인 교리적 일치를 달성하고자 영웅적인 노력을 기울이기보다, 구체적인 논점과 협력 가능성에 대해 "쟁점 위주의 특별한"(ad hoc) 만남의 형태를 취한다면, 성공의 가능성은 증가할 것이다. 린드벡은 이와 같은 쟁점 위주의 특별한 만남 속에서 그리스도인은 더 훌륭한 그리스도인이 될 수 있다고 믿는다. 동시에 역으로 "그리스도인이 이웃을 섬길 수 있는 방식 중 하나는 타 종교의 신봉자들이 자신들의 유산을 순화하고 풍요롭게 하도록, 또한 그들이 지닌 언어를 더 잘 사용하도록 도와주는 것"[25]이라고 여겼다. 비그리스도인의 구원에 대해서 린드벡은, 이생의 마지막 순간이든 그 이후든 비그리스도인이 그리스도의 은혜를 만나고 수용할 것이라고 주장하지 못할 이유는 없다고 본다.

종교 간의 철저한 이질성(radical otherness)을 구원의 무제한적 가능성에 대한 긍정과 결부시킨 린드벡의 강조점은 어느 정도 칼 바르트의 강

---

25) Lindbeck, *The Nature of Doctrine*, 61-62.

조점과 유사하다. 기독교 종교신학의 유형 5의 형태와 관련하여 바르트를 언급하는 것은, 나의 유형론이 니터의 유형론에 비해 차이를 보이는 점들 중 하나이다. 바르트와 린드벡은 기독교 복음의 특수성뿐만 아니라 보편성도 강조한다. 니터는 바르트의 초기 저서 중 몇 구절의 제한된 부분만을 보았기 때문에, 바르트가 엄밀한 형태의 배타주의의 대표자라고 결론지었다. 하지만 실제적으로 바르트의 입장은 훨씬 더 복잡하다. 그의 입장은 예수 그리스도의 복음의 특수성을 전례 없이 강조하는 것과 그리스도인으로 하여금 모든 이의 구원을 소망하고 기도하도록 강력하게 요청하는 것을 결부시킨다. 비록 바르트가 기독교 신앙의 특수성에 대한 자신의 강조를 명시적으로 타 종교에까지 확장하지는 않았지만, 이는 그의 신학 전체의 일관성을 두고 생각할 때 충분히 예견할 수 있는 다음 단계라고 할 수 있다.

바르트의 견해에 따르면, 예수 그리스도가 생명의 **유일한** 빛이며 하나님의 **유일한** 성육신한 말씀이라고 고백한다고 해서, 이런 선언이 성경과 기독교 교회 밖에 "참된 말씀"(true words)과 "다른 빛"(other lights)이 존재하지 않음을 의미하지는 않는다. 교회는 교회의 경계 밖에 있는 이런 말씀을 면밀하게 듣고 이런 빛에 주의하며 그것들을 시험해야 하는 책임이 있다. 또한 교회는 다른 빛과 말씀을, 예기치 못한 방식으로 교회에 주어지는 하나님의 살아 있는 말씀으로 인정하고 열린 태도를 취해야 한다.[26] 바르트가 타 종교의 믿음과 실천을 교회가 세상에서 만나는 다른 말씀과 빛 속에 분명하게 포함시키지는 않았다는 지적은 맞다. 그럼에도 불구하고 그의 전반적 논증의 전체 구조는 적어도 이런 해석에 대해 열려 있다.

예수 그리스도 안에서 드러난 하나님의 은혜의 특수성에 집중한다는 점에서, 그리고 기독교 신앙과 타 종교 사이에 형이상학적인 연관성을 세우려는 모든 시도를 피한다는 점에서 린드벡과 바르트는 일치한다. 그렇

---

26) Barth, *Church Dogmatics*, 4/3.1: 114-35.

지만 이들 각각의 강조점 사이에는 차이점도 보인다. 바르트는 예수 그리스도 안에서 드러난 하나님의 계시를 성경과 교회의 언어와 비변증법적으로 동일시하는 것을 거부한다. 또한 하나님의 자유가 예기치 못한 방식으로 말씀하는 것을 인정한다. 그러므로 "다른 말씀"과 "다른 빛"에 대한 교리에서 바르트는, 우리에게 말씀하는 예수 그리스도의 능력은 "선지자와 사도들에게 행하신 것으로 제한되지 않으며 예수 그리스도의 공동체 안에서 가능하고 현실화된 것으로도 제한되지 않는다. 예수 그리스도의 능력은 이 영역의 한계를 초월한다"고 주장했다.[27] 예수 그리스도는 성경과 교회 말고도 다른 형태의 증언을 통해 스스로 말씀하고, 그럼으로써 자신에 대한 우리의 지식에 도전하며 그것을 풍성하게 한다. 예수 그리스도 자신은 "너무나 풍성하고 강건하여 우리의 빈곤을 드러내고 영속적인 충만함으로 자신을 우리에게 내어준다."[28] 또한 바르트는 보편 구원(universal salvation)의 가능성에 대해 열린 태도를 취하는 독특한 이유를 제시한다. 바르트에게 있어 보편 구원의 가능성은, 비그리스도인이 죽음의 순간이나 사후에도 결정할 가능성이 있다는 식의 사변에 근거하는 것이 아니라, 오히려 세상 창조 때부터 하나님이 예수 그리스도 안에서 인간에 대해 가지는 명확한 긍정에 근거한다.

6. 유형 6은 종교 간 대화의 필수 불가결성을 이전의 다른 유형들보다 훨씬 더 강조한다. 니터는 이런 경향을 종교신학의 "상호성"(mutuality) 유형으로 명명한다. 이 유형에 따르면, 그리스도인과 다른 종교인은 각자 자신의 신앙적 헌신에 대해 최대한 진지해야 하며, 다른 종교 공동체를 향해 진심으로 열린 대화를 추구해야 한다. 이와 같은 대화를 통해 양 진영에 실제적인 상호 호혜가 있을 것이다. 폴 틸리히, 한스 큉, 존 캅, 위르겐 몰트만은 종교 간의 상호 호혜적인 열린 대화를 호소한 탁월한 대표자들이

---

27) Barth, *Church Dogmatics*, 4/3.1: 118.
28) Barth, *Church Dogmatics*, 4/3.1: 99.

다. 이들은 그리스도의 보편적 구원의 의미를 확증하면서도, 그리스도와 그를 통한 구원에 대한 우리의 지식은 타 종교와의 만남 속에서 증대되고 교정되며 완성된다고 보았다.

틸리히에 따르면, 종교 간 대화에 참여하는 각각의 종교인들은 대화를 통해 자신의 전통 속에 잠재되어 있거나 망각된 차원을 발견하기 때문에 결과적으로 모두가 풍요롭게 된다.[29] 한스 큉은 비록 모든 종교가 진리와 오류를 혼합적으로 포함하고 있다고 하더라도 모든 종교는 "구원의 길들"이라고 주장한다. 기독교 신앙이 종교 간 대화에서 타 종교로 하여금 자신 안에 있는 심오한 최상의 것을 이끌어내도록 도와줌으로써 타 종교에 "중대한 촉매제" 역할을 할 수 있는 것과 마찬가지로, 타 종교 역시 상호적 대화를 통해 기독교 신앙으로 하여금 그리스도 안에서 드러난 하나님의 계시의 심오함과 충만함을 발견하고 도전을 받고 스스로를 더 명료하게 하도록 자극할 수 있다.[30] 존 캅은 그리스도를 모든 종교 안에서 활동하는 창조적 역동성으로 표현한다. "우리가 그리스도를 더 깊이 신뢰하면 할수록, 우리는 어떤 근원의 지혜에 대해서도 더 열린 마음으로 수용할 것이며, 우리 자신의 전통적 마음의 습관과 타인이 지닌 왜곡과 한계에 대해 더 책임감 있는 자세로 비평하게 될 것이다."[31]

종교 간 대화의 필수 불가결성을 강조하는 입장에 반대하는 자들은, 이런 입장이 **예수** 그리스도의 중심성, 기독교 복음의 예리한 특성들, 세상에서의 복음 선포의 긴급성을 상실하는 경향이 있다고 비난한다. 큉은 이런 비난을 부인하면서, 종교 간 대화를 증진하려는 자신의 목적은 타 종교의 빛에 비추어 기독교의 자기 비평을 활성화하는 동시에, 복음의 빛

29) Paul Tillich, *Christianity and the Encounter of the World Religions* (New York: Columbia University Press, 1963).

30) Hans Küng, *On Being a Christian* (New York: Doubleday, 1976), 86-116.

31) John Cobb, "The Religions," in *Christian Theology*, ed. Peter C. Hodgson and Robert H. King (Minneapolis: Fortress, 1985), 373.

에 비추어 타 종교를 향해 기독교적 비평을 가하는 것이라고 말했다.[32]

마찬가지로 몰트만도 종교 간의 대화가 복음을 포기하는 결과에 이른다는 비난을 인정하지 않는다. 몰트만에 따르면, 다른 신앙과의 대화는 복음에 의해 형성된 기독교적 삶을 구체적으로 표현하는 것이 될 수 있다. 만약 그리스도인이 자신을 내어주는 사랑의 하나님, 창조세계의 화해와 평화를 목적으로 삼는 하나님을 믿는다면, 타인과의 관계에서 폐쇄적이거나 상처를 받지 않기를 바랄 수는 없다. 그리스도인이 신뢰하는 하나님은 바로 "고통을 당하실 수 있으며, 우리를 구원하기 위해 자신의 사랑의 권능으로 고통당하기를 원하시는 하나님이다. 그러므로 그리스도인은 다른 신앙을 가진 이들과 대화할 때 자신의 행동을 통해 불변적이고 무감동한, 공격적 하나님을 증언할 수 없는 것이다. 타인에게 사랑을 주고 관심을 보임으로써 그리스도인은 자기와 다른 이를 수용하는 동시에, 자신에게 이질적인 것을 통해 상처도 받게 된다. 하지만 그리스도인은 스스로 불안정해지거나 자신의 마음에 둔감하지 않으면서도 타인의 타자성을 감당할 수 있다. 그러므로 우리가 해야 할 일은 의사소통의 피상적인 규칙에 따라 대화를 수행하는 것이 아니라 하나님을 심층적으로 이해함으로써 대화 속에 참여하는 것이다."[33] 몰트만의 견해에 따르면 "십자가에서 달리신 하나님"(crucified God)이라는 걸림돌이 되는 메시지는 항상 기독교와 타 종교 간의 만남의 기초와 규범이 될 것이며, 그리스도의 "최종성"은 우리가 이미 소유한 어떤 것이 아니라, 이미 도래했던 약속된 실재인 동시에 아직 우리가 고대하고 있는 실재다.

7. 일곱 번째 유형은, 종교신학이 그리스도 중심주의로부터 철저한 신 중심주의로 바뀌어야 한다고 주장하는 점에서 이전의 유형들과 차이

---

32) Küng, *Christianity and the World Religions*, xvii.

33) Jürgen Moltmann, *The Church in the Power of the Spirit* (New York: Harper & Row, 1977), 160-61.

를 보인다. 예수 그리스도가 아니라 하나님 또는 "궁극적 실재"(Ultimate Reality)가 중심이어야 한다는 입장이다. 다원주의적 종교신학의 탁월한 대표자인 존 힉은 신학에 있어 "코페르니쿠스적 혁명"(Copernican revolution), 즉 "기독교 또는 그리스도가 중심이라고 말하는 교리로부터 하나님이 중심임을 인식하는 교리로, 또한 우리 자신의 종교를 포함하여 인간의 모든 종교는 중심이신 하나님을 섬기고 그 하나님을 중심으로 하여 움직임을 인정하는 태도로 전환할 것을" 요청한다.[34]

존 힉의 다원주의적 종교신학의 접근법은 종교들이 가진 특수성이 아니라 종교 일반이 지녔다고 간주되는 공통점에 초점을 둔다. 존 힉에 따르면, 각각의 종교 전통은 서로 다른 길을 통해 동일한 산의 정상에 도달하는 순례자들과 같다. 이런 의미의 다원주의는 개별 종교가 가진 역사적 특수성들을 상대화하고, 모든 종교가 지닌 "신 중심적"(theocentric) 또는 "궁극적 실재 중심적"(ultimate reality-centered)인 핵심을 파악하고자 한다. 존 힉을 위시하여 그와 유사한 입장을 가진 다원주의자들에게는, 개종과 회심을 위한 모든 형태의 노력이 존중과 관용을 위한 노력으로 대체되어야 한다.

그리스도인이 그리스도를 구주로 받아들이듯, 타 종교들도 그들 나름대로 구주를 신봉하고 구원의 길을 제시한다. 존 힉은 기독교적 확증, 즉 구주와 주님으로서의 그리스도가 지닌 유일성이나 "최종성" 같은 언어를 존재론적 진리 주장(ontological truth claims)으로 해석하지 않고, 대신 신자들에게 하나님을 계시하는 그분, 즉 그리스도를 묘사하는 시적이고 넘쳐흐르도록 풍부한 사랑의 언어(poetic or exuberant language of love)로 해석한다.[35] 힉의 입장은 진리 문제를 예리한 형태로 제기하기는 했지만, 각각

---

34) John Hick, *God and the Universe of Faiths* (New York: St. Martin's Press, 1973), 131.

35) John Hick, "Jesus and the World Religions," in *The Myth of God Incarnate*, ed. John Hick (London: SCM, 1977).

의 특수한 종교 전통을 제대로 드러내지 못하는 얄팍한 일반화를 초래했다는 한계를 가진다. 그리스도인이 예배하는 하나님은 단순히 "지고한 존재" 또는 "궁극적 실재" 자체가 아니라, 이스라엘 백성과 언약을 맺었으며 주권적인 은혜로 세상을 구원하기 위해 예수 그리스도 안에서 겸허한 종이 되셨던 분이다.

폴 니터는 기독교와 타 종교의 관계에 대한 다원주의적 방법에 있어 존 힉이 제시한 몇몇 논의에 대해서는 동의한다. 그러나 니터는 자신과 힉 사이에는 중대한 차이점이 있다고 여긴다. 그중 한 가지 차이점은, 니터는 힉보다 예수 그리스도의 유일성을 더 강력하게 고수하기를 원한다는 점이다. 니터에게는 예수에 대한 기독교적 확증이 강력한 사랑의 표현일 뿐 아니라 동시에 "수행적"(performative) 선언이다. 수행적이라 함은 이 언어가 우리로 하여금 "예수 안에서 우리에게 이용 가능하게 된 권능을 인식하고 받아들이도록"[36] 요청한다는 의미에서다. 다시 말해 니터는 하나님에 대한 모든 언어는 고백적이라는 것과, 우리 모두는 어떤 특정한 관점을 가지고 말한다는 사실을 강조한다. 따라서 그리스도인은 불가피하게 자신의 기독교적 확신에 대해 부끄러워하지 않는 태도로 타 종교와의 관계를 설정해야 한다. 종교 간 대화에서는 "타협할 수 없는 것들"(certain nonnegotiables)이 존재한다. 마지막으로 니터는 힉과는 달리 기독교의 선교 임무에 많은 주의를 기울이면서, 종교적으로 "타자"인 자들을 진지하게 고려하는 종교신학과 고통당하고 억눌린 "타자"에 관심을 가지는 해방신학과의 불가분리성을 강조한다.

---

36) Paul F. Knitter, *Jesus and the Other Names: Christian Mission and Global Responsibility* (Maryknoll, N.Y.: Orbis Books, 1996), 70.

삼위일체적 종교신학

기독교 신앙과 타 종교의 신앙 사이의 관계에 대한 기존의 논의는 통상적으로 "배타주의"와 "다원주의" 간의 양자택일적 선택을 중심으로 이루어진다. 그런데 여기에는 중대한 점이 생략되어 있다. 즉 성경적인 구원의 드라마를 해석하기 위한 교회 자신의 해석학적 틀인 삼위일체론에 대한 관심이 결여된 것이다. 점점 더 많은 신학자들이 "삼위일체론이 기독교적 세계 종교신학에 미치는 의미가 아직도 충분히 발전되지 않았다"는 점에 동의하고 있다.[37] 구체적으로 말해서 성령의 사역이 소홀하게 여겨져 왔으며, 혹시 성령의 사역이 포함된다 하더라도 항상 그리스도의 사역과 연결된 것은 아니었다. 하지만 최근 들어 로마 가톨릭 신학자 자크 뒤퓌(Jacques Dupuis)와 개신교의 마크 하임(Mark Heim)의 연구가 삼위일체적 세계 종교신학(trinitarian theology of world religions)의 발전에 공헌하고 있다.[38]

뒤퓌와 하임은 둘 다 예수 그리스도 안에 있는 하나님의 구원 사역의 유일성에 대해 헌신적이다. 또한 두 사람은 타 종교가 하나님의 섭리 안에서 긍정적인 위치를 차지하고 있다고 확신하는 동시에, 모든 종교적 전통은 각각의 특수성과 구체성에 비추어 고려되어야 한다는 주장을 공유하고 있다. 이런 일치점에 더하여 뒤퓌와 하임은 기독교적 종교신학의 중심점은 삼위일체적 신 이해가 되어야 한다고 믿는다.

뒤퓌는 타 종교 전통들 속에도 진리와 은혜의 요소가 존재함을 전례없이 강력하게 인정했던 제2차 바티칸 공의회의 성과를 토대로 논의를 전개한다. 앞에서 이미 주목했듯이 제2차 바티칸 공의회 이후 로마 가톨릭의 종교신학의 중대한 문제는, 구원이 비그리스도인 각각의 종교 전통

---

37) Braaten, *No Other Gospel!* 7.

38) Dupuis, *Toward a Christian Theology of Religious Pluralism*; S. Mark Heim, *The Depth of the Riches: A Trinitarian Theology of Religious Ends* (Grand Rapids: Eerdmans, 2001).

을 통해서도 매개될 수 있는가 하는 질문이었다. 뒤퓌는 "타 종교들이 하나님의 전체적인 구원 계획 속에서 어떤 자리를 차지하는가?"라고 질문함으로써 문제를 더욱 심화시킬 것을 제안한다. 이 신학자의 탐구는 삼위일체적 성령론에 초점을 두고 있다. 뒤퓌에 따르면 성령은 타 종교들의 전통에 속한 개인의 삶 속에 활동할 뿐만 아니라, 이런 종교 전통들 자체 안에서도 활동한다. 즉 하나님의 영은 보편적으로 현존하고 활동하면서 예수 그리스도 사건을 예기할 뿐 아니라, 이 사건 이후에 예수 그리스도의 구원 사역을 교회 너머까지 확장시킨다. 뒤퓌에 따르면, "성령은 세계 도처에 퍼져 있으며 만물에 생기를 준다."[39] 이런 성령의 우주적 사역 덕분에 모든 문화와 전통 안에는 말씀의 씨앗이 뿌려지게 된다.

뒤퓌는 성령의 보편적 사역을 강조하면서도, 이런 성령의 사역을 그리스도와 분리해서 보는 모든 하나님의 구원의 은혜에 대한 교리를 거부한다. 성령의 사역의 보편성은, 성령이 그리스도의 사역에 선행하고 동행하며 후행하는 것으로 이해된다. 기독교 신앙에 있어 "성령의 활동과 예수 그리스도의 사역은 구별되지만 그럼에도 불구하고 상보적이고 불가분리적이다."[40] 기독교 초기부터 삼위일체론은 말씀과 성령에 의한 하나님의 이중적 활동을 인식해왔다. 하나님의 유일한 아들로서 그리스도의 사역은 모든 인간에게 구원의 의미를 가진다. 그러나 뒤퓌에 따르면, 예수 그리스도 사건이 하나님의 구원의 능력을 모두 "소진"한것은 아니다.[41] 따라서 뒤퓌는 추상적인 "성령 중심주의"(pneumatocentrism)와 추상적인 "그리스도 중심주의"(Christocentrism)를 모두 거부한다. 왜냐하면 추상적 성령 중심주의는 성령의 사역을 그리스도와 분리시키는 반면, 추상적 그리스도 중심

---

39) Dupuis, *Toward a Christian Theology of Religious Pluralism*, 243 참조. 라너의 지적, 즉 "그리스도는 그의 성령 안에서, 그의 성령을 통해 비기독교 신자들에게, 따라서 비기독교 종교들에서 현존하며 활동한다"(*Foundations of Christian Faith*, 316)에 주의하라.

40) Dupuis, *Toward a Christian Theology of Religious Pluralism*, 197.

41) Dupuis, *Toward a Christian Theology of Religious Pluralism*, 83, 298.

주의는 그리스도의 사역을 성령과 분리시키기 때문이다. 그리스도와 성령의 사역을 독립적이거나 평행적인 두 개의 구원 경륜으로 간주하는 것은 불가능하다. 왜냐하면 이 두 사역은 한 분 삼위일체 하나님의 하나의 구원 경륜이 지닌 두 개의 불가분리적이고 상보적인 측면이기 때문이다. 뒤퓌는 그리스도와 성령을 삼위일체 하나님의 "양 손"[42]으로 묘사하는 이레나이우스의 이미지를 선호한다.

뒤퓌에 따르면, 하나님의 삼위일체적 실재는 종교적 다원주의의 현실성과 신학적 정당성 모두의 기초이다. 하나님의 섭리 안에서, 그리고 여러 종교적 전통을 통해 모든 인간은 삼위일체 하나님과의 교제라는 궁극적인 목적을 지향한다.[43] 구원 경륜의 정점은 그리스도지만, 성령의 사역은 세상을 그리스도께로 인도하고 신자들을 그리스도의 풍성함으로 안내한다는 점에서 중요하다.[44] 예수 그리스도 안에서 드러난 하나님의 은혜가 구성원 모두의 구원을 "구성"한다고 진술하는 것은 마땅하지만, 타 종교의 전통과 실천 또한 "하나님이 예수 그리스도 안에서 제시한 은혜를 은밀하게 전달할 수 있으며 그분이 그리스도 안에서 값없이 주신 선물에 대한 인간의 반응을 표현할 수 있다."[45]

마크 하임도 뒤퓌처럼 삼위일체를 기독교 종교신학의 열쇠로 간주한다. 그는 삼위일체적 포용주의가 한편으로는 배타주의에 대해, 다른 한편으로는 상대주의적 다원주의에 대해 최선의 대안이 된다고 주장한다. 하임은 "삼위일체는 기독교의 다원주의적 신학이다"[46]라고 썼다. 기독교 신학 전통에 대한 하임의 해석에 따르면, 삼위일체론은 창조세계를 통한 일반 계시의 관점(성부에 초점을 둠)에서든, 하나님의 보편적 현존과 활동의 관

---

42) Dupuis, *Toward a Christian Theology of Religious Pluralism*, 195, 300.

43) Dupuis, *Toward a Christian Theology of Religious Pluralism*, 313.

44) Dupuis, *Toward a Christian Theology of Religious Pluralism*, 300.

45) Dupuis, *Toward a Christian Theology of Religious Pluralism*, 303.

46) Heim, *The Depth of the Riches*, 33.

점(성령에 초점을 둠)에서든, 혹은 예수 안에서 성육신한 영원한 말씀의 감추어진 활동의 관점(성자에 초점을 둠)에서든, 항상 또는 적어도 암묵적으로 타 종교에 대한 사유를 형성하는 거대한 틀이 되어왔다. 이 신학자는 삼위일체 신학이 앞의 세 가지 관점 모두의 타당성을 인정해야 함을 논증했다.[47] 삼위일체적 종교신학은 예수 그리스도가 구원에 대해 보편적·구성적 의미를 지닌다는 기독교의 주장을 지지한다. 동시에 이 종교신학은 타 종교 전통의 특수성에 주의를 기울이고, 그 안에 있는 하나님의 사역을 분별할 가능성과 필연성을 확증해준다.

하임에 따르면, 삼위일체 하나님은 깊이를 헤아릴 수 없이 심오한 분이며 따라서 그분의 통일성 안에는 상이함과 차이도 포함되어 있다. 비록 비기독교 종교들이 삼위일체적 연합의 삶에 참여하는 구원의 충만함을 제공하지 못할지는 모르지만, 삼위일체 하나님의 "부요함의 심오한 깊이"는 타 종교에 하나님의 삶의 특정한 차원을 깨닫게 하는 길과 수단을 제공할 수 있다. 마크 하임은 이런 자신의 입장을 다음과 같이 요약한다. 즉 "각 종교의 목적은 삼위일체 하나님의 삶의 한 특정한 측면과의 관련성을 포함한다."[48] 삼위일체의 빛으로 종교를 이해하면서, 하임은 타 종교들이 하나님의 섭리적인 뜻에 속한다고 결론지었다. 즉 다양한 타 종교는 하나님의 삶의 "부요함의 심오한 깊이"에 일치하는 다양한 종교적 목적들이라는 영원한 다원주의를 제시한다. 그러므로 하임의 삼위일체적 종교신학은 그로 하여금 인간의 삶의 최종적인 목적을 그리스도와 성령을 통한 삼위일체 하나님과의 교제로 여기는 기독교적 이해의 독특성을 긍정하도록 함과 동시에, 다른 신앙들과 그것을 따르는 자들이 열망하는 종교적 목적을 귀중하게 여기도록 한다.

종교신학을 삼위일체적으로 접근하는 뒤퓌와 하임의 기획은 끝난 것

---

47) Heim, *The Depth of the Riches*, 136.
48) Heim, *The Depth of the Riches*, 268.

이 아니라 여전히 발전 과정 중에 있다. 이 기획들이 배타주의자와 상대적 다원주의자들을 만족시키지 못할지도 모르지만, 이들은 신생 과정 중에 있는 새로운 신학 연구의 분야를 탐구하는 신선한 길을 제시한다. 또한 모호하고 무정형적인 신 중심주의(theocentrism)와, 삼위일체론과는 무관하게 전개되는 그리스도 일원론(Christomonism)을 피하고자 노력하고 있다. 그들의 기획은 예수 그리스도의 구체적인 인격과 사역, 그리고 하나님과 구원에 대한 기독교의 특수한 이해를 확고하게 붙드는 동시에, 민감함과 개방성을 가지고 타 신앙 전통과 관계 맺고자 시도한다. 삼위일체적 종교신학을 향한 진전은 삼위일체에 대한 이 책의 강조점, 즉 하나님을 성령에 의해 예수 그리스도 안에서 계시된 분으로, 또 구원을 하나님과 모든 피조물과의 교제 안에서의 삶의 성취로서 이해하는 입장과 일치한다고 할 수 있다.

타 종교에서 구원의 문제

구원이 타 종교를 통해 가능한지 아닌지에 대해, 배타주의자들(유형 1과 유형 2)은 확고하게 아니라고 대답하는 반면, 존 힉과 같은 다원주의자들(유형 7)은 무조건적으로 예라고 대답한다. 포용주의자들(유형 3-6)은 이 질문에 대해 덜 분명하거나 더 복잡 미묘한 대답을 제시한다. 타 종교에서 구원의 가능성 문제가 제기될 때는 다음과 같은 몇 가지 점을 명확히 할 필요가 있다.

1. 첫째, "구원"(salvation)이라는 **용어의 의미**를 명확히 할 필요가 있다. 성경과 고전적 기독교 신학에서 구원은 하나님과 타자와 관계를 맺는 삶의 성취다. 구원은 죄와 악의 예속으로부터의 구원, 용서와 치유, 삶의 갱신을 포함하며 하나님, 이웃, 원수, 자기 자신, 자연계와의 화해를 포함한다. 구원은 본래의 창조 상태로 돌아가는 것보다 더 큰 동시에, 심지어 지금 여기서의 믿음과 소망과 사랑의 삶에 현존하는 화해, 즉 하나님과의 화

해와 우리 동료 피조물과의 화해보다도 더 크다. 구원은 하나님과 동료 피조물과 맺는 완전하고 영속적인 교제 안에서의 삶의 최종적인 성취이다.

하임은 인간의 삶의 최종적인 목적에 대한 상이한 이해들이 존재함을 인식하는 것만이, 구원의 문제에 대한 논쟁에 도움이 될 것이라고 보았다. 실제적으로 타 종교를 통한 구원을 부인하는 자들과 그것을 확증하는 자들 모두가 이 사실을 간과하고 있다. 하임의 견해에 따르면, 모든 종교가 동일한 목적을 열망한다거나 구원에 대해 공통의 이해를 공유하고 있다고 가정함은 잘못이다. 그러므로 하임은 구원을 복수인 "구원들"(salvations)로 명시하거나 더 세심함을 발휘하여 각각의 특정적인 "종교적 목적들"(religious ends)로 표현한다. 달리 말해 인간의 최종적 목적에 대해서는 상이한 다양한 이해가 존재하며, 여러 종교는 그들의 신봉자들에게 자신의 입장을 가르치고 준비시킨다.

하임에 따르면 기독교의 독특성은, 이 종교만이 하나님과의 그리고 다른 피조물들과의 심오한 교제라는 구체적인 의미로서의 구원을 제시한다는 데 있다. 타 종교들은 삶의 목적 또는 삶의 성취에 대해 매우 다른 견해를 가진다. 여러 종교가 상상하는 삶의 목적에는 구원(salvation, 기독교)뿐만 아니라, 해탈[moksha, 불이론적 힌두교(Advaita Hinduism)], 알라의 뜻에 대한 전적 복종(total submission, 이슬람교), 자기 비움(self-emptiness, 불교) 등이 있다. 구원에 대한 기독교적 이해의 독특성은 삼위일체적 신 이해의 당연한 결과이다. 왜냐하면 하나님은 그리스도와 성령 안에서 하나님 자신을 우리에게 전달하기를 원하시기 때문이다. 삼위일체 신앙은 하나님의 삶을 교제 안에 있는 삶으로 이해하기 때문에, 구원은 그리스도 안에서 성취된 화해의 성취와 신자들이 하나님과 타자와 맺는 영속적인 교제를 의미한다. 타 종교들은 "구원"에 대해 이런 이해를 제시하지 않는다. 그럼에도 불구하고 그리스도인은 다른 신앙을 가진 자들이 자신들의 종교 전통을 통해 기독교적 목적과는 다른 가치 있는 종교적 목적을 달성하는 것이 가능함을 인정해야 한다.

하임은 자신의 견해에 많은 장점이 있다고 생각한다. 그중 한 가지는 하임의 견해가 "구원의 독특한 본성에 대해 그리스도인에게 더 큰 명확성"[49]을 장려한다는 점이다. 또 다른 장점으로는 "기독교적 구원의 통로와 다르거나 혹은 그것 이외에 타 종교가 하나님의 계획 안에서 차지하는 섭리적 역할"[50]을 긍정할 여지를 둔다는 점이다. 다른 말로 하면, 구원 이외의 다른 종교적 목적을 인정한다 하더라도 복음이 지닌 독특성은 감소되지 않는다는 것이다. 즉 나름의 통합성과 가치성을 가진 종교적 목적의 다원성을 인정한다 하더라도 구원의 복음의 독특성은 흐려지기보다 오히려 강조된다.[51]

하임의 이 흥미진진한 기획 역시 모든 비판으로부터 자유롭지는 않다. 예를 들어 뒤퓌는, 하임의 논제가 구원하고자 하는 하나님의 보편적인 의지를 의문시하는 것처럼 보인다고 비난한다(딤전 2:4). 만약 하나님이 어떤 이들은 구원하기를 원하고 어떤 이들은 원하지 않는다고 말한다면, 이는 하나님의 존재와 의지를 분할하는 것이 아닌가? 구원하고자 하시는 하나님의 의지가 무시되거나 배척될 때조차도 그분의 의지는 지속되는 것이 아닌가? 하나님의 의지를 분할하는 것은 성경 증언에 반대되며, 결과적으로 삼위일체 교리를 해체시키는 것이 아닌가? 뒤퓌에게 있어 중요한 것은 삼위일체 하나님의 일치된 의지뿐 아니라, "창조 때부터 하나님께 기원을 두고 있으며, 구원을 통해 역시 그분께 운명을 두고 있다는 점에서 모든 인간의 통일성"[52] 또한 확증하는 것이다. 보편적인 인간 존엄과 보편적 인권은 공통의 인간 기원과 공통의 인간 최종 목적이라는 가정에 토대를 두고 있는 것이 아닌가?

---

49) Heim, *The Depth of the Riches*, 293.
50) Mark Heim, *Salvations: Truth and Difference in Religion* (Maryknoll, N.Y.: Orbis Books, 1995), 160; Heim, *The Depth of the Riches*, 291-92.
51) Heim, *The Depth of the Riches*, 293.
52) Dupuis, *Toward a Christian Theology of Religious Pluralism*, 312.

2. 둘째, 구원이 타 종교들을 통해 가능한지 여부에 대해 논의할 때는 **구원의 범위**(scope of salvation)에 대해 명확하게 할 필요가 있다. 구원에 관한 물음은 종종 개인적 관점, 즉 개인의 궁극적인 행복의 관점에서 제기됨으로써, 마치 개인의 성취가 모든 인류와 창조세계 전체를 향한 하나님의 목적들의 더 광대한 범위로부터는 분리될 수 있는 것처럼 여겨진다. "나는 구원을 받을 것인가?"라는 질문으로 논의를 시작한다면, 다음으로 물어야 하는 것은 "나 이외에 누가 구원을 받을 것인가?"라는 질문이다. 레슬리 뉴비긴(Lesslie Newbigin)은 이런 출발점이 구원의 문제를 논의함에 있어 결점이 있는 방식이라며 거부한다. 근본적인 질문은 "나는 구원을 받을 것인가?"가 아니라 "하나님은 어떻게 영광을 받으시는가? 하나님의 놀라운 은혜는 어떻게 알려지고 어떻게 찬양되고 칭송될 수 있는가?"[53]다. 달리 표현하면, 세상 속에서의 하나님의 구원 사역의 드라마는 어느 한 개인이나 국가로 제한되지 않으며, 오히려 그것을 포함한다. 어디에서 어떻게 하나님이 영광을 받으시는지, 그리고 그분의 위대한 드라마에서 우리는 어떤 역할을 감당하는지를 묻는 것이, 누가 구원될 것인가라고 성급하게 묻는 것보다는 다른 신앙을 가진 사람들과 관계를 맺는 더 적절한 방식이다.

3. 세 번째로 명확하게 해야 할 지점은, 구원이 타 종교를 통해 가능한지 아닌지에 대한 질문과 **보편 구원**(universal salvation)에 대한 질문을 구별하는 것이다. 보편 구원에 대한 논쟁은 기독교 신학에서 오랜 역사를 가진다. 가장 초기의 논쟁은 오리게네스(Origen)의 만유 회복(apokatastasis panton, 문자적으로는 "만물의 회복"이라는 의미이다)의 이론에 대한 논의의 형태로 나타났다. 만유 회복은 피조물들이 마지막에 가서는 모두 구원받을 것이라고 가르친다. 비록 교회가 끝에 가서 오리게네스의 가르침을 정죄한 것이 사

---

53) Lesslie Newbigin, *The Gospel in a Pluralist Society* (Grand Rapids: Eerdmans, 1989), 179. 『다원주의 사회에서의 복음』(IVP 역간).

실이지만, 일부 옹호자들은 그가 만유 회복이라는 주제를 고정된 교의로서가 아니라 앞으로 계속 탐구해야 할 질문으로 제시한 것 같다고 보고 있다. 즉 오리게네스는 만유 회복의 주제를 기독교 신앙의 확실성으로서가 아니라 기대할 수 있는 가능성으로서 고려했던 것이다.

오늘날 흔히 통용되는 의미로서의 보편 구원설(universalism)은, 하나님이 모두를 구원할 것이며 참으로 구원해야 마땅하다고 주장한다. 보편 구원설을 지지하는 논증은 일반적으로 다음 두 가지 노선으로 제시된다. 첫째 노선은, 하나님은 사랑이기 때문에 모두를 구원하실 것이며 구원해야 한다는 논증이다. 하나님은 자신의 손으로 직접 만든 피조물을 최종적으로 거부하실 수 없다. 사랑은 어떠한 비용이나 시간이 들지라도 사랑의 대상을 위해 선을 추구하기 때문이다.

보편 구원설을 논증하는 두 번째 노선은 다음과 같다. 즉 하나님의 무한하심과 인간의 유한함을 고려할 때, 하나님이 피조물 중에서도 가장 완고하고 반역적인 피조물조차 구원할 수 있는 길을 마지막까지 발견치 못하리라고 상상하는 것 자체가 불가능하다. 인간은 하나님께 "아니요"라고 말할 자유를 가지고, 하나님은 이런 자유를 존중하신다. 그러나 하나님은 하나님이시다. 그러기에 하나님은 이생에서든 내생에서든 최종적으로 모든 피조물이 그분께 긍정적인 반응을 할 수 있는 길을 준비하실 시간과 의지를 가지고 계신다.

이 주제와 관련된 성경 텍스트가 쉽게 일관적인 조화를 이루지 않는다는 사실은, 보편 구원에 대한 논쟁이 어째서 그렇게 오랫동안 진행되어왔는지를 설명한다. 성경에는 구원의 드라마의 결말을 천국과 지옥의 두 가지 결말로 묘사하는 텍스트가 있는 반면(예를 들어 마 10:28; 18:8-9; 25:31-46; 눅 16:19-31), 만유의 회복 또는 완성을 암시하는 텍스트도 존재한다(예를 들어 롬 5:18-19; 고전 15:22; 골 1:20; 엡 1:10). 보편 구원에 대해 어떤 대답을 제시하느냐 하는 것은, 성경 메시지의 전체적 해석에서 이 두 가지 성경 증언 중 어떤 것을 우선적으로 선택하느냐에 달려 있다.

타 종교를 통해 구원이 매개될 수 있다는 가능성에 대해 개방성을 유지하면서도, 그런 가능성을 인정하는 것과 보편 구원설의 교리는 동일하지 않다고 보는 신학적 논증은 다음과 같다.

1. 하나님의 은혜가 타 종교 안에, 타 종교를 통해 역사한다고 주장하는 신학적 개방성은 **삼위일체 하나님의 자유**에 토대를 둔다. 언제, 어디서, 어떻게든 원하는 대로 활동하는 하나님의 자유를 우리는 제한할 수 없다. 하지만 하나님의 자유로움을 확증하는 것과 보편 구원설을 승인하는 것은 다른 문제다. 하나님의 자유로운 은혜가 형이상학적 필연성으로 변질될 수 없다고 확증하는 자들에게는, 보편 구원의 필연성을 주장하는 논증이 아무런 설득력도 없을 것이다. 구원은 하나님의 자유로운 선물이다. 하나님에게는 개인이든 인류 전체든 누구라도 구원해야 할 의무가 없다. 하나님의 구원의 은혜는 어떤 필요나 필연에 의해서가 아니라, 오로지 세상을 향해 하나님이 되고자 하는 그분의 선하고 자유로운 결정에 의해 움직인다. 미장로교(PCUSA)의 제214차 총회에서 인준된 최근 문서는, 예수 그리스도의 구원 사역의 유일성과 결정한 목적을 성취하는 하나님의 자유, 양자 모두를 확증하기 위해 다음과 같은 신중한 진술을 하고 있다.

> 예수 그리스도는 유일한 구주이며 주님이다. 세계 도처에 있는 모든 사람은 그에게 믿음과 소망과 사랑을 두도록 요구된다. 어느 누구도 자신의 내적 선함이나 존경할 만한 삶을 통해 구원받는 것이 아니다. 왜냐하면 "너희는 그 은혜에 의하여 믿음으로 말미암아 구원을 받았으니 이것은 너희에게서 난 것이 아니요 하나님의 선물이라"(엡 2:8). 예수 그리스도 안에서 드러난 하나님의 은혜로운 구원에 의하지 않고는 어느 누구도 구원을 받지 못한다. 그러나 동시에 우리는 구주이신 하나님의 주권적인 자유를 감히 제한하지 않는다. 하나님은 모든 사람이 구원을 받고 진리를 아는 데 이르기를 원하시기 때문이다(딤전 2:3-4). 그러므로 우리는 그리스도에 대한 분명한 믿음을 공언하는 자들에게만 하

나님의 은혜를 제한하지 않으며, 모든 사람이 믿음과 상관없이 구원을 받는다고 가정하지도 않는다. 은혜와 사랑과 교제는 하나님께 속한 것이지 우리가 결정할 수 없다.[54]

2. 하나님의 은혜가 타 종교 안에, 타 종교를 통해 역사한다고 주장하는 신학적 개방성은 **하나님의 말씀 선교와 성령의 선교를 통해 알려진 삼위일체 하나님의 무한한 사랑**에 근거한다. 하나님의 자비는 "광대하심"(wideness)으로 표현된다.[55] "내가 땅에서 들리면 모든 사람을 내게로 이끌겠노라"(요 12:32). 하나님의 자유에 한계를 설정할 수 없는 것과 마찬가지로, 그분의 자비의 범위 또한 제한할 수 없다. 그러므로 우리는 말씀과 성령을 통해 역사하는 하나님의 자비가 기독교 이외의 타 종교에서도 구원을 가능하게 만든다는 점을 허용할 수 있다. 하지만 이런 점을 허용한다고 해서, 타 종교가 자체 안에 구원의 능력을 소유하고 있다고 말하는 것은 아니다. 기독교든 타 종교든 어떤 종교도 자체 안에 구원의 능력을 소유하지 못한다. 구원의 능력은 하나님의 은혜 안에 있고, 그리스도 안에서 구체화되며, 성령에 의해 효력을 발생한다. 사람들이 하나님과 이웃과 화해하는 것은 언제 어디서나 자유로운 은혜의 사건이다. 이 사건은 종교의 구조를 활용할 수 있지만, 그렇다고 해서 그 구조 안에 내재되어 있는 것은 아니다. 우리는 하나님의 사랑과 자비를 우리 마음대로 통제할 수 있는 상품으로 전락시키지 말아야 한다.

3. 하나님의 은혜가 타 종교 안에, 타 종교를 통해 역사한다고 주장하는 신학적 개방성은 **기독교적 소망과 기도에 부합**한다. 보편 구원설의 교리나, 이와 반대편에 있는 "교회 밖에는 구원이 없다"는 배타적 교리

---

54) "Hope in the Lord Jesus Christ," 2002 General Assembly, Presbyterian Church (USA).
55) Clark Pinnock, *A Wideness in God's Mercy: The Finality of Jesus Christ in a World of Religions* (Grand Rapids: Zondervan, 1992).

는 모두, 기독교 복음의 권한이 말하도록 허락하는 내용 훨씬 이상을, 혹은 훨씬 이하를 언급하고 있다. 이런 교리들은 여러 가지 필연성을 하나님에게 부과한다. 기독교 신앙과 신학은 이를 거부해야 마땅하다. 비록 칼 바르트가 보편 구원론자로 때때로 이해되어왔지만, 바르트 자신은 이런 호칭을 거듭 거절한 바 있다. 왜냐하면 이 신학자는 하나님의 활동을 제한하고 구원의 약속을 당연한 보증물로 변질시키는 모든 이론을 거부했기 때문이다. 바르트의 관심은 하나님을 하나님 되시도록 하는 것, 그리고 그분을 어떤 개념 체계나 종교 전통 안에 가두고자 하는 유혹을 거부하는 것이었다. 바르트에 따르면, 그리스도인은 보편 구원론적 신학을 채택하지 말아야 하는 동시에, 모든 이들이 구원받기를 소망하며 기도해야 한다. "그러므로 교회는 만유 회복을 설교하지 않는 동시에, 예수 그리스도의 은혜가 권능이 없다고 설교하지도, 인간의 사악함이 은혜보다 더 강력하다고 설교하지도 않을 것이다. 이런 대조와 모순을 조금도 약화시키지 않은 채로, 또한 어떤 자의적 이원론을 지지하지도 않으면서, 교회는 은혜의 압도적인 권능과 어떤 인간의 사악함도 은혜 앞에서는 연약함을 설교할 것이다."[56] 어떤 이들은 여기서 바르트가 매우 위험한 줄타기를 시도하고 있다고 비판한다. 이런 지적은 사실일 수 있다. 그러나 이런 주제를 논의함에 있어서는 위험천만한 균형을 유지하는 것이, 신학이 건전해지기 위해 요구되는 어려운 과제인 것이다.

그리스도인과 유대인의 관계

그리스도인과 유대인의 관계에 대한 주제는 독특하다. 이 말은 그리스도인이 자신을 유대인에 대해서는 친구로, 그러나 이슬람교도와 힌두교도와

---

56) Karl Barth, *Church Dogmatics*, 2/2: 447.

불교도에 대해서는 대적으로 간주할 수 있다는 의미가 아니다. 또한 그리스도인이 이스라엘 국가, 특히 팔레스타인 사람들에 대해 취하는 이스라엘의 모든 정책을 무비판적으로 지지할 수 있다는 의미도 아니다. 또한 미국과 이스라엘 사이의 모든 동맹, 특별히 군사적인 동맹을 하나님이 제정하고 축복하는 질서로 여기고 세례 줄 수 있다는 의미도 아니다.[57] 다만 이 말은 그리스도인과 유대인이 성경에서 증언되는 하나님의 언약의 역사를 공유하며, 그래서 그리스도인과 유대인은 다같이 하나님 백성의 일부를 이룬다는 사실을 인정할 뿐이다. 기독교와 유대교의 관계에 대한 질문은 단순히 기독교와 타 종교의 관계에 대한 질문과 동일한 차원으로 간주될 수 없다. 교회는 이스라엘 백성을 제쳐놓고서는 교회가 될 수 없는 것이다. 교회의 참된 정체성은 하나님의 선택된 백성으로서의 유대 민족과 밀접하게 연관되어 있다.

그리스도인과 유대인의 관계에 대해서는 이미 신약 안에 여러 가지 대답이 나타난다. 하지만 이런 성경 증언과 관계없이, 교회는 교회사의 대부분 기간 동안 자신을 하나님이 선택하신 자로서 이스라엘을 대체한다고 여겨왔다. 즉 자주 교회는 스스로가 새 언약 안에 있는 하나님의 백성으로서 옛 언약 안에 있는 이스라엘의 선택을 대체했다고 주장했던 것이다. 이런 대체 교리(doctrine of supersession)로부터 나온 더 엄밀한 형태는, 이미 역사에서 선명하게 드러난 바지만, 교회가 유대인에 대한 경멸감을 설교하고 가르쳐왔다는 사실에서 확인할 수 있다. 이런 가르침에 따르면, 유대인은 자신의 메시아와 세상의 구세주를 배척했고 그의 죽음에 주요한 책임이 있으며, 따라서 유대인은 이후 역사에서 자신의 죄에 대해 마땅한 처벌을 받아왔다. 이런 가르침의 끔찍한 결과와 실례는 교회사의 모든 시기

---

57) 팔레스타인인들을 유대교의 통전성에 해로운 존재로 여기면서 그들을 다루는 이스라엘 정부 권력의 태도에 대한 비판으로는, 유대인 신학자인 마크 엘리스(Marc H. Ellis)의 최근 저서 *Practicing Exile: The Religious Odyssey of an American Jew* (Minneapolis: Fortress, 2002)를 보라.

에서 쉽게 발견될 것이다. 그러므로 많은 유대인에게 십자가가 두려운 상징, 즉 여러 세기 동안의 핍박의 수치와 20세기 대학살의 공포를 동반하는 두려운 상징이 되는 것은 놀랍지 않다. 메리 보이즈(Mary C. Boys)가 썼듯이, 그리스도의 십자가의 배반과 왜곡의 이런 역사에 비추어볼 때 십자가의 참된 의미는 회개 없이는 회복될 수도, 재전용될 수도 없다.[58]

그러나 유대인 대학살 이후로는 수많은 기독교 교회가 유대인에 대한 경멸의 교리를 공개적으로 배격하고 유대인에 대한 과거의 잘못된 태도를 참회하고 있다.[59] 이런 교회의 공식적인 선언들과 훨씬 최근의 기독교 신학은 회개의 마음을 표현할 뿐만 아니라, 교회와 이스라엘 사이에 신적으로 세워진 유대 관계를 긍정해왔다.[60]

이스라엘과 교회의 관계를 다룬 고전적인 신약 텍스트는 로마서 9-11장이다. 이 텍스트에서 바울은 이스라엘 백성이 하나님의 선택된 백성으로 여전히 남는다고 논증한다. 이방 출신 그리스도인은 종국적으로 이스라엘이 하나님께 버림받는다고 여겨서는 안 되며, 오히려 자신이 하나님 백성의 나무의 뿌리에 "접붙임"되었다고 이해해야 한다. 바울은 이방인을 위한 범세계적 선교 활동 이후에는 유대인들 역시 예수를 메시아로 인정

---

58) Mary C. Boys, "The Cross: Should a Symbol Betrayed be Reclaimed?" *Cross Currents* 44 (Spring 1994): 15-27.

59) 교황 요한 바오로 2세의 회칙을 참고하라. 1994년 미국복음주의루터교(ELCA)가 유대인 공동체에게 보낸 성명서는 마르틴 루터의 반유대적 견해를 폐기하고 수세기 동안 그리스도인들이 유대인들을 부당하게 대우했음을 참회했다. 1987년 미장로교(PCUSA)가 그리스도인과 유대인의 관계에 대한 신학적 이해에 관하여 작성한 문서는, 반유대적 태도와 행동에 교회가 연루되었음을 참회하고, 유대인도 이미 하나님과의 언약적 관계 안에 있음을 인정한다.

60) 여기에 관한 문헌은 광대하다. 쟁점들에 관한 간략한 논의로는 Jürgen Moltmann, *The Church in the Power of the Spirit* (New York: Harper & Row, 1977), 136-50; Robert W. Jenson, "Toward a Christian Theology of Israel," in *Jews and Christians: People of God*, ed. Carl E. Braaten and Robert W. Jenson (Grand Rapids: Eerdmans, 2003), 1-13을 보라.

할 것이며, 종국적으로 "모든 이스라엘"이 구원받을 것이라고 소망한다(롬 11:26). 어느 신약학자의 표현처럼, 바울은 자신의 선교 활동을 "웅장한 우회"(colossal detour)로 간주한다. 이 방법을 통해 하나님은 이스라엘에 대한 신실하심을 중단하시기는커녕, 유대인과 이방인 모두를 구원하고자 작정하신다.[61]

오늘날 교회론과 선교학은 이스라엘에 대한 하나님의 신실하심을 열정적으로 옹호한 바울의 모습을 진지하게 고려하면서, 결과적으로 이스라엘과 교회와의 불가분리적인 관계 역시 심각하게 연구해야 한다. 하나님의 뜻 안에는 하나의 언약 백성을 형성하는 하나의 은혜 언약이 있을 뿐이다. 예수 그리스도의 구속의 활동을 통해, 그리고 모든 나라와 언어와 족속에게 부어지는 성령의 활동을 통해, 한때 배제되었던 이방인이 이제는 언약 백성 안으로 포함된다.

교회와 이스라엘의 확고한 관계성은 무엇보다도 예수 그리스도가 유대인으로 태어났다는 사실에서 구체화된다. 아무리 걸림돌이 되는 생각이라 하더라도, 분명히 성경은 "구원이 유대인에게서 남이라"(요 4:22)고 증언하고 있다. 바르트는 이 문제에 대해 가능한 한 예리한 표현을 하고 있다. 즉 반유대주의(anti-Semitism)는 복음에 대한 적대 행위이고, 유대인에 대한 증오는 예수 그리스도에 대한 증오라고 말이다.[62]

게다가 교회는 이스라엘의 경전을 자신의 경전으로 삼고 있다. 비록 이스라엘의 경전을 예수 그리스도에 대한 사도적 증언의 빛으로 해석한다 하더라도, 교회는 자신의 정체성과 선교를 올바로 이해하기 위해 이것을 읽지 않을 수 없다. 따라서 히브리어 경전의 가치를 절하하거나 여기서 멀어지는 교회가 있다면, 그 교회는 이런 행동을 통해 스스로 교회됨을 이

---

61) Ernst Käsemann, "Paul and Early Catholicism," in *New Testament Questions of Today* (Philadelphia: Fortress, 1969), 241.

62) Barth, "Die Kirche und die politische Frage von heute," in *Theologische Fragen und Antworten* (Zürich: Zollikon, 1957), 85.

미 중단했다고 할 수 있다.

그리스도인이 예배하는 삼위일체 하나님이 바로 다름 아닌 이스라엘의 거룩한 자(the Holy One of Israel)라는 사실은 근본적으로 중요하다.[63] 삼위일체 하나님을 예배하면서, 교회는 이스라엘과 언약을 세웠고 그 언약을 지키시는 하나님을 예배한다. 예수 그리스도 안에서 드러난 하나님의 구원 사역과 모든 나라와 백성에게 부어지는 성령의 은사를 토대로, 교회는 이스라엘의 거룩한 자 이외의 다른 신이 아니라 바로 한 분이고 유일하신 하나님을 더 온전하게 이해함을 고백하는 것이다.

또한 교회와 이스라엘과의 유대성은 양자 사이에 있는 공통되지만 구별된 선택과 사명에서 찾아볼 수 있다. 유대인은 율법에 충실한 것을 자신의 사명으로 이해하고 이것을 통해 열방의 빛이 될 수 있다. 성령의 권능 안에 있는 교회의 사명은 무엇보다도 예수 그리스도와 그의 구원 사역에서 발견된 아브라함과 이삭과 야곱의 하나님을 열방에 선포하는 것이다.

이스라엘과 교회는 소망의 관점에서 연관성이 있다. 여전히 이스라엘은 메시아를 기다린다. 교회는 십자가에 달려 죽고 부활한 메시아로서의 예수가 영광 중에 다시 오심을 기다린다. 그러므로 "기독교의 사명이 무엇인지는, 이스라엘이 이방 나라들에 대해 오실 하나님에 대한 메시아적 소망을 선보이며 전파하던 방식을 보면서 이해될 수 있다."[64] 하나님의 약속이 아직 완전히 성취되지 않았다는 이스라엘의 주장을 통해, 교회는 그 자신과 하나님의 도래할 통치를 동일시하는 반복적 유혹으로부터 각성될 수 있다. 또한 이스라엘의 예언자적 목소리는, 하나님의 이름이 계속해서 모욕을 당하고 불의와 폭력이 그분의 창조세계를 계속적으로 훼손하는 이 세상에 대해 필수 불가결한 증언이 된다.

---

63) R. Kendall Soulen, "'Hallowed Be Thy Name': The Tetragrammaton and the Name of the Trinity," in *Jews and Christians*, ed. Braaten and Jenson, 14-40.

64) Jürgen Moltmann, *The Way of Jesus Christ: Christology in Messianic Dimensions* (San Francisco: HarperCollins, 1990), 2-3. 『예수 그리스도의 길』(대한기독교서회 역간).

의심할 여지없이, 믿음과 소망의 문제에 관해 그리스도인과 유대인 사이에는 차이점들이 여전히 존재하며 이 차이점들은 결코 사소하지 않다. 예수를 이스라엘이 오랫동안 기다렸던 메시아로 여기는지, 아니면 세계의 구주와 주님으로 여기는지에 관한 차이점이 물론 가장 중요할 것이다. 그러나 이로 인해 대화가 중단될 필요는 없다. 유대교-기독교의 관계를 신학적으로 예리하게 분석한 마이클 위쇼그로드(Michael Wyschogrod)에 따르면, "성육신하신 삼위일체 하나님의 가르침이 유대교와 기독교 사이의 깊은 곤경의 근원으로 남는다"라고 하더라도, 바로 이런 주제에 대한 대화는 "참여하는 모든 이들에게 유익이 될 수 있다."[65]

많은 사람들은 유대교는 율법의 종교이고 기독교는 은혜의 종교이기 때문에 양자가 양립할 수 없을 정도로 차이가 난다고 생각한다. 이런 생각은 정확하지 않다. 유대교에서 하나님의 율법은 유대인들을 이집트의 속박으로부터 자유하게 하신 하나님의 은혜로운 해방의 상황에서 주어졌다(출 20:1-7). 기독교의 경우 그리스도 안에서 드러난 하나님의 은혜는 그분의 율법의 폐지를 포함하지 않고, 대신에 그것을 "그리스도의 법" 안에 요약된 것으로 새롭게 이해한다(갈 6:2). 유대교와 기독교 사이의 차이점을 가장 잘 논의하기 위해서는, 이를 자연법 이론 또는 "관용" 교리에 대한 공동의 지지라는 틀이 아니라 그리스도인과 유대인이 모든 민족을 위한 하나님의 은혜로운 언약 안에 함께 참여한다는 실재의 틀에서 논의해야 한다.[66] 유대인과 그리스도인의 관계는 은혜로운 아버지의 한 가족 안에 있는 형과 동생 사이의 관계로 가장 잘 이해될 수 있다(참조. 눅 15:11-32).

---

65) Michael Wyschogrod, Abraham's Promise: Judaism and Jewish-Christian Relations, ed. R. Kendall Soulen (Grand Rapids: Eerdmans, 2004), 160.

66) David Novak, "Mitsvah," and Stanley Hauerwas, "Christian Ethics in Jewish Terms: A Response to David Novak," in *Christianity in Jewish Terms*, ed. Tikva Frykmer-Kensky, David Novak, Peter Ochs, David Fox Sandmel, and Michael A. Signer (Boulder, Colo.: Westview, 2000), 115-26, 135-40.

그리스도인과 유대인은 서로를 향해 또 세상을 향해 증거해야 하는, 하나님이 각자에게 주신 독특하고 대체 불가능한 증언을 존중해야 한다. 바르트에 따르면, 교회가 이스라엘에게 줄 수 있는 적절한 증언은 참된 기독교적 삶의 증거다. 더 나아가 바르트는 현대의 에큐메니칼 운동은 로마 가톨릭이나 동방 정교회의 불참이 아니라 이스라엘의 불참으로 인해 많은 어려움을 겪고 있다고 주장한다. 바르트보다 한 걸음 더 나아가서 우리는 다음과 같이 말할 수 있을 것이다. 즉 이스라엘과의 폐기할 수 없는 유대성을 적절하게 이해할 때에야 비로소 교회는 세계의 타 종교와도 더 깊이 있는 이해의 관계를 가지도록 준비될 것이다. 이 점은 특히 교회와 이슬람과의 관계에 적용된다. 이슬람교 역시 자신의 뿌리를 아브라함의 신앙에 두고 있기 때문이다.

그리스도인과 이슬람교인

오늘날 에큐메니칼 교회가 하나님과 이스라엘의 언약을 기독교 자신의 정체성의 필수적인 부분으로 더 깊이 인식하도록 도전받고 있는 것도 사실이지만, 최근의 세계적 사건들의 결과로 기독교와 이슬람의 복잡한 관계에 관한 새로운 성찰 또한 필수적이다.[67] 두 신앙 전통 사이에는 전면적인 충돌의 시기도 있었고, 상대적인 평화를 누리며 서로 공존하던 장기간의 시기도 있었다. 유대교, 기독교, 이슬람교 이 세 신앙은 공통적으로 아브라함을 영적 선조로 주장한다.

그리스도인과 이슬람교인 사이의 대화를 위한 가장 유망한 시작점 중

---

67) 더 충분히 발전된 논의로는 Daniel L. Migliore, "The Love Commandments: An Opening for Christian-Muslim Dialogue?" *Theology Today* 65, no. 3(October 2008): 312-30; *The Power of God and the Gods of Power* (Louisville: Westminster John Knox, 2008), 115-33을 보라.

하나는 2007년 10월 17일에 일어났다. 이때 138명의 이슬람교 학자와 종교 지도자들이 기독교 학자와 교회 지도자들에게 공개서한을 발표했다. 이 서한의 제목은 "이슬람교와 기독교 사이의 공통의 말씀"(A Common Word between Us and You)이었다.[68] 발표자들은 세계의 가장 큰 종교들 사이에 있었던 역사적 긴장을 인지하면서도, "세계의 미래는 이슬람교인과 그리스도인 사이의 평화에 달려 있다"라고 선언했다.

"공통의 말씀"에 따르면, 평화와 이해를 위한 기초를 새롭게 고안할 필요는 없다. 왜냐하면 그 기초는 이미 토라, 복음, 꾸란 안에 나타나 있기 때문이다. 이는 한 분 신을 사랑하고 우리 이웃을 사랑하라는 신의 계명이다. 이 공개서한의 서두는 다음과 같다. "거룩한 꾸란에 순종하여 우리 이슬람교인들은 그리스도인들이 우리와 함께 공통된 기초 위에 함께 모일 것을 초청한다. 공통된 기초는 또한 우리의 신앙과 실천에 본질적인 것이다. 그것은 사랑의 두 계명들이다."

이 공개서한은 많은 반응을 불러일으켰다.[69] 이 서한이 기독교와 이슬람교 사이의 관계를 특징지었던 적대감을 대체하고 더 큰 상호 이해의 시대로 나아가도록 도울 것인지에 대해서는 더 기다려보아야 할 것이다. 진실한 대화와 타자에 대한 더 깊은 이해는 실질적인 차이점에 대해 얼버무리고 넘어가는 것을 의미하지 않는다. 오히려 진실한 대화와 타자에 대한 더 깊은 이해는 참여자들이 타자의 신앙에 대한 새로운 존중과 자신의 신앙에 대한 새로운 통찰을 얻을 수 있는 대화에 참여하는 것을 의미한다. "공통의 말씀"에서는 그리스도인과 이슬람교인 사이의 중요한 신학적 대화를 위한 적어도 세 가지 영역을 확인할 수 있다.

첫째 영역은 그리스도인과 이슬람교인이 자신의 경전을 어떻게 읽는

---

68) http://www.acommonword.org.에서 확인할 수 있다.
69) 예일 대학교의 학자들이 "공통의 말씀"에 대해 보인 중요한 반응에 대해서는 www.yale.edu/divinity/commonword를 참조하라.

가에 관한 질문이다. 꾸란의 구절을 인용하자면, 그리스도인과 유대교인은 이슬람교인처럼 "책의 사람들"이다. 이들 모두는 신의 살아 있는 말씀을 포함하고 있는 경전에 대해 헌신적으로 공경하는 마음을 가진다. 만약 이들 사이의 상호 종교적 대화가 열매를 맺고자 한다면, 자신의 경전만이 아니라 타자의 경전까지도 세심하게 읽는 것에 집중해야 할 것이다.[70] 그러나 더 깊은 쟁점은 자신의 경전과 타자의 경전을 읽느냐 아니냐가 아니라, 그것을 어떻게 읽느냐다. 예를 들어 경전을 역사적 감수성을 가지고 읽어야 한다는 일치점이 있는가? 다른 신앙 공동체의 경전뿐만 아니라 자신의 신앙 공동체의 경전 안에서도 다양성과 긴장이 존재함을 공통적으로 인식하고 있는가? 각 공동체의 경전의 어떤 부분이나 구절들이 다른 구절들에 비해 신앙 공동체의 믿음과 실천에 더 큰 중요성을 가지고 있음을 기꺼이 인정하고 있는가?

더 구체적으로 말해서, "공통의 말씀"의 발표자들이 사랑의 두 계명이 "우리의 신앙과 실천에 가장 본질적인 것을 형성한다"라고 선언한다면, 이것은 근본적인 해석학적 기준을 함의하지 않는가? 즉 신을 사랑하고 이웃을 사랑하라는 신적 계명이 신앙과 실천에서 "가장 본질적인 것"이 되지 않는가? 그러므로 이런 신적 명령은 유대인과 그리스도인과 이슬람교인이 타자에 대한 혐오 또는 무분별한 폭력 행위를 지지하기 위해 경전을 사용하는 것을 반대하지 않는가?[71] 경전에서 문제가 있는 본문들, 폭력을 승인하기 위해 이런 본문들이 이용되었던 방식, 그리고 참회에 대한 우리의 공통된 필요에 관해 그리스도인과 이슬람교인이 서로에게 질문할 여지가 충분히 있다. 모든 유일신 종교들이 폭력의 치명적인 온상이라고 공

---

70) Anton Wessels, *The Torah, the Gospel, and the Qur'an: Three Books, Two Cities, One Tale* (Grand Rapids: Eerdmans, 2013).

71) Jerome F. D. Creach, *Violence in Scripture, Interpretation: Resources for the Use of Scripture in the Church* (Louisville: Westminster John Knox, 2013).

격을 받는 때에 이런 대화는 불가피하다.[72] 사랑의 계명들은 신의 살아 있는 말씀인가? 만약 그렇다면, 우리의 태도와 실천은 이 말씀을 증언하는가? 앞으로 필연적으로 생겨날 상호적 질문과 힘겨운 자기반성에서 어떤 신앙 전통도 혹평을 모면하지 못할 것이다.

둘째 영역은 유대교와 기독교와 이슬람교의 경전에 공통적인 계명, 즉 신을 사랑하고 이웃을 사랑하라는 계명을 명하시는 신이 누구신가에 관한 질문과 관련된다. 꾸란이 신의 다수의 "아름다운 이름들"에 관해 말하지만, 신의 일치성 또는 하나됨(tawhid)은 이슬람교의 핵심적인 확신이다. 어떤 존재도 신과 함께 예배와 순종의 대상이 될 수 없다. 참으로 용서받을 수 없는 유일한 죄는 어떤 것을 신과 대등하게 "연합시키는" 것이다. 이것은 쉬르크(shirk), 즉 우상숭배의 죄다. 신의 하나됨을 증언하는 것은 신과 피조물 사이의 유사성에 대한 어떤 개념도 거부하는 것이다. 따라서 이슬람교는 스스로를 철저한 유일신 종교라고 이해한다. 신은 하나며 절대적으로 하나다. 이는 신성이 다수라는 생각을 배제하며, 피조물들이 유일신의 존재에 참여한다거나 신과 동일한 수준에 위치한다거나 하는 사고를 배제한다.

신의 절대적인 하나됨에 관한 이슬람교의 철저한 확언은 신을 삼위일체로 명명하는 기독교와는 반대가 된다. 유대교의 입장처럼 이슬람교의 입장에서 기독교의 걸림돌은 삼위일체 교리와 이에 상응하는 그리스도의 신성에 관한 교리다. 꾸란은 "삼위일체를 말하지 말라"라고 경고한다. "공통의 말씀"이 삼위일체 교리를 명시적으로 반대하는 것은 아니다. 하지만 만약 신이 하나라고 인정된다면, 모든 마음과 영혼과 정신과 힘을 다해 하나님을 사랑할 수 있다는 논리는 틀림이 없다.

그리스도인은 자신의 가르침을 방어하기 위해 성급하게 반응하기보

---

72) Christopher Hitchens, *God Is Not Great: How Religion Poisons Everything* (New York: Warner, 2007).

다는, 차라리 하나님만이 신이라는 고백의 신앙 유산에 담겨 있는 중요성을 회복하고 이런 고백의 결과로 우상숭배에 대해 타협하지 않는 단호한 비판의 중요성을 회복하는 것이 온당할 것이다. 그리스도인은 삼위일체에 관해 말할 때 경건한 유보의 자세로 말해야 하며 더욱 명확하게 말해야 한다는 이슬람교의 경고들로부터 배울 수 있을 것이다. 동시에 그리스도인은 한 분 하나님의 일치성이 단지 추상적이고 생명력 없는 일치성이 아니라 사랑의 풍성하고 살아 있는 일치성이라는 점을 계속 확증할 것이다. 로완 윌리엄스(Rowan Williams)는 신의 하나됨에 대한 기독교와 이슬람교의 이해 사이에 어떤 차이점이 있는지에 관해 이슬람교와 대화했던 현대 신학자들 중 한 명이다. 윌리엄스의 진술에 따르면, 신만이 신이며 이에 필적할 존재는 전혀 없다는 점, 그리고 신의 존재의 신비는 인간의 유한한 정신으로는 완전히 파악될 수는 없다는 점에 대해 그리스도인과 이슬람교인은 일치한다. 그러나 두 신앙 사이의 가장 큰 차이점은, 예수의 사역과 십자가 죽음과 부활에서 우리에게 드러난 자기희생적 사랑이 바로 하나님 자신의 사랑과 동일한 것인지 아닌지에 관해서다. 그리스도인에게 예수는 자기희생적 사랑이라는 하나님의 영원한 삶이 인간의 모습으로 구현된 분이다. 그리스도인은 사랑이라는 신적 삶이 삼중적이라고 말한다. 왜냐하면 하나님은 예수의 인격 안에서 그리고 생명을 주시는 성령의 권능 안에서 결정적으로 우리를 만나셨기 때문이다.[73]

우리는 윌리엄스의 발언의 취지를 따라 다음과 같이 계속 말할 수 있다. 즉 그리스도인이 하나님의 사랑은 십자가에서 죽고 부활하신 예수와 분리될 수 없다고 말할 때, 신 외에 다른 어떤 것을 신과 "연합"시키는 것이 아니라는 점을 우리는 말할 수 있다. 한 분인 유일한 하나님은 완전한 사랑이시다. 이 하나님은 변혁적인 사랑의 원천이고("성부"로 불림), 이 사랑

---

73) Rowan Williams, "Archbishop Rowan Williams on Islam," http://jmm.aaa.net.au/articles/13459.htm.

의 구현된 표현이며(하나님의 "말씀" 또는 "성자"로 불림), 우리로 하여금 이 사랑에 참여할 수 있게 하는 권능("성령"으로 불림)이다. 이 셋은 세 신이 아니다. 오히려 윌리엄스의 표현에 따르면, 한 분 하나님이 세계와의 관계와 영원 속에서 보여주시는 자유로운 자기희생적 사랑의 세 "차원들"이다.

셋째 영역은 선물로서의 사랑과 과제로서의 사랑의 관계에 관한 것으로 앞의 두 영역과 밀접하게 관련되어 있다. "공통의 말씀"에 따르면, 그리스도인과 이슬람교인은 신을 사랑하고 이웃을 사랑하라는 신적 계명이 바로 신이 우리에게 명하신 것이라는 점에 진심으로 동의할 수 있다. 신과 이웃을 사랑하는 것은 우리의 과제이며 책임이다. 그러나 명확하게 해야 할 것은, 우리 자신이 우리가 부름 받아 해야 할 사랑의 원천인지 아닌지, 또는 우리의 사랑의 원천과 동기가 항상 우리에게로 이미 확대된 신적 사랑인지 아닌지다. 그리스도인의 경우에는 바로 하나님의 사랑의 권능과 그 사랑의 기초 위에서 비로소 하나님과 이웃을 사랑할 수 있고 또한 사랑하지 않을 수 없다. "우리가 사랑함은 그가 먼저 우리를 사랑하셨음이라"(요일 4:19). 그러나 그리스도인은 이런 점이 이슬람교의 신앙에서는 동일하지 않다고 성급하게 결론 내리지 말아야 한다. "공통의 말씀"으로부터 분명하게 드러나는 점은, 기독교를 신적 사랑의 종교로 그리고 이슬람교를 신적 명령의 종교로 쉽게 대조시키는 것이 오해의 소지가 있다는 것이다. 이 공개서한은 이슬람교의 신을 단지 초월적인 율법 제정가로서만 묘사하지 않는다. 오히려 이 서한은 이중적인 사랑의 계명을 이슬람교인이 기도를 드리고 복종하는 한 분 신의 비교할 수 없는 선함, 자비, 칭송과 관련시켜 제시한다.[74]

이슬람교와 기독교의 대화는 "공통의 말씀"에서 서로를 존중하면서도 도발적인 재구성의 틀을 발견한다. 그리스도인과 이슬람교인은 신앙 공동체의 경전 본문의 원천으로 함께 되돌아가도록 초청받는다. 그리고 그리스

---

74) Miroslav Volf, *Allah: A Christian Response* (New York: HarperOne, 2011), 149-84.

도인과 이슬람교인은 이중적인 사랑의 계명이 각 신앙 공동체에서 어떤 의미로 어느 정도로 중요한 해석학적 기준이 되는지, 또한 분열과 갈등으로 얼룩진 우리의 세계에서 유대인과 그리스도인과 이슬람교인에게 주어진 살아 계신 한 분 신의 말씀이 되는지를 함께 탐구하도록 초청받는다.

종교다원주의 세계에서 예수 그리스도 증언하기

기독교와 타 종교의 만남을 다루는 기독교 신학은 예수 그리스도 안에서 드러난 하나님의 은혜의 특수성과 보편성을 모두 강조해야 한다. 즉 기독교 신학의 과제는 한편으로 협소한 그리스도 중심주의로도, 다른 한편으로 추상적인 신 중심주의로도 전락하지 말아야 한다. 기독교 종교신학은 철저하게 삼위일체적이어야 한다.

하나님의 은혜의 보편성을 확증하는 것은, 그분의 말씀과 성령이 교회의 경계를 넘어 활동하는 것에 대해 우리가 열린 태도를 가질 것을 요구한다. 또한 예수 그리스도의 대속 사역이 제한적인 범위를 지닌다고 간주하는 이해를 포기할 것을 요구한다. 예수 그리스도 안에서 세상에게 주는 하나님의 근본적인 말씀은 아주 분명하게 울려퍼지는 예(resounding Yes)다. 물론 이런 긍정 안에는 하나님의 부정(divine No)과 심판도 포함되어 있다. 그럼에도 불구하고 사도가 기록했듯이, 하나님의 모든 약속은 예수 그리스도 안에서 예가 된다(고후 1:20). 하나님의 자유로운 은혜는 포용적이다. 이것은 성경의 증언이다. 하나님의 성육신한 말씀의 삶과 사역과 죽음과 부활은 철저한 포용성을 특징으로 한다. 그는 세리와 죄인과 식탁 교제를 나누고, 여성과 가난한 자와 소외된 자의 친구가 되며, 마지막에는 친구뿐 아니라 대적자들을 위해 자신의 목숨을 내어준다.

그러나 이런 하나님의 은혜의 자유로움과 보편성을 확증한다고 해서, 추상적인 보편 구원론과 동일시되어서는 안 된다. 하나님의 자유로운 은혜를 확증하는 것은 그분을 어떤 형이상학적 필연성에 가두는 것을 거부하는 것이다. 보편 구원은 하나님의 의무 사항이 아니다. 하나님은 영원한 이중 작정의 체계나 보편 구원주의적 논리의 필연성과 같은 어떤 형이상학적인 체계에도 갇히시지 않는다. 하나님의 은혜는 결코 자의적이지 않고 오히려 자유롭다. 자유롭게 주시는 하나님의 은혜는 값비싼 것이다. 신학과 교회는, 하나님이 모두를 구원해야 한다거나, 하나님은 오직 교회의 사역과 증언을 통해서만 구원하실 수 있다고 선언할 권한을 가지고 있지 않다. 교회가 선포해야 하는 것은 기쁜 소식, 즉 구원받은 자의 무리에 모두를 포함시키기 위해 하나님이 자기 편에서 모든 방해물을 제거하셨다는 기쁜 소식이다. 남자든 여자든 모두가 예수 그리스도 안에서 영 단번에 실현된 하나님의 자유로운 은혜를 받아들이고 그 안에서 기뻐하도록 부름 받는다는 것이 교회가 선포할 내용인 것이다.

이 장의 논지는 다음과 같은 세 개의 명제로 정리될 수 있다.

1. **그리스도인은 비록 예수 그리스도 안에서 알려진 하나님의 은혜의 현존이 인식되지 않는 곳에서조차도, 하나님이 영의 권능으로 활동하고 계심을 믿고 비그리스도인과 관계를 맺도록 요구된다.** 그리스도인은 확신과 열린 마음의 자세로 비그리스도인에게 다가가야 한다. 타 종교의 신봉자들을 비방하는 행위는 결코 예수 그리스도를 찬송하는 것이 될 수 없다. 크리스터 스텐달은 다음과 같이 기술한다. "우리는 남들에 대해 부정적인 이야기를 하지 않으면서도, 예수 그리스도를 향해 우리의 노래를 마음껏 부르는 법을 배워야 한다. 다른 종교의 신앙 안에 있는 통찰과 아름다움과 진리를 인정한다고 해서 우리의 신앙과 헌신이 약화될 리는 없다."[75] 예수 그리스도 안에서 지고한 형태로 계시된 하나님은 모든 장소와 모든 사람 사이에서 성령을 통해 활동하신다. 그리스도인들은 이것이 사실임을 신뢰

---

75) Krister Stendahl, *Energy for Life: Reflections on the Theme, "Come, Holy Spirit — Renew the Whole Creation"* (Geneva: WCC Publications, 1990), 50.

하면서 가르칠 뿐만 아니라 배울 수도 있도록, 줄 뿐만 아니라 받을 수도 있도록, 말할 뿐만 아니라 들을 수도 있도록 준비되어야 한다. 우리의 신학이 아무리 탁월하다 하더라도 하나님의 실재를 다 드러내지는 못하며, 우리의 기독론이 아무리 종합적이고 심오하다 하더라도 예수 그리스도의 풍성함을 완전히 표현하지는 못한다. 아직도 더 발견해야 할 하나님의 은혜의 풍성함이 여전히 남아 있다. 이런 풍성함은 일차적으로 새로운 말씀 선포, 성례 집행, 성도의 교제, 빈민 구제를 통해서 드러난다. 이차적으로는 타 종교의 증언과 실천 속에서 나타날 수 있다. 하지만 그리스도인이 타 종교에서 만나는 말씀과 빛이 아무리 이차적이라고 하더라도, 또한 하나님의 은혜는 이것을 통해서도 알려지는 것이다.

2. 그리스도인과 비그리스도인의 만남은 참된 대화를 요구한다. 그렇다고 복음을 가능한 한 신실하고, 설득력 있게 전달해야 하는 책임성을 포기해도 된다는 의미는 아니다. 타 종교인과의 만남에서 그리스도인은 기독교에 대해 헌신적인 태도와 부끄러워하지 않는 태도로 말하고 행동해야 하며, 그리스도인이 아닌 척하지 말아야 한다. 그리고 단순한 관찰자가 지니는 뻔뻔스러운 안전성과 초연한 객관성을 추구하지 말아야 한다. 타 신앙을 가진 사람과의 개방적 대화 속에는 항상 잠재적 위험이 도사리고 있다. 자신의 기독교 신학의 유산을 대부분 망각했거나 그것과 접촉하지 못한 자와 대화할 때는 특히 그러하다. 존 캅의 충고처럼, "우리는 남으로부터 너무 쉽게 배울 준비가 되어 있고 과거의 제국주의적 태도를 너무 부끄러워하며 자신의 믿음의 유산에 깊은 확신을 갖지 못하기 때문에, 새로운 지혜와의 만남은 우리로 하여금 우리 자신의 유산을 저버리도록 할 수 있다."[76] 그러므로 타 종교와의 대화를 수행 중에 있는 기독교 신학은, 기독교의 모든 삶이 그런 것처럼 필연적으로 어떤 위험을 초래한다. 대화를 통해 그리스도인은 새로운 빛에 영향을 받으며, 예기치 않은 곳에서 살

---

76) John Cobb, "The Religions," in *Christian Theology*, 373.

아 계신 그리스도의 음성을 듣는 열린 태도를 지니며, 인식이 깊어지고 지평이 넓어지는 것을 경험할 준비를 갖춘다. 또한 예수 그리스도 안에서 드러난, 세상을 향한 하나님의 사랑의 깊이와 풍성함을 새롭게 이해할 수 있는 준비도 갖출 수 있다.

성경의 메시지를 올바로 이해하면 성경 자체가 기독교와 타 종교들 간의 대화를 요구하며, 세상에서 평화와 화해를 추구하기 위해서는 이런 대화가 필요함을 알 수 있을 것이다. 그러므로 대화는 필수적이며 바람직하다. 따라서 예수 그리스도의 "최종성"은 그리스도인이 그리스도의 충만한 진리를 현재 소유하고 있다는 의미로 이해되어서는 안 된다. 예수 그리스도는 어떤 기독론보다도 훨씬 더 크다. 그러므로 그리스도를 고백한다는 것은 과도하게 방어적인 자세를 취하기보다는 오히려 확신을 가지고 기대하는 자세를 취하는 것이며, 과거 지향적인 자세를 갖기보다는 미래 지향적인 자세를 갖는 것이다. 그리스도인은 미래의 하나님의 어떤 계시도 지금까지 예수 그리스도 안에서 계시되었던 것과 모순되지 않을 것을 확신하면서도, 하나님에 대해 현재 알고 있는 지식이 불완전함을 충분히 인정한다. 지금은 우리가 부분적으로만 안다. 언젠가는 하나님을 알 것이지만, 아직은 온전하게 알지 못한다(고전 13:12).

3. **그리스도인과 비그리스도인 사이의 상호 작용은, 공동의 관심과 헌신을 필요로 하는 문제에 대해 대중적 차원에서 격려되어야 하며 공동의 노력으로 촉진되어야 한다.** 교리상의 일치가 교착 상태에 있는 곳에서도 국가 간의 평화, 모든 사람을 위한 정의, 기아 대책, 인권 존중, 환경 보존과 같은 쟁점에 대해서는 협력하는 일이 종종 가능하다. 이런 공동 노력의 경험은 그 자체로도 내적인 가치가 있지만, 또한 그리스도인과 비그리스도인이 서로의 종교적 신앙과 실천을 더 잘 이해할 수 있도록 도와줄 것이다.

하나님의 성품과 목적을 결정적으로 구현한 예수 그리스도에 대한 헌신은 기독교 신앙에서 타협할 수 없는 핵심이지만, 그리스도인은 자신이 예수 안에서 드러난 하나님의 사랑의 "너비와 길이와 높이와 깊이"가 어떠한지를 완전하게 깨달을 수 없음을 겸손하게 인정한다. 그리스도인은, 하나님이 자유롭기에 어떤 교리적 체계나 종교적 제도나 의식 안에 갇히실 수 없음을 인정한다. 그리스도인은 하나님의 영이 세계 도처에서 항상 활동하고 있음을 고백한다. 믿음과 사랑과 소망으로 부름 받은 그리스도인은 하나님의 목적이 완성될 것을 기다린다. 그러는 동안 그리스도인은 예수 그리스도의 얼굴에서 빛나는 광채에 신실하고자 애쓴다. 또한 다원주의적 세계에서 예수 그리스도를 증언할 때는 그의 빛의 광채가 감소하기보다는 오히려 증대되고 있음을 확신한다. 이런 정신으로 그리스도인은 타 신앙을 지닌 사람들과도 진지한 대화를 추구하는 모험을 하며, 가능하다면 정의와 긍휼과 평화의 활동에서 모든 이와 협력하도록 애쓴다. 그리고 이런 만남 속에서 그리스도를 따르는 신자는 자신이 줄 뿐만 아니라 얻을 수도 있음을 기대한다.

참고 문헌

Braaten, Carl E. *No Other Gospel! Christianity among the World's Religions*. Minneapolis: Fortress, 1992.

Braaten, Carl E., and Robert W. Jenson. *Jews and Christians: People of God*. Grand Rapids: Eerdmans, 2003.

Dupuis, Jacques. *Toward a Christian Theology of Religious Pluralism*. Maryknoll, N.Y.: Orbis, 1992.

Frymer-Kensky, Tikva, David Novak, Peter Ochs, David Fox Sandmel, and Michael A. Signer, eds. *Christianity in Jewish Terms*. Boulder, Colo.: Westview, 2000.

Heim, S. Mark. *The Depth of the Riches: A Trinitarian Theology of Religious Ends*. Grand Rapids: Eerdmans, 2001. p. 49-77, 123-207.

Knitter, Paul F. *Introducing Theologies of Religions*. Maryknoll, N.Y.: Orbis, 2002.

Migliore, Daniel L. "The Love Commandments: An Opening for Christian-Muslim Dialogue?" *Theology Today* 65, no. 3 (2008): 312-30.

Newbigin, Lesslie. *The Gospel in a Pluralist Society*. Grand Rapids: Eerdmans, 1989.

_____. *The Open Secret: An Introduction to the Theology of Mission*. Rev. ed. Grand Rapids: Eerdmans, 1995. p. 160-89.

Pinnock, Clark. *A Wideness in God's Mercy: The Finality of Jesus Christ in a World of Religions*. Grand Rapids: Zondervan, 1992.

Rahner, Karl. *Theological Investigations*. 23 vols. Baltimore: Helicon, 1961-1992. "Jesus Christ and the Non-Christian Religions," vol. 17, p. 39-59; "On the Importance of the Non-Christian Religions for Salvation," vol. 18, p. 288-95.

Volf, Miroslav. *Allah: A Christian Response*. New York: HarperOne, 2011.

Wessels, Anton. *The Torah, the Gospel, and the Qur'an*. Grand Rapids: Eerdmans, 2013.

Wyschogrod, Michael. *Abraham's Promise: Judaism and Jewish-Christian Relations*, ed. R. Kendall Soulen. Grand Rapids: Eerdmans, 2004.

FAITH SEEKING UNDERSTANDING

기독교의 소망

▶▶▶▶▶▶▶▶▶▶▶▶▶▶▶▶▶▶▶▶▶▶▶▶▶▶▶ **제 14 장** ▶

종말론, 즉 마지막 것들에 관한 교리는 하나님과 이웃과의 완전한 교제를 맺고 있는 인간의 삶이 완성될 것과 모든 창조세계를 향한 하나님의 목적이 완성될 것을 바라는 기독교적 소망에 관한 반성이다. 소망의 교리가 책의 가장 마지막 장에서 다루어졌다고 해서, 종말론이 앞서 논의했던 다른 교리에 비해 덜 중요하다고 여겨서는 안 된다. 정반대로, 신학의 입문은 종말론으로 마치는 것보다는 차라리 이것으로 시작하는 것이 더 낫다. 안셀무스의 유명한 정의를 조금 바꾸어서 우리는 처음부터 기독교 신학을 "이해를 추구하는 소망"(*spes quaerens intellectum*)으로 기술할 수도 있다.

AN INTRODUCTION TO CHRISTIAN THEOLOGY

기독교 신앙은 기대하는 신앙(expectant faith)이다. 기독교 신앙은 하나님의 창조적인 구속적 활동의 완성을 간절히 고대한다. 성경과 신조의 언어로 표현하면, 그리스도인은 도래하는 하나님의 "나라"(마 6:10), "새 하늘과 새 땅"(계 21:1), "몸의 부활과 영생"(사도신경), 하나님의 뜻에 저항하고 창조세계를 파괴하는 죽음과 모든 세력에 대한 "하나님의 최종적인 승리"(1967년 미장로교 신앙고백문)를 소망하며 그것을 위해 기도한다. 종말론, 즉 마지막 것들에 관한 교리는 하나님과 이웃과의 완전한 교제를 맺고 있는 인간의 삶이 완성될 것과 모든 창조세계를 향한 하나님의 목적이 완성될 것을 바라는 기독교적 소망에 관한 반성이다.

소망의 교리가 책의 가장 마지막 장에서 다루어졌다고 해서, 종말론이 앞서 논의했던 다른 교리에 비해 덜 중요하다고 여겨서는 안 된다. 정반대로, 신학의 입문은 종말론으로 마치는 것보다는 차라리 이것으로 시작하는 것이 더 낫다. 안셀무스의 유명한 정의를 조금 바꾸어서 우리는 처음부터 기독교 신학을 "이해를 추구하는 소망"(spes quaerens intellectum)으로 기술할 수도 있다.[1]

하나님에 대한 소망이 없이는 모든 기독교 교리는 왜곡된다. 만약 계시

---

1) Jürgen Moltmann, *The Theology of Hope* (New York: Harper & Row, 1967), 33. 『희망의 신학』(대한기독교서회 역간).

론이 지금은 우리가 거울로 희미하게 보고 아직 얼굴과 얼굴을 대면해서 보지 못함을 인정하지 않는다면(고전 12:12), 이 계시론에는 결함이 있는 것이다. 만약 삼위일체론이 하나님은 다함이 없는 신비라는 점, 우리에게 주어지는 하나님의 은혜는 헤아릴 수 없는 선물이라는 점, 그리고 우리는 현재와 동시에 영원을 통해 하나님의 약속을 붙들고 "주를 소망해야"(시 131:3) 한다는 점을 인정하지 않는다면, 이 삼위일체론은 불충분할 것이다. 만약 창조론이 창조세계가 그 해방과 완성을 위해 여전히 신음하고 있음을 강조하지 못한다면(롬 8:22), 이 창조론은 불완전할 것이다. 만약 인간론이 종말론을 결여하고 있고 우리 생명이 그리스도와 함께 하나님 안에 감추어져 있다는 확신을 결여하고 있다면(골 3:3), 이 인간론은 음울하고 가식적일 것이다. 만약 기독론이 주님은 "현재에도 계시며 과거에도 계셨던" 분일 뿐만 아니라 "앞으로 오실" 분임을 확증하지 않는다면, 이 기독론은 심각하게 불완전한 것이 될 것이다. 만약 교회론과 성례론이 교회적 승리주의에 굴복하고, 교회가 하나님의 은사를 소유하며 수여한다고 묘사하며, 창조세계 전체 안에 정의와 자유와 평화의 하나님의 통치가 완성될 것에는 아무런 관심을 보이지 않는다면, 이 교회론과 성례론은 가식적인 것이 될 것이다. 마지막뿐만 아니라 시초에서부터 기독교 신앙과 신학은 예수 그리스도의 복음에 포함된 하나님의 약속의 성취와 도래하는 하나님의 영광을 기대한다.

테러 시대에 처한 소망의 위기

성경 증언은 소망의 책이다. 아브라함과 사라 때부터 오늘날까지 이스라엘 백성은 자신들과 언약을 맺으셨던 하나님의 약속에 소망을 두어왔다. 그들은 하나님의 신실하심을 신뢰하면서 그분의 메시아적 통치와 악으로부터의 구원을, 그리고 하나님의 명령을 지키는 모든 자에게 그분이 주시는 정의와 평화의 복을 소망했다. 또한 예언자들은 우주적 일치의 때, 즉 주님이 온 땅에서 영광을 받으실 시간, 열방이 "그들의 칼을 쳐서 보습을 만들고 그들의 창을 쳐서 낫을 만들고"(사 2:4) 정의와 평화가 창조세계 전체에 널리 퍼질 때를 상상했다.

신약 또한 기대하고 소망하는 정신으로 가득 차 있다. 예수는 하나님의 나라가 가까이 왔음을 말씀과 행동으로 선포한다(막 1:15). 예수는 제자들에게 "나라가 임하시오며"(마 6:10)라고 기도하도록 가르친다. 신약은 세상의 죄와 죽음의 모든 세력에 대한 하나님의 승리의 시작을 예수의 용서와 치유의 사역에서, 무엇보다도 죽은 자들로부터의 부활에서 본다(고전 15:57). 십자가에 달려 죽으시고 부활한 주님을 따르는 초기교회의 제자들은 "다시는 사망이 없는"(계 21:4) 하나님의 최종적 승리를 간절히 고대한다. 그들은 하나님을 "소망의 하나님"(롬 15:13)으로 표현하며, 그들의 일관된 기도는 "마라나타, 우리 주여 오시옵소서!"(고전 16:22), "주 예수여 오시옵소서"(계 22:20)다.

그러나 교회가 팽창하고 문화적 환경에 적응하며 마침내 로마 황제 콘스탄티누스 하에서 기독교가 공식적인 국가 종교가 되면서, 그리스도가 영광 중에 오실 것과 세상의 변혁에 대한 소망은 점점 주변으로 밀려났다. 하나님의 도래하는 통치에 대한 열망은 교회적 승리주의로 대체되었다. 죽음 이후의 개인적 생존에 대한 소망은 남았지만, 온 창조세계의 변혁에 대한 소망은 약화되었다.

그러나 타다 남은 더 큰 차원의 소망의 불씨가 확립된 교리와 제도적인 교회적 삶의 수면 하에서 계속 존속하며 타올랐다는 것은 확실하다. 소망은 때때로 여러 가지 묵시주의 운동을 통해 마치 거대한 화산처럼 분출했다. 예를 들어 2세기의 몬타누스주의자들, 중세 피오레의 조아키노(Joachim of Fiore)의 추종자들, 16세기 종교개혁 시대의 뮌처주의자들(Munzerites), 미국 남부의 흑인 그리스도인 노예들이 있다.[2] 하지만 정통

---

2) Gayraud S. Wilmore, *Last Things First* (Philadelphia: Westminster, 1982).

주류 기독교에서는 신약 시대 천지를 진동시키던 소망이 대부분 잊혀졌다. 대신에 다른 종류의 소망이 현대의 세속 의식과 종교 의식을 지배하게 되었다.[3]

1. 계몽주의로부터 시작해서 20세기 초에 이르기까지 비평가들은 성경의 묵시적 소망을 무지와 두려움의 산물이라고 경멸해왔다. 분명히 계몽된 사회에서 성경적 종말론은 유행에 뒤처지는 것이었다. 그래서 성경적 종말론은 문화적으로 수용될 수 있는 **자유주의적 진보 이론**(liberal theory of progress)의 형태에 맞게 다듬어졌다. 이 이론에 따르면 모든 생명처럼 인간의 역사도 꾸준하게 상승 운동하는 과정이다. 교육과 근대 과학은 인류의 진보를 거의 이런 식으로 증명하기에 이르렀다.

기독교 신학 역시 상당할 정도로 소망을 계몽주의 이성의 한계 내로 축소하는 것을 묵인해왔다. 예수의 가르침은 과학과 도덕의 진보의 도상에 있는 인류에게 주는 격려 정도로 간주되었다. 칼 바르트가 말했듯이, 종말론은 "기독교 교의학의 결론에 있는 무해한 작은 장"으로 축소되었던 것이다.[4]

20세기 초 요하네스 바이스(Johannes Weiss)와 알베르트 슈바이처가 신약 종말론의 전적인 낯설음(utter strangeness)을 재발견하면서부터, 하나님의 도래하는 통치에 대한 예수의 선포와 진보의 관념을 동일시하는 작업이 불신을 받게 되었다. 또한 제1차 세계대전 이후 유럽의 변증법적 신학(dialectical theology)의 발전도 급진적인 성경적 종말론을 회복하는 데 공헌했다. 초기의 바르트에 따르면 "만약 기독교가 전적으로 철저하게 종말론적이지 않다면, 여기에는 그리스도와 어떤 관계도 남아 있지 않을

---

3) 현대의 기독교 종말론의 역사에 대해서는 Gerhard Sauter, *What Dare We Hope? Reconsidering Eschatology* (Harrisburg: Trinity Press International, 1999)를 보라.
4) Barth, *The Epistle to the Romans*, trans. Edwyn C. Hoskyns (London: Oxford University Press, 1933), 500.

것이다."5)

세계를 황폐하게 만들었던 두 차례의 세계대전, 유대인 대학살, 핵무기 개발, 생태계의 재앙, 세계 도처에서 벌어지는 사회 불안과 변혁의 강력한 운동이 발생한 이후로, 점진적이지만 불가피한 역사 진보의 관념은 이제 순전한 공상처럼 보일 지경에 이르렀다. 서구 사회의 자유주의적 인도주의는 자신의 꿈이 산산조각 나면서 희망의 위기를 경험하고 있다. 후기 자유주의적 탈근대주의 세계는 이성과 과학과 기술이 분명하게 생명의 편에 서서 죽음을 반대하는지, 또한 그것들이 인류에게 황금빛 미래를 보장할 수 있는지에 대해 더 이상 확신하지 못한다.

2. 현대에 성경의 종말론적 소망을 대체한다고 자처하는 것은 자유주의적 진보 이론만이 아니다. 미래를 다루는 현대 철학 중에서 가장 큰 영향력을 행사한 사상은 **마르크스주의적 이상주의**였다. 이 사상은 한 세기 반 동안이나 인류에게 성경적 소망의 세속적·호전적 버전을 제시한 바 있다.

에른스트 블로흐(Ernst Bloch)는 『희망의 원리』(Philosophy of Hope, 열린책들 역간)에서 신마르크스주의적 해석, 즉 인간의 모든 경험과 문화 활동은 완전하게 소외를 초월하는 미래에 대한 열정적인 소망에 의해 움직인다는 해석을 전개했다.6) 블로흐는 자신의 희망의 철학을 성경의 혁명적이고 묵시적인 소망의 정당한 계승자로 일컫는다. 그는 성경적 소망을 부르주아세계에 더 적합한 방식으로 만들기 위해 그것을 비신화화하는 것에는 아무런 관심이 없음을 주장한다. 대신 자신의 목표는 성경의 위험스런 기억과 종말론적 이미지들을 통해 전달되는 사회 비판과 예언적 비전을 드러내는 것임을 주장한다. 블로흐에 따르면 성경의 우주적 심판과 갱신에 대한 공상적 심상은 자신에게는 전혀 당혹스럽지 않다. 이미 적응된 그리스도인에게 그런 심상이 당혹스럽지 않은 것과 마찬가지이다. 그의 견해에

---

5) Barth, *The Epistle to the Romans*, 314.
6) Bloch, *The Philosophy of Hope*, 3 vols. (Cambridge: MIT, 1985).

의하면 이런 이미지는 역사에서 경험되는 무수한 갈등과 고통을 표현하기에 적합한 언어이며, 모든 것을 바르게 고치기 위해 필수적으로 요구되는 삶의 철저한 변혁을 표현하기에도 적합한 언어이다. 물론 블로흐에게 있어서는 자본주의적 억압자들에게 "최후의 심판"을 내리고 사회주의라는 "새 하늘과 새 땅"을 설립할 자는 하나님이 아니라 혁명적 프롤레타리아다.

그러나 핵 시대에 이르러서 공식적 마르크스주의든 수정적 마르크스주의든, 이 희망은 자유주의적 인도주의의 안이한 낙관주의 못지않게 위기에 처해 있다. 마르크스주의를 표방했던 경찰국가와 스탈린주의의 강제 수용소가 수십 년 간 운영된 이후로는, 무장 혁명 투쟁을 통한 새 인간성의 약속은 더욱 공허한 것이 되었다. 마르크스주의 비평은 풍족한 소비주의 사회 속에서 망각하기 쉬운 성경적 소망의 여러 차원을 그리스도인에게 각성시키는 데 여전히 기여할 수 있다. 그러나 베를린 장벽의 붕괴, 소련의 몰락, 동유럽에서의 민주주의 국가의 출현에서 극적으로 드러난 바와 같이, 마르크스주의적 이상주의는 점점 더 힘을 잃어가고 있다. 이전에 이 이념을 주창했던 많은 사람들이 이제는 마르크스주의적 소망 너머에 있는 새로운 소망, 즉 마르크스주의가 약속했지만 실현할 수 없었던 삶의 성취를 추구하기 시작했다.

3. 그리스도인이 감히 무엇을 소망할 수 있는가 하는 질문은 오늘날 철저하게 새로운 상황 속에서 제기된다. 이 새로운 상황은 20세기의 유대인 대학살 사건과 그 외 다른 공포에 관한 기억, 화학전과 생물학전과 핵전쟁의 위협, 상대적으로 부유한 계층과 절망적으로 가난한 계층 사이에 벌어지는 국내외적 빈부 격차, 에이즈의 범세계적인 전염, 점증하는 환경 위기로 묘사된다. 현재 세대에게 "미래"라는 단어는 흥미롭다기보다 불안을 일으키는 단어일 뿐이다.[7]

---

7) Sauter, *What Dare We Hope?* 164.

제14장 기독교의 소망 | **579**

최근 들어 미래에 대한 두려움은 국제적으로 일어나는 테러와 보복 테러로 더 심화되고 있다. 2001년 9월11일에 일어난 세계무역센터 붕괴는 심연의 절벽에 처해 있는 새 시대를 알리는 불길한 상징이 되었다. 20세기 초의 가장 깊은 두려움은 무차별적으로 벌어지는 절망적인 테러 행위에 집중되어 있다. 그리고 이런 테러 사건은 실재에 대한 묵시적 해석에 의해 자주 격화된다.[8] 근대성의 이른 시기에는 꾸준한 진보의 개념이나 무장혁명을 통해 성취되는 유토피아에 대한 기대가 지배했다면, 우리 세대에서는 미래가 다가오는 파멸로서 종종 두려움의 대상이 된다. 널리 통용되고 있는 "묵시적인"이라는 말은 세계의 임박한 대재앙의 종말에 대한 두려움을 불러일으킨다.

다수의 현대 성서학자와 신학자들에 따르면, 신약에는 "묵시"에 대한 매우 다른 이해가 존재한다. "묵시"는 예수 그리스도의 사역과 십자가 죽음과 부활과 재림 안에서 드러난 하나님의 활동의 계시(apokalypsis)를 가리킨다. 즉 세상의 죄와 죽음의 권세를 물리치시기 위해, 그리고 선택된 개인뿐만 아니라 모든 사람과 온 세계를 위한 하나님의 목적을 완성하시기 위해 그리스도 안에서 드러난 하나님의 활동의 계시를 가리킨다. 그러므로 신약에서의 묵시 개념을 기본적으로 규정하는 것은 일차적으로 역사의 종말에 수반될 수 있는 놀라운 비전과 생생한 상징들이 아니다. 오히려 신약의 묵시 개념은 그리스도 안에서 드러난 하나님의 활동과, 그리스도 안에서 세워지는 새 창조를 거부하는 우주적 세력으로서의 죄와 죽음에 대한 실제적인 시각에 초점을 둔다. 이런 의미로서의 묵시 개념은 성경적·신학적 연구와 토론의 중대한 초점이 되어왔다.[9]

---

8) Mark Juergensmeyer, *Terror in the Mind of God: The Global Rise of Religious Violence* (Berkeley: University of California Press, 2000): James F. Reinhart, *Apocalyptic Faith and Political Violence* (New York: Palgrave Macmillan, 2006).

9) *Apocalyptic and the Future of Theology*, ed. J. B. Davis and D. Harink (Eugene, Ore.: Wipf and Stock, Cascade Books, 2012).

하나님의 임박한 심판과 구원에 대한 묵시적 시각은 성경의 많은 글에서 분명하게 표현되거나 전제되어 있다. 예를 들어 이런 점은 하나님 나라의 침노에 대한 예수의 선포에서(막 1:14), 복음서의 "소묵시서"에서(막 13장과 평행 구절들), 바울 신학의 많은 부분의 묵시적 비전에서(참조. 롬 8:18-39) 명시적으로 드러난다. 어느 신약학자는 묵시적 시각을 "기독교 신학의 어머니"라고까지 기술한 바 있다[에른스트 케제만(Ernst Käsemann)]. 요한계시록은 그리스도와 적그리스도 사이 및 선과 악 사이의 우주적 전쟁을 생생한 묵시적 상징과 이미지로 묘사한다. 1세기 말 교회 핍박의 상황에서 요한계시록을 쓴 저자는 그리스도인으로 하여금 로마 제국의 우상숭배적 종교 의식과 비인간적인 권력에 저항하도록 고무시키고, 모든 악한 세력에 대한 하나님의 임박한 심판과 승리를 확신하도록 만든다. 많은 이유로 인해 오랫동안 요한계시록은 해석의 영역에서 태풍의 눈이었다.[10] 비록 요한계시록이 거룩한 전쟁의 이미지와 복수에 대한 동요하는 울부짖음을 포함하고 있지만, 그렇다고 이 책의 메시지가 무력을 요구하는 것은 아니다. 오히려 이 책은 신자들에게 그리스도의 십자가와 부활의 신학에 뿌리를 둔 순교를 각오하고 비폭력적으로 저항할 것은 권고하고 있다.[11]

신약의 특징적인 묵시적 소망과 비교하면, 오늘날의 많고 다양한 묵시적 예언과 운동은 전적으로 다른 종류의 소망을 표현한다. 신약에서 소망의 기초는 세상을 자신과 화해시키기 위해 예수 그리스도 안에서 하나님이 이미 행하신 것을 가리키고(고후 5:18-19), 십자가에 달려 죽으면서도 주님을 증언하는 사람들에게 하나님의 궁극적인 승리에 대한 확신을 제공

---

10) 루터는 요한계시록이 그리스도를 적절하게 설교하는지에 대해 의심했다. 칼뱅 또한 자신의 신약 주석에서 요한계시록만을 건너뛰었다.

11) Adela Yarbro Collins, *Cosmology and Eschatology in Jewish and Christian Apocalypticism* (Leiden: Brill, 1996), 198-217; Brian K. Blount, *Revelation: A Commentary* (Louisville: Westminster John Knox, 2009); Joseph L. Mangina, *Revelation* (Grand Rapids: Brazos, 2010).

한다. 반면에 내가 일컫는 현대 신묵시주의(neo-apocalypticism)는 그리스도의 구원 활동을 주변화하거나 무시하고, 때때로 최후의 우주적 전쟁에 대한 무시무시한 묘사와 테러주의자들의 정치적 행동을 결합시키고 있다. 신묵시주의는 세상을 선과 악으로 구분하고, 적으로 간주되는 모든 자를 악마화하고, 자신의 명분의 의로움을 절대적으로 확신하고, 어떤 경우에는 거룩한 전쟁을 요구한다. 신묵시주의의 신봉자들은 스스로를 하나님의 심판의 대리자라고 간주하면서, 하나님이 폭력 사용을 용인하실 뿐 아니라 명령까지 하신다는 식으로 정당화한다. 이런 치명적인 결합은 이슬람뿐만 아니라 흩어진 기독교 분파와 유대교 분파와 연관된 폭력적인 묵시 운동에서 발견된다.[12]

이런 신묵시주의 정신은 현대 미국인의 종교적인 삶 속에 다양하게 표현되어 있다. 세상의 임박한 종말을 알리는 근본주의적 설교와 서적들로부터, 결정적 파멸이 예정된 세상을 버리고 함께 모여 예수의 재림을 기다리는 광신적 종교 공동체들, 그리고 하나님의 종말 심판을 스스로 시행하고자 계획하는 폭력적인 정치 행동 집단들에 이르기까지 많은 다양한 형태로 나타난다. 그중에서도 가장 급진적 집단들은 하나님을 대적하는 자들을 향한 살인과 대량 파괴의 행동이 신적인 지지를 얻는다고 확신하고 있다.[13]

현재의 사건들을 묵시적 전쟁의 관점에서 해석하는 대부분의 기독교 설교가와 저술가들은 폭력적 행동으로의 가담을 직접적으로는 권장하지 않는다. 그들은 현재 세계에서 벌어지는 사건들을 종말과 연관된 성

---

12) 오늘날 유대주의적 묵시주의에 대해서는 Gershom Gorenberg, *The End of Days: Fundamentalism and the Struggle for the Temple Mount* (New York: Oxford University Press, 2000)를 보라; 이슬람교 내의 묵시주의에 대해서는 David Cook, *Studies in Muslim Apocalyptic* (Princeton, N.J.: Darwin Press, 2002)을 보라.

13) Mark Juergensmeyer, *Terror in the Mind of God; Charles Kimball, When Religion Becomes Evil* (San Francisco: Harper, 2002).

경적 묘사의 성취로 이해하는 동시에, 이 사건들이 하나님의 예정하심에 의해 역사 종말의 대격변으로 나아가고 있다고 믿는다. 그들은 참된 신자들에게는 곧 다가올 범세계적인 대학살을 피할 길이 있다고 확신시킨다. 수십 년 동안이나 『대유성 지구의 종말』(The Late Great Planet Earth, 생명의말씀사 역간)를 위시하여 할 린제이(Hal Lindsey)의 작품들은 북미에서 대중적 형태의 근본주의적 기독교 묵시주의를 규정해왔다. 최근에는 성도의 "휴거"(rapture)와 종말에 일어날 사건에 대한 허구적 이야기를 표현한 『레프트 비하인드』(Left Behind, 홍성사 역간) 시리즈와 같은 작품들이 엄청난 상업적 성공을 거두었다. 이런 종류의 기독교 신묵시주의적 저술의 인기는 중동에서의 새로운 전쟁 발발과 함께 급증하는 것처럼 보이며, 우리를 동요시키는 수많은 질문을 제기한다.

핵전쟁과 화학전과 생물학전의 위협, 영토와 천연자원을 두고 벌어지는 국가 간 충돌, 테러와 보복 테러의 악순환의 확산, 임박한 대재앙에 대한 인식과 압도적 무력감을 고려한다면, 종말에 대한 가르침이 왜 이렇게 거대한 영향력을 미치는지 이해하기가 어렵지 않을 것이다. 북미의 주류 교단과 신학이 성경의 난해한 종말론적이고 묵시적인 주제에 대해 대안적 해석을 제시하지 못하는 상황에서, 대중의 상상력 안에 일종의 신학적 진공 상태가 형성되었고, 이런 진공 상태는 임박한 세상 종말에 있을 폭력에 대한 예언과 상세한 묘사로 채워지고 있는 형편이다.

앞에서 소개한 신묵시주의(neo-apocalypticism)의 경향은 이런 두려움으로 인해 더 광범위하게 확산된다. 신묵시주의는 종말의 끔찍한 사건의 예정표를 하나님이 명령하고 성경이 예언한 것으로 기술함으로써 두려움을 경감시키고자 시도한다. 신묵시주의자들은 현대 이스라엘 국가의 재건을 기원으로 삼고 에스겔서, 다니엘서, 데살로니가전서, 요한계시록의 몇 몇 모호한 텍스트에 근거하여, 성경의 아마겟돈 전쟁을 앞으로 있을 열핵으로 인한 대량 살상과 동일시한다. 참된 그리스도인은 "휴거"되거나 구름 속으로 끌려 올라가 주와 함께 있을 것이다(살전 4:17). 그리스도가 참된 신자들을 갑작스럽게 멸망할 세상으로부터 구원할 것이기에 그들은 여러 해 동안 지속될 고난의 시기를 견딜 필요가 없을 것이다. 린제이에 따르면, 예수 그리스도의 재림과 끔찍한 종말 때부터 신실한 신자들의 휴거는 "그리스도인의 진정한 소망이자 복된 소망이 된다." 이 기간 동안 지상을 복음화하는 책임은 하나님의 계획에 의해 예정된 14만 4천 명의 회심한 유대인에게 맡겨질 것이다. 신묵시주의 책들은 독자들에게 이런 일들이 그들의 생애 중에 일어날 것이라고 경고한다.

하지만 현대의 묵시 문학은 대단한 대중적 인기에도 불구하고 예수 그리스도의 복음에 근거한 진정한 소망으로부터 심각하게 이탈해 있다.

a. 신묵시주의적 성경 읽기는 성경 메시지 전체에 대한 진지한 해석이라기보다 왜곡된 해석이다. 성경을 전체적으로 읽는다면 그리스도의 삶과 사역과 죽음과 부활의 중심성에 비해, 역사의 최종 사건들에 대한 자의적 사변은 매우 부차적 위치를 차지함을 알 수 있을 것이다. 즉 신묵시주의는 성경 텍스트를 역사적 맥락 속에서 파악하지 않고 해석자 자신이 고안한 틀에 맞추고 있다.

b. 종말 사건들의 시간 예정표는 고도로 결정주의적(deterministic)이다. 이런 경향 속에서 묵시라는 운명의 바퀴는 자체적인 힘으로 움직이며 어느 것도 이를 정지시킬 수 없다. 즉 그리스도인으로 하여금 예언된 우주적인 대재앙과는 다른 방향으로 역사를 움직이는 데 기여하라는 어떤 요청도 생략되어 있는 것이다. 창조세계의 미래에 대한 책임을 지도록 권장하는 어떤 격려도 찾아볼 수 없다. 그리스도인은 다가올 공포로부터 면제되리라는 점을 인식할 뿐, 세계적 재앙 사건의 수동적 관망자가 되어 조용하게 자신의 구원만을 기다릴 뿐이다.

c. 세계는 참 그리스도인과 불신자, 즉 "우리"와 "그들"로 구분된다. 원수와의 화해는 불가능하다. 여기서 원수는 종종 미국에 대적하는 국가, 또는 국제연합(UN)의 지도자나 지지자들과 동일시된다. 참 그리스도인은 양심에 어떤 동요도 받지 않는다. 그들은 회개하도록 요청받지도, 정의를 행

하고 자비를 사랑하며 하나님과 함께 겸손히 걷도록 촉구받지도 않는다.

d. 이런 형태의 묵시적 종말론이 지향하는 소망의 진정한 대상은 휴거라고 불리는 사건이다. 우주적 대학살이 일어나면 수미터나 되는 깊은 피의 바다가 고일 것이라는 식의 무시무시한 묘사가 있은 후, 신자들은 다음과 같은 소망을 듣게 된다. "예수 그리스도를 믿으라. 그리하면 휴거될 것이다. 그리고 이 모든 끔찍한 사건을 피할 것이다." 이런 메시지에는 죄와 고통과 죽음으로부터 해방을 바라며 신음하는 모든 인간과의, 그리고 창조세계 전체와의 연대감이 전적으로 결여되어 있다.

e. 종말에 대한 신묵시주의적 묘사에서 가장 눈에 띄는 점은, 예수 그리스도의 사역과 십자가와 부활에 대한 신학이 부재하다는 것이다. 신묵시주의 종말론은 이렇게 그리스도의 인격과 사역으로부터 전적으로 분리된다. 아마겟돈이 골고다를 대체하고, 믿음과 사랑과 소망이 서로 분리된다. 큰 혼란이 일어날 때도 교회는 천상에서 안전하리라. 하나님을 위해 지상에서 증언하는 임무는 회심한 유대인들이 떠맡게 되리라. 미래에 대한 이런 그림에 어떻게 반응할지에 대해 생각하다 보면, 죽음의 수용소에서 생존한 유대인의 다음과 같은 풍자가 저절로 떠오른다. "무력한 희생자들이 기관총으로 학살당하고 수많은 남녀가 가스실에서 질식되며 아이들의 머리가 개머리판으로 찍히고 있을 때, 자기중심적이고 자기만족에 빠진 교회는 결코 그 곁에 없었다. 따라서 미래에 올 투쟁의 날에 다시 한 번 교회가 곁에 없다고 해서, 그리 놀랄 일은 아닐 것이다."

신묵시주의적 성경 읽기와는 대조적으로 신약의 소망은 복된 휴거가 아니라, 십자가에 달려 죽으시고 부활한 예수의 다시 오심에, 동시에 지금 여기서의 신실한 제자도로의 부름에 집중한다. 신약의 소망은 하나님의 구원의 능력에 초점을 두면서, 최후의 심판이 실제적이고 엄혹하겠지만 그분의 자비 또한 영원히 지속될 것임을 기대한다.[14]

---

14) 린제이에 대한 나의 비판은 미간행된 1979년 강의에 처음으로 등장했고, J. Christiaan

기독교의 소망을 해석하는 원리

오늘날 인간적 희망이 처한 위기를 고려한다면, 기독교 신학은 그리스도 인의 소망에 "대답"할 책임을 소홀히 하지 말아야 한다(벧전 3:15). 임박한 핵전쟁으로 인한 대량 살상의 위험 한가운데서 진보에 관한 자유주의적 신념이나 마르크스주의의 공상적 이상주의, 휴거에 대한 신묵시주의적 소망이 진정한 소망이 아니라면, 진정한 기독교적 소망이란 무엇인가? 이 질문에 대한 대답은 20세기의 성서학과 신학이 기독교의 소망에 대해 내리는 종종 **혼돈스럽고 모순적인 해석** 때문에 쉽게 성립되지 않는다. 기독교의 소망을 해석하는 다수의 성서학자와 신학자들은 순진한 자유주의, 호전적 마르크스주의, 근본주의적 묵시주의의 견해에 반대한다는 점에서는 일치하지만, 성경의 소망에 대한 그들 자신의 해석에 있어서는 자주 서로 대립한다. 성서학과 조직신학에서 종말론에 대한 상호 대립적인 네 쌍의 해석은 다음과 같이 정리된다.

　　a. 첫 번째는 미래주의적 종말론(알베르트 슈바이처)과 실현된 종말론[다드(C. H. Dodd)] 사이의 대립이다. 신약이 선포하는 하나님의 나라는 이미 현재적인 실재인가? 아니면 여전히 전적으로 미래에 있을 것인가?

　　b. 두 번째는 개인주의적 종말론(불트만)과 집단적 종말론(초기 몰트만과 자유주의 신학자들) 간의 대립이다. 하나님의 나라는 개인의 새로운 생명과 관계가 있는가? 아니면 정치적·경제적·사회적 성취와 관계가 있는가?

　　c. 세 번째 대립은 역사적 종말론(근대 서구 신학)과 우주적 종말론(동방 신학과 과정신학)의 대립이다. 하나님의 나라는 다만 인간의 삶의 성취인가? 아니면 자연과 우주 과정 전체를 포함하는가?

Beker, *Paul's Apocalyptic Gospel* (Philadelphia: Fortress, 1984), 26-27에 언급되었다. 현대 묵시주의에 대한 다른 비판으로는 Gordon D. Kaufman, *Theology for a Nuclear Age* (Philadelphia: Westminster, 1985)를 보라.

d. 마지막으로 하나님의 활동에 우선적으로 초점을 두는 종말론(변증법적 종말론)과 인간의 활동에 우선적으로 집중하는 종말론(사회 복음 신학과 최근의 실천 지향의 신학들) 간의 대립이다. 하나님의 나라는 전적으로 하나님의 사역인가? 아니면 인간이 스스로의 노력으로 하나님 나라를 건설하기 위해 주도적인 역할을 감당해야 하는가?

이런 대립이 생겨난 이유는 성경의 종말론에 대한 일방적인 해석 때문이다. 그리스도인이 소망하는 하나님의 통치는 예수 그리스도에게서 **이미**(already) 시작되었으나 **아직**(not yet) 완성된 것은 아니다. 하나님의 통치는 개인적인 성취와 공동체적 성취를 모두 포함한다. 하나님의 통치는 역사와 우주적 과정 모두를 포함한다. 하나님의 통치는 하나님의 **선물**이면서 동시에 인간으로 하여금 하나님을 따르도록 하는 **요청**이다. 거짓된 소망과 절망감이 광범위하게 퍼진 오늘날의 상황에서 기독교의 소망은 충분히 새롭게 표현되어야 한다.

그리스도인은 삼위일체 하나님의 창조적·자기희생적·공동체 형성적 사랑의 최종적 승리를 소망한다. 그러므로 그리스도인은 하나님의 사랑이 모든 증오를, 그분의 정의가 모든 불의를, 하나님의 자유가 모든 구속을, 그분의 공동체성이 모든 소외를, 그분의 생명이 사망의 권세를 이길 것임을 소망한다. 그러나 만약 이런 소망이 현재 세상이 겪는 고통을 함께 공유하지 않는다면, 이런 소망은 값싼 낙관주의와 다르지 않을 것이다.

우리가 현재 경험하는 세상에서는 사망이 최종적인 힘을 행사하는 것처럼 보인다. 각 개인의 생명, 인류의 역사, 그리고 우주 전체는 냉혹하게 사망을 향해 치닫고 있다. 우리의 삶과 역사와 자연 안에서 활동하는 사망은 단순한 생물학적 종말보다 훨씬 더 크고 심오한 의미를 가진다. 사망은 하나님이 창조하고 구원한 생명의 성취를 위협하는 부정과 파괴의 권세이다. 질병, 장애, 소외, 불의, 억압, 전쟁, 그 외 수많은 악의 실존은 우리에게 "살아 있는 한 우리는 사망 안에 있다"는 사실을 항상 상기시켜 준다. 사망과 무덤의 실재를 충분히 진지하게 다루는 자들만이 하나님의 순전한 선물인 생명의 의미를, 또한 하나님의 은혜에 의해 새로운 생명으로 부활한다는 소망의 환희를 제대로 파악할 수 있을 것이다.[15]

죄와 악과 사망의 참혹한 현상 속에서 가지는 그리스도인의 소망 안에는 많은 차원이 존재한다.[16] 물론 이 소망 안에는 **개인의 삶의 성취**의 차원도 포함되어 있다. 최근 수십 년 동안 개신교 신학자들은 이런 개인적 차원을 충분히 다루지 않았다. 개신교 신학자들의 강조점이 기독교적 소망이 지닌 정치적 차원으로 이동했기 때문에, 개인의 죽음과 관련해서 소망의 의미를 묻는 질문은 주변으로 밀려났던 것이다. 몇몇 로마 가톨릭 신학자(특히 칼 라너)만이 죽음의 신학(theology of death)을 전개한 바 있다. 이 신학 속에서 각 개인의 죽음은 자신을 자유롭게 양도하고 자기 포기를 신뢰하면서 하나님의 은혜로운 손에 자신을 내어 맡기는 최종적인 기회로 간주된다.[17] 이런 죽음의 신학을 어떻게 평가한다 하더라도, 신학이 개인의 죽음을, 또는 충만한 생명에 대한 개인의 소망을 무시할 수 없다는 사실만은 분명하다. 만약 인간이 하나님의 형상으로 창조되고 그리스도 안에서 하나님의 용서와 사랑을 받으며, 성령의 사역을 통해 하나님 및 이웃과 맺는 새로운 삶의 단초를 현재에서조차 경험함이 사실이라면, 개인적 성취에 대한 소망은 단순히 구시대의 경건의 유물이 아니다. 오히려 이런 소망은 기독교적 소망의 필수적인 부분이다. 인간 개인의 삶이 함부로 소모될 수 있다거나 하나님께 하찮은 것이라는 생각은 성경의 증언과 일치하지 않는다.

그럼에도 기독교의 소망은 개인의 삶의 성취만으로 제한되지 않는

---

15) 죽음과 상실에 직면해서도 기독교 신앙과 소망을 유지한 감동적인 예로는 Nicholas Wolterstorff, *Lament for a Son* (Grand Rapids: Eerdmans, 1987)을 보라. 『나는 사랑하는 사람을 잃었습니다』(좋은씨앗 역간).

16) Jürgen Moltmann, *The Coming of God: Christian Eschatology* (Minneapolis: Fortress, 1996). 『오시는 하나님』(대한기독교서회 역간).

17) Rahner, *On the Theology of Death* (New York: Herder & Herder, 1961).

다. 기독교의 소망은 **개인의 성취와 공동체의 성취가 불가분리적임**을 주장한다. 따라서 그리스도인은 공동체의 삶의 변혁을 위해 활동하며 그것을 소망한다. 우리는 개인으로서 우리의 삶이 원근 각처의 친구와 이웃의 삶과 밀접하게 얽혀 있음을 안다. 하나님의 은혜로 자기중심성으로부터 벗어날 때, 우리는 우리가 속한 많은 공동체와 제도, 즉 가정과 사회와 인류 사회 전체의 변혁이 없이는 개인으로서의 우리에게 구원이 있을 수 없음을 깨닫는다. 기독교의 소망을 확장해서 사망의 권세가 지배하는 사회와 경제 안에 새로운 삶을 시작시킨 것이 우리 시대 정치신학과 해방신학이 이룩한 중대한 공헌이었다. 만약 우리의 소망이 삼위일체 하나님을 바란다면, 이 소망은 필연적으로 고립된 개인이 아니라 공동체성을 맺고 있는 자들 전체의 구원을 바라야 마땅하다.[18]

또한 기독교의 소망은 우주적 차원을 가진다. 기독교의 소망은 **창조세계 전체를 포함한다.** 우리가 열망하는 성취는 삶과 죽음에서 우리가 몸담고 있는 하늘과 땅의 갱신과 변혁과 분리해서 생각될 수 없다.[19] 21세기 초 우리는 주위 환경이 점점 더 넓게 황무지로 변하면서 우리를 포위하고 있음을 발견한다. 따라서 우리는 하나님의 은혜에 의해 사막에서 새로운 꽃이 피어나고 광야에서 생명을 주는 물이 흐를 것을 소망하는 것이 개인과 사회의 차원에서 우리에게 얼마나 중요한지를 깨닫고 있다(사 35:1-2, 5-7).

---

18) Jürgen Moltmann, *The Theology of Hope* (New York: Harper & Row, 1967); Moltmann, *The Trinity and the Kingdom* (San Francisco: Harper & Row, 1981); Gustavo Gutiérrez, *A Theology of Liberation* (Maryknoll, N.Y.: Orbis Books, 1988), 121-42.

19) 과정신학자들과 과학과 신학과의 대화에 참여하는 신학자들은 기독교의 소망이 지니는 이런 차원을 특별히 강조했다. 여기에 대해서는 다음을 보라. John B. Cobb, Jr., and David Ray Griffin, *Process Theology: An Introductory Exposition* (Philadelphia: Westminster, 1976), 111-27, 『과정 신학』(황소와소나무 역간); John B. Cobb, Jr., *Is It Too Late? A Theology of Ecology* (Beverly Hills, Calif.: Bruce, 1972); John Polkinghorne, *The God of Hope and the End of the World* (New Haven: Yale University Press, 2002).

하나님이 죄와 악과 사망에 대해 이루실 최종적 승리에 있어 기독교의 소망은 다양한 차원들, 즉 개인적·공동체적·우주적 차원을 가진다. 최종적인 승리는 하나님께 속하지 사망에게 있지 않다(고전 15장). 이런 확신은 성경과 기독교의 신조에 포함된 종말론적 상징의 의미를 재진술할 때 지침이 되어야 한다. 오늘날 기독교의 소망을 해석하는 본질적인 해석학적 원리로는 다음과 같은 제안을 들 수 있겠다.[20]

1. **기독교적 소망의 언어는 한계까지 확장된 언어, 즉 상징과 이미지가 풍성한 언어다.** 우리는 미래에 대해 정확하고 상세한 정보를 갖고 있는 척해서는 안 된다. 소망을 표현하는 상징적 언어는 진지하게 다루어져야 하지만, 그렇다고 문자주의적으로 취급되어서는 안 된다. 죽음 이후의 생명, 부활한 육체, 혹은 새 하늘과 새 땅에 대해 말할 때 우리는 이미지와 은유와 비유를 사용할 수밖에 없다.[21] 그래서 우리는 루터처럼 겸허하게 "어머니의 자궁에 있는 아이가 자신의 출생에 대해 거의 알지 못하듯, 우리도 영원한 생명에 대해서는 거의 알지 못한다"[22]라고 인정해야 한다.

2. **기독교적 소망은 십자가에 달린 예수의 부활에 토대를 두고, 생명을 수여하는 성령의 현존과 약속에 의해 지탱되며, 삼위일체 하나님의 영광을 지향한다.** 기독교적 소망의 하나님은 삼위일체 하나님, 즉 창조자와 구원자와 완성자로서의 하나님이다. 세계가 창조된 이래 삼위일체 하나님

---

20) 참조. Karl Rahner, "The Hermeneutics of Eschatological Assertions," in *Theological Investigations*, vol. 4 (New York: Seabury Press, 1974), 323-46.

21) 장 칼뱅은 종말론에 대한 진지하고 절제된 글 속에서 이 점을 인정했다: "비록 우리는 하나님의 나라가 광채와 기쁨과 행복과 영광으로 가득 찰 것임을 진정으로 듣고 있지만, 우리가 이런 일들에 대해 말하는 것은, 우리의 인식으로부터 전적으로 멀리 떨어져 있으며, 그래서 마치 모호한 것들로 둘러싸인 것과 같다. 하나님이 우리에게 자신의 영광을 계시해서 우리가 그것을 얼굴과 얼굴을 대면하여 보게 될 날이 올 때까지 그러할 것이다"(*Institutes of the Christian Religion*, 3.25.10).

22) Luther. Hans Schwarz, in *Christian Dogmatics*, vol. 2, ed. Carl Braaten and Robert Jenson (Philadelphia: Fortress, 1984), 586에서 재인용.

의 목적은 타자와 삶을 공유하는 것, 서로를 풍성하게 하는 차이점을 상실함 없이 모두가 교제하는 사랑의 공동체를 창조하는 것이었다. 그리스도의 사역과 성령의 권능을 통해 우리는 삼위일체 하나님의 영원한 삶과 영광에 참여하도록 초청을 받는다. 삼위일체 하나님은 자신을 내어주고(self-giving) 타자를 긍정하며(other-affirming) 공동체를 형성하는(community-forming) 권능이다. 이런 하나님의 영광은 사망에 대한 생명의 승리, 불의에 대한 정의의 승리, 적대감과 전쟁에 대한 화해와 평화의 승리에서 나타난다.

3. **기독교의 종말론적 상징은 비이원론적으로 해석되어야 하며 삶의 모든 차원에서 성취와 온전함을 추구하는 것을 포함하도록 해석되어야 한다.** 기독교적 소망을 해석할 때는 의심의 해석학을 사용하여 모든 유해한 이원론들, 즉 영과 육, 개인적 성취와 공동체적 성취, 인류를 위한 소망과 온 창조세계를 위한 소망 사이의 모든 해로운 이원론을 제거하는 것이 필수적이다.[23]

4. **기독교의 종말론적 상징은, 올바르게 이해된다면, 인간의 모든 역사적·문화적 성취를 상대화한다.** 기독교의 소망은, 목적이 수단을 정당화한다거나 현재는 미래를 위해 희생되어야 한다는 관념에 굴복하는 모든 종류의 공상적 이상주의와는 다르다. 확실히 기독교의 진정한 소망은 현재의 불의에 반대하며 현상 유지를 절대화하는 모든 노력에 대립한다. 그러나 그리스도인은 정의와 평등과 인권을 위해 투쟁하면서도 "인간적으로 더 나은 것", 즉 인간의 노력과 솜씨로 언젠가 달성할 수 있는 목적보다는

---

23) 이 주장의 논의에 대해서는 Jürgen Moltmann, *God in Creation* (San Francisco: Harper & Row, 1985), 244ff.을 보라. 기독교 교리의 다른 분야처럼 기독교 종말론에서의 이원론에 대한 비판은 페미니즘신학의 중대한 강조점이다. 여기에 대해서는 Rosemary Radford Ruether, "Eschatology and Feminism," in *Lift Every Voice: Constructing Christian Theologies from the Underside*, ed. Susan Brooks Thistlethwaite and Mary Potter Engel (San Francisco: Harper & Row, 1990), 111-124을 보라.

더 큰 미래를, 곧 소망 너머의 소망을 주장한다. 공상적 이상주의의 소망은 모든 고통을 제거하고 보편적 정의를 확립하며 역사를 완성하기 위한 모든 자원과 능력을 인간성 자체 안에서 발견한다. 이와는 대조적으로, 소망의 기독교 신학은 우리가 추구하는 성취는 하나님의 헤아릴 수 없는 선물임을 깨닫는다. 그러므로 기독교적 소망은 현상 유지뿐만 아니라 모든 절대화된 진보적 기회와 혁명 전략도 비판할 것이다. 종말에 대한 기독교의 상징은 총체적이고 영구적인 혁명을 예언하는 기능을 한다.[24]

5. **기독교의 소망과 그 풍성한 상징은 심대하고 다양한 것을 불러일으키며 인간의 창조적 활동을 촉발한다.** 올바르게 이해되기만 한다면, 기독교적 소망은 상상력을 자극하여 새로운 꿈을 꾸게 하며, 개인과 사회를 움직여 세상에서 "인간의 삶이 인간적이 되도록 만들고 보존하는" 유용하고 신선한 방법들을 찾도록 돕는다(폴 레만). 이런 점은 바로 위에서 언급한 내용, 즉 기독교의 소망과 종말론이 가진 비판적이며 상대화하는 기능과 모순되는 것처럼 보일 수 있다. 그러나 오직 하나님만이 행하실 수 있는 것과 인간이 행하도록 부름 받은 것을 구별하는 행위의 요점은 인간의 노력의 중요성을 최소화하는 데 있지 않고, 궁극적으로 인간을 어리석게 만드는 모든 외람된 태도로부터 그를 자유롭게 하는 데 있다. 종말에 대한 기독교의 상징은 하나님의 도래하는 통치를 선물로 표현한다. 그러나 은혜의 선물을 인정하는 행위는 동시에 어떤 임무를 담당하도록 파송됨을 의미한다. 우리 자신의 노력으로는 하나님의 통치를 이룩할 수 없다. 하지만 하나님을 소망하기에 우리는 더 큰 정의와 자유와 평화의 세상을 위해 일하도록 격려받고 또한 그렇게 해야 마땅하다. 요약하면, 기독교적 소망은 인간의 상상력과 행동을 마비시키보다는 더 활기 있게 만들어 도래하는

---

24) 1917년 러시아 혁명기 동안, 칼 바르트는 "영구적인 혁명"의 정신을 움직이게 하는 "하나님의 혁명"에 주의를 환기시켰다. 여기에 대해서는 Paul L. Lehmann, "Karl Barth, Theologian of Permanent Revolution," *Union Seminary Quarterly Review* 28 (Fall 1972): 67-81을 보라.

하나님의 새 하늘과 새 땅이 이루어지는 방향으로 나아가게 한다.[25]

기독교의 소망을 표현하는 고전적 상징들

전통적으로 종말론은 역사의 종말과 인간 삶의 완성에 대해 다음 네 가지 카테고리의 상징에 집중해왔다. 이런 상징에 대한 모든 기독교적 이해는, 세상을 향한 삼위일체 하나님의 주권적인 사랑의 결정적인 표현인 예수 그리스도의 역사에 의해 안내될 것이다. 이미 기독교의 교리를 개관하며 강조했듯이, 하나님의 사랑은 영원 속에서 자유롭게 공유되는 사랑으로서 은혜 가운데 창조와 성육신을 통해 세상으로 확대되고 만물의 완성을 향해 나아간다. 그리고 마지막 때에는 해방되고 구원받은 창조세계가 충만하게 하나님을 영화롭게 할 것이다.

1. 기독교의 소망을 표현하는 첫 카테고리의 상징은 그리스도의 재림[파루시아(parousia)]을 중심으로 한다. 파루시아는 "도착"과 "도래"를 의미하며 신약에서는 십자가에서 죽고 부활한 예수가 영광 중에 오심을 가리킨다. 예수의 최종적인 도래를 기대하면서 교회는 "주 예수여 오시옵소서"(계 22:20)라고 기도한다. 데이비드 트레이시는 다음과 같이 말한다. "재림의 상징, 즉 묵시가 없이는 기독교는 "아직은-아닌"(not-yet)의 심오한 의미를 깨닫지 못하며, 따라서 역사 속 하나님의 감추어진 모습의 심오한 의미를 이해하지 못하는 하나의 종교로 전락할 수 있다."[26]

예수의 재림에 대한 소망은, 첫째, 기독교의 소망은 아무리 매력적이고 귀중하다 할지라도 어떤 **사물**이나 **개념**에 대한 것이 아니라 **누군가**에 대

25) Carl E. Braaten, *Eschatology and Ethics* (Minneapolis: Augsburg, 1974).
26) David Tracy, "Form and Fragment: The Recovery of the Hidden and Incomprehensible God," in *Reflections* 3 (Autumn 2000): 80.

한 소망이라는 점을 강조한다. 그리스도인은 생명, 환희, 자유, 정의, 평화를 단지 추상적으로만 소망하지 않는다. 또한 단순히 개인의 생존이나 또는 가족이나 국가나 인류의 생존을 소망하지도 않는다. 그리스도인은 예수 그리스도의 오심을 소망한다. 선한 모든 것의 토대와 의미가 그에게 있으며, 그가 없이는 모든 것이 공허하고 무가치하게 될 것이기 때문이다. 기독교의 소망은 다시 오시는 주님이신 그리스도와 그의 통치를 소망한다.

둘째, 예수의 재림에 대한 소망은 전적으로 알 수 없는 미래에 대한 맹목적인 소망이 아니다. 신자들이 다시 오기를 고대하는 그리스도는 이미 왔던 그리스도다. 그리스도는 이미 와서 죄인을 용서하고 병자를 치유하고 배고픈 자를 먹이고 아이들을 축복하고 고난당하고 다시 살아나며 성령을 부어주는 사역을 담당했다. 그리스도는 말씀과 성례 속에서 지속적으로 우리에게 오신다. 그분은 도움의 손길을 호소하는 배고프고 목마른 자와 벌거벗고 갇힌 자들 속에 임재하며 그 속에서 항상 놀라운 만남을 통해 우리에게 다가온다. 그리스도인은 현재에 부재하며 전적으로 알려지지 않는 어떤 주님의 오심을 소망하는 것이 아니다. 그리스도인이 재림하기를 고대하는 그리스도는 겸허하고 감추어진 모습으로 우리에게 오셨으며, 최종적으로 그가 영광 중에 오실 것에 대한 우리의 소망을 일깨우고 지속적으로 지탱하는 바로 그분이다.[27]

셋째, 주님의 오심에 대한 우리의 모든 현재 경험은 파편적이며 잠정적이다. 하나님의 정의와 평화는 아직은 창조세계 전체에 두루 펼쳐진 실재가 아니다. 세상은 아직 구원된 것이 아니다. 하나님의 구원 사역은 여전히 완결되지 않았다. 죄와 고통, 소외와 죽음은 지금도 창조세계를 훼손하고 있으며 여전히 그리스도인의 삶 속에 현존하고 있다. 구원 드라마의

---

27) 바르트는 그리스도 재림의 세 가지 밀접하게 연관된 형태에 대해 언급했다. 즉 그의 부활, 성령 안에서의 돌아오심, 역사의 마지막에 오심이 바로 그 세 형태다. *Church Dogmatics* 4/3.1: 293-94.

마지막 장은 아직 실행되지 않았던 것이다. 그래서 교회는 "나라가 임하시오며"(마 6:10), "주 예수여 오시옵소서"(계 22:20)라고 기도하며 "그가 오실 때까지 주의 죽으심을 전하기 위하여"(고전 11:26) 계속해서 주님의 성찬의 떡을 먹으며 잔을 마신다.

그리스도인은 예수 그리스도의 최종적인 도래와 그의 완성된 통치를 소망하면서도, 그가 오시는 정확한 날짜와 방식에 대해 완전히 안다고 주장하지 않는다. 그리스도인은 마지막 사건들의 시간에 대해 쓸데없이 사변하면서 시간을 보내지 말고 다만 계속 깨어 있어야 한다(막 13:32-33). 그리스도인은 십자가에 달려 죽으시고 부활한 주님이 하나님의 자유와 화해의 활동에 대한 교회의 기억과 현재의 경험의 중심에 있으며, 또한 바로 그 주님이 구원 드라마의 마지막 장에도 중심으로 존재할 것을 확신하며 산다. 인류와 우주의 궁극적인 미래가 어떠하든지 간에, 하나님의 최종적인 행동은 지금까지 하나님이 예수 그리스도 안에서 세상을 위해 결정적으로 확증했던, 언약의 역사 안에서 행해졌던 바와 완벽하게 일치할 것이다. 예수 그리스도 안에서 우리와 함께 계시는 하나님은 신실하며, 하나님의 백성과 온 창조세계를 저버리지 않으실 것이다. 이것이 그리스도의 다시 오심에 대한 소망을 드러낼 때 교회가 고백하는 바다.

2. 기독교의 소망을 표현하는 두 번째 카테고리의 상징은 "죽은 자들의 부활"(resurrection of the dead, 니케아 신조)과 이것의 짝 개념인 "몸의 부활"(resurrection of the body, 사도신경)을 중심으로 한다. 이런 상징은 물론 그리스도의 부활 사건으로부터 기독교적인 의미를 획득한다(참조. 고전 15장). **부활**은 기독교적 소망의 통전적이고 포괄적인 특성을 표현하는 묵시적 이미지다. 부활에 대한 소망이 지니는 포괄성은 여러 가지 측면을 지닌다.

첫째, 하나님의 부활의 권능은 먼 미래로 한정되지 않는다. 이런 능력에 대한 선취는 성령의 변혁적인 활동 안에서 지금 여기서 경험된다. 십자가에서 죽으신 주님의 부활과 성령의 현존 및 권능으로 인해 신자는 하나님이 약속하신 만물의 완성을 계속 소망할 수 있다. 사도 바울이 "그리스도와 그 부활의 권능을 알기를" 원한다고 말할 때(빌 3:10), 이는 그가 그리스도를 전혀 알지 못한다거나 그가 부활의 권능에 지금 여기서 참여하고 있지 않다는 의미가 아니다. 오히려 사도의 말은 그리스도와 그 부활의 권능을 현재에서는 충분히 알지 못함을 의미한다. 다른 곳에서 바울이 강조하듯이, 성령의 권능에 의해 현재 그리스도 안에서 새로운 삶의 시작들과 잠재적 실현들이 존재한다.(롬 5:1-5) 그러므로 바울은 그리스도인들이 고난의 한가운데서 기뻐하기를, 그리고 현재에는 부분적으로만 경험되는 하나님의 부활 능력이 충분히 드러날 것을 확신을 가지고 소망하기를 요청한다.

하나님의 부활 능력이 가지는 두 번째 측면은 육체와 영혼을 모두 포함한다는 점이다. 영혼 불멸(immortality of the soul)이라는 고대의 교리는 기독교적 관점에서 볼 때 적어도 두 가지 점에서 잘못되었다.[28] 영혼 불멸에 대한 믿음은 인간의 생명에는 본질적으로 파괴될 수 없는 요소가 있고, 이 요소는 부패하고 소멸하는 육체와 분리될 수 있으며, 이 본질적 요소는 육체 안에 임시적으로 거주함을 가정한다. 이와는 대조적으로, 몸의 부활에 대한 기독교적 소망은 개인이든 인류 전체든, 내재적으로 소유하고 있다고 추정되는 영혼의 불멸에 의존하지 않는다. 대신에, 그리스도인은 부활을 하나님이 주시는 선물로서 소망한다. 이런 선물은 태초에 하나님이 주신 창조라는 순전한 선물과 유사하며, 그리스도 안에서 주신 용서와 화해라는 분에 넘치며 풍성한 선물과도 유사하다. 더욱이 하나님은 새로운 생명을 전 인격에게 주길 원하시지, 단순히 몸과 분리된 영혼에게 주기를 원하지는 않으신다. 비록 부활체에 대해 적절하게 개념화할 수는 없다고 하더라도(참조. 고전 15:35-44), 부활의 상징은 하나님의 총체적이고 포괄적이며 통전적인(holistic) 구원을 대담하게, 심지어 도전적으로

---

28) 참조. Oscar Cullmann, *Immortality of the Soul or Resurrection of the Dead?* (New York: Macmillan, 1958).

확증한다.

하나님의 부활의 권능에 대한 포괄적인 소망이 지니는 세 번째 측면은 두 번째와 밀접하게 연관되어 있다. 만약 하나님의 약속이 몸을 포함한다면, 또한 이 약속은 사회, 정치 체제, 나아가 우주 전체를 포함할 것이다. 왜냐하면 우리의 육체는 이런 것들과 밀접하게 연결되어 있기 때문이다. 영혼 불멸의 교리가 함축하는 개인주의와 인간 중심주의와는 대조적으로, 부활에 대한 소망은 단순히 나 자신이나 나의 가족이나 인간 일반을 위한 것이 아니라 우주 전체의 미래를 바란다. 그리스도인은 변화되고 변혁된 세계, 즉 "새 하늘과 새 땅"을 소망한다(계 21:1).

부활에 대한 소망의 포괄성이 지닌 마지막 측면은 현재 살아 있는 자들과 아직 태어나지 않는 자들뿐만 아니라 이미 죽은 자들을 포함한다는 점이다. 이것은 황금시대를 사는 이들만 참여할 수 있는 세상적인 희망보다 훨씬 더 광대한 개념이다.[29] 하나님이 죽은 자들을 부활시킬 것이라는 소망보다 세상에서의 질병, 부정성, 악, 사망의 모든 세력에 대해 더 강력하게 저항하는 표현은 있을 수 없다. 하나님, 곧 삼위일체 하나님의 모든 방식은 전 시간과 공간에 펼쳐져 있는 교제, 즉 심오하고 포괄적인 교제에서 시작하고 거기서 끝난다.

3. **최후의 심판**(the last judgment)이라는 상징은 기독교 종말론에서 경외스러운 요소지만, 많은 사람들에게는 오히려 두려운 대목이다. 많은 사람들은 이 단어로부터 죽은 자를 위해 드려지는 가톨릭의 장례 미사의 일부가 된 분노의 날(Dies Irae)이라는 곡을 떠올릴 것이다. 혹은 시스틴 성당의 벽에 그려진 미켈란젤로의 걸작인 최후의 심판을 떠올릴 수도 있다. 이 그림에서 격노한 심판자인 그리스도는 자기 발 아래 누워 있는 죄인들, 얼굴은 절망감으로 일그러지고 몸은 고통으로 엉망이 된 저주받은 자들을

---

29) 불의의 희생자와 관련한 하나님의 부활의 능력에 대한 논의로는 Peter C. Hodgson, *God in History: Shapes of Freedom* (Nashville: Abingdon, 1989), 224ff.을 보라.

향해 거부의 몸짓을 해보이고 있다. 그리고 그리스도 주위를 둘러싸고 있는 신앙의 순교자들은 저주받은 자들의 고통을 보며 만족스러워하는 듯 보인다.

최후의 심판에 대한 기독교적 소망은 모든 자기 의와 원한과는 예리하게 구별되어야 한다. 예수 그리스도의 복음과, 원한이나 보복의 동기는 절대적으로 양립 불가능하다. 그리스도의 십자가에서 결정적으로 계시된 하나님은 보복적인 심판을 행사하지 않는 분이다.

그러나 자유주의적 개신교는 최후의 심판을 신의 복수로서 이해하는 교리에 대한 반작용으로 최후의 심판이라는 상징 자체를 너무나 성급하게 포기해버렸다. 그 결과 자유주의적 개신교는 기독교의 믿음과 소망과 사랑을 감상주의적으로 변질시켰다. 하나님은 참으로 "소멸하는 불"(히 12:28-29)이지, 맹목적으로 사랑하는 마음씨 좋은 할아버지가 아니다. 하나님의 불은 사랑으로 행하는 심판의 불인 동시에 심판하는 사랑의 불이다. 그래서 그리스도의 십자가를 통해 우리는 하나님의 불은 우리의 파멸이 아니라 우리의 구원을 위한 것임을 깨닫는다.

최후의 심판에 대한 신실하고 적절한 해석은 한편으로는 교회 전통 속에 존재하는 무시무시한 묘사와 구별되는 동시에, 다른 한편으로는 심판의 실재에 대한 자유주의의 피상적인 거부와도 구별되어야 한다. 이런 균형 잡힌 해석은 다음과 같은 세 가지 주된 강조점을 가질 것이다. 첫째, 우리는 모두 하나님의 심판을 받을 것이다. 그러므로 우리는 오직 우리 죄의 용서만을 인식하고, 다른 이의 죄가 드러나고 정죄 받는 문제에 대해서는 섣부른 가정을 해서도, 또한 그런 가정 하에 행동해서도 안 된다. 우리 모두는 하나님의 정결하게 하는 사랑의 불을 통과해야 할 것이다(참조. 고전 3:13, 15). 둘째, 우리를 위해 십자가에 달려 죽고 부활한 바로 그 그리스도가 최후의 날에는 우리의 심판자가 될 것이다. 우리는 지금은 은혜롭고 용서하는 하나님을 대면하고, 그때에는 보복과 복수를 행하는 하나님을 대면하는 것이 아니다. 셋째, 지금이나 그때에나 심판의 기준은 예수 그리스도 안에서 결정적으로 알려진 하나님의 사랑, 즉 자기를 내어주며 남을 포괄하는 사랑이다. 우리는 다만 "주여, 주여"(마 7:21) 하고 불렀는지 아닌지에 의해서, 또는 어느 일정한 정통 교리에 충분한 서약을 했는지 아닌지에 의해서 심판받지는 않을 것이다. 만약 마태복음 25장의 최후의 심판의 장면에 의해 제대로 인도함을 받는다면, 우리가 대답해야 하는 질문은 다음과 같을 것이다. 즉 우리를 향한 하나님의 풍성한 자비에 대한 응답으로, 우리 역시 이웃에게 자비를 베풀었는가? 아니면 우리 자신만을 사랑했는가?[30] 정통주의적 믿음과 편협한 율법주의는 우리의 삶을 최종적으로 측정할 수 있는 기준이 되지 못한다. 마땅한 기준은 하나님의 은혜를 순전하게 신뢰하는 것과 그리스도의 아가페적 삶의 방식에 즐겁게 참여하는가 아닌가다. 그리스도의 아가페적 삶의 방식은 이웃을 섬기는 것, 특히 가난하고 병들고 소외된 자들을 평범한 방식으로 섬기는 행위에서 드러난다.[31]

4. 기독교적 소망을 표현하는 마지막 카테고리의 상징은 **하나님의 통치 안에서의 영원한 생명**("천국")의 약속과 **영원한 죽음**("지옥")의 가능성을 중심으로 한다. 이런 상징을 고려할 때는 "천국에 구비된 가구나 지옥 불의 온도"(라인홀드 니버) 같은 문제에는 집착하지 말아야 한다. 더욱이 성경 증언에서는 영원한 생명의 상징과 영원한 죽음의 상징이 동등한 중요성을 갖지 않음에 주목해야 한다. 하나님의 통치의 도래는 이미 약속되었다. 최후의 멸망과 지옥에 관한 언급은 우리가 무시할 수 없는 경고로서 기능한다.

아우구스티누스와 토마스 아퀴나스를 포함하는 기독교의 주류 신학 전통에서는 인간의 삶의 최종적 목적과 지복의 성취를 "하나님을 보는

---

30) Hans Urs von Balthasar, *Credo: Meditations on the Apostles' Creed* (New York: Crossroad, 1990), 70-71.

31) 최후의 심판에 대한 이 간략한 논평은 나의 저서 "From There He Shall Come to Judge the Living and the Dead," *The Apostles' Creed*, ed. Roger Van Harn (Grand Rapids: Eerdmans, 2004)에서 더 깊이 있게 전개되었다.

것"이라고 묘사했다.[32] 우리가 현재는 하나님을 부분적으로만 알지만, 천상의 성도는 하나님을 충분히 보고 알 수 있을 것이다(고전 13:12; 마 5:8). 세계 문학에서 하나님을 보는 것에 대한 가장 유명한 묘사는 단테의 『신곡』(Divine Comedy)에 나타나는 것 같다. 지옥에서 연옥을 거쳐 천국으로 나아가는 자신의 순례를 묘사하면서, 시인은 마지막에는 "태양과 별들을 움직이는 사랑"을 목격한다. 영생을 하나님을 보는 것으로 묘사하는 것은 풍성한 비유다. 특히 하나님의 압도적인 아름다움과 이것이 목격자들에게 생성하는 기쁨을 말한다는 점에서 그러하다. 그럼에도 이 비유는 한계점을 가진다. 즉 이 비유는 하나님의 목적들의 완성에 대한 송영적·공동적 차원에 관해서는 분명하게 말해주지 못한다. 따라서 우리는 영생에 관한 이런 상징의 적어도 몇몇 형태가 "예수 그리스도의 얼굴에 있는 하나님의 영광을 아는 빛"(고후 4:6)에 의해 충분히 그 내용이 채워질 수 있는지를 질문할 수 있다.

이 책 전체에서 내가 강조하는 내용과 일관성을 유지하는 상징과 비유들이 필요하다. 즉 영생을 삼위일체 하나님과의 깊은 교제로, 그리고 하나님과의 관련 속에서 다른 모든 이들과의 깊은 교제로 이해하는 상징과 비유가 필요한 것이다. 영생은 하나님을 "보는 것"을 포함하지만 그것 이상이다. 영생은 하나님이 구속하신 모든 피조물과 함께 존재하면서 하나님을 사랑하고 찬양하고 영화롭게 하며 섬기고 누리는 것이다. 영생에의 참여는 우리가 하나님이 된다는 것을 의미하지 않는다. 우리는 피조물이고 앞으로도 피조물로 남을 것이다. 또한 우리는 우리의 인간성을 상실하고 천사가 되지는 않을 것이다. 오히려 우리의 인간적 정체성이 하나님과의 완전한 교제 속에서, 그리고 하나님 안에서 다른 이들과의 완전한 교제 속에서 성취될 것이다. 하나님 및 다른 이들과 함께하는 곳에서 누리는 끊임

---

32) Kenneth E. Kirk, *The Vision of God: The Christian Doctrine of the Summum Bonum* (London: Longmans, Green, and Co., 1931)의 고전적 연구를 보라.

없고 완전한 사랑과 기쁨으로서의 영생은 초기의 창조 상태로 되돌아가는 것 이상이다. 영생은 그리스도 안에서 "만물이 함께 서 있는"(골 1:15-20) 화해와 창조의 활동의 완성이다. 여기서 화해는 "인간과 하나님과의 화해, 인간 서로 간의 화해, 인간 안의 내적인 화해, 인간과 자연환경의 화해"를 포함한다.[33] 영생은 교제 안에 존재하는 삼위일체 하나님과 누리는 끊임없는 기쁜 교제다. 조나단 에드워즈가 상상했듯이, 천국은 "사랑의 세계"다. "천국 그곳에서는 사랑의 샘인 영원한 삼위일체가 모두에게 개방되어 있어서 여기로 접근하는 것을 막는 어떤 장애물도 없을 것이다. 그곳에서는 영광스러운 하나님이 충만한 영광 중에 드러나며 사랑의 광선을 뿜으며 빛난다. 사랑의 샘은 애정과 환희의 시내와 강들로 흘러 넘쳐서, 모두가 마시고 헤엄치기에 충분할 것이다. 이는 마치 세상에 흘러넘쳐 사랑의 홍수로 범람하는 것과 같다."[34]

천국을 삼위일체 하나님과의 교제 안에서 성취된 화해와 삶의 기쁨으로 해석한다면, 이 천국은 개인적 삶과 공동체적 삶 모두의 완성으로 간주될 수 있다. 영생에 대한 모든 성경적 이미지들, 예를 들어 새 하늘과 새 땅, 혼인 잔치, 천상에서 내려오는 새 예루살렘, 각 나라와 방언과 족속으로 이루어진 무수한 사람들의 찬양대가 하나님께 드리는 무한한 찬양 등의 이미지는 심원한 의미에서 공동체적이다. 그러므로 영생은 분리된 자아의 존재를 무한히 확장하는 것도, 개인주의를 무한히 영속화하는 것도 아니다. 영생은 하나님의 영원한 "복된 사회"(blessed society, 에드워즈) 안에 끊임없이 참여함을 의미한다. 하나님이 창조하고 구원하신 인간됨이 지니

---

33) Miroslav Volf, "Enter into Joy! Sin, Death, and the Life of the World to Come," in *The End of the World and the Ends of God: Science and Theology on Eschatology*, ed. John Polkinghorne and Michael Welker (Harrisburg: Trinity Press International, 2000), 275.

34) Jonathan Edwards, "Heaven Is a World of Love," in *The Works of Jonathan Edwards*, vol. 8: Ethical Writings, ed. Paul Ramsey (New Haven: Yale University Press, 1989), 370.

는 공동체적 본질은 그리스도의 몸인 교회 속에서 잠정적으로 표현되며, 이런 본질의 최종적인 성취는 "하나님의 삶을 함께 공유하는 모든 자들과 더불어 삶을 공유하는 것"[35] 안에서 이루어진다. 교제 안에 있는 삶은 개인의 정체성의 상실이 아니라, 오히려 하나님과 이웃과의 관계 속에 있는 개인의 정체성의 완성을 의미한다. "천국, 즉 삼위일체와의 친교는…모든 인간이 창조된 목적이다."[36]

하나님의 영속적인 삶은 다함이 없을 정도로 풍성하다. 구원받은 자는 이런 삶에 싫증나거나 질리지 않을 것이며, 그 영원을 모조리 다 파악했다고도 느끼지 않을 것이다. 영생이 주는 "안식"과 "평화"는 영원한 잠과는 다를 것이다. 교제 안에는 끊임없는 발견과 기쁨이 있을 것이다. 삼위일체 하나님을 찬양하고 섬기는 때이며, 생명과 사랑이라는 하나님의 선물이 "무한정으로 계속 펼쳐지면서"[37] 늘 새로운 경이와 모험이 남아 있을 것이다. 존 폴킹혼(John Polkinghorne)에 따르면 "옛 창조세계는 성례를 포함하고 있는 세계다.…새 창조세계는 전적으로 성례 그 자체일 것이다. 왜냐하면 하나님이 '만유 안에' 계실 것이기 때문이다"(고전 15:28).[38]

이와는 대조적으로, 지옥은 하나님의 은혜와 분리되어 이웃과 소외된 채로 스스로 혼자이기를 원하는 곳이다. 지옥은 스스로 선택한 상황으로서, 이곳에서 개인은 하나님의 아가페적 사랑에 대립하고 상호 우정과 상

---

35) Zachary Hayes, *Visions of a Future: A Study of Christian Eschatology* (Wilmington, Del.: Michael Glazier, 1989), 196.

36) Jerry L. Walls, *The Logic of Eternal Joy* (New York: Oxford University Press, 2002), 107.

37) Von Balthasar, *Credo*, 103. 또한 이것은 조나단 에드워즈의 종말론의 두드러진 주제이기도 하다.

38) John Polkinghorne, "Eschatology: Some Questions and Some Insights from Science," in *The End of the World and the Ends of God*, 40. 폴킹혼은 "나는 만유재신론이 현재적 실재라고 믿지 않지만, 그것이 종말론적 실재가 될 것이라고는 믿는다"라고 덧붙인다.

호 섬김의 삶과 반대하여 타인이 자신에게 접근하지 못하도록 봉쇄하는 곳이다. 지옥은 전적으로 자신에게만 집중하는 삶이 초래하는 지독한 권태와 지루함이다. 지옥은 역사의 종말에 있을 하나님의 자의적인 처벌이나, 복수하는 하나님의 최종적인 보복이 아니다. 지옥은 하나님의 영원한 사랑을 반대하는 자기 파괴적인 저항의 논리적 귀결일 뿐이다. 지옥은 삶의 의미와 의도가 상실될 수도 있다는 진리를 상징한다. 그러므로 회개가 긴급히 요구된다. 중요한 것은 우리의 선택과 행동이다. 하나님은 자기 영광과 무정함으로 가득 찬 지옥으로부터 우리를 이끌어내고자 끊임없이 추구하신다. 그러나 하나님의 사랑은 시간 안에서나 영원 속에서나 강제적이지 않다.[39]

보편 구원이 있을 것인가? 지옥은 텅텅 빌 것인가? 하나님의 사랑이 피조물 중에서도 가장 반역적인 피조물에게조차도 우세할 것인가? 이런 물음은 "기독교 종말론에서 가장 논쟁적인 질문이다."[40] 이것은 기독교 신앙과 신학이 긍정이든 부정이든 뻔뻔스러운 보증의 자세로 대답할 수 있는 종류의 질문이 아니다. 성경에는 구원과 멸망이라는 이중 결과를 암시하면서 예리한 경고를 제시하는 구절이 있는 동시에(예를 들어 마 24:36-42: 25:31-46), 만물의 구원을 가리키는 구절도 있다(예를 들어 고전 15:22: 롬 11:32). 칼 바르트가 제안한 대로, 이 둘 사이의 긴장은 신학적으로 해소하려고 시도하지 않는 편이 가장 좋다. 다만 예수 그리스도 안에서 드러난 하나님의 넘치는 사랑에 근거하여, 우리 자신이 쉽게 바라거나 심지어 상상할 수 있는 것보다 훨씬 더 큰 세계의 구원을 위해 기도하고 소망하는 것이 가장 바람직할 것이다.[41]

---

39) Hans Küng, *Eternal Life: Life after Death as a Medical, Philosophical and Theological Problem* (New York: Doubleday Image Books, 1985), 129-42.

40) Jürgen Moltmann, *The Coming of God*, 237.

41) Barth, *The Humanity of God* (Richmond: John Knox Press, 1960), 61-62. 한스 우르스 폰 발타자르도 동일한 입장을 취한다. "나는 창조세계를 위한 하나님의 구원 사역

종말론과 윤리

신약의 종말론은 기독교 윤리와 어떤 관계가 있는가?[42] 십자가에서 죽고 부활하신 그리스도의 영광 중의 재림, 죽은 자의 부활, 영생의 약속에 대한 소망이 지금 여기서의 우리 공동체와 우리 세계에서 더 큰 정의와 평화를 위해 활동하는 기독교적 헌신을 파괴하는가?

불행하게도 오늘날의 교회는 기독교적 소망과 기독교 윤리의 연관성을 대부분 상실하고 있다. 따라서 우리 시대에 이 연관성을 회복하는 것은 긴급하고도 중대한 문제다. 우리의 소망은 하나님께 있지 우리 자신의 자원에 있지 않다. 정확하게 바로 이 이유 때문에 우리는 위로와 저항과 변혁의 사역에 참여할 힘을 얻는다. 올바로 이해되고 실천되기만 한다면, 기독교의 소망은 현재의 삶에서 우리의 모든 활동과 투쟁을 포괄하는 갱신을 열정적으로 기대하도록 할 것이다. 뒤집어 말해 우리는 오직 제자도의 삶을 통해서만 기독교적 소망의 진정한 의미를 파악할 수 있다. 기독교의 소망과 기독교 윤리와의 이런 변증법적 관계는—하나님의 대한 소망은 제자도의 삶에 영향을 미치고, 역으로 제자도의 삶은 우리로 하여금 거듭 하나님을 소망하도록 한다—다음과 같이 더 상세하게 강조될 필요가 있다.

1. 하나님에 대한 소망은 신음하는 창조세계와 연대를 맺고, 만물의 갱신을 위한 투쟁을 지속하도록 우리를 강화한다.

기독교의 진정한 소망은—하나님의 최종적 승리에 대한 소망, 그리스

이 성공할 것임을 어느 누구라도 소망할 수 있도록 허용되어야 한다고 요청한다. 확실성에 도달할 수는 없다. 그러나 소망은 정당화될 수 있다"[Dare We Hope "That All Men Be Saved"? (San Francisco: Ignatius Press, 1988), 187]. 참조. Tillich, Systematic Theology, 3: 406-9.

42) Thomas Finger, "Eschatology and Ethics," in Dictionary of Scripture and Ethics, ed. Joel Green (Grand Rapids: Baker Academic, 2011), 276-79; Richard Hays, The Moral Vision of the New Testament: Community, Cross, New Creation (San Francisco: HarperSanFrancisco, 1996).

도 안에서 드러난 하나님의 구속적 활동의 완성에 대한 소망, 부활의 약속에 대한 소망—그리스도인으로 하여금 고통당하는 인간과 신음하는 창조세계 전체와 진정으로 연대를 맺도록 감동하고 강화한다. 오로지 그리스도의 은혜와 성령의 은사에 근거해서만 기독교의 소망은 우리를 자유롭게 만들고, 궁핍한 세상에서 하나님을 찬양하고 섬기도록 한다. 기독교의 소망은 추상적 이론이 아니라 삶과 밀접하게 관련된 실천이다. 기독교의 소망은 자유분방한 사변을 행사하는 것이 아니다. 존 웹스터(John Webster)가 썼듯이 "기독교 종말론은 사변적이라기보다는 실천적이다."[43]

기독교의 소망은 우리로 하여금 세상의 고통에 대해 눈을 감도록 허락하지 않는다. 정반대로 그리스도인은, 하나님이 세상을 창조하고 소중하게 사랑하고 구원하며 세상과 영속적인 교제를 이루고자 하심을 믿는다. 만약 죽음 이후의 성취된 삶을 소망한다면 우리는 죽음 이전의 고통스런 삶에도 무관심할 수 없다. 위르겐 몰트만이 기술했듯이, "그리스도를 소망하는 자들은 더 이상 현실을 있는 그대로 받아들이지 않고, 현실속에서 고통당하기를 시작하며 그것에 반대하기 시작한다. 하나님과의 평화는 세상과의 충돌을 의미한다. 왜냐하면 약속된 미래라는 막대기는 성취되지 않은 모든 현재의 육체를 냉혹하게 찌르기 때문이다."[44]

확실히 오늘날 교회 안팎의 사람들에게 가장 절박한 도전 중 하나는, 고통당하는 모든 자와의 연대의 범위를 점점 더 넓혀나가는 것이다.[45] 우리는 윤리적 개인주의자, 즉 특정 계급, 성, 인종, 국가와만 연대감을 가지는, 윤리적으로 민감한 척하는 가족 또는 민족이 되고 싶은 유혹을 받는

---

43) John Webster, *Word and Church: Essays in Christian Dogmatics* (Edinburgh: T&T Clark, 2001). 여기서 웹스터는 몰트만의 글을 인용하고 있다. "소망의 신학은 관망자를 위한 신학이 아니라 투쟁자를 위한 신학이다"(*The Coming of God*, 146).

44) Moltmann, *The Theology of Hope*, 21.

45) 엄밀한 인본주의적 관점에서 이런 관심을 감동적으로 진술한 책으로는 Jonathan Schell, *The Fate of the Earth* (New York: Alfred A. Knopf, 1982)을 보라.

다. 하지만 자기를 희생하고 남을 존중하며 공동체를 형성하는 삼위일체 하나님의 사랑은 우리를 해방시켜 모든 피조물과의 연대를 맺도록 한다. 그러므로 은혜에 의해 자유롭게 됨으로써 우리는 가족과 친구라는 작은 범위뿐만 아니라 인류 전체를 위해, 인간 가족을 위해서뿐만 아니라 창조 세계 전체를 위해 소망하게 된다. 그리스도인으로서 우리의 소망은 현재 세대뿐만 아니라 과거의 세대와 다가올 미래의 세대까지도 포함한다. 가난한 자들의 현재의 필요를 냉담하게 소홀히 여기거나 미래 세대의 건강과 복지를 무모하게 무시하는 정책을 시행하는 사회는 어떤 사회든지 철저하게 반기독교적이라고 할 수 있다.

기독교의 소망이 우리의 상상력을 확장하고 구원에 대한 우리의 이상을 확대하며 타인과 신음하는 창조세계 전체와의 연대성을 심화해야 한다고 말할 때, 이 말은 단지 소망을 표현하는 기독교의 이상과 상징이 우리에게 유용하기 때문에 그것을 지지한다는 의미가 아니다. 정반대로, 기독교의 소망은 "토대가 튼튼한 소망"[46]이다. 그리스도인은 소망에 대한 성경의 이상이 단순한 공상이 아니며, 그 이상은 하나님이 모든 창조세계를 해방하고 화해시키려는 목적을 신실하게 표현하고 있음을 고백한다. 오직 진리만이 진정으로 우리를 자유케 하며 고귀한 섬김을 감당하도록 할 수 있다(요 8:32). 인간은 속임수에 불과한 것을 소망하지도 않을 뿐만 아니라 그것을 위해서는 끈질기게 싸우지도 않는다.

예수 그리스도의 복음이 처음으로 선포된 후로 이천 년이 지났지만, 여전히 세상은 수많은 예속에 묶인 채 자유를 바라며 신음하고 있다. 동서방의 오래된 냉전이 종식되었음은 기뻐해야겠지만, 그럼에도 불구하고 여전히 수많은 민족과 국가가 분열된 채로 남아 있다. 핵무기와 화학 무기와 생물학 무기는 계속적으로 확산되는 중이다. 지상의 부유한 종족과 빈곤한 종족 간의 간격은 점점 더 크게 벌어지고 있다. 인종차별주의와 성차별

---

46) Hendrikus Berkhof, *Well-Founded Hope* (Richmond: John Knox Press, 1969).

주의가 지구 도처에서 지속되고 있다. 인간의 환경 약탈은 무모한 속도로 진행된다. 테러와 보복 테러는 아무 예고도 없이 도시의 버스, 카페, 사무실 건물, 교회, 회당, 이슬람 사원을 살육의 현장으로 바꾸고자 위협한다.

윤리는 우리가 차이성과 타자성을 어떻게 다룰 것인지 하는 문제와 밀접하게 연관된다. 지구촌이 하나가 된 세계화 시대에서는, 다양한 인종과 성과 문화를 가진 사람들 사이에서의 새로운 연대성과, 하나님의 모든 피조물과의 공동의 운명에 대한 새로운 감각이 어느 때보다 훨씬 더 많이 요구된다. 기독교의 복음은 우리를 자유롭게 함으로써, 우리로 하여금 친구와 낯선 자와 원수들, 즉 모든 "타자들"을 사랑하며 그들을 위해 기도하고 소망하도록 요청한다. 우리는 용서와 화해와 무제한적인 연대를 행하도록 부름 받는다. 왜냐하면 삼위일체 하나님은 자유롭게 사랑하고 교제 안에 거주하며, 창조세계 전체가 하나님 자신의 공유된 사랑 안에 참여함을 통해 영광 받기를 원하시기 때문이다.

이와 같이 말한다고 해서 그리스도인이 스스로를 "하나님의 나라를 지상에 건설하는 자"로서 여길 것을 의미하는 것은 아니다. 기독교의 소망과 기독교 윤리의 관계를 이런 식으로 이해하는 것은 성경의 증언과는 거리가 멀다. 동시에 정반대의 견해, 즉 순전히 저 세상적인 소망, 곧 이 세상에 아무런 관심도 없으며 이곳의 변혁의 가능성에도 관심을 두지 않는 소망 역시 성경 증언과도 거리가 멀다. 이런 두 가지 견해와는 대조적으로, 기독교의 소망은 하나님의 도래할 통치에 대한 긍정적인 "표지", "암시" 혹은 "비유"를 찾도록 격려하며 지지한다.[47] 기독교의 소망은 모두를 위한 정의와 국가 간의 평화를 위해 대변하고 기도하고 활동함으로써 "역사 속에서 하나님의 미래를 예표하는 것들"을 추구하며, 하나님의 도래할 통치를 위해 "길을 예비하는" 모든 노력을 자극한다.[48]

---

47) Barth, *Church Dogmatics*, 4/3.2: 937-38.
48) Jürgen Moltmann, "The Liberation of the Future and Its Anticipations in History,"

2. 생명이 번성하고 악과 죽음과 파멸의 세력이 사라질 하나님의 변혁된 세계를 위해 기다리고 기도하고 활동하면서, 우리는 우리 자신의 능력과 성취가 아니라 하나님을 소망하는 것의 의미를 배운다.

만약 기독교의 소망이 새로운 연대의 정신을 배양함이 사실이라면, 값비싼 제자도의 삶은 우리의 소망이 궁극적으로 하나님의 주권적인 은혜 이외에 다른 어떤 것에도 토대를 두지 않음을 상기시켜준다는 점 또한 사실일 것이다. 생명을 창조하고 보존하고 변혁하고 성취하는 모든 것은 바로 은혜. 이것이 바로 신학 서론에서부터 종말론에 이르기까지 기독교 신학의 간결한 요약인 것이다.

그리스도인은 오직 제자도의 실천을 통해서만 하나님의 은혜를 소망하는 것의 의미를 배운다. 이런 실천에는 복음을 선포하고 듣는 것, 주님의 식탁에 함께 모이는 것, 하나님의 선물인 용서와 평화와 화해와 해방과 소망을 타인과 함께 공유하는 것이 포함된다. 또한 이런 실천에는 주 예수 그리스도의 은혜와 하나님의 사랑과 성령의 교통하심을 기원하는 사도의 축도를 타인에게 전달하는 우정과 평화의 몸짓(고후 13:13), 낯선 자를 환대하고 궁핍한 자들을 섬기는 행위도 포함된다. 교회는 기다리고 기도하는 동시에, 또한 행동한다. 앞에서 주장한 것처럼, 기독교의 소망은 활동하지 못하도록 하는 것이 아니라 오히려 사람들로 더 열정적으로 활동하도록 만든다. 기독교의 소망은 현실 도피적 소망이 아니라 창조적 소망이다. 기독교의 소망은 정의와 평화로 가득 찬 하나님의 새로운 세계를 잠정적으로 표현하는 것을, 즉 예표적으로 실현하는 것을 추구한다.

하지만 하나님의 통치를 예표적으로 나타내는 표지가 질병과 고통에 대한 모든 승리 안에, 정의와 평화를 위한 모든 승리 안에서 발견된다 하더라도, 우리는 개인적으로든 집단적으로든 이런 승리의 불완전성 역시

in *God Will Be All in All: The Eschatology of Jurgen Moltmann*, ed. Richard Bauckham (Minneapolis: Fortress, 2001), 265-89.

상기해야 한다. 우리는 세상을 완전하게 할 수 없다. 우리는 모든 질병과 모든 잘못을 고칠 수 없다. 우리는 죽은 자들을 부활시킬 수 없다. 에드바르트 스킬레벡스가 기술했듯이, "어떤 사회적 치유나 정치적 치유도 감당할 수 없는 인간의 상처가 존재한다."[49] 우리는 순례자 백성으로서 현재 살고 있는 곳보다 "더 나은 본향"과 "고향"이 예비되어 있으며, 그곳을 사모한다(히 11:14, 16). 그러므로 그리스도인은 자신의 노력과 성취를 칼 바르트가 명명한 바 "위대한 소망", "위대한 의", "위대한 평화"와 결코 동일시할 수 없다. 이런 표현들을 통해 바르트는 하나님의 선물로서 주어지는 하나님의 통치를 의미했던 것이다. 대신 그리스도인은 복음을 선포할 수 있으며, 수많은 "작은 소망들"의 실현, 즉 우리 가정과 공동체와 교회와 국가와 국제 관계 속에서 더 많은 정의와 평화와 긍휼을 가져오기 위해 상상력과 힘을 다해 활동할 수 있다.[50] 궁극적인 충성이 하나님께로만 향할 때에, 우리는 지상에서도 가장 충실할 수 있다. 이것이야말로 하나님 이외에 "다른 신들을 두지 말라"(출 20:1)는 제1계명의 윤리적인 귀결이다. 동시에 이것은 "너희는 먼저 하나님의 나라와 그의 의를 구하라. 그리하면 이 모든 것을 너희에게 더하시리라"(마 6:33)고 말씀한 예수의 명령의 요점이기도 하다.

많은 사람들이 섬김과 값비싼 제자도의 삶이 가망 없는 것이라고 간주하며 포기할 때에도, "소망의 하나님"을 의뢰하는 그리스도인은 이런 삶을 대담하게 견디어낸다. 세상에는 너무도 많은 아픔과 고통과 파괴와 죽음이 있다. 그래서 우리는 쉽게 지치고 포기하고 싶은 유혹을 느낀다. 그러나 하나님에 대한 소망은 우리를 지탱할 수 있다. 그리스도인은 하나님의 통치의 길을 준비하기 위해 행한 자신의 빈약하고 부적절하고 결점 많

---

49) Schillebeeckx, *Jesus: An Experiment in Christology* (New York: Seabury Press, 1977), 624.
50) Barth, *The Christian Life* (Grand Rapids: Eerdmans, 1981), 205-13, 260-71.

은 노력과, 하나님의 도래할 통치를 어리석게 혼동하는 것을 피해야 한다. 그럼에도 불구하고 그리스도인은 무관심과 체념에 맞서서 싸우도록, 소망과 새로운 삶의 씨앗을 심도록 부름 받는다. 하나님이 이 연약한 씨앗에 물을 주고 열매를 맺도록 하실 것이다. 가장 암울할 때조차 존재하는 이런 소망으로의 부름은 다음과 같은 루터의 문장 속에 아름답게 표현되어 있다. "내일 세상의 종말이 온다 하더라도, 나는 오늘 여전히 사과나무를 심을 것이다."[51]

기독교의 소망은 신속하거나 용이한 성공을 전혀 보증하지 않는다. 기독교의 소망은 그리스도가 십자가에 달려 죽으셨다는 점을 기억할 뿐이다. 참된 소망은 십자가에 달린 그리스도와 동행할 때만, 즉 인간의 고통을 함께 나눈 그리스도와 동행하면서 실천할 때만 비로소 체득된다.[52] 오직 그런 자리에서야 우리는 하나님의 은혜의 충분함을 발견할 것이다. 오직 골고다에서, 그곳에서 고통당했던 분을 상기시켜주는 세상의 수많은 고통의 장소에서야 비로소 우리는 회개하기를, 사랑하고 소망하기를 배울 수 있다. 암흑과 고통으로 가득 찬 이와 같은 장소에서 북미의 그리스도인들은 다음과 같은 기초적이지만 필수적인 질문을 제기하는 법을 배울 수 있을 것이다. 우리는 가난한 자를 먹이고 아픈 자를 치유하는 것을 돕기위해 부를 사용하는 대신, 훨씬 정교하고 강력해진 군비 확충을 위해 우리의 부를 계속해서 낭비할 것인가? 우리는 이웃들, 즉 가난한 자와 억압당하는 자와 미래의 세대가 음식, 에너지, 식수, 경작지를 충분히 가지는 것을 어렵게 하거나 심지어 불가능하게 만드는 삶의 방식을 고집할 것인가? 부유한 나라의 그리스도인은 예수의 제자들로서 오늘날 북대서양 국가안에 만연해 있는 무제한적 소비의 정신에 저항해야 할 책임성을 느껴야

---

51) Gerhard Sauter, "Our Reasons for Hope," in *The End of the World and the Ends of God*, 221.

52) Nicholas Lash, *Theology on the Way to Emmaus* (London: SCM Press, 1986).

하지 않겠는가? 새로운 기독교적 금욕, 즉 더 단순한 삶의 방식을 배양하는 것이 우리 시대에 있어 기독교의 진정한 소망을 실천적으로 표현하는 것이 되지 않겠는가?

기독교적 소망의 정신은 다음과 같은 것 속에서 표현된다. 즉 하나님의 끝없는 사랑의 선물인 복음을 나누는 것, 폭력과 죽음의 세력에 맞서서 싸우는 것, 모든 사람을 위한 정의와 자유와 평화를 위해 위험 부담을 감수하는 것, 세상을 향한 하나님의 목적의 완성을 재촉하고 기다리는 것(벧후 3:12), 불의에는 불의로, 폭력에는 폭력으로 맞서 싸우려는 유혹을 극복하는 것, 예수 그리스도 우리 주 안에 있는 하나님의 사랑에서 우리를 끊을 수 있는 것은 아무것도 없음을 확신하면서 살아가는 것(롬 8:38-39), 그리고 이 모든 것을 통해 언제나 하나님께 감사와 영광을 돌려야 할 이유를 발견하는 행위 속에서다. 이런 정신은 모든 정치 체제나 권력을 궁극적인 것으로 인정하기를 거부하는 동시에, 원수에 대한 사랑과 궁핍한 자들에 대한 도움을 장려하기 때문에, 기독교의 소망은 거듭해서 이 세상의 카이사르를 격노하게 만들며 좌우의 이데올로기 신봉자들을 당혹하게 한다. 십자가에서 달려 죽고 부활한 주님을 통해 드러난 하나님의 사랑의 승리에 대한 이와 같이 낯선 소망은, 우리의 문화나 민족의 승리 또는 하나님과 그분의 통치에 대한 우리의 순응화된 관념의 승리에 대한 우상숭배적 소망과는 철저하게 다르다.

그리스도인은 변혁된 하늘과 땅을 의와 자유와 평화로 채우시고 죽은 자들을 살리실 하나님의 확고부동한 사랑을 소망한다. 그리스도인은 하나님의 영광의 도래, 최후에 있을 "만국의 치료"(healing of the nations, 계 22:2), 창조세계 전체에 있을 정의와 평화로 가득한 하나님 통치의 실현(사 9:6-7), 모든 애통과 사망의 종식(계 21:4), 하나님의 환희의 "사랑의 세계"(world of love, 에드워즈)에서의 영속적인 삶을 소망한다. 그리스도인은 하나님을 볼 것뿐만 아니라 영원히 하나님을 섬기고 영화롭게 하며 즐거워할 것을 소망한다. 기독교의 소망은 우리가 받을 자격이 있거나 심지어 상상할 수 있는 모든 것 이상의 삶의 성취에 대한 소망, 즉 삼위일체 하나님의 환희의 교제 안에 있는 삶의 완성에 대한 소망이다.

그러므로 기독교 신학은, 기독교의 믿음과 소망과 사랑과 마찬가지로, 다음과 같이 하나님을 송영하는 것으로 끝남이 마땅하다.

이는 만물이 주에게서 나오고 주로 말미암고 주에게로 돌아감이라.
그에게 영광이 세세에 있을지어다. 아멘(롬 11:36).

참고 문헌

Balthasar, Hans Urs von. *Dare We Hope "That All Men Be Saved"?* San Francisco: Ignatius, 1988.

Bauckham, Richard. "Eschatology." In *The Oxford Handbook of Systematic Theology*, ed. John Webster, Kathryn Tanner, and Iain Torrance. Oxford: Oxford University Press, 2007. p. 306-22.

Braaten, Carl E., and Robert W. Jenson, eds. *The Last Things: Biblical and Theological Perspectives on Eschatology*. Grand Rapids: Eerdmans, 2002.

Buckley, James J., and L. Gregory Jones, eds. *Theology and Eschatology*. Malden, Mass.: Blackwell, 2001.

Fergusson, David, and Marcel Sarot, eds. *The Future as God's Gift: Explorations in Christian Eschatology*. Edinburgh: T&T Clark, 2000.

Jensen, David H. *Living Hope: The Future and Christian Faith*. Louisville: Westminster John Knox, 2010.

Moltmann, Jürgen. *The Coming of God: Christian Eschatology*. London: SCM, 1996.

_____. *Theology of Hope*. London: SCM, 1967.

Neville, David J. *A Peaceable Hope: Contesting Violent Eschatology in New Testament Narrative*. Grand Rapids: Baker Academic, 2003.

Polkinghorne, John C. *The God of Hope and the End of the World*. New Haven: Yale University Press, 2002.

Rahner, Karl. "The Hermeneutic of Eschatological Assertions." In *Theological Investigations*. London: Longman & Todd; New York: Seabury, 1974. Vol. 4, p. 323-46.

_____. *On the Theology of Death*. New York: Herder and Herder, 1965.

Schwarz, Hans. *Eschatology*. Grand Rapids: Eerdmans, 2000.

Thiselton, Anthony C. *Life After Death: A New Approach to the Last Things*. Grand Rapids: Eerdmans, 2012.

Wright, N. T. *Surprised by Hope*. New York: HarperOne, 2008.

자연신학에 관한 대화

여러 표준적 신학 교과서에서 볼 수 있는 첫 부분은 "자연신학"(natural theology)이라는 명칭 하에서 이루어진다. 자연신학은 여러 가지 상이한 형태를 취할 수 있지만 그 공통되는 목적은 모든 사람이 공유할 수 있는 신(神) 지식을 확정하거나, 아니면 적어도 신 지식에 대한 준비를 완료시키는 것이다. 때로는 자연신학의 가능성과 한계를 명확히 하기 위해 일반 은총과 특별 은총의 구별, 일반 계시와 특별 계시의 구별이 덧붙여진다. 자연신학에 따르면, 일반 은총과 일반 계시는 "하나님이 만드신 만물"(롬 1:20)을 통해 언제 어느 곳에서든 분명히 알 수 있는 신 지식 및 인간의 이성과 양심과 공통의 경험을 통해 파악되는 신 지식을 가능하게 한다. 이와는 대조적으로, 특별 은총과 특별 계시는 성경의 증언을 통해 전달되는 이스라엘 백성의 역사나 예수 그리스도의 이야기 속에서 드러난 하나님의 독특한 행동과 자기 계시를 가리킨다. 자연신학의 구분을 통해 기대될 수 있는 바는, 자연신학이 길을 준비한 후 특별 계시에 토대를 둔 신학이 하나님에 대한 이해를 다듬고 심화하는 신학의 임무를 제대로 수행하게 한다는 점이다.

　자연신학의 기획은 수세기 동안 철학자와 신학자들 사이에 활발하고 복잡한 논쟁의 주제가 되어왔다. 이 논쟁에서는 다음과 같은 세 가지 입장을 간략하게 확인할 수 있겠다. (1) 자연신학의 한 전통에 따르면, 이성은 신의 존재를 증명할 수 있다. 개신교 스콜라주의 신학과 가톨릭 스콜라주의 신학이 공유하는 이 견해는 1870년 제1차 바티칸 공의회에서 로마 가톨릭의 공식적인 입장으로 채택되었다. (2) 자연신학에 있어 최근의 이해에 따르면, 신 존재에 대해서는 엄밀한 증명이 불가능하며 그리스도 안에서 드러난 하나님의 계시만이 규범적이지만, 그럼에도 인간의 모든 경험 안에는 중요한 종교적 차원이 있고 모든 종교 안에는 신에 대한 참된 지식이 존재한다. 이런 주장은 폴 틸리히, 칼 라너, 한스 큉과 같은 영향력 있는 신학자에 의해 주창되었다. (3) 세 번째 견해에 따르면, 오래된 형태든 새로운 형태든 자연신학을 정식화하는 모든 노력은 오도된 것이라고 할 수 있다. 이런 형태들은 언제나 기독교 신학 및 신앙과 삶의 최고 규범인 예수 그리스도 안에서 드러난 하나님의 계시의 독특성을 모호하게 만든다. 이런 입장의 가장 유명한 대표자인 칼 바르트는 예수 그리스도 안에서 드러난 위대한 빛과 결정적인 하나님의 말씀 외에도, 다른 연원의 작은 빛과 선한 말들이 있음을 부인하지 않는다. 바르트는 그리스도인이 이런 다른 진리의 빛과 말에 열린 태도를 가져야 함을 주장하면서도, 이런 태도와 자연신학의 기획은 구별한다.

이 정도의 언급이면 자연신학의 문제에 대한 대략적 서론으로 충분할 것이다. 이번에는 우리의 상상력을 이용해서 다음의 네 신학자들이 자연신학에 대해 벌이는 격렬한 대화를 들어보자.

칼 바르트	『교회 교의학』(*Church Dogmatics*, 전 13권)에 드러난 바르트 신학은 엄밀한 의미로 그리스도 중심적(Christocentric)이다.
폴 틸리히	대표작 『조직신학』(*Systematic Theology*, 전 3권)에서 실존적 질문과 신학적 응답 사이의 "상관관계적 방법"(method of correlation)을 전개한다.

| 칼 라너 | 20세기 로마 가톨릭 신학자 중에서 가장 영향력 있고 풍부한 저술을 남긴 신학자로서『신학 탐구』(Theological Investigations, 전 20권)의 저자이다. 그의 방법론은 초월 철학(transcendental philosophy)에 토대를 두고 있으며 인간의 모든 경험 안에 있는 신비의 차원을 드러내고자 시도한다. |
| 에큐메니스트(ecumenist) | 이 가상적 인물은 로마 가톨릭의 한스 큉[『기독교와 세계 종교들』(Christianity and the World Religions)]과 개신교의 존 캅[『대화를 넘어서: 기독교와 불교와의 상호 변혁을 위해』(Beyond Dialogue: Toward a Mutual Transformation of Christianity and Buddhism)]과 같은 현대 신학자의 관심 일부를 대표하고 있다. 이들의 목적은 세계 종교들 사이의 상호 이해와 존중을 권장하는 것이다. |

특별한 만남

바르트: 폴 틸리히, 이 늙은 악당! 여기서 자네를 다시 만나리라 예상했다네. 우리가 바젤에서 마지막으로 만난 이후로 자네는 무엇을 해왔나? 천국에 도착한 이후로는 자네의 그 말도 안 되는 상관관계의 방법론을 중단했으면 하고 바랬는데…. 그건 그렇고, 폴, 자네가 천국에 간 것은 사실인가?

틸리히: 칼, 자네는 조금도 변하지 않았군. 그 오래된 파이프로 여전히 연기를 들이마시고 있을 거라 내 짐작했지. 마치 담배 피우는 것이 궁극적 관심인 양 말이지. 아무리 곤란한 상황 속에서라도 자네는 여전

히 그럴듯한 말을 하고 있으리란 것도 알고 있었어. 그래, 물론 난 무사히 천국에 들어왔네. 동시에 내 상관관계 방법론을 주창하는 일도 중단하지 않았지. 사실 중단시키고 싶은 것은 자네와 모차르트가 공모해서 줄창 연주하고 있는 저 끝도 없는 "마술 피리"(Magic Flute)야. 자네들의 그 요란한 소음 때문에 잠을 설친단 말이지.

바르트: 폴, 자네의 불면증에 대해서는 정말 유감이야. 하지만 내 기억이 맞다면 자넨 심한 야행성 인간이잖아. 그리고 내가 모차르트의 음악에는 사족을 못 쓰는 걸 자네도 알잖아? 사실 음악에 대한 열정은 훌륭한 신학에 대한 열정 다음으로 내 인생의 사랑이지.

틸리히: 칼, 우린 모두 열정적인 신학자라네. 자네가 전하는 하나님의 말씀이 너무 장황하다고, 내가 자네 귀를 친 것을 기억하나?

바르트: 그럼, 나도 자네가 주절대는 "신 너머의 신"(God beyond God) 같은 난해한 개념은 딱 질색이라고 대구하며 자네 정강이를 야무지게 걸어차주었지. 친구 간에 허물없는 잡담은 이 정도면 충분하겠고…. 사실 오늘 우리가 초청받은 것은 중요한 이유가 있어서네. 내 생각이 틀리지 않다면, 가톨릭 친구인 칼 라너와 에큐메니스트도 곧 합류할 걸세.

에큐메니스트: 여보게들, 잘 있었나? 모두 다 와주어서 고맙네. 장 칼뱅에게도 합류해줄 것을 부탁했지만, 장은 포괄적 언어(inclusive language)에 대한 필수 과목 세미나를 듣느라 참석 못해서 미안하다고 전해왔다네. 그럼 바로 요점으로 들어가겠네. 우리가 여기 함께 모인 이유는, 오늘날의 신학이 방법론에 대한 혼동이라는 전염병 때문에 곤란한 지경에 처한 듯 보이기 때문일세. 내 바람은 우리가 서로 이야기를 나누면서 감동적인 합의문을 하나 작성할 수 있었으면 하는 거야. 시간은 그리 오래 걸리지 않을 거야. 성공한다면 위대한 에큐메니칼 사건이 되겠지.

바르트: 에큐메니스트, 아주 멋진 생각이야. 내게 좋은 묘안이 있어. 자네

들이 잠시 낮잠을 자는 동안에 내가 합의문을 쓰겠네. 자네들은 한잠 자다가 깨어나서 모두들 서명을 하면 되겠지. 그런 다음 우린 우리가 왔던 곳으로 돌아갈 수 있을 거야. 그런데 폴, 자네가 왔던 곳은 어디였지?

라너: 칼, 자네 계획은 에큐메니스트가 계획했던 것과 딱 맞는다고 할 수 없겠는걸? 자네도 이미 알겠지만, 오늘날의 신학적 혼동의 주된 부분은 그동안 자연신학이라 불리던 영역, 즉 공통된 인간 경험을 통해 모든 종교들에서 표현되는 신비와 초월의 인간 지식이 그리스도 안에서 드러난 특별 계시에 근거한 우리 하나님에 대한 지식과 어떤 관련성을 맺는지에 대해서지. 이 모임에서 우리가 달성하고자 하는 바는 자연신학을 보는 새로운 방식을 위한 성명서를 준비하는 것일세. 우리는 인간 존재, 즉 인간의 가능성과 한계와 감추어진 차원을 분석하는 작업의 가치와 필수성을 옹호하고 싶어해. 그런 분석은 공통의 이성과 인간 경험에 토대를 둘 것이며, 비록 예비적이긴 하지만 모든 신학 작업의 본질적인 요소가 될 것이네.

바르트: 뭐라고요? 제발 누군가가 날 좀 꼬집어줘요. 내가 꿈을 꾸고 있는 건가, 아님 제대로 들었나? 자연신학의 재건에 대한 당신네들 합의문에 내가 서명할 줄 아는 거야? 나의 소논문 "아니요!"(Nein!)와 13권이나 되는 두꺼운 『교회 교의학』에서 나는 내 입장을 충분히 설명했다고 생각하는데? 에큐메니스트, 자네 부끄러운 줄 알게. 이 모임의 공정성은 정말 수치스러운 수준이야. 3대 1의 싸움이라니.

라너: 잠깐만, 칼. 과거에 자연신학이라고 불리던 것에 대해 자네가 얼마나 절대적으로 반대하는지는 우리 모두 잘 알고 있네. 하지만 우리 각자도—폴, 에큐메니스트, 그리고 나 말이야—전통적인 의미에서 자연신학으로 지칭되는 것들 중 일부에 대해서는 자네처럼 반대하는 입장일세.

틸리히: 거기에 대해서는 조금도 의심하지 않아. 예를 들어 우리 중 누구

도 고전적인 신 존재 증명을 회복하는 문제에 있어서는 관심을 가지지 않지. 내 판단으로는 고전적인 신 존재 증명은 합리적 논증으로서는 실패작이야. 또한 오늘날 그것을 이용해서 사람들에게 신 존재를 확신시키려 하는 것도 무분별한 일이지. 하지만 나는 고전적 논증들 자체는 인간 존재 안에 함축된 신에 대한 질문을 선명하게 표현한다고 생각하네. "자연신학" 또는 내가 선호하는 표현인 "철학적 신학"(philosophical theology)은 신에 대해 기독교 계시에 필적하는 대답을 준다기보다, 다만 기독교 계시가 언급하는 신에 관한 실존적 질문을 분석하는 역할을 하지.

라너: 폴의 말에 덧붙이자면, 신 존재 증명들은 아주 기본적이고 근원적인 지식을 진지하게 반성하면서 정교하게 다듬은 것일세. 이 모든 증명이 함축하는 중요한 점은 우리 모두가 신비에 둘러싸여 살고 있다는 사실이지. 우리의 모든 지식과 행위는 신비라는 무한한 지평(infinite horizon of mystery)을 전제하고 있네. 원초적이며 전 개념적(preconceptual) 차원에서, 우리 인간은 신이라고 불리는 영원무궁한 신비를 지향하지. 나는 "자연신학"이라는 용어를 사용하지 않아. 대신 "기초신학"(foundational theology)이란 이름을 붙였지. 이 "기초신학"을 통해 내가 시도한 바는, 신비에 대한 이런 원초적·보편적 인간 경험을 명료화하는 것일세.

에큐메니스트: 지금까지의 모든 내용은 쉽게 이해가 가네. 나 또한 전통적인 스콜라적 의미에서 자연신학을 작업하는 것은 거부한다네. 한편으로, 인간이 순전한 이성적 사고의 방법으로 신의 존재를 증명할 수 있다고는 생각하지 않아. 하지만 다른 한편으로, 신에 대한 지식은 성경의 계시로만 제한될 수 없다고 생각하지. 만약 그런 제한을 둔다면, 신학과 교회에 재앙을 초래할 것이야. 이 문제에 대해서는 기꺼이 대화하고자 하는 모든 이들—인문주의자, 무신론자, 마르크스주의자, 가장 확실하게는 타 종교의 신앙인들—과 함께 신에 대해 토론할 수

있어야 하고 또 그렇게 해야 한다고 믿네. 우리는 인간의 삶이 인간의 위대한 종교 안에서 재현되고 주제화되는 실재에 대한 근본적인 신뢰를 필요로 한다는 사실을 증명할 수 있어. 우리에게 남은 대안이, 순전히 권위적인 주장이나 케케묵은 자연신학적 의미로서의 이성적 증명 같이 불행한 것뿐이라고는 생각하지 않네.

바르트: 글쎄, 글쎄, 글쎄올시다. 자네들은 모두 자연신학처럼 무미건조하고 재미없는 어떤 것에 관여하고 있다고 절대 믿지 않는 듯 보이는군. 하지만 난 불편한 느낌이야. 마치 양의 탈을 쓴 세 마리 늑대들이 "우리는 늑대가 아니야"라고 외치는 상황 속에 혼자 서 있는 느낌이랄까? 내 형제 폴은 지금 근대의 인간 상황 속에 함축된 질문을 분석할 필요성에 대해 말하고 있네. 그렇게 함으로써 그 질문에 대한 기독교적 메시지가 효과적으로 주어질 수 있도록 말이야. 신부님인 칼은 기독교의 선포 속에 담겨진 하나님에 대한 특별한 정언적 지식에 의해 전제되는 원초적인 신 경험을 논의하길 원하네. 또한 우리 대담한 에큐메니스트는—자네가 에큐메니스트는 맞는거지?—아무리 불분명하다 하더라도 인간의 모든 경험은 실재에 대한 근본적인 신뢰를 전제함을, 또한 구체적으로 기독교적 하나님 이해는 예수 그리스도 안에서 드러난 하나님의 계시와는 별도로 그분에 대해 희미하게 아는 바를 교정하고 온전하게 만들어주는 것임을 증명하기를 원하네. 지금까지 내가 정리한 바가 자네들을 올바르게 이해한 것은 맞나?

틸리히와 바르트

틸리히: 그래, 자네의 정리는 정확하게 우리 입장을 이해하고 있네. 하지만 만약 이 토론에서 앞의 지점을 넘어설 수 있다면, 그래서 자네가 비밀스런 자연신학자로 파악했던 우리 셋 각자가 일대일로 자네와 대

화할 수 있는 기회가 온다면, 혼란이 최소한으로 줄어들 거라 믿네. 이제는 발언권이 내게로 넘어왔으니, 내가 시작하겠네. 칼, 자네는 나귀일세.

바르트: 폴, 자네의 유쾌한 찬사에 감사하네. 자네 말은 내가 발람의 나귀, 즉 하나님을 대변하는 자 같다는 의미로 들리는데?

틸리히: 아닐세, 발람의 나귀가 아니야. 칼, 평범하고 고집 센 늙은 나귀처럼 분명한 것을 인정하기를 거부한다는 의미라네. 아무리 두꺼운 책을 써서 반대파와 논쟁한다 해도, 자네는 인간이 지닌 실제적 질문을 무시할 수 없을 걸세. 만약 그걸 무시한다면 결국 자넨 끝없는 독백을 하는 처지가 되겠지. 만약 사람들이 자네가 제공하는 대답과 연결되는 질문을 의식하지 않는다면, 자네가 어떻게 대답을 줄 수 있겠나? 자네의 계시 신학이 통하는 사람은, 종소리를 들을 때마다 침을 흘리는 파블로프의 개들처럼 모든 친숙한 단어에 수동적으로 응답하기만 하는 자들이라네.

바르트: 폴, 자네는 아주 재미있는 동물원을 상상하고 있군. 나귀에, 개들에 또 다른 뭐가 있지? 글쎄, 나라면 자네의 상상의 동물원에 또 다른 동물을, 즉 타조를 추가하겠네. **내가** 말하고자 하는 바대로 나의 입장을 들을 수 있도록, 자네가 충분히 높게 머리를 땅에서 쳐들기를 요청하는 바이네. 모든 기독교 신학은 예수 그리스도 안에서 드러난 하나님의 자기 계시에 중심을 두어야 한다고 나는 진심으로 생각해. 이 계시야말로 우리의 시작점이고 계속되는 준거점이며, 종결점이지. 끝에 가서 우리는 이 계시를 통해 모든 종류의 질문을 다룰 거야. 하지만 인간의 실존적 질문을 끌어올려 그것이 조직신학적 중요성을 갖도록 만들어서는 안 된다고 봐. 그럼으로써 그리스도 안에서 드러난 계시가 이런 실존적 질문만을 상대한다거나, 의미 있는 소통에 대한 우리의 선험적 기준들이 충족되는 조건 하에서만 예수의 계시가 언급되는 일이 일어나서는 안 되지. 만약 우리가 주의 깊고 개방적이며

책임감 있는 신학자라면, 우리는 계시가 우리에게 질문을 제기한다는 사실을, 또한 계시는 시초에 우리가 중요하게 간주했어야 했을 질문을 다시 구성한다는 사실을 발견하게 될 걸세. 만약 우리가 그리스도에게 중심을 둔다면, 우리의 모든 질문은 거기에 포함될 것이고 다루어질 것이네. 하지만 만약 우리 자신의 긴급하고 자기 본위적 질문에서 출발할 것을 고집한다면, 결국 우리는 스스로 예견 가능한, 아마도 자기 본위적 대답으로 마치겠지. 그런 것은 계시가 아니야.

틸리히: 자네가 지금 막 기술했던 바는 내게는 폐쇄된 원(closed circle)처럼 느껴지네. 만약 자네가 원 안에 있다면 다행이네. 하지만 만약 자네가 그 원 밖에 있다면, 자네 말 전체가 횡설수설하는 것처럼 들리겠지. 우리는 모든 사람으로 하여금 하나님에 대한 신앙은 단순히 자그만 종교적 무리의 경험만이 아님을, 인간은 삶의 "심층 차원"(depth dimension)을 경험하고 "궁극적 관심"(ultimate concern)을 가지는 한에 있어서만 진정한 인간이 됨을 이해시켜야 하네. 신앙을 궁극적 관심으로 이해할 때만 우리는 모든 폐쇄된 원을 깨고 나올 수 있지.

바르트: 나를 날카롭게 비판하는 자들이, 예수 그리스도 안에서 드러난 하나님의 은혜에 대한 나의 이해가 어쩔 수 없이 보편 구원론(universalism)으로 기울어지고 있다고 비판하는 마당에, 자네는 내 신학이 폐쇄된 원을 창조한다고 말하니 기분이 좋군. 아무튼 자네는 여전히 그 오래된 주제인 궁극적 관심이라는 곡조를 연주하고 있네. 신앙에 대한 자네의 접근은 너무나 일반적이고 추상적이라고 나는 늘 생각하고 있었지. 궁극적 관심에 대해 모든 일반화를 행하게 되면, 누구라도 어쩔 도리 없이 성경에서 증언되는 예수 그리스도 안에서 알려진 하나님에 대한 기독교 신앙의 독특성과 구체성을 놓치게 될 거야.

틸리히: 하지만 비록 기독교 신앙이 독특성을 지님에도 불구하고 다른 신앙과 유사성도 가지고 있지. 발견 가능한 동시에, 비교와 대조도 가능한 공통적 요소들이 존재한단 이야기네. 다른 말로 표현하면, 세계의

모든 종교와 유사 종교들 사이에는 적어도 어떤 형식적 유사점이 있어. 이런 유사성 모두는 내가 궁극적 관심이라고 이름 붙인 바를 표현하며, 인간의 구원, 즉 비존재(non-being)와 대립되는 우리 인간의 참된 존재(well-being)을 추구하네.

바르트: 난 다양한 신앙 사이에 공통된 특징이 있다는 사실을 부인할 의도는 없다네. 하지만 이런 식으로 논리를 밀고 나간 결과는 보통 냉담한 일반화일 뿐임을 주장하는 거지. 만약 진정한 기독교 신앙이 무엇인지를 알고자 한다면, 엄연한 구체성으로부터 출발하는 게 나을 걸세. 기독교 신앙은 다만 신앙 일반의 한 부분일 뿐이라고 미리 가정하지는 말고 말이야. 사실 공통 특징으로부터 출발하는 이런 절차가 이슬람교나 힌두교를 이해하는 데도 도움이 될지는 심히 의심스럽군. 어쨌든 내가 주장하고 싶은 바는, 기독교 신앙을 올바로 이해하기 위해서는 계시의 구체적 사건에 집중하는 것이 기본이라는 것일세. 자네는 칼뱅이 규정한 신앙의 정의가 가진 엄밀성과 구체성을 기억하는가? 칼뱅은, 신앙이란 "우리에게 베푸신 하나님의 자비에 대한 확고하고 확실한 지식으로서 그리스도의 은혜로운 약속에 토대를 두며, 성령에 의해 우리 가슴에 그 빛이 밝아오고 우리 심장에 인(印)쳐진다"고 했지.

틸리히: 하지만 기독교 신앙에서도 하나님에 대한 구체적인 지식은 신에 대한 일정 정도의 선험적 지식을 전제하는 게 사실이지. 마치 예수 안에서 나타난 하나님 나라의 침노를 선포하고 있는 신약이, 하나님에 대한 구약의 이해를 전제하는 것과 같은 이치지. 방금 자네가 인용했던 칼뱅의 신앙의 정의는 몹시 훌륭해. 하지만 칼뱅이 이런 정의로 『기독교 강요』를 **시작**하지 않았다는 사실을 굳이 내가 상기시켜 줄 필요는 없겠지? 칼뱅은 모든 인간의 마음 안에 존재하는 "종교의 씨앗"(seed of religion)에 대한 인식으로부터 시작했네. 구체적인 것은 일반적인 것을 전제하는 법이지. 앞으로 구울 구체적인 파이와는 상

관없이, 이미 나는 파이를 굽는 것에 대해 뭔가를 알고 있기 마련이야. 왜냐하면 파이를 굽는 틀, 반죽된 밀가루, 오븐 등의 공통 요소가 있고, 또 파이를 굽는 데 통용되는 규칙들이 존재하기 때문이지.

바르트: 그렇다면 자네는 파이 일반을 구워본 적이 있는가? 자네의 일반적 파이들을 먹느니, 차라리 난 진짜 애플파이 한 조각을 먹고 싶네.

틸리히: 아니, 난 파이 일반을 구워본 적이 없어. 하지만 이런저런 진짜 파이를 굽지 않고서도 파이를 굽는 것에 대해 어떤 것을 이해할 수는 있지.

바르트: 폴, 기독교 신학은 하나님이 인간의 어떤 범주 속으로도, 확실히 파이의 범주 속으로도 제한될 수 없는 분임을 주장하지. 그건 자네도 알 테지? 그러니 이런 유비는 그만두세. 나의 요점은, 신앙은 나사렛 예수라는 구체적 인물 안에서 드러난 하나님의 성육신적 사랑에 의해 창조되며 그것을 지향한다는 점일세. 기독교 신앙의 구체적 본질은 신앙의 대상이 되는 하나님, 선명하게 구별되며 결코 대체될 수 없는 그분에 의해 결정된다네.

틸리히: 그 정도로 충분하네. 하지만 신앙의 구체적 표현과는 관계없이, 여전히 우리는 신앙 혹은 궁극적 관심을 어느 정도 인간 존재의 가능성으로 볼 수 있지 않을까?

바르트: 내 추측으로, 자네는 신앙을 인간의 일반적 가능성으로 간주하고 싶어하네. 반면 나는 계시란 신앙에 의해 받아들여지는 구체적 선물로 간주하고 싶어하지.

틸리히: 자네는 자신의 잘못된 이분법의 희생자일세. 물론 계시는 선물임에 틀림없어. 그러나 선물은 받아들여질 수도 있고 거부될 수도 있는 법일세. 선물에 대해 올바르게 이해하기 위해서는 그것이 거부될 가능성에 대해서도 이야기해야 할 거야. 만약 신앙이 항상 인간에게 현존하는 가능성이 아니라고 한다면, 신앙은 사람들을 향해 던져지는 돌덩어리와 다를 바가 없겠지. 마치 어떤 선물이 꼭 그런 식인 것처

럼 말이야.

바르트: 또 시작이군. 자네는 돌 던지는 유비로 내 입장을 완전히 우스꽝스러운 것으로 만들고 있어. 선물을 수용하는 것의 중요성은 나도 의심하지 않네. 그러나 선물과 선물의 수용을 혼동하는 것은 완전히 어리석은 일이지. 크리스마스 아침에 선물을 열어보는 아이들은 전적으로 선물의 내용에 마음을 빼앗기지, 그 선물을 수용하는 자신의 탁월한 능력에 관심을 기울이지는 않는 법이네. 마찬가지로 기독교 신앙이 새로운 어떤 것에 열린 태도를 갖는 것이 중요하지, 그 새로움을 우리의 이전 지식과 경험에 적응시키는 것은 중요하지 않다고 할 수 있어.

틸리히: 만약 우리가 새로운 것에 대해 어느 정도 선험적으로 알고 있지 않다면, 어떻게 그것을 알 수 있겠는가? 새로운 것을 인식하기 위해서는 먼저 어떤 기초가 있어야만 하네. 그렇지 않다면, 우리는 그것에 대해 질문조차 할 수 없을 거야.

바르트: 하지만 내 생각으로는 그런 추론은 의심스러워. 아마도 과학사를 보면 어느 정도 실마리를 찾을 수 있을 거야. 위대한 발견이 이루어진 것은, 옛것이 새것을 인식하기 위한 조건으로서 전제되었기 때문이 아니라, 새것이 이전의 모든 전제를 깨뜨리고 과거의 확신을 대해 완전히 새로운 이해를 요구했기 때문이지. 순전히 새로운 어떤 것이 도래하면, 우리는 이전에는 꿈조차 꾸지 못했던 질문을 제기할 수 있게 되네. 이런 의미에서, 신학은 자기의 대상 안에 있는 전적으로 새로운 것을(novum) 얼마나 성실하게 인정하는가에 따라 모범적인지 아닌지가 판가름날 걸세.

틸리히: 나는 새로운 것의 침노 현상을 카이로스(kairos), 즉 결정적인 시간으로 명명한 바 있지. 자네도 스스로 인정했듯이 카이로스의 경험, 즉 이전의 모든 토대가 흔들리는 결정적 순간을 경험하는 것은 기독교적 계시 및 신앙과 관련해서뿐만 아니라 인간 삶의 수많은 영역과 차

원에서도 다양한 형태로 발생하네. 계시는 우리의 지식과 경험의 토대를 결정적으로 뒤흔들어버리네. 그렇지만 만약 토대가 전혀 없다면 어떤 흔들림도 있을 수 없겠지.

에큐메니스트와바르트

에큐메니스트: 좋아, 여기서 내가 끼어들어야겠어. 자네 둘은 판에 박은 소리만 하고 있으니까 말이야. 이번에는 내가 다른 식으로 문제를 제기해보겠네.

바르트: 나의 좋은 친구며, 교황 요한 23세 이후로 내가 선호하는 가톨릭 신학자 에큐메니스트여! 바티칸에서는 여전히 자네를 환영하는가? 논쟁을 시작하기 전에 먼저 작은 질문을 하나 하고 싶군. 자네는 교황 요한 바오로 2세에게 그가 무오하지(infallible) 않음을 말한 적이 있는가? 그렇게 말하게나. 하지만 교황에게 말할 때는 최대한 부드럽게 말하게. 교황이 불편하게 느끼지 않도록 말이야. 또한 나 칼 바르트 역시 무오하지 않았다고 넌지시 말해주게나.

에큐메니스트: 자네가 오류 가능한 인간임을 고백하는 것을 들으니 기쁘군. 특히 자네를 따르는 무리, 소위 바르트주의자들이 얼마나 많은가? 그들은 마치 자신이 무오하다는 듯 확신에 차 있던데 말이야.

바르트: 에큐메니스트, 자네는 내가 "나는 바르트주의자가 아니다"라고 선언하는 것을 여러 번 듣지 않았나? 바로 요전에도 나는 매우 진지해 보이는 장로교 신학자 앞으로 뛰쳐나가 "나는 바르트주의자가 아닌데, 당신은 왜 바르트주의자가 되기를 원하나?"라고 물어야만 했다네. 그가 얼마나 놀랐는지 자네가 보았어야 했는데.

에큐메니스트: 글쎄, 자네가 바르트주의자인지 아닌지는 나중에 다시 살펴보자고. 그건 그렇고 자네는 여전히 종교와 계시를 엄밀하게 구별할

것을 주장하고 있나? 인간의 모든 종교는 오만과 무신앙의 절정이라는 주장에도 변함이 없고?

바르트: 두 질문에 대한 나의 대답은 모두 "그렇다"라네. 계시는 예수 그리스도 안에서 드러난 하나님의 자기 표현이며 자기 소통이지. 예수 그리스도의 빛에 비추어 인간의 모든 종교는―에큐메니스트, 여기서 나의 강조점은 우리의 기독교적 종교성도 여기에 포함된다는 점일세―하나님의 심판 아래 놓여 있다네. 우리의 종교, 교리, 의식, 제도, 도덕은 아주 진지하게 다루어져야 해. 하지만 이 모든 것 속에는 하늘을 침노하려는 우리 인간의 자의적 시도와 자신을 정당화하고 거룩하게 만들려는 은폐된 충동, 또한 인간이 스스로 삶의 주인이 될 수 있고 삶을 성취할 수 있다는 확신을 강화하려는 욕구가 작동하고 있지.

에큐메니스트: 종교에 대한 자네의 신학적 비판은 익히 잘 알고 있네. 이 점에 있어서는 교회 전체가 자네 덕을 톡톡히 본 것도 인정하지. 사실 자네는 한데 얽혀 있는 서구의 부르주아 문화와 민족 이데올로기로부터 복음을 해방시키는 데 큰 공헌을 했다네. 또한 끈질기게 종교를 신학적 측면에서 비판하고, 세속의 모든 비판 속에도 진리의 요소가 담겨 있음을 인정함으로써―적어도 간접적으로는―인문주의자와 무신론자와 마르크스주의자들과의 대화를 가능하게 만들었지. 그뿐이 아니네. 자네는 종교에 대한 근대의 무신론적 비판 속에는 종교를 심판하는 하나님의 훨씬 더 강력한 음성이 울리고 있음을 대담한 방식으로 논증했다네. 또한 기독교 신앙과 서구 문화를 동일시하는 것을 비판함으로써 아시아와 아프리카, 남미의 신생 교회들이 자신의 시대와 문화에 맞게 하나님 말씀을 해석할 자유와 책임을 주장할 수 있도록 도왔지.

바르트: 에큐메니스트, 이건 대화의 자리지 칭찬하는 자리가 아니라네. 그리고 이런 칭찬에는 몇 가지 제한점을 두어야 할 것 같은데.

에큐메니스트: 그건 맞네. 종교에 대한 자네의 신학적 비판이 그 시대에 중요한 역할을 감당한 것은 사실이지만, 자네의 비판은 항상 너무 일방적이었어. 또한 비극적이게도 이런 일방성이 오늘날까지도 지속되고 있는 것이 사실이고 말이야. 지금 우리는 새로운 상황에 처해 있으며 새로운 종류의 기독교 변증이 필요하네. 우리는 하나님에 대한 신앙의 합리성을 논증해야 하지. 또한 개인으로서의 우리의 발전, 삶의 가치에 대한 우리의 확신, 윤리적 활동의 중요성에 대한 우리의 감각, 이 모두는 우리 자신 너머의 실재에 대한 근본적 신뢰를 전제하고 있음도 증명할 필요가 있고. 더 나아가 종교에 대한 자네의 혹평은 너무나 무차별적이며 모호한 나머지 오늘날 교회를 위해서는 더 이상 적절하지 않다네. 우리는 세계 종교들 간에 친밀하고 빈번한 대화가 일어나고 있음을 더 이상 무시할 수 없어. 우리는 이런 시대를 살아가고 있는 거지. 따라서 오늘날의 기독교 신학은 타 종교들과 멀찍이 분리된 상태로는 자신의 책임을 다할 수 없어.

바르트: 글쎄, 내가 근본적인 신뢰에 대해서는 전혀 반대하지 않음을 자네도 잘 알지 않나? 하지만 이 신뢰를 어디에 혹은 누구에게 두느냐 하는 것이 큰 차이를 만들어내지. 근본적인 신뢰의 토대를 히틀러와 독일의 제3제국에 두기를 원하는 자국 그리스도인들을 향해 독일교회가 노골적인 혹은 은밀한 지지를 보냈을 때, 이 모든 것에 대해 내가 "아니요!"라고 말한 것이 일방적이었다면, 그냥 나를 일방적인 사람으로 남아 있게 내버려두게. 현대의 공포를 경험한 후이기 때문에 근본적인 신뢰가 명백하게 선할 것이라고 주장하는 자가 있다면, 그는 어리석을 정도로 순진한 사람이야. 자네가 언급한 다른 지점에 대해서는, 만약 자네가 종교의 주제에 대해 내가 썼던 바를 세심하게 읽어보았다면, 항상 내가 비기독교 종교에 대한 우리의 평가는 엄청난 사랑과 신중함을 통해 이루어져야 한다고 주장했음을 알 것이네. 이런 주장은 "관용"에 대한 자유주의적 교리 때문이 아니라ㅡ사실 자

유주의의 오만하고 선심 쓰는 듯한 태도는 너무 자주 은폐되지—모든 종교성 안에서 우리 모두를 화해시켰던 예수 그리스도 안에서 드러난 하나님의 은혜의 자유로움 때문일세.

에큐메니스트: 자네의 답변 자체가, 종교에 대한 자네의 가르침이 지닌 애매모호함을 잘 보여주는 실례일세그려. 한편으로, 모든 종교는 하나님의 심판 아래에 있네. 다른 한편으로, 우리의 종교가 어쩌하든지 간에, 또한 우리가 인정하든 그렇지 않든 간에, 우리는 그리스도의 은혜를 통해 이미 하나님과 화해된 상태지. 그러니 자네의 답변은 기묘하게 애매한 접근일세. 자네는 신앙을 궁극적 관심으로 여기는 폴 틸리히가 모호한 표현을 했다고 비난했네. 하지만 자네도 불교와 힌두교와 이슬람교와 그 외 다른 종교들이 마치 종교라고 불리는 단 한 개의 세탁물 바구니 속에서 합쳐질 수 있다는 듯 종교의 주제를 다루고 있지 않나? 여기서 나는, 신학 작업은 특수하고 구체적인 것으로 시작되어야 한다고 주장한 자네 견해에 큰 오류가 있음을 보게 되네. 왜 자네는 이런 견해가 다른 종교에 대한 이해에도 유효함을 생각지 못하나?

바르트: 나의 요점은 다만 다음과 같을 뿐이야. 즉 세계 종교들에 대한 기독교의 신학적 반성은 항상 그리스도 안에서 드러난 계시의 관점으로부터 시작해야 하며, 만약 그렇지 못하다면 이 반성은 기독교적이기를 중단한다는 사실이지. 참으로 타 종교들 안에도 위대한 진리의 말씀과, 이것을 우리에게 전달하는 계시가 존재할 수 있네. 이 다른 진리는 예수 그리스도 안에서 드러난 하나님의 말씀에 대한 우리의 이해를 심화하거나 교정할 수 있기 때문에 우리는 여기에 대해 열린 태도를 가져야 해. 하지만 그리스도인으로서 우리는 오직 이 다른 진리가 하나님의 **유일한** 말씀의 어떤 측면을 반영하는 한에서만 그 진리를 인정하고 존중할 수 있다네. 만약 자네가 내가 했던 것보다 더 명확하고 구체적으로 타 종교에 대해 말할 수 있고, 기독교 신학자로

서의 자네 임무를 포기하지 않는다면, 자네의 연구는 그리스도 안에서 드러난 하나님의 계시의 빛에 의해 안내를 받을 것이네.

에큐메니스트: 그리스도인으로서 우리의 신학적 작업이 결코 진리에 대한 규범적 질문을 회피하지 말아야 한다는 주장에는 아무런 이의가 없네. 또한 나는 다른 신앙을 가진 사람들과의 대화가 예수 그리스도 안에서 드러난 하나님의 자기 계시의 구체성을 고양시키도록 추구하리라는 점에 대해서도 전혀 반박하지 않아. 거듭해서 주장했듯이, 구체적으로 기독교적인 것을 구성하는 것이 무엇인가 하는 질문, 즉 타 종교들과의 관련 하에서 기독교 신앙의 독특성은 무엇인가 하는 질문을 우리는 늘 물어야만 하네. 하지만 솔직히 말해서, 칼, 우리 사이에는 커다란 차이점이 있어. 난 종교 사이의 차이점이 자네에게는 큰 의미가 없을 거라고 생각한다네. 또한 기독교 이외의 다른 종교는 자네에게 어떤 구성적인 의미도 없을 거라고도 여기지. 자네는 결코 타 종교들이 그들 각각의 관점에서 자네와 대화할 수 있도록 허용한 적이 없네. 다음과 같은 예리한 표현을 한번 사용해보지. 자네는 타 종교가 계시의 심판 아래 서는 것뿐만 아니라, 하나님에 대한 진리의 담지자가 되는 것도, 그래서 타 종교 스스로 계시의 매개체와 구원의 길이 됨을 허용하기를 선험적이고도 조직적인 방식으로 거부하고 있네.

바르트: 확실히 자네는 내가 하나님의 은혜를 기독교 교회 내로 한정한다고는 생각하지 않고 있군? 사실 하나님은 종교계를 포함해 세상 어느 곳에서나 자유와 은혜로서 활동하신다네. 그러나 우리 그리스도인은 예수 그리스도 안에서 드러난 계시와 화해의 역사의 관점에서만 하나님이 세상에서 행하신 바를 말할 수 있을 따름이지. 그러지 않는다면, 우리는 곧바로 상대주의라는 위험한 비탈길에 서게 될 거야.

에큐메니스트: 나도 자네처럼 상대주의나 혼합주의를 지지하지는 않네. 다만 내가 말하고자 하는 바는 이것일세. 즉 타 종교가 예수 그리스도에 대한 진솔하고 개방적이고 겸손하고 신실한 증언과의 만남을 통

해 더 나아지고 풍성하게 되는 것과 마찬가지로, 우리 역시 구원의 길에 있어 비기독교 종교들과 만남으로써 많은 것을 배울 수 있다는 거지. 또한 우리의 비기독교 형제자매에게 접근할 때는, 마치 그들에게 하나님은 전적으로 낯선 분이며 그분의 은혜가 완전히 기이한 어떤 것인 것처럼, 또한 새롭게 창조하는 그분의 사랑을 우리가 최초로 소개하는 것처럼 접근해서는 안 되네. 오히려 그들에게 접근할 때는, 심판에서 **그리고** 은혜에서 이미 하나님은 그들 사이에서 활동해오셨음을 인정해야만 해. 이 말은 우리가 선교를 포기해야 한다는 뜻이 아니네. 정반대로, 이 말은 선교의 과제가 하나님이 예수 그리스도 안에서 계시했던 바에 대한 우리의 충성을 타협하지 않으면서도, 타 종교 안에 있는 진실되고 선하며 아름다운 것에 대해 개방성과 자기비판과 감사의 새로운 정신으로 수행되어야 함을 의미한다네.

바르트: 에큐메니스트, 자네의 말은 아주 장황하군. 나는 자네 말의 많은 부분에 동의하고 싶네. 하나님이 예수 그리스도 안에서 온 세상과 객관적으로 화해하셨음은 나도 반복해서 강조한 바가 아닌가? 예수 그리스도는 구원의 유일한 길일세. 바로 이런 이유 때문에, 기독교 이외의 종교가 구원의 길인지 아닌지에 대한 질문은 우리를 몹시도 혼란케 만드는 질문이지. 왜냐하면 이런 질문은 **기독교** 또는 **기독교 교회**가 구원의 유일한 길이라는 점을 전제하기 때문이네. 비그리스도인과 관계를 맺을 때는 마치 하나님이 그들을 위해서는 아직 존재하지 않았던 것처럼 행동하지 않아야 한다고 자네는 말했는데, 그것은 확실히 옳은 말이야. 예수 그리스도는 우리를 위해서뿐만 아니라 그들을 위해서도 죽고 부활하셨네. 이런 존재론적 사실은 우리의 삶뿐만 아니라 그들의 삶도 결정하지. 교회의 "안"에 있다든지 또는 "밖"에 있다든지 하는 모든 말은 매우 상대적일 뿐이라네. 이런 표현은 결코 잠정적인 것 이상이 될 수 없지. 잠정적으로 교회의 "밖"에 있는 자들에게 우리가 줄 수 있는 것은, 혹시 우리가 무엇인가 줄 수 있다면, 그

리스도 안에서 주어진 우리와 그들의 화해의 복음이겠지.

에큐메니스트: 자네의 입장은 수수께끼 같군. 한편으로 자네는 모든 종교는 하나님의 계시의 심판 아래 놓인다고 했네. 다른 한편으로는 모든 사람이 예수 그리스도 안에서 이미 화해되어 있음을 선언하는 우주적 범위의 그리스도 중심적 존재론 같은 것을 전개하고 있고. 만약 자네의 첫 번째 진술을 심각하게 고려한다면, 자네는 예수 그리스도 안에서 드러난 계시라고 불리는 것을 전적으로 비역사화하는 결과에 이를 걸세. 이런 결과는 다른 어떤 역사적 현상과도 밀접한 관계가 없는 것과 마찬가지로 역사적 기독교와도 밀접한 관련이 없을 것이라네. 하지만 만약 자네의 두 번째 진술을 심각하게 고려한다면, 자네는 마치 선험적인 보편 구원론 같은 것을 신봉하는 것처럼 보이네. 도대체 자네가 세계 종교 신학(theology of world religions)이라 부르는 것은 무엇인가?

바르트: 만약 "세계 종교 신학"이란 말이 어떤 종합적 설명 이론 하에 모든 종교를 포함함으로써 기독교 신앙과 인간의 다른 신앙 체계들을 조직적으로 연결시키는 방식을 의미한다면, 과연 내가 "세계 종교 신학"을 갖고 있는지 확신이 서지 않네. 왜 우리는 다음과 같은 **두 가지** 사항을 **함께** 말할 수 없는 것일까? 즉 모든 종교는 심판 하에 놓인 채 새로운 빛과 개혁을 필요로 하는 **동시에**, 하나님은 완전한 은혜 가운데, 우리가 예수 그리스도를 증거하기 훨씬 이전부터, 또한 다른 신앙의 사람들과 대화를 시작하기 훨씬 이전부터 활동하고 계시다는 사실을 말이야. 선교와 대화를 향한 요청은 오만이나 두려움이 아니라 기쁨과 감사에 의해 시작되어야 한다네.

에큐메니스트: 하지만 칼, 솔직히 말해서 이것이 어떻게 가능한지에 대해서는 자네가 보여주지 못했다고 생각하네. 그런 이유 때문에 나는 계시와 종교와의 관계에 대해 바르트 이후의 접근이 필요하다고 믿네.

바르트: 부디 내가 바르트주의자가 아님을 말하는 것만 잊지 말게.

라너와 바르트

라너: 칼, 이제는 우리 둘이서 대화할 시간이네. 우리 둘의 이름이 똑같다는 사실이, 우리 사이에 훨씬 더 깊은 유대감이 있음을 보여주는 표지가 되기를 바라네. 사실 나는 자네의 신학으로부터 많은 것을 배웠지.

바르트: 나 또한 자네의 독창적인 신학 작업을 멀리서나마 동경해왔네. 자네의 『신학 탐구』는 이제 나의 『교회 교의학』과 거의 같은 부피가 되었겠지? 아니면 벌써 자네가 나를 앞질러 훨씬 더 많이 나갔던가? 어쨌든 지금은 우리 모두가, 두터운 저술이 천국으로 인도하지 못할 것을 잘 알고 있지. 떠날 때는 어쩔 수 없이 그 모든 엄청난 책들을 창고에 남겨둘 수밖에 없지.

라너: 폴이나 에큐메니스트와 마찬가지로 나도 전통적인 자연신학에는 열정이 없다네. 내가 관심을 기울이는 것은, 하나님의 거룩하고 은혜로운 신비가 우리로 살고 움직이고 존재하도록 하는 환경을 통해 현존함을 보여주는 걸세. 진리를 추구하려고 분투하다 보면 우리는 늘 우리를 초월하는 불가해한 신비와 대면하게 된다네. 우리는 미래로 나아가며 우리 행동을 통해 미래를 형성하려 하지. 또한 우리는 우리가 통제할 수 없는 절대적 미래의 현존 속에 존재하네.

바르트: 자네의 신학을 면밀하게는 읽지 못했네. 그러니 자네의 신학이, 우리 개신교도가 슐라이어마허와 불트만 학파로부터 지겹도록 들었던 것과 어렴풋이 비슷하게 들린다고 말하더라도 용서해주게나. [에큐메니스트에게] 자네는 그들은 초대하지 않았나?

라너: 인간 중심적 신학에 대한 자네의 비판은 잘 알고 있네. 하지만 내 견해로는 논쟁 전체가 절망적인 이분법 속에 갇혀 있다고 보네. 나의 인간론은 그리스도 중심적 인간론(Christocentric anthropology)이야. 예수 그리스도 안에서 드러난 하나님의 결정적인 자기 계시를 통한 은혜에 있어서는, 우리가 분명한 개념을 가지기도 전에 이미 우리 삶은

그 은혜에 의해 둘러싸이고 움직인다고 보는 거지.

바르트: 다른 말로 표현하면 자네는 하나님에 대한 보편적·원초적·전개념적 지식과, 역사적 계시로서 우리에게 매개되는 하나님에 대한 구체적·정언적 지식을 구별하려고 하는군. 하지만 이런 구별에는 문제가 있다고 생각하네. 결국 자네에게 기독교 복음이란 시초부터 우리가 심오한 차원에서 알고 있었던 바를 상기시키는 것일 뿐이라는 생각이 드는군. 이런 논리는 내게는 정말로 염려거리라네.

라너: 자네는 나를 오해하고 있어. 가끔씩 나는 이런 생각을 해. 내가 추구하는 바는 자네의 주장, 즉 모든 인간이 비록 알지는 못한다 하더라도 예수 그리스도 안에서 드러난 하나님의 사랑에 의해 둘러싸여 있다는 주장과 그렇게 많은 차이가 나지 않는다고 말이야. 나는 이점을 다음과 같이 표현하지. 즉 참으로 많은 사람이 하나님의 사랑을 개념적이고 정언적이고 즉각적인 방식으로는 인식하지 못하고 있네. 그럼에도 불구하고 여전히 그들은 일상 속에서 하나님의 거룩한 신비를 경험할 수도 있고, 그 신비에 자신을 내맡길 수도 있지. 신앙은 바로 자신을 내맡기는 이런 행동을 가리키네. 인간의 모든 삶을 포괄하는 거룩한 신비 속으로 자신을 자유롭게 내맡기는 자를, 나는 "익명의 그리스도인"(anonymous Christian)이라고 일컫네. 달리 표현하면, 비록 사람들이 그리스도 안에서 드러난 특정한 역사적 계시로 매개되는 하나님에 대한 지식의 관점에서는 심판과 은혜의 경험을 분명하게 표현하지 못한다고 하더라도, 그들은 이런 경험을 가질 수 있다는 것이지.

바르트: 따라서 자네가 명시적인 기독교 신앙으로 일컫는 바는, 보편적 종교 경험을 표현하는 일정한 부류의 종교적 상징들의 사용일 뿐이네. 교인 수가 감소하는 교회들은 자네의 "익명의 그리스도인" 개념을 정말로 좋아할 걸세. 이것만 적용하면 교인 명부와 총회 보고서가 즉각적으로 경이롭게 변할 테니까. 한번 상상해보게. 어느 보고서에 246

명의 "신앙고백 하는 그리스도인", 그리고 마지막 집계에는 7,259명의 "익명의 그리스도인"이라고 적혀 있는 것을 말이야.

라너: 그건 너무 경박한 반응인데? 칼, 자네도 알 걸세. 나 또한 쉽게 말할 수 있지. 자네의 신학은 지친 그리스도인과 맥 빠진 전도 프로그램에 대해 만병통치약을 제공함을 말일세. "공포에 사로잡힐 필요가 없다. 아직 알지 못한다 하더라도 이미 모든 이는 하나님과 화해되어 있다." 나는 역사적 계시의 중요성, 말씀의 선포, 성례의 집행을 무시하지는 않네. 다만 내가 말하고자 하는 바는, 선포된 말씀을 듣고 이해하기 위해서는 조건이 있어야 한다는 점일세. 이런 가능성은 그 자체로 은혜의 선물이지. 선포된 말씀이 전제된 이런 경험이 무엇을 의미하는지 알려주는 예가 하나 있다면 도움이 될 텐데.

바르트: 계속하게, 열심히 듣고 있으니까.

라너: 수면(睡眠)은 우리가 매일같이 경험하는 일상이네. 그래서 우린 잠을 당연한 것으로 여기지. 하지만 잠시만 수면에 대해서 생각해보면, 이 현상은 엄청나게 신비스러운 것임을 알 수 있네. 인간은 자유를 특징으로 하고 깨어 있을 때는 자신의 힘으로 세상을 지배하고 안전을 추구하지만, 일단 잠이 들고나면 몸이 풀리고 자신을 제어하는 것을 포기하게 되지. 즉 우리는 우리를 잠으로 둘러싸는 수면의 신비에—인간이 이해하지도 못하고 창조하지도 않았던 저 신비 말일세—자신을 내어맡기네. 만약 이 문제를 곰곰이 생각한다면, 잠드는 것은 우리 자신보다 더 큰 힘의 선함과 신실함을 확신하는 행위임을, 또한 우리의 통제를 넘어서는 것에 대한 신앙의 행위며 그것에 자신을 위탁하는 행위임을 알 수 있네. 이미 자네도 알듯, 우리는 명명할 수 없는 신비에 대한 위탁과 신뢰에 대해 무엇인가를 알고 있네. 그리고 바로 이런 원초적인 앎이 우리로 하여금 복음의 메시지를 자유롭게 받아들일 수 있게 하지. 신앙 안에서 우리는 우리 자신을 은혜로운 하나님의 손에 자유롭게 내어맡기네. 하나님은 전적으로 우리 존재의 외부

에서 활동하는 낯선 힘이 아니라네. 칼, 자네의 표현처럼, 하나님은 우리 안에서 활동하는 친구처럼 친숙한 신비이네.

바르트: 바로 여기에 특이한 점이 있네. 칼, 만약 자네가 주장하는 바가, 복음, 즉 그리스도가 우리를 위해 죽고 살아나셨으며, 우리 역시 죽지만 그리스도 안에서 다시 살 것이라는 약속을 통해 자유롭게 되고, 그럼으로써 수면과 같은 친숙한 행동을 포함하여 인간 현상 전부를 전적으로 새로운 방식으로 이해할 수 있다는 것이라면, 나는 전적으로 동의하는 바이며 자네가 추구하는 이후의 모든 신학적 탐구가 순조롭길 바라네. 하지만 나는 그런 것을 구식이든 신식이든 다른 어떤 식이든 자연신학으로 명명하지는 않을 거야. 내게는 자네의 작업이, 예수 그리스도 안에서 드러난 하나님의 구체적인 은혜에 대한 비유 혹은 유비를 자연과 역사와 인간 경험이라는 광범위한 분야 속에서 발견하는 것이라고 여겨지네. 물론 나는 자네의 이런 기획이 훌륭하다고 생각하네. 정확히 말해 이런 기획은 나 스스로도 소위 자연신학을 대체하기 위해 행했던 것이지. 만약 복음의 안경을 통해 수면 행위와 그 외 다른 많은 사건과 현상을 본다면, 우리도 자네와 같은 결론에 도달할 수 있을 걸세. 하지만 이것은 자네가 하고 있는 일이 아닌 것 같은 염려가 드는군. 자네가 하고 있는 일이 아닐 뿐만 아니라, 우리 둘 중 어느 누구도 자네의 작업에 대해 완전히 확신하지 못하는 것 같네. 자네는 계시로부터 시작해서 경험으로 가는 것과, 경험으로부터 시작해서 계시로 가는 것, 양자 모두를 원하는 것처럼 보인다네. 이 두 가지 방식으로 말하는 것이 자네에게는 가능하겠나?

라너: 왜 아니겠어? 이 두 가지 방식은 모두 성육신의 실재 안에 어떤 의미로서든 포함되어 있지 않겠는가? 성육신 안에 존재하는 두 가지 불가분리적 운동, 즉 위로부터 아래로 내려오는 하나님의 운동과 아래로부터 위로 올라가는 자유로운 인간의 운동에 대해서는 자네도 상술하지 않았나?

맺음말

에큐메니스트: 그 질문에 대해서는 칼에게 대답할 기회를 주지 않을 거네. 시간이 다 되었으니까. 자네들, 우리는 일치를 추구하는 특별한 기회를 제대로 이용하지 못했네. 나의 희망처럼 자연신학에 대한 합의문을 산출할 수 없는 것이 분명해졌네. 신학을 공부하는 학생들은 현재의 신학적 혼동으로 계속해서 고생을 할 수밖에 없겠지.

틸리히: 에큐메니스트, 용기를 내게. 우리는 이 쟁점에 대해 각자의 입장을 진술하는 문서를 남길 수 있어. 마침 다행히 나는 내 견해를 진술하는 문서를 가지고 있지. 이 글은 다음과 같은 문장으로 시작한다네. "모든 설교의 목적은 우리 삶의 심층적 차원을 드러내는 것이며 무한에 대한 관심을 일깨우는 것이다."

에큐메니스트: 흠, 그렇다면 나도 처음부터 나의 견해를 진술하는 문서를 가져왔음을 인정해야겠네. 이 글의 제목은 "지구의 평화와 종교들 간의 평화"지. 여기서 모든 그리스도인을 향해 촉구하는 중심적 호소는 다음과 같네. "세계 종교 간 대화에 있어, 기독교 신앙을 통해 다른 신앙 전통을 풍성하게 만들도록 기대하라. 또한 타 종교를 통해 기독교 신앙이 풍성해지도록 기대하라."

라너: 이 주제에 대한 나의 최종적인 진술을 담으려면 적어도 두 권의 책은 필요할 거야. 마침 새로운 논문의 초안이 내게 있네. 제목은 "일상 속에서 하나님의 현존을 분별함에 대하여"네.

바르트: 물론 내게도 새로운 논문의 아이디어가 있네. 그 시작은 이렇게 될 거야. "질문: '자연과 경험과 종교 속에는 하나님의 나라를 알려주는 **비유들**이 존재하는가?' 대답: '존재한다.' '그렇다면 우리는 새로운 **자연신학**을 추구해야 할 것인가?' 대답: '아니다.'" 또한 전체 본문에는 다음과 같은 오직 하나의 각주만이 달리겠지. "절대 잊지 말라. 나는 바르트주의자가 아니다!"

부활에 관한 대화

근대 신학에 있어 기독교 신앙과 역사와의 관계는 가장 광범위하게 논의되어온 주제이다. 이 쟁점은 나사렛 예수의 부활을 다룬 신약성경의 증언에 대한 다양한 해석에서 예리하게 집중적인 형태로 나타난다. 하나님이 십자가에 달려 죽으신 예수를 죽은 자들로부터 살리셨다는 확증은 결코 지엽적이지 않으며 신약의 선포의 중심에 위치한다. 부활의 증언이 없다면 기독교 신앙은 전혀 존재하지 않거나 매우 다른 형태, 즉 위대한 종교 설립자이자 스승인 인물의 비극적인 죽음을 회상하는 종교적 분파의 하나가 되었을 것이다. 이 점에 있어서는 사실상 기독교 신학자들 사이에 보편적인 합의가 이루어졌다고 볼 수 있다. 루돌프 불트만에 따르면 신약의 문서들은 부활 신앙으로 깊숙이 배어 있기에, 텍스트 속의 역사를 재구성하려는 모든 시도는 대단히 취약한 기반 위에 서 있다. 더 나아가 칼 바르트는 말하기를, 우리는 오직 부활 이야기만 있는 신약은 상상할 수 있지만, 부활이 빠진 신약은 상상할 수 없다고 했다. 볼프하르트 판넨베르크와 위르겐 몰트만 역시 예수의 부활을 기독교 신앙에 대한 자신들의 종말론적 재해석의 중심에 위치시킨다.

대다수의 기독교 신학자들이 부활 증언의 중요성에 대해서 동의하는 것은 사실이지만, 그 부활 증언을 해석하는 방식에 있어서는 매우 다른 입장을 취한다. 부활에 대한 해석은 마치 창문과도 같이 신학의 현저한 특징을—가장 특별하게는 신앙과 역사적 탐구의 관계에 대한 구체적 이해, 성경의 권위, 하나님이 행동하신다는 것의 의미, 개인적·정치적·우주적 갱신을 위한 그리스도인의 소망—일별할 수 있게 해준다. 만약 우리가 다음 네 명의 신학자 사이에서 일어날 수 있는 가상적 대화를 엿들을 수 있게 허용된다면, 부활에 대한 상이한 신학들이 가진 가능성과 문제점을 더 잘 이해하게 될 것이다. 이 대화에 참여할 신학자는 다음과 같다.

루돌프 불트만	유명한 신약 학자인 불트만은 신약의 비신화화와 실존적 해석의 기획으로 유명하다. 많은 저서가 있지만 그중에서도 『신약 성서신학』(*Theology of the New Testament*, 성광문화사 역간)과 요한복음 주석이 유명하다.
칼 바르트	부록I에서 이미 소개됐던 바르트는, 신앙과 역사의 관계와 신약의 적절한 해석에 대해 불트만과 장기간의 대화에 참여했다. 바르트는 불트만이 기독교 신앙과 신학을 인간학으로 용해시키고 있다고 주장한 반면, 불트만은 바르트가 철학적으로나 해석학적으로 순진하다고 비난한다.
판넨베르크의 제자	이 신학자는 신앙의 합리성, 근대 과학과의 관계에 있어 새로운 기독교 변증의 전개의 필요성, 기독교 신앙과 역사적 탐구의 결과물과의 불가분리적 연관성을 강조하는 현대 신학자 볼프하르트 판넨베르크의 입장을 충실하게 따르는 제자로 간주될 수 있다. 판넨베르크의 유명한 저서로는 『역사로서의 계시』(*Revelation as History*), 『예수—하나님과 인간』(*Jesus-God and Man*), 『신학과 과학 철학』(*Theology and the Philosophy of Science*), 『신학적 관점으로 본 인간학』(*Anthropology in Theological Perspective*)이 있다.

몰트만의 제자	대화에 참여할 이 신학자는 분명히 종말론적 신학 또는 희망의 신학에 중대한 영향을 받았다. 최근 수십 년 동안 이런 신학을 제창한 주된 목소리는 위르겐 몰트만이었다. 몰트만이 대표하는 입장은 다수의 정치신학과 해방신학과 유사하다. 이 신학자의 유명한 저서로는 『희망의 신학』(*Theology of Hope*), 『십자가에 달리신 하나님』(*The Crucified God*), 『삼위일체와 하나님의 나라』(*The Trinity and the Kingdom*)가 있다.

부활과 역사적 이성

바르트: 현대 신학자에 대한 내 농담을 자네에게 얘기한 적이 있던가? 본회퍼는 좋은 맥주고 틸리히는 그냥 맥주며 불트만은 그냥 거품이라네.

불트만: 나를 이해하려는 자네의 시도가 실패작인 것처럼 자네의 유머 또한 그리 성공적이지 못하군. 어쨌거나 본회퍼에 대한 **자네의** 견해에는 나도 동감일세. 본회퍼의 신학적 정교함은 그가 자네의 신학을 두고 계시 실증주의라고 명명했을 때 정말 분명하게 빛을 발했지. 사실상 자네의 신학적 작업은 동정녀 탄생, 삼위일체, 그 외 모든 교리를 무차별적으로 사람들에게 퍼붓고는, "좋든 싫든" 그냥 받아들이라는 식이었네.

몰트만의 제자: 자, 자네 둘이 인사할 기회를 가졌으니, 이제 우리는 대화를 시작할 수 있겠지? 자네들, 일요일자 「뉴욕 타임스」에 실린 굉장한 뉴스 보았나? 일면 기사 말일세! "일단의 고고학자들이 약 이천 년 전 예루살렘 성벽 밖에서 십자가에 달려 죽고 장사된 젊은 남자의 해골을 발견했다."

불트만: 그래, 나도 보았네. 놀라울 것도 없지만, 기자와 텔레비전 앵커들

은 다음과 같은 논평으로 뉴스 보도를 끝마쳤지. "일부 사람들은 이 해골이, 모두가 알고 있는 바로 그 사람의 해골인지에 대해 의문을 제기하고 있습니다." 사실 난 이 일 때문에, 몇 년 전 나의 신학을 비신화화(demythologize)했다는 점에서 더 운이 좋다고 느낀다는 걸 고백해야만 하겠구만.

판넨베르크의 제자: 그게 웃으라고 하는 농담이라면, 자네의 유머 감각도 별로 신통치 않군. 역사에 대해서나, 역사와 신앙의 관계에 대해서나 자네의 태도는 정말 오만하네. 무덤을 열어본 자들에게는 이 해골이 나사렛 예수의 것임을 보여주는 증거가 한 조각도 없었네. 만약 무엇인가가 있다면 그것은 이런 고고학적 발견은 복음서 이야기의 역사성을 지지할 뿐이라는 사실이겠지. 이런 발견은 예수 당시의 범죄자들이 정확하게 복음서가 묘사하는 방식대로 십자가에 달려 죽었음을 증명하네.

불트만: 자네가 제안하는 바처럼 신앙은 역사적 탐구의 결과에 의존하지 않네. 물론 신앙은 나사렛 예수가 실제로 살았고 죽었다는 사실을 전제하지. 하지만 부활의 케리그마(kerygma)는 신약 전통의 역사성에 대한 지지나 반대와는 무관하다네.

바르트와 불트만을 위주로

바르트: 판넨베르크의 제자여! 이 문제에 있어서는 나는 불트만보다는 자네와 더 가까운 입장이 아닌가 생각하네. 그러나 기독교 신앙의 중심—즉 하나님이 예수를 죽은 자들로부터 살리셨다—은 자네의 언급처럼 역사적 증거에 의해 지지될 수도, 반박될 수도 없네. 부활은 하나님의 행동이네. 따라서 부활은 아주 특수한 의미에서 역사적인 것이지.

판넨베르크의 제자: 자네가 한 논평을 들어보니, 자네 입장이 불트만보다는 내 입장에 더 가깝다는 확신이 서지 않는데? 자네의 입장은, 부활을 역사로부터 떼어내어 하나님이 활동하시는 어떤 모호한 신학적 영역에 위치시키는 것처럼 들리네. 현실적 인간 역사의 실상으로부터 멀리 떨어진 어떤 영역에 말일세. 예수의 부활은 역사적 사건이네. 원한다면 그것을 공적인 사실(public fact)이라고 해도 좋지. 만약 그 사건이 역사 속에서 실제로 발생했던 것이 아니라면 교회의 메시지는 사기며, 우리는 여전히 죄와 사망에 구속되어 있는 거네.

바르트: 자네는 나의 말을 오해하고 있군. 내가 말하려는 요지는 다만 이런 거야. 부활은 실제로 발생했던 사건임에 분명하네. 하지만 십자가 처형이 역사적이라고 진술하는 것은, 카이사르가 루비콘 강을 건넜다는 것이 역사적 사실이라고 말하는 것과는 동일한 차원이 아니라네. 부활은 이 세계의 시간과 공간 속에서 실제로 발생했다는 의미로서는 역사적 사건이지. 하지만 현대의 역사가가 비평적 방법과 가정들을 토대로 부활이 발생했음을 증명한다든지 또는 발생하지 않았음을 증명한다든지 하는 의미로서는, 부활은 역사적 사건이 아님을 기꺼이 인정하는 바일세. 나는 부활을 단순히 제자들의 마음 안에서 일어난 변화라고 여기는 어리석은 이론에는 동의하지 않네. 또한 현대 역사가들이 비평적 절차에 의해 증명할 수 있는 사건을 제외하고는 그 어떤 것도 발생했다고 여기지 않는 생각 자체도 순전한 신화일 뿐이며, 이런 생각 역시 비신화화되어야 한다고 믿지.

불트만: 부활을 마음 안에서 발생한 실존적 변화로 여기는 어리석은 견해나, 역사 개념의 신화성에 대한 자네의 권위적 논평은, 사실 나의 유익을 위해 진술되었다고 믿네. 그러니 이제 내 입장을 분명하게 정리하겠네. 나 또한 부활 신앙은 역사적이라고 생각해. 하지만 그렇다고 기독교 신앙이 부활을 역사적으로 증명 가능한 사건이라고 주장한다는 의미는 아닐세. 부활은 분명하게 증명될 수 없는 사건이네. 동시

에 이 말은 바르트의 진술처럼, 비록 역사학이 부활 사건에 접근하지는 못할지라도, 이 부활은 시간과 공간 속에서 발생했던 사건임을 의미하지도 않지. 내 판단으로는 이것은 완전히 이해될 수 없는 주장이네. 기독교 신앙과 근대의 비평적 탐구 윤리를 파멸적으로 충돌시키지 않고서는, 도저히 우리는 에른스트 트뢸취(Ernst Troeltsch)가 근대 역사적 추론에 있어 유비 원리에 대해 가르쳤던 바를 무시할 수 없겠지. 과거는 현재의 지식과 경험과의 어떤 유비를 토대로 함으로써만 이해될 수 있다는 것이 비평적인 역사적 추론의 공리라네.

바르트: 도대체 지금 누가 이렇게 거들먹거리며 말을 하는 거지? 자네의 유비 원리는 부활의 사건을 제자들의 주관적인 경험으로 환원시키려 하고 있네.

불트만: 부활을 믿는다는 것은 이해할 수 없는 무의미한 주장에 헌신함을 의미하지 않네. 부활을 믿는다는 것은 예수의 십자가가 사람들 각자의 삶에 구속적 의미가 있음을 믿는 것이지. 그리스도인이라면 이렇게 말할 걸세. "예수가 십자가에서 죽으셨다는 메시지를 접할 때면, 신앙이란 하나님의 은혜에 철저하게 의존하는 것임을 알게 된다." 이렇게 신앙고백을 한다는 것은 완전히 새로운 자기 이해를 수용하는 것이라네. 역사가로서 나는 십자가에 달려 죽은 유대인의 해골을 고고학적으로 발견하는 것에 관심을 가지네. 하지만 그리스도인으로서는 그보다 덜한 관심을 가질 수밖에 없지.

바르트: 비지성성(unintelligibility)에 대해 한번 말해보게! 부활에 대한 자네의 해석은 전적으로 비일관적인 것으로 들려. 자네가 말하는 바는 부활은 실제로 발생하지 않았으며, 제자들과 우리 안에서의 신앙의 생성이 바로 부활이라는 것 아닌가? 자네는 부활 신앙에서 객관적인 토대를 제거하고 부활 신앙을 환각의 범주에 넣고 있네. 자네와는 달리, 부활은 하나님의 행동이자 계시의 사건이라고 말할 때 나의 입장은 그 사건으로부터 객관성과 구체성을 제거하는 것이 아니라네. 난

부활을 제자들의 마음의 변화를 위한 단순한 암호문으로 축소시키지 않아.

판넨베르크의 제자를 위주로

판넨베르크의 제자: 잠깐만! 자네 둘 다 몹시 애매한 말을 하고 있군. 자네들 모두 부활이 역사적이라고 말하면서도, 상당히 이상한 의미로 역사성을 말하고 있어. 즉 부활이 계시의 사건 또는 새로운 자기 이해의 사건으로서 접근 불가능하다고 말하고 있네. 하지만 이런 설명은 "역사적"이라는 단어의 일상적 의미와는 완전히 동떨어져 있어. 따라서 자네 둘 다 끝내 신앙을 구체적 역사로부터 분리시키고 있는 것이지. 자네들은 모두 유비의 원리에 갇힌 자들이네. 역사를 말한다는 것은 단회적인 것, 구체적인 것, 독특한 것에 대해 말하는 것이라네. 현대의 역사가는 "내 경험의 일부가 아니기 때문에 이것은 발생했을 수가 없다"라고 말하지 않네. 오히려 "증거가 무엇인가?"라고 묻지. 자네들은 이런 질문을 서로 다른 방식으로 회피하고 싶어하네.

몰트만의 제자: 판넨베르크의 제자여, 난 자네에게 동의하네. 불트만은 유비의 원리의 사용을 주장하는 것인지는 모르지만, 이 원리는 아무런 이의 제기 없이 사용되어서는 안 되지. 만약 무엇인가가 우리의 현재의 경험과 일치하는 경우에만 역사적인 실재로 고려된다고 주장한다면, 역사는 선험적으로 폐쇄된 것이라고 할 수 있네. 또한 이런 역사 이해는 결코 전적으로 새롭고 예기치 못한 사건의 발생을 허용할 수 없지. 나는 부활을 "약속의 사건", 즉 새로운 역사를 만드는 사건, 역사를 개방하는 사건, 소위 확립되어 있는 모든 사실을 뒤흔드는 사건, 우리로 하여금 인간의 소외와 고통과 불의와 현상 유지의 현상에 만족하지 못하게 만드는 사건으로 표현하길 선호하네. 만약 이것이 판

넨베르크의 제자로서 자네가 나아가는 방향이라면, 나도 자네와 함께하는 셈이지. 하지만 자네는 부활을 과거의 사건으로서 검증하는 것에 몰두하고 있는 것처럼 보이는군. 그래서 나로서는 자네가 부활이 지닌 미래 지향성과 언약적 성격을 정당하게 다루는지가 의문이네. 나는 부활에 대한 "종말론적 검증"이라는 개념에는 동의할 수 있네. 하지만 우리가 현재 부활 증언의 역사성을 증명할 수 있는 위치에 있다고는 생각하지 않지.

판넨베르크의 제자: 따라서 자네 역시 상당히 비현실적인 사고에 빠져 있는 셈일세. 자네들 모두는 부활 신앙이 역사적임을 주장하기를 원하지만, 그러나 바로 그 순간부터 자네들 **모두**는 조직적인 모호성에 빠져든다고 할 수 있지. 그렇게 함으로써 사실상 부활을 역사로부터 분리하는 결과를 초래하네. 바르트는 부활이 역사 안에서 일어난다고 말했지. 하지만 바르트에게는 부활이 일어나는 역사가 통상적인 역사적 탐구를 통해 접근할 수 있는 대상이 아니라네. 이런 초역사(suprahistory)란 대체 무엇인가? 초역사, 구속사(Heilsgeschichte), 섭리사(Horsegeschichte)에 대한 논의 때문에 신앙과 신학은 완전히 불명예를 걸머지게 되었지. 만약 역사적 증거가 예수의 부활로 추정되는 사건을 확증하든지 부인하든지를 막론하고 이 사건과 아무런 관련성이 없다면, 결과적으로 우리가 부활이라고 부르는 저 사건은 고대 이집트의 신 오시리스의 죽음과 부활만큼이나 역사성을 결여한 것이 되네.

몰트만의 제자: 만약 자네의 비판이 바르트를 겨냥한 것이라면 적절하다고 할 수 있네. 하지만 이런 비판은 나에 대해서는 진지하게 제시될 수 없다고 보네. 자네처럼 나도, 근대의 역사적 이성과 비판적 대화를 하는 것에 관심을 갖고 있으니까 말이야.

판넨베르크의 제자: 글쎄올시다. 몰트만의 제자여! 부활을 계시의 사건으로 여기는 바르트의 설명보다는 부활을 약속의 사건으로 간주하는 자네 설명이 더 내 기호에 맞는 것이 사실이지만, 자네는 부활 신앙

을 위한 사실적 증거를 무시함으로써 결국 바르트와 동일한 입장에 놓인다고 보네. 나 역시 신앙의 진술의 "종말론적 검증"(eschatological verification)에 대해 말했네. 그러나 만약 이런 종류의 언어가 신화적이지도 않고 무의미하지도 않고자 한다면, 다시 말해 책임 회피가 되지 않고자 한다면, 우리는 역사가 개방적이며 사건의 의미는 그 사건이 발생했던 해석적 상황과 분리될 수 없음을, 동시에 어떤 사건의 온전한 의미는 우주 전체의 역사적 상황 속에서 그 사건을 볼 수 있는 역사의 종말의 지점에서만 최종적으로 결정됨을 증명해야 할 걸세. 역사의 개방성과 역사적 추론의 개방성을 현대 세계에 설득력 있게 제시해야 하지. 그렇지 않으면, 부활의 선포는 오직 교회 내에서만 공감을 얻을 것이며, 기독교는 더욱더 비지성성과 비적실성(irrelevance)의 고립 지대로 후퇴하고 말 걸세.

불트만: 기독교 메시지의 지성성(intelligibility)에 대해 관심을 쏟는 자는 비단 자네만이 아니네. 나 또한 신앙과 지적 이해의 관계에 대한 쟁점에 나의 온 학자적 경력을 다 쏟아부었지.

판넨베르크의 제자: 물론 자네도 그랬지. 하지만 실상 자네는 부활은 **예수에게** 일어났던 것이 아니라 우리 안에서 발생하는 것이라고 말하고 있네. 예수의 십자가가 우리를 위해 가지는 구속적 의미를 발견하기 때문에 우리가 우리 자신을 새롭게 이해한다는 거지. 자, 하지만 신약의 말씀을 읽어보게. 만약 신약의 말씀이 무엇인가를 말하는 바가 있다면 그것은 첫째로, 부활은 예수에게 실제로 일어났으며, 그 이후에 제자들에게 알려지거나 계시된 사건이라는 점일세. 그러니 자네도 알다시피 나는 자네들 모두와는 다른 의견일세. 자네 모두는 부활을 공적 역사의 영역, 즉 우리가 살고 있고 비판적 역사가들이 다루고 있는 역사의 영역으로부터 분리시키고 있네. 부활을 어떤 초역사적인 영역에 위치시킨 다음 그것을 "계시의 역사" 또는 "약속의 역사"라고 부르든지, 혹은 부활을 어떤 실존적 영역에 위치시킨 다음 그것

을 "새로운 자기 이해"라고 부르든지, 이런 것들 속에는 궁극적으로 별 차이가 없다네. 내가 보기에, 자네들 입장 전체에는 가현설적인 분위기, 혹은 그 이상이 들어 있지.

바르트: 정말이지 나는 이 논의가 자잘한 명칭을 시비하는 그런 논쟁으로 변질되는 것을 바라지 않아. 하지만 그래도 날 시험하고자 한다면, 내가 갖고 있는 아주 괜찮은 무기고 하나가 있지. 일단 한 가지 지점을 확실히 해두겠네. **나는** 부활이 어떤 초역사적인 영역에서 발생했다고는 말하지 않았네. 판넨베르크의 제자여, 그것은 자네의 말일 뿐, 내 입장을 대표하지 않네. 내가 말했던 바는 예수의 부활이 시간과 공간 안에서 발생했으며, 이런 의미로 부활은 모든 다른 사건과 비슷하다는 것이었지. 덧붙여 나는, 재림 시에 예수의 주님됨이 확정적이고 보편적으로 계시될 것에 대해서는 말할 것도 없고, 이 부활 사건이 시간과 공간과 안에서 발생했음을 알려주는 역사적 증명은 있을 수 없음을 말했지. 예수의 제자들이 가진 부활 신앙은 모두가 동의할 수 있는 사실로부터 추론을 통해 도달된 결론이 아니었네. 부활은 진실로 발생했네. 하지만 부활이 발생했다는 점은 계시된 것이네. 예수 자신이 제자들에게 현현하지 않았나? 이런 예수 현현의 행동은 근대의 역사적 탐구와 그것의 증명 과정을 훨씬 넘어서는 것이지.

판넨베르크의 제자: 하지만 바로 이것이 내가 강조하는 동시에 거부하는 내용일세. 자네는 계시와 이성을, 신앙과 역사를 분리시키고 있네. 물론 역사가는, 물이 두 개의 수소와 한 개의 산소로 구성되어 있음을 증명하는 화학자와 동일한 방식으로는 부활을 **증명**할 수 없네. 그런데 자네는 대부분의 역사가들이 오랫동안 포기해왔던 실증주의적 역사 지식관을 가정하고 있네. 역사가는 확정적인 증명을 이런 실증주의적 의미로는 제시하지 않지. 내가 말했던 바는 모든 역사적 사건은 역사의 종말에서야 충만하게 알려질 수 있다는 점이었네. 그리고 이런 견해는 역사 해석과 관계되는 실증주의적 모형을 분명하게 배제

하네. 그렇다고 확보된 증거에 대해 가장 합리적 해석을 제시해야 하는 우리의 임무가 면제되는 것은 아니지. 우리는 이용 가능한 증거를 토대로 유추를 하네. 그런 다음에 논변으로써 지지될 수 있는 정확한 판단을 내리네. 역사적 판단은 자의적이거나 변덕스러울 수 없네. 반대로 역사적 판단은 합리적이고 논증 가능해야 하네. "예수가 부활했다"라고 말할 때, 우리는 진리 주장을 하고 있는 것일세. 우리는 이 주장을 부활 사건의 역사성으로까지 밀고 나가고 있네. 부활 사건이 시간과 공간 안에서 발생했다는 판단은, 주어진 증거에 대한 가장 합리적인 역사적 설명이라는 것이 우리의 주장일세. 또한 주어진 증거에 대한 더 설득력 있는 해석이나 추가적으로 주어지는 증거가 있다면, 그것을 토대로 해서 우리의 해석이 교정되는 것에도 열린 자세를 취해야만 하지. 적어도 사도 바울은 신앙의 주장을 지지하기 위해 부활에 대한 증언을 인용하는 것을 주저하지 않았지.

불트만: 물론 자네도 알겠지만, 나는 바울이 고린도전서 15장에서 부활한 예수에 대한 증언자들의 목록을 제시함으로써 오히려 자신의 메시지를 약화시키고 있다고 생각하네. 빈 무덤에 대한 전승들에 대해 말하자면, 그것들은 분명히 후대에 첨가된 전설적인 것들이지.

판넨베르크의 제자: 지금 나는 신약의 모든 전통을 무비판적으로 수용해야 한다고 주장하는 것이 아닐세. 물론 부활 신앙의 전통은 발전 과정을 거쳤고, 그 과정 안에서 일종의 전설적 이야기들이 추가되었지. 하지만 **이것**은 발생할 수 없다거나 혹은 **저것**은 불가능할 뿐이라고 조급하게 판단하는 대신, 우리는 초기 기독교 공동체의 해석의 지평으로 들어가 "예수가 부활했다"라는 주장의 의미를 이해해야 할 것이네. 부활이 유대교와 기독교의 묵시서의 맥락 내에서 어떤 의미를 지니는지 파악할 때까지는, "부활"이라는 단어를 사용하면서도 정확히 그 의미를 알고 사용한다고는 할 수 없겠지. 묵시서에서는 역사의 모든 것이 하나님의 종말론적 미래를 지향한다네. 초기의 제자들은 예

수의 부활이 보편적 부활과 최후의 심판을 알려주고 예기함을, 또한 우주의 역사는 이것들을 향해 나아간다고 믿었지. 신약의 그리스도인이든 우리든, 예수 부활의 확증은 실재 전체에 대한 자신의 이해와 분리될 수 없네. 나의 주된 요점은, 신앙을 근대의 지성에게 전달하려는 노력에 있어서 비이성적이기보다는 이성적이어야 한다는 점일세. 만약 초기교회가 시도했던 바처럼 예수의 부활에 대한 우리의 믿음의 이유를 제공할 수 없다면, 우리는 기독교의 신앙을 완전히 자의적이고 권위주의적인 것으로 만드는 셈일세. 부활 메시지로부터 모든 지성과 진리 주장을 제거하고 있는 것이지.

불트만: 한번 들어 보게나, 판넨베르크의 제자여! 자네의 입장은 엄청나게 순진하고 뻔뻔스럽게 보이는군. 자네는, 역사가가 어떻게 작업해야 할 것인지를 알려주는 임무를 수행하는 것 같아. 나는 자네가 역사 탐구의 비판적 엄격성을 진정으로 이해하고 있는지 잘 모르겠네. 자네는 마치 역사가가 성경 이야기의 역사성에 결코 위협을 제기할 수 없는 것처럼 말하고 있군. 하지만 비판적 역사가는, 마치 검사가 법정에서 증인을 심문하는 것처럼, 자신의 자료를 심문한다네. 그는 이렇게 묻는다네. "우리는 이 사건이 발생했다고 들었다. 그러나 이 사건은 진정으로 이런 방식으로 발생했는가? 혹은 이 사건은 진정으로 발생한 것이 맞는가?" 이런 역사가는 인간의 공통 경험에 근거한 전제들을 토대로 탐구를 수행하지.

판넨베르크의 제자: "인간의 공통 경험"이라는 말은 매우 모호한 개념이네.

불트만: 그런가? 예를 들어 나는, 사람이 물 위를 걷는다는 보고를 역사적 사실로서 받아들이지 않네. 왜냐하면 이것은 실재에 대한 우리의 현재의 지식과 경험에 완전히 상반되는 것이기 때문이지. 미국의 대통령을 암살하려 시도했던 범인이 재판을 받는 법정에서 "나는 대통령을 조준하여 발사하지 않았습니다. 이것은 '하나님의 행동'입니다. 방아쇠를 잡아당긴 이는 성령입니다"라고 말한다고 상상해보게. 판넨

베르크의 제자여, 자네는 여기에 대해 어떻게 하겠는가? "그럼 증거를 살펴보자. FBI 파일들을 검토하고 성령의 특성에 대해 우리에게 알려진 바를 검토해보자"고 할 것인가? 이 이야기를 통해 말하고 싶은 요점은, 우리는 자주 공통 경험의 유추를 통해 논증하고 있다는 점이네. 그렇게 때문에 나로서는 죽은 자의 부활이 어떻게 역사적 설명으로 기능할 수 있는지를 알 수 없네.

판넨베르크의 제자: 그것은 자네가 역사가의 작업에 대해 믿을 수 없을 만큼 편협한 개념을 갖고 있기 때문이야. 정확히 말해 역사란 독특한 것, 유일한 것, 단회적인 것이 일어나는 무대일세. 역사에 대한 질문에 대답하기 위해 사용될 수 있거나 또는 먼저 증거를 보지 않고서도 어떤 가능성을 배제하기 위해 사용될 수 있는 선험적인 역사 법칙이란 존재하지 않네. "부활은 일어나지 않는다"와 같은 일반적 법칙을 침범한다는 이유만으로, 그리스도가 죽은 자들로부터 부활한 사건이 비역사적이라고 불릴 수는 없는 것일세.

바르트: 난 전적으로 자네 말에 동의하네. 내가 보기에 불트만은 너무 심하게 자신의 철저한 회의주의를 고려하는 것처럼 보였지. 하지만 판넨베르크의 제자여, 내가 꼭 하고 싶은 말이 있다네. 자네의 논증 과정 중에는 내게 거리끼는 것이 있어. 자네는 신앙을 역사비평적 추론에 의존적이 되도록 만들고 있네. 즉 자네의 접근법은 첫째가 지식이고 그 다음이 신앙이라네. 하지만 자네도 알다시피, 난 이런 접근법이 본연의 신학적 탐구 방법일 수 없다고 보네. 이해를 추구하는 신앙(*Fides quaerens intellectum*)이 신학의 올바른 순서라고 믿지. 그렇지 않다면, 신앙은 신앙이기를 중단하고 오히려 역사적 논증이나 형이상학적 논증의 결론으로 변질되고 만다네. 다만 우리는 예수의 부활이라는 실재로부터 시작해야 하네. 우리가 부활하신 주님의 진리를 확립하는 것이 아니네. 반대로 주님의 진리가 우리를 용서받고 자유롭게 해방된 자로 확립하는 것이지.

몰트만의 제자를 위주로

몰트만의 제자: 좋아, 바르트. 자네가 이렇게 말하는 것은 이전에도 들었다네. 이젠 어느 정도 이해가 되네. 하지만 부활에 대한 자네의 계시 신학에서 무엇이 결여되어 있는지는, 판넨베르크의 제자가 잘 포착했다고 생각해. 거기에 빠진 것은, 부활 사건이 지닌 선취적·예기적·언약적 본성이야. 만약 그리스도의 부활에 대해 올바르게 지향하고 있다면, 우리는 과거를 바라보아서는 안 되네. 도리어 십자가에 달려 죽으신 분을 부활시킨 사건을 통해 하나님이 약속하신 새로운 의와 평화와 생명의 미래를 향해 나아가야 하네. 부활은 기독교의 소망의 근거이자 교회의 위임의 기초일세. 진정으로 우리가 예수의 부활을 믿는다면 이런 믿음은, 우리가 순례자 백성이며 출애굽 공동체라는 점에서, 또한 율법과 사망의 사슬로부터 만물을 해방시키고 변혁하며 불의에 맞서 싸우는 투쟁에 참여하도록 부름 받은 백성이라는 점에서 스스로 드러날 것이네.

판넨베르크의 제자: 자네가 부활을 예기적 사건으로 해석하고 싶어하는 만큼, 나 역시 그렇다네. 따라서 나로서는 자네가 내 접근법에 대해 반대할 만한 것이 없으리라 보는데?

몰트만의 제자: 나로서는 자네가 역사와 역사적 추론에 대한 새로운 해석에 몰두하면서, 섬김을 위한 해방에 대해서는 감각을 상실하는 것이 아닌가 염려되네. 신약 교회에게서 해방은 부활절 이해와 뗄래야 뗄 수 없이 연관된 주제네. 난 마르크스의 다음과 같은 진술에 기독교적 세례를 베풀고 싶다네. 신학의 과제는 세계를 새롭게 해석하는 것이 아니라 세계의 변혁에 참여하는 것이라는 진술 말이야. **십자가에 달려 죽은** 예수의 부활을 선포하는 것은 우리로 하여금 예기하는 것 이상의 행위를 유발하지. 부활의 선포는 우리로 하여금 현재의 불의에 맞서도록 하네.

불트만: 글쎄, 굳이 마르크스에게 기독교적 세례를 주지 않고서도 이렇게 말할 수 있을 것 같은데. 나 또한 과거로부터의 자유, 미래를 향한 개방성, 예수의 십자가 죽음과 부활의 복음에 의한 삶의 변혁에 대해 말하기를 원하네. 정확하게 바로 이런 이유 때문에 나는, 자네들 모두가 부활의 메시지를 몹시도 지루하고 따분한 방식으로 표현한다고 여긴다네. 자네들은 부활 메시지의 "객관성"을 보존하고자 지나치게 근심하고 있네. 바르트가 원하는 것은, 부활이 시간과 공간 안에서 발생했음을 분명히 할 것을 우리가 기억하는 것이지. 하지만 바르트는 이런 진술에 어떤 지지를 보태야 한다고는 느끼지 않네. 부활의 메시지는 그저 객관적으로 주어져 있으며, 예수의 부활을 믿는다는 행위에는 어떤 이해할 수 없는 주장에도 동의하는 것까지 포함되어 있으니까. 하지만 나는 기독교 신앙이 이처럼 지적이고 이성적인 통전성을 희생하는 것이라고 믿지 않는다네. 그래서 나는, 판넨베르크의 제자가 신앙과 지적인 무책임을 동일시하기를 거부하는 것에는 상당한 존경을 보내네. 문제는 판넨베르크의 제자마저 종국에 가서는 신앙과, 객관적·역사적 진술에 대한 동의를 동일시하는 것이지. 하지만 신약의 분위기는 이와는 많이 다르다네. 신약은 자네들과 나로 하여금 십자가에 달려 죽은 예수를 우리를 위한 하나님의 구속적 행동으로 받아들이도록, 그리하여 세상에서의 하나님의 현존이 십자가에 달려 죽은 자의 역설적인 형태로 실현되었음을 증거하도록, 따라서 하나님의 용서에 전적으로 의존하여 살 것을 요구한다네. 이것은 근심 많고 탐욕스러운 이전의 나의 자아에 대해 죽고, 하나님만이 나의 미래와 소망이 되시도록 하는 것을 포함한다네.

몰트만의 제자: 나의 미래와 **나의** 소망이라고! 불트만, 이것이 바로 부활 메시지에 대한 자네의 해석의 문제일세. 자네는 메시지를 개인주의화하고 사사화하고 있네. 물론 자네도 변혁과 새로운 삶에 대해서 이야기하긴 했지. 그러나 자네가 의미하는 변혁이란 **나의** 의식의 변혁

일 뿐이네. 자네는 나와 세계를 분리시켜 놓았네. 아마 초기교회는 그렇게 하지 않았을 거야. 초기교회가 죽은 자들로부터 부활한 예수를 선포했을 때, 그들은 바로 이 부활이 **세계**의 변혁의 시작이라고 이해했다네. 자네가 신학에서의 그릇된 객관주의나, 증명과 논증을 강박적으로 추구하는 것을 비판한 것은 높이 평가한다네. 그러나 변혁에 대한 자네의 해석은 너무나 협소하고 편협하며 개인주의적이네. 십자가에 달려 죽은 자의 부활을 믿는 것은 새로운 **자기**-이해를 가진다는 것만을 의미하지 않네. 그것은 **하나님**을 다르게 이해하고 하나님과 다른 관계를 맺는 것인 동시에, 사회적이고 정치적인 세계를 다르게 이해하고 그 속에서 다르게 행동하는 것이라네. 그것은 죽음이라는 개인적이고 정치적인 구조에 직면해서도 하나님의 신실하심을 믿는 것이네. 이렇게 십자가에 달려 죽은 자가 부활했다는 고백은 항상 전복적인 신앙을 표현해왔으며, 앞으로도 계속해서 그럴 것이지. 또한 이런 고백은 개인적 삶의 영역뿐 아니라, 우리의 사회적·정치적 영역에 있어서도 혁명적 함의를 지니고 있네.

판넨베르크의 제자: 글쎄, 몰트만의 제자여, 나는 자네가 불트만의 입장을 뒤엎는 방식에 확실히 좋은 인상을 받았네. 물론 나는 자네가 말했던 많은 부분에 동의하네. 나는 공적 신학이 지닌 모든 부수적인 난관에도 불구하고 여전히 공적 신학에 관심이 있네. 다만 고립된 공동체의 확신을 선호하는 신학에는 관심이 없네. 그런데 몰트만의 제자여, 자네는 이 대화의 진짜 쟁점을 회피하고 있다네. 우리는 지금 예수의 부활의 역사성에 대해 말하고 있네. 나이 어린 사회적 예언자의 역할을 감당하려는 시도는 그만두게. 그리고 신학의 진짜 과제는 기독교 신앙의 주장을 책임감 있게 설명하는 것임을 인정하게나.

바르트: 진짜 문제는 신학적 책임이 무엇을 의미하느냐 하는 것이지. 판넨베르크의 제자여, 자네가 언급한 책임이란 기독교 변증학에 대한 참여, 즉 이성의 심판대 앞에서 기독교의 진리 주장을 옹호하는 행위를

의미한다고 나는 보네. 아무리 공격적인 것처럼 보인다고 하더라도, 변증학은 늘 패기를 잃어버린 신학이기 마련이지. 진정한 신학적 책임이란 성경이 증언하는 구체적이고 살아 있는 유일한 중심인 예수 그리스도, 즉 십자가에 달려 죽고 부활하신 주님에 대해 반응하는 것을 의미하네. 불트만은, 부활을 시간과 공간 속에서 일어난 사건으로 보는 나의 주장이 전혀 지지대와 증거를 가지지 못했다고 말하고 있네. 하지만 그렇지 않아. 신약의 본문 자체가 나를 지지하고 있네! 확실히 신약의 텍스트들은 부활을 시간과 공간 속에서 일어난 사건으로 제시하지. 부활이 실제적인 사건이었기 때문에 제자들이 반응했던 것이네.

불트만: 하지만 언제나 텍스트는 해석될 필요가 있네! 단순히 본문에 그렇게 쓰여 있다는 사실에 호소하는 것만으로는, 자네는 성경문자주의와 근본주의에 빠지게 될 거야.

바르트: 이건 야비한 짓이네. 자네는 내가 결코 근본주의자가 아니라는 사실을 충분히 알고 있지 않나? 나는 40년 동안이나 근본주의적 정신과 싸웠지. 물론 텍스트는 해석되어야만 하네. 그러나 만약 자네가 부활이 객관적 사건이었다는 주장, 즉 부활이 시간과 공간 안에서 발생했던 사건이라는 주장을 회피하기 위해 텍스트와 해석을 이야기한다면, 그것은 텍스트를 해석하는 것이기는커녕, 오히려 텍스트를 조작하는 행위라네. 이를 통해 자네는 자네가 원하는 대로 텍스트의 의미를 말하게 되겠지.

불트만: 자네는 늙어서도 여전히 성미가 불같군 그래?

바르트: 물론이고말고! 특히 이처럼 중요한 주제를 다룰 때는 더욱 그렇겠지. 지금 우리는 복음의 중심에 대해 논쟁하고 있네. 자네는 부활의 메시지가 사람들에게 도전하여 그들이 스스로를 십자가의 구원이라는 의미의 빛으로 새롭게 이해하도록 해야 한다고 주장하고 있네. 하지만 나는 부활의 메시지가 그렇게 하지 않을 것이라고 말하고 있다

네. 신약은 예수의 십자가 너머에 있는 하나님의 두 번째 행동, 즉 승리의 행동에 대해 말한다네. 자네는 사도의 메시지를 십자가 때문에 가능케 된 것을 깨닫도록 만드는 단순한 권고로 변질시키고 있어. 나는 사도의 메시지가 새로운 삶의 **가능성**이 아니라 부활한 주님인 예수 안에서의 새로운 삶의 **실현**을 선포한다고 말하고 있네. 그리스도의 부활 안에서 창조된 하나님의 새로운 세계는 객관적으로 참된 것이네. 비록 그리스도인만이 주관적으로 그것을 참되다고 인정한다 하더라도 말이지.

판넨베르크의 제자: 자네 둘이서 싸우는 모습을 보니 몹시 즐겁군. 자네 둘 사이에는 아주 많은 공통점이 있어. 즉 역사적 탐구에 대한 실증주의적 개념, 변증학에 활발하게 참여하는 것에 대한 두려움, 신앙의 주장에 대해 이성과 증거를 제시하려는 모든 시도에 대한 의심 같은 것 말이야. 이 모든 공통점으로부터 다음과 같은 가장 중요한 공통점이 자연스럽게 도출된다고 볼 수 있지. 즉 자네는 둘 다 부활을 역사적 사건이라고 말할 수 있는 의미에 있어서 호기심 섞인 모호함을 가지고 있네. 자네도 알겠지만, 부활에 대한 성경의 증언을 읽을 때면, 나는 불트만과 같은 인상을 받지 않아. 불트만에 따르면 성경 증언은 부활의 증거를 바라는 것이 부당하다고 말하고 있네. 하지만 이런 증거를 경시한다면 자네는 예수에 대한 신앙과 예수 자신의 주장을 완전히 자의적이고 권위주의적으로 만들어버리는 것이라네. 부활은 예수의 권위 주장을 하나님이 옹호하신 사건이야. 즉 부활은 예수 자신이 스스로 말했던 바를 하나님이 확증하신 사건이네. 역사 속에서 일어난 이 사건은 역사의 목적을 선취적으로 실현하고 있네.

몰트만의 제자: 판넨베르크의 제자여, 나의 판단으로는, 예수의 부활은 **하나님**의 옹호, **하나님**의 증명, **하나님**의 약속임을 강조해야 하네. 그렇지 않으면, 우리는 십자가의 신학과는 분리된 영광의 신학을 추구하게 될 걸세. 나의 견해로는, 부활 이야기의 근본 쟁점은 참으로 하나

님의 정체성에 관한 것이라네. 즉 십자가에 달려 죽으신 예수의 부활 사건에서 알려진 하나님은 누구신가? 예수의 십자가와 부활 속에 현존하신 하나님은 바로 삼위일체 하나님이네. 하나님을 삼위일체 하나님으로 표현한다는 것은, 십자가와 부활의 사건을 통해 하나님이 성자를 사랑 안에서 내어주시는 성부로서 규정되고, 예수가 사랑 안에서 성부의 뜻에 순종하는 성자로서 규정되며, 사랑의 성령이 서로 가장 멀리 떨어져 있는 성부와 성자를 교제케 하며 또 이런 교제를 세상에 개방하는 분으로 규정됨을 의미하네. 십자가에서 하나님은 세상의 구원을 위해 고통과 사망을 신적 삶 속으로 취하시네. 그리고 부활에서는 악에 대한 하나님의 최종적인 승리의 기쁨이 약속되지.

판넨베르크의 제자: 나의 부활 신학 역시 종말론적 지향성을 가짐을, 그리고 자네처럼 나 또한 철저하게 삼위일체 신학을 추구함을 자네는 확실히 알 것이네. 그러기에 나는 자네가 나의 신학 작업에서 반대할 만한 것을 발견하리라고 생각하지 않네.

몰트만의 제자: 자네의 신학 작업에는 십자가의 의미에 대한 관심이 결여되어 있지 않나 의심이 되는군. 또한 성경의 증언에 대한 해석으로부터 자네가 이끌어낸 일관적으로 보수적인 정치적 함의에 대해서도 관심이 결여되어 있다고 여겨지는데? 내가 이해하기로 복음의 메시지는, 십자가와 부활의 하나님을 아는 것을 통해 우리 모두가 만물을 변혁시키고 싶어하는 하나님의 사랑의 역사 안에 있는 고통과 환희에 참여하는 것이라네. 억눌린 자들의 부르짖음과 창조세계의 신음은 끝나지 않았어. 따라서 진정한 부활 신앙은 인상적인 지적·역사적 증명 속에서가 아니라 희생과 섬김의 정신 속에서 드러난다네. 이런 정신은 세상을 위한 고통과 해방과 화해로 이루어진 하나님 자신의 역사로부터 나오는 것이네. 판넨베르크의 제자여, 내가 보기에 자네가 전개하는 부활 신학은 영광의 신학의 유혹에 끊임없이 노출되어 있다네. 나의 부활 신학은 이런 점을 피하고자 노력하고 있지. 하나님

이 십자가에 달려 죽은 예수를 살리셨음과, 또한 그분이 우리로 하여금 만물의 갱신을 소망하면서 역사의 희생자들과 연대하도록 부르심을 일관되게 강조함으로써 말이야.

요약

바르트: 마지막 말은 아마도 나의 『교회 교의학』만큼이나 긴 해석을 요구할 것이므로, 오늘은 이만 끝내는 것이 좋겠네. 하지만 끝내기 전에, 다음 번 부활절에는 어떤 본문으로 설교할 것이지 각자 한 마디씩 하지. 신학은 더 신실하고 더 나은 설교를 위한 것이라고 나는 항상 믿어왔다네. 그래서 내가 묻는 바는 이런 것이네. 부활에 대한 우리의 해석이 부활절 설교에는 어떻게 작용할 것인가? 나로 말하자면 천사가 무덤에 있는 제자들에게 "그가 살아나셨고 여기 계시지 아니하니라"(막 16:6)고 선언한 본문을 설교하고 싶네. 천사가 이런 메시지를 가져왔으며 이 메시지는 계시였음을, 다른 무엇보다도 이 메시지가 얼마나 기쁘고 좋은 소식인지를 강조하고 싶어서지.

불트만: 나는 늘 요한복음에 특별히 끌려왔네. 부활하신 주님이 도마에게 하신 말씀, 즉 "너는 나를 본 고로 믿느냐? 보지 못하고 믿는 자들은 복되도다"(요 20:29)는 말씀을 설교할 생각이야. 오늘 우리의 토론 내용을 보면, 이 설교에서 내가 강조하고 싶은 지점이 자명하게 드러날 것이라고 보네. 바로 부활 신앙은 십자가라는 걸림돌에 대한 실존적인 반응이라는 점이지. 결코 부활 신앙은 역사 속에서 부활이라고 명명된 저 눈부신 사건의 목격자가 되는 특권을 누리느냐 아니냐의 문제가 아니라네.

판넨베르크의 제자: 나는 부활의 사실이 우리의 신앙에 대해 가지는 중심성에 대해 설교하고 싶네. 여기에 딱 맞는 본문은 바울의 주장이지.

즉 "만일 죽은 자의 부활이 없으면 그리스도도 다시 살아나지 못하셨으리라. 그리스도께서 만일 다시 살아나지 못하셨으면 우리가 전파하는 것도 헛것이요 또 너희의 믿음도 헛것이며"(고전 15:13-14). 나는 바울의 논증이 지닌 양면을 동시에 부각시키고 싶네. 즉 그리스도의 부활에 대한 이해는, 실재가 새로운 것에 대해 철저히 개방적이라고 여기는 이해에 달려 있다는 점과, 동시에 부활의 현실성은 실재에 대한 기독교적 이해의 기초며 모든 기독교 신앙과 삶의 기초라는 점을 강조하는 거지.

몰트만의 제자: 내가 선택한 부활절 본문은 아마도 자네들이 기대하지 못했던 것이겠지만, 확실히 적절한 텍스트라고 보네. 요한계시록의 본문, 즉 "보라 내가 만물을 새롭게 하노라"(계 21:5)를 설교할 것이네. 세상의 고통과 고난에 관심을 기울이면서, 십자가에 달려 죽고 부활하신 그리스도를 섬기는 일에 목숨을 내건 교회만이 약속의 말씀을 들을 것임을 나는 강조할 것이네.

정치신학에 관한 대화

정의와 자유와 평화를 위한 현재적 투쟁과 기독교 신앙 사이의 관계는 오늘날 신학에서 중심적 쟁점 중 하나가 되었다. 최근 수십 년 동안 그리스도인들은 여러 가지 사회 운동에 참여했을 뿐만 아니라 그런 참여를 신학적으로 정당화하는 작업을 해왔다. 이러한 운동의 예로는 민권 운동, 미국에서의 흑인 해방을 위한 투쟁, 페미니즘 해방 운동, 남아프리카공화국에서의 인종 분리 정책에 맞선 투쟁, 남미에서의 가난한 자들과의 연대의 실천 및 기독교 기초 공동체들의 형성, 폴란드와 아이티와 필리핀에서의 전체주의적 통치와 억압에 맞선 항거, 핵무기 경쟁에 대한 범세계적 반대, 1960년대 베트남과 1980년대 중미에서의 미국의 군사 개입에 대한 저항, 1980년대 중남미 난민들을 돌보는 미국 교회의 성소 운동(sanctuary movement)에 대한 참여 등이 있다. 아마도 이런 목록은 거의 무한정으로 확대될 수 있을 것이다.

어떤 비판가들은 이런 사회 참여 활동이 교회를 해롭게 하는 정치화를 야기하며, 교회로 하여금 자신의 참된 사명으로부터 이탈하게 만들었다고 비난한다. 그러나 대부분의 그리스도인에게 점점 더 분명해지는 사실은, 교회가 직면하는 진정한 쟁점은 신앙과 정치적 실천 사이에 불가분리적인 연관성이 있느냐 없느냐 하는 문제가 아니라, 이런 연관성을 어떤 방식으로 이해할 수 있는가 하는 문제라는 점이다. 아래에는 이 쟁점에 대해 여러 명의 정치신학자가 자기 입장을 분명히 하고자 벌이는 가상의 대화가 실려 있다.

칼 바르트	앞의 두 부록에서 이미 소개되었으므로, 다음 사실을 언급하는 것만으로 충분할 것이다. 바르트는 나치 정권에 저항한 독일 고백교회의 지도자였으며, 초기에 사회주의 운동에 참여한 경험이 그의 신학 해석 작업에서 중요한 초점이 되었다. 또한 신학과 정치적 쟁점에 대해 많은 논문을 저술했는데, 그중 일부가 『공동체, 국가, 교회』(*Community, State and Church*)와 『주류를 거슬러서』(*Against the Stream*)에 실려 있다.
라인홀드 니버	20세기 미국에서 단연코 가장 영향력 있는 윤리학자며 정치신학자인 니버는, 40년 동안 미국과 국제 사회의 쟁점들을 예언자적 통찰력과 분석력을 가지고 다루었다. 니버의 수많은 저서들 중 대표작으로는 『도덕적 인간과 비도덕적 사회』(*Moral Man and Immoral Society*, 대한기독교서회 역간), 『인간의 본성과 운명』(*The Nature and Destiny of Man*), 『미국 역사의 아이러니』(*The Irony of American History*), 『빛의 자식들과 어둠의 자식들』(*The Children of Light and the Children of Darkness*, 문예출판사 역간) 등이 있다.
해방신학자	이 인물은 어떤 특정한 남미 해방신학자를 대변하지는 않는다. 이 가상의 인물은 구스타보 구티에레즈[Gustavo Gutiérrez, 『해방신학』(*A Theology of Liberation*), 『우리의 우물에서 생수를 마신다』(*We Drink from Our Own Wells*)]와 레오나르도 보프[[Leonardo Boff, 『교회: 은사와 권능』(*The Church: Charism and Power*)]와 같은 여러 신학자의 분명한 영향을 받은 복합적인 인물이다.

페미니즘신학자	이 인물 역시 복합적인 인물로서, 현대의 특정 페미니즘 신학자와 동일시되어서는 안 된다. 이 인물을 구성하고 있다고 여겨지는, 오늘날 가장 널리 알려진 페미니즘신학자들로는 로즈매리 류터[Rosemary Ruether, 『성차별주의와 하나님-담화』(Sexism and God-Talk)], 필리스 트리블[Phyllis Trible, 『하나님과 성의 수사학』(God and the Rhetoric of Sexuality)], 샐리 맥페이그[Sallie McFague, 『하나님에 관한 모형들』(Models of God)], 엘리자베스 쉬슬러 피오렌자[Elisabeth Schüssler Fiorenza, 『크리스챤 기원의 여성 신학적 재건』(In Memory of Her, 태초 역간)], 레티 러셀[Letty Russell, 『파트너십의 미래』(The Future of Partnership)] 등이 있다.

정치신학자들의 모임

바르트: 나는 우연을 믿지 않기 때문에, 이런 특별한 대화가 가능한 것은 어떤 보이지 않는 손이 역사한 것이 틀림없다고 믿네. 정말이지 사랑하는 주님은 경이로운 유머 감각을 가지고 계신 것이 분명해.

해방신학자: 바티칸이 이 모임과는 아무런 상관이 없음을 나는 장담하네. 자네도 알다시피, 바티칸은 신학자들 사이의 자유분방한 토론에 대해서는 약간 신경을 곤두세우는 편이니까 말이야. 교회의 가르침에 대한 이런 식의 모임은 언제나 신자들에게 혼란을 초래하기 마련이라고 믿는 거지. 내 견해를 말하라면, 난 바티칸의 생각에도 전적으로 동의하지 않지만, 동시에 여러 이유로 인해 이런 모임의 결과에 대해서도 그리 낙관적이지는 않네.

니버: 어쨌든 우리가 여기 함께 모였다는 사실은, 비록 누군가의 상상 속에서만 가능한 일인지도 모르지만, 내가 이전에 말했던 불가능한 가

능성들 중의 하나라고 보네. 역사의 경이와 굴곡은 합리적인 설명을 거부하지. 모든 정치신학자들이 여기 모인 것은, 설사 일치점을 찾지는 못한다 하더라도, 적어도 우리가 어느 지점에서 왜, 어느 정도 차이를 보이는지 발견하는 좋은 기회가 될 걸세.

페미니즘신학자: 난 왜 우리 네 명이 선정되었는지를 이해하려고 노력하고 있네. 우리 모두가 신학자로서 정치적 투쟁에 관여해왔고 기독교 신앙과 정치적 책임 사이의 관계에 대해 광범위하게 저술 활동도 했던 것은 사실이야. 하지만 사실 다른 사람들도 많이 있네. 몇 사람만 언급해도 요제프 라칭거(Joseph Ratzinger), 마이클 노박(Michael Novak), 팻 로버트슨(Pat Robertson) 등이 있지. 그들 모두와 함께, 혹은 그들 중 일부와 함께 우린 참으로 대단한 대화를 나눌 수 있었을지도 모르지!

니버: 그것이 대화인지에 대해서는 나는 확신이 서질 않아. 오히려 고성이 오가는 싸움이나 큰 소란으로 바뀌었던 것 같은데. 아마도 우리 넷과 같이 분명한 중도 좌파적 정치신학자에게는, 우리가 공유하고 있을지도 모르는 토대를 발견하는 것이 어떤 가치가 있을 거야. 한때 우리 모두는 자유주의자, 급진주의자, 심지어 이러저러한 상황에서는 "빨갱이"라는 낙인까지 찍혔지.

바르트: 라인홀드, 정말로 우리는 그랬어. 사실 나를 그와 같이 한통속으로 몰아넣은 것은 자네 책임이라고 생각하네. 하지만 신경 쓰지 말게나. 비록 이 모임으로부터 바르멘 선언 같은 것을 도출해낼 희망은 없다 하더라도, 그것 때문에 우리가 열린 자세와 우정으로 대화를 할 수 없는 것은 아니니까. 대부분의 신학자들에게 문제는 유머 감각이 부족한 것일세. 그들은 자신과 현재의 상황을 너무 지나칠 만큼 진지하게 다루지.

페미니즘신학자: 칼, 그것은 너무도 뻔하고 쓸데없는 말이야. 우리 중 일부가 이해한 대로, 교회와 신학은 세계 도처에서 일어나는 억압과 착취에 대해 충분할 만큼 진지하지 않다네. 우호적인 태도를 보이며 유머

감각을 유지하는 것은 너무나 편하고 좋지. 하지만 현실 안에서는 교회의 무관심과 공모 때문에 수백만 명의 사람들이 죽어가고 있네. 나는 자네가 나치 정권에 맞선 투쟁에서 보여준 교회의 예언자적 지도력을 깊이 존경하네. 그러나 『교회 교의학』을 무한하게 확장시킨 작업 속에서 자네가 놓친 것이 있네. 바로 나치 정권만큼이나 해롭고 파괴적인 세력들이 오늘날 세계 내에서 활동하고 있다는 사실이지.

해방신학자: 교회의 정치적 헌신과 책임에 대한 질문은, 학문적 세미나의 안전하고 점잖은 분위기 속에서 편하게 대화할 수 있는 주제가 아닐세. 적어도 그런 질문은 남미와 제3세계의 수백만 사람들에게는 생사를 다투는 문제이지 않나? 페미니즘신학자여, 나의 추측은 다음과 같네. 즉 우리의 친구인 칼과 라인홀드의 경우, 이들의 활동은 목회적·정치적 실천으로부터 점점 더 괴리되어갔던 것이네. 아무리 구체적이고 심지어 실용적이라고 주장한다 해도, 그들의 신학과 윤리는 심각하게 이론화되어 갔고, 결과적으로 지배 권력에 의해 용인되고 심지어 선호되기까지 했다네. 칼이 자펜빌의 "빨갱이 목회자" 였을 때나 독일 교회의 투쟁에 참여했을 때, 그리고 디트로이트의 목회자였던 라인홀드가 자동차 산업의 착취 정책에 반대하여 진술하거나 대공황의 폐해에 대해 격노했을 때, 그들의 신학 안에는 사회를 비판하는 힘이 있었네. 그 당시 이들은 사회적 투쟁에 참여했고 고통 중에 있는 사람들과 연대하면서 그들의 목소리를 대변했지.

바르트: 처음부터 나는 종교사회주의 운동에 참여했지. 하지만 결코 그 운동의 이념에 사로잡힌 것은 아니었어. 목회자로서 내게 중요했던 것은 노동자들을 조직하고 그들이 자신들의 권리를 위해 투쟁하도록 돕는 노조였지. 초기 사역에 활기를 불어넣었던 정의와 평화에 대한 헌신을 내가 결코 저버린 것은 아니라고 믿네. 이후에 나는 이런 헌신을 더 견고한 신학적 토대 위에 두었으며, 하나님 나라를 좌파든 중도든 우파든 인간의 어떤 정치와도 혼동하는 것을 잘 막았다고 진

심으로 생각한다네.

페미니즘신학자: 그러나 칼, 바로 그것이 내가 말하고자 하는 정확한 요점이야. 내 생각으로는 또한 그것은 해방신학자의 요점이기도 하지. 통상 흠잡을 데 없이 정통주의인 자네의 신학은, 순전한 하나님의 말씀의 신학을 바라는 것과, 특정한 사회적·정치적 쟁점과 운동과 관련해서 선언하고 행동하는 것 사이에서 줄타기를 하고 있네. 하지만 이런 줄타기는 가능하지 않네. 혹 가능하다 하더라도, 교회와 신학이 우리 시대의 가장 치열한 정치 투쟁에 진지하고도 지속적으로 참여하는 것을 희생하는 경우에만 가능하다네. 어쨌든 나의 바람은 이런 것이라네. 즉 내가 자네 신학을 두고 "통상적으로" 흠잡을 데 없이 정통적이라고 말한 데 주목해주길 바라네. 왜냐하면 적어도 하나님의 형상인 남자와 여자의 질서의 관계에서 자네의 가르침은—여기 따르면 남자는 항상 지도자고 여자는 항상 추종자지—완전히 틀렸고, 어떤 중요한 측면에서는 완전히 이단적이라고 할 수 있지. 만약 자네가 하나님의 말씀에 대해 바젤의 안전한 교수직에서 권위적으로 말하기보다 실천적 신학자로 남기를 선택했다면, 정의를 위해 투쟁하는 몇몇 여성 동료들로부터 다음과 같은 사실을 배울 수 있었을지도 모르네. 즉 남녀 관계에 대해 참된 기독교적 이해를 밝혀주는 중요한 실마리로는 에베소서 5장보다는 갈라디아서 3:28이 적합하다고 말이야.

바르트: 이런 호된 꾸지람을 들으니, 오히려 이전보다도 훨씬 더 큰 확신이 드는구면. 즉 여성들이 교회에서 잠잠하라는 권면(고전 14:34)은 결코 일반적인 규칙으로 적용될 수는 없지만, 예외적 경우에서는 필수적인 명령이 될 수도 있다고 말이네. 내 개인적인 견해를 말하자면, 문제는 신앙과 신학이 역사 전체를 조망할 수 있느냐 아니냐도 아니고, 신앙의 실천에서 구체적인 결정을 무릅쓸 수 있느냐 아니냐 하는 것도 아닐세. 나의 견해로는 교회는 결코 "원리에 입각하여" 말하거나 행동하지 않네. 교회는 평가와 판단을 내리되 개별적인 경우마다

영적인 판단을 내리지. 내게 진정 중요한 문제는, 우리의 정치적 결정과 실천을 최종적으로 이끌어가는 것이 과연 어떤 규범이며 무슨 기준이냐 하는 점이네. 나는 기독교의 의사 결정의 상황성에 대해서는 자네가 암시하는 것보다 훨씬 더 많이 존중하고 있네. 그렇지만 내가 훨씬 더 열정적으로 관심을 갖는 것은, 그리스도인의 정치적 결정은 성경이 증언하는 하나님의 말씀에 의해 인도받아야 한다는 점일세.

니버와 바르트

니버: 글쎄, 칼, 그리스도인이 구체적으로 위험을 무릅쓸 것을 강조하는 자네의 견해에도 불구하고, 하나님의 말씀에만 근거하는 정치신학 및 개인과 집단의 구체적 경험과 상호 작용을 결여한, 혹은 그런 경험에 의해 교정되지 않는 정치신학을 전개하려는 것의 어리석음에 대해서는 페미니즘신학자와 해방신학자가 올바르게 지적했다고 보네. 자네도 기억하겠지만, 신학을 경험과 역사의 세계 위로 너무 높이 날아오르는 비행기로 만들어버리는 것에 대해서는 오래전에 이미 자네에게 경고한 적이 있지. 그렇게 되면 저 아래에 있는 깨알 같은 사람들과 사건들은 너무 멀리 떨어져 있고 너무 사소하고 무의미해 보이기 때문에, 신학은 그것들에 대해 더 이상 분별력 있는 판단을 내릴 수 없다네. 내 생각에는, 책임감 있는 신학과 윤리학은 이렇게 높은 고도에서 나는 비행기를 타기를 거부해야 한다네. 우리는 인간이지 하나님이 아닐세. 우리는 유한하며 오류 가능성이 있는 인간으로서 판단을 내리고 결정을 내려야 한다네.

바르트: 도대체 내가 언제 그 점을 부인했나? 우리가 일종의 종말론적 비행기를 타고 하늘로 날아올라 하나님 역할을 해야 한다고 주장하는 게 내 생각인 양 말하는 자네의 비난에 대해서, 난 웃어야 할까, 아니

면 울어야 할까? 내가 말하고자 하는 요점은 그리스도인으로서 우리가 내리는 정치적인 결정은 가능한 한 구체적이고 박식해야 하며, 성경에 대한 주석적 관심에 의해 늘 훈련과 지도를 받아야 한다는 점일세. "주석, 주석, 주석!" 나치 정권에 의해 독일에서 추방당하기 직전, 본(Bonn)에서 학생들에게 한 나의 말이라네. 이것은 모든 신학과 윤리학을 위해서도 건전한 조언이라고 나는 여전히 생각하네. 어떤 구체적인 사회적·정치적 쟁점에 관한 기독교적 견해가 유대-기독교적 전통, 영구적인 철학, 그리스도의 마음 등과 같은 어떤 모호한 개념에 호소함으로써 해결된다고 논증하는 것은 나쁜 신학이며 나쁜 기독교 윤리학일세.

니버: 성경 주석에 대한 자네의 강박관념은 신학을 성경문자주의의 포로가 되도록 만드네. 자네는 진리와 옳음에 있어 공통의 이성, 보편적 양심, 문화와 역사로부터 나오는 자료에는 거의 호소하지 않으면서, 기독교 신앙과 실천의 모든 문제에 있어 성경의 권위를 확립하기를 원하네. 이런 사고방식은 우리로 하여금 신학적 반계몽주의에 곧장 빠지게 만드네.

바르트: 따라서 자네 눈에는 내가 문자주의자에다 반계몽주의자인 셈이군. 논증을 대체해버리는 이런 무시무시한 슬로건에 대해 나는 겁을 집어먹지 않는 법을 배웠지. 하나님의 말씀은 예리한 칼과 같아서 우리의 자기 의의 확신, 즉 하나님이 항상 우리 편이라고 믿는 확신을 찔러 쪼갠다고 나는 믿게 되었고, 자네 역시 그러리라고 생각했다네. 지금도 변함없이 나는 성경의 메시지를 서구 사회에서 통용되는 문화적 가치들과 동일시하는 모든 작업에 반대하네. 구 자유주의 학파에서 언급되던 개인의 무한한 가치에 대한 것이든, 오늘날의 소위 신보수주의자들이 말하는 자유로운 기업의 영광에 대한 것이든, 이런 동일시 작업에는 반대하고 있지. 라인홀드, 설마 자네도 그들 가운데 하나는 아니겠지?

니버: 내가 한패가 아님을 자네도 분명히 알 걸세. 성경의 예언자적 교훈을 자기 의의 시민 종교로 대체하고, 고전적 기독교 신앙의 엄연한 진리들을 근대 문화의 조야한 신조로 쉽게 바꾸어버리는 것에 대한 자네의 지적은 절대적으로 옳다네. 우리 시대의 우상들로부터 기독교 신앙을 구해내고자 하는 자네의 노력에 대해, 나는 자네와 다툴 까닭이 없네. 내가 정말로 반대하는 것은 자네가 제시하는 해결책이네. 그런데 이 해결책은 문제만큼이나 나쁘다네. 자네는 기독교 신앙과 철학적·윤리적·인간학적 학문들과의 모든 교류를 파괴하고 있네. 또한 자네는 인간 상황에 대한 현대 문화의 분석이 피상적이며 현대 문화가 기대하는 구제책이 실은 환상임을 보여주기 위해 근대 문화와 논쟁에 들어가는 것 자체를 거부하고 있네. 자네의 고립주의적 신학에는, 그리스도인은 가능한 한 상황에 대한 많은 정보를 가진 상태에서 정치적 결정을 내려야 한다는 자네의 주장이 깔려 있네. 하지만 구체적인 정치적 쟁점들의 역동적인 관계를 기술할 때 자네는 사회 과학자들과 정치가들의 도움을 어디에서 얻어낼 것인가? 자네가 하고 싶은 일의 전부란 복음을 설교하고 성령이 그것을 확증하기를 기다리는 것뿐일세.

바르트: 적어도 어떤 의미에서는 이것은 우리 모두가 해야 하는 일이라고 난 생각한다네. 그러나 나의 입장을 고립주의와 내세적인 무저항주의라고 비난하는 것은 나의 신학을 터무니없이 해석하는 것이며, 또한 내가 정치적 쟁점에 평생 동안 참여했던 것을 완전히 왜곡하는 것이야. 자네는 바르멘 선언에 대해 들어본 적이 있는가?

니버: 그래, 들어보았지. 바르멘 선언은 내가 말하고자 하는 요지를 잘 예증해주네. 자네가 추구하는 종류의 정치신학은 선과 악의 쟁점이 가장 명백하게 나타나는 가장 극단적 위기 속에서는 단연코 교회에 도움이 된다고 보네. 이런 상황에서라면 자네의 신학은 그리스도인으로 하여금 영웅적인 행동을 하도록 일깨울 수 있지. 그러나 악마가

분명하지 않은, 복잡하고 애매한 상황을 만들어낼 때 자네의 종말론적 극단주의는 아무런 힘도 발휘하지 못한다네. 이런 까닭에 자네는 나치의 전체주의에는 대항할 수 있었지만, 공산주의 전체주의의 위협에 대해서는 분명한 결정을 결코 내릴 수 없었던 것일세. 따라서 한때 나치 정권 앞에서 사자와 같이 포효했던 바르트가, 소련이 헝가리를 침입했을 때는 침묵만을 지키고 있을 뿐이었지.

바르트: 지금쯤은 자네도 알겠지만, 헝가리 침입과 관련된 그때의 "침묵"은 어떤 특정한, 매우 복잡한 상황에 대한 고통스럽고 신중한 반응이었다네. 자네를 위시한 몇몇 서구 교회 지도자들은 이런 상황을 자신들의 홍보 목적을 위해 과도하게 단순화하려고 했지만 말일세. 나와 나의 신학에 대해 제대로 아는 사람들은 내가 민주주의 정부를 강력하게 지지한다는 점을 아네. 하지만 그때나 지금이나 나는 러시아를 악의 제국으로, 미국을 선과 순진무구함 그 자체로 보지 않지. 히틀러에 대항해 교회의 동원을 도왔던 것에 비해, 제2차 세계대전 이후에 전개된 두 초강대국 사이의 충돌에서는 교회가 다른 방식으로 반응하는 것이 필요했네. 교회는 이 두 초강대국의 종교적인 메아리가 되기보다 오히려 제3의 선택을 찾고 촉진할 필요가 있었네. 그리스도인들이 "정확하게 경중을 계산하여" 자신들의 정치적 결정을 내려야 하는 이런 때에, 특정 상황의 중요성을 인정하기를 거부했던 자는 오히려 자네라고 여겨지는데. 대신 자네는 서구의 자기 의의 깃발을 흔들기만 했지. 이런 실책으로 인해 자네는 1950년대 매카시즘의 마녀 사냥과 1960년대의 끔찍한 베트남 전쟁으로 고생을 해야 했네. 내 생각으로는, 자네도 역사의 아이러니에 대해 뭔가를 썼던 것 같은데?

니버: 내가 보기에, 우리는 둘 다 예리하게 급소를 찌를 줄 아는 투사의 본능을 타고났네. 순진무구한 미국이라는 신화와 미국이 가진 힘의 가식에 대한 자네의 인식은 나의 것보다 더 예리할 수 있음을 부인하지는 않네. 그 시기에 나는 너무 일방적으로, 소련의 위협에 반대하기

위해 제한적 힘을 사용하는 것의 정당성을 주장했지. 물론 내가 더 일찍 미국의 베트남 전쟁 정책을 비판하지 못했던 것은 유감이야. 하지만 정치적 영역에서 교회로 하여금 계몽되고 분별력 있는 판단을 내리도록 돕는 자네의 노력이 미미하고 모호했다는 점에 대해서는 여전히 거부감을 가지고 있네. 자네가 줄 수 있는 것은 오로지 영적인 직관뿐이었단 말일세. 물론 나치 정권의 상황에서 그것은 탁월했네. 하지만 교회는 하나님의 말씀으로 옷 입은 직관 이상의 것을 필요로 하는 법이지.

바르트: 내 주장은 결코 소위 직관이라는 것에 기초한 적이 없다네. 오히려 나는, 기독교의 정치적 의사 결정은 예수 그리스도 안에서 드러난 하나님 자신의 정치적 행동의 방향과 노선을 따라야 한다고 주장했지. 인권을 보호하는 것 속에서, 가난하고 억압받는 자들을 우선적으로 돌보는 것 속에서, 언론과 집회의 자유 등 근본적 자유를 인정하는 열린 사회 안에서 우리는 하나님 나라의 비유 또는 유비를 분별할 수 있다네. 예수 그리스도 안에서 드러난 하나님의 행동이 기독교의 정치적 행동을 위한 구체적인 청사진을 제공하지는 않는다 해도, 그것은 언제나 명백하고 변함없는 방향을 가리키지. 특정 상황 속에서 기독교 공동체는 선택 가능한 다양한 정치적 입장 중에서도, 예수 그리스도의 복음과의 유비 또는 상응을 가장 많이 암시하는 입장을 선택해야 한다네. 이것은 "직관"도 아니고 성경문자주의도 아니네. 적어도 특정한 정치적 문제에 대해 성경적인 "대답"이 이미 준비되어 있다고 믿는 그런 입장은 아니라는 말일세.

니버: 복음 이야기로부터 유비적으로 추론하는 방식을 통해 하나님의 말씀에만 기초하는 정치신학을 전개하려는 자네의 시도는 별 효과가 없네. 물론 자네의 시도는 대단한 솜씨일세. 자네의 재치 있는 유비들은 하나님의 말씀의 유일한 권위를 보호하는 동시에, 문화사와 자연법과 도덕적 양심과 정치 이론과 사회 분석이 제공하는 통찰의 독립

성을 주장하기 위해 고안된 것이지. 그러나 자네의 전체 과정은 착각에 불과하네. 분명한 것부터 지적하자면, 성경에 대한 자네의 언급은 선택적이지 않을 수 없네. 다른 해석자라면 자네와는 전혀 다른 유비를 생각해낼 수 있겠지. 예를 들어 하나님을 주님과 왕으로, 하나님의 백성을 종으로 묘사하는 성경의 텍스트를 토대로 하여 어떤 이들은 군주제, 심지어 독재 정치가 인간의 삶을 하나님의 행동에 일치되도록 질서 지우는 적합한 방식이라고 주장할 수도 있다네. 칼, 인권을 보호하는 법의 체계와 민주 정치에 대한 자네의 선호는, 자네의 의도보다도 훨씬 더 일반 문화사의 덕택임을 인정하게나.

바르트: 내게는, 나의 성경 해석에 대해 자네가 완전히 잘못된 생각을 가지고 있음이 지금에야 분명하게 드러나는군. 미국의 근본주의자들의 입장이 무엇인지는 모르겠지만, 나의 중심 주장은 예수 그리스도 안에서 성취된 이스라엘과 맺으신 하나님의 언약사에 대한 성경의 중심적인 증언의 빛에 비추어 성경을 해석해야 한다는 점이었네. 언약사는 하나님의 참된 정체성을 드러내는 동시에, 하나님의 언약의 협력자로서의 인간의 참된 정체성을 드러내지. 하나님에게 적용되는 우리의 모든 용어와, 하나님의 목적에 대해 우리가 안다고 믿는 모든 내용은 그분의 활동에 비추어 재검토되고 교정되며 변혁되어야 하네. 이런 언약사의 관점에서 볼 때 하나님은 단순히 다스리는 주님이 아니라 종이 되신 주님이지. 하나님은 단지 군림하는 왕이 아니라 자신을 스스로 낮추고 인간을 하나님의 왕적 협력자의 위치로 높이시는 왕이라네. 만약 자네가 군주제, 심지어 독재 정치에서 이런 하나님의 언약사와의 유비를 발견한다면, 자네의 상황은 거의 절망적이라 할 수 있어.

니버: 내게는 이 모든 것이, 기독교 신앙이 일반 문화에 무언가를 빚지고 있음을 회피하려는 매우 기만적이고 의심스러운 방식처럼 보이는군. 이런 사실, 특히 우리가 윤리적 분석과 정치적 결정에서 일반 문화로

부터 많은 것을 빚지고 있음을 무시한다면, 자기기만과 분리주의적 정신 상태를 초래할 뿐이라고 믿네. 우리의 정치적 행동을 안내한다고 간주되는 하나님 나라의 유비를 드러내기 위한 주석 작업에 참여하는 대신, 정치신학은 죄와 그리스도와 십자가 등의 기독교의 고전적 상징의 해석을 토대로 해서 구체적 정치 상황을 실제적으로 분석하는 것을 과제로 삼아야 마땅하네. 하나님의 정의와 사랑이 만나는 십자가 같은 상징의 해석과, 구체적 정치 상황의 분석 사이의 상호작용을 통해, 우리의 정치 이론은 심화되고 우리의 정치적 제안은 현실감과 소망을 지닐 것이라고 보지. 정치윤리학자로서 나는 기독교의 상징을 문자적으로는 아니지만 최대한 진지하게 고려하고 있네.

바르트: 자네는 다시 한 번 나의 접근법을 오해하고 있군. 나는 문화사, 철학, 사회 정치 분석, 인류학적 연구 등 이 모든 것에 대해 무지를 옹호하거나 그런 주장을 실천한 적이 없네. 나는 창조세계와 문화와 역사 속에도 수많은 작은 빛들이 비치고 있다고 믿지. 그런 작은 빛을 무시한다면 그것은 어리석고 거만한 태도가 될 거야. 분명 그런 일반적 진리는 존중되어야 하네. 하지만 그런 작은 빛이 신자들에게 있어 예수 그리스도 안에서 드러난 하나님의 계시의 유일한 큰 빛을 대체하지 못함 또한 분명하지. 다른 말로 표현하자면, 예수 그리스도라는 저 큰 빛은 우리의 경험과 문화사와 상식의 모든 작은 빛에 담겨 있는 진리를 인식하고 확증하는 기준이 된다네.

니버: 방금 자네가 한 말은 아주 중요해. 이런 내용은, 자네의 이전 저서 속에서 풍기던 신앙과 문화 사이의 분열의 기미가 극복되는 중대한 조치일 수 있어. 하지만 나는 자네의 마지막 입장에도 만족할 수 없네. 최종적으로 분석해보면, 자네에게 창조와 경험과 문화사의 작은 빛은 결국 예수 그리스도 안에서 드러난 계시의 큰 빛을 반영하는 무엇일 뿐일세. 나로서는 양자의 관계를 훨씬 더 변증법적으로 이해하지. 예수 그리스도 안에서 드러난 하나님의 계시에 대한 우리의 지식은

우리의 공통 경험과 일반 문화에 의해 계속적으로 점검되고 교정되며 검증되어야 하네. 예를 들어 독일의 고백교회는 나치 정권에 대해 저항은 했지만, 불행하게도 유대인이 인간으로서 가지는 신성불가침의 권리에까지는 관심을 두지 못했네. 오히려 고백교회는 자신의 관심을 교회와 선포의 자유로만 제한했지. 정치 이론과 사회 비판과 정의 투쟁에 대한 기독교적 접근은, 교회가 성경의 예언자적 전통과 정치적 권리에 관한 계몽주의의 전통 모두를 상속하고 있음을 인정해야 한다네. 이 두 가지 전통은 창조적인 종합, 내가 선호하는 표현을 쓰자면 기독교 현실주의(Christian realism)를 형성하네. 또한 이 기독교 현실주의의 각 요소는 서로를 교정하고 풍성하게 하는 상호 작용의 관계를 맺어야 하지.

해방신학자와 니버

해방신학자: 라인홀드, 신앙과 정치의 관계에 대한 바르트의 접근에 자네가 갖고 있는 다수의 의혹은 나도 공감하는 바일세. 바르트가 고백교회에서 발휘한 대담한 지도력에도 불구하고, 그가 분명하게 공언한 성경주의와 상황주의 사이에 어떤 연관성이 있는지는 도무지 파악하기 어렵지. 물론 바르트가 우리 모두는 성경의 하나님 나라의 선포와 현재의 상황 사이의 유비의 절차에 의해 전진해야 한다고 말했을 때 그의 말은 옳았네. 그러나 바르트가 구체적인 상황으로부터 시작하지 않고 또 그것을 계시의 빛으로 비판적으로 성찰하지 못한 것은, 상당히 남아 있던 관념론의 잔재 때문이라고 보네. 따라서 인간 경험과 사회 분석이 계시 또는 하나님의 말씀으로 불리는 것과 맺는 긍정적인 상호 작용에 대한 나의 입장은, 바르트보다는 라인홀드 자네에게 훨씬 더 가깝다네. 하나님 나라에 대한 바르트의 유비는 의도에

있어서는 선하지만, 각종 이념적인 조작에는 취약할 수 있다고 보지.

니버: 하지만 내가 잘못 듣지 않았다면, 자네는 나의 저서에도 많은 의구심을 가지고 있지 않나? 어쨌든 나 역시 자네에게 질문할 것이 조금 있다네. 그러니 자네가 먼저 말을 시작하게나.

해방신학자: 좋아. 우선, 바르트 신학의 사회적 위치 못지않게 나는 자네 신학의 사회적 위치 또한 의심한다네. 자네는 경험과 일반 문화사의 지혜를 성경과 기독교 전통의 가르침을 점검하고 교정하며 확증하는 수단이라 간주하여 여기에 소중한 가치를 두네. 하지만 정확하게 말해서 자네가 염두에 두고 있는 것은 도대체 누구의 경험이고 누구의 문화사인가? 내가 이해하는 범위 내에서 자네는, 신학을 변증적 기획으로 이해하려는 모형으로부터 벗어나려고 아예 시도조차 하지 않네. 즉 자네에게 있어서 신학이란, 유럽과 북미의 계몽된 비그리스도인들로 하여금 인간의 삶에 대한 자신의 이해가 지닌 한계가 무엇인지를 깨닫도록, 또한 그들이 유대–기독교적 전통의 심오한 상징을 경멸함으로써 잃게 되는 심오한 차원이 무엇인지를 깨닫도록 설득하기 위해 고안된 변증적 기획일 뿐이지. 그러나 나의 해방신학은 다르다네. 나의 신학은 서구 세계의 세련되고 대개는 부유한 비그리스도인이 아니라, 제3세계의 대부분의 지역에 거주하고 있는 비인간화된 존재들을 목표로 삼고 있네. 나의 해방신학은 가난한 자들의 경험에서부터, 또한 정의와 자유를 향한 그들의 투쟁에서부터 시작하지.

니버: 가난한 자들을 위한 하나님의 관심에 내가 무감각하다고 여기다니 놀라울 따름이네. 내가 명명하는 기독교 현실주의는 "하나님께서 세상의 천한 것들과 멸시 받는 것들과 없는 것들을 택하사 있는 것들을 폐하려 하시나니"(고전 1:28)라는 사도적 가르침을 다시 주장할 뿐 아니라, 부유하고 권력 있는 자들이 가난한 자를 학대하는 현상에 대한 심판의 말씀을 담은 구약의 예언자적 전통을 회복하고 있다네.

해방신학자: 가난한 자들의 운동을 옹호하는 것과 그들의 투쟁에 연대하는

것은 별개의 일이라네. 해방신학은 후자의 입장으로부터 출발하지. 해방신학은 가난한 자들의 운동에 대한 분명하고도 전폭적인 헌신을 전제하며, 바로 이런 경험으로부터 성경의 메시지를 새롭게 듣고 이해하네. 비교하자면, 자네의 예언적 신학 안에는 아직도 현실에 안주하는 북미 자유주의의 특징이 다수 포함되어 있지.

니버: 자유주의 전통 속에도 보존할 가치가 있는 요소가 있다고 생각하네. 억압받는 자들에 대한 무조건적 헌신과 투쟁을 촉구하는 자네의 입장 속에서 나를 불편하게 하는 것이 있다면, 그것은 특정한 정치적 전략과 헌신을 하나님 나라나 절대적 선과 동일시하는 위험성이 느껴진다는 점일세. 나는 20세기의 역사가 교훈을 주고 있다고 믿네. 어떤 사람이 자신이 하나님의 뜻을 전달하는 특권을 가짐을 의심 없이 주장할 때, 거기서부터 공포의 압제는 멀지 않다는 교훈 말일세. 이런 종류의 오만한 태도를 삼가는 것이야말로 기독교 현실주의의 중요 요소이지.

해방신학자: 난 자네의 기독교 현실주의라는 개념이 무척 다루기 힘든 것이라고 본다네. 아마도 이 개념은 모든 인간 활동이 지니는 유한성과 죄성에 대해 오해하거나 그것을 부인하지 않으면서 하나님의 은혜를 따라 사는 것을 의미한다고 난 추정하네. 또한 이 개념은 분명히 모든 유토피아적인 사고를 반대하는 것을 목표로 삼고 있네. 그러나 자네가 좋아하든 그렇지 않든, 자네의 기독교 현실주의라는 개념은 현재의 상황을 획일적으로 옹호하는 냉철한 실용주의와 많은 경우에 있어 구별되지 않는다네. 또한 억눌린 희생자들이 자신들을 구속하는 것을 극복하고 스스로 역사의 주체가 되고자 행동을 취할 때, 이들을 비난하는 결과를 초래할 수도 있는 개념이지.

니버: 그런 반동적인 꼬리표를 내게 붙이지 말아주게나. 자네도 알겠지만 나는 어떤 상황에서도 혁명의 정당성을 결코 부인하지 않네. 내가 주장하고 싶었던 것은, 권력을 독재적으로 소유한 자들이나 자기비판이

없는 혁명의 지도자들이 인정하고 싶은 것보다 훨씬 더 많이, 하나님은 신비로우며 감추어져 있는 존재라는 점일세. 이 두 부류의 사람들은 자신들이 하나님 뜻의 수호자 또는 실행자라고 불법적으로 주장하고 있네. 하지만 내 판단으로는 성경의 종말론적 상징이 말하고자 하는 요점은, 인간 자신의 노력으로는 역사의 최종적 의미가 실현될 수 없다는 것일세. 역사는 스스로를 완성할 수 없으며, 역사의 완성은 역사 너머의 힘에 의존하고 있지. 그러므로 종말론적 상징들은 우리의 소망을 파괴하지 않으면서도 우리의 교만을 완화시켜주네.

해방신학자: 내가 보기에 자네는 성경의 종말론과 정치와의 관계를 주로 부정적인 방식으로 파악하고 있군. 하지만 나는 양자의 관계를 좀 더 긍정적으로 이해하고 있다네. 역사적 행동은 미래에 대한 확신을 전제하고 있지. 성경의 종말론은—특히 도래하는 하나님 나라를 알리는 예수의 선포는—역사적 변혁에 대한 소망과 노력을 질식시키는 대신 오히려 발화시키네. 그러므로 나는 유토피아적 사고의 중요성을 자네보다 훨씬 더 많이 인정하고 있다네. 참된 유토피아적 사고는 현재의 질서를 비난하는 동시에 현재와는 정반대의 것을 예언하고 알린다네. 이렇게 유토피아적 사고가 효과적으로 비난하고 고지하는 내용은 구체적인 실천을 통해서만 달성될 수 있지. 그런데 자네는 유토피아적 사고를 이념, 즉 변화의 실제적 가능성을 드러내기보다 은폐하는 이념과 너무나 성급하게 동일시하고 있네.

니버: 유토피아적 사고방식에 대해서는 나도 잘 알고 있어. 유토피아적 기획의 실패는 언제나 환멸과 잔인한 행동을 초래하지. 이런 사고방식이 가진 근본적인 오류는 항상 자신 이외의 어떤 사람이나 기관이 세상에서의 모든 불의와 악에 대해 전적으로 책임을 져야 한다고 믿는 가식적 확신일세. 그럼으로써 원죄라는 상징이 지니는 심오한 진리는 무시되네. 마르크스주의는 현대의 유토피아 사상 중에서 가장 위대한 것이지만, 이 또한 역사적으로 크게 실패했네. 그래서 나는 자네

같은 해방신학자들에게 마르크스주의가 큰 유혹이 되지는 않을 것이라고 믿었지. 자네는 동유럽과 소련에서 일어났던 일에 대해 잘 알고 있지 않나?

해방신학자: 남미에 있는 우리로서는 무비판적으로 마르크스주의를 채택하지도 않았고 또 그럴 의도도 없네. 동시에 유럽과 미국의 이념인 "민주주의적 자본주의"에 매료될 생각도 없지. 우리는 우리 자신의 제3의 길을 추구하네(이 점에 있어 나는 바르트의 통찰력과 독립성에 박수를 보내는 바라네). 참으로 이 길은, **우리 자신의 형태**를 가진 민주주의적 사회주의가 될 수 있겠지.

니버: 그 말을 들으니 기쁘군. 자네가 혹 알지 모르겠지만 나도 한때 기독교 사회주의 운동에서 열심히 활동한 적이 있다네. 하지만 이 운동의 원리는 현대사의 냉혹한 현실과 암울한 모호성 앞에서 무기력하게 보였기 때문에, 나는 여기서부터 점차로 멀어지게 되었지. 예를 들어 나는 순진한 평화주의에 빠졌는데, 이것은 나치 정권의 악마적 움직임에 저항해야 하는 긴급성을 무시하는 개념이었네. 나 자신이 민주주의를 지지했다는 사실이 나의 기독교 현실주의를 요약해주지. 즉 하나님의 형상으로 인간이 창조되었기에 민주주의가 가능한 것이었지만, 이제 인간의 죄성으로 인해 민주주의는 필수적이게 되었네.

해방신학자: 심지어 지금과 같은 현명한 발언조차도 실재를 밝히 드러내는 빛이기보다 오히려 실재를 은폐하는 가면이 되기 쉽다네. 이런 말은 "민주적" 사회 내에 있어야만 하는 견제와 균형의 체제를, 그리고 선거 과정에 대해 갖는 미숙한 확신을 은폐할 수도 있지. 이런 미숙한 확신은, 실제로 정부는 금전적인 이해에 의해 통제된다는 점을 무시할 뿐 아니라, 이런 사회 안팎에 존재하는 가난한 자들의 경험에 대해 전적으로 무지할 수 있다네. 고통의 경험으로부터 변혁을 외치는 소리가 나온다네. 이런 경험에 관심을 기울이지 않는다면 우리가 가진 최선의 민주주의 이론과 체제조차도 불의를 은폐할 수 있겠지. 이

런 까닭에 민주주의를 지지하느냐 반대하느냐, 또는 자본주의를 지지하느냐 사회주의를 지지하느냐 하는 이론적 논쟁은 내게는 비현실적으로 보인다네. 만약 우리가 신학과 정치적 헌신에 있어 이런 비현실성을 피하고자 한다면, 패러다임의 전환이 필수적이네. 우리는 가난한 자들과 연대를 맺어야 하네. 바로 이런 경험 안에서만 하나님의 변혁적인 은혜와 인간의 정의와 자유를 위한 투쟁이 결합되어 동시에 일어나는 일이 분명하게 드러나기 때문이네.

니버: 만약 자네 생각에, 내가 철저한 변혁도 믿지 않고 오직 정의가 최소한도로 방해를 받지 않는 정도로 진전되는 것에만 관심을 가지는 듯 보인다면, 그것은 명백히 자네가 나를 오해했기 때문일세. 정반대로 나는, 우리에게 불가능하지만 적실성 있는 희생적 사랑의 이상이 그리스도의 십자가에서 드러났음을 인식할 때만이, 정의에 대한 우리의 모든 상대적인 성취가 의문시될 수 있다고 보네. 모든 사회적 관계 속에서 상대적인 정의를 이루고 상호적인 사랑을 이루라는 요청은, 그 불가능한 희생적 사랑의 이상에 대한 근사치일 따름이지. 십자가로 상징되는 하나님의 고통당하는 사랑은 역사의 한계를 규정한다네. 그리고 이 사랑은 인간의 삶과 역사가 우리 자신의 것이 아닌 하나님의 자원에 의해 완성될 것임을 보여주지. 이런 까닭에 나는 그리스도인의 정치적 투쟁에의 참여가 가장 책임감 있게 되려면, 이런 참여가 절대화되어서는 안 되며 모든 가식을 벗어버려야 한다고 생각하네. 그래서 나는 해방신학이 속죄, 칭의, 삼위일체와 같은 신앙의 중심적 상징을 의도적으로 강조하지 않는 것에 대해, 그리고 이런 상징을 해방적 투쟁으로의 무비판적인 참여를 독려하는 구호로 변질시키는 것에 대해 심각한 우려를 갖고 있네. 왜냐하면 그런 행위는 교회와 신학을 정치화할 것이기 때문이지. 이런 입장은 다른 편의 극단에 있는 신보수주의적 정치신학의 결과에 못지않게 파괴적일 수 있네.

해방신학자: 스콜라 신학에 다음과 같은 오래된 격언이 있다네. "남용이 사

용을 제거하지 않는다"(abusus non tollit usum)라는 격언이지. 난 우리 경우가 이 격언에 딱 들어맞는다고 생각하네. 물론 해방신학과 이것의 사회적 표현인 기독교 기초 공동체는 왜곡될 수도 있고, 엄밀한 의미에서 세속적인 해방운동에 필요한 자원을 충원하는 전초기지로 바뀔수도 있네. 그러나 내 책들을 공정하게 읽는다면 나의 신학 안에 자네가 말하는 것과 같은 남용이 있다고 비난할 수 없을 것이네. 왜냐하면 나의 책들은 해방을 위한 헌신을 지속적이게 만들고 끊임없이변화될 수 있도록 하는 해방의 영성의 필요성을 상세하게 다루고 있기 때문이네.

페미니즘신학자와 해방신학자

페미니즘신학자: 해방신학자여, 칼은 하나님의 말씀의 순전한 신학을 주창했고, 라인홀드는 강인하고 불굴의 정신의 기독교 현실주의를 요청했네. 이 둘의 견해 안에는 분명히 신경과민적인 요소도 드러난다고 생각하네. 하지만 그것은 충분히 이해할 만한 일이지. 아마도 이 두 사람은 20세기 유럽과 북미에서 가장 위대한 신학자들이지만, 이들의 신학적 성찰과 구체적 실천의 관계 안에는 다소간 애매한 점이 남아 있네. 이런 면에서 이 둘의 신학 방법은 아카데미 신학의 접근법을 극복했다기보다, 오히려 그것을 대표하고 있지. 해방신학의 방법론은 그들과는 근본적으로 다르네. 미래의 교회는 칼과 라인홀드의 작업에 감사하고 그것을 기념할 수는 있지만, 그렇다고 그들을 따라갈 수는 없네.

바르트[니버에게]: 라인홀드, 보게나. 우리는 벌써 구식이 되었어.

해방신학자: 페미니즘신학자여, 난 동의한다네. 따라서 앞으로 교회와 신학은 가난한 자들의 고통과의 참된 연대성의 경험에 집중하는 새로

운 의제를 다루어야 한다네. 적어도 제1세계와 제3세계에 있는 일부 교회가 이런 의제가 참여할 것이라고 기대할 수 있을까?

페미니즘신학자: 그러기를 바라지만, 그러나 쉽지는 않을 것이네. 다양한 해방신학의 대표자들이 많은 인내심을 갖고 서로를 경청하는 것이 필요하겠지. 때때로 이것은 고통스러운 과정이 될 것이네. 예를 들어 나의 페미니즘신학의 관점에서 보자면, 자네의 해방신학의 기획에 대해 몇 가지 해야 할 말이 있네.

해방신학자: 글쎄, 내가 생각하기에는 자네 또한 나의 생각을 들을 필요가 있을 것 같은데? 어쨌든 지금은 자네에게 말할 기회를 주고, 나도 기꺼이 자네를 경청하겠네.

페미니즘신학자: 자네의 해방신학은 교회의 실천을 예리하게 비판하고 있네. 그러나 내 판단으로는 자네의 해방신학은 교회의 전통적 교리에 대해 심히 무비판적이며 심지어 순진하기까지 하다네. 자네는 교리의 전통에 대해서는 다른 시각을 표현하지 않으면서 교회의 현재의 실천에 대해서만 도전하고 있는데, 그것은 교리의 전통과 교회의 현재적 실천 사이의 연관성을 깊이 탐구하지 못한 결과라고 보네.

해방신학자: 자네가 그런 말을 하다니 깜짝 놀라겠는데? 몇 가지 요점만 언급해도 나는 영적인 것과 물질적인 것의 분리를 비판했을 뿐 아니라, 기독교 소망에 대한 순전히 내세적인 모든 해석을 비판했었지. 그렇지 않던가?

페미니즘신학자: 물론 그랬지. 그러나 자네의 신학 방법은, 한편으로는 성경의 전통에 비추어 현재 상황 속의 불의를 예언자적으로 비판할 것의 필수성과, 다른 한편으로는 세상 속에서 전개되는 하나님의 활동에 대한 우리의 새로운 경험에 비추어 전통을 비판적으로 다룰 필수성을 충분히 인식하지 못하는 것처럼 보이는군. 나는 자네의 활동에 있어 전자의 작업에 대해서는 상당히 많이 들었지만, 후자에 대해서는 거의 듣지 못했네. 자네와 나는 둘 다 로마 가톨릭 신학자며 교회

에 깊이 헌신하고 있네. 그러니 이것은 진짜 쟁점이 아닐세. 솔직하고 자유롭게 표현하자면 진정한 쟁점은, 전통이 진정으로 말하고자 하는 것에 대한 충성이, 전통의 많은 측면에 대한 비판을 포함해야 하느냐 아니냐 하는 것이겠지.

해방신학자: 자네는 특별히 하나님을 표현하는 가부장적인 언어와 여성 안수의 문제에 대해 말하고 있나?

페미니즘신학자: 이런 문제들은 다만 훨씬 더 큰 쟁점에서 나오는 징후일 뿐이지. 난 자네가 의심의 해석학을 가지고 성경 텍스트와 기독교 교리의 역사에 접근할 준비가 되어 있는지, 즉 사회와 교회에 존재하는 불의한 태도와 실천에 연루되어 있는 전통의 여러 요소를 폭로하고 비판할 준비가 되어 있는지를 묻는 것일세. 정치신학이나 해방신학이 책임감을 가지고자 한다면, 이런 과제를 회피할 수 없으리라고 생각하네.

해방신학자: 내 생각으로는, 나 자신의 노력은 가난한 자들의 고통과 해방을 위한 그들의 투쟁과 관련해 하나님의 말씀의 권능과 조명을 회복하는 것에 집중해왔네. 내게는 그것이야말로 모든 것을 쏟아 붓는 과제였지. 글쎄, 그 외의 다른 것은 나를 방해하는 해로운 것이 될 것이네. 자네의 요청이 내게 중요하지 않다고 말하는 것이 아님을 제발 명심하게나. 참으로 나는 나의 동료 해방신학자들이 자네가 원하는 그런 작업을 행하고 있음을 알기에 기쁘다네. 그렇지만 그것이 나의 가장 긴급한 과제라고는 믿지 않네.

페미니즘신학자: 하지만 교회가 스스로 권력을 행사하는 방식, 교회가 장려하는 종류의 지도력과 참여의 정도, 교회가 자신의 삶 속에서 배양하거나 부인하는 자유, 교회가 억압에 연루되어 있는 자신의 역사를 다룰 때 보이는 정직함 또는 부정직함, 이런 문제들이 통전적 해방을 추구하는 작업에 지엽적인 것이라고는 절대로 말할 수 없지. 교회가 스스로의 삶 안에서 엄격하고 위계질서적이며 폐쇄된 사회를 나타내

면서, 사회의 제도와 관계를 향해 자유를 요구할 수는 없다네.

해방신학자: 이 점에 대해서는 자네와 다툴 생각이 조금도 없네. 내 생각에 는 아직도 자네는 자네의 핵심 관심사를 제대로 표현하지 않았다고 느껴지는데? 자네의 핵심 관심사는, 성차별주의가 현재 교회와 사회 안에 나타날 뿐만 아니라 전통 전체에 깊숙이 스며 있음을 드러내는 것이지.

페미니즘신학자: 사실 그것은 나의 유일한 관심사는 아니지만 참으로 중 요한 관심사지. 또한 이런 관심은 통전적 해방을 위한 투쟁에 있어서 도 필요한 것이라네. 억압과 착취에 대한 긴 분석에도 불구하고 자네 의 저서 속에서는 이런 관심을 거의 찾아보기 어렵다네. 여기에 대해 서 솔직히 나는 비탄을 금할 길이 없지. 성차별주의는 성경을 포함해 기독교 전통 속에 깊이 배어 있네. 니버, 바르트, 라너와 같은 금세기 의 가장 탁월한 신학적 지성조차 성차별주의의 문제를 거의 인식조 차 할 수 없었지. 우리는 이 가장 오래되고 가장 악성적 형태의 억압 인 성차별주의와 결코 타협하지 않을 결심이네. 또한 우리 자신의 신 앙 전통 속에 있는 성차별주의를 폭로하고 비판할 것이네. 바르트는 남녀의 관계에 대한 자신의 신학에서, 여성은 신적인 규례에 의해 남 성에게 종속적이라고 규정한 바 있지. 그러므로 내가 이해하는 바로 는, 바르트의 이와 같은 성차별주의를 폭로하는 것은 확실히 정치신 학의 일부가 되네. 니버는 인간의 죄의 주된 항목은 교만이라고 기술 함으로써 자신의 남성적 편견을 드러내는 동시에, 여성과 소수 민족 의 경험으로부터 단절되어 있음을 드러내네. 왜냐하면 여성과 소수 민족에게 있어 가장 큰 죄와 유혹은 교만보다는 자기 증오와 체념이 기 때문이지. 그러므로 니버의 부적절한 저술을 폭로하는 것 또한 정 치신학의 일부가 될 수 있겠네. 자네의 해방신학에도 남미 여성들의 특수한 곤경에 대한 관심이 결여되어 있고, 따라서 이 점을 폭로하는 것도 정치신학의 일부가 되네. 자네는 하나님에 대한 자네의 언어가

일관적으로 가지는 성차별주의적 특성을 검토해본 적이 있는가?

해방신학자: 나는 억압과 해방을 더 깊이 이해하는 데 자네와 같은 여성들의 공헌에 도움을 받아왔네. 나의 경험으로 보건대, 여성들은 기초 공동체의 삶과 성찰과 섬김의 모든 측면에서 중요한 지도력을 발휘하고 있네. 이를 격려하기 위해서라면 내가 할 수 있는 모든 것을 할 생각이야. 만약 내 초기 저서 속에서 남미 여성들의 곤경에 대한 무감각함이 엿보였다면 정말 유감이네. 이제 와서야 나는 교회의 전통적 구조와 교리에 대한 해석이 어떻게 사회 안에 남성 우위성(machismo)의 체제를 강화하고 영속화하는 데 기여하는지를 훨씬 더 잘 이해하게 되었네. 동정녀 마리아를 감상적으로 묘사하는 것이 그 분명한 예가 될 것이야. 사회 전체가 제국주의적 권력 하에서 경험하는 학대와 착취의 상당 부분이, 우리의 남성 우위적 태도와 우리 자신의 남녀관계 안에 반영됨을 생각할 때 끔찍할 뿐이네.

페미니즘신학자: 기독교 전통에서 여성을 착취하는 이런 태도가 자연에 대한 비슷한 태도와 병행됨을 우리는 간과하지 말아야 하네. 가부장적 사회에서 자연은 인간의 기본적 필요뿐만 아니라 모든 욕망을 충족시키기 위해 이용되는 원재료처럼 간주되지. 자신의 관심사를 우주적인 차원으로 확대하지 못하는 해방신학은 핵무기 시대와 통제 불능의 산업 오염의 시대에 적합하지 않네. 온 지구가 해방될 것을 바라며 신음하고 있다네.

해방신학자: 좋네. 하지만 이제는 내 관심사를 자네에게 언급할 기회를 가져야만 하겠어. 무엇보다 우선적으로 나를 불편하게 만드는 것은, 여성, 특히 북미의 여성들이 경제적 억압의 문제를 언어적 성차별주의와 환경 남용의 쟁점으로 대체하는 것의 위험성에 대해서는 주의를 기울이지 않는다는 점일세. 해방이 통전적이고 종합적이어야 한다는 점에는 나도 동의한다네. 하지만 나로서는, 우리의 다양한 해방 의제들이 서로 싸우고 경쟁하는 관계에 있지 않음을 상호적으로 확신하

기 전까지는 아직 갈 길이 멀다는 느낌이 들어. 만약 우리가 각자의 의제를 들고 서로 싸운다면 참으로 비극이 될 거야. 바로 그것은 오래전부터 권력자들이 확립해온 전략, 즉 분할 통치의 전략에 걸려든 결과일 테니까.

페미니즘신학자: 이 점에서 대해서는 자네가 전적으로 옳다네. 북미의 여성이 억압받는 소수 집단이나 가난한 국가의 남성들의 고통이라는 특별한 경험을 이해하고자 시도하지는 않으면서, 무차별적으로 남성적 자아를 공격할 때, 또한 북미의 중산층 여성이 자신의 상황과 남미 여성의 상황을 구별하지 못할 때 나는 정말 난감하지.

해방신학자: 남미뿐만이 아니라네. 북미에서도 대표적으로 백인 중산층 여성과 대다수 흑인 여성에게 눈에 띄는 다른 방식의 억압이 존재해왔네. 이제는 자네도 이런 흑인 여성들의 경험을 경청하기 시작했으리라 믿네. 이런 흑인 여성들은 자신들을 **페미니즘**신학자(feminst theologian)라기보다는 **우머니즘**신학자(womanist theologian)라고 명명하지. 또한 그녀들은 자신들의 주된 투쟁의 목표가 자아 성취라기보다 생존이라고 주장하고 있네. 내 짐작으로는, 남미 해방신학의 많은 부분은 자유주의적 페미니즘신학보다는 흑인 여성의 우머니즘신학에 더 가까울 것이네.

페미니즘신학자: 우머니즘신학이 페미니즘 운동에 도전하며 또한 그것을 보다 급진적으로 만들 것이라고 믿고 있네. 또한 우머니즘신학은 페미니즘 운동을 심화하고 강화하는 데도 기여할 거야.

해방신학자: 해방신학이 자연환경에 대한 관심을 소홀히 여긴다는 지적에 대해서 우리가 웃어버린다 해도, 자네는 우리를 용서해주어야 하네. 제3세계의 전통적 문화는 자연에 대한 깊은 경외의 태도를 가지고 있네. 생태계의 대혼란을 야기했던 것은 정확하게 말해 식민지화와 신식민지화 때문이지. 그래서 거듭 말하지만 자네도 아는 바와 같이, 나는 경제적 요인이 성차별적 요인이나 생태학적 요인, 인종차별적

요인보다도 더 중요하다고 여긴다네. 비록 후자의 요인에 대해서는 북미나 남아프리카의 흑인 친구들로부터 많은 것을 배워왔지만 말이지. 만약 누군가가 고통의 실제적 경험으로부터 말하고, 또한 자신과 함께 논쟁에 참여하는 자들을 즐겁게 하려는 목적으로 이론적인 구성물을 개진하지 않는 한, 나는 어느 누구의 이야기도 경청할 준비가 되어 있다네.

기도와 정치

바르트: 일단 이것으로 우리의 대화를 마무리하세. 분명한 합의점에는 이르지 못할 것이라는 애초의 예상이 정확했던 것으로 보이네. 헤어지기 전에 내가 제안하고 싶은 것이 있네. 즉 우리 정치신학자들은 전혀 기도를 하지 않는다는 대중적인 생각에 도전을 해보면 어떨까? 내가 『교회 교의학』에서 기독교 윤리에 대해 최종적으로 성찰한 것은 주기도문의 처음 두 개의 간구, 즉 "아버지의 이름을 거룩하게 하시며 또 아버지의 나라가 오게 하시며"라는 간구에 대한 묵상을 확장한 것임에 주목해주기 바라네. 기도와 정치적 책임은 그리스도인의 삶 안에서 철저하게 연관되어 있다네.

니버: 칼, 우리 중 누구도 정치적 무책임과 혼합된 경건에 빠져 있다고 고소당하지는 않을 것이네. 그러나 나는 자네의 지적, 즉 정치적 행동과 하나님 나라를 위한 기도는 불가분리적이라는 점에는 전적으로 동의하네. 나의 정치신학은 내가 자주 사용하는 기도문 속에 요약되어 있네. "주님, 저에게 변화시킬 수 있는 것을 변화시킬 용기를 주시고, 변화시킬 수 없는 것을 받아들일 수 있는 평온함을 주시며, 이 둘을 구별할 수 있는 지혜를 주옵소서."

해방신학자: 내가 신학을 하는 상황 속에서는, 변화를 위해 일할 수 있는

용기를 구하는 기도와 변할 수 없는 것들을 받아들일 수 있는 평온함을 구하는 기도 사이에서 아주 멋지게 균형을 잡는 것이 과연 적절한지, 확신할 수가 없네. 아마도 자네는 내가 자네 기도를 다음과 같이 변형해서 수용하는 것을 허락하겠지? "주님, 비록 우리는 배고픔과 가난과 질병을 당신 뜻으로 받아들이도록 오랫동안 배워왔지만, 이제는 우리에게 변화시킬 수 있는 것을 변화시킬 용기를 주옵소서. 또한 용기와 오만을 구별할 수 있는 지혜를 주옵소서." 이렇게 수정한다면, 나는 자네와 칼이 말하고자 했던 점에 동의할 수 있네. 내가 오랫동안 주장해왔던 것이 있네. 즉 우리에게 필요한 것은 새로운 신학적 개념이 아니라, 우리의 사고와 행동에 영향을 미칠 새로운 영성이라고 말이야. 해방을 위한 투쟁의 상황에서 기도는 결코 "무익한 것"이 아니라네. 친구들이여, 가난한 자들은 교회가 새로운 방식으로 기도하도록 가르치고 있네. 복음서에 대한 나의 이해가 맞는다면, 이것이야말로 진정으로 오래되고 정통적인 방식이지.

페미니즘신학자: 나는 그저 마리아의 찬양을 상기하고 싶네. "내 영혼이 주를 찬양하며 내 마음이 하나님 내 구주를 기뻐했음은…하나님이 권세 있는 자를 그 위에서 내리치셨으며 비천한 자를 높이셨도다"(눅 1:46-47, 52).

부록

IV

무신론에 관한 대화

최근에 무신론을 주장하는 많은 베스트셀러 책이 나타났다. 이 책들의 열의는 종교적인 개종 전도자들의 열의에 필적한다. 새로운 무신론을 주장하는 가장 주목할 만한 저자들 중에는 리처드 도킨스[Richard Dawkins, 『만들어진 신』(*The God Delusion*)], 크리스토퍼 히친스[Christopher Hitchens, 『신은 위대하지 않다』(*God Is Not Great: Religion Poisons Everything*)], 샘 해리스[Sam Harris, 『종교의 종말』(*The End of Faith: Religion, Terror, and the Future of Reason*)]가 있다. 우리 시대에 무신론이 다시 유행하는 몇 가지 중요한 이유는 다음과 같다. 첫째, 신에 대한 신앙은 어떤 합리적이거나 경험적인 기초가 없으며, 따라서 신에 대한 신앙은 비판적인 사고방식들을 불가피하게 배양함으로써 현대 시대의 인류의 행복에 해를 끼친다는 주장. 둘째, 종교적 확신과 원수에 대한 증오 사이에 연관성이 있는 것으로 추정되는데, 이런 연관성으로 인해 신적인 인정을 받는 잔혹한 행위가 발생한다는 주장. 셋째, 우주의 기원과 지구 생명의 진화에 관한 현대의 과학적 이해들에 대해 다수의 보수적 그리스도인들이 가지고 있는 끊임없는 반대. 넷째, 세계가 선하고 전능한 신에 의해 창조되고 통치된다는 신앙에도 불구하고, 이 세계 안에 부단히 일어나는 참혹한 악의 실재. 사회 연구의 결과에 따르면, 미국에서 점점 더 많은 사람들이 "영성"에 대해서는 다양한 관심을 보이고 있지만 자신의 종교를 "무소속", 즉 어떤 형태의 조직화된 종교에도 속하지 않는 것으로 밝히고 있다.

기독교에 대한 비판과 "신의 죽음"의 선언은 해 아래에서 거의 새롭지 않다. 현대 무신론의 조상 중의 한 사람은 프리드리히 니체(Friedrich Nietzsche, 1844-1900)다. 그는 『짜라투스트라는 이렇게 말했다』(Thus Spoke Zarathustra), 『권력에의 의지』(Will to Power), 『선악을 넘어서』(Beyond Good and Evil)를 포함하여 다수의 논쟁적인 책들을 저술하기 이전에 여러 해 동안 바젤 대학교에서 철학 교수로 활동했다. 다음에 나오는 니체와 바르트와의 가상적인 대화는 시대착오적인 부분이 포함되어 있기는 하지만, 적어도 각각의 확신을 상당히 공평하게 드러내고자 의도되었다.

바르트: 니체 교수님! 놀랍습니다! 바젤의 동료 교수님을, 그것도 세계적인 명성을 지니신 교수님을 만나는 것은 매일 있는 일이 아니지요. 오래전에 제 아버지가 바젤 페다고기움(Basel Pedagogium)에서 교수님께 배운 학생이라는 것을 아시는지요? 교수님이 어린 제가 좋아하던 선동가들 중 한 분이라는 것을 아시는지요?

니체: 바르트 교수, 자네의 아첨하는 인사말을 나는 전적으로 의심스럽게 보네. 마치 뱀이 먹이를 공격하기 이전에 우아하게 좌우로 몸을 움직이는 것 같네. 내 기억으로는 자네 부친은 나중에 신약학 교수가 되었지. 그의 아들인 자네는 기독교의 부패한 유산의 판매원이라고 나는 추측하네. 자네나 자네 부친이 나로부터 어떤 중요한 것을 배웠는지가 의심스럽네.

바르트: 교수님, 그렇지 않습니다. 교수님의 책을 처음으로 읽었을 때 저는 친구들에게 말했죠. 바로 이 니체야말로 진정한 투사이며 우리의 존경을 받을 수 있는 분이라고요. 성경 해석자들을 사로잡았던 소위 객관적·과학적 역사라는 참담한 호전적 태도로부터 제가 벗어나고 있을 때, 교수님께서 역사주의의 정체를 폭로하고 부르주아적 삶의 진부함

을 예언자적으로 비판하시는 모습이 제게는 신선했죠. 물론, 저는 교수님의 철학적 전제들을 결코 받아들이지는 않았지만요.

니체: 자네가 나의 철학적 전제들이라고 일컬었던 바를 좋아하지 않았던 이유는 그것들이 기독교와 전면적인 전투를 벌였기 때문일세. 내 저서들은 자네의 기괴한 하나님에 관한 모든 비참한 기독교적 언설을 완전히 박살내는 것을 목적으로 하는 다이너마이트이네.

바르트: 글쎄요. 교수님은 숲의 모든 동물을 떨도록 만드는 사자처럼 포효하는 것을 좋아하시는군요. 사실 포효하는 때가 있습니다. 로마서 주석을 쓸 때 저는 제 몫을 다했습니다. 제 기억으로는 실제로 저는 교수님의 글을 몇 차례 인용했습니다. 그러나 우리의 포효를 잠시 억누르고 서로에게 배울 것이 있는지를 살펴보시죠. 만일 교수님이 제 저술의 일부를 읽어보실 기회가 있으시다면, 저 또한 다이너마이트와 같은 것을 말하고 있음을 발견하실 것입니다. 그것은 예수 그리스도의 복음이라고 불리지요. 그것은 심판과 은혜 속에서의 하나님의 도래를 선언하고, 하나님에 관한 모든 통념적인 언설을 통째로 뒤흔듭니다. 하나님에 관한 모든 통념적인 언설은 결국에는 "무-신"(no-god), 즉 우리 자신에 관한 말에 불과하지요.

신의 죽음

니체: 오, 이제 알겠소. 지금 자네는 나로 하여금 하나님을 믿도록 유혹하고 있네. 그리고 동정녀 탄생, 십자가 위에서의 희생, 그리스도의 부활, 기독교의 노예 도덕 및 나머지 모든 비참한 것을 믿도록 나를 부추기고 있네. 실례지만, 바르트 교수, 나는 자네가 소위 "복음"을 말하는 능숙한 변증가일 뿐임을 이미 알고 있네. 즉 양의 가죽을 쓴 또 다른 이리와 같지. 내 말을 잘 듣고 내 입을 잘 바라보게. 나는 자

네의 좋은 소식이 나쁜 소식이며, 복음(euangelion)이 아니라 비복음(dysangelion), 즉 상상할 수 있는 가장 타락한 소식이라고 생각하네. 나는 자네의 신을 혐오하네. 그리고 자네의 신에 대한 믿음이 세계 전체에 퍼트린 치명적인 감염을 분명하게 혐오하네. 자네와 자네의 신학적인 무리와는 정반대로, 나는 신의 죽음을 감히 선언하네. 그리고 초인(Übermensch), 즉 기독교적 경건과 도덕의 미신과 속박으로부터 자유로운 고차원적 인간의 도래를 감히 선언하네. 내가 보기에, 도래하고 있는 초인은 자유롭고 강하고 창조적이며 즐거워하네. 초인은 아무런 주저 없이 지금 여기서의 삶을 긍정하네. 마침내 바다가 초인에게 다시 열리고, 초인은 아무런 두려움 없이 자신의 배를 깊은 곳으로 나아가게 하지.

바르트: 좋습니다. 우리가 여기서 출발하면 되겠네요. 먼저, 저는 교수님이 생각하시는 그런 "변증가"가 전혀 아닙니다. 저는 성경이 증언하는 살아 계신 하나님의 실재에 대한 변증적 접근을 참지 못해요. 저는 어떤 영리한 변증법적 과정을 통해 하나님의 실재를 교수님께 확신시킬 수 없으며 그렇게 시도하지도 않을 겁니다. 제 견해로는 그런 노력은 근본적으로 무가치합니다. 변증적 접근은 신앙과 불신앙 사이에 어떤 틈도 없다는 듯이 굽니다. 그러기에 변증적 접근은 신앙이든 불신앙이든 어느 것도 제대로 진지하게 다루지를 못하지요. 그럼에도 우리에게는 우리 사이의 틈을 메울 능력이 없다고 하더라도, 확실히 우리는 우리의 차이점을 명확하게 할 수 있고 또 그렇게 해야 합니다.

니체: 자네가 읽었다고 하는 내 저술들을 제대로 읽었다면, 내가 선한 싸움의 도전을 좋아한다는 점을 자네도 알 것일세. 그러니 시도해보세. 나의 한 가지 조건은 우리의 대화 중 어느 시점에서도 자네가 무릎을 꿇고 기도하지 않아야 한다는 것일세. 나는 다 성장한 사람이 비굴하게 땅에 머리를 대는 것을 보면 힘들어.

바르트: 교수님께 알려드린다면, 기도는 땅에 머리를 대는 것과는 매우 다른 것입니다. 기도는 그리스도인의 삶의 중심에 있는 자유로운 행위로서 행동의 적합한 시작과 끝이지 행동을 대체하는 것이 아니지요. 그러나 지금은 기도의 주제에 관해 길게 논의하지 않겠습니다. 곧바로 목적을 향해 나아가고 싶네요. 먼저 저는 기독교에 대한 교수님의 공격에는 진리와 오류가 어지럽게 혼합되어 있다고 말씀드리고 싶습니다. 교수님이 복음의 하나님이 우리가 가정하는 신의 모습과는 전적으로 다름(ganz andere)을, 비록 부지중에라도, 올바르게 분별하는 한, 교수님의 거센 공격 안에도 진리가 있습니다. 불행하게도, 교수님이 부지중에 아는 진리 중에는 산더미 같은 오류가 섞여 있지요. 기독교 신앙에 대한 교수님의 공격 중 상당 부분의 목표물은 인간적 종교입니다. 기독교적 형태를 포함해서 온갖 형태의 인간적 종교와, 이 억누를 수 없는 인간적 현상이 구성할 수 있는 압제적인 신들이지요.

니체: 바르트 교수, 좋은 전략일세. 자네는 종교와 기독교 신앙 사이의 허울 좋은 구별 속으로 몰래 들어오고 있네. 그리고 이런 구별을 통해 자네는 기독교에 대한 내 공격을 단지 종교적 인간(homo religiosus)의 가엾은 우둔함의 폭로로 여기고 있네. 그러는 사이에 기독교 신앙은 내 모든 비뚤어지고 성가신 비판들로부터 편안하게 면제되어 있다네. 자네 같은 신학자들이 얼마나 번지르르한 피조물인지!

바르트: 교수님이 바라셨던 것만큼 흥미 있다고 제가 증명할 수 있을지는 모르겠습니다. 그러나 제가 기독교에 대해 온건한 태도를 취한다고 교수님이 생각하신다면 저를 오해하고 계신 겁니다. 제 신학은 기독교 신앙에게 단호하고 혹독한 심문으로부터의 어떤 면제도 허용하지 않습니다. 또한 교회에게도, 종종 그리스도인 척하는 어떤 것에도 비판을 면제해주지 않음이 확실합니다. 제가 말하고자 하는 바는, 모든 형태의 "종교"는 하나님을 우리 자신의 방식대로 만들려는 노력이지요. 더 정확히 말해 종교는 하나님의 자유로운 은혜에 대한 저항입니

다. 슬프게도 이것은 "너무나 인간적인" 것이지요(교수님은 이 구절을 이
해하실 거라고 확신합니다!). 우리 자신의 기준에 따라 신을 생각하고 표
현하는 보편적인 인간적 노력으로서의 종교는 인간적 자기 의와 자
기 성화의 최고 형태입니다. 우리는 자신의 종교적인 노력을 통해 신
과 화해하고, 신의 도움을 우리 자신에게 확신시키며, 신이 우리의 이
익에 봉사할 수 있도록 그를 다루기 쉽고 유용한 존재로 만들기를 원
합니다. 확실히 종교는 끊임없이 "신"에 관해 말하죠. 그러나 실제로
종교는 크고 경건한 목소리로 우리 자신에 관해 말하는 우리의 방식
입니다. 제가 "우리의 방식"이라고 말한다는 점에 주목하십시오. 왜냐
하면 비그리스도인이든 그리스도인이든 우리 모두는 하나님의 자리
에 우리 자신을 놓아두는 이 치명적인 일에 연루되어 있기 때문이지
요. 반면에 기독교 신앙은 성경에서 증언하는 예수 그리스도 안에 드
러난 하나님의 자기 계시와 자기 내어줌에 근거합니다. 기독교 신앙
은 하나님이 타락하고 도움이 필요한 우리에게 자유와 은혜로 오셨
음을 인정합니다. 기독교 신앙은 하나님을 길들이고 속박하는 우리
의 모든 노력을 불필요하게 만듭니다. 복음의 하나님에 대한 신앙은
하나님을 하나님 되게 하는 것이지요.

니체: 자네 말에 스스로 귀를 기울여보게! "하나님을 우리 자신의 방식대
로 만들려는" 노력 대신에, "하나님을 하나님 되게 하는 것"이라고 자
네는 말하고 있네. 글쎄, 내게는 "하나님을 하나님 되게 하는 것"이라
는 자네의 말과 하나님의 "자기 계시와 자기 내어줌"에 대한 자네의
호소가 인간의 정신을 짓밟아버리는 암호 언어일 뿐이네. 내가 말하
는 초인은 자네의 위장된 언어, 즉 자기비하의 언어에 참여하는 것을
거부하네. 초인은 신이나 다른 어떤 이와 "화해하려고" 시도하지 않
네. 의미를 창조하기 위해 행하는 일은 별도로 하고라도, 초인은 의미
없는 세계 속에서의 고통과 비극에 직면해 자신을 완전하게 하는 투
쟁 속에서 자신의 행복을 발견한다네. 초인은 이런 과제에서 어떤 도

움을 필요로 하지도 않고 원하지도 않네. 지쳐버린 미켈란젤로가 다윗상을 조각할 때 아버지에게 도와달라고 하지 않거나, 청각 장애인 베토벤이 교향곡 제9번을 작곡할 때 어머니에게 도와달라고 하지 않는 것과 같지.

바르트: 글쎄요. 교수님은 교수님의 전적인 종교성을 드러내실 뿐입니다. 하나님을—잘 들어두세요. 은혜로우실 정도로 주권적인 하나님이지요—하나님 되게 하는 것을 거부하는 초인의 태도는 자신이 신이라는 자기 확신의 이면일 뿐이지요. "내가 말하는 대로 행하라. 그러면 너희가 신이 될 것이다"라고 말하며 아담과 하와에게 약속했던 에덴 동산의 뱀의 이야기가 떠오르네요.

니체: 그렇지, 유쾌한 이야기라고 나도 인정하네. 다만, 자네와는 달리 나는 뱀이 이 이야기에서 지혜로운 자였다고 생각하네. 종교에 대한 자네의 제국주의적인 비판에 대해, 솔직히 나는 자네의 특별한 반감을 공유하지 못한다네. 나의 철학은 모든 종교적인 믿음과 실천과는 전적으로 독립적이지만, 나는 현저한 정도로 다양한 인간적 종교를 무한한 호기심을 가지고 보고 있으며, 그 지지자들 중 일부가 맹목적으로 드러내고 있는 열정을 존경하기까지 할 수 있네. 나는 종교란 삶의 고통과 비극에 대처하되 기본적으로 잘못된 대처 방식이라고 여기네. 나의 초기 책 중 하나는 고대 그리스 문학에서 『비극의 탄생』 (*The Birth of Tragedy*)에 관한 것이었네. 그 책에서 나는 두 가지를 구별했다네. 존재의 불가피한 고통에 의해 초래된 깊은 비관주의에 대해 두 가지 반응, 즉 아폴론적 유형과 디오니소스적 유형을 구별했네. 아폴론적 유형은 냉정하고 절제되고 이성적인 방식이고, 플라톤의 형상의 세계와 같이 아름답고 환상적인 세계를 창조하며, 삶의 공포 위로 베일을 씌우는 효과를 지니고 있네. 디오니소스적 유형은 삶을 위한 열정의 방식이고, 삶의 비목적론적이고 무신적인 실재에도 불구하고 지금 여기서의 삶을 긍정하네. 내가 주장하는 바는 아폴론이 없

는 디오니소스는 총체적인 혼란이라고 하더라도, 디오니소스가 없는 아폴론은 절대적으로 죽은 것과 같다는 점일세. 디오니소스는 모든 종교적 교리와 윤리적 규범을 박살내기를 원하네. 왜냐하면 그것들은 삶의 모험과 희열을 모두 차단하기 때문일세. 나는 디오니소스의 고소를 특히 기독교 및 기독교의 모든 비열한 이야기와 교리와 율법에게로 조준하고 있네.

바르트: 교수님이 언급하신 책은 저도 잘 알고 있고 아마도 교수님의 최고의 책이라고 생각합니다. 교수님이 언급하는 아폴론과 디오니소스는 많은 후예가 있고, 이들은 수많은 조합과 대립을 형성하고 있지요. 그러나 공통적인 한 가지 사실은 이들 모두 하나님의 심판과 은혜 아래 있다는 점입니다. 제가 심판과 은혜 둘 다를 언급하고 있다는 점에 주목해주세요. 만약 교수님이 종교에 대한 제 비판이 무차별적이고 인색하다고 생각한다면 저를 오해하고 계신 것입니다. 인간의 삶은 종교적이든 비종교적인 양식이든 결코 비방되거나 경멸받아서는 안 되지요. 관심과 사랑과 소망을 가지고 인간의 삶을 보셔야 합니다. 그래서 제가 종교가 하나님의 심판 아래 있다고 주장하더라도, 또한 저는 종교가 인간의 삶의 다른 영역 못지않게 구속될 수 있음을 강조하는 것입니다. 그리스도 안에서 드러난 하나님의 계시에 의해 인간의 종교가 고양되어야 한다고 말할 때, 저는 인간의 종교에 대한 하나님의 심판뿐 아니라 인간의 종교를 고양시키고 변혁시키는 하나님의 은혜의 권능을 또한 의미합니다.

니체: 제발! 지금 자네는 교활한 헤겔적인 변증법으로 나를 감쪽같이 속이려 하고 있네. 종교는 고양된다고, 즉 종교는 파괴되기도 하고 은혜로 고양되기도 한다고 말일세. 바르트 교수, 자네의 힘을 아끼게나. 왜냐하면 나 자신은 헤겔의 신비화 작업이든 다른 형이상학자들과 자네 같은 신학자의 작업이든 그것과 오래전에 단절했다네. 그런데 우리는 이야기의 주제로부터 벗어나고 있네. 종교를 자기 의의 양식으로

여기는 자네의 모든 사변은 무의미한 추상이며 내 주요한 주장으로부터 우리를 벗어나게 하고 있네. 나는 신의 죽음을 선포하네. 그러나 주의 깊게 듣게나. 나의 책 『즐거운 학문』(The Gay Science)에 나오는 광인이 "신은 죽었다"라고 선언할 때, 이것은 형이상학적 논쟁을 벌이자는 것이 아닐세. 광인은 계몽주의 및 계몽주의 이후의 세계에서 신에 대한 믿음이 전적으로 공허한 것으로 폭로되었다는 불가피한 사실을 진술하고 있는 것일세. "신"은 단지 불필요하고 무용한 환상일 뿐일세. 아니, 더 심하게는 위험한 환상일 뿐이지. "신"은 이제 인류를 위해 영원히 묻혀야만 하네. 오늘날의 교회란 우리가 행했던 바를 깨닫지도 못하며 우리가 죽였던 신의 무덤일 뿐일세. 우리의 비겁한 시대는 이런 사건의 중대함을 무시하기를 원하고 어리석은 무지 속에서 살기를 선호하고 있네.

바르트: 교수님이 말씀하시는 광인이 계몽주의 이후에 출현했다는 점에 저는 주목해봅니다. 제 추정이지만, 광인이 계몽주의 "이후에" 출현한 것은 그가 계몽주의의 상속인일 뿐만 아니라 계몽주의에 대한 진정한 비판가라는 점을 의미하지요. 저는 계몽주의의 검토되지 않은 가정을 극복할 수 없다고 보이는 신학자들과 많은 논쟁을 벌여왔습니다. 이런 신학자들은 다음과 같이 말합니다. "우리는 여전히 신을 믿을 수 있다. 그러나 물론 신은 자연법의 닫힌 체계 또는 인간사의 견고한 진보를 방해하는 것으로 더 이상 생각될 수 없다. 인류를 더 위대한 것에게로 나아가게 하는 우리의 계획에 신은 단지 참여해야 한다." 저는 교수님의 광인이 신의 죽음의 메시지를 선포할 때, 형이상학의 전통적인 신을 비판할 뿐만 아니라, 계몽주의의 가정들이 제시하는 강제적인 범위 내에서 구성되는 신에 대한 새로운 이미지들을 비판한다고 이해하고 있습니다. 좋아요! 이렇게 본다면 저도 교수님의 광인이 제게 조금 더 흥미롭다는 점을 인정할 수밖에 없습니다.

니체: 자네가 "조금 더 흥미롭다"라고 말하지만, 전혀 설득력이 없음이 확

실하네. 광인의 선언이 있기 전에 신에 대한 신앙의 오랜 역사(그리고 아마도 때로는 불신앙의 경우)가 있다고 말하는 것은 결코 **훌륭한 통찰이** 아니네. 근대 이전에는 양과 같은 대중이 신을 믿었지. 왜냐하면 큰 존재를 믿는 교회가 그것이 대중이 천국에 갈 수 있는 유일한 길이라고 말했기 때문일세. 그러는 동안에 형이상학자와 신학자들이 소위 신 존재 증명을 날조했다네. 그들의 노력은 이제 관통되어 끝장난 것처럼 보일 뿐만 아니라, 스스로 생각하는 대부분의 사람도 "누구라도 그런 속임수에 진심으로 관심을 가질 수 있을까?"라는 태도를 지니고 있지. 계몽주의 절정기에 철학자 칸트가 나타나서 "신앙을 위한 여지를 만들고자" 이성의 역할을 제한함으로써 구조해보려고 시도했지. 사실, 칸트는 결국 전통적인 기독교의 신을 자신의 정언적 명령과 실천 이성의 가정들로 대체했네. 그렇지만 칸트의 작업도 통하지 않았다네. 소위 보편적 진리에 대한 모든 호소처럼, 도덕의 체계들은 도덕률의 환원할 수 없는 다양성에 의해 파기되지. 보편적이라고 여겨지는 도덕 체계를 부과하는 것은 무용할 뿐이라네. 계명과 지옥의 위협을 부과함으로써 사람을 두렵게 만드는 죽은 신들과 같이 무용할 뿐이네. 바르트 교수, 내 말을 잘 듣게. 신은 죽었고 끝장났어. 마침표란 말이야. 내가 신은 죽었다고 말할 때, 이것은 특히 자네의 쇠퇴한 기독교적 신을 의미하네. 그런 신은 강하고 아름다운 모든 것을 전복시키고, 약함과 병약함을 덕으로 삼으며, 삶과 희열을 혐오하고, 우리를 흐느끼며 스스로 불완전하게 되는 성자로 변화시키기를 원한단 말일세.

바르트: 네, 네, 탁월하신 교수님의 말씀 잘 들었습니다. 신의 죽음에 대한 교수님의 강력한 선포를 누가 피할 수 있겠습니까? 그리고 기독교의 신이라고 교수님이 일컫는 것에 대한 교수님의 훨씬 더 흥분된 공격을 누가 피할 수 있겠습니까? 이런 찬사의 말씀을 받아들이신다면, 교수님은 근대의 가장 탁월한 무신론자이십니다. 교수님의 무신론은 타의 추종을 불허하지요. 그것은 저항의 무신론이라고는 진정으로

명명될 수 없는 것이지요. 저항의 무신론은 세상 속의 부당하고 끔찍스러운 악에 대한 격노에 의해 부추겨진 무신론이지요. 비록 교수님은 삶의 비극을 인정하시더라도, 삶의 불공평함과 여기에 수반되는 불가피한 고통에 대해 불평하는 자들로부터 물러서고 계십니다. 그리고 교수님의 무신론은 일차적으로 지적인 무신론이 아닙니다. 지적인 무신론은 신의 존재에 대한 전통적인 증명들에 대한 환멸로부터 생겨납니다. 공격자들에 맞서서 신의 존재를 증명하고 신의 존귀를 방어하는 모든 노력이 비참하게 실패했다는 점을 교수님은 확신하고 계시며, 두려움에서 생겨난 모든 논증과 속이려는 의도를 경멸하고 계시지만, 기염을 토하며 신의 죽음을 선언하는 교수님의 동기는 자신의 지적인 솜씨를 드러내고자 하는 것 외에 다른 어떤 것이지요. 아니, 제가 듣기로는 교수님이 퍼뜨리시는 무신론은 인간의 자유를 위한 무신론이지요. 인간의 자유의 탄생과 삶의 번성을 가능하게 하기 위해 신의 죽음을 옹호한다고 할 수 있지요. 교수님 앞에 펼쳐진 무한한 수평선을 가진 인간 자유의 광대한 바다 안으로 배를 항해시키기 위해, 삶과 삶의 성취되지 않은 모든 가능성에 대해 분명한 긍정을 말하기를 원하시는 것이지요. 니체 교수님, 제가 교수님을 놀라게 해드리겠습니다. 만약 예수 그리스도의 복음이 없다면, 교수님이 추천하신 무신론은 광범위한 지지를 얻을 수 있을지도 모릅니다. 그리고 제게도 매력적으로까지 보일지도 모릅니다.

니체: 아, 비현실적인 "조건"일세. 자네는 지금 나를 숨 막히게 하려고 하네. 신의 죽음에 대한 내 선언에도 불구하고, 칼 바르트와 같이 착한 작은 그리스도인들이 신을 꽉 붙잡는 모든 이유로 나를 숨 막히게 하려고 해. 자네도 그리 멀리 가지는 않을 걸세. 그렇지만 나는 잠시 동안이나마 듣겠네. 만약 내가 이면의 웃음을 감추기 위해 가끔 손으로 입을 가린다 해도, 나를 용서해주게나.

바르트: "하나님을 꽉 붙잡는 것"은 내가 표현하는 유일한 방식이 아니지

요. 대신, 저는 "하나님이 세계를, 우리를, 교수님을, 그리고 저를 꽉 붙잡으신다"라고 표현하고 싶습니다. 복음은 창조세계에 대한 하나님의 신실성에 관한 것입니다. 즉 예수 그리스도의 삶, 사역, 죽음, 부활에서 최고로 표현된 신실성에 관한 것이지요. 예수 그리스도 안에서 하나님은 우리에게 은혜롭고 과분한 긍정을 말씀하십니다. 확실히, 부정을 포함하는 긍정을 말씀하시지요. 그러나 이 부정은 항상 긍정을 위한 부정입니다. 이런 사건에 비추어볼 때, 그리고 엄청난 "신의 죽음"을 인정한다는 점에서 교수님께서는 놀라지 마십시오. 물론 저는 이 말을 교수님의 광인이 외치는 "신의 죽음"과는 전적으로 다른 의미로 사용하지만요. 기독교 선포의 핵심에 있는 메시지는, 죄와 죽음의 권세에 사로잡힌 인간의 삶의 해방과 변혁을 위해 하나님의 아들이 자기 생명을 주셨고 심지어 십자가에서 죽으셨다는 것이지요. 복음은 교수님이 상상하시는 거미 같은 신과도, 삶을 죽이는 천상의 독살범과도, 인간의 자유를 전복시키고 인간성을 걸쭉하게 될 정도로 때리는 독재자 카이사르와도 아무 관계가 없습니다. 이 모든 것은 무서움을 자아내도록 희화화된 모습이지요. 아니면, 이 모든 것은 비신화화 될 필요가 있는 신화라고 일컬어지는 것입니다. 복음은 자기를 내어주며 용서하시는 하나님에 관해 말합니다. 복음은 우리의 구원을 위해 연약한 자와 불쌍한 자들과 같이 되신 하나님, 우리를 위해 고통 당하시고 죽으신 하나님,—지금 이 말을 잘 들으세요—하지만 죄와 폭력과 죽음을 이겨 승리하신 하나님의 값비싼 사랑에 관해 말합니다. 기쁜 소식은 그리스도께서 우리 모두를 위해 죽고 부활하셨다는 것이지요! 복음이 선포되기 시작한 이후로, 이 메시지는 많은 사람에게 걸림돌로 여겨졌고 어리석은 것으로 들려졌지요. 마치 지금 교수님이 복음을 인간의 존엄을 파괴하고 삶과 희열에 대해 무조건적이고 최종적인 부정을 말하는 신의 역겨운 이야기로 여기는 것과 같습니다. 글쎄요, 그것은 복음의 하나님이 결코 아니지요.

니체: 솔직히 말해 자네의 기독교 신은 카멜레온이네. 숨 막힐 듯이 답답하고 기이한 모순으로 가득한 카멜레온 말일세. 한편으로, 자네가 믿는 신은 "주고 용서하는 신"이지만 폭력과 잔인함으로 가득 차 있네. 죄인들에게 복수하고자 하는 욕구를 충족시키기 위해 자기 아들을 십자가에서 처형되도록 했기 때문일세. 참으로 자네의 신은, 적어도 자네 친구인 칼뱅에 따르면, 대부분의 인류가 창조되기도 전에 그를 저주로 넘겨주는 능력이 있지. 다른 대안이 없을 때, 자네와 칼뱅, 그리고 자네처럼 신을 믿는 사람들은 "주의하라, 강하고 건강한 모든 자여! 끔찍한 복수자가 오는도다!"라고 외치네. 여기에 대한 반응으로, 우리 불신자들은 "아아! 우리는 죄책감을 느끼는 비참한 죄인이며 지옥으로 던져지는 것이 마땅하다!"라고 외치기로 되어 있다네. 다른 한편으로, 자네가 믿는 신은 측은한 종인 신으로서 인간 구원을 위해 "약한 자와 불쌍한 자들 중 하나일세." 어떤 모습이든지 간에 자네가 믿는 신으로부터 나의 초인이 "구원"을 필요로 한다는 생각은 우습다네. 만약 자네의 신-이야기가 무대 위에서 하나의 패러디로 제시된다면, 나도 진심으로 함께 웃을 것이네. 그러나 내가 예상하는 대로, 자네는 구원자 신의 이야기가 진실하다고 실제로 생각하고 있네. 둔감한 교수여, 자네는 내 광인 이야기의 핵심을 파악하지 못하고 있네. 신은 죽었다고 말하는 광인에게 다시 귀를 기울이게. 신의 죽음 이후에 스스로를 "구원하는 것"은 모든 사람에게 달려 있네. 디오니소스는 광인의 정신이네. 디오니소스는 이런 도전에 착수했네. 마지못해서나 침통하게가 아니라, 삶에 대한 완전한 긍정과 기쁨으로 이런 도전을 충족시킬 수 있음을 스스로 알고 있네.

새로운 인간주의?

바르트: 만약 교수님이 칼뱅의 오래된 이중예정론과 관련해서 저를 비판하고자 하신다면, 저는 단순히 다음과 같이 말씀드릴 것입니다. 즉 칼뱅과는 반대로, 저는 예수 그리스도 안에서 드러난 하나님의 영원하신 선택의 은혜가 가능한 가장 기쁜 소식이라고 생각합니다. 그래서 세계 창조로부터 하나님은 우리를 대적하지 않고 우리를 위하시는 분입니다. 그러나 하나님의 선택의 의미에 관한 주제는 또 다른 모임에서 다루어야겠습니다. 현재의 대화의 핵심에 더 맞추자면, 교수님의 마지막 말씀에서 저는 제가 쭉 의심해왔던 바에 주목했지요. 즉 교수님의 초인이 어떤 식의 구원을 갈망하고 있음은 분명합니다. 다시 말해, 니체 교수님, 신의 죽음을 말하는 교수님의 선언 속에는 작은 경건 이상이 작동하고 있습니다. 교수님의 디오니소스적 기획은 자기 구원의 길이라고 밝혀지고 있으며, 적어도 선택된 소수를 위한 것이지요. 교수님은 자신을 새로운 "인간주의"의 개척자로 이해하고 계시고요. 제 질문은 그것이 어떤 종류의 인간주의냐 하는 것입니다. 보세요, 우리 모두는 도스토예프스키를 읽었습니다. 그의 등장인물 중 한 명이 신이 존재하지 않음을 가정하면서, 그러면 모든 것이 허용된다고 말하는 대목을 기억하시지요? 교수님의 초인이 그와 같은 절대적이고 방종적인─교수님이 좋아하시는 단어 중 하나를 빌린다면─"타락한" 자유를 갈망하고 있다고 이해한다면 맞는 것인지요?

니체: 아니, 아니, 아닐세. 자네의 질문은 광인이 신의 죽음을 선언한 것이 천박한 쾌락주의자처럼 죽기 전에 마음대로 먹고 마시고 즐거워하기 위함이라고, 또는 정치적 과대망상주의자처럼 다른 사람들을 노예로 만드는 무한정의 권력을 갖기 위함이라고 말하는 것처럼 보이네. 또 다시 자네는 핵심에서 완전히 벗어났네. 그렇더라도 자네는 초인의 자유에 관한 내 열정에 관해서는 제대로 이해하고 있네. 자네

또한 이런 관심을 가지고 있는 것처럼 보이기 때문에, 우리가 의미하는 인간의 자유가 무엇인지를 명확히 하는 것이 어떻겠나? 내가 먼저 시작하겠네. 많은 사람이 니체라는 이름을 듣고서 다음과 같이 외치네. "맙소사! 저 미친 무신론자 늙은이. 그의 철학은 반유대주의로 가득하고 나치 신화와 공포 정치로 나아가는 길을 준비하지 않았는가?" 이런 비난이 순전히 말도 안 되는 소리라는 것에 동의한다면 자네는 예의 바른 것일세. 그러나 솔직히 말해 나는 자네나 다른 사람들이 나에 대해 아무리 험한 비방을 한다 해도 관심이 없네. 나는 내가 누구인지 그리고 무엇을 추구하는지를 명확히 알고 있네. 나는 삶, 기쁨, 아름다움, 창조성을 사랑한다네. 나는 최고의 인간주의자네. 내가 신의 죽음을 선언한 것은 다만 사람들에게 충격을 주기 원해서가 아니야. 신이 죽고 영원히 묻히는 때에만 초인, 즉 땅에 충실한 자유롭고 기쁜 인간이 나올 수 있기에 일차적으로 그런 이유로 나는 신의 죽음을 선언하네.

바르트: 좋습니다. 그럼 자유에 대해 함께 이야기해보시지요. 제가 좋아하는 주제 중 하나거든요. 참으로, 제 저서 모든 곳에서 자유를 다루고 있죠. 그러나 교수님과 저 사이에는 차이점이 있습니다. 바로 자유로운 인간에 관해 말하기 위해서 저는 우리와 함께하고 우리를 위하시는 하나님의 유일하고 권위 있는 자유에 관해 우선적으로 말한다는 것입니다. 하나님의 자유는 강제성과도, 인간성을 파괴하는 것과도 아무 관련이 없지요. 교수님은 노예근성의 의존과 압제적인 복종을 복음의 신이 우리로부터 원한다고 주장하시는데 이것은 전적인 왜곡입니다. 종교의 본질을 "절대 의존의 감정"으로 기술하고 기독교 신앙을 기본적으로 이런 감정의 특별한 형태로 묘사하는 것에 관해 평생 동안 저는 몇몇 신학자 친구들과 많은 토론을 해왔습니다. 저는 이런 기술과 묘사와 같은 분석을 거부하지요. 왜냐하면 저는 기독교 신앙이 참된 인간이 되도록 하는 새로운 자유라는 선물과 관련된다

고 이해하기 때문입니다. 예수는 우리에게 "진리를 알지니 진리가 너희를 자유케 하리라"라고 말씀하셨어요. 그리고 사도 바울은 "자유를 위해 그리스도께서 우리를 자유롭게 하셨다"라고 말했습니다.

니체: 모든 죽어 있는 신들이 나를 도와주기를! 위대한 바르트 교수가 내게 성경의 총탄을 쏘기 시작했네. 자 보게나. 영리한 신학자는 단어들로 하여금 무엇을 의미하도록 만들 수 있음을 나는 알고 있어. 자네는 마치 자네의 성경 안에 율법, 계명, 순종, 징벌의 위협에 대한 언급이 없는 것처럼 말하고 있네. 자네의 기독교 도덕은 지상의 열정과 몸의 쾌락에 관해 셀 수 없이 많은 규제를 포함하고 있네. 자유가 기독교의 무엇보다 중요한 주제가 되도록 하기 위해서는 수많은 본문과 오랜 교회사를 잊어버리든지 뒤집어보아야 할 것이네.

바르트: 물론 성경은 하나님의 율법과 명령에 관해 말하지요. 교수님이 이해하시지 못하는 점은 하나님의 율법에 관한 성경의 언급이 항상 복음의 상황 안에서 이루어지고 있다는 것입니다. 즉 삶의 개인적 영역에서든 집단적 영역에서든 우리를 속박하고 노예로 삼고자 하는 세상 권세로부터 우리를 자유롭게 하기 위해 하나님이 행하셨고 행하시는 것에 관한 기쁜 소식의 상황 안에서 이루어진다는 것입니다. 이스라엘 백성을 하나님이 해방시키신 이야기는 율법을 주신 이야기보다 앞서지요. 사도 바울의 복음 설교 역시 회중에게 주는 윤리적 교훈보다도 앞서지요. 이 모든 점은 우리를 위한 하나님의 은혜가 인간의 새로운 자유의 해방적 기초가 됨을 말합니다. 확실히, 이런 새로운 삶은 하나님의 명령으로부터 특정한 형식과 방향을 얻습니다. 그러나 하나님의 명령은 그분의 은혜로운 활동의 상황 안에서, 그리스도 안에서 알려진 우리를 위한 하나님의 엄청난 자유에 대한 응답으로 인간의 참된 자유를 실현하라고 부르시는 요청이 되지요. 자유의 선물이 하나님과 이웃을 마음껏 사랑하라는 요청에 앞서는 것입니다. 감사와 기쁨은 기독교적 삶의 특징입니다. 그리스도의 율법은 교

수님이 말하는 아폴론의 속박하는 법이나 디오니소스의 방종한 무법과는 전혀 관련이 없습니다.

니체: 내게는 이해하기 몹시 어려운 말로 들리네. 기독교는 전적으로 희생에 관해 말하고 있지. 모든 자유의 희생, 모든 교만의 희생, 영의 모든 자기 확신의 희생에 관해 말이네. 기독교는 자기 조롱과 자기 절단이네. 기독교 신앙은 "희생의 사닥다리를 오르라"라고 말한다네. 물론 우리는 더 이상 우리 자녀를 희생의 제단 위에 둘 수 없네. 비록 신이 자기 아들을 희생하신다고 반어적으로 우리가 믿도록 되어 있다고 하더라도 말일세. 어쨌든, 우리는 건강하고 강하기 위해 우리의 자연적 본능과 의지를 희생하도록 요청받고 있네. 나는 이런 판에 박힌 모든 일이 자유를 축하하는 것이 아니라 노예성을 신격화한다고 보네. 인간의 자유는 내가 나 자신의 삶에 형식을 주는 것이고, 내가 선택하는 대로 삶을 이끌어가고 존재하고 행하는 것이네. 인간의 자유는 자네가 믿는 신이나 다른 어떤 신의 명령의 속박들로부터 벗어나는 것이라네. 자네의 어리석은 생각과는 상관없이, 나는 세계에 본질적인 의미도, 불가침의 도덕 질서도 없다고 보네. 사물의 본성에 의해 세계가 존재한다고 주장하든, 어떤 초월적이고 전능한 존재에 의해 목적과 종말이 세계 안에 심겨져 있다고 주장하든, 세계 안에는 어떤 고유한 목적도, 어떤 의미도 없네. 내 결정과 내 행동에 의해서만, 나는 아무것도 없는 곳에서 의미와 가치를 창조하네. 초인은 소위 선과 악의 경계, 즉 인습적인 도덕의 엄격한 표지들을 용감하게 넘어서네. 자 보게나. 나는 대중을 경멸하고 그들의 노예 도덕을 경멸할 뿐이네. 그리고 나는 고귀한 자와 용감한 자들에게 노예 도덕을 부과하는 어떤 시도에 대해서도 전면전을 치르네. 바르트 교수, 자유는 넋을 잃게 하는 실재일세. 자네와 자네의 신학자 친구들은 원하는 대로 모든 언어유희를 즐길 수 있어. 그러나 자유에 대한 자네의 이해는 참으로 위대한 정신을 대중의 수준으로 떨어뜨리고자 고안된 독, 그것도 달

콤한 것으로 싸인 독일 뿐일세.

바르트: 교수님이 틀리셨어요. 저는 선과 악이 이 말들에 대한 인습적인 정의에 의해, 그리고 어느 시대나 그것들을 구체화하는 법과 규정에 의해 최종적으로 결정되지 않는다는 교수님의 주장에는 이의가 없습니다. 기독교 윤리에서 선은 예수 그리스도 안에서 최고로 알려진 은혜롭고 선하신 하나님의 자유로운 행동에 상응하는 자유롭고 책임감 있는 인간 행동으로 이해되고 있지요. 인간의 참된 자유는 교수님이 상상하시는 무제한적인 의지, 즉 자기 결정과 권력에의 무제한적인 의지는 아니지요. 인간의 참된 자유의 진정한 기초는 우리에게 있지 않고 하나님께 있습니다. 마치 우리의 자유가 제한이 없고 절대적인 것처럼 우리가 생각하고 행동한다면, 하나님은 우리를 참되고 유익한 자유로 불러주시지만, 그리고 그 자유가 무엇보다 우선 선물로서 주어지지만, 우리는 이 자유를 망쳐버릴 뿐이지요. 참된 자유라는 선물은 무엇으로부터의 자유일 뿐만 아니라, 무엇을 위한 자유이기도 하지요. 참된 자유는 우리 안에서, 세계 안에서 움직이고 있는 교만, 탐욕, 폭력, 공포, 비인간화하는 모든 다른 세력으로부터의 자유지요. 그리고 참된 자유는….

니체: 그만하게나! 인간의 한계에 관해 내게 설교하지 말게. 나는 초인 앞에 있는 도전들과, 우리의 도덕적 삶의 고통과 비극과 무의미함을 잘 알고 있네. 그렇지, 도덕적 삶일세. 모든 삶이 죽음으로 끝난다는 점을 자네가 내게 말할 필요는 없네. 유일한 관심사는 사람이 비겁한 두려움과 눈물의 바다로 죽음을 맞이하는지 아닌지, 또는 전투에서 마땅한 시점에 아마도 차선책으로 죽기를 선택하는지 아닌지에 관한 것일세. 초인이 삶을 무조건적으로 긍정할 수 있는 것은, 그에게 반대하는 모든 것에 도전하고 이런 반대에 승리함으로써 가능하다네.

바르트: 교수님은 초인이 자신에게 반대하는 모든 것을 이길 수 있다고, 그래서 적지 않은 부분에서 자기 완전을 향해 끊임없이 행복하게 날아

오를 수 있다고 믿으시네요. 그렇게 믿을 수 있는 것은 우리 모두와 인간의 전 역사 안에서 움직이고 있는 죄와 죽음의 실재의 깊이를 진지하게 고려하지 못하기 때문이지요. 교수님의 초인은 하나의 추상이며 낭만적인 환상입니다. 초인은 자신에게, 자신의 과시된 창조성과 자기 극복에 전적으로 몰두해 있기 때문에 자신의 환상을 지탱할 수 있지요. 만약 초인이 동료 피조물들의 곤경과 희망에 조금만 더 관심을 가진다면, 세계 안에 있는 고통과 폭력과 악의 거대한 권세와 범위에 관해 어느 정도 다시 생각할지 모르지요.

니체: 지금 자네는 내가 동료 인간에게 더 많은 동정을 가지지 못하는 것에 대해 나를 꾸짖고 있네. 그리고 약자에 대한 기독교적 긍휼로 나를 흠뻑 젖게 하고 있어. 나는 군중에 대해 공감을 갖도록, 그리고 그들이 내 강함을 그들의 약함으로 전염시키는 것을 허용하고 있네.

바르트: 글쎄요, 그것이 좋은 시작일 수도 있지요. 그러나 인간의 참된 자유라는 선물에 관해 제가 말하기 시작했던 바를 계속하도록 해주세요. 복음이 선포하는 자유는 우리를 비인간화하는 파괴적인 세력으로부터의 자유일 뿐 아니라, 하나님과 이웃을 사랑하기 위한 자유이지요. 단지 우리 자신을 사랑하기 위한 자유가 아닙니다. 복음이 선포하는 자유는 사랑과 정의와 평화 안에서 하나님과 동료 인간과의 공동체 안에서 즐겁게 살아가는 자유지요. 저는 이것을 참된 자유라고 부릅니다. 왜냐하면 이것은 하나님이 실행하시는 자유에 상응하기 때문이지요. 즉 근엄하게 홀로 떨어져 있거나 고독하게 머무르지 않고, 우리와 함께 우리를 위해 하나님이 되시기를 선택하면서 실행하시는 그분의 자유에 상응하기 때문이지요. 하나님은 즐거워하고 자유로운 협력자와 친구를 원하시지, 비참한 노예와 생명력 없는 시체를 원하시지는 않지요.

니체: 그리고 자네는 내가 낭만주의자라고 말하고 있네! 행복하게 보이는 자네 그리스도인들은 더 좋은 노래를 부르고 더 많이 구원받은 것처

럼 보일 필요가 있네. 나의 초인은 세계 속에 있는 파괴적인 힘과 충동을 억누르기보다 오히려 인정하는 자일세. 기독교 도덕은 겸손을 찬양하는 척하지만, 사실 그것은 폭력의 위장된 형태네. 기독교 도덕은 불쌍한 자와 약한 자와 병자들이 품고 있는 분노와 증오와 분개에 뿌리를 두고 있네. 즉 고통의 한가운데서 삶과 아름다움을 사랑하면서 강력하고 창조적이고 지혜롭고 즐겁기를 감히 원하는 모든 자에 대적해서 그들이 품고 있는 분노와 증오와 분개에 뿌리를 두고 있지. 자네의 신과 사제들과 신학자들은 건강하고 행복한 인간적 삶을 살 수 있는 권력을 의지하는 어떤 사람도 참을 수 없네. 자네의 종교는 몸으로 표현되는 삶을 경멸하네. 인간의 성적인 관심을 중상하네. 권력에의 의지를 비방하고 약함을 찬양하네. 투쟁의 실재에도 불구하고 삶을 무조건적으로 긍정하는 자들의 아름다움을 훼손하며, 삶을 두려워하고 혐오하며 살아가는 자들을 칭송하네. 솔직히 말해 바르트 교수, 분개에 의해 움직이는 기독교적 도덕은 세계적인 약탈자네. 이런 도덕은 비참함 속에 빠질 것을 조언하며, 우리를 천사들과 함께하는 천국의 삶에 적합하게 만들 것이라고 약속하네. 그러나 초인은 지금 여기서의 삶을 긍정하고자 의지하네. 초인은 시시한 천국에게 인사하지 않네.

바르트: 기독교의 이름으로 일어났던 모든 견해와 동기와 행동들을 제가 서둘러 방어하리라고 교수님이 기대하지 않으시리라고 봅니다. 기독교의 중심적인 선언, 즉 하나님이 선한 창조세계를 존재하게 하신 것, 하나님의 아들이 성육신 하신 것, 예수가 병자를 치유하시고 굶주린 군중을 먹이신 복음서 이야기, 몸의 부활에 대한 대담한 소망과 같은 선언들이, 기독교 신앙이 지상의 선한 삶을 훼손하고 몸으로 표현되는 삶을 모욕한다는 교수님의 비난에 대답할 수 있을 것입니다. 분개에 관한 교수님의 이론과 관련하여—교수님이 자주 자랑 삼아 내보이시는 가장 좋아하는 착상들 중 하나지요—저는 교수님께 다음과

같은 점을 상기시켜드리고자 합니다. 즉 죄에 관해 말할 때 저는 누구보다도 먼저 그리스도인들을 염두에 두고 있습니다. 또한 저는 죄를 교만과 무기력과 거짓으로 파악할 때 교수님이 분개라고 일컫는 것의 유혹이 이런 범주 각각에서 중요한 위치를 차지함을 확신시켜드릴 수 있습니다. 그래서 분개와 복수에 대한 비판에 관한 한, 우리가 몇 가지 공통점을 가질 수 있는 것 같고요. 그러나 니체 교수님, 주의하십시오. 교수님의 분개 이론은 허세 부리는 심리적-사회적 환원주의 중 하나일 수 있고, 그래서 쉽게 자신에게 부메랑이 될 수 있죠. 교수님과 같은 모든 디오니소스적 무신론자들이 분개가 없는 순수한 마음일까요? 니체 교수님조차도 약간의 분개를 품고 있고, 그래서 교수님의 이전 영웅인 리하르트 바그너(Richard Wagner)에 맞서서 말하고 있는 것은 아닌지요?

니체: 자네가 내 개인적인 사항까지 다룰 필요는 없었네. 나의 모든 공격처럼 바그너에 대한 내 공격은 진리와 정직함을 위한 것이었지, 질투나 분개함의 결과는 아닐세. 그리고 공식적인 기록으로 보자면, 자네가 몇몇 동료 신학자들ー슐라이어마허나 브루너?ー과 맺은 관계가 항상 따뜻한 인정으로 넘쳤던 것은 아니었다고 추측하네.

바르트: 제게 어떤 결점도 없다고 주장한 적은 결코 없습니다. 그리고 제가 초인인 척한 적도 없고요. 핵심은 그리스도인이 계속해서 회개로 부름 받는다는 점이지요. 그리스도인은 자신이 용서받은 죄인임을 알고 있지요. 하나님의 은혜와 용서가 날마다 필요하다는 점을 인정합니다. 동시에 그리스도인은 복음의 진리를 감히 증언하며, 그리스도께서 가져다주신 새로운 삶, 즉 하나님께 감사하고 이웃을 사랑하는 삶을 감히 증언하지요. 다른 한편으로, 교수님은 불쌍한 자와 곤궁한 자들에 대한 긍휼에 관한 이 모든 언급이 분개의 결과라고 이해하고 계시지요. 또한 교수님은 그리스도께서 세계를 위해 행하셨던 바가 사람으로 하여금 자유롭게 사랑을 받아온 것처럼 남을 자유롭게

사랑할 수 있는 의지를 생성케 한다는 고백을 어리석은 것으로 치부하고 계십니다. 교수님, 천사가 목자들에게 "내가 기쁨의 좋은 소식을 너희에게 주노라. 오늘 구주가 나셨으니 곧 그리스도 주시니라"라고 선포한 메시지와 같이 이것은 진정으로 좋은 소식이지요. 그런데 교수님은 춤을 출 수 있는 신은 믿을 수 있다고 교수님의 글 중 어딘가에서 말씀하지 않으셨나요? 글쎄요, 복음은 예수의 탕자 비유에 나오는 아버지와 같이 잃어버린 아들이 집으로 돌아올 때 기뻐할 뿐만 아니라 큰 연회를 준비하는 하나님을 선포하지요. 이런 연회에는 많은 춤이 포함되어 있고 아버지는 거기에 참여하는 첫 번째 사람이었음이 분명합니다. 하나님은 자신의 사랑과 기쁨을 우리와 공유하기를 원하시지요. 그런 까닭에 축제처럼 즐거운 춤과 웃음이 많아지는 것이지요. 제가 보기에 끔찍할 정도로 외롭고 절망적으로 슬퍼하는 자는 바로 교수님의 디오니소스적 초인입니다.

니체: 결코 그렇지 않네. 나의 초인은 최고조로 행복하다네. 물론 초인은 비극을 알고 있으며 죽음의 얼굴도 응시하고 있다네. 또한 고통 없이는 자아의 완성도 없으며 삶에 대한—삶의 모든 것에 대한—긍정도 없음도 알고 있지. 그러나 초인은 강력하다네. 그리고 그는 자신이 사막 전체를 풍요한 농지로 바꿀 수 있음을 안다네. 초인은 고통과 실패로부터 자신을 보호하기 위해 어떤 신에게도, 어떤 도덕 체계에도 의존하지 않네. 삶에 대한 긍정을 방해하는 어떤 실패나 고통일지라도 초인은 이를 극복하는 기쁨을 경험하기 위해 친구나 다른 누구의 도움도 필요로 하지 않네. 다시 말해 초인이 스스로 삶을 창조할 정도로 대담할 경우에만 삶은 의미가 있다네. 디오니소스적 초인이 감히 삶을 만들어내는 경우에만 세계에 아름다움이 있는 걸세. 바그너에 대해서는, 물론 나도 한때는 그를 존경했음을 인정하네. 나는 그가 비견할 대상이 없는 작곡가이고 디오니소스적 영혼과 원초적인 생명력의 표현이었다고 생각했네. 하지만 그런 다음 그는 하층민, 대

중, 서민, 즉 자신을 따르는 이들의 필요에 응하기 시작했네. 그의 본래 의도는 쇠퇴한 기독교적 신화를 신들에 대항해서 감히 싸우는 강자들의 드라마, 즉 새롭고 설레는 드라마로 대체하는 것이었네. 그러나 오페라 "파르지팔"(*Parsifal*)에서 결국 바그너는 구원에 관한 병약한 기독교적 이야기로 회귀했네. 바그너의 음악이 결국에는 모차르트의 귀하고 우아한 진중함으로부터 얼마나 많이 멀어졌던가! 내 말을 이해하겠나? 나는 용들을 죽이는 살해범이네. 나는 적그리스도일세! 나는 십자가에 달려 죽은 자에게 맞서는 디오니소스일세!

바르트: 바그너에 대한 비판과 모차르트에 대한 칭찬에는 제가 거의 교수님께 동의했지요. 모차르트의 음악은 참으로 영혼의 양식이지요. 니체 교수님, 교수님은 운이 좋습니다. 모차르트에 관해 좋은 말을 하는 사람에게는 제가 화를 낼 수 없거든요. 모차르트는 자기 삶에서 많은 슬픔과 비극을 경험했지요. 그는 삶의 그늘진 면을 알았어요. 그러나 그가 작곡했던 음악은 어두운 측면을 가지고 있을지언정 놀라울 정도로 밝고 자유롭지요. 그의 음악이 오페라든, 교향곡이든, 진혼곡이든 어떤 형식을 취하든지, 그 속에는 자유와 기쁨이 울려 퍼지지요. 모차르트는 풍성한 열정과 웃음으로 삶을 긍정합니다. "마술 피리"(*The Magic Flute*)에 나오는 파파게노(Papageno)와 파파게나(Papagena)를 생각해보세요! 그들은 아폴론과 디오니소스보다 훨씬 더 많은 즐거움을 누리지요.

니체: 내게는 자네가 모차르트의 음악으로부터 새로운 종교를 만든 것처럼 들리는군. 우리 대화의 초반부에서 자네가 제시했던 전면적인 종교 비판에 무슨 일이 일어난 것인가? 나도 모차르트 애호가이지만, 그렇다고 그가 내 우상은 아니네. 그가 역경에 맞서 작곡가로서 이룬 귀중한 업적이 올바른 방향을 가리킨다고 해도, 그는 내 철학이 말하는 그런 초인은 아니네.

바르트: 저는 모차르트를 우상으로 여기지 않습니다. 제 요점은 모차르트

가 아폴론적인 합리주의자도, 십자가에 달린 자를 호되게 비판하는 디오니소스도 아니라는 것이지요. 복음에 비추어보자면, 모차르트는 하나님이 창조하고 구속하신 세계 안에서 우주적 조화와 자유케 하는 기쁨을 발견하고 이것을 자신의 음악에 설정했지요. 모차르트가 삶의 기쁨을 관계 속에서 체험한다면, 교수님의 초인은 자신에게만 몰두해서 산과 동굴의 화려한 고독 속에서 살아가는 데 만족하는 것처럼 보입니다. 초인은 대중을 경멸하는 고독자입니다. 초인은 인간성의 비참한 운명에 전염되지 않기 위해 그것을 불쌍하게 여기는 "질병"으로부터 자신을 보호하기 원하지요. 초인의 메시지는 모두 자신에 관한 것입니다. 그는 자신의 고귀함, 평온함, 자기 보호를 모든 덕 중 최고의 덕으로 여기지요. 그는 새로운 출생을 믿지만, 신이나 동료 인간, 특히 여성으로부터의 어떤 도움도 없이 스스로를 낳을 수 있다고 생각하는 것 같습니다. 니체 교수님, 교수님의 디오니소스는 공동체 안에서의 삶을 창조하고 구원하고 완성하기를 의지하시는 은혜로우신 하나님과 교전 중에 있지요. 진정한 자유는 화려한 고독이 아니라 기쁜 교제 안에서, 개별적인 존재가 아니라 공동의 존재 안에서 번성하지요. 그것이 새롭고 참된 인간주의의 자유이며, 하나님과 이웃을 위한 존재인 참 인간 예수 그리스도의 복음으로부터 기원하는 인간됨에 대한 새로운 이해입니다.

하나님의 인간성

니체: 바르트 교수, "하나님과 이웃을 위한 존재인 참 인간"은 아주 재치 있는 표현일세. 자네 같은 신학자들은 독자를 매혹하기 위해 재치 있는 표현을 즐겨 쓰지. 그러나 불행하게도 이런 표현들은 공허하다고 판명된다네. 보게나, 나는 자네가 믿는 예수를 경멸하지 않네. 나는

그가 단순하고 어린아이 같고 사랑이 있는 사람이라고 생각하네. 그는 인간의 격정적인 감정에 의해 어떤 번민도 하지 않았던 것처럼 보이며, 자신의 원수에게 저항하거나 자신을 방어할 의지도 없었지. 그는 삶의 진정한 비극에 대해 거의 이해하지 못했네. 그래서 삶의 진정한 비극이 마침내 그를 눌러버렸네. 예수의 제자들은 그의 십자가 처형을 찬미하고 그를 신으로, 즉 고통과 약함을 거룩하게 만들며 삶을 모독하는 신으로 변화시킴으로써, 이웃을 사랑하라는 그의 순진한 메시지를 썩어빠진 쓰레기 더미로 만들었네. 나는 소크라테스, 카이사르, 미켈란젤로, 나폴레옹, 괴테와 같은 이들, 즉 역사에서 참으로 위대한 사람들을 존경하네. 그러나 역사의 위대한 인물조차도 아직 초인은 아니네. 그들은 모두 너무나 인간적이라네. 나는 예수를 위대한 사람의 범주에 넣지 않을 것이네. 그리고 그는 그의 제자들이 만들고자 시도했던 구세주는 확실히 아닐세. 다만 나는 그의 삶과 단순한 사랑의 메시지를 존중하네.

바르트: 만약 교수님이 언급하시는 역사의 위대한 인물 중 누구도 초인에게 부합하지 않는다면, 초인은 꿈일 뿐인가요? 교수님 자신의 고독한 삶과 역경에 맞서는 용감한 투쟁에서 나타나는 것 외에 다른 어딘가에서, 그리고 교수님의 놀랄 만큼 뛰어난 저술에서 판단할 수 있는 것 외에 다른 어딘가에서 초인에 대한 흔적이나 예견을 교수님은 발견하시는지요? 그리스도인은 참된 인간성의 실현을 위해 역사의 소위 위대한 인물에게 주목하지 않습니다. 자기에게 주목하지 않는 것은 말할 것도 없고요. 그리스도인은 참된 인간에 관한 꿈을 꾸지 않아요. 대신에 특정하고 구체적인, 역사상의 한 인물에 주목하지요. 그리스도인은 예수를 참된 인간으로 주목합니다. 즉 인간 예수의 삶과 죽음과 부활 속에서 우리의 구원을 위해 현존하고 활동하시는 하나님으로 그를 주목합니다. 그는 하나님의 인간성이며 하나님과 이웃을 위한 존재로서의 참 인간이며, 온전한 인간이고 시간의 주님이지요.

니체: 자네는 내가 이런 종류의 언어를 잘 이해하리라고 기대하지 않고 있네, 그렇지? 자네와 같이 신을 옹호하는 자들과 대화할 때마다, 나는 영어나 독일어, 프랑스어 단어들은 들을 수 있네. 하지만 말해지는 내용을 파악하려고 시도하면, 내게 들리는 것은 초기 교인들이 알려지지 않은 방언으로 말한다고 일컬어지던 것과 같네. 예수에 관해 나는 정말 무엇을 생각하고 있는가? 글쎄, 내가 이미 말했던 바처럼, 어떤 어리석은 학자들이 말하듯이 나는 그를 영웅이나 천재라고 부르지 않네. 예수는 단순한 유대인 교사일세. 그는 모든 사람이 서로를 사랑하기를 원하네. 그는 마음이 착하지만, 삶의 공포에 대해서는 거의 알지 못하네. 이로 인해 예수는 결국 십자가에서 처형당한 것이지. 영웅이라고? 아니면, 천재라고? 결코 그렇지 않네. 나는 그를 도스토예프스키 소설의 한 인물, 아마도 알로샤와 같은 인물로 보고 싶네. 그는 단순하고 순진하고 친절하고 아마도 백치 같으며 자기 이득을 위해서는 겸손하고 수동적인 자일세. 다음과 같이 표현해보겠네. 오직 한 사람의 그리스도인이 있었고 그는 십자가에서 죽었네. 예수가 하나님이며 우리 죄를 위해 죽었다는 점에 관해서는, 그것은 초기 교인들이 그의 메시지에 첨가한 큰 거짓말일세.

바르트: 만일 교수님이 도스토예프스키의 백치를 그리스도와 같은 인물로 언급함으로써 저의 분개심을 일으킬 수 있다고 생각하신다면, 다시 한 번 생각해보세요. 도스토예프스키의 소설은 인간 영혼의 어둡고 사악한 깊이와 자기 칭의를 위한 많은 노력을 드러냈지요. 그럼으로써 그는 인간 조건에 대한 모든 피상적인 해석의 믿을 수 없음을 폭로했으며, 암시적으로 구세주 사역에 관한 모든 근대 부르주아적 해석의 피상성을 드러냈습니다. 러시아 정교회 교인인 도스토예프스키는 그리스도와 구원의 의미를 그가 구원하고자 했던 살인자, 창녀, 소외된 자, 가난한 자 등 지상의 다른 모든 비참한 자들과 별개로 결코 생각하지 않았을 것입니다. 기이하게도, 예수에 대한 교수님

의 이미지는 실제적 예수—소위 역사적 예수—를 찾는 이전의 19세기 자유주의의 탐구와 바로 일치합니다. 이런 예수는 신약 본문 이면에 있는 예수로서 근대의 해석가에 의해 정경의 복음서로부터 발굴되어 삶으로 회복되기를 기다리는 예수지요. 이런 예수는 자족하는 부르주아적 존재에 적합하며 어느 누구에게도 불편하지 않은 존재이지요. 니체 교수님, 수치스럽습니다! 교수님은 에른스트 르낭(Ernst Renan)을 맹비난하고 그를 익살꾼이라고 부르시지만, 르낭이 낭만적으로 묘사한 예수와 그의 동료 예수-탐정가들 중 다수가 그린 예수와 훨씬 더 비슷한 예수를 우리에게 제시하고 계십니다. 교수님이 인정하시는 것보다 훨씬 더 비슷한 예수지요. 교수님은 예수는 멋진 존재라고 말하면서도 복음서 저자들과 바울은 분개함으로 가득한 악당이라고 말씀하시네요.

니체: 예수가 멋진 존재라고 나는 말하지 않았네. 그는 영웅도 천재도 아니라고 난 말했네. 그리고 확실히 예수는 신도 아닐세. 그는 어린아이와 같네. 그러나 적어도 그는 정말 중요한 것이 앞으로 다가올 삶을 위해 지금 여기서의 삶을 비방하는 교리를 만들어내는 것이 아니라 이 삶을 어떻게 살 것인지임을 알았네. 그의 추종자들—특히 사도 바울—은 이 삶이 미래의 영광스러운 삶과 비교하면 아무것도 아니라고 설교함으로써 예수의 가르침을 정반대로 뒤집었지. 바울에 따르면, 현재의 삶은 끔찍하지만 걱정할 필요가 없는데, 왜냐하면 달콤한 작별 속에서 우리의 부활이 모든 것을 장밋빛으로 만들 것이기 때문이네. 이런 종류의 말은 사람들로 하여금 이 세상으로부터, 바로 지금 여기서의 삶으로부터 멀어지게 만들고, 삶의 어려운 도전에 용감하게 직면하고 그 속에서 진정한 기쁨과 성취를 발견하는 것으로부터 멀어지게 만드네. 나는 이 삶—존재하는 유일한 삶—의 모든 순간의 중요성을 매우 강조하기에, 내가 발견했던 위대한 진리로 자네를 맞아들일 것이네. 그것은 영원한 회귀라고 일컬어지네. 즉 일어나는 모

든 것이 정확하게 똑같이 다시 일어날 것이네. 영원히 다시 반복해서 일어나지 아니할 것들은 아무것도 일어나지 않았다네.

바르트: 뭐라고요? 교수님의 위대한 발견인 영원한 회귀는 아주 즐거운 교리처럼 들리지 않는군요. 오히려 지옥에 대한 좋은 묘사인 것처럼 들려요. 모든 사건, 모든 결정, 모든 행동이 영원히 반복될 것이다! 우리가 종종 자신을 엉망으로 망쳐놓고, 우리가 남에게 해를 끼치고 남들은 우리에게 해를 끼치고, 세계의 역사가 혼돈과 피로 얼룩지는 일이 무한히 반복되는 원(circle)이라는 점을 우리는 기뻐해야 하지요. 무한히 반복되는 원 안에서는 모든 폭력 행위가, 종교적 열심과 애국심과 제국 건설이 뒤섞이는 일이, 약자에 대한 강자의 완전한 억압이 계속 일어나지요. 이것이 교수님의 새로운 인간주의인가요?

니체: 바르트 교수, 내 교리를 자네의 멜로드라마 기독교식으로 비꼬는 것을 삼가해주게. 자네는 영원한 회귀의 엄청난 아름다움을 보지 못하는가? 영원한 회귀는 다음과 같은 질문에 대답을 주네. 즉 자네는 자네 삶의 모든 순간을 분명하게 긍정할 수 있는가? 삶의 모든 고통 속에서도 삶을 긍정할 수 있는가? 이런 모든 순간이 영원히 일어날 것이라는 점을 의지할 수 있는가? 어떤 도전에 직면해서도 "다시 한 번 더 처음부터!"라는 말을 열광적으로 자네 자신과 세계를 향해 외칠 수 있는가? 디오니소스는 이와 같이 삶의 매 순간을 살기를 의지하지. 즉 삶을 충분히 살고 삶의 고통을 제어하며, 바로 지금 여기서 새롭고 아름다운 무엇을 만드는 삶을 살기를 의지하는 것이네. 이는 삶에 대해 기쁘고 자유롭고 승리하는 긍정을 말한다는 의미라네. 내 이론이 고의적인 폭력, 불의, 이웃에 대한 학대를 정당화하지는 않네. 초인은 삶과 아름다움과 기쁨을 원하지만, 불가피하게 고통과 상실이 있으리라는 점을 알고 있네. 초인은 모든 것이 변혁되고 완성되리라고 여겨지는 두 번째 세계 또는 두 번째 기회라는 것이 결코 없을 것임을 알고 있네. 지금 여기서의 자네의 삶의 모든 순간을—기쁘고

분명하게—긍정하는 것이 영원한 회귀라는 내 교리의 핵심일세. 지상의 삶에 충실하게 남는 것일세! 지상 너머에 그 어떤 천국도 없네. 오직 지금 여기서의 삶만이 존재하며, 초인은 이런 삶을 기쁘게 긍정하네. 물론, 초인만이 내 교리에 따라 살 힘을 가지고 있지.

바르트: 제가 이전에 말씀드렸던 것처럼, 교수님은 고통과 비극에 직면하고 기쁘게 그것을 넘어서는 것에 관해 말씀하심에도 불구하고, 세계 속에서의 악과 고통의 실재를 충분히 진지하게 고려하지 못하고 계시지요. 교수님의 초인은 남에게 행해진 상처에 대해 유감스러워하지 않는 것 같네요. 불의에 대해 격분하지도 않고, 상실된 기회에 대해 회한도 없고, 좋아하든 싫어하든 우리 삶에 한계를 두는 죽음에 대해 의문점도 없고, "더 많은 것"에 대한 만족할 줄 모르는 갈망도 없네요. 제 생각에는 사실상 영원한 회귀라는 교수님의 교리는 우리 자신 너머로부터 주어진 선물인 용서와 새로운 삶의 실재에 대한 은밀한 대체품이지요. 초인은 이 모든 것을 자신에게 줄 수 있다고 이미 결정했습니다. 초인 자신을 초월하는 어떤 실재에 대한 고려도 없고, 만물을 새롭게 만드시는 신에 대한 신뢰도 없지요. 그것은 살얼음 위로 걸어다니는 아슬아슬한 인간주의지요. 대조적으로, 복음은 하나님의 인간성에 근거한 기독교적 인간주의를 제시합니다. 기독교 신앙은 창조자 하나님의 사랑에 관해, 구속자 예수 그리스도 안에서의 죄의 용서에 관해 말합니다. 예수 그리스도는 우리가 만들어놓은 지옥의 심연에서조차도 우리와 함께 우리를 위해 존재하시지요. 그리고 기독교 신앙은 살아 있는 그리스도의 영의 지속적인 활동, 즉 세계와 인간의 삶을 하나님과 이웃과의 연합 안에서 성취로 이끄시는 활동에 관해 말하지요. 그리스도인은 하나님의 모든 약속이 예수 그리스도 안에서 긍정이고 아멘이라는 점을 인정합니다. 대조적으로, 교수님의 초인은 오직 자신만을 신뢰함으로써 결국에는 신도 친구도 없이 사는 삶을 선택하지요. 그리스도인은 예수 그리스도 안에 계시

된 하나님의 인간성을 신뢰하고, 하나님의 인간-친화성을 신뢰하며, 영원 전부터 하나님의 목적이신 새로운 공동체, 즉 평화와 우정의 새로운 공동체를 신뢰하지요.

니체: 나는 자네와 자네 같은 신학자 무리가 파악하기에는 수백 년이 더 걸릴 수 있는 바를 분명하게 말할 수 있네. 신은 죽었네. 내가 관심을 두는 유일한 초월, 그리고 내가 인정하는 "더 많은 것"에 대한 만족할 줄 모르는 갈망은 "초인"의 자기 초월성이 지닌 "훨씬 더 많은 것"일세. 즉 자신을 계속 극복하는 것일세. 나는 지금 여기서의 우리 삶의 내재적인 실재에 완전히 집중할 것이고, 자네의 거짓된 초월과 계속 싸울 것이네. 자네가 믿는 큰 존재로서의 신과 그의 소위 천국이라는 것 말일세. 추측하건대, 이런 신에게는 몸 없는 천사들과 부활한 금욕주의자들이 많이 살고 있네. 천사들은 비물질적인 수금을 들고 있고, 부활한 금욕주의자들은 자신의 권력 의지와 성적 충동이 신에 대한 자신의 경건을 이기지 못하도록 했다는 점을 자축하고 있다네.

바르트: 기독교적 복음이 사람들로 하여금 자기 몸을 경멸하도록, 모든 문화를 혐오하도록, 자신과 이웃 간의 상호적인 필요를 망각하도록, 일반적으로 천국에 가는 것에만 관심을 가지도록 촉구한다는 비난은 교수님이 엄선한 또 다른 유언비어입니다. 그리스도인은 그리스도의 기쁜 소식을 모든 이와 함께 나누고 화해와 정의와 평화라는 하나님의 사역에 지금 여기서 참여하며 하나님의 성령에 의해 부름 받고 힘을 얻지요. 물론, 그리스도인이 성취하는 것은 온 창조세계를 에워싸고 다가오는 하나님의 통치의 표지와 예기 이상은 결코 아니지만요.

니체: 바르트 교수, 우리는 다시 원점으로 돌아왔네. 우리가 출발했던 지점으로 다시 돌아왔어. 나는 신이 죽었고 묻혀 있다고 생각하네. 자네가 다시 살리고자 시도하는 기독교의 신, 즉 흡혈귀 같은 신을 나는 경멸하네. 그런 신은 자유롭고 강하고 기쁘게 삶을 만들어가는 인간 장인들의 피를 빨아먹고, 약함과 가난이 우리 모두의 목표가 되도록 요

구하네. 자네가 말하는 영원히 은혜롭고 용서하시는 신은 이전의 기독교의 흡혈귀 같은 신보다는 조금 더 나은 것처럼 보이지만, 결국에는 이것 또한 환상이고 기독교 신의 이전 이미지를 얄팍하게 변장했을 뿐이라네. 나는 초인에 대한 내 비전을 선호한다네. 우리 사이의 틈은 여전히 크게 남아 있군.

바르트: 저는 기독교 복음이 하나님의 인간성에 근거한 참된 인간주의로 나아가는 유일한 길을 선언하고 있음을 주장했지요. 교수님이 경멸하는 죽은 신은 인간성을 결여하고 있어요. 놀라울 것 없이, 교수님의 초인도 참된 인간성을 결여하고 있지요. 예수 그리스도는 참 인간이십니다. 우리의 참되고 자유로운 인간성은 그를 신뢰하고 그 안에 사는 것, 그를 통해 우리에게 오는 하나님의 은혜로 사는 것 안에 있지요. 그는 하나님의 인간성이고 선택된 인간이며, 인간을 위한 하나님의 영원한 목적이 실현된 성취입니다. 세계 창조 때부터 그는 우리와 함께 존재하고 우리를 위해 존재하기로 작정하신 하나님의 결정이지요. 그러므로 바젤의 동료 교수님, 주 안에서 기뻐하세요. 다시 말씀드립니다. 기뻐하세요!

니체: 자네의 짧은 설교는 내가 감당하기에 너무 심하네. 우리는 여기서 그만두어야겠네. 내 영원한 회귀 교리가 미리 주의를 주는 것처럼, 내가 말할 수 있는 모든 것은 의심할 여지없이 자네의 복잡한 신학이 반복되리라는 점일세. 바르트 교수, 이는 비록 우리의 짧은 대화가 일시적으로는 중단되지만 결코 끝나지 않음을 의미하네. 자네의 추종자들과 내 추종자들이 계속해서 해후할 것이네. 짜라투스트라는 신의 죽음을 계속 선포할 것이고, 디오니소스는 십자가에 달린 신의 메시지에 맞서 계속 싸울 것이며, 그것이 지나가는 곳마다 남긴 삶에 대한 타락과 증오에 맞서 계속 싸울 것이네. 참으로 나는 "새로운 무신론"이 등장할 것이라고 예언하네. 그리고 그것은 타의 추종을 불허하는 지혜의 근원으로 나를 주목할 것이며, 또 다른 시대에 또 다른

땅에서 번성하기까지 하리라고 예언하네.

바르트: 거기에 대해서는 아마 교수님이 옳으실 겁니다. 참으로 저는 소위 포스트모던 세계에서 신의 죽음을 새롭게 선언할 자들이 있으리라고 추측하지요. 그들은 기독교 메시지가 모든 종교처럼 모든 것을 해롭게 한다고 잘못 말할 것입니다. 그들은 "아마도 신은 존재하지 않는다. 이제 걱정하기를 그만두고 여러분의 삶을 즐겨라"라고 선언하는 런던 버스들의 현수막을 사기까지 하겠지요. 그러나 친애하는 교수님, 그들은 모두 교수님의 짜라투스트라와 디오니소스의 지겨운 아류밖에 안 될 것입니다.

니체: 자네는 이전 속임수를 다시 쓰면서, 내게 돌려 말하는 칭찬을 하고 있네. 내가 그것을 진지하게 고려하지 않으며, 마찬가지로 자기 겸손과 자기희생의 구세주, 즉 약함과 가난과 힘없음과 수치를 선택하는 구세주의 복음도 진지하게 고려하지 않음을 자네에게 말할 필요조차 없겠지! 그것은 모두 아주…우스꽝스럽고…아주 비정상적이고…아주…타락한 것이라네.

바르트: 그러나 존경하는 교수님, 그것 모두의 기쁜 결론을 빠뜨리지는 마세요. 즉 "…비록 그는 부유했으나 우리를 위해 가난한 자가 되었다. 이는 그의 가난함으로 우리가 부유하게 되도록 하기 위함이다." 놀랍지요, 그렇지 않습니까?

가시적/비가시적 교회(visible/invisible church) 이런 구별은 두 가지 방식으로 사용된다. 첫 번째 방식에 의하면 "가시적" 교회는 바로 여기 지상에 있는 교회, 즉 "전투하는 교회"(church militant)를 가리키며, "비가시적" 교회는 이미 죽어 천국에서 하나님과 함께하는 모든 성도들, 즉 "승리한 교회"(church triumphant)를 가리킨다. 두 번째 방식은 개혁주의 신학 전통에서 눈에 띄게 나타난다. 두 번째 방식에 의하면 "가시적" 교회는 선택받은 자와 선택받지 못한 자가 함께 있는 경험적 교회를 가리키며, "비가시적" 교회는 하나님만이 아시며, 죽었든 살았든 선택받은 모든 자의 무리를 가리킨다. 이 방식에서 독특한 점은 교회는 스스로를 규정하지 못하며 오직 하나님에 의해서만 규정된다는 것이다. 하지만 두 번째 방식을 비판하는 자들에 따르면, 이 방식은 기껏해야 오해를 불러일으킬 뿐이고, 최악의 경우 순전히 이상적 교회를 선호하면서 현실의 교회를 폄하할 소지가 있다.

가톨릭(catholic) "보편적"(universal)을 의미한다. 니케아 신경에 따르면, 교회의 네 가지 표지 중 하나다.

가현설(Docetism) 예수 그리스도가 인간으로 왔을 때 오직 외형으로만 "나타났을"[appeared, 그리스어 도케오(*dokeo*)에서 유래한다] 뿐이며, 십자가의 고난과 죽음도 겉모습뿐이었다고 주장하는 견해로서 기독론상의 이단이다. 사실 이런 주장은 수난과 죽음과의 접촉으로부터 그리스도의 신성을 보호하려는 노력이었지만, 교회에서 거부되었다. 왜냐하면 이런 주장은 성육신의 실재와 그리스도의 구원 사역의 효력을 약화시켰기 때문이다.

개혁파/개혁교회(Reformed) 종교개혁의 하나의 신학적 흐름으로서 칼뱅의 활동에 근거한다. 이 교파의 특징적인 강조점은 하나님의 주권, 창조세계에 대한 하나님의 섭리적 통치, 인간 죄성의 깊이, 그리스도의 속죄 사역을 통한 구원, 성령의 조명에 의한 성경의 권위, 교회 정치에서의 성직자와 평신도의 대등성이다.

경륜적 삼위일체(economic Trinity)는 세계와 관계를 맺고 있으며, 구원 사역 또는 "경륜"(economy)에서 분명하게 드러난 성부와 성자와 성령의 삼위일체 하나님을 가리킨다. 예수 그리스도의 사역과 성령의 활동 안에서 드러난 하나님의 자기 계시와 자기 전달을 토대로 하는 경우에만(경륜적 삼위일체), 우리는 한 분 하나님의 영원한 존재 내에 있는 실제적 구별과 관계에 대해(내재적 삼위일체), 항상 완전하지는 못하다 할지라도 어느 정도의 확신을 가지고 말할 수 있다.

계몽주의(Enlightenment) 유럽과 미국 역사에서 17, 18세기는 이성의 시대로 종종 묘사된다. 이 기간에 현실을 인식하는 방식에서 심대한 변화가 일어났다. 이런 변화들 중에는 근대 과학의 발흥, 비판 철학의 등장, 인간 자율성에 대한 새로운 이해, 성경 해석에서의 역사-비평적 방법의 적용, 이성과 대립되어 보이는 전통적인, 특히 종교적인 사고방식에 대한 종합적인 비판 등이 있다.

계시(revelation) 그리스어 아포칼립시스(*apocalypsis*)의 번역어로, 하나님이 신적인 특성과 목적과 의지를 드러내거나 나타내심을 의미한다. 인격적으로 자기를 드러내는 사건으로서의 하나님의 계시는 그분 자신의 자유로운 행동이다. 따라서 하나님의 계시는 인간이 독립적으로 발견하는 통찰이나 진리와는 구별되어야 한다. 기독교 신앙과 신학에 있어 하나님의 결정적인 자기 계시는 성경에서 증언되는 예수 그리스도의 인격과 사역이다. 특별 계시와 일반 계시를 구별하자면, 특별 계시는 이스라엘과 맺은 언약의 역사와 예수 그리스도 안에서 최고로 드러난 하나님의 자기 계시를 가리키며, 일반 계시는 자연의 관찰과 인간의 보편적 양심의 명령을 통해 하나님에 대해 알 수 있는 내용 일반을 가리킨다.

공재설(consubstantiation) 이 해석에 따르면 성만찬에서 축성된 이후 그리스도의 몸과 피의 본체는 빵과 포도주의 본체를 대체하는 것이 아니라, 이것들과 함께 연합하여 공존한다. 공재설은 화체설(transubstantiation)의 대안으로서 중세 후기 몇몇 신학자에 의해 제기되었는데, 루터도 이 입장을 지지하고 있다. 루터는 그리스도의 몸과 피가 성만찬의 빵과 포도주 "안에, 함께, 아래에" 실제적으로 현존한다고 주장하면서, 시뻘겋게 단 쇠붙이 안에 불과 쇠가 공존하는 상태를 유비로 삼고 있다.

과정신학(process theology) 북미 신학의 유명한 학파로서 모든 실재의 "과정적인" 또는 역동적인 특성을 강조한다. 세계가 움직임이 없고 변화하지 않는 본체들로 구성되어 있다고 여기는 정적인 세계관과는 대조적으로, 과정신학은 실재가 "현재의 계기들"(actual occasions), 즉 과거 사건의 영향을 받는 동시에 미래의 사건에 영향을 미치는 일시적인 유일한 사건들로 구성된다는 세계관을 제시한다. 과정신학은 하나님을 "양극성"을 지니는 분으로 기술한다. 즉 하나님은 구체적인 현실화를 위한 모든 이상 또는 가능성들을 포함하는 "원초적 본성"(primordial nature)을 지니는 동시에, 세계 과정 속에서 현실화되는 모든 것을 수용하고 보존하며 조화시키는 "결과적 본성"(consequent nature)을 지닌다. 알프레드 노스 화이트헤드(Alfred North Whitehead)와 찰스 하트숀(Charles Hartshorne)은 미국 과정신학의 철학적 원천이 되는 두 주요한 학자이다.

교도권(*magisterium*) "가르치는 직무"를 의미하는 단어로서, 교회가 가르침의 권위를 갖고 건전하고 구속력 있는 교리를 선언할 수 있는 임명직을 가리킨다. 로마 가톨릭에서 이런 가르침의 권위는 주교와 교회 공의회, 그리고 궁극적으로는 교황에게 귀속된다. 개신교회에서는 "교도권"이라는 용어가 널리 사용되지는 않는다. 하지만 가르침의 권위를 가진 기능의 구조와 과정들이 지역적·국가적·국제적 차원에서 확립되어 있다.

교리(doctrine) 라틴어로 도케레(*docere*, "가르치다"의 의미)에서 파생된 "교리"라는 말은 때때로 일반적인 의미로 교회의 가르침을 의미한다. 더 구체적으로 교리는 창조론과 같이 기독교 신앙의 중요한 조항을 상세하게 설명하는 작업을 가리킨다. 개혁교회 전통에서 교리는 성경 증언에 토대를 두고 있으며, 성경 증언을 분명하고 정확한 방식으로 해석하고 요약하려는 시도이다. 교리적 정식(doctrinal formulation)은 교회의 설교와 가르침을 위한 필수불가결한 지침으로서 기능한다. 하지만 개혁교회 전통은 교리적 정식이 무오하다고 간주하지 않으며, 오히려 성경 증언의 빛에 비추어 재검토되어야 한다고 여긴다.

교의(dogma) "교령"(decree)을 의미하는 교의는 기독교 신앙의 올바른 이해와 고백을 위한 규범으로서 교회의 에큐메니칼 공의회가 공식적으로 인정해왔던 중심적 교리를 가리킨다. 그 중요한 예로는 하나님의 삼위일체적 본성의 교의나, 예수 그리스도라는 한 인격 안에 있는 신성과 인성의 연합의 교의 같은 것이 있다. 개신교 신학에서 교의적 정식과 같은 모든 교의는 잠정적이며, 원리적으로 개혁 가능하다. 교회는 결코 교의적 정식들이 무오하다거나 계시의 내용을 남김없이 다 표현하다고 주장해서는 안 된다. 따라서 어떤 신학자들은 참된 교의는 "종말론적"(eschatological) 개념이거나(바르트), 또는 "송영적"(doxological) 개념이라고 (판넨베르크) 했다. 로마 가톨릭 신학에서 교의는 하나님의 계시에 포함되어 있으며, 교회의 교도권에 의해 권위적으로 규정된 진리다.

교회는 항상 개혁되어야 한다(semper reformanda) "항상 개혁될 필요가 있다"라는 의미를 지닌 라틴어 구절이다. 본래 이 구절은 "개혁교회는 하나님의 말씀에 따라 항상 개혁되어야 한다"(ecclesia reformata semper reformanda secundum verbum Dei)라는 문구에서 유래한다. 이 구절은 개혁이란 교회의 삶에 있어 일회적 사건이 아니라 계속해서 필요한 것이라는 진리를 표현한다. 더 나은 이해와 더 신실한 실천을 위한 탐구는 하나님의 말씀에 비추어 교회의 삶을 지속적으로 관찰하며 자기비판할 것을 요구한다.

교회 밖에는 구원이 없다(extra ecclesiam nulla sallus) "교회 밖에는 구원이 없다"라고 번역되는 라틴어 구절이다. 논쟁의 여지가 있는 이 주장은 몇몇 교부신학자들, 특히 키프리아누스에게서 시작되었다. 제2차 바티칸 공의회 이후로 중대한 변화를 겨긴 했지만, 그럼에도 이 주장은 여전히 로마 가톨릭의 공식적인 가르침으로 남아 있다. 개신교든 로마 가톨릭이든 몇몇 현대 신학자들은 대안으로 다음과 같은 변형된 진술을 제시한 바 있다. "그리스도 밖에는 구원이 없다" 또는 "그리스도 안에서 온전하게 알려진 교제, 즉 하나님과의 교제와 이웃과의 교제 없이는 구원이 없다."

교회의 표지들(marks of the church) 니케아 신조에 따르면 교회를 구별해주는 표지는 "통일성, 거룩성, 보편성, 사도성"이다. 16세기 종교개혁자들은 니케아 신조의 표지들을 부인하지 않으면서 참된 기독교 교회는 하나님의 말씀을 순수하게 설교하고 들으며 세례와 성만찬의 성례를 올바르게 거행할 때 존재한다고 주장했다. 개혁 전통에 있는 몇몇 신앙고백에서는 치리(discipline)가 하나님의 말씀의 신실한 선포와 성례의 올바른 준수와 함께 교회의 세 번째 표지로서 포함되어 있다.

구원(salvation) "구원"으로 번역되는 그리스어 소테리아(*soteria*)는 도덕적 위험으로부터의 구조, 죄와 사망으로부터의 해방, 하나님과의 교제 안에서 성취된 생명의 선물을 의미한다. 성경 증언에 따르면 구원은 하나님의 권능의 행동으로부터 오며, 무엇보다도 구원자 예수 그리스도의 활동으로부터 온다. 그리스도의 삼중직의 교리와 속죄에 대한 수많은 이론은, 그리스도가 인간의 구원을 성취하는 방식을 표현하려는 다양한 시도들이다. 신약이 구원을 과거와 현재와 미래 시제로 동시에 표현한다는 사실에는 많은 의미가 함축되어 있다. 즉 우리는 "구원을 받았다"(엡 2:8), 우리는 "구원받은 상태에 있다"(고전 15:2), 우리는 "구원을 받을 것이다"(롬 5:10)라는 세 가지 표현이 공존하는 것이다. 폴 틸리히는 "구원이 필요한 부정성이 수없이 존재하기 때문에, 구원은 다중적 의미를 가진다"라고 적절하게 기술했다. 기독교 역사 초기의 몇백 년 동안 교회는 사망과 오류로부터의 구원을 추구했으며, 구원은 하나님과 불멸에 대한 지식을 전해주는 선물로서 이해되었다. 고전적 개신교에서 구원은 죄의 용서와 율법의 정죄로부터의 구원을 의미했다. 경건주의와 부흥 운동에서 말하는 구원은 구체적인 죄의 정복과 도덕적 완전성으로의 진보를 의미한다. 틸리히에 따르면 근대에 있어 가장 궁극적 위협은 무의미성이며, 따라서 구원은 삶의 의미와 목적과 온전함을 주는 선물이 된다.

구원론(soteriology) 예수 그리스도의 구원 사역(화해와 해방과 갱신)에 대한 교리인 동시에, 신자들이 성령의 권능으로 그리스도 안에서의 새로운 삶에 참여하는 것에 대한 교리다. 그러므로 구원론은 "우리를 위한" 그리스도의 사역과 "우리 안에서의" 성령의 변혁적 사역을 동시에 다룬다.

그리스도의 삼중직(threefold office of Christ) 이 교리는 그리스도의 구원 사역을 예언자(하나님의 말씀을 선포하는 자), 제사장(하나님께 구속의 희생 제사를 드리는 자), 왕(하나님의 영광을 위해 하나님의 이름으로 다스리는 자)이라는 세 가지 신적으로 임명된 소명들이나 직임들의 성취로 설명한다. 이런 방식으로 그리스도의 사역을 표현하는 것은 포괄성의 장점이 있을 뿐만 아니라, 하나님이 예언자와 제사장과 왕의 직임을 세우셨다고 말하는 구약과의 밀접한 관련성을 확보하는 장점이 있다. 칼뱅은 그리스도의 삼중직(*munus triplex*)의 교리를 광범위하게 발전시킨 첫 번째 신학자 중 한 명이었다.

근대적/탈근대적(모던/포스트모던, modern/postmodern) 현대 신학과 철학에서 사용되는 "근대성"의 개념은 계몽주의 이후로 서구 사회에서 지배적이었던 세계관을 가리킨다. 종교적 전통을 일반적으로 비판하던 근대성의 정신은 자율적인 인간 이성, 뉴턴 과학이 기술하는 폐쇄 체계의 우주, 교육과 과학과 기술을 통한 인류 진보에 대한 낙관적 희망을 강조한다. 이와 뚜렷하게 구별되는 "탈근대"의 태도는 모든 진리 주장의 상대성, 인간의 모든 상호 작용 속에 스며 있는 권력 지향성, 모든 종교적·세속적 "거대 담론(서사)"의 종언을 강조한다. 거대 담론의 예에는 진보에 대한 자유주의적 이론, 혁명을 통해 계급 없는 사회를 성취하려는 마르크스주의가 포함된다. 어떤 신학자들은, 탈근대성 시대의 출현은 완전한 상대주의의 초래를 의미하며 기독교 신앙에 대한 치명적인 위협이 된다고 주장하여 이를 반대한다. 다른 편의 신학자들은 이런 사상적 변화가 폐쇄 체계의 우주론이 지닌 근대적 선입견, 자율적 이성의 지고성, 절대적 자아 개념이 대체되는 상황 속에서 기독교 신앙의 주장을 제시할 수 있는 새로운 기회가 된다고 이해한다.

근본주의(fundamentalism) 기독교이든 비기독교이든, 다양한 형태의 극보수적·반근대적 운동들을 폭넓게 가리키기 위해 사용되는 용어. 더 정확히 이 용어는 20세기 초 미국에서 시작된 반근대적·반자유주의적 신학 운동을 지칭한다. 성경 무오성, 그리스도의 동정녀 탄생, 그리스도의 형벌-대속적 속죄와 같은 "근본적" 교리들을 정통 기독교 신앙과 신학의 교리적 시금석으로 강조했다.

긍정 신학(cataphatic theology) "긍정"을 의미하는 그리스어 *kataphasis*로부터 유래한다. 하나님에 관해 언급할 때 오직 부정으로만 말하는 신학과 구별된다("부정 신학"을 참조하라). 긍정 신학은 오직 유비에 의한 것일지라도 하나님에 관해 긍정을 말하고자 시도한다.

기도(prayer) 하나님의 이름을 부르며 그분께 일용할 필요들을 간구하는 행동으로 기독교 신앙과 삶에 있어 근본적인 행위다. 하나님과의 교제의 삶을 위한 생명줄로서의 기도는 찬양, 감사, 죄의 고백, 애통, 간구, 중보를 포함하여 다양한 형태를 취한다. 기독교적 기도의 모형은 예수가 제자들에게 가르쳤던 주기도문이다. 칼뱅은 기도를 "신앙의 으뜸가는 행위"라고 명명했다. 바르트는 그리스도인의 삶을 기술하면서 기도를 그 중심으로 삼았으며, 모든 진지한 신학을 위한 필수적 전제로 간주했다.

남미 해방신학(Latin American liberation theology) 남미 사람들의 경제적 궁핍과 정치적 억압의 상황에 근거한 신학. 이 신학은 가난한 자들에 대한 하나님의 우선적인 사랑, 통전적 해방으로서의 구원, 단순한 이론으로서가 아니라 해방의 실천의 요소로서의 신학을 특별히 강조한다. 남미 해방신학의 구체적인 상황은 "기독교 기초 공동체"(base Christian communities), 즉 예배와 성경 공부와 사회 행동 전략 계획을 위해 모인 평신도 그리스도인들의 지역 모임이다. 구스타보 구티에레즈는 남미 해방신학의 아버지로 널리 인정받고 있다.

내재성(immanence) "안에 머물다" 또는 "안에 거주하다"라는 의미를 지닌 라틴어 임마네레(*immanere*)에서 유래한다. 하나님의 내재성은 하나님이 모든 피조된 존재들에게 가까이 계시며 그들 안에 거하심을 의미한다(시 139편). 종종 하나님의 내재성은 그분의 초월성과는 대립된 개념으로 이해되지만, 올바르게 이해된다면 이 개념은 하나님이 모든 피조물과 친밀하고 근접한 관계를 맺으시되 만물의 자유로운 주권적 주님이심을 중단하지 않으심을 의미한다. 다양한 신비주의 전통들은 하나님의 타자성을 전적인 초월성으로, 즉 피조물과의 전적인 대립과 분리로서 이해하는 견해들에 맞서 하나님의 내재성을 강조하는 특징을 보인다.

내재적 삼위일체(immanent Trinity) 삼위일체 하나님의 내적인 삶과 관계를 가리킨다. 여기서 성부는 성자를 영원히 출생시키며, 성부와 성자는 성령을 영원히 출원시킨다. "내재적 삼위일체"(immanent Trinity)와 "경륜적 삼위일체"(economic Trinity)는 두 개의 서로 다른 삼위일체가 아니라, 다른 관점에서 바라본 동일한 삼위일체다. "내재적 삼위일체"는 하나님과 세계 사이의 관계의 자유롭고 영원한 기초이며, 그러므로 "우리에 앞서 있는 우리를 위한 하나님"으로 여겨지는 삼위일체 하나님이다(바르트). "경륜적 삼위일체"는 세계와의 관계 안에서 드러나는, 특히 성부와 성자와 성령으로 계시는 하나님의 사랑이 알려지는 구원 사역 안에서 드러나는 삼위일체 하나님이다.

네스토리우스주의(Nestorianism) 그리스도의 인간적 본성과 신적 본성을 분리하고, 그 결과 그리스도의 위격의 일치성을 의문시했다고 비난받은 기독론 이단. 이 용어는 5세기 인물인 네스토리우스(Nestorius)와 연결되는데, 그는 수도승이었다가 나중에 총대주교가 되었다. 그의 주된 관심은 그리스도의 신적 본성의 불변성과 무감정성을 지키는 것이었다. 네스토리우스의 가르침을 알렉산드리아의 키릴루스가 강경하게 반대했다.

니케아 신조(Nicene Creed) 기원후 325년 교회의 제1차 에큐메니칼 공의회에서 채택된 니케아 신조는 삼위일체적 하나님 이해의 발전 과정에 있어 충분히 뚜렷한 이정표를 세운 바 있다. 이 신조는 아리우스에 반대하여 하나님의 아들 예수 그리스도의 온전한 신성을 확증했다. 아리우스는, 하나님의 로고스인 성자는 성부와 동등하지 않고 오직 피조물들 중에서 가장 지고한 존재일 뿐이며, 따라서 성자가 존재하지 않았던 시기도 있었다고 주장했다. 이에 반대하여 니케아 신조는 하나님의 아들 예수 그리스도가 성부 하나님과 "동일본질"(*homoousios*)임을 고백하는 동시에, 성자는 피조된 존재가 아니라 성부로부터 "영원히 출생한" 자임을 고백한다. 오늘날 니케아 신조(Nicene Creed)로 흔히 알려진 문서는 실제적으로는 니케아-콘스탄티노플 신조(Nicene-Constantinopolitan Creed)이다. 기원후 381년 콘스탄티노플에서 개최된 제2차 에큐메니칼 공의회에서 니케아 신조를 조금 확대하여 성령의 온전한 신성을 명시적으로 인정하는 문구를 새로 포함시킨 신조를 채택했던 것이다. 여기서 성령은 성부와 성자와 함께 "예배와 영광"을 받는 "주님"이며 "생명의 수여자"로 일컬어진다.

다섯 가지 길(five ways) 『신학 대전』에 나오는 아퀴나스의 유명한 신 존재 "증명들"을 가리킨다. 다섯 가지 길은 운동으로부터 부동의 원동자에게, 인과성으로부터 첫 번째 원인으로, 우연적 존재로부터 필연적 존재로, 경험된 가치로부터 완전한 선으로, 설계로부터 설계자에게로 나아가면서 신 존재를 논증한다.

다원주의(pluralism) 현대 사회에서 문화, 종교, 언어, 인종, 민족, 세계관, 종교의 상당한 다양성을 폭넓게 가리키기 위해 사용되는 용어. 종교신학에서 다원주의는 모든 종교가 구원에 이르는 길임을 주장하는 견해를 가리킨다. 이런 주장은 배타주의(구원이 오직 그리스도에 대한 신앙 안에 있다)와 포용주의(그리스도 안에서 성취된 구원은 어떤 방식으로 모든 이에게 이용 가능하다)와는 대조된다.

대체론(supersessionism) 교회가 하나님의 선택된 백성인 이스라엘을 "대체"하거나 또는 대신한다는 주장. 대체주의는 기독교 전통에 깊이 스며 있는 견해로, 아주 다양한 형태를 취할 수 있다. 대체주의의 한 가지 형태로는, 이스라엘은 교회의 도래를 준비했지만 교회가 확립된 이후로는 기독교 신앙에 있어 오로지 역사적인 관심사로만 남는다는 주장이 있다. 좀더 격렬한 형태의 대체주의에 따르면 하나님은 이스라엘을 거부하고 처벌하셨으며, 이 민족을 대신하여 교회를 그분의 선택된 백성으로 세우셨다. 오늘날 대부분의 기독교 신학자는 대체주의를 거부할 뿐 아니라, 이 경향이 서구 사회에서 반(反)유대주의라는 부끄러운 역사를 조장했음을 인정한다. 대체주의를 비판하는 자들은 그 주장의 근거로 로마서 9-11장을 자주 인용하는데, 여기서 바울은 이스라엘이 하나님의 선택된 백성으로 남는다는 사실을 논증하는 한편, 교회는 이 하나님의 선택된 백성의 뿌리에 "접붙임"된다고 기술한다.

동일본질(*homoousios*) 기원후 325년의 니케아 신조에서 사용된 핵심적인 그리스어 용어로서, 하나님의 아들이신 예수 그리스도가 성부와 "동일한 본질"임을, 그러므로 예수 그리스도가 진정으로 참 신성을 지니고 있음을 확증한다. 이 단어는 아리우스주의자들의 가르침, 즉 로고스-성자는 비록 신적이기는 하지만 "피조물"이며 그러므로 성부 하나님과 동등하지 않다고 주장하는 가르침과 대립된다.

동행(concurrence) 섭리론에 따르면, 하나님은 창조세계를 보존하고 통치하실 뿐만 아니라 피조물들과 동행하신다. 하나님은 신적 목적을 이루시기 위해 피조물들의 자유로운 행동 안에서 그리고 그것들과 함께 동시적으로 행동하신다.

로고스(*logos*) "말씀"뿐만 아니라 "이성"과 "담론"까지 의미하는 그리스어. 로고스 개념은 스토아주의 같은 고대 그리스 철학에서 중요한 역할을 담당했다. 로고스는 자연 질서의 합리성을 가리키며, 개별적 인간의 이성은 이 자연 질서의 합리성에 참여한다고 보았다. 구약에서 예언자들은 "하나님의 말씀", 즉 하나님의 심판과 목적과 교훈을 이스라엘 백성에게 선포한다. 지혜 문학은 하나님의 영원한 "지혜"를 찬양하며 때때로 그것을 인격화했다(잠 8장). 요한복음의 서론(요 1:1-18)은 이런 전통의 일부 혹은 전체에 근거하여 예수를 육신이 된 하나님의 영원한 말씀으로 파악했는데, 이는 초기교회의 로고스 기독론의 기초를 형성했다. 로고스 기독론에 따르면, 예수는 하나님의 로고스(말씀과 지혜)의 완전한 표현이다. 로고스 기독론은 로고스 개념에서 비기독교 철학 전통들과의 "접촉점"을 발견했으며, 삼위일체 교리의 발전에서도 중요한 역할을 담당했다.

로고스 아사르코스/로고스 엔사르코스(*logos asarkos/logos ensarkos*) 전자는 "육체와는 별도로 존재하는 하나님 말씀"으로, 후자는 "육체 안에 있는 또는 성육신한 하나님 말씀"으로 번역된다. 기독론과 삼위일체 교리 안에서 생겨난 이런 구별은 근대 신학자들 사이의 논쟁점이다. 어떤 이들은 전자가 예수 그리스도 안에서의 계시와는 별도로 하나님에 관해 생각하고 말하는 방식을 요청하기 때문에 전자의 개념을 폐기해야 한다고 주장한다. 반면에 다른 이들은 이런 구별이 없다면 세계와의 관계에서 삼위일체 하나님이 갖는 자유가 상실된다고 주장한다.

마니교(Manicheanism) 초기 기독교의 몇 세기 동안 존재했던 종교로, 영지주의처럼 선한 신과 악한 신을 가정하고 둘 사이의 투쟁을 주장한다. 3세기에 마니가 페르시아 지역에서 세운 이 종교는 젊은 아우구스티누스에게 강한 영향을 끼쳤다.

마음을 드높여(sursum corda) "여러분의 마음을 드높이십시요"라는 초청은 성만찬 예전에서 감사의 대기도에 선행하는 도입부 대화에 있다. 칼뱅은 성만찬의 요소들 안에 "갇히지 아니하고" 성령의 권능에 의해 떡과 포도주에 참으로 현존하는 그리스도, 즉 살아 계시며 승천하신 그리스도에게 성찬 참여자들이 주의를 기울이도록 요청하는 것이라고 해석했다.

만유재신론(panentheism) 문자적으로 "모든 것은 하나님 안에 있다"라는 가르침을 가리킨다. 만유재신론은 하나님과 세계를 동일시하는 범신론과도, 하나님을 무로부터 세계를 만드신 창조주로 표현하는 전통적인 기독교 유신론과도 다르다. 만유재신론에 따르면, 하나님과 세계는 서로 구별되지만, 그럼에도 불구하고 이 둘은 단 하나의 존재론적 전체의 부분들이다. 하나님께는 세계가 필수적이다. 비록 현재의 세계가 아니더라도, 어떤 하나의 세계가 반드시 존재해야 하는 것이다. 이 세계가 없다면 하나님은 오직 추상적 가능성일 뿐이다. 만유재신론에 따르면, 하나님은 세계 안에서 발생하는 모든 것에 의해 영향을 받을 뿐만 아니라, 바로 세계 자체를 통해서 구체성을 얻으며 충만한 자기실현을 달성한다.

만유 회복(apokatastasis) "만물의 회복"(행 3:21)을 의미하는 그리스어. 특별히 오리게네스를 비롯한 몇몇 교부 신학자들은 이 개념이 모든 피조물의 최종적 구원을 가리킨다고 해석했다. 보편 구원이 신앙적으로 확실하다고 여기는 견해, 즉 보편 구원론(universalism)은 교회의 가르침에 의해 거부되어왔다. 그렇지만 칼 바르트와 한스 우르스 폰 발타자르와 같은 20세기의 많은 신학자들은, 비록 하나님의 구원의 목적이 보편 구원의 방식으로 완성될 것에 대해서는 어떤 필연성이나 보장이 없다 하더라도, 우리가 그리스도인으로서 보편 구원을 위해 기도하고 소망하는 것은 금지되어 있지 않다고 주장한다.

무감동성(impassibility) 고전 신학에서 하나님의 속성 중 하나인 무감동성은, 하나님이

"고통을 받지 않음"을 의미한다. 고대 그리스 형이상학의 공리에 따르면 고통을 받는다는 것은 변화한다는 의미이며, 변화는 더 나은 방향으로든 더 나쁜 방향으로든 바뀜을 의미하기 때문에 어떤 경우든지 하나님의 완전성과는 맞지 않는 개념이다. 그러므로 하나님의 존재는 세상의 사건에 의해 무변동적이며 무감동적이라고 이해되어야 한다. 그러나 하나님의 무감동성의 교리는 성경의 증언과는 상반된다. 따라서 현대의 다수의 신학자들은 이 교리를 철저하게 비판했다(예를 들어 본회퍼의 "고통을 당하신 하나님" 신학과 몰트만의 "십자가에 달리신 하나님" 신학이 있다).

무로부터의 창조(*creatio ex nihilo*) 라틴어로 "무로부터의 창조"를 의미한다. 존재하는 모든 것이 하나님의 주권적이고 자유로운 사랑의 결과임을 확증하는 이 교리는, 비록 성경의 증언이 명시적으로 가르치는 바는 아니지만, 그 증언과 일치한다(참조. 롬 4:17). 세계는 하나님의 존재의 일부가 아니며, 어떤 것도(예를 들어, 영원한 무정형의 물질) 하나님과 함께 영원히 공존하지 않는다. "무로부터의 창조"는 하나님과 세계의 관계에 대한 이해에 있어 모든 형태의 이원론과 범신론과 대립된다.

무오성(infallibility) "오류의 가능성이 없음"을 나타내는 속성으로서, 어떤 개신교회들은 이 개념을 성경에 적용하며 로마 가톨릭은 교황에게 적용한다. "무오류"라는 말은 서로 다른 방식으로 사용된다. 즉 어떤 이에게 성경의 무오성은 성경 안에서 발견되는 역사적 자료, 과학적 가정과 진술들, 신학적·도덕적 교훈을 포함해 성경의 가르침의 모든 측면에 적용된다. 다른 이에게 성경의 무오성은, 성경이 교회 안에서 "신앙과 삶의 무오류한 법칙"으로 기능함을 가리킨다. 또 다른 입장의 사람들은 "무오성"(infallibility)이나 "무오류성"(inerrancy)이라는 단어 자체가 문제적이라고 보기 때문에 이 단어들을 사용하지 않으면서 하나님의 성격과 행동과 뜻에 대한 성경의 독특하고 권위 있는 증언을 표현하기를 선호한다. 1870년에 선포된 "교황의 무오성" 교리에 따르면, 교황은 교회의 머리로서 "교황의 권좌에서"(*ex cathedra*) 신앙과 도덕의 문제에 대해 가톨릭 교리를 엄숙하게 규정할 때 모든 오류로부터 보호된다고 한다.

묵시(Apocalyptic) 구약(예를 들어 이사야 27장, 다니엘서)이나 중간기 문헌(예를 들어

제1, 2에스라서), 신약(예를 들어 마가복음 13장, 요한계시록)에서 발견할 수 있는 문학 장르를 가리킨다. 이런 저술들은 악을 멸망시키고 창조세계의 목적을 궁극적으로 성취하는 하나님의 숨겨진 계획을 드러내는 "계시"(apokalypsis)를 언급한다. 환상과 상징으로 가득한 묵시서는 극심한 억압과 박해의 상황 속에서 등장했다. 신약학자인 에른스트 케제만은 묵시를 "기독교 신학의 어머니"라고 일컫는다.

뮤헤리스타신학(mujerista theology) 미국에서 활동하는 히스패닉계 여성들의 신학 활동을 가리킨다. 이 신학 활동의 목적은 라틴계 미국 여성들이 자신들의 삶을 통제하는 억압적인 세력의 본질을 이해하고 스스로의 존엄성과 도덕적 주체성을 개발하도록, 또한 공동체와 일상적인 삶 안에서 하나님의 현존을 인정하도록 돕는 것이다.

방언(glossolalia) 사도 바울이 고린도전서 12-14장에서 논의하는 "방언 말하기" 현상을 가리킨다.

배타주의/포용주의/다원주의(exclusivism/inclusivism/pluralism) 이 용어들은 기독교 신앙과 타 종교의 관계에서 제기되는 질문들에 대해 가장 공통적인 응답의 유형들을 가리킨다. "배타주의"는 기독교 신앙만이 참된 종교이며 예수 그리스도를 주님과 구세주로 명시적으로 고백하는 자들만이 구원받을 것이라고 주장한다. "포용주의"는 예수 그리스도 안에서 명확하게 현존하고 결정적으로 알려진 하나님의 은혜가, 삶 속에서 드러나는 신적인 현존과 뜻에 반응하는 모든 사람들 가운데에서도 역사함을 가르친다. "다원주의"는 모든 종교들이 하나님에 관한 지식을 매개한다고 주장하며, 비록 각 종교의 상징과 실천이 서로 다르다고 하더라도 구원에 이르는 길들은 모두 동등하게 타당하다고 주장한다.

범신론(pantheism) 문자적으로 "모든 것이 신이다"라는 가르침이다. 범신론에 따르면 모든 존재는 표면적으로 보여지는 것과는 달리 신과 하나다. 그러므로 범신론은, 기존에 존재하던 무로부터의 창조 교리가 함축하는 창조주와 피조물 사이의 존재론적 차이를 부인하며, 거룩한 하나님과 죄인들 사이의 도덕적 차이점을 간과한다. 따라서 범신론은 성경의 증언과 고전적 기독교 신앙이 믿는 하나님의 철저한 타자성을 거부한다.

변증법적 신학(dialectical theology) 일반적으로 대립되는 것처럼 보이는 진리들을 긴장 속에서 함께 주장하고자 하는 사고 유형을 가리킨다. 예를 들어 하나님은 감추어진 분인 동시에 계시된 분이라는 주장, 하나님은 초월적인 동시에 내재적이라는 주장, 하나님 나라는 이미 침노했으나 아직 완성된 것은 아니라는 주장, 우리는 죄인인 동시에 그리스도 안에서 죄 용서를 받은 새로운 피조물이라는 주장 등이 있다. 특히 1920년대 칼 바르트의 주도 하에 있었던 신학 운동을 "변증법적 신학"이라고 일컫는다.

복음(gospel) 예수 그리스도 안에서 아무런 공로 없이 하나님이 값없이 주시는 은혜를 통해 누리는 구원의 "좋은 소식"을 가리킨다. 루터는 하나님과의 올바른 관계의 기초로서 율법과 복음을 예리하게 대립시켰다. 비록 율법은 하나님의 좋은 선물이지만, 율법의 의도는 죄인들을 그리스도에게로 인도하는 것이지, 하나님 앞에서 인간의 의를 확립하는 길이 되는 것은 아니다. 루터에 따르면, 복음과 율법을 구별하는 것은 "모든 기독교 교리의 총화"를 포함하며, 이 둘을 올바르게 구별할 수 있는 자는 "올바른 좋은 신학자"이다.

부동성(immutability) 문자적으로 "변화하지 않음"의 능력 또는 "변화가 없음"의 능력을 의미한다. 전통적인 신론에 따르면 부동성은 신성의 가장 독특한 속성들 중 하나다. 변화와 부패를 겪는 모든 피조물과는 달리, 하나님은 완전하기에 영원히 동일하며 그러므로 변화가 없는 분이다. 현대 신학은 이런 교리가 성경보다는 고대 그리스 철학에 더 많이 기대고 있다고 비판했다. 성경의 증언이 하나님을 묘사하는 방식의 특징은 무변화성이라는 추상적 개념이 아니라 하나님 자신의 본성에 대해, 그리고 세상과 맺는 하나님의 언약에 대해 그분이 지니시는 항상성과 신실성이다.

부정 신학(apophatic theology) "부정"을 의미하는 그리스어 아포파시스(*apophasis*)로부터 유래한다. 부정 신학에 따르면 유한한 이성의 범주들은 하나님을 온전히 파악할 수 없기에 부정성의 형식으로만 하나님에 대해 말할 수 있다. 예를 들어 하나님은 유한하지 않다(무한하다). 하나님은 필멸이 아니다(불멸이다). 하나님은 변화하지 않는다(부동성이다). 부정 신학의 이런 부정의 방식은, 하나님을 아는 데 있어 신비적인 경험이 참된 길이라는 함축을 가진다. 위(僞) 디오니시우스(Pseudo-Dionysius)는 부정 신학자 중에서도 가장 유명하며, 그의 영향력은 특히 동방 정교회에서 심대했다.

부정의 방식, 탁월성의 방식, 인과성의 방식(*via negativa, via eminentiae, via causalitatis*) 하나님에 대해 언표하는 세 가지 "방식"을 가리키는 라틴어다. "부정의 방식"은 부정하는 방식으로 하나님을 표현한다. 예를 들어 하나님은 한계가 없고(무한), 하나님께는 죽음이 없다(불멸)["부정 신학"(apophatic theology) 항목을 참조하라]. "탁월성의 방식"은 하나님을 피조물들이 소유한 선과 가치의 온전한 실현으로서 표현한다. 예를 들어 하나님은 전능하고 전지하시다. "인과성의 방식"은 하나님을 존재하는 모든 것의 근원 또는 기원으로 표현한다.

부활(resurrection) 그리스도인은 십자가에서 달려 죽으신 그리스도의 부활에 대한 신약의 증언에 기초하여 "죽은 자들의 부활"(니케아 신조)과 "몸의 부활"(사도신경)에 대한 믿음을 확증한다. 몸의 부활에 대한 믿음과 소망은 영혼 불멸의 개념과 대립된다. 영혼 불멸은 인간 피조물의 어떤 측면, 즉 영적 부분이 내적으로 본질적임을 주장한다. 반면에 부활 신앙은 죽음이 총체적임을 전제하며, 죽음 이후의 삶에 대한 소망은 무로부터 창조를 행하셨고 십자가에 달려 죽은 예수를 죽은 자 가운데서 일으키신 하나님의 전적인 선물에 의존함을 전제한다. 더욱이 부활 신앙은 하나님이 보시기에 세계의 구체적 존재와, 더 나아가 우주 전체의 물질에도 가치가 있음을 확증한다.

비신화화(demythologization) 신약성경 해석의 하나의 접근법으로 주로 불트만과 연결된다. 오늘날 사람들을 위한 실존적 의미를 발견해냄으로써 성경적 메시지의 "신화적" 측면을 대체하고자 한다.

사도신경(Apostles' Creed) 서방 교회에서 가장 널리 사용되는 신경. 전통적으로는 사도들에 의해 쓰여졌다고 전해진다. 그러나 현재 형태는 실제로 4세기보다 더 오래되지 않았다.

사도적 계승(apostolic succession) 다수의 개신교회가 이해하는 바에 따르면, 사도적 계승은 사도들의 증언에 기원과 규범을 둔 복음의 메시지를 교회가 신실하게 전달하는 것을 가리킨다. 감독제를 시행하는 교회에 있어 사도적 계승은, 사도들과의 역사적인 연속성을 가진 감독들이 정당한 절차를 통해 교회 직무에 임명되는 것을 의미한다.

사랑(love) 사랑은 다른 이의 선을 추구하고 주장하는 행동이다. 성경에서 규정하는 하나님의 본질적인 본성은 이스라엘을 향한 하나님의 꾸준한 사랑[헤세드(*hesed*)]과 그분이 세상을 위해 예수 그리스도 안에서 보여주신 자기 내어줌의 사랑[아가페(*agape*)]이다. 하나님의 사랑은 내적인 필요 또는 외적인 필연성에 의해 시작되는 행동이 아니라, 값없이 무조건적으로 주시는 선물이다. 예수는 율법을 하나님 사랑과 이웃 사랑이라는 이중적인 계명으로 요약했고, 원수 사랑을 진정한 사랑을 분별하는 시금석으로 삼았다. 고린도전서 13장에서의 바울의 예를 따라서, 고전 신학은 믿음과 소망과 사랑의 세 "신학적 덕목" 중에서도 사랑이 가장 크다고 간주한다.

사역(ministry) 라틴어로 미니스테리움(*ministerium*)이며 그리스어로는 디아코니아(*diakonia*)다. 이 단어들은 교회에서 그리고 교회를 통해 세상에서 하나님을 "섬기는 것"을 뜻한다. 기독교 사역의 토대와 모형은 예수 그리스도의 사역에 있다. 성육신한 하나님의 말씀인 예수 그리스도는 섬김을 받기 위해서가 아니라, 도리어 많은 사람을 섬기며 그들을 위해 자신의 생명을 대속물로 주기 위해 오셨다(막 10:45). 세례를 받은 모든 그리스도인은 복음을 선포하고 곤궁에 처한 모든 이에게 긍휼을 베풀며 그리스도의 사역에 동참하도록 부름을 받는다. 사역을 위한 구체적인 은사들은 교회를 세우고 세상을 섬기도록 교회를 구비하기 위해 성령에 의해 모든 이들에게 주어진다(고전 12-14장). 신약 시대 이후, 교회의 지도력을 맡는 특별한 사역은 여러 가지 다양한 형태(예를 들어 감독, 장로, 집사)를 취했으며, 이런 사역은 안수의 예식을 통해 인정되었다. 대부분의 개신교회에서 안수받은 사역의 주된 형태는 지역 교회에서 말씀과 성례로 목회하는 것이다.

사회적 유비(social analogy) 삼위일체의 신비를 표현하는 두 가지 주요한 유비들 중 하나인데, 다른 하나의 유비는 심리적 유비(psychological analogy)이다. (어떤 해석에 따르면) 카파도키아 교부들, 성 빅토르의 리샤드(Richard of St. Victor), 현대 신학자인 위르겐 몰트만과 레오나르도 보프는 이 사회적 유비를 사용했다. 이들에 따르면, 삼위일체는 관계성 안에 있는 인격적인 삶 속에 반영되어 있다. 사회적 유비의 장점은 삼위일체의 삶 안에서의 인격적 관계성과, 구별성 속에서의 연합성을 강조함에 있다. 반면 이 유비를 더 밀고 나가면 삼신론과 유사해지는 단점 또한 가진다.

사효론(*ex opere operato*) "집행된 사역으로부터"라는 의미를 지닌 라틴어 구절이다. 로마 가톨릭의 성례 신학에서 성례의 효력은 성례를 받는 자의 신앙이나 집행하는 사제의 거룩성에 의존하지 않고, 참되게 안수받은 사제가 집행한다는 조건 하에 성례적 행동 그 자체에 의해 객관적으로 발생한다. 개신교 성례 신학에서 성례의 효력은 성령의 사역을 가리키며 성례를 받는 자의 신앙의 중요성이 강조된다.

삼신론(tritheism) 세 신들을 인정하는 입장. 삼위일체 신앙에 반대하는 자들은 삼위일체가 삼신론으로 치우친다는 점을 비판한다. 그러나 삼신론은 정통 삼위일체 교리가 가르치는 바가 아니다. 사회적 유비를 강조하는 동시에, 삼위일체를 세 위격들의 "공동체" 또는 "사회"로 표현하는 삼위일체 신학자들은 삼신론의 이단에 빠질 위험성이 있다는 비판을 받곤 한다.

삼위일체(Trinity) 독특하게 기독교적인 이해로서 삼위일체론은 하나님이 성부와 성자와 성령의 세 영원한 위격으로 구별됨을 주장한다. 이 세 위격은 낳으신 자(Begetter)와 낳음을 받는 자(Begotten)와 내쉼을 받는 자(Breathed Forth)로, 또는 사랑하는 자(Lover)와 사랑을 받는 자(Beloved)와 사랑(Love) 자체로서 표현되며, 서로 관계를 맺고 있는 사랑의 형언할 수 없는 신비라고 간주된다. 이 세 동등한 위격은 상호적으로 자신을 내어주는 사랑의 영원한 운동 안에서 너무나 친밀하게 연합되어 있으므로 이들은 "상호 내주"하며 서로의 "안에 존재한다"[페리코레시스(*perichoresis*)]. 삼위일체 교리는 325년 니케아 공의회와 381년 콘스탄티노플 공의회에서 공식화되었으며, 이후 서방에서는 아우구스티누스의 신학을 통해, 동방에서는 카파도키아 신학자들에 의해 더욱 정교하게 다듬어졌다.

삼위일체의 흔적들(vestiges of the Trinity) 창조세계 안에 있는 하나님의 삼위일체적 존재의 "흔적들" 또는 "자국들"을 가리킨다. 많은 신학자들은 이런 흔적들을 자연계 안에서(근원, 샘, 강), 인간의 정신 속에서(기억, 이해, 의지), 가족 안에서(아버지, 어머니, 자녀), 인간의 역사적 시대 속에서(성부의 시대, 성자의 시대, 성령의 시대) 발견했다. 아우구스티누스의 『삼위일체론』(*On the Trinity*)은 삼위일체의 흔적들을 다룬 고전적 저술이다. 반면 자연신학을 거부한 바르트는 삼위일체의 흔적들을 발견하려는 노력 자체를 의심했다. 그럼에도 바르트는 삼위일체의 유일한 참된 흔적은 계시된 하나님의 말씀, 기록된 하나님의 말씀, 선포된 하나님의 말씀 간에 존재하는 상이성 속의 통일성이라고 제안했다.

상관관계의 방법(method of correlation) 틸리히가 사용한 유명한 신학 방법. 인간의 공통적 경험으로부터 나오는 실존적 "질문들"과 기독교적 메시지 안에 포함되어 있는 "대답들"을 연결시킬 것을 주장한다.

섭리(providence) 하나님이 세계를 끊임없이 돌보시고 만물은 그분의 손 안에 존재하며, 결국 세계는 하나님에 의해 정해진 목적을 향해 인도됨을 가르치는 교리. 하나님의 섭리에 대한 강력한 신앙은 성경 증언의 주된 흐름이며 특징이다. 아브라함이 이삭에게 "하나님이…친히 준비하시리라"고 확언한 것(창 32:8)이나, 성부 하나님의 개입이 없이는 단 한 마리의 참새도 떨어지지 않는다는 예수의 가르침은 이런 섭리의 예다. 섭리론은 모든 것들이 우연에 의해 발생한다는 개념에 반대한다. 동시에 하나님의 섭리는, 하나님이 발생하는 모든 것의 직접적 원인자가 된다고 주장하는 운명론이나 결정론과도 구별되어야 한다.

성경적 개념들의 비종교적 해석(non-religious interpretation of biblical concepts) 전통적인 종교적 언어와 의식에 갇히는 대신에, 기도와 신실한 기독교적 삶의 은밀한 훈련에 초점을 두는 것으로서, 기독교 신앙과 삶의 미래적 표현이라고 디트리히 본회퍼가 제안한 것이다. 이런 제안에 관한 본회퍼의 개략적 성찰은 그의 『옥중 서신』(*Letters and Papers from Prison*)에서 발견할 수 있다.

성도의 교제(communion of the saints) "성도의 교제"에 대한 확증은 사도신경의 한 조항이다. 이 조항은 신자들이 그리스도 안에서 가지는 "교제"(communion) 또는 "친교"[코이노니아(*koinonia*)]에 대한 성경적 가르침을 토대로 한다. 여기에 따르면 이런 교제나 친교는 성령에 의해 만들어지고 지탱되며, 교회를 그리스도의 한 몸으로 형성하는 역할을 한다. 성도의 교제에 해당하는 라틴어 코무니오 상크토룸(*communio sanctorum*)은 모든 시대와 장소에 존재하는 성도들(*sancti*) 상호 간의 교제를 의미하는 동시에, 말씀 선포, 세례 및 성찬의 집행, 교회 예배 및 세상에 대한 섬김에의 참여를 포함한 하나님의 거룩한 것들(*sancta*)과 성도와의 연합을 의미한다.

성령의 내적 증거(internal testimony of the Holy Spirit) 성령이 인간의 정신과 마음 안에 성경 증언의 진리를 비추고 확증하며 봉인함을 가리키는 교리다. 루터와 칼뱅에게 말씀과 성령은 불가분리적이다. 말씀은 하나님의 구원 사역을 외적이고 객관적으로 증언하며, 성령은 그리스도인의 마음 속에 성경 저자들의 진리를 내적이고 주관적으로 확증하며 봉인한다. 칼뱅은 다음과 같이 썼다. "말씀은 성령의 내적인 증언에 의해 봉인되기 전까지는, 인간의 마음 안에 받아들여지지 않을 것이다."

성령 임재 기원(*epiclesis*) 성만찬 때 감사의 대기도에서 행하는 "기원"으로서, 떡과 포도주와 같은 요소와 그것을 받는 자들에게 성령이 임재하실 것을 기도한다. 이를 통해 성만찬 집례가 그리스도 안에서 및 그의 십자가상의 구속적 희생 안에서의 교제가 되도록 한다.

성례(sacrament) 라틴어 사크라멘툼(*sacramentum*)에서 유래한 용어이며, 그리스어로는 뮈스테리온(*mysterion*), 즉 신비(mystery)로 번역된다. 성례는 성경의 명령에 근거해 교회에서 실행되는 거룩한 실천으로서, 하나님의 영에 의해 신자들에게 그리스도의 현존과 약속을 확증하는 "은혜의 수단"의 효력을 가진다. 아우구스티누스는 성례를 "보이지 않는 은혜의 가시적인 표지"라고 규정했으며, 칼뱅은 하나님의 구원의 약속을 알려주는 "표지이며 봉인"이라고 정의했다. 성례의 정의와 가짓수는 교회사의 첫 천년기 동안 상당한 정도로 변동했다. 오늘날 로마 가톨릭과 동방 정교회는 7성례, 즉 세례 성사, 견진 성사, 고해 성사, 성체 성사, 서품 성사, 혼인 성사, 종부 성사를 인정한다. 반면 개신교회는 그리스도가 직접적으로 제정하신 두 가지 성례, 즉 세례와 성만찬만을 인정한다.

성만찬(eucharist) "주의 만찬"을 참조하라.

성부 수난설(patripassionism) 성부 하나님이 십자가에서 고난 당하셨다는 가르침. 초기교회에 의해 이단적이라고 선언되었지만, 그리스도 안에서의 "하나님의 고난"에 대한 좀 더 정교한 옹호가 최근의 중대한 신학 토론의 주제가 되어왔다.

성육신(Incarnation) 하나님의 영원한 말씀이 예수 그리스도의 인격과 사역 안에서 육체를 입거나 인간이 됨을 가르치는 교리.

성화(sanctification) 성화는 "거룩하게 되어가는" 과정이다. 성화는 그리스도의 몸인 공동체의 지체가 되어 그리스도에게 참여함으로써 성령의 권능 안에서 누리는 삶의 갱신이다. 성화는 매우 개인적인 과정인 동시에, 공동체 안에서 또한 공동체를 위해 배양된다. 성화는 예배와 기도와 섬김과 선교를 포함하여 기독교적 삶을 형성하는 모든 실천과도 관계된다. 성화의 기초는 칭의, 즉 하나님에 의한 죄의 용서이며, 성화의 목적은 하나님과 이웃과의 교제 안에서 누리는 충만한 삶이다. 칼뱅은 칭의와 성화를 그리스도의 이중적 은혜(*duplex gratia*)라고 표현했다.

세례(baptism) 세례는 기독교 공동체 내로 입회시키는 성례다(어떤 교회에서는 "규례"로 불린다). 세례를 명하신 분은 그리스도시며(마 28:19), 이에 따라 모든 기독교 교회는 세례를 베푼다. 세례식은 신앙을 공적으로 고백한 후에 성부와 성자와 성령의 삼위일체 하나님의 이름으로 물에 잠기거나 물을 붓거나 뿌리는 형태를 취한다. 세례의 의미를 드러내는 상징들은 풍부한데, 그중에는 죄를 씻는 것, 그리스도 안에서 죽고 새로운 생명을 얻는 것, 성령으로 다시 태어나 새로운 생명을 얻는 것, 하나님의 자녀로서 신앙의 가족 안으로 환영받는 것 등이 있다. 자유롭게 책임감을 가지고 신앙을 고백할 수 있는 자들만이 세례를 받아야만 하는지(침례교), 부모가 신자인 경우 자녀들도 세례를 받을 수 있는지 아닌지(로마 가톨릭,

동방 정교회, 다수의 개신교회)에 대해서 여전히 이견이 존재한다.

세속화(secularization) 현대 사회에서 종교적 관점, 제도, 실천의 영향력이 감소하고 이에 상응하여 실재에 대한 비종교적 해석들이 등장하고 있는 현상을 가리키기 위해 폭넓게 사용되는 용어.

소망(hope) 하나님의 선물인 소망은 세상을 향한 하나님의 약속과 목적의 성취를 예기한다. 전통적으로 소망은 믿음과 사랑과 함께 세 가지 신학적 덕목들 중 하나로서 간주되었다. 소망은 현재 상태에 대한 절망과 체념에 대항하며, 인간의 삶이 개인적 차원과 사회적 차원에 있어 지속적인 변혁을 향해 개방되도록 한다. 동시에 기독교의 소망은, 하나님의 은혜와 상관없이 인간 활동의 결과를 통해 미래가 더 나아질 것이라고 여기는 자유주의적 낙관주의나 혁명주의적 오만함과는 다르다.

소명(calling) 일상의 직업이나 "천직"이 무엇이든지, 증언과 섬김의 삶을 살도록 하나님이 그리스도인에게 주시는 부르심.

속성들의 교류(communication of properties) 이 교리에 따르면, 그리스도의 한 인격 안에서 이루어지는 신성과 인성의 연합은 속성들의 교류 또는 상호 교환(*communicatio idiomatum*)을 포함한다. 성육신한 말씀은 인성의 속성들을 취하며, 그의 인성은 신성의 속성들에 참여한다. 그러므로 성육신한 말씀에 대해서 "하나님의 아들이 고난을 당했다"거나 "예수는 모든 창조세계의 주님이시다"라고 말할 수 있다. 교부들의 기독론에 뿌리를 둔 이 교리는, 개혁교회 전통에서는 신중한 방식으로, 루터교회 전통에서는 더 대담한 방식으로 다루어졌다. 개혁교회 전통은 두 본성 사이의 구별을 존중하고자 하는 관심이 큰 데 비해, 루터교회 전통은 그리스도의 인격 안에서의 두 본성의 연합을 강조하려는 관심이 크기 때문이다. 루터는 성만찬 집행 시 예수 그리스도의 몸과 피가 무소부재하다고 또는 편재한다고 가르치는데, 이런 가르침은 속성들의 교류의 교리에 근거한다.

속죄(atonement) 속죄 또는 "하나됨의 상태"(at-one-ment)는 비록 예수 그리스도의 수난과 죽음을 통해 이루어지는 것만을 배타적으로 가리키는 것은 아니지만, 예수 그리스도 안에서 드러난 하나님의 화해의 행동을 가리킨다. 속죄는 하나님과 인간 사이에 죄로 말미암아 깨어진 관계를 회복한다. 신약은 그리스도가 "우리를 위해" 살고 죽으셨다고["그리스도께서 우리 죄를 위해 죽으시고"(고전 15:3)] 한결같이 선언하기에, 성경에는 속죄에 대한 이미지와 비유들이 많이 있다. 그러므로 그리스도의 인격에 있어서도 마찬가지지만, 그리스도의 사역을 정의하는 단 하나의 공식적인 교리는 존재하지 않는다. 그럼에도 특별히 많은 영향력을 끼쳤던 "속죄론"이 여럿 존재한다. 오리게네스와 니사의 그레고리우스와 같은 초기 그리스 교부들은 "고전적" 이론인 속전설(ransom)을 제안했고, 안셀무스는 만족설(satisfaction theory)을, 아벨라르는 모범설, 즉 "도덕 감화설"(moral influence)을 주장했다.

속죄의 만족설(satisfaction theory of atonement) 안셀무스가 고전적으로 형성한 속죄 이론. 그리스도께서 자유롭게 순종하는 삶과 죽음을 통해 인간의 죄가 초래한 하나님의 불명예에 대한 필수적인 배상을 이루었다는 주장이다. 안셀무스는 이런 만족 행위를 형벌에 대한 하나님의 은혜로운 대안으로 제시했다.

송영(doxology) 하나님을 찬양하거나 영화롭게 하는 행위를 가리키며, 보통의 기독교 예배의 특징을 이룬다. 어떤 신학자들은 송영적 목적이 모든 신학적 진술들에 고유한 것이라고 논증한다.

승천(ascension) 성경(눅 24:51; 행 1:9-11), 니케아 신조, 사도신경은 예수가 부활하신 후 "하늘로 올라가셨다"라고 선언한다. 부활하신 예수의 승천 교리는 그분이 교회의 머리로서 하늘로부터 통치하심을 확증하는 동시에, 그분이 성령의 권능으로 세상 안에서도 계속 현존하며 활동하심을 확증한다. 이 교리가 가진 중요한 측면은, 예수의 현존이 교회의 구조와 실천 그리고 역사의 사건과 운동들과 직접적으로 동일시될 수 없음을 확증했다는 데 있다. 따라서 이 교리는 모든 교회적 혹은 세속적 승리주의를 의문시한다.

신성화(theosis) "신성화"(divinization) 또는 "신화"(神化, deification)를 의미하는 그리스어다. 신성화는 동방 정교회의 신학과 영성의 중심적 주제다. 아타나시우스는 이 개념에 대해 다음과 같이 요약했다. "인간이 신이 되도록 하기 위해 하나님이 인간이 되셨다." 서방 교회의 신학에서 신성화의 개념에 가장 근접하는 개념은 그리스도와의 "신비적 연합"과 "성화"다.

신앙(faith) 신앙은 예수 그리스도 안에서 알려진 은혜로운 하나님에 대해 신뢰와 확신을 갖고 인격적으로 반응하는 행위다. 그리스도께 자신의 삶을 전심으로 헌신하는 것으로서의 신앙은 교회의 가르침에 대해 맹목적으로 복종하는 것과도, 전통으로 받은 교리와 실천에 대해 습관적이고 무비판적으로 고수하는 것과도 철저하게 다르다. 기독교 신앙의 대상은 어떤 단순한 사물이 아니라 살아 계신 주 예수 그리스도시며, 또한 성령의 권능 안에서 우리와 함께 계시는 하나님이다. 자기 자신과 가족, 교회와 인종과 민족, 그 무엇을 막론하고 어떤 것으로든 신앙의 대상을 대체하는 것은 우상숭배다. 신앙을 행하는 주체는 정신과 의지와 감정을 포함한 전 인격이다.

신앙 규범(rule of faith) 이레나이우스와 같은 교부 신학자들은, 모든 교회에서 고백되고 인정되는 신앙 요약을 가리키기 위해 "신앙 규범"(*regula fidei*)이라는 표현을 사용했다. 신앙 규범은 이단적이고 이설적인 해석에 반대하여 성경을 바르게 해석하기 위한 기준 또는 표준으로 자주 이용되었다. 사도신경 같은 문서에서 정식화된 형태로 나타나는 이런 신앙 규범은, 범위에 있어서 삼위일체적이고 형태에 있어서 서사적이며 내용에 있어서 예수 그리스도의 구원 사역 중심적이다.

신정론(theodicy) 세상에 존재하는 끔찍한 악과, 특별히 무고한 자들의 고통에 직면하여 하나님의 선하심과 섭리적 돌보심과 지혜를 옹호하거나 정당화하려는 시도이다. 신정론의 질문은 자주 다음과 같은 형태로 진술된다. 즉 만약 하나님이 완전하게 선하고 전적으로 권능이 있다면, 왜 악이 존재하는가? 근대 초기에는 지진과 홍수 같은 자연 악들이 신정론의 문제를 제기하는 계기가 되었지만, 20세기와 21세기에 와서 신정론의 질문은, 인간이 상호적으로 자행하거나 자연환경에 가한 충격적인 악과 고통에 관련해서 더 자주 제기된다.

신정통주의(neo-orthodoxy) 19세기 자유주의 신학에 대항하여 20세기에 일어난 신학적 반동을 가리키기 위해 광범위한 의미로 종종 사용된다. 이 용어는 17세기 옛 정통 개혁파 신학과 루터파 신학의 양식과 내용으로 돌아가는 것을 함축한다. 이 용어가 브루너, 토랜스(T. F. Torrance), 바르트와 같은 20세기 개혁파 신학자들의 활동에 적용되는 명칭이라면, 유익하기보다는 많은 오해의 소지가 있다.

신 존재 증명(proofs of God's existence) 철학과 신학에서는 하나님의 존재를 증명하거나 입증하는, 즉 하나님의 존재를 논리적이고 설득력 있게 논증하려는 다양한 시도들이 지속적으로 논쟁되어왔다. 가장 유명한 신 존재 증명은 안셀무스의 존재론적 논증과 토마스 아퀴나스의 "다섯 가지 길들"이 있다. 안셀무스는 "하나님은 우리가 하나님보다 더 위대한 자를 생각할 수 없는 분"이라는 정의로부터 하나님의 존재를 도출한다. 토마스 아퀴나스는 운동으로부터 부동의 원동자(unmoved mover)로, 원인으로부터 제일원인으로, 우연적 존재로부터 필연적 존재로, 가치로부터 완전성으로, 질서로부터 설계자에게로 나아가는 다섯 가지 방식들로 하나님의 존재를 논증한다. 폴 틸리히는, 이런 논증들은 논증으로서는 실패지만 하나님을 향한 인간의 억제할 수 없는 탐구의 중대한 표현이라고 평가한다. 많은 현대 신학자들은 틸리히의 이런 평가에 동의한다.

신학적 주제들(loci) "주제들" 또는 "장소들"을 의미하는 라틴어. 교의신학이나 조직신학이 다루는 주요한 주제들을 지칭하기 위해 사용된다. 신론, 창조론, 섭리론, 인간론, 그리스도의 인격과 사역에 관한 기독론, 성령론, 교회론은 신학에서 뚜렷이 구별되는 "주제들"이다.

실제적 현존(real presence) 주의 만찬 안에서 그리스도가 실제적이고 현실적인 방식으로 현존함을 가리키기 위해 사용된 용어다. 실제적 현존의 교리는 그리스도의 현존이 다만 비유적이거나 상징적이라고 보는 츠빙글리 류의 견해와는 대조를 이룬다. 칼뱅은 화체설을 거부하면서도, 주의 만찬을 "헛되고 공허한 상징"으로 보는 사상에 반대하면서 그리스도는 성령의 권능에 의해 실제적으로 현존함을 논증했다. 칼뱅에 따르면, 주의 만찬에서는 "마치 그리스도의 생명이 우리의 뼈와 골수 안으로 침투하는 것처럼 그리스도가 자신의 생명을 우리 안에 부어주신다." 로마 가톨릭과 동방 정교회와 개혁교회의 신학자들은 그리스도의 실제적 현존의 정확한 방식에 대해서는 매우 다른 입장을 취하지만, "실제적 현존"이라는 표현 자체는 그들 모두의 공통 근거가 되고 있다.

심리적 유비(psychological analogy) 삼위일체의 신비를 표현하는 두 가지 주요한 유비로는 심리적 유비와 사회적 유비가 있다. 둘 중 심리적 유비는 아우구스티누스, 토마스 아퀴나스, 칼 라너를 위시한 많은 신학자에 의해 사용되었다. 심리적 유비에 따르면 개별 인간 안에는 기억과 지식과 의지가 존재하며, 이 세 가지 요소는 서로 구별되지만 일치를 이루고 있는데, 이런 모습을 통해 우리는 삼위일체의 신비를 어렴풋이 볼 수 있다. 이런 유비는 하나님의 삶의 일치성을 강조하는 장점이 있지만, 삼위일체의 세 위격을 단순히 양태나 측면이나 기능으로 간주하여 그것을 비인격적으로 다룰 위험성도 내포한다.

십자가의 신학/영광의 신학(theologia crucis/theologia gloriae) 라틴어로서 "십자가의 신학/영광의 신학"을 의미한다. "십자가의 신학"은 특별히 마르틴 루터와 연관된다. 그리스도의 십자가를 말하는 바울의 선포를 토대로 하여 루터는, 우리를 위한 그리스도의 죽음을 통해 이루어진 하나님의 놀라운 자기 계시와 은혜의 구속적 행위를 강조했다. 루터는 "십자가의 신학"을 모든 종류의 "영광의 신학"과 대립시켰다. "영광의 신학"은 그리스도와 그의 십자가 외의 지점에서 하나님을 찾는 신학이며, 구원을 하나님이 값없이 아무 공로 없이 주시는 선물과는 다른 것으로 생각하는 신학이다.

아가페/에로스(agape/eros) "사랑"을 의미하는 두 개의 그리스어 단어. 신학자들이 각각 자기희생적 사랑과 자기중심적 사랑을 지칭하기 위해 종종 사용한다. 신약성경은 신적인 사랑을 가리키기 위해 오직 아가페를 사용하고, 에로스의 사용은 피한다.

아디아포라(adiaphora) "무관심한 일들"이라는 뜻을 지닌 그리스어. 아디아포라는 그리스도인의 양심을 구속할 수 없는 주변적인 또는 비본질적인 것들을 가리킨다. 여기에는 하나님의 말씀이 명령하지도 금지하지도 않은 의식, 관습, 관행, 관점들이 포함된다. 칼뱅에 따르면, 아디아포라와 관련하여 그리스도인의 자유를 아는 지식은 매우 중요하다. "왜냐하면 이런 지식이 부족하면 우리의 양심은 평안을 누리지 못할 것이며 끝도 없이 미신을 추구할 것이기 때문이다."

아리우스주의(Arianism) 4세기 장로였던 아리우스의 이름을 따라 명명된 주요 기독론적 이단. 아리우스는 그리스도가 피조물들 중 최고이지만 본질에서는 하나님과 동등하지 않다고 주장한다. 아타나시우스는 아리우스를 반대하고 니케아 정통을 지킨 위대한 옹호자였다.

아마겟돈(Armaggeddon) 요한계시록 16:16에 따르면, 역사의 종말에 하나님의 세력과 사탄의 세력이 큰 전투를 벌이는 장소가 아마겟돈이다.

아시아계 미국인 신학(Asian American theology) 1세대와 2세대의 아시아계 미국인 그리스도인이 갖는 독특한 유산과 경험의 상황 속에서 기독교 신앙과 신학을 표현하는 기획이다. 아시아계 미국인 신학자들이 다루는 주요한 주제로는 주변성의 경험, 즉 북미 사회에서 아시아계 미국인이 겪는 인종차별의 경험, 서구 문화와 아시아 문화의 만남 속에서 독특한 예언자적 증언을 담당하게 하는 도전 등이 있다.

아폴리나리우스주의(Apollinarian) 아폴리나리우스의 이름을 따라 명명된 초기 기독론 이단. 아폴리나리우스는 성육신하신 주님이 인간적 몸과 영혼을 가지고 있지만 그의 인간적 정신(*nous*)이 신적 로고스로 대체되었다고 가르쳤다.

안디옥 학파(Antiochian School) 시리아의 안디옥을 중심으로 한 안디옥 학파는 4세기와 5세기에 교회의 지도권을 놓고 알렉산드리아 학파와 격렬히 경쟁하던 학파다. 이 학파의 대표자로는 타르수스 디오도루스(Diodore of Tarsus), 크리소스토무스(Chrysostom), 몹수에스티아의 테오도루스(Theodore of Mopsuestia), 네스토리우스(Nestorius)가 있다. 기독론에서 안디옥 학파는 그리스도의 온전한 인성을 강조하고 신성과 인성과의 구별을 강조했다. 이 학파의 학자들이 신성과 인성과의 구별을 주장한 것은, 부분적으로는 피조물의 부패성과 수난성으로부터 신성을 보호하기 위한 그들의 관심 때문이며, 또 부분적으로는 오직 그리스도가 진정으로 인성을 지니는 경우에만 인성 안에서 죄와 사망이 취소될 수 있고 구원이 성취될 수 있다는 그들의 확신 때문이다.

안수(ordination) 교회의 지도력을 교회 안으로 받아들이고 확증하는 행위를 가리킨다. 후보자를 준비하고 점검하는 시간을 거친 후, 교회는 안수식을 통해 하나님이 그를 특별한 지도력의 사역으로 부르셨음을 공적으로 확증한다. 안수식은 성령의 강건하게 하시는 은혜를 위한 기도와 성령의 은사를 상징하는 안수례를 포함한다. 로마 가톨릭과 동방 정교회에서 안수식은 하나의 성례로 간주되며, 이를 통해 안수를 받는 자에게 "지울 수 없는 특성"(*character indelibilis*)을 부여한다고 이해된다. "지울 수 없는 특성"은 안수를 받는 자로 하여금 성례 집행과 같은 어떤 지도력의 실행을 배타적으로 행사할 수 있게 한다. 종교개혁 교회 또한 안수를 매우 진지하게 받아들이지만, 안수를 받은 자의 사역과 하나님의 백성 전체의 사역을 존재론적으로가 아니라 기능적으로 구별할 것을 강조한다. 이는 "성직자"와 "평신도" 사이에 어떤 본질적인 차이점이 있다고 가정함으로써 양자 사이에 장벽을 쳐서는 안 된다고 보는 것이다.

안휘포스타시스/엔휘포스타시스(*anhypostasis/enhypostasis*) 칼케돈 공의회 이후의 기독론에서 그리스도의 인격의 통일성을 보호하기 위해 사용된 그리스어 전문 용어들. 안휘포스타시스(*anhypostasis*)는, 성육신에서 말씀이 취한 인성은 말씀을 떠나서는 독립적인 존재[휘포스타시스(*hypostasis*), 라틴어로는 페르소나(*persona*)]를 가질 수 없음을 의미한다. 엔휘포스타시스(*enhypostasis*)는, 인성이 말씀과 함께 연합할 때만 자신의 독립적인 또는 구체적인 존재를 받아들임을 의미한다.

알렉산드리아 학파(Alexandrian School) 이집트의 알렉산드리아를 중심으로 성립된 교부 사상의 학파로, 대표자로는 알렉산드리아의 클레멘스(Clement of Alexandria), 오리게네스(Origen), 아타나시우스(Athanasius), 알렉산드리아의 키릴루스(Cyril of Alexandria) 등이 있다. 기독론에 있어 알렉산드리아 학파는 그리스도의 온전한 신성을 강조하는 동시에, 그리스도의 신적 본성과 인간적 본성의 위격적 일치를 강조했다. 아타나시우스는 아리우스주의에 맞서, 그리스도가 성부 하나님과 동등하다고 선언하는 니케아 신조를 옹호했다. 키릴루스는 그리스도의 신적 본성과 인간적 본성을 분리하려고 하는 안디옥 학파(특히 네스토리우스)의 경향에 맞서 성육신하신 말씀의 일치성을 강조했다. 알렉산드리아 학파에 의하면, 구원은 그리스도 안에서 이루어지는 하나님과 인간의 하나됨의 실재에 의존한다.

양자설(adoptionism) 예수는 인간이지만 그의 삶의 어떤 순간에 하나님이 그를 "양자로 삼으시고" 그분의 아들로 높이셨다는 견해. 예수가 양자가 되는 시점으로는 세례, 출생, 죽은 자들로부터의 부활과 같은 다양한 가능성이 제시되었다. 니케아 신조와 칼케돈 신조는 양자설적인 모든 기독론을 거부했으며, 요한복음 1:1과 신약의 다른 본문을 근거로 하여 예수 그리스도는 우리의 구원을 위해 인간이 되신 하나님의 영원한 아들임을 천명했다.

양태론(modalism) 정통적인 삼위일체론이 성부와 성자와 성령을 뚜렷이 구별되는 영원한 세 신적 위격들로 가르치는 데 반해, 양태론은 성부와 성자와 성령이 하나님의 구별되지 않는 유일한 존재의 "양태들"(modes) 또는 "역할들"(roles)일 뿐이라고 가르친다. 그래서 성부는 창조자의 역할을 맡은 하나님, 성자는 구원자의 역할을 맡은 하나님, 성령은 새로운 생명을 부여하는 역할을 맡은 하나님이다. 또한 양태론은 사벨리우스주의(Sabellianism)로도 알려져 있다. 3세기 초의 신학자인 사벨리우스(Sabellius)는 하나님의 존재의 양태들은 내재적이거나 영원한 것이 아니라 일시적인 것이라고 가르쳤다.

언약(covenant) 하나님이 세상과, 특별히 이스라엘 백성과 맺으셨던 약속의 관계. 이 성경적 언약 개념은 하나님의 은혜와 신실하심에 근거하며 순종과 섬김을 요구한다는 점에서, 동등한 당사자들 간에 합의로 맺는 법적 "계약"과는 구별되어야 한다. 하나님이 이스라엘과 맺으신 언약은 "나는 너희 하나님이 되고 너희는 내 백성이 될 것이니라"(레 26:12; 렘 7:23; 11:4; 30:22)라는 약속 속에 요약되어 있다. 성경은 하나님이 노아, 아브라함, 모세, 다윗과 맺으신 여러 가지 언약에 대해 기술한다. 예언자 예레미야는 돌판이 아니라 사람의 마음에 새길 "새 언약"에 대해 언급한 바 있다(렘 31:31이하). 또한 성경은 이런 새 언약이 예수 그리스도 안에서 실현되었음을 선포한다. 예수 그리스도 안에서 하나님의 모든 약속들이 성취되었기 때문이다.

에큐메니칼(ecumenical) 그리스어 오이쿠메네(*oikumene*)는 "사람이 살고 있는 온 세계"를 의미한다. "에큐메니칼 운동"은 궁극적인 재연합을 소망하면서 함께 연구하고 예배하며 봉사함으로써 기독교 교회들이 더 친밀한 관계를 형성하고자 하는, 20세기의 상당 기간 동안 지속되어온 노력을 가리킨다. "에큐메니칼 신학"은 기독교 신학 전통 중에서 어느 하나만을 옹호하고 전개하려고 하기보다, 다양한 전통에 근거하여 작업하는 신학적 반성을 가리킨다.

에큐메니칼 공의회(ecumenical councils) 교회 전체를 대표하는 총회를 가리키며, 여기서 이루어진 결정에는 권위와 구속력이 있다. 진정으로 에큐메니칼적이라고 인정할 만한 공의회가 몇 번이나 있었는가라는 질문에 대해서는 논쟁이 계속되고 있다. 로마 가톨릭은 제1차 니케아 공의회부터 제2차 바티칸 공의회까지 21개의 공의회를 인정하는 반면, 동방 정교회에서는 처음 7개의 공의회만을, 다수의 개신교회는 초창기에 열린 4개의 공의회만을 인정한다.

역사적 예수(historical Jesus) 초기 기독교 기원에 대한 근대의 역사비평적 연구를 통해 밝혀진 나사렛 예수에 대한 것들을 가리킨다. "역사적 예수"의 내용은, 복음서와 이후의 교회의 가르침 속에 있는 예수에 대한 묘사와는 구별된다. 역사적 예수 연구에는 적어도 다음과 같은 세 가지 흐름이 있다. (1) 19세기의 자유주의적 "역사적 예수 탐구"는 예수의 전기를 써보려고 시도했다(알베르트 슈바이처는 이런 시도를 기술하고 비판한 바 있다). (2) 역사적 예수의 "새 탐구"는 1950년대 에른스트 케제만에 의해 시작되었다. 이 연구의 주된 목적은 예수의 메시지와 신약의 케리그마 사이의 연속성을 증명하는 것이었다. (3) 최근의 연구는 예수가 처했던 환경 속에서 예수를 연구한다. 1세기의 사회학적·문화적 연구에 특별한 관심을 기울이며, 예수가 유대인의 삶과 역사 속에 깊숙이 몸담고 있던 인물임을 강조한다.

연옥(purgatory) 로마 가톨릭 교리에서 "중간"에 있는 장소, 소위 천국과 지옥 사이에 있는 장소를 가리킨다. 죽었지만 회개와 정화를 더 필요로 하는 신자들이 천국으로 들어가기 전에 가는 곳이다. 개신교 신학은 이 가르침이 오직 그리스도 안에서 오직 믿음으로 얻는 오직 은혜의 구원의 교리에 상반된다고 여겨 일반적으로 거부한다.

영감(inspiration) 성경이 "영감 되었음" 또는 성령의 특별한 안내 하에 작성되었음을 주장하는 교리로, 고전적 기독교 신학과 교회의 신앙고백에서 공통적으로 인정되는 가르침이다. 이 교리를 지지하는 성경 텍스트로는 자주 "모든 성경은 하나님의 감동으로 된 것으로"(딤후 3:16)가 인용된다. 성경 저자들에게 영감을 줄 때 어떻게 성령이 활동했는지 하는 문제는 수많은 논쟁의 주제가 되어왔다. 한 극단적 입장은, 하나님이 성경의 모든 단어를 정확히 구술했고 따라서 성경이 모든 점에서 무오함을 주장한다. 반대편 극단의 입장은, 영감은 종교적 천재성과 창조적 상상력과 동일하다고 주장한다. 이 양 극단 사이에 있는 견해에 따르면, 성령은 성경을 쓴 인간 저자들 안에서 그리고 그들을 통해 활동하되 하나님의 말씀을 전하기 위해 활동하며, 이 저자들의 인간적 한계와 동시에 역사적·사회적·문화적 상황 안에 있는 여건은 존중되어야 한다.

영성(spirituality) 그리스도인의 삶을 배양하고 강화하는 실천들을 가리키는 용어로서 현대 신학에서 널리 사용된다. 영성이라는 용어는 그리스도인이 된다는 것이 어떤 이론을 수용하는 것 이상, 또는 어떤 정보를 획득하는 것 이상의 일임을 우리에게 상기시켜준다. 영성은 성령의 권능으로 힘을 얻고 그리스도를 중심으로 하는 삶의 실천이며 방식이다. 어떤 기독교 전통은 영성 대신에 "경건", "헌신된 삶", 또는 그냥 단순하게 "그리스도인의 삶" 같은 용어를 선호한다. 어느 경우든 주된 관심사는 정기적인 예배와 기도와 섬김 같은 것이 그리스도인의 삶에서 중요함을 강조한다.

영지주의(Gnosticism) 초기교회 안팎에 있던 다양한 신학 운동들로서, 구원에 이르는 길이 그노시스(*gnosis*), 즉 비밀의 지식의 획득에 있다고 가르쳤다. 영지주의는 분명히 이원론적이었다. 따라서 한편에 있는 초월적인 하나님과 영의 세계와, 다른 한편에 있는 악한 신과 악한 물질 세계 사이의 대립을 강조한다. 초기 영지주의적 저술 중에 다수의 "복음들"이 존재한다.

예정(predestination) 하나님이 인간의 운명을 영원히 정하셨다고 가르치는 교리. 성경에 깊이 근거한 이 교리는 아우구스티누스, 아퀴나스, 루터, 칼뱅, 슐라이어마허, 바르트를 포함한 다수의 신학자들에 의해 다양한 형태로 가르쳐졌다. 스콜라적 칼뱅주의는 예정론을, 하나님이 어떤 사람은 구원을 위해 선택하고 또 다른 사람은 저주를 위해 버리거나 유기하심을 의미하는 것으로 해석했다. 바르트는 예정론을 그리스도 중심적으로 재해석하면서, 예수 그리스도는 선택하는 하나님인 동시에 버림받은 인간이라고 해석했다. 바르트에게 선택은 무엇보다도 하나님이 예수 그리스도 안에서 세상을 위한 하나님이 되시고자 한 자기 결정이다. 모든 인간은 예수 그리스도 안에서 선택된 자이며, 예수는 모두를 대신하여 죄에 대한 하나님의 심판을 감당하셨다.

오직 믿음으로(sola fide) 종교개혁의 슬로건 중의 하나인 이 라틴어 구절은 "오직 믿음으로"를 의미한다. 사도 바울이 갈라디아서, 로마서 3:21이하, 그 외 다른 곳에서 가르쳤듯이, 죄인들은 자신의 선행을 통해서가 아니라 "오직 믿음으로" 받아들인 하나님의 은혜로써 하나님 앞에서 의롭게 된다. 하지만 이 가르침은 우리의 선행이 아니라 우리의 신앙이 구원을 달성하는 수단이 됨을 의미하지는 않는다. 오히려 하나님의 은혜는 값없이 주어지며, 오직 믿음만으로 감사와 신뢰로 받아들여진다.

오직 성경으로(sola scriptura) 16세기의 종교개혁자들에 따르면 신구약 성경은 기독교 신앙과 삶에 필수적인 유일한 자료이며 충분한 규범이다. 종교개혁자들은 로마 가톨릭의 가르침에 반대하여 "오직 성경으로"의 원리를 옹호했다. 로마 가톨릭은 교회 전통을 계시에 덧붙여 추가적이고 독립적인 자료로 인정하며, 교회의 교도권이 성경과 교회 전통의 궁극적인 해석자임을 가르친다. "오직 성경으로"의 원리는 오랫동안 로마 가톨릭과 개신교회를 분리하는 허물어지지 않는 장벽으로 간주되었지만, 이런 입장의 차이는 최근 수십 년 동안 어느 정도 좁혀져왔다. 로마 가톨릭에서는 성경 연구에 대한 새로운 활기가 일어났으며, 제2차 바티칸 공의회 이후의 신학은 성경 증언의 우위성을 인정하고 있다. 또한 개신교회에서도 전통과 경험과 이성이 성경 해석에서 모두 중요한 역할을 담당함을 인정하는 움직임이 일어나고 있다.

오직 은혜로(sola gratia) "오직 은혜"를 의미하는 라틴어 구절이다. 하나님이 값없이 그리고 아무 공로 없이 주시는 자비와 용서는 죄인들에게 널리 확대된다. 이런 하나님의 은혜는 죄에 의해 깨어진 하나님과 인간 사이의 관계를 치유할 수 있는 전적으로 충분한 기초가 된다. 은혜는 물질적인 것이 아니다. 은혜는 우리와 함께 갱신된 관계를 맺고자 하는 하나님의 인격적인 자기 선물이다. 은혜는 우리의 죄에 대한 하나님의 용서(칭의)를 포함하며, 하나님과 이웃과의 교제 안에서의 새로운 삶을 여는 그분의 화해적인 은총의 권능(성화)이다.

완전(perfection) 존 웨슬리에 따르면, 성화를 이루는 하나님의 사역의 목적은 성도를 완전하게 하는 것이다. 하나님과 이웃을 온전히 사랑하도록 예수가 우리를 부르시기 때문에(마 5:48), 이것은 우리 인생의 목적이 되어야 하며 또 이를 실현하는 하나님의 권능을 신뢰해야 한다. 웨슬리는 완전성 또는 온전한 성화는 현세에서는 상대적으로 소수의 그리스도인에게서만 실현된다고 믿었다. 하지만 적어도 모든 그리스도인은 온전히 사랑할 수 있기를 소원해야 한다.

용서(forgiveness) 하나님이 죄인들을 값없이 은혜로 용납함을 가리킨다. 예수의 가르침, 죄인과 소외된 자들에게 베푸신 그의 사역, 세상의 구원을 위한 그의 죽음이 하나님의 용서를 결정적으로 선언했다. 이미 범한 죄악들과는 별도로, 또한 이것들보다 앞서서 하나님이 죄인들을 새로운 교제로 받아들이는 것이 용서다. 하나님의 은혜의 행위로서의 용서는 값없이 주어지며, 걸림돌이 되는 것이며, 고귀한 것이다. 그리스도는 신자들로 하여금 이웃과의 관계 속에서 이 용서를 실천하도록 부르신다.

우머니즘신학(womanist theology) 아프리카계 미국인 여성들의 신학으로 독특한 신학적 강조점을 가진다. 우머니즘신학은 억압적 조건 하에서 생존을 위해 투쟁하면서 형성된 흑인 여성들의 경험과 심오한 지혜를 긍정한다. 이런 경험과 지혜는 신앙을 재활성화하고 성경 증언을 회복하며, 오늘날의 교회에서 예언자적 실천을 감당하기 위한 자원으로 간주된다. 우머니즘신학은 흑인신학 및 페미니즘신학과 관련성을 가진다. 하지만 이 새로운 신학은, 흑인신학이 흑인 교회에서든 백인 교회에서든 성차별의 현실에 충분한 주의를 기울이지 못했음에 대해, 동시에 페미니즘신학이 인종차별주의와 계급주의라는 실재를 충분히 파악하지 못했음에 대해 비판한다.

우상숭배(idolatry) 문자적으로 "우상들에 대한 예배"를 의미한다. 우상숭배는 유일하신 한 분 하나님이 아니라 다른 어떤 피조물에게―개인, 이상, 명분, 제도, 가치 체계, 민족, 그 무엇을 막론하고―인간의 궁극적 신뢰나 궁극적 충성을 드리는 행위를 의미한다. 십계명의 제1계명은 온갖 형태의 우상숭배를 금지하고 있다 (출 20:1-5).

원죄(original sin) 타락 이후에 인류 전체가 처해 있는 포로된 상태 또는 여건을 가리킨다. 원죄는 철저하며(인간 삶의 모든 영역에 영향을 미친다) 보편적이다(모든 인간에게 영향을 미친다). 아우구스티누스는 은혜와는 별도로 율법을 성취할 수 있는 가능성에 대해 펠라기우스와 논쟁하면서 원죄 교리를 옹호했다. 루터는 자유 의지에 대해 에라스무스와 논쟁하면서 원죄 교리를 심화시켰다. 아우구스티누스적 전통의 연장선 위에 있는 라인홀드 니버에 따르면 원죄 교리는, 죄가 "불가피하지만 그렇다고 필연적이지는 않음"(inevitable but not necessary)을 가르친다고 주장했다. 즉 우리는 우리 자신의 힘으로 죄의 여건을 벗어날 수 없지만, 그렇더라도 죄에 대해서는 책임을 져야 하며 변명의 여지가 없다는 것이다.

위격(*hypostasis*) 휘포스타시스(*hypostasis*)는 4세기의 삼위일체 논쟁에서, 삼위일체 하나님의 하나의 존재[본질(*ousia*)] 내에 있는 인격적 구별들을 나타내기 위해 카파도키아의 신학자들이 사용한 그리스어 단어다. 라틴어를 사용하는 서방에서 위격(*hypostasis*)은 페르소나(*persona*)라는 말로도 번역된다. 초기의 삼위일체 정식에서 사용된 의미로서의 휘포스타시스(*hypostasis*)와 페르소나(*persona*)는 현대의 "인격"(person) 개념과는 동일하지 않다. 현대의 "인격" 개념은 독립적인 자기의식과 의지를 지닌 자율적인 행위자를 뜻하기 때문이다.

위격의 연합(hypostatic union) 삼위일체 하나님의 두 번째 "위격"과 인성의 연합을 가리키는 전문 용어다. 칼케돈의 정식에 따르면, 예수 그리스도 안에서 신성과 인성은 하나의 위격 안에서 연합되어 있다. 칼케돈 이후의 신학자들에 따르면, 위격적 연합 덕분에 성육신하신 주님의 삶에 있어 단 하나의 주체자는 영원한 말씀 또는 삼위일체의 두 번째 위격인데, 이 위격은 인성을 취해 자신과의 연합 만으로 받아들이셨다.

유비(analogy) 유비는 "비슷함" 또는 "유사성"을 의미한다. 창조주와 피조물은 철저하게 다르기 때문에 신학에서는 어떤 형태든 유비를 사용하는 것이 불가피하다. "존재의 유비"(*analogia entis*)를 말하는 신학자들은, 하나님의 존재와 피조물의 존재 사이에는 차이점뿐만 아니라 어떤 유사성도 있다고 주장한다. 따라서 우리 자신과 다른 피조물에 대한 지식에 근거하여 비록 제한적으로나마 하나님에 대한 실제적 지식을 가지는 것이 가능하다는 것이다. 또 다른 신학자들은 하나님과 피조물 사이에 있는 철저한 불연속성을 강조함으로써 존재의 유비를 거부하고, 대신에 "신앙의 유비"(*analogia fidei*)를 사용한다. 신앙의 유비에 의해 좌우되는 신학은 피조된 실재의 관점에서 하나님을 이해하려고 시도하는 대신, 피조된 실재를 예수 그리스도 안에서 드러난 하나님의 자기 계시의 빛으로 비추어 해석한다.

율법의 사용(uses of law) 성경에서 하나님의 율법 또는 계명은 부담이 아니라 선물이며 복이다. 하나님의 율법에 순종함으로써 인간은 행복해지고 이 세상에서 하나님을 영화롭게 한다. 그러나 죄의 조건 하에서 하나님의 율법은 오용된다. 즉 하나님의 율법은 죄인이 하나님 앞에서 자기를 정당화하거나 자랑하는 도구가 되는 것이다. 루터는 율법의 두 가지 본래적 용도가 있음을 주장했다. 즉 율법은 신학적 용도(theological use, 인간의 죄성을 폭로하며 죄인으로 하여금 그리스도에게로 나아오게 만든다)과 시민적 용도(civil use, 질서를 유지하며 필요한 경우 강제력을 행사함으로써 악행자가 혼란을 초래하는 것을 억제한다)를 가진다는 것이다. 여기에 칼뱅은 "율법의 세 번째 사용"(third use of the law)를 추가했다. 즉 칼뱅에 따르면, 이 제3의 용도에 의해 그리스도인은 하나님의 계명을 무거운 의무나 구원의 수단으로가 아니라 자유롭고 기쁜 마음으로 순종하는 삶 속에서 사용할 수 있게 된다.

은사들(charismata) "선물들"을 의미하는 그리스어다. 사도 바울은 고린도전서 12:8-11에서, 믿음의 공동체 안에서 특정한 사역을 준비하도록 성령이 그리스도인에게 주는 독특한 재능을 언급하기 위해 이 단어를 사용했다. 바울은 모든 그리스도인이 은사를 받음과, 모든 은사는 공동체 전체의 풍성과 양육을 위해 사용되어야 함을 강조한다.

은혜(grace) 신약에서 사용되는 그리스어 *charis*를 번역한 용어. 하나님이 우리를 위해 값없이 아무런 공로 없이 주시는 사랑을 가리킨다. "오직 은혜로"(*sola gratia*)와 "오직 믿음으로"(*sola fide*)는 16세기 개신교 종교개혁의 표어다.

의인인 동시에 죄인(simul iustus et peccator) "의인인 동시에 죄인"이라는 뜻을 지닌 라틴어 구절이다. 이 구절은 은혜에 의한 이신칭의라는 종교개혁의 교리와 연관된다. 그리스도인의 삶에는 죄가 계속적으로 활동하지만, 신자들은 그리스도를 통해 하나님의 은혜에 의해 용서함을 받는다. 이 교리는 죄의 철저함과 값없이 주시는 하나님의 은혜를 강조하는 동시에, 신자들에게 있을 수 있는 모든 형태의 자기 의와 완전주의적 교리에 반대한다.

이단(heresy) 그리스어 신약에서 이단(*hairesis*)은 "파당" 또는 "분파"를 의미한다. 후대의 기독교에서 사용되는 이단이라는 용어는, 성경의 중심적 메시지와 교회의 주된 교리와 충돌하는 가르침을 가리킨다. 슐라이어마허는 기독교 신앙에서 주요한 이단들을 다음과 같이 네 개로 파악했다. 가현설적 이단(그리스도는 실제적으로 인간이 아니기 때문에 우리를 구원할 수 없다), 에비온주의적 이단(그리스도는 인간에 불과하기 때문에 우리를 구원할 수 없다), 마니교적 이단(인간성은 절망적으로 악하기에 구원될 수 없다), 펠라기우스 주의적 이단(인간성은 구원을 필요로 하지 않는다).

이신론(deism) 하나님이 세계를 창조하신 이후에는 더 이상 세계에 적극적으로 관여하지 않는다는 견해. 이신론의 하나님은 세계를 섭리적으로 인도하지도, 세계 안에서 어떤 방식으로 행동하지도 않는다. 몇몇 이신론적 사상가들은 하나님과 세계의 관계를 "전지한 시계공의 비유"로 설명한다. 즉 전지전능한 시계공은 스스로 작동하면서 시계공의 도움을 전혀 필요로 하지 않는 완벽한 시계를 만들었는데, 그것이 하나님의 세계 창조라는 것이다. 이런 견해는 하나님과 세계의 관계에 대한 대다수 계몽주의들의 사상을 요약한다. 또한 이런 견해는 근대 과학의 출현과 이에 수반된 낙관주의에서도 큰 영향을 받았다.

익명의 그리스도인(anonymous Christian) 특히 칼 라너가 사용한 도발적인 표현으로서, 그리스도에 대한 믿음을 명시적으로 고백하지는 않음에도 불구하고, 이웃을 겸손하고 양심적으로 섬기는 자신의 삶 속에서 역사하는 하나님의 은혜를 거부하지 않는 사람을 가리킨다.

인간중심주의(anthropomorphism) 하나님의 존재와 감정과 행동을 인간의 특성으로 기술하는 방식.

인격/위격(person) 근대 철학에서 인격은 독립적인 의사 결정과 행동을 할 수 있는 자기의식을 지닌 개인을 가리킨다. 하지만 삼위일체 신학에서 이 단어는 조금 다른 의미로 사용된다. 성부와 성자와 성령은 세 개의 분리된 존재가 아니라, 본질에 있어 연합되고 상호 간의 관계에 의해 구별되는 존재다. "위격"은 바로 이런 성부와 성자와 성령의 독특한 존재를 가리키기 위해 사용된 전문 용어다. 최근의 삼위일체 신학은 인격이 되기 위한 구성적 요소로서 관계성의 개념을 강조한다. 삼위일체 신학의 주요한 과제는 삼신론과 양태론으로부터 진정한 하나님 개념을 보호하는 것이다. 즉 삼위일체 교리에서 근대적 인격 개념을 무비판적으로 적용하면 삼신론적 경향으로 흐를 수 있다. 또한 삼위일체의 위격들을 단독적 존재자로부터 나온 단순한 양태 또는 표출로 축소하면 양태론으로 기울어지게 되고, 결과적으로 하나님의 존재의 본질이 사랑이며 교제라는 사실을 파악하지 못하게 된다.

자연과 은총(nature and grace) 자연과 은총은 토마스 아퀴나스 신학의 근본적인 범주들이다. 아퀴나스에 따르면 "은혜는 자연을 파괴하지 않고 자연을 완전하게 한다." 토마스주의에 속한 몇몇 스콜라적 논증에 따르면 이 명제는 다음과 같이 해석될 수 있다. 즉 피조물로 이루어진 "자연"은 독립적 역동성을 가지면서 일종의 하부 구조를 형성한다. 그런데 은혜는 바로 이 하부 구조에, 교회의 성례의 사용을 통해 "외부로부터" 추가된다. 칼 라너 같은 20세기의 토마스주의자들은 자연과 은총의 관계에 대한 이런 모형을 "외재주의"(extrinsicism)의 오류라고 거부하는 동시에, 은혜는 항상 어디에나 자연 속에 이미 스며 있다고 논증한다.

자연신학(natural theology) 이성이라는 자연의 빛, 양심의 명령, 또는 자연의 과정이나 역사적 사건 속에서 하나님을 알려주는 증거라고 주장되는 것들을 토대로 세워진 신학을 가리킨다. 자연신학은 성경이 증언하는 하나님의 계시와 예수 그리스도 안에서 드러난 하나님의 결정적인 자기 전달과는 독립적인 것이다. 바르트는 자연신학이 교회의 신앙과 삶을 산만하게 만들며, 또한 쉽게 우상숭배에 굴복시킨다고 판단하여 자연신학에 대한 전면적 비판을 가했다. 이와 같은 바르트의 비판은 1934년의 바르멘 선언(Barmen Declaration)의 첫 번째 조항 속에 담겨 있다. "우리를 위해 성경에서 증언되는 예수 그리스도는 우리가 경청해야 하는 하나님의 유일한 말씀이며, 살든지 죽든지 신뢰하고 순종해야 하는 하나님의 유일한 말씀이다."

자유(freedom) 고대와 현대를 막론하고 수많은 철학자에게서뿐 아니라 대중적 용법으로도 사용되는 자유는 모든 외적 구속으로부터 벗어난 최대한의 자율과 독립을 의미한다. 이와는 대조적으로 기독교 신학에서 쓰이는 참다운 자유는 죄와 사망의 구속으로부터의 자유일 뿐 아니라, 하나님이 인간을 위해 의도하신 화해와 교제와 섬김의 새로운 삶을 위한 자유도 의미한다. 인간의 자유에 대한 이와 같은 독특한 이해는 하나님이 자유를 스스로 행사하신다는 점에 근거한다. 즉 예수 그리스도의 삶과 죽음과 부활 안에서 결정적으로 계시된 바와 같이, 스스로 세상과 함께하고자, 또한 세상을 위한 하나님이 되시고자 하는 그분의 자유로운 자기 결정에 근거하는 것이다.

자유 의지(free will) 인간은 항상 선택의 능력을 가지며 어떤 결정도 외적으로 부과되는 것이 아니라고 보는 견해. 기독교 신학에서 의지의 자유에 대한 논쟁은 죄의 교리와 은혜의 교리에 대한 이해와 밀접하게 연관되어 있다. 자유 의지를 신학적으로 옹호하는 자들의 논증에 따르면, 만약 죄가 인간의 자유를 전적으로 파괴했다면 인간은 자신의 결정과 행동에 대해 전혀 책임을 질 수 없게 된다. 반면에 자유 의지를 신학적으로 비판하는 자들의 논증에 따르면, 비록 인간이 "자유로운 선택"을 하는 것처럼 보인다 하더라도, 이 인간의 선택은 죄의 조건 아래 있으며, 불가피하게 죄로 물든 욕망과 동기와 사회적 영향력에 의해 결정된다. 따라서 죄인들은 일종의 "자유 의지"(*liberum arbitrium*)를 가진다고 말할 수는 있지만, 그러나 하나님의 은혜를 떠나서는 그분의 뜻에 일치하여 살 수 있는 참된 인간의 "자유-"(*libertas*)란 존재하지 않는다. 에라스무스와 루터 사이에 벌어진 논쟁은 자유의지에 대한 고전적 논쟁의 실례라고 할 수 있다.

자존성(aseity) 라틴어 *a se*("자신으로부터")에 근거한 "자존성"이라는 용어는 고전 신학에서 하나님의 자존(self-existence), 즉 피조물의 파생적·의존적 존재와는 대조적으로, 하나님의 비파생적(underived) 존재를 기술하기 위해 사용된다. 안셀무스는 자존성을 피조물의 우연적 존재와는 대립된 하나님의 필연적 존재로서 해석했다. 바르트는 자존성을 주권적인 자유와 신적인 자기 결정 속에서 드러난 하나님의 현재성이라고 해석했다.

재림(*Parousia*) 문자적으로 "도래" 또는 "오심"을 뜻한다. 신학에서 역사의 종말에 그리스도의 오심을 주로 가리키기 위해 사용된다.

적응(accommodation) 유한한 피조물이 계시를 이해할 수 있도록 하기 위해 하나님이 계시를 적합하게 맞추신다는 개념으로서 이 개념은 자주 칼뱅과 연관된다. 즉 하나님에 대해 성경에서 발견되는 신인동형론적 이미지와 비유들, 예를 들어 하나님의 손이라든가 하나님이 질투하신다와 같은 이미지와 비유들은 우리 인간의 연약함과 한계에 맞추시는 하나님의 적응의 결과라는 설명이다. 칼뱅에 따르면 성육신은 적응의 가장 중요한 예다. 그리스도의 인성 안에서 하나님은 "우리의 정신이 하나님의 영광의 광대함에 의해 압도당하지 않도록 우리의 작은 분량에 자신을 적응시키셨다."

전가(imputation) 이 신학적 전문 용어는 로마서 4장에 있는 바울의 논증에서 유래한다. 하나님이 아브라함의 믿음으로 인해 그를 의롭게 여겼고 그에게 "의"를 전가했던 것과 마찬가지로, 하나님은 그리스도에 대한 신자들의 믿음으로 인해 그들을 의롭게 여기며 그들에게 의를 전가하신다. 전가의 교리에 따르면, 아담은 인류의 머리이며 모두를 대표하여 행동했기 때문에 하나님은 아담의 죄책을 그의 모든 자손에게 전가시켰고 돌리셨다. 그리스도는 둘째 아담이며 모든 인류의 대표자로서 행동하기 때문에, 하나님은 그리스도의 의를, 그를 신뢰하는 모든 자들에게 전가시키고 돌리신다. 그리스도로 인한 의가 오직 법적인 선언의 의미로서만 신자들에게 전가되는 것인지, 아니면 신자들 역시 그리스도 안에서 실제적으로 의롭게 되는지 아닌지에 대해서는, 종교개혁과 그 이후의 시대에 격렬한 논쟁이 있었다.

전능(omnipotence) 하나님의 속성들 중 하나로서 전능성은 하나님이 "모든 것에 대한 힘"을 지니심을, 또는 "전적으로 힘이 있으심"을 의미한다. 하나님의 전능성은 그 분이 (자기모순적인 것을 포함하여) 모든 것을 행하실 수 있다거나, 또는 하나님이 (악한 사건을 포함하여) 모든 사건의 직접적 원인이라는 의미로 잘못 해석되기도 한다. 하지만 하나님의 전능성의 올바른 의미는, 그분이 자신의 특성에 일치하는 방식으로 자신의 창조와 구원의 목적을 성취할 수 있는 모든 힘을 지님을 의미한 다. 고대와 현대를 막론하고, 기독교 신학자들의 중대한 관심은 하나님의 전능성 을 독재적이거나 폭압적인 권력으로부터 구별하는 것이었다. 예를 들어 바르트 는 하나님의 전능성을 전적인 "만능성"(almightiness)으로부터 구별했고(바르트 는 후자를 악마적 힘이라고 명명했다), 그분의 "전능하신 사랑"에 대해 말했다. 과 정신학자들은 설득적 힘과 강제적 힘을 구별하면서 오직 하나님은 전자만을 가 지신다고 주장했다.

전유론(Appropriation) 비록 삼위일체 하나님의 모든 속성과 행동은 나뉠 수 없고 어 느 한 위격에만 배타적으로 적용될 수 없지만, 성경의 용법에 근거하여 어느 특 정한 속성이나 행동을 삼위일체 위격들 중 어느 한 위격으로 돌리거나 "전유"하 는 관행을 의미한다. 엄밀하게 말해 창조와 구원과 성화는 모두 한 분 삼위일체 하나님의 행동이지만, 전유론에 따라서 창조의 행동은 성부에게로, 구원의 행동 은 성자에게로, 성화의 행동은 성령에게로 전유된다. 상호 침투[페리코레시스 (*perichoresis*)]의 교리가 삼위일체의 통일성의 진리를 보호하는 데 도움을 주는 것과 마찬가지로, 이 전유론은 삼위일체 내의 구별성의 진리를 보호하는 데 도움 을 준다.

전지성(omniscience) 고전적 기독교 신학에서 언급되는 하나님의 속성 중 하나로서, 전지성은 "모든 것을 아심" 또는 "완전한 지식을 소유하고 계심"을 의미한다. 전 통적인 이해에 따르면, 전지성은 하나님이 무시간적 인식 행위를 통해 과거와 현재와 미래의 모든 것을 아심을 의미한다. 일부 신학자와 철학자들은 전지성에 대한 이런 이해가 내포한 어려움을 다루면서, 하나님은 현 실태를 현실적인 것으로, 가능태를 가능적인 것으로 아신다고 주장했다. 다른 편에서는, 성경은 추상적이고 철학적인 의미에서 하나님의 전지성을 말하지 않는다고 주장했다. 대신에 성경은 하나님의 지혜, 즉 그분의 행동의 내적인 진리성, 심오함, 명료성, 목적성을 확증하며, 이런 하나님의 지혜가 그분의 자기 계시와 분리될 경우 우리에게 감추어지게 됨을 확증한다. 사도 바울에 따르면 십자가에 달려 죽으신 그리스도는, 비록 믿지 않는 자들에게는 걸림돌이며 어리석은 것이 된다 하더라도, 하나님의 감추어진 지혜로서 선포된다(고전 1:18-25).

전천년설/후천년설(premillennialism/postmillennialism) 전자는 요한계시록 20장에서 묘사되는 그리스도의 천년통치 이전에 그리스도가 재림하실 것이라고 가르친다. 반면에 후자는 그리스도가 천년통치 이후에 재림하실 것이라고 가르친다.

정경(canon) 그리스어로 문자적으로 "규율" 또는 "표준"을 의미한다. 교회가 성경을 "정경"으로, 성경의 저작들을 "정경적"이라고 표현함으로써 교회는 성경이 기독교 신앙과 삶과 신학에 있어 기본적 표준과 기준임을 인정한다. 개신교회 내에서 정경은 39권의 구약과 27권의 신약으로 구성된다. 로마 가톨릭 교회에서는 히브리어 성경에 포함되지는 않지만 칠십인역에서 발견되는 여러 권의 책들(예를 들면, 솔로몬 지혜서)이 구약 안에 포함되어 있다.

정통(orthodoxy) 건전하지 않고 분열적이고 이단적이라고 여겨지는 견해들과는 대조되는 건전하거나 올바른 신앙의 가르침.

정통 실천(orthopraxis) 신앙의 올바른 실천.

조직신학(systematic theology) 신학 연구의 한 분야를 가리키는 명칭이다. 조직신학의 과제는 기독교 신앙의 주요한 교리들을 해석하는 것이고, 이것들의 상호 관계성 또는 "조직적" 일관성을 탐구하는 것이며, 신학의 다른 분과 및 현대 문화와 함께 대화하면서 기독교 교리를 비판적이며 건설적으로 재진술하는 것이다. 조직신학을 가리키는 다른 용어로는 "교리신학"(doctrinal theology), "교의학"(dogmatic theology), "구성신학"(constructive theology)이 있으며, 이들 각각은 조직신학의 과제의 여러 측면 중 어느 한 측면을 강조한다.

존재론(ontology) 존재의 본질과 기본적 구조에 대한 철학적·신학적 탐구.

종말론(eschatology) "마지막 일들"에 대한 교리 또는 창조와 구원이라는 하나님의 사역의 완성에 대한 교리다. 전통적으로 종말론은 그리스도의 재림, 죽은 자들의 부활, 최후의 심판, 천국과 지옥의 주제를 다루어왔다. 도래하는 하나님의 통치가 가장 중요하게 드러나는 부분은 예수의 메시지이며, 따라서 예수의 메시지 속에 드러난 하나님의 통치의 주제는 종말론에 관한 20세기의 해석 안에서 특별히 중요한 위치를 차지한다. 이것에 따르면 하나님의 통치는 인간이 건설하는 어떤 것이 아니라 하나님의 선물로서 다가온다. 더욱이 하나님의 통치는 단순히 개인들의 삶의 완성만을 다룰 뿐만 아니라 온 창조세계를 향한 하나님의 목적들의 완성을 다룬다.

종속론(subordinationism) 삼위일체 교리에 대한 하나의 해석으로서, 성자와 성령이 성부 하나님께 "종속되어" 있거나 열등하다는 주장이다. 이런 해석은 성부와 성자와 성령이 한 분 삼위일체 하나님의 상호 동등한 위격들이라고 주장하는 정통적 삼위일체론과는 차이를 보인다. 이 종속론의 관심은 구원의 경륜에서 성육신한 말씀이 경험하는 고통과 죽음으로부터 참된 신성을 보호하는 것이다.

죄(sin) 죄는 특별 계시(십계명과 예수 그리스도의 삶과 가르침과 죽음과 부활)에서 전적으로 표현되거나, 또는 일반 계시(양심과 도덕적 책임감)에서 어느 정도 드러난 하나님의 뜻에 반하는 모든 것이다. 신학에서는 원죄(철저하고 보편적인 차원에서 죄로 물든 인간의 조건)와 자범죄(하나님의 뜻에 대한 구체적인 위반들)를 중요하게 구별한다. 죄는 개인의 삶에서만 드러나는 것이 아니며, 사회 구조 속에도 깊이 스며 있다. 죄의 근본은 하나님을 불신하고 은혜를 부인하며 이웃과의 연대 맺는 삶을 거부하는 것이며, 부와 권력, 쾌락과 국가를 우상숭배 하는 것이다. 죄에 대한 모든 기독교 교리는 명시적이든 암시적이든 예수 그리스도의 구원 사역에 대한 이해와 연관성을 가진다.

주석(exegesis) 성경 본문을 세밀하게 읽고 해설하는 것을 가리킨다.

주의 만찬/성찬/성만찬(Lord's Supper/eucharist/communion) 주의 만찬(성만찬)은 기독교 교회의 중심적인 성례다. 주의 만찬에 대한 신학과 실천에 있어서 각각의 교회는 다른 입장을 가지지만, 서로 일치하는 주요 사항도 있다. 하나님께 감사를 드리면서 떡을 떼어 먹고 포도주를 잔에 부어 마실 때, 그리스도인은 우리의 구원을 위한 그리스도의 삶과 죽음과 부활을 기억하며 선포한다. 또한 죄의 용서와 삶의 갱신을 위한 그리스도의 실제적 현존과 은혜가 수용되고 기념된다. 교회는 그리스도가 다시 오실 것을 기대하며 그의 구원 사역의 완성에 대해 확신을 가지고 소망하면서 세상 속에서의 자신의 선교를 강화한다. 이 성례를 가리키는 각각의 이름은 이것이 가진 풍성한 의미의 일부 측면을 부각시키고 있다. "주의 만찬"은 예수 그리스도가 식탁의 주인으로서 모든 이를 자신의 식탁으로 초대하며 자신을 신뢰하는 모든 자에게 자기를 내어주는 분임을 강조한다. "성만찬"은 이 식사에서 우리가, 성령의 권능 안에서 그리스도를 통해 하나님과 이웃과 관계를 맺으며 새로운 생명을 반복해서 받음을 표현한다. "성찬"은 교회가 예수 그리스도 안에서 우리에게 나타난 하나님의 희생적 사랑과 위대한 선하심에 대해 성령 안에서 하나님께 "감사를 드림"을 알려준다.

지복직관(beatic vision) 로마 가톨릭 교리에 따르면, 죽음 이후에 성인들에게 주어지는 것으로 하나님을 충분히 보는 상태를 가리킨다.

지옥으로 내려감(descent into hell) 사도신경에 따르면, 그리스도는 십자가에서 처형당하고 죽고 장사된 후 "지옥으로 내려가셨다." 이 교리는 복잡한 역사를 가지는데, 이 이론의 주된 주석적 토대로는 베드로전서 3:18-20이 자주 인용된다. 신학 전통을 보면 이 교리에 대한 두 가지 흐름을 관찰할 수 있다. 하나의 경향은, 그리스도가 복음을 선포하고 갇힌 자들을 해방하기 위해 지옥(스올/하데스로서 죽은 자들이 집단적으로 머무는 장소)으로 선교 여행을 떠나셨다는 이해다. 하지만 이런 선교로 누가 자유롭게 해방된 것인지에 대해서는(구약 시대의 성도들? 의로운 이방인들? 아니면 모든 사람들?) 전혀 합의를 이루지 못하고 있다. 다른 해석적 흐름에 따르면 지옥으로의 하강이란, 그리스도가 죄에 대한 하나님의 심판을 우리를 위해 견디실 때, 십자가 위에서 경험한 하나님으로부터의 분리의 고통을 의미한다(칼뱅, 바르트의 입장).

진리(truth) 하나님의 존재와 활동의 특질로서 "진리"는 신뢰성과 신실성을 의미하며, 인간의 불성실과 오류와 대조된다. 기독교 신앙과 신학에서 하나님의 진리 또는 하나님의 의지의 진리는 예수 그리스도 안에서 인격적으로 실현되었으며 결정적으로 드러났다. 철학자와 신학자들이 논의하는 진리론 중에는 언어와 실재의 상응으로서의 진리, 일관성 있거나 의미 있는 양식을 형성하는 것으로서의 진리, 풍성한 삶을 효과적으로 생성하게 하는 것으로서의 진리가 있다. 신학자의 저술에서는 이런 진리론 중 어느 하나가 눈에 띄게 나타날 수 있지만, 각각의 진리론에 적절한 관심을 보여야 한다.

창조론(Creationism) "창조과학"(creation science)으로도 알려진 창조론은 진화론 및 현대 우주론에 입각한 우주의 나이 예측에 반대한다. 창조론은 하나님이 성경의 설명과 비슷하게 상응하는 방식으로 세계를 창조하셨음과, 우주의 나이는 현대 우주론이 가르치는 바처럼 수십억 광년이 아니라 일만 년 정도일 거라고 주장한다.

초월성(transcendence) "넘어서다" 또는 "넘어가다"라는 뜻의 라틴어 트란스켄데레(*transcendere*)에서 유래한다. 하나님의 한 속성으로서의 초월성은 세계 "너머에" 또는 세계 "위에" 하나님이 현존하는 방식을 가리킨다. 하나님의 존재와 권능은 세상을 능가한다. 하나님의 존재와 권능은 그분이 자유롭게 창조하고 자유 안에서 관계를 맺으시는 이 세계와 결코 동일하지 않으며, 이 세계 안으로 제한되지 않으며, 이 세계 속에서 소진되지 않는다. 초기 바르트는 하나님을 철저하게 자유로운 "전적 타자"로 표현함으로써 하나님의 초월성을 회복하고자 했다. 반면에 후기 바르트는 하나님의 초월성이란 "우리를 위한 하나님"이 되고자 하는 하나님의 자유라고 표현했다.

출원들(processions) 삼위일체 신학에서 하나님의 존재 안에서의 영원한 운동들을 지칭하기 위해 사용되는 전문 용어. 즉 성부에 의한 성자의 "출생", 성부로부터 성령의 "출원"(동방 정교회) 또는 성부와 성자로부터 성령의 "출원"(서방 교회)을 가리킨다. 성자와 성령의 영원한 출원들은 세계 안에서의 "파송들", 즉 성자가 성육신하고 성령이 성자의 사역을 정해진 완성으로 이끌어나가는 "파송들"과 구별된다.

칭의(justification) 법적인 영역에서 유래한 용어로서, 칭의는 죄인 자신의 덕이나 공로에 의해서가 아니라 오로지 예수 그리스도 안에서 구체화되고 신앙으로 받아들여진 하나님의 전적인 은혜에 의해 그분이 죄인을 은혜롭게 용서하고 용납하심을 가리킨다. 죄를 용서하는 하나님의 자유로운 행동으로서의 칭의는 성화, 즉 그리스도 안에서의 새로운 삶의 기초이다. 루터는 칭의 교리를 "교회가 서거나 넘어지도록 하는 조항"으로 명명했으며, 칼뱅은 "경건이 문에 달려 있도록 지지하는 경첩"으로 명명했다.

칼뱅주의자의 바깥에(extra Calvinisticum) "칼뱅주의자의 바깥에"라는 의미를 지닌 라틴어 구절이다. 성육신을 포함해 세상과 맺으시는 모든 관계 속에서 하나님은 초월적이며 자유롭다고 주장한 칼뱅의 입장에 대해, 이 신학자의 추종자들을 비판하는 측들이 고안해낸 말이다. 칼뱅에 따르면, 하나님의 말씀은 인간의 존재를 취했을 때조차 육체에 제한되지 않고 "육체의 바깥에서"(extra carnem) 역사하는 것을 중단하지 않으신다. 칼뱅의 비판자들은 이 교리가 네스토리우스적인 경향을 보인다고 비난했다. 반면에 그를 옹호하는 자들은 이 교리가 삼위일체 하나님의 영원한 말씀의 창조 사역과 구원 사역의 불가분리성을 올바르게 강조하며, 사실상 초기 가톨릭 전통의 견해였다고 주장한다.

칼케돈(Chalcedon) 451년 제4차 에큐메니칼 공의회가 개최된 곳이다. 칼케돈 신조의 공식은 예수 그리스도가 참으로 하나님인 동시에 참으로 인간임을 선언하고, 예수 그리스도가 한 인격 안에 연합된 두 본성으로 존재하며 이 두 본성은 "분열이나 분리나 혼돈이나 변화가 없다"고 선언한다. 동방과 서방에 있는 대부분의 교회에서 정통적 기독론의 표준을 확립했던 칼케돈의 교령은, 그리스도의 온전한 인성에 대한 안디옥 학파의 관심뿐만 아니라 그리스도의 인격의 통일성에 대한 알렉산드리아 학파의 관심을 반영했다. 예수의 신성만을 강조하는 단성론

(monophysitism, 알렉산드리아 학파의 극단적 경향)과 예수의 신성과 인성의 분리를 강조하는 네스토리우스주의(Nestorianism, 안디옥 학파의 극단적인 경향)는 거부되었다. 아르메니아 교회, 이집트 교회, 시리아 교회와 같은 동방 정회들은 칼케돈의 선언을 따르지 않는다.

케노시스(kenosis) "비움"을 의미하는 그리스어로서, 동사형 에케노센(ekenosen)이 빌립보서 2:7에서 사용된다. 이 구절에서 그리스도는 우리의 구원을 위해 자기를 "비워" 종의 형체를 가지셨다고 언급된다. 19세기의 "케노시스" 신학자들은 성육신에 대해 독특한 해석을 전개했다. 전통적인 기독론보다 한층 더 진지하게 예수의 온전한 인성을 고려하기를 원했던 "케노시스" 신학자들은, 성육신하신 주님이 전능과 전지 같은 신성의 "형이상학적" 속성을 비우신 반면에, 사랑과 거룩 같은 "도덕적" 속성은 간직하셨다고 가르쳤다. 오늘날 많은 신학자들이 "케노시스" 개념을 자기 비움과 자기 내어줌의 의미로 사용하고 있지만, 이들 대부분은 하나님의 자기 내어줌의 행동이 그분이 어떤 식으로든 온전하게 하나님이기를 중단함을 의미하는 것은 아니라는 점에 동의한다.

케리그마(kerygma) "메시지" 또는 "선포"를 가리키는 그리스어로서, 신약에서는 십자가에서 죽고 부활하신 그리스도를 통한 구원을 증거하는 핵심적인 기독교적 선포를 가리키기 위해 사용된다.

토대주의(foundationalism) 최종적으로는 모든 지식이, 논리적 원리든 상식적 경험이든, 자명한 진리에 근거한다고 주장하는 철학적 이론이다.

파송/선교(mission) 삼위일체 교리에서 "파송"이라는 용어는 세상의 구원을 위해 성자와 성령을 보내는 것을 지칭하기 위해 사용된다. 교회론에서 "선교"는 교회로 하여금 모든 민족에게 복음을 선포하고 그리스도의 이름으로 세상을 섬김으로써 하나님의 선교적 활동에 참여하도록 하는 요청을 가리킨다. 이렇게 이해된다면, 선교는 교회라는 실재의 우연적·선택적 측면이라기보다는 오히려 본질적·구성적 측면이다.

페리코레시스(*perichoresis*) "상호 내주"(mutual indwelling) 또는 "상호 침투" (interpenetration)로 번역되는 그리스어. 교부 신학자들은 성육신한 말씀의 신성과 인성 사이의 상호 내주를 묘사하기 위해 이 용어를 처음으로 사용했다. 이 용어를 확장하여 삼위일체 하나님의 위격들 사이에서의 상호 내주 또는 독특한 교제에 적용한 이는 8세기 다마스쿠스의 요하네스(John of Damascus)다. 삼위일체 하나님의 세 위격들은 형언할 수 없는 교제를 통해 서로 안에서, 서로와 함께, 서로를 통해 삶을 누린다. 페리코레시스는 현대 삼위일체 신학에서도 중심적인 개념이 되었다. 신학자들은 인간론과 교회론 같은 다른 신학적 주제에서도 이 용어를 유비적으로 사용한다.

페미니즘신학(feminist theology) 현대 신학의 한 독특한 비전과 방법을 가리키며, 다음과 같은 광범위한 관심사를 대표한다. 곧 페미니즘신학은 교회와 사회 안에 존재하는 남성 지배적 태도와 관행들, 즉 가부장제를 비판한다. 여성의 경험을 필수불가결한 신학적 자료로서 회복시킨다. 예전과 신학에 나타난, 하나님에 있어 배타적인 남성적 이미지와 비유들을 거부한다. 성경의 문헌과 교회사에서 오랫동안 망각되었거나 은폐되었던 여성들의 공헌을 복귀시킨다. 또한 남성과 여성이 함께, 삶의 모든 영역에서 공정하고 평등한 가치와 대우를 받아야 함을 주장한다.

펠라기우스주의(Pelagianism) 5세기 신학자인 펠라기우스로부터 연원하는 교리로서 하나님의 은혜가 무조건적으로 주어지는 것이 아니라 신자의 선행에 의해 얻어져야 한다고 주장한다.

필리오케(*filioque*) 라틴어 구절로서 "그리고 아들로부터"(and from the Son)를 의미한다. 이 구절은 6세기 서방 교회에서 사용되던 니케아 신조의 본문에 추가된 구절이다. 이렇게 수정된 신조는 성령이 "아버지로부터 그리고 아들로부터" 출원한다고 확증한다. 신조에 이런 구절이 추가된 사건은 1054년에 발생한 동방 교회와 서방 교회의 분리에 주요한 원인이 되었다. 이 구절을 일방적으로 추가한 데 있어서 서방 교회가 신중하지 못했다는 점에서는 전반적인 의견 일치가 있으며, 계속해서 이 주제에 대한 찬성과 반대의 신학적 주석과 논증이 개진되고 있다. 이런 논쟁을 해결하기 위해 제안된 대안으로는 "아버지로부터 아들을 통해"(From the Father through the Son) 같은 구절이 있다.

하나님을 봄(vision of God) 아우구스티누스, 아퀴나스, 그리고 다른 많은 영향력 있는 신학자들에 따르면, 인간의 삶의 최종적인 끝과 기쁜 성취는 하나님의 본질 자체를 보는 것이다. 이런 비전과 앎은 이 세상의 삶에서는 가능하지 않고 다만 천국의 성도에게 주어지는 선물이다.

하나님의 말씀(Word of God) 하나님의 자기 표현 또는 자기 전달을 가리킨다. 구약성경에서 하나님의 말씀은 예언자들을 통해 전해진다. 신약성경에서 하나님의 말씀은 때로는 성경에 기록되고 복음서에서 선포된 것을 가리키지만, 일차적으로는 태초에 하나님과 함께 계셨고(요 1:1) 예수 그리스도의 인격과 사역에서 구체화되었던(요 1:14) 하나님의 말씀을 가리킨다. 바르트는 하나님의 말씀을 삼중적 형태, 즉 계시된 하나님의 말씀(예수 그리스도 안에서 성육신한 하나님의 말씀), 기록된 하나님의 말씀(그리스도 안에서 드러난 하나님의 자기 계시에 중심을 둔 성경의 증언), 그리고 선포된 하나님의 말씀(성경적 증언에 기초하여 오늘날 말과 행동으로 이루어지는 기독교적 증언)의 형태를 지니는 사건으로 간주하는 교리를 전개했으며, 이 교리는 이후에 심대한 영향을 미쳤다.

하나님의 어머니(*theotokos*) "하나님을 낳은 자"(bearer of God)를 의미하는 그리스어로, 예수의 어머니 마리아의 칭호로 사용되었다. 예배에서 이런 칭호를 사용하는 것과 관련해서 촉발된 5세기의 기독론 논쟁은, 테오토코스의 칭호를 지지하는 알렉산드리아의 키릴루스와, 이를 거부하되 "그리스도의 어머니"[*Christotokos*, 그리스도를 낳은 자(bearer of Christ)]라는 표현을 선호한 네스토리우스 사이에서 주로 벌어졌다. 431년의 에베소 공의회와 451년의 칼케돈 공의회 이후로 "하나님의 어머니"(테오토코스)는 동방 교회와 서방 교회 모두에서 정통 기독론의 표준으로 인정되었다.

하나님의 형상(*imago Dei*) 라틴어 "이마고 데이"는 "하나님의 형상"을 의미하며, 기독교 인간론의 기본적 개념 중 하나이다. 이 용어는 창세기 1:27의 "하나님이 자기 형상 곧 하나님의 형상대로 사람을 창조하시되…"라는 말씀으로부터 유래한다. 인간 안에 있는 하나님의 형상이 무엇인지에 대해서는 다양한 대답이 제시되었다. 제안된 대답으로는 자기의식, 이성적 능력, 선택의 자유 등이 있고, 또한 인간이 다른 피조물을 지배할 수 있도록 하는 이성과 상상력 같은 독특한 능력들도 있다. 20세기의 몇몇 신학자들(예를 들어 본회퍼와 바르트)은 하나님과의 관계와 타자와의 관계를 올바르게 맺는 삶이 하나님의 형상이라고 논증했다. 기독교 신앙과 신학에서, 예수 그리스도는 하나님의 형상의 완전한 실현이다(골 1:15).

해석학(hermeneutics) 해석의 원리, 특히 기록된 본문의 해석에 관한 원리들을 가리킨다.

화체설(transubstantiation) 로마 가톨릭의 공식적인 성만찬 교리다. 화체설에 따르면, 안수를 받은 사제의 봉헌 후에 빵과 포도주의 "본체"는 그리스도의 몸과 피의 "본체"로 변화되지만, 빵과 포도주의 "외형"(외적인 속성 또는 우연)은 변하지 않는다. 16세기의 트렌트 공의회에서 공식적으로 규정된 이 중세의 교리는 종교개혁자들과의 논쟁에서 중대한 쟁점이었다. 최근의 일부 로마 가톨릭 신학자들은 화체설의 교리를 재개념화하려는 노력의 일환으로, 화의설(transignification, 성만찬의 요소들 속에서 의미하는 바가 변화한다는 주장)이나 화목적설(transfinalization, 성만찬의 요소들 속에서 그것의 용도 또는 목적이 변화한다는 주장)을 제안했다.

흑인신학(black theology) 흑인신학은 아프리카계 미국인의 역사와 경험의 상황 안에서 성경의 증언과 역사상의 교리를 해석한다. 노예적 속박에서 벗어난 하나님 백성의 출애굽, 불의에 대한 예언자들의 비판, 예수의 사역과 십자가 죽음과 부활 등의 성경적 주제들이, 아프리카계 미국인이 경험했던 노예적 속박, 제도적 차별, 자유와 정의를 위한 투쟁의 경험을 조명하는 동시에, 역으로 성경 교리가 그들의 경험이라는 새로운 빛으로 조명을 받기도 한다. 흑인신학이 선명하게 강조하는 주제로는 하나님이 그리스도 안에서 가난하고 억압당하는 자들과 함께하시는 연대, 그분이 유색인에게 두시는 가치, 고통의 한가운데서 아프리카계 미국인 교회가 지니는 대담하고 신실한 증언 등이 있다. 아프리카계 미국인 교회의 증언은 예배와 설교와 음악과 사회 활동이 합쳐진 독특한 유산으로 표현된다. 제임스 콘은 흑인신학의 개척자와 지도적 대표자 중 한 사람이다.

히스패닉신학(Hispanic theology) 북미에 사는 라틴계 그리스도인의 역사적·사회적·문화적·종교적 유산과 경험의 빛으로 기독교 신앙을 다시 해석하는 상황신학. 히스패닉신학자들이 강조하는 주제로는 가난하고 주변화된 자들과 함께하시는 하나님의 연대성, 차이를 긍정하는 공동체를 수립하고자 하시는 하나님의 목적을 이해하는 데 있어서 문화 혼용[메스티사헤(mestizaje)] 경험의 중요성, 자유와 정의와 존엄을 위한 투쟁[루차(lucha)]으로 부름 받은 그리스도인의 삶 등이 있다.

Blount, Brian K. (블룬트, 브라이언) 115, 362n.18, 366n.29, 367n.32, 581n.11

Boesak, Allan 261n.13

Boff, Leonardo (보프, 레오나르도) 153, 336n.56, 354n.4, 446n.14

Bonhoeffer, Dietrich (본회퍼, 디트리히) 45, 46, 52, 53, 239, 430, 432, 450, 452, 482

Bonino, José Míguez (보니노, 호세 미구에즈) 354

Bosch, David 444n.11, 459n.28, 473

Braaten, Carl (브라텐, 칼) 415n.33, 482n.6, 514n.38, 530, 531n.13, 543n.37, 556n.60, 558n.63, 571, 590, 593n.25, 613

Bromiley, Geoffrey (브로밀리, 제프리) 494

Brown, David: 152n.22, 206n.34, 346

Brueggemann, Walter 21

Brunner, Emil (브루너, 에밀) 95, 190

Buber, Martin 261n.12

Bultmann, Rudolf (불트만, 루돌프) 338, 586

Butin, Philip W. 461n.30

C

Calvin, Jean (칼뱅) 35, 63, 70, 75, 76, 77, 90, 92, 101, 112, 128, 157, 166, 170, 191, 195, 201, 223, 224, 225, 226, 227, 252, 253, 277, 284n.50, 296n.10, 306, 324, 327, 328, 332, 392, 399, 403, 404, 409, 415, 420, 423, 424, 428, 434, 460, 471, 483, 491, 501, 502, 581n.10, 590n.21

Carr, Anne (카, 앤) 26n.1, 154, 368n.34

Chopp, Rebecca (찹, 레베카) 360

Chung, Hyun Kyung (정현경) 384, 387n.71

Coakley, Sarah (코우클리, 사라) 27n.1, 135, 136, 151n.20, 173, 291n.1, 372

Cobb, John B. (캅, 존) 173, 199n.24, 213, 235, 266n.23, 539n.31, 568n.76, 589n.19

Cohen, Arthur A. (코헨, 아서) 217, 222, 234

Collins, Adela Yarbro 581n.11

Collins, John J. 104n.8

Comblin José (콤블린, 호세) 257n.8, 259n.11, 269n.30, 396n.6, 397n.9, 411

Cone, James (콘, 제임스) 47, 55, 237, 238, 249, 298n.16, 330n.51, 346, 361n.16, 362, 363, 364, 365, 367n.32

Congar, Yves (콩가르, 이브) 395n.5, 397n.9

Cook, David 582n.12

Copeland, M. Shawn (코플랜드, 숀) 361n.15, 367

Craddock, Fred B. 477n.1

Cullmann, Oscar 596n.28

Cunningham, David S. 147n.15, 497n.20

Cyril of Alexandria (알렉산드리아의 키릴루스) 302, 303, 304n.21

D

D'Costa, Gavin 528n.9

Derrida, Jacques (데리다, 자크) 182

Descartes, René (데카르트, 르네) 32

DeVries, Dawn (드브리스, 도온) 484n.9

Diaz, Miguel H. 376n.53

Dodd, C. H. (다드) 586

Doyle, Dennis M. 455n.24

Dulles, Avery (덜레스, 에이버리) 79, 80, 81, 82, 86, 95, 444, 445, 473

Dunfee, Susan Nelson 452n.22

Dupuis, Jacques (뒤퓌, 자크) 525n.4, 543, 544, 545, 549, 571

E

Eagleson, John 451n.19

Ebeling, Gerhard (에벨링, 게르하르트) 101, 102n.6

Edwards, Denis 297n.13

Edwards, Jonathan (에드워즈, 조나단) 189, 277, 406, 601, 602n.37, 611

Elizondo, Virgilio (엘리존도, 비르질리오)

Hume, David (흄, 데이비드) 522

Hunsinger, George 315n.32, 517

I

Irenaeus (이레나이우스) 42, 120, 201, 236, 341, 411, 545,

Isasi-Diaz, Ada Maria 373n.45

Isherwood, Lisa 368n.35

J

Jackson, Jesse (잭슨, 제시) 418

Jaki, Stanley (자키, 스탠리) 211

Jennings, Theodore 17n.1, 26n.1

Jenson, Robert 55, 126, 147n.15, 173, 304n.21, 455n.24, 473, 484n.10, 514n.38, 517, 556n.60, 571, 613

Jewett, Paul 264n.18

Jodock, Darrell 119n.26

John of Damascus (다마스쿠스의 요한) 152, 306n.22

John Paul II (요한 바오로 2세) 287, 514, 556n.59

Johnson, Elizabeth A. (존슨, 엘리자베스) 145n.12, 147n.15, 153n.24, 159n.36, 173, 208, 213, 369n.36, 370n.39, 371, 372n.43, 390

Johnson, W. Stacy (존슨, 스테이시) 247

Jones, L. Gregory 425n.50, 432, 508n.34, 613

Jones, Serene 268n.29, 270n.32, 278n.41

Jones, William 129n.2

Juergensmeyer, Mark 130n.3, 580n.8, 582n.13

Jüngel, Eberhard 155n.29, 189n.12, 279n.44, 281n.47, 415n.33

K

Kafka, Franz (카프카, 프란츠) 417

Kant, Immanuel (칸트, 임마누엘) 99, 522, 698

Käsemann, Ernst (케제만, 에른스트) 557n.61, 581

Kasper, Walter (캐스퍼, 월터) 173, 320n.37, 346

Kaufman, Gordon 220n.6, 585n.14

Keck, Leander E. 293n.4, 444n.13

Keifert, Patrick R. 461n.31

Kelly, Anthony 154n.27

Kelly, J. N. D. 302n.18

Kelsey, David H. 40n.16, 117n.24, 126, 256, 280n.45, 288

Kierkegaard, Søren (키에르케고르, 쇠렌) 93n.46, 523

Kimball, Charles 526n.6, 582n.13

King, Martin Luther (킹, 마틴 루터) 365, 418

Knitter, Paul F. (니터, 폴) 296n.9, 529, 530, 531, 537, 538, 542, 571

Koyama, Kosuke (고야마, 고수케) 381, 384

Kreck, Walter 113n.19

Kuhn, Thomas 69n.16

Küng, Hans (큉, 한스) 294, 295n.6, 538, 539, 439n.6, 473, 525n.5, 539n.30, 540n.32, 603n.39

L

LaCugna, Cathrine Mowry (라쿠냐, 캐서린) 26n.1, 135, 147nn.14,15, 156n.31, 173

Lash, Nicholas 92n.44, 173, 610n.52

Lauber, David 333n.52

Lee, J. Y. (이정용) 381

Lee, Sang Hyun (이상현) 381

Lehmann, Paul (레만, 폴) 34n.9, 263, 592

Lessing, G. E. (레싱) 399

Lewis, Alan 179n.4

Lindbeck, George (린드벡, 조지) 109n.15, 122n.29, 535, 536, 537

기독교 조직신학 개론 전면개정판
이해를 추구하는 신앙

Copyright ⓒ 새물결플러스 2012

1쇄 발행 2012년 3월 12일
10쇄 발행 2024년 4월 20일

지은이   다니엘 L. 밀리오리
옮긴이   신옥수·백충현
펴낸이   김요한
펴낸곳   새물결플러스

편 집   왕희광 정인철 노재현 이형일 나유영 노동래
디자인   황진주 김은경
마케팅   박성민
총 무   김명화 이성순
영 상   최정호 곽상원
아카데미   차상희

홈페이지   www.holywaveplus.com
이메일   hwpbooks@hwpbooks.com
출판등록   2008년 8월 21일 제2008-24호
주 소   (우) 04114 서울특별시 마포구 신촌로28가길 29
전 화   02) 2652-3161
팩 스   02) 2652-3191

ISBN 978-89-94752-17-4 03230

책값은 뒤표지에 있습니다.